Thorsten Gerald Schneiders (Hg.)
Salafismus in Deutschland

Globaler lokaler Islam

Thorsten Gerald Schneiders (Hg.)
Salafismus in Deutschland
Ursprünge und Gefahren einer islamisch-fundamentalistischen Bewegung

[transcript]

Bibliografische Information der Deutschen Nationalbibliothek

Die Deutsche Nationalbibliothek verzeichnet diese Publikation in der Deutschen Nationalbibliografie; detaillierte bibliografische Daten sind im Internet über http://dnb.d-nb.de abrufbar.

© **2014 transcript Verlag, Bielefeld**

Die Verwertung der Texte und Bilder ist ohne Zustimmung des Verlages urheberrechtswidrig und strafbar. Das gilt auch für Vervielfältigungen, Übersetzungen, Mikroverfilmungen und für die Verarbeitung mit elektronischen Systemen.

Umschlaggestaltung: Kordula Röckenhaus, Bielefeld
Korrektorat: Katharina Klieme, Halle (Westf.)/Lisa Olde lütke Beverborg, Moers
Satz: Justine Haida, Bielefeld
Druck: CPI – Clausen & Bosse, Leck
Print-ISBN 978-3-8376-2711-4
PDF-ISBN 978-3-8394-2711-8
EPUB-ISBN 978-3-7328-2711-4

Gedruckt auf alterungsbeständigem Papier mit chlorfrei gebleichtem Zellstoff.
Besuchen Sie uns im Internet: *http://www.transcript-verlag.de*
Bitte fordern Sie unser Gesamtverzeichnis und andere Broschüren an unter: *info@transcript-verlag.de*

Inhalt

Einleitung | 9

Historische Ursprünge und ideengeschichtliche Einordnung

Was wir wirklich über die frommen Altvorderen (as-salaf as-sâlih)
und ihre Vorstellungen vom islamischen Recht wissen können
  Andreas Görke und Christopher Melchert | 27

Ahmad Ibn Hanbal – sein Leben, sein Ruhm, seine Lehre
Wie sich die Orthodoxie im sunnitischen Islam etablierte
  Thorsten Gerald Schneiders | 45

Ibn Taymiyya, Vater des islamischen Fundamentalismus?
Zur westlichen Rezeption eines mittelalterlichen Schariatsgelehrten
  Birgit Krawietz | 67

Open Source Salafiyya
Zugriff auf die islamische Frühzeit durch Ibn Qayyim al-Dschauziyya
  Birgit Krawietz | 89

Die Salafiyya im 19. Jahrhundert als Vorläufer des modernen Salafismus
  Itzchak Weismann | 103

Zum Verhältnis von Wahhabiten und Salafisten
  Mohammad Gharaibeh | 117

Die Entstehung des Salafismus aus dem Geiste des sunnitischen Islams
  Hans-Thomas Tillschneider | 125

Salafismus als Teil der Globalgeschichte
  Rüdiger Lohlker | 137

Der Islamismus ist kein grüner Faschismus, sondern ein religiöser Extremismus
Eine kritische Prüfung einschlägiger Kriterien anlässlich einer öffentlichen Debatte
Armin Pfahl-Traughber | 149

Erscheinungsformen des Salafismus in Deutschland

»Lasst Euch nicht radikalisieren!« – Salafismus in Deutschland
Claudia Dantschke | 171

Populäre Prediger im deutschen Salafismus
Hassan Dabbagh, Pierre Vogel, Sven Lau und Ibrahim Abou Nagie
Nina Wiedl und Carmen Becker | 187

Die Politisierung des Salafismus
Andreas Armborst und Ashraf Attia | 217

Dschihadistischer Salafismus in Deutschland
Dirk Baehr | 231

salafismus.de – Internetaktivitäten deutscher Salafisten
Philipp Holtmann | 251

Einzelne Phänomene

Schiiten als Ungläubige
Zur situativen Kontingenz einer salafistischen Feindbildkonstruktion
Mariella Ourghi | 279

Von »Schriftbesitzern« zu »Ungläubigen«
Christen in der salafistischen Da'wa
Ekkehard Rudolph | 291

Geliebter Feind?
Islamismus als Mobilisierungsressource der extremen Rechten
Alexander Häusler und Rainer Roeser | 301

Naschid-Gesänge im Salafismus
Kunst und Kultur als Ausdruck von Widerstand und Protest
Behnam T. Said | 319

Erklärungen für die Anziehungskraft des Salafismus

Entfremdet und gewaltbereit
Wie sich Muslime in der Diaspora radikalisieren
Peter K. Waldmann | 333

Salafismus als jugendkulturelle Provokation
Zwischen dem Bedürfnis nach Abgrenzung und der Suche
nach habitueller Übereinstimmung
Aladin El-Mafaalani | 355

Salafismus als Ausweg?
Zur Attraktivität des Salafismus unter Jugendlichen
Götz Nordbruch, Jochen Müller und Deniz Ünlü | 363

Handlungsoptionen für Staat und Gesellschaft

**Die Strategie des Terrorismus und die Abwehrmöglichkeiten
des demokratischen Rechtsstaats**
Herfried Münkler | 373

Salafistischer Extremismus im Fokus deutscher Sicherheitsbehörden
Marwan Abou Taam und Aladdin Sarhan | 387

**Salafismusprävention zwischen Sicherheitsbehörden
und zivilgesellschaftlichen Trägern**
Hazim Fouad und André Taubert | 403

**Salafistische Bestrebungen in Deutschland als Herausforderung
für den interreligiösen Dialog**
Thomas Lemmen | 415

Schweigen? – Die deutschen islamischen Verbände und die Salafisten
Jörn Thielmann | 423

Muslim 3.0
Ein prämiertes Modellprojekt zur Extremismusprävention und Identitätsbildung
Benedikt Stumpf und Tanja Schreiber | 433

Erfahrungsberichte

Aufruhr am Niederrhein
Die Erfahrungen in Mönchengladbach mit der Ansiedlung von Salafisten
Gabriele Peters | 441

»Ich geriet an ›Millatu Ibrahim‹, weil für mich damals alle Muslime gleich waren.«
Bericht einer Aussteigerin aus der Salafismus-Szene in Deutschland
anonym | 451

Autorinnen und Autoren | 461

Einleitung

Der große deutsche Islamwissenschaftler Josef van Ess ist verstimmt. Der Tübinger Emeritus, dessen fundierte Kenntnisse des klassischen arabisch-islamischen Schriftkorpus wohl tiefgründiger sind als die der meisten anderen Islamwissenschaftler, ärgert sich über das plötzliche Auftauchen der »Salafisten (mit s)«. In einer Korrespondenz mit dem Herausgeber dieses Bandes räumt er freimütig ein, er könne mit dem Terminus nichts anfangen: »Bisher kannte ich nur Salafiten (ohne s); den Begriff gab es (als Eindeutschung von ahl as-salaf [Anhänger der Altvorderen]) schon in meiner Jugend. Aber er war positiv besetzt und ist nun sang- und klanglos aus dem Verkehr gezogen worden.« Spöttisch fragt er: »Wer hat sich denn diesen Begriff nun wieder ausgedacht? Und wer bestimmt, wie man ihn definiert?« Die Islamwissenschaft nach seiner Einschätzung offenbar nicht, was van Ess zu dem Lamento führt, seine Disziplin habe die Deutungshoheit über die Moderne offenbar völlig verloren.

Vielleicht können wir Josef van Ess ein wenig versöhnen. Jedenfalls haben sich in diesem Sammelband neben renommierten Experten aus verschiedenen Disziplinen auch einige ausgewiesene Islamwissenschaftler des Themas angenommen. Das moderne Phänomen des Salafismus lässt sich nur interdisziplinär erfassen. Es werden nicht nur Fragen der Religion des Islams berührt, sondern es geht gleichwohl um eine politische und vor allem gesellschaftliche sowie individuelle Dynamik. Dieser Bandbreite will das vorliegende Buch Rechnung tragen. Das Thema Salafismus wird somit umfassend beleuchtet – und das nicht nur aus analytischer Sicht. Zwei wertvolle Erfahrungsberichte wurden mit aufgenommen, die die Thematik von innen heraus schildern, einmal aus der Perspektive einer Aussteigerin und einmal aus der Perspektive einer Mönchengladbacher Lokaljournalistin, die sich zusammen mit bis dato ebenfalls völlig unbeteiligten Bürgern plötzlich als Zielscheibe salafistischer Anfeindungen wiedergefunden hat. Für den deutschsprachigen Raum ist der Band ein Novum. Er ist als Einstiegslektüre angelegt und soll eine erste Vertiefung ermöglichen. Er bietet eine Alternative zu den vielen verschiedenen Einzelbeiträgen zum Thema, die derzeit in Buchform oder online in Umlauf sind. Damit richtet sich das Werk zunächst an die breite Öffentlichkeit; aber auch Berufstätige, die in ihrem Alltag mit der Radikalisierung von Muslimen zu tun haben, und (Islam-)Forscher werden Neues entdecken können. Mehrere Texte setzen sich mit Aspekten auseinander, die bisher vor allem im deutschen Sprachraum gar nicht oder kaum wissenschaftlich beschrieben und behandelt worden sind. Hier sei zum Beispiel auf die Ausführungen zur Frühzeit des Islams von

Görke und Melchert verwiesen, auf die biografischen Ausführungen von Schneiders, Krawietz und Weismann oder auf den Beitrag zur Positionierung der großen deutschen Islamverbände zum Thema Salafismus von Thielmann.

Alle Autoren gehen die jeweiligen Probleme in ihren Darstellungen offen an, aber ohne dabei Panik zu verbreiten. Die Auseinandersetzung mit der Religion des Islams in Deutschland, wo Muslime eine Minderheit stellen, erfordert in Zeiten der Islamfeindlichkeit ein gewisses Fingerspitzengefühl. Erst vor Kurzem belegte die Studie »Die stabilisierte Mitte. Rechtsextreme Einstellung in Deutschland 2014« von Oliver Decker, Johannes Kiess und Elmar Brähler, dass zwar das rechtsextreme Einstellungspotenzial in Deutschland rückläufig sei, die Abwertung sich nun aber bei Muslimen, Sinti und Roma sowie Asylbewerbern bündele[1]. »Islamfeindschaft ist das neue Gewand des Rassismus«, titelte der Nachrichtensender N24 auf seinem Online-Portal. Die Auseinandersetzung mit einer Strömung innerhalb des Islams sollte mithin ganz besonders auf Sachlichkeit und Differenzierung achten, um diese feindlichen Tendenzen nicht zu verstärken. Diesem Buch geht es also nicht darum, den Islam als Religion zu diskreditieren. Allerdings folgt aus diesem Ansatz nicht, dass sich die Autoren etwaige Denkverbote auferlegt hätten. Nur eine offene und ehrliche Diskussion kann zum Abbau der Probleme beitragen.

Neben der erforderlichen Sensibilität gibt es einen weiteren Faktor, der die Beschäftigung mit Salafismus erschwert: Es handelt sich um die in Teilen aufgeheizten öffentlichen Diskussionen um das Thema, wie man sie beispielsweise Ende 2011 mit Beginn der Koranverteilungsaktion »Lies« erleben konnte oder im September 2014, als sich salafistische Aktivisten als sogenannte »Scharia-Polizei« aufspielten. Die nicht zu leugnenden und ernstzunehmenden Ängste und Sorgen in der Bevölkerung machen eine vernünftige Auseinandersetzung mit dem Phänomen nötig. Deshalb wenden sich die Autoren dieses Buches zugleich gegen etwaige exklamatorische und alarmistische Tendenzen. Ihre Beiträge sind unaufgeregt, beteiligen sich dafür aber mit verlässlichen Informationen an der Debatte. So bieten sie dem Leser einen Leitfaden durch die Thematik.

»Nicht alle Salafisten sind Terroristen, aber alle uns bekannten islamistischen Terrorverdächtigen haben einen salafistischen Hintergrund.« Das erklärte der frühere Bundesinnenminister Hans-Peter Friedrich (CSU) unter anderem am 14. April 2012 der »Südwest-Presse«. Davor und danach sind [Stand: August 2014] laut dem Präsidenten des Bundesamts für Verfassungsschutz, Hans-Georg Maaßen, inklusive Rückkehrer insgesamt mehr als 400 Verdächtige mit dem Ziel Syrien und Irak ausgereist. Ein Großteil schloss sich dem Kampf der dortigen radikal-islamistischen Milizen an – seit 2014 in erster Linie der Terrororganisation »Islamischer Staat (IS)« (ehemals »Islamischer Staat in Syrien und Scham«; kurz: ISIS). Im Zuge größerer militärischer Eroberungen ab Ende 2013 rief die Organisation unter ihrem Anführer Abu Bakr al-Baghdadi im Juni 2014 in den nördlichen Landesteilen des Iraks und Syriens ein »Kalifat« aus, in dem sie mit Brutalität und Bestialität für Angst und Schrecken sorgt und insbesondere Minderheiten wie Jesiden, Christen und Schiiten terrorisiert. Im Internet kursieren seit dem Fotos und Videos, die auch junge Männer aus Deutschland beim Posieren mit (teilweise entstellten) Leichen ihrer Opfer zeigen, bei Kampfhandlungen oder bei Propagandareden. Be-

---

1 | Siehe zu diesem Thema auch Thorsten Gerald Schneiders (2010) (Hg.): Islamfeindlichkeit – Wenn die Grenzen der Kritik verschwimmen«, 2. Aufl. Wiesbaden.

kannt geworden ist vor allem ein Foto, auf dem ein Dschihadist aus Dinslaken in Nordrhein-Westfalen offen den abgetrennten Kopf eines Menschen in die Kamera hält. Mehrere Deutsche sollen zudem Selbstmordanschläge in der Region verübt haben. In der Regel waren diese »Kämpfer« ehedem Teil der salafistischen Szene in Deutschland. Sie haben hier Vorträge gehört, sogenannte Islamseminare belegt, sich an öffentlichen Aktionen der verschiedenen Gruppen beteiligt, und diese Szene wird seit einigen Jahren stetig größer. Nach Angaben des Leiters der Abteilung für Verfassungsschutz im Innenministerium von Nordrhein-Westfalen, Burkhard Freier, im Januar 2013, hatte sich die Zahl der Mitglieder allein in diesem Bundesland binnen eines Jahres verdoppelt. Die sichtbare Zunahme fundamentalistischer Muslime im Straßenbild deutscher Städte wird also auch von objektiven Zahlen bestätigt. Doch wo kommen diese Salafisten historisch gesehen her? Was wollen sie genau bewirken? Was macht sie trotz ihrer strengen Glaubensregeln gerade für Jugendliche so attraktiv? Sind wirklich alle eine Bedrohung für die deutsche Gesellschaft? Wie lässt sich dem Erstarken der Bewegung vorbeugen? Das sind die großen Leitfragen dieses Buchs.

DER BEGRIFF SALAFISMUS

Die Bezeichnung Salafismus ist relativ neu und erst seit wenigen Jahren in der öffentlichen Wahrnehmung präsent.[2] Bis dato war vorwiegend von islamischem Fundamentalismus, politischem Islam oder ganz allgemein von Islamismus die Rede. Etwa gleichzeitig mit »Salafismus« begann sich auch der Begriff »Dschihadismus« im öffentlichen Sprachgebrauch durchzusetzen. Darin zeigt sich die Einsicht in die Notwendigkeit, auch das Spektrum des islamisch geprägten Aktivismus bzw. Radikalismus differenzierter zu sehen. Bislang wurden auf der einen Seite die türkische Regierungspartei AKP und auf der anderen Seite die Terrororganisation al-Qaida – ob zu Recht oder nicht – mit dem Begriff Islamismus in Verbindung gebracht. Das ist primär der vorherrschenden sprachlich-begrifflichen Unsicherheit geschuldet. Auch der Terminus »Islamismus« ist relativ jung. Spätestens nach der Iranischen Revolution 1979 ins öffentliche Bewusstsein gelangt, dauerte es gut 20 Jahre, bis er durch die Hamas, den Islamischen Dschihad und ähnliche Akteure im Nahostkonflikt eine Neubelebung erfuhr.[3] Unwiderruflich festgesetzt im deutschen Sprachgebrauch (wie im Sprachgebrauch anderer Länder) hat sich der Begriff »Islamismus« dann nach den Anschlägen vom 11. September 2001 in den USA.

Salafismus ist Teil der Religion des sunnitischen Islams. Wie in anderen Religionen gibt es im Islam liberale, konservative und fundamentalistische Hauptströmungen, deren Unterschiede im Kern auf dem Verständnis der religiösen Quellen und der Bewertung der Religionsgeschichte basieren. Der Salafismus, wie man ihn heute in wissenschaftlichen Kreisen versteht, gehört zum fundamentalistischen

---

2 | Lauzière, Henri (2010): »The Construction of Salafiyya: Reconsidering Salafism from the Perspective of Conceptual History«, in: International Journal of Middle East Studies 42/3(2010), S. 369-89.

3 | Schneiders, Thorsten Gerald (2006): Heute sprenge ich mich in die Luft – Suizidanschläge im israelisch-palästinensischen Konflikt: Ein wissenschaftlicher Beitrag zur Frage des Warum. Münster.

Spektrum des Islams (siehe den Beitrag von Tillschneider). Das heißt, seine Auffassungen sind rückwärtsgewandt, streng, wenig kompromissbereit. Fundamentalisten im Islam wie im Judentum oder im Christentum haben laut Josef van Ess eine grundlegende Gemeinsamkeit: Ihre Vertreter nehmen die Ausführungen in Thora, Bibel und Koran wortwörtlich. Sie lehnen jeden Versuch ab, die Kluft zwischen dem historischen Moment des Eintretens dieser Schriften in die Geschichte und den späteren zeitlichen Kontexten in ihren Überlegungen zu beachten. Sie betonen die Unfehlbarkeit der Heiligen Texte, die für sie nichts anderes sind als Gottes eigenes Wort, das um keinen Preis verfälscht oder verändert werden darf.[4] Zugleich sind sie davon überzeugt, dass sie allein die Wahrheit kennen. Ferner betrachten Fundamentalisten alles, was die Menschheit an Wissen schafft, zunächst einmal skeptisch, weil solche »Neuerungen« (arab: bid'a) nach ihrer Auffassung die Gefahr bergen, von Gott wegzuführen. Dabei machen Fundamentalisten in der Regel einen Unterschied zwischen technischen und geisteswissenschaftlichen, philosophischen Erkenntnissen. So sind sie bereit, neue Geräte wie Kühlschränke, Computer oder Mobiltelefone (unter bestimmten Voraussetzungen) zu nutzen, missbilligen aber neues Wissen über das menschliche Dasein in der Morallehre, der Gender-Frage, der Pädagogik etc. Dem liegt eine radikale epistemologische Reduktion zu Grunde, die die rationalen Fähigkeiten des Menschen beim Erwerb von Wissen bzw. beim Validieren dessen weitgehend ausblendet. Ausschließlich religiöse Schriften werden als uneingeschränkte Quelle von Erkenntnis akzeptiert. Verkürzt kann man sagen, alles, was auf menschlicher Vernunft basiert und sich nicht in materiellen Erfindungen niederschlägt, wird negiert – jedenfalls dann, wenn es gemäß der jeweils verfolgten Lesart den Heiligen Schriften widerspricht.

Die Begriffe Salafismus und Salafist haben dieselbe Wurzel wie der eingangs von van Ess erwähnte Begriff Salafit/Salafiten. Bei letzteren (auch Salafi/Salafis, Salafiyya oder ahl al-salaf) handelt es sich um Vertreter einer Bewegung, die Mitte des 19. Jahrhunderts im zusammenbrechenden Osmanischen Reich entstanden ist, beeinflusst von Entwicklungen im indo-pakistanischen Raum – insbesondere durch die klassische Ahl-i Hadith-Bewegung (siehe den Beitrag von Weismann). Sie wollten die verkrusteten Strukturen der damals vorherrschenden und etablierten islamischen Gelehrtenwelt aufbrechen und modernisieren. Angesichts dieser Reformbemühungen war der Begriff Salafiyya eben auch lange Zeit positiv besetzt, wie van Ess meint, und nicht mit Engstirnigkeit und Antimodernismus verbunden, wie es der Begriff Salafismus heute ist.

Einige Jahrzehnte vor den Salafiten war im Zentrum der arabischen Halbinsel, im Naschd, bereits eine andere Reformbewegung entstanden: die Wahhabiten (arab.: Wahhâbiyya). Sie kennzeichnete ein dogmatischer Rigorismus, der sich vor allem gegen andere islamische Strömungen richtete und gegen die im Volk populären Praktiken wie Heiligenverehrung oder Maulid (Geburtstagsfeiern vor allem zu Ehren des Propheten Mohammed). Zwischen Salafiten und Wahhabiten gab es inhaltliche Übereinstimmungen, es trennte sie aber auch einiges, insbesondere weil sich die Anhänger des Gründers Muhammad Ibn Abd al-Wahhab (gest. 1792) an den bereits damals mächtigen Stamm der Saud gebunden hatten. Während die Wahhabiten ihre Doktrin durchsetzen wollten, wollten die Saud die politische Macht in der

---

4 | Ess, Josef van (1996): »Verbal Inspiration? Language and Revelation in Classical Islamic Theology«, in: Stefan Wild (Hg.): The Qur'ân as text. Leiden, S. 177-194, hier: S. 149.

Region erlangen. Da sie glaubten, jeweils voneinander profitieren zu können, gingen sie eine Allianz ein, die bis in die Gegenwart des modernen Saudi-Arabiens anhält. Diese spezifische politische Prägung des Wahhabismus ist mithin das auffälligste Unterscheidungsmerkmal zu den Salafiten (siehe den Beitrag von Gharaibeh).

Salafiyya wie auch Wahhabiyya sind ideengeschichtlich keine auf die Religion des Islams beschränkte Entwicklungen. Jenseits der islamischen Welt gibt es vergleichbare Strömungen. Der Islamwissenschaftler Rüdiger Lohlker beispielsweise betrachtet die Salafiten als ein historisch entstandenes Phänomen in globalgeschichtlicher Verflechtung. Dabei verweist er unter anderem auf Strömungen wie den Puritanismus und den Pietismus (siehe seinen Beitrag).

Zur Mitte des 20. Jahrhunderts verlor die Salafiyya zunächst wieder an Bedeutung. In den meisten arabischen Ländern – vorneweg Ägypten, Syrien, Irak – sowie unter den Palästinensern erlebten die aus Europa stammenden säkularen Ideologien Nationalismus, Sozialismus und Kommunismus einen Aufschwung. Mit dem zunehmenden Gefühl deren Scheiterns erhielten die islamistischen und auch die salafistischen Ideen wieder neuen Auftrieb. International brachten sich deren Vertreter erstmals 1979 wieder stärker ins Gespräch, als eine Abspaltung der indischen Neo-Ahl-i Hadith-Bewegung die Große Moschee von Mekka erstürmte. Nach Deutschland kam die Bewegung erst Mitte der 1990er Jahre, zunächst in Gestalt kleinerer, relativ unauffälliger Gruppen von Exilanten. Ab 2004/2005 wurde sie dann durch das offensive Auftreten politisch-missionarischer Aktivisten auch öffentlich stärker wahrnehmbar (siehe den Beitrag von Dantschke).

Weder die Salafiten noch die Wahhabiten haben eine grundlegend neue Denkrichtung im Islam geschaffen. Ihre Vertreter knüpfen inhaltlich an klassisch-islamische Gelehrte (vor dem Jahr 1800) an, die ähnliche Auffassungen bzw. Bestandteile davon durch beinah die gesamte islamische Geschichte hindurch in der einen oder anderen Form vertreten haben. Nach van Ess bilden diese Positionen seit dem 9. Jahrhundert eine grundlegende Lehrmeinung in der islamischen Theologie.[5] Die bekanntesten Vertreter sind Ibn Taymiyya und sein Schüler Ibn Qayyim al-Dschauziyya im 14. Jahrhundert (siehe die beiden Beiträge von Krawietz) sowie Ibn Hanbal im 9. Jahrhundert (siehe den Beitrag von Schneiders). Sie alle priesen das Vorbild der Urgemeinde als perfekten Zustand der Umma (der islamischen Gemeinschaft). Zu dieser Urgemeinde zählen vor allem die ersten drei muslimischen Generationen, die so genannten al-salaf al-sâlih (die frommen Altvorderen). Von diesen leitet sich sowohl die Bezeichnung Salafiten als auch die Bezeichnung Salafisten im Sinne von Anhänger der Altvorderen ab. Deren Handeln gilt ihnen als das einzig richtige Verständnis der Religion des Islams. Die Art und Weise, wie diese Altvorderen Gottes Offenbarungen begriffen haben und dem Vorbild des Propheten gefolgt sind, dient Salafiten/Salafisten – in der Theorie – als absolute Richtschnur auch für die Gegenwart. Die Referenzfunktion dieser ersten drei Generationen ergibt sich zum einen daraus, dass sie zeitlich am nächsten am Propheten Mohammed gewesen sind und deshalb am besten beurteilen konnten, wie dieser Gottes Offenbarungen verstanden und gelebt hat. Zum anderen wird die Ausnahmestellung der al-salaf al-sâlih und ihre Begrenzung auf drei Generationen durch einen Hadith vorgegeben, den die beiden wichtigsten Überlieferer, Muhammad al-Bukhâri (gest. 870) und Muslim Ibn al-Hadschdschadsch (gest. 875), in ihren

---

5 | Ess (1996): S. 192.

kanonischen Sammlungen aufführen. Demnach hat der Prophet Mohammed gesagt: »Die besten Menschen sind diejenigen, die in meiner Gemeinde leben, dann diejenigen, die nach ihnen kommen, dann diejenigen, die nach diesen kommen.« Ganz praktisch stellt sich allerdings die Frage: Welche gesicherten Erkenntnisse gibt es überhaupt über die al-salaf al-sâlih und deren Theologie bzw. deren Rechtsverständnis? Diese Frage ist weitgehend offen. Es gibt nicht viele Wissenschaftler, die sich näher damit befassen oder befasst haben. Angesichts der dürftigen Quellenlage ist das Studium der Frühzeit des Islams mühsam. Aus dem 7. und 8. Jahrhundert liegen kaum schriftliche Zeugnisse vor und die späteren Aufzeichnungen sind quellenkritisch nicht unproblematisch. Andreas Görke und Christopher Melchert gehen näher auf dieses Thema ein und zeigen zugleich, wie führende Gelehrte der Salafistenszene mit dieser Problematik umgehen (siehe ihren Beitrag).

Die für das aktuelle Phänomen nunmehr vorwiegend benutzte Bezeichnung Salafismus mit dem Suffix »-ismus« als Hinweis auf eine starre, dogmatische Einstellung ist nicht nur gerechtfertigt, sondern auch angemessen. Alle Vertreter des Salafismus verbindet eine bestimmte Radikalität, sowohl hinsichtlich ihrer Glaubensvorstellungen, als auch hinsichtlich der Abgrenzung zu Menschen mit anderen Auffassungen. Manche Beobachter der Szene sehen daher auch Überschneidungen mit totalitären Ideologien, die die Welt in der jüngeren Vergangenheit hervorgebracht hat. Populär ist beispielsweise die Gleichsetzung mit dem Faschismus, wie sie zuletzt der deutsch-ägyptische Autor und Politikwissenschaftler Hamed Abdel-Samad öffentlichkeitswirksam verteidigt hat. In der Wissenschaft ist die Theses allerdings umstritten (siehe den Beitrag von Pfahl-Traughber).

Eine saubere begriffliche Trennung zwischen Salafisten und Salafiten wäre wünschenswert. In der Vergangenheit wurde beides oftmals synonym benutzt, unter anderem von Bassam Tibi in seinem 1985 erschienen Buch »Der Islam und das Problem der kulturellen Bewältigung sozialen Wandels«, heute geschieht das gelegentlich immer noch. Auch im Arabischen wird der Begriff salafî für einen Vertreter und salafiyya für die Bewegung selbst auf die gesamte zeitliche Spannbreite angewandt. Der gegenwärtige Salafismus, um den es in diesem Buch vorrangig geht, ist aber von seinem Wesen und von seiner Ausrichtung her neu und eigenständig. Er hebt sich von der Bewegung der Salafiten deutlich ab. Itzchak Weismann formuliert es so: »Die Salafiten im späten Osmanischen Reich würden sich vermutlich im Grabe umdrehen bei dem Gedanken daran, [wer heute alles als Abkömmling von ihnen gilt].« Der Salafismus, manche setzen auch das Präfix »Neo-« davor, nimmt zwar Anleihen bei den früheren theologischen Denkrichtungen, reagiert aber auf politische und soziale Gegebenheiten der Gegenwart in den islamischen Ländern (nicht nur der arabischen Welt) und gibt sich explizit ablehnend gegenüber der europäisch-amerikanisch geprägten Zivilisation.

FORMEN DES SALAFISMUS

Heute werden gemeinhin drei Hauptströmungen unterschieden: Da ist zunächst die puristische oder auch quietistische. Deren Anhänger halten sich in ihrem Privatleben am strengsten an die theoretischen und theologischen Überlegungen. Sie gelten als die Frommsten und sind am ehesten darauf erpicht, ihr Leben bis ins Detail an den Vorgaben des Propheten Mohammed auszurichten. Es dreht sich alles um ihren Glauben, alles andere wird dem untergeordnet. Um möglichst authentisch zu sein und alle Einflüsse der modernen Welt auszuklammern, versuchen diese Salafisten die Anfangszeit des Islams in ihrem Alltag möglichst weitgehend nachzuahmen. Sie negieren große Teile der islamtheologischen Geschichte als »Neuerungen« – mit Ausnahme der Gelehrten, die ihre Auffassungen (angeblich) bestätigen. Viele von ihnen kleiden sich beispielsweise in knöchellange Gewänder, tragen Vollbärte und eine Häkelkappe – alles so, wie sie glauben, dass es der Prophet Mohammed und seine Zeitgenossen getan haben.

Die zweite Richtung ist die des politischen oder aktivistischen Salafismus. Dessen Anhänger vertreten prinzipiell dieselben Vorstellungen wie puristische Salafisten, verfolgen aber zugleich das Ziel, die Gesellschaft und den Staat nach ihren Vorstellungen umzugestalten (siehe den Beitrag von Armborst). Zu ihrem Glaubensverständnis gehört die Pflicht, da'wa zu betreiben – also zu missionieren, Nichtmuslime zum Islam einzuladen und Muslime zur Vertiefung ihres Glaubens anzuhalten. Dabei wollen sie sowohl Muslime wie auch Nichtmuslime von ihrem Glaubensverständnis überzeugen. Zudem arbeiten sie aktiv gegen die gegenwärtigen politischen Systeme. Weil sie aber, wie in der Politik üblich, hier und da Kompromisse eingehen, um ihre Ziele im Wettstreit mit den anderen Ideologien zu erreichen, sind sie in ihren Auffassungen mitunter weniger prinzipientreu als die Anhänger puristischer Strömungen. Sie sind pragmatischer und bereit, bestimmte Vorstellungen zurückzustellen, bis der richtige Zeitpunkt gekommen ist, um sie umzusetzen. Dadurch können sie vorgeben, sich so lange an die demokratische Verfassung eines Staates zu halten, bis sie eine Mehrheit haben.

Die dritte Richtung ist der dschihadistische Salafismus. Dessen Anhänger sind auch politische Salafisten, auch sie wollen den Wandel der bestehenden sozialen und politischen Verhältnisse – allerdings unter expliziter Einbeziehung von Gewalt (siehe den Beitrag von Baehr). Sie wähnen sich in einem Dschihad, verstanden als Heiliger Krieg gegen Ungläubige. Um ihre Ziele zu erreichen, nehmen sie nicht nur in Kauf, dass Menschen getötet werden, sondern sie rufen aktiv dazu auf. Sie werben für Anschläge und Kriegseinsätze und werten eine Beteiligung daran als religiöse Pflicht. Dieser sogenannte Dschihadismus tritt nicht nur in Kombination mit Salafismus auf, sondern auch in Kombinationen mit anderen islamistischen, fundamentalistischen Strömungen – seien es die Taliban in Afghanistan und Pakistan, das al-Qaida-Netzwerk, die nigerianische Sekte Boko Haram oder Teile der Muslimbrüder bzw. ihrer Ableger wie die palästinensische Hamas-Organisation. Zur Rechtfertigung ihres Vorgehens ziehen Dschihadisten vor allem völkerrechtliche und menschenrechtliche Verfehlungen der USA und Europas heran. Hier fallen Stichworte wie der Irak-Krieg von 2003, das Gefangenenlager Guantanamo oder der US-geführte Drohnenkrieg in Pakistan, Afghanistan und im Jemen, bei dem immer wieder unschuldige Menschen ums Leben kommen. Außerdem wird auf die Diskriminierung und die ungerechte Behandlung von Muslimen insbesondere in den USA und in Europa hingewiesen – Stichwort: Islamfeindlichkeit.

In der Realität verschwimmen die Grenzen der drei Hauptströmungen allerdings stark (siehe hierzu auch den Beitrag von Holtmann). Vorherrschend sind Mischformen. Puristen bedienen sich der Methoden politischer Salafisten, politische Salafisten greifen auf dschihadistische Elemente zurück. Das hängt unter anderem mit dem Verständnis zentraler Begriffe zusammen. So lässt sich das Adjektiv »dschihadistisch« nicht nur auf den aktiven Einsatz von Waffengewalt gegen

Ungläubige anwenden, sondern auch auf eine logistische und finanzielle Unterstützung von Kämpfern. Manche Experten lehnen vor diesem Hintergrund eine Unterteilung des Salafismus in drei Strömungen ab (siehe auch den Beitrag von Abou Taam/Sarhan).

Die Propaganda der politischen und dschihadistischen Salafisten richtet sich zu allererst nach innen: Das heißt, mit ihren radikalen Botschaften wollen sie andere Muslime anwerben.[6] Erst dann wollen sie die ihnen feindlich gesinnte Umgebung ansprechen und einschüchtern. Zu dieser Umgebung zählen ohne Unterschied auch Muslime, die die Auffassungen der Salafisten nicht teilen wollen. Insbesondere dschihadistische Salafisten kennen nur Freund und Feind. Entweder man ist für sie oder gegen sie. Es gibt in dieser Weltanschauung nur schwarz oder weiß: Glaube, so wie sie ihn verstehen, oder Unglaube.

Sowohl beim politischen Salafismus als auch beim dschihadistischen Salafismus bewegt man sich im Bereich des Islamismus. Der Islamismus vereint Muslime, die direkten Einfluss auf die politische Gestaltung ihrer Gesellschaft nehmen wollen. Dabei gibt es gemäßigte und radikale Flügel. Islamismus ist nicht automatisch mit Fundamentalismus und Extremismus gleichzusetzen. Manche islamistische Parteien wollen sich durchaus innerhalb bestehender politischer Systeme einbringen und verzichten auf Gewaltanwendung wie die MSP in Algerien, die PJD in Marokko oder al-Wasat in Ägypten. Als Überbegriff für das Phänomen Salafismus taugt der Begriff Islamismus allerdings nicht. Während alle salafistischen Strömungen Schnittmengen mit dem Fundamentalismus haben, verfolgen nicht alle politische Ambitionen: Die puristischen Salafisten fallen raus. Außerdem sind die Schwerpunkte bei salafistischen und islamistischen Bewegungen anders gesetzt. So spielen der Dogmatismus und die Umgestaltung der Gesellschaft von unten bei Salafisten eine größere Rolle, während Islamisten vor allem auf das Erlangen politischer Macht aus sind, um dann von oben die Gesellschaft neu zu formen.

Um sich Gehör zu verschaffen, nutzen die Salafisten sowohl die virtuelle als auch die reale Welt. Im realen Leben halten sie Kundgebungen ab, gehen für Missions- und Propagandatätigkeiten in Moscheen, bieten Seminare an – sogenannte Islamseminare, in denen sie ihre Vorstellungen lehren. Man findet sie in den Straßen und Fußgängerzonen, wo sie kostenlos Koran-Exemplare verteilen, Flyer anbieten oder das direkte Gespräch mit den Passanten suchen. Hinzu kommen Einzelpersonen, deren Rolle aber nicht ganz eindeutig ist. So wurde beispielsweise in Duisburg vor einiger Zeit bekannt, dass ein Berufsschullehrer und ein Polizeibeamter Mitglieder der salafistischen Szene sind. Ob oder inwieweit sie in ihrem Beruf agitiert und Menschen beeinflusst haben, ist öffentlich nicht bekannt. Am meisten Verbreitung finden die Salafisten jedoch im Internet. Dort haben sie eigene Seiten, eigene Blogs, auch in deutscher Sprache, die einer ganz bestimmten Ästhetik folgen (siehe den Beitrag von Holtmann). Zudem nutzen die Salafisten Facebook, Twitter und YouTube, wo sie Diskussionen führen sowie Texte, Ansprachen, Videos und eine spezifische Form von islamischen Gesängen/Hymnen, sogenannte Naschids (siehe den Beitrag von Said), veröffentlichen, die ihre Vorstellungen und ihren Hass zum Ausdruck bringen.

---

6 | Abu Zayd, Nasr Hamid (2010): »Fundamentalismus. Von der Theologie zur Ideologie«, in: Thorsten Gerald Schneiders (2010) (Hg.): Islamverherrlichung. Wenn die Kritik zum Tabu wird. Wiesbaden S. 159-169, hier: S. 167.

WIE GEFÄHRLICH SIND DIE SALAFISTEN?

Man kann sich vorstellen, dass die Werte, Normen und Regeln, die etwa die Stammesgesellschaft im 7. Jahrhundert auf der arabischen Halbinsel pflegte, nicht mehr zum gegenwärtigen Leben passen. Wenn man nun hingeht und de facto versucht, Vorstellungen aus alten Zeiten ins Hier und Jetzt zu holen, sind Konflikte programmiert, wie insbesondere am Beispiel der Taliban in Afghanistan zu sehen war, die einen so genannten »Steinzeit-Islam« verwirklichen wollten. Aber auch evangelikale Positionen zu Abtreibung, Evolution und Sexualität oder die Ablehnung von Bluttransfusionen bei den Zeugen Jehovas führen zu Konflikten mit der Mehrheitsgesellschaft.

Obwohl die echten puristischen Salafisten in der Regel hinsichtlich ihrer Doktrin am wenigsten kompromissbereit sind, geht von ihnen keine direkte Gefahr für die Gesellschaft aus. Sie leben ihre Vorstellungen privat. Nach außen treten sie allenfalls auf, um ihr Verständnis vom Islam kundzutun.

Der politische Salafismus tritt indes mit anderen weltanschaulichen und religiösen Vorstellungen in einen Wettbewerb. Je mehr Leute dessen Anhänger überzeugen, desto näher kommen sie ihrem Ziel, die (deutsche) Gesellschaft nach ihren Vorstellungen umzugestalten, was aktuell utopisch ist angesichts der vergleichsweise geringen Mitgliederzahlen (siehe weiter unten) und des Widerstands der übrigen Bevölkerung.

Die Gefahren des dschihadistischen Salafismus liegen auf der Hand: Dessen Anhänger bedrohen unmittelbar Leib und Leben der von ihnen ausgemachten Gegner und nehmen auch jederzeit Opfer in den eigenen Reihen in Kauf. Das Bundesamt für Verfassungsschutz stuft Rückkehrer, die in Syrien und im Irak bereits in Kampfhandlungen involviert waren oder dort eine terroristische Ausbildung bekommen haben, als besonderes Sicherheitsrisiko ein – zum einen weil sie ihre gewaltsamen Bestrebungen hier weiterverfolgen, zum anderen weil sie eine Vorbildfunktion einnehmen könnten (Verfassungsschutzbericht 2013: S. 197). Zudem belegen Forschungen, dass die plötzlichen Erfahrungen im Krieg, das unvorbereitete Erleben von Tötungsakten nicht ohne psychosoziale Folgen bleiben. »Wer in einer gewalttätigen Umwelt das Töten gelernt hat, wird bei der Rückkehr nicht nur Schwierigkeiten haben, sich in eine zivilisierte Gesellschaft zu integrieren, sondern tritt häufig auch weiterhin extrem aggressiv auf«, schreiben die Psychologen Roland Weierstall, Maggie Schauer und Thomas Elbert: »So belegen zahlreiche Studien etwa eine gesteigerte Gewaltbereitschaft bei Vietnamveteranen.«[7]

Grundsätzlich ist die Gefahr aber, die im Allgemeinen von Salafisten ausgeht, vergleichbar mit allen anderen extremistischen Strömungen. Sie betrifft zuallererst die unmittelbar angefeindeten Gruppen. Im Fall des Salafismus gehören dazu insbesondere die Schiiten (siehe den Beitrag von Ourghi) und die Nichtmuslime (siehe den Beitrag von Rudolph). Wenn diese nicht direkt bekämpft werden, werden sie abgewertet, beschimpft oder als Bedrohung für die Salafisten selbst stilisiert. Bestenfalls werden sie als potenzielle Konvertiten und Adressaten der Da'wa angesehen.

---

[7] | Weierstall, Roland u.a. (2012): »Der Krieger in uns«, in: Gehirn & Geist: Das Magazin für Psychologie und Hirnforschung 11(2012), S. 28-33, hier: S. 31f.

Rutscht jemand in die Szene ab, hat das Auswirkungen auf das private Umfeld der Betroffenen. Eltern müssen damit rechnen, dass sich ihre zum Salafismus konvertierten Kinder von ihnen entfremden und gänzlich mit ihnen brechen (siehe auch den Beitrag von Fouad/Taubert). Durch das Schwarz-Weiß-Denken kann die eigene Familie zum Feind werden. Hinzu kommt das Risiko, dass der eigene Sohn oder die eigene Tochter ins Visier der Sicherheitsbehörden gerät und später juristisch belangt wird. Bereits unbedachte Äußerungen im Internet können dazu führen, auch der Besuch radikaler Seiten oder Kontakte zu observierten Personen (siehe den Erfahrungsbericht einer Aussteigerin in diesem Band). Am Ende steht möglicherweise die Verwicklung in Anschlagspläne oder sogar die aktive Beteiligung an Kampfeinsätzen. Der Fall einiger Schüler aus dem nordrhein-westfälischen Dinslaken, die 2013 offenbar über die Türkei in den syrischen Bürgerkrieg ziehen wollten, zeigt, wie sich junge Leute (in diesem Fall ohne familiären Bezug zu Syrien) verhältnismäßig schnell und unauffällig radikalisieren lassen. In weniger als einem Jahr muss der Entschluss nach Angaben ihrer früheren Islamlehrerin, der Wissenschaftlerin und Autorin Lamya Kaddor, gefasst worden sein, und nicht einmal das engste Umfeld hatte Verdacht geschöpft (siehe Zeit online, 25.5.2013). Mutmaßlich standen sie unter dem Einfluss eines einzelnen Salafistenpredigers (NRZ, 4.4.2014).

In die Auseinandersetzung mit Salafisten können auch Unbeteiligte hineingezogen werden. In Mönchengladbach sorgte ab Herbst 2010 der Widerstand eines ganzen Stadtteils gegen die Ansiedlung eines salafistischen Vereins über Wochen und Monate für bundesweites Aufsehen. Menschen wurden bedroht und eingeschüchtert, Eigentum wurde mutwillig beschädigt, es gab Verletzte und Festnahmen (siehe den Beitrag von Peters). In Solingen und Bonn kam es im Mai 2012 zu gewalttätigen Konfrontationen mit der Polizei. Dabei wurden mehrere Beamte durch Gegenstände und tätliche Übergriffe verletzt, zwei davon schwer. Der damals 26-jährige Angeklagte gestand vor Gericht, eine Polizistin und einen Polizisten mit dem Messer attackiert zu haben: »Gelehrte sagen, wer den Propheten Mohammed beleidige, verdiene den Tod«, rechtfertigte er die Tat in seinem Prozess (FAZ, 10.10.2012). Hintergrund der Ausschreitungen waren rechtspopulistische Kundgebungen, bei denen Karikaturen des Propheten Mohammed gezeigt wurden (zur Instrumentalisierung der Salafismus-Problematik durch Rechtspopulisten und Rechtsextreme siehe den Beitrag von Häusler/Roeser). Anfang Mai 2014 sorgte die vorübergehende Schließung eines Jugendzentrums in Frankfurt a.M. im Stadtteil Gallus für Schlagzeilen. Demnach hatte eine Gruppe salafistischer Jugendlicher eine Mitarbeiterin des Hauses beschimpft und bedroht, so dass sich der Träger der Einrichtung aus Sicherheitsgründen zu diesem Schritt veranlasst sah.

WAS MACHT DEN SALAFISMUS SO ATTRAKTIV?

Wie alle Formen des Extremismus wirbt der Salafismus gezielt Menschen an, übt aber auch automatisch einen gewissen Reiz aus. Der Bundesverfassungsschutz betont: »Der Salafismus bleibt in Deutschland wie auch auf internationaler Ebene die zurzeit dynamischste islamistische Bewegung.« (Vgl. Verfassungsschutzbericht 2013: 199) Wie kommt das, wenn einem das Gefühl sagt, eine solch streng geregelte Lebensführung sollte gerade junge Menschen in Deutschland eher abschrecken? Die Ursachen sind vielfältig (siehe den Beitrag von Nordbruch, Müller und Ünlü).

Der Salafismus lockt mit einfachen und klaren Botschaften. Er ist leicht zu verstehen: Man muss sich lediglich an die religiösen Gebote halten, und diese werden einem von »Brüdern und Schwestern« ganz bequem beigebracht.

Vielen Menschen fehlt eine Orientierung im Leben. Sie sind überfordert von den Möglichkeiten, die ihnen eine offene Gesellschaft bietet, und können sich nicht entscheiden, welche der Angebote sie annehmen sollen. Für sie sind klare Vorgaben mitunter das, was sie gesucht haben, um ihrer Weltflucht eine Richtung zu geben. Zudem bekommen sie bei den Salafisten ein Gemeinschaftsgefühl vermittelt. Sie müssen sich nicht mehr allein beweisen, sondern halten zusammen gegen äußere und innere Bedrohungen.

Unwissenheit kann zum Abgleiten in den Extremismus führen. Die Aussteigerin, die in diesem Band ihre Erfahrungen schildert, erklärt, für sie seien alle Muslime gleich gewesen. Dass Salafisten Vertreter einer besonders strengen Strömung sind, war ihr damals nicht bewusst, mit Begriffen wie Fundamentalismus konnte sie nichts anfangen. Für sie war das, was man ihr über die Religion beibrachte, einfach nur »der Islam«.

Anders als bei manch anderer Form des Extremismus in Deutschland kommt beim Salafismus hinzu, dass die meisten Anhänger ausländischer Herkunft sind. Die salafistische Szene hat zwar auch Mitglieder mit deutschen Wurzeln, aber nach Angaben des Verfassungsschutzes besteht sie zu 90 Prozent aus Menschen, die entweder selbst einen Migrationshintergrund haben oder aus Familien mit ausländischer Herkunft stammen.[8] Insbesondere Nachkommen von Migranten wissen manchmal nicht, wohin sie national gehören. In Deutschland wird ihnen das Deutschsein abgesprochen, im Heimatland ihrer Eltern gibt man ihnen ebenfalls zu verstehen, dass sie anders (geworden) sind. Der Salafismus bietet den Islam als Ersatzidentität an, als eine höhere Form der Identifizierung. Diese erlaubt es, sich über die rein menschlichen Kategorien wie Nation oder Kultur zu erheben.

Ein Teil der Mitglieder der salafistischen Szene stammt aus einfachen Verhältnissen. In der sozialen Realität Deutschlands ist das häufig mit Bildungsdefiziten bzw. Schulversagen verbunden. Den Betroffenen fehlt letztlich eine zuverlässige berufliche Perspektive, und sie fürchten, sich später nicht erfolgreich auf dem Arbeitsmarkt etablieren zu können. Kommt eine ausländische Herkunft dazu, kann sich dieses Gefühl durch verbreitete Ressentiments verstärken. Muslimen scheint der Salafismus in solchen Situationen nicht nur die Möglichkeit zu geben, ihrem Leben dennoch einen Sinn zu verleihen, sondern er vermittelt ihnen darüber hinaus das Gefühl, wichtig zu sein, eine ehrenvolle Rolle in der Gesellschaft zu übernehmen, Respekt zu erfahren, Macht zu erlangen. Innerhalb kürzester Zeit dürfen sich die Anhänger berufen fühlen, über einer moralisch verkommenen Welt zu stehen und vom Weg abgekommenen Muslimen die »Wahrheit« wieder nahe zu bringen.

Jugendliche mit ausländischen Wurzeln machen im Alltag Erfahrungen mit Diskriminierung und Ausgrenzung. Das können direkte Erlebnisse schon im Kindergarten sein und/oder indirekte, die sie entweder im privaten Umfeld machen, wenn Eltern, Verwandte, Freunde oder Bekannte aufgrund von äußerlichen Eigenschaften bzw. Religionszugehörigkeit schlecht behandelt werden, oder durch

---

8 | www.mik.nrw.de/fileadmin/user_upload/Redakteure/Verfassungsschutz/Dokumente/Bericht_SalafistenIslamistenSzene_10-01-2013.pdf

öffentliche Diskussionen – hier sei beispielsweise an die Sarrazin-Debatte 2010 erinnert und an die Debatte über die Zugehörigkeit des Islams zu Deutschland. Insbesondere Jugendlichen, die hier geboren wurden oder aufgewachsen sind und die eigentlich kein Land besser kennen, vermitteln solche Erlebnisse, dass sie als Teil dieser Gesellschaft in Frage gestellt werden. In solchen Situationen sind Jugendliche besonders anfällig für Lockrufe radikaler Strömungen, gerade wenn sie sich gegen diese »ungerechte« Gesellschaft wenden (siehe den Beitrag von Waldmann).

Persönliche Dispositionen, mangelnde Beziehungen zu Primärangehörigen und fehlende Aufmerksamkeit können ein Abgleiten in den Radikalismus befördern. In solchen Fällen sind auch Menschen aus wohlhabenden Verhältnissen, ohne gesellschaftliche Diskriminierungserfahrungen und mit ausgezeichneter beruflicher Perspektive betroffen. Der französische Wissenschaftler Oliver Roy vergleicht den Salafismus in diesem Zusammenhang mit der Rote Armee Fraktion. Auch deren Anhänger hätten sich zunächst gegen ihre Eltern erhoben. Sie bezeichneten diese als Faschisten und warfen ihnen vor, nur an Konsum interessiert zu sein. Roy meint, es sei ein Fehler, den Salafismus als eine Art »Kampf der Kulturen« zu sehen. Salafismus sei vielmehr eine bestimmte Form der Radikalisierung einer westlichen oder verwestlichten Jugend (vgl. Der Tagesspiegel, 3.2.2014). Ähnlich argumentiert auch Aladin El-Mafaalani, der Parallelen zu Jugendprotestbewegungen wie dem Punk ausgemacht hat (siehe seinen Beitrag). Verfassungsschutzbehörden sprechen inzwischen ebenfalls von einem Trend hin zur »Jugendkultur« bzw. von einem »Lifestyle« (vgl. Verfassungsschutzbericht des Landes Nordrhein-Westfalen über das Jahr 2013: 11).

GRÖSSE DER SZENE

Die Mehrzahl der Salafisten sind politische Salafisten. Verfassungsschutzbehörden, die bislang die einzige seriöse Quelle für quantitative Aussagen über den Salafismus sind, sprechen von 90 Prozent (ebd. 125). Reine Dschihadisten und reine Puristen sind somit eine Randerscheinung. Es gibt eine Reihe von Einrichtungen/Moscheen sowie virtuellen und physischen Zusammenschlüssen, die der Salafisten-Szene zugerechnet werden. Darunter sind Vereine wie »Einladung zum Paradies« in Mönchengladbach, »Die Wahre Religion« im Raum Köln/Bonn, »Helfen in Not e.V.« in Neuss oder die hauptsächlich über das Internet vernetzten Gruppen »Tauhid Germany« oder »Ansarul Aseer« (ebd. S. 128f.). Der Verein »Millatu Ibrahim« mit etwa 50 Mitgliedern wurde 2012 verboten, nachdem es zu den öffentlichen Auseinandersetzungen in Solingen und Bonn gekommen war.

Mehrere prominente Köpfe geben der Szene in Deutschland ein Gesicht. Das sind insbesondere die deutschen Konvertiten Pierre Vogel und Sven Lau, der Deutsch-Palästinenser Ibrahim Abou Nagie sowie der Deutsch-Syrer Hassan Dabbagh (siehe den Beitrag von Wiedl/Becker). In jüngerer Zeit machten weitere, zumeist radikalere Protagonisten auf sich aufmerksam. Zu nennen wären der Deutsch-Ghanaer und ehemalige Rap-Musiker Denis Cuspert sowie der Österreicher ägyptischen Ursprungs, Mohamed Mahmoud. Beide sind Teil der gewaltbereiten Szene. Cuspert soll inzwischen als Dschihadist für die Terrororganisation »Islamischer Staat« in Syrien und im Irak kämpfen, Mahmoud wurde 2013 vermutlich auf dem Weg nach Syrien in der Türkei inhaftiert.

Im bevölkerungsreichsten Bundesland Nordrhein-Westfalen geht das Innenministerium in Düsseldorf davon aus, dass 1.500 Personen der salafistischen Szene zugerechnet werden müssen, das sind doppelt so viele wie im Jahr zuvor, rund 150 gelten als besonders aktiv im dschihadistischen Salafismus (vgl. Verfassungsschutzbericht des Landes Nordrhein-Westfalen über das Jahr 2013: 127). Bundesweit wurde die Zahl mit 5.500 Anhängern angegeben – Tendenz steigend (Verfassungsschutzbericht 2013: 199). Einige hundert davon werden der dschihadistischen Szene zugerechnet, gelten den Behörden somit als Gefährder. Eine Ursache für den Anstieg ist der Bürgerkrieg in Syrien. Im Zuge dessen entwickelten sich ganze Salafisten-Szenen neu wie die in Dinslaken-Lohberg. Bis Anfang 2014 hatten die Sicherheitsbehörden Erkenntnisse zu mehr als 270 »deutschen Islamisten bzw. Islamisten aus Deutschland« die »in Richtung Syrien« ausgereist sind (ebd. S. 196).

Den 5.500 Salafisten steht in Deutschland eine muslimische Bevölkerung von bis zu 4,3 Millionen Menschen gegenüber und eine Gesamtgesellschaft von mehr als 80 Millionen Menschen. In Relation dazu ist die Zahl der Salafisten klein – a fortiori die der gewaltbereiten unter ihnen. Zum Vergleich: Der Verfassungsschutz rechnete 2013 mit fast 10.000 gewaltbereiten Rechtsextremisten. Das ist fast jeder zweite der insgesamt rund 22.500 erfassten Personen. Hinzu kommen noch einmal mehr als 7.000 gewaltbereite Linksextremisten.[9]

Der Salafismus ist folglich nicht die alles andere überlagernde Gefahr in Deutschland, trotzdem sehen die Sicherheitsbehörden gute Gründe, diese Szene genau zu beobachten (siehe den Beitrag von Abou Taam/Sarhan). Der frühere Bundesinnenminister Friedrich erklärte, die Zahlen allein seien nicht entscheidend, »was schwerer wiegt, ist ihre Entschlossenheit und Gefährlichkeit, mit der [Salafisten] zu Werke gehen, insbesondere auch im Internet.«

WAS KANN MAN TUN?

Um zu verhindern, dass Menschen in extremistische Milieus abgleiten – egal ob fundamentalistische, rechts- oder linksextremistische – ist jeder einzelne Bürger zum Handeln aufgerufen. Eine gesunde gesellschaftliche Kontrollfunktion gilt als Basis der Präventionsarbeit. Die Experten sind zum Teil darauf angewiesen, dass jeder in seinem persönlichen Umfeld darauf achtet, ob sich Angehörige, Freunde oder Bekannte in einer Gefährdungslage befinden. Inzwischen gibt es für den Bereich Islamismus/Salafismus bundesweit mehrere Beratungsstellen, die Hilfen anbieten. Als Beispiele seien genannt die »Beratungsstelle Radikalisierung« im Bundesamt für Migration und Flüchtlinge in Nürnberg, die Beratungsstelle »Hayat« des »Zentrums Demokratische Kultur« in Berlin sowie die Beratungsstelle »Kitab« in Bremen (siehe den Beitrag von Fouad/Taubert).

Da besonders junge Menschen anfällig für die Verlockungen des Salafimus zu sein scheinen, sind Schulen, Jugendzentren, Vereine zu besonderer Wachsamkeit aufgerufen. Das verdeutlicht unter anderem das erwähnte Beispiel des geschlossenen Jugendzentrums im Gallus in Frankfurt a.M. Um diese Kontrollfunktionen leisten zu können, müssen Mitarbeiter zunächst für das Thema sensibilisiert, dann in der

---

9 | www.verfassungsschutz.de/de/arbeitsfelder/af-linksextremismus/zahlen-und-fakten-linksextremismus/zuf-li-2012-personenpotenzial.html

Sache aufgeklärt, informiert und schließlich im Umgang mit Betroffenen geschult werden. Gleiches gilt für staatliche Stellen. Mitunter arbeiten staatliche Einrichtungen (unwissentlich) mit Personen im Dunstkreis des Islamismus/Salafismus zusammen. Die Stadt Rostock etwa veranstaltete im Jahre 2010 einen Architekturwettbewerb, um den Moscheebau eines islamischen Vereins zu unterstützen, der nach eigenen Angaben 75 Prozent der erforderlichen Finanzmittel von der »Islamischen Weltliga« mit Hauptsitz in Mekka bekommt, die seit 1962 für die Verbreitung der in Saudi-Arabien herrschenden Islamauffassung arbeitet.[10] In Erfurt arbeitet der Imam des Internationalen Islamischen Kulturzentrums, wo schon Salafisten wie Hassan Dabbagh, Pierre Vogel oder Muhamed Çiftçi zu Gast waren, als Seelsorger in einer Justizvollzugsanstalt (FAZ, 30.5.2012; Thüringer Allgemeine, 12.2.2011).

Um die nötige Aufklärungsarbeit zu leisten, sind neben dem Staat und den zivilgesellschaftlichen Organisationen auch die Kirchen (siehe den Beitrag von Lemmen) sowie die Islamverbände bzw. die einzelnen Moscheegemeinden (siehe den Beitrag von Thielmann) aufgerufen, sich zu beteiligen. Gerade mit Blick auf letztere fällt auf, dass salafistische Prediger mitunter die Möglichkeit haben, auch in weitgehend unauffälligen Moscheen, manchmal sogar in Trägerschaft der großen Islamverbände in Deutschland (wie Pierre Vogel etwa am 25. November 2006 in Dinslaken), Vorträge zu halten oder Seminare zu geben. Manche Gemeinden werden teilweise von Salafisten oder radikalen Islamisten dominiert, was von anderen Besuchern stillschweigend hingenommen wird, worauf Navid Kermani schon vor Jahren in seinem Beitrag »Distanzierungszwang und Opferrolle« für Die Zeit (48/2004) hingewiesen hat. Ein Beispiel, wie der Kampf gegen den Extremismus in Kooperation mit islamischen Organisationen erfolgen kann, bietet das prämierte Antiradikalisierungsprojekt »Muslim 3.0« in Kooperation mit dem Liberal-Islamischen Bund (LIB e.V.) (siehe den Beitrag von Stumpf/Schreiber).

Auch Politik und Medien sind angehalten, sich des Themas ernsthaft anzunehmen. Es hilft in der Sache nicht weiter, wenn die Gefahren des Salafismus für Eigenprofilierung, zur Beförderung gegenläufiger Ideologien oder zur Popularitäts- bzw. Quotensteigerung missbraucht werden. So wird seit längerem darüber diskutiert, ob Medien Protagonisten des Salafismus eine Bühne bieten sollten, auf der sie ihre Thesen verbreiten bzw. sich moderat geben und als Opfer islamfeindlicher Tendenzen stilisieren können (Spiegel online, 14.9.2006). Trotzdem sitzen beispielsweise Salafisten gemäß dem Konzept, größeres Publikumsinteresse zu erzeugen, indem man extrem gegensätzliche Meinungen aufeinander prallen lässt, immer wieder auch in politischen Talkshows des öffentlich-rechtlichen Fernsehens wie »Sabine Christiansen« (zweimal 2006), »Hart aber Fair« (2007) oder »Menschen bei Maischberger« (2006, 2012, 2014).

Den eindeutigsten Handlungsauftrag haben jedoch die Sicherheitsbehörden. Dschihadistische Salafisten und politische Salafisten im Grenzbereich müssen mit allen Mitteln des Rechtsstaats konsequent bekämpft werden. Das Verhindern von Gewalttaten, die Beobachtung von Gefährdern bleibt Aufgabe des Staates. Und dieser Aufgabe kommt er auch nach. Es gab zwar tragischerweise 2011 mit dem tödlichen Angriff des damals 21-jährigen Arid Uka auf US-Soldaten am Frankfur-

---

10 | Frank W. Horst (2013): Towards a Dynamic Analysis of Salafi Activism Conclusions from a Dissection of Salafism in Germany [Working Paper 6, Januar 2013]. Herzliya [http://www.ictwps.com/default/assets/File/ICTWPS%20-%20Frank%20Horst%20-%206.pdf].

ter Flughafen bereits einen Anschlag in Deutschland, der als salafistisch motiviert gilt, aber in der Regel werden solche Taten im Planungs- oder Versuchsstadium verhindert. Mehrere gewaltbereite Salafisten/Islamisten wurden in der Vergangenheit inhaftiert oder sind im Zuge strafrechtlicher Verfolgung aus Deutschland ausgereist. Vereine wurden verboten und Internetseiten geschlossen.

Bei ihrem Vorgehen gegen die Szene ist es auch für die Behörden wichtig, dass sie differenzieren zwischen Personen und Organisationen, die Leib und Leben bedrohen, sowie solchen, die lediglich gesellschaftliche Gefahren bedeuten – und zwar aus zwei Gründen:

1. wegen der Effektivität der Gefahrenabwehr. Die Behörden sollten ihre Energie nicht darauf verschwenden, vergleichsweise harmlose Personen in den Fokus zu nehmen,
2. wegen der Islamfeindlichkeit im Land, die durch unüberlegtes Handeln genährt werden könnte, was in zweifacher Hinsicht kontraproduktiv wäre:
   A. es bestätigt die Propaganda der Salafisten, wonach sich die deutsche Gesellschaft gegen »den Islam« verschworen habe, und das fördert die Entwicklung, dass sich Muslime dem Salafismus zuwenden;
   B. Muslime können von der Kooperation mit staatlichen Stellen abgehalten werden, weil sie sich am Ende vielleicht bei radikaleren Muslimen sicherer fühlen als bei einer Behörde, die ihnen als islamfeindlich gilt.

Die Möglichkeiten des demokratischen Rechtsstaats sind allerdings begrenzt. Puristische Salafisten gehen ihn streng genommen nichts an. Gegen sie kann er nicht einschreiten. Sie werden vom Verfassungsschutz offiziell nicht überwacht. Auch beim politischen Salafismus haben die Behörden keine freie Hand: Sie müssen zwischen Sicherheit und Freiheitsrechten abwägen. Bis zu einem gewissen Grad muss eine demokratische Gesellschaft unbequeme politische Haltungen aushalten. Solange geltendes Recht eingehalten wird, genießen auch politische Salafisten den Schutz des Rechtsstaats (siehe den Beitrag von Münkler).

Aufbau des Buchs

Die hier kursorisch dargestellten Themen werden in etwa gleicher Abfolge im Buch ausführlich thematisiert. Inhaltliche Doppelungen in den Beiträgen wurden weitgehend getilgt, an manchen Stellen ließen sie sich aber nicht vermeiden. Das ist dem Ansatz geschuldet, dass man auch jeden einzelnen Beitrag für sich genommen verstehen soll, ohne erst weite Teile des Buchs erfassen zu müssen. Allerdings helfen Wiederholungen auch, bestimmte Ansichten zu bestätigen, ebenso wie einzelne im Band vorhandene inhaltliche Widersprüche helfen, unterschiedliche Einschätzungen auszumachen. Eine adäquate Sicht auf das Thema Salafismus lässt sich nur kumulativ erreichen. Eben darin liegt der Vorteil von Sammelbänden. Sie nehmen die Herangehensweisen, Erfahrungswerte und Perspektiven unterschiedlicher Personen und nicht nur eines Autors auf. Der Leser hat dadurch eine bessere Möglichkeit, sich ein eigenes Bild zu machen.

Das Buch folgt keiner einheitlichen Transkription. Zwar haben sich Herausgeber und Autoren um eine einigermaßen homogene Umschrift bemüht, doch in aller Konsequenz ist das nicht möglich, ohne dabei zu noch mehr Verwirrung beizutragen: Bestimmte Namen und Fachbegriffe haben sich im Deutschen zum Teil in einer eigenen Schreibweise etabliert (Gamal Abdel Nasser, Dschihad etc.). In der Literatur existieren Unterschiede, die sich durch Originalzitate auch in diesem Buch niederschlagen. Titel von zitierten Büchern und Aufsätzen folgen bisweilen ebenso eigenen Schreibweisen für ein und dasselbe Wort. Ferner kommen Zitate aus Webblogs, Foren, anderen Internetseiten und sonstigen losen Quellen hinzu, die zum Teil gar keine einheitliche Transkription haben. Allein der Name des Propheten lässt sich Muhammad, Mohammed, Mouhammed, Muhamed etc. schreiben. Eine Orientierungshilfe bei Namen und Fachbegriffen bietet aber das Onlinelexikon Wikipedia, das in der Regel auch mehrere Formen der Umschrift erkennt und aufführt. Dort, wo die Transkription in Verantwortung des Herausgebers und der Autoren liegt, haben wir uns weitgehend an der deutschen Rechtschreibung orientiert, auf diakritische Zeichen verzichtet und nur Langvokale markiert. Die arabischen Buchstaben Hamza und Ayn am Anfang eines Wortes werden nicht transkribiert, innerhalb und am Ende eines Wortes lediglich durch ein Apostroph angedeutet. Die schriftliche Umsetzung der gesprochenen Assimilation des arabischen Artikels »al-« erfährt in Fachkreisen seit langem pro und contra – je nachdem, wie viel Wert man darauf legt, auch Lesern, die des Arabischen unkundig sind, eine korrekte Aussprache zu vermitteln. In diesem Buch ist die Entscheidung den Autoren überlassen worden.

Zum Abschluss möchte ich nun meinen Dank an all diejenigen richten, die mich bei der Erarbeitung der Bände unterstützt haben, speziell an meine geschätzten Kollegen Susanne Hoffmann und Reinhard Maria Monßen für die sehr engagierte Durchsicht eines Großteils der Manuskripte.

Thorsten Gerald Schneiders
Duisburg, September 2014

Historische Ursprünge und ideengeschichtliche Einordnung

Was wir wirklich über die frommen Altvorderen (al-salaf al-sâlih) und ihre Vorstellungen vom islamischen Recht wissen können[1]

Andreas Görke und Christopher Melchert

ZUR ARGUMENTATION DER SALAFISTEN

Salafismus lässt sich grob als Reformbewegung von Muslimen der letzten rund hundert Jahre beschreiben, die darauf abzielte, zum Recht und zur Theologie gemäß dem Verständnis der ersten Generationen von Muslimen (salaf) zurückzukehren. Der Prophet Mohammed wird häufig mit den Worten zitiert: »Die besten Menschen sind diejenigen, die in meiner Generation (qarn) leben, dann diejenigen, die nach ihnen kommen, dann diejenigen, die nach diesen kommen.«[2] Für Salafisten oder Neo-Salafisten bedeutet das, dass sie sich auf den Koran und das Vorbild des Propheten stützen. Muhammad Qasim Zaman von der Princeton University beschreibt Salafisten als »diejenigen, die die Autorität der mittelalterlichen Rechtsschulen ablehnen und auf einem unmittelbaren Zugang zu den Grundlagentexten als Quelle aller Normen bestehen« (vgl. Zaman 2012: 7). Was auch immer der Koran vorschreibt zu tun oder zu glauben, das muss getan und geglaubt werden. Ähnlich ist es hinsichtlich des Propheten: Was auch immer bekannt ist über das, was er getan oder gesagt hat, nach diesem Muster müssen es die Muslime heutzutage tun oder sagen. Das ist soweit nichts Neues. Muslimische Theologen und Rechtsgelehrte haben niemals eine Form von Recht und Theologie ausgearbeitet, die den Koran und das Beispiel des Propheten nicht berücksichtigt hätten. Ganz im Gegenteil, selbst die oberflächlichste Analyse jedes Buchs zur Theologie (kalâm) oder zum Recht (fiqh), sei es aus dem 11. oder 19. Jahrhundert, wird zeigen, dass die erklärte Methode, um zu einem rechtgeleiteten Glauben und Handeln zu kommen, darin besteht, zu identifizieren, wozu Koran und Prophet aufrufen. Der theologische und rechtliche Ansatz der Salafisten stimmt mit der sunnitischen

---

1 | Der Beitrag wurde in Teilen auf Englisch verfasst und von Thorsten Gerald Schneiders ins Deutsche übertragen.
2 | Siehe u.a. al-Bukhârî, Kitâb al-schahâdât 9, bâb lâ taschhadu alâ schahâda dschaur, Nr. 2651; Kitâb fadâ'il ashâb al-nabî 1, bâb fadâ'il ashâb al-nabî, Nr. 3650; Kitâb al-riqâq 7, bâb mâ yuhdaru min zahrat al-dunyâ, Nr. 6428; Kitâb al-aymân wa-l-nudûr 27, bâb ithm man lâ yafî bi-l-nadr, Nr. 6695.

Literatur des 11. und 19. Jahrhunderts u.a. bei der ausdrücklichen Ablehnung schiitischer Ansätze überein. Das gilt besonders für die Autorität, die den Imamen beigemessen wird, wenn es um die Darstellung und Interpretation dessen geht, was der Koran und der Prophet verlangen. Worin sich indes der salafistische Ansatz deutlich von der sunnitischen Literatur des 11. bis 19. Jahrhunderts unterscheidet, ist die Zurückweisung der Interpretationstraditionen der sunnitischen Rechtsschulen von Hanafiten, Malikiten, Schafiiten und Hanbaliten. Salafisten sehen keine Notwendigkeit, die Regeln mittels Rechtsschule zu bestimmen. Der verstorbene Norman Calder von der Universität Manchester meinte beispielsweise ganz treffend unter Bezug auf die Schriften des schafiitischen Autors al-Nawawî (gest. 1277), der charakteristische Unterschied zwischen einem klugen und einem gebildeten Rechtsgelehrten »liegt allem Anschein nach im (allerdings vollständigen und detaillierten) Wissen darüber, wie wenig wir wissen, um sich dann doch durch dieses Nicht-Wissen zu arbeiten und schließlich zufrieden der Autorität zu unterwerfen, die von der Mehrheit der Rechtsschule [madhhab] repräsentiert wird« (Calder 2010: 87). Aus Sicht der Salafisten ist es wichtig, verbindliche Regeln für alle Muslime eindeutig zu bestimmen. Während mittelalterliche Rechtsgelehrte die dauerhaften Meinungsverschiedenheiten als eine Gnade Gottes akzeptieren, drängt es die Salafisten zu dem Gedanken, diese Differenzen vielmehr als Zeichen dafür zu sehen, dass die früheren Rechtsgelehrten vom richtigen Weg abgekommen seien. Mithin gelangen die Salafisten zu der Entscheidung, die klassischen Rechtsbücher lieber zu ignorieren und stattdessen direkt mit dem Koran und den Hadithen (also den Aufzeichnungen dessen, was der Prophet gesagt und getan hat) zu arbeiten. Die offensichtliche Schwierigkeit bei diesem rechtlichen Ansatz besteht darin, dass der Korantext zwar als mit Gewissheit bekannt gilt und nicht diskutiert wird (seine Interpretation freilich ist ein anderes Thema), die Hadithe jedoch zahlreich und widersprüchlich sind. Die verschiedenen Rechtsschulen und verschiedenen Hadithsammlungen werden traditionell als unterschiedliche Versuche gedeutet, mehr oder weniger glaubhaft die Überlieferungen mit den geringsten Fehlern in der Kette der einzelnen Überlieferer (jeder Hadith gibt an, welche Person den Inhalt vom Propheten an welche Person der nachfolgenden Generationen bis zur jeweiligen Gegenwart weitergegeben hat) ausfindig zu machen und daraus die korrekten Regeln abzuleiten, denen es zu folgen gilt. Haben die Salafisten nun bessere Methoden als die Gelehrten im 9. Jahrhundert sowie die nachfolgenden Hadith- und Rechtsexperten, um auszumachen, zu was der Koran und der Prophet tatsächlich aufrufen?

Hier das Beispiel eines salafistischen Räsonnements, das einer typischen Internetseite der Salafistenszene entnommen wurde[3]:

»Qadianis bzw. Ahmadis zitieren häufig einen erfundenen Hadith:

لا مهدي إلا عيسى

›Es gibt keinen Mahdi außer Îsâ [Jesus].‹

Einer seiner Überlieferer ist Muhammad Ibn Khalid al-Jundi.

---

3 | http://islamic-forum.net/index.php?showtopic=19246, zuletzt abgerufen 15.6.2014.

Hafiz Ibn Hajar stuft diesen nach sorgfältiger Prüfung der verschiedenen Meinungen als »majhul«, d.h. unbekannt, ein; siehe al-Taqrib 2/71.

Imam Hakim klassifiziert ihn ebenfalls als »majhul«; siehe Tahzib al-Tahzib 9/126.

In der Tat hat die Überlieferung mehrere Probleme. Scheich Albani (in ›Silsala Da'ifa‹ – ›Schwache Überliefererkette‹ – Nr. 77) hat diesbezüglich drei erwähnt:
Den tadlis [Vorwurf der Verschleierung von Gewährsleuten in der Überliefererkette] des Hassan al-Basri
Die Einstufung Muhammad Ibn Khalid al-Jundis als majhul
Unterschiede in der Überliefererkette. An anderer Stelle berichtet Muhammad Ibn Khalid von Aban Ibn Abi Ayyash statt von Aban Ibn Salih, und der ist wiederum »matruk«, d.h. er wird abgelehnt [als zuverlässiger Überlieferer von Hadithen]; siehe Tahzib al-Tahzib 9/126.

Das sind die Gründe, weshalb Imam Ibn Taymiya, al-Saghani, al-Shaukani, Ibn Qayyim, al-Dhahbi, al-Qurtubi, Azimabadi und andere sowie in jüngster Zeit Albani und Shu'aib Arnaut alle diese Überlieferung als fragwürdig eingestuft haben.«

Diejenigen, die sich hier an der Diskussion im Netz beteiligen, haben offensichtlich weder eine traditionelle noch eine moderne westliche akademische Bildung. Ihre Umschrift ist fehlerhaft (z.B. »Jundi« statt »Janadî«, trotz Ibn Hadschars ausdrücklicher Anweisung) und von dialektalem Arabisch beeinflusst; sie sind aber dennoch erpicht darauf, arabische Quellen zu zitieren, vor allem spätmittelalterliche.

Das zur Diskussion stehende Problem betrifft die Eschatologie, genauer, wer in der Endzeit erscheinen wird. Was nun die Frage angeht, ob die Salafisten die besseren Methoden haben als die Rechts- und Hadithexperten im 9. Jahrhundert und später, so zeigt das Beispiel zumindest ein Desinteresse daran, es besser als die spätmittelalterlichen Kritiker zu machen – vielmehr zeigt es das Bestreben, diese lediglich zu zitieren, um die eigene Causa zu stützen. Die frühen mekkanischen Korankommentatoren Mudschâhid Ibn Dschabr (gest. 721-2?) und der berühmte Kommentator, Traditionarier und Asket al-Hasan al-Basrî (gest. 728) werden gemeinhin ebenfalls als Beleg für die Aussage angeführt, dass Jesus der Mahdi sein wird (Ibn Abî Schayba 2004: 10, mâ dschâ'a fî l-mahdî = 14:181; Nu'aym Ibn Hammâd o.D.: 230ff.). Unsere hier zitierte Internetseite schenkt dem aber keinerlei Beachtung. Obgleich die Salafisten den gleichen Grundlagen verpflichtet sind, denen ihrer Auffassung nach die salaf auch verpflichtet waren, scheinen sie an deren eigenen Meinungen selbst ziemlich uninteressiert zu sein.

Die einzige Hadithkritik aus dem 20. Jahrhundert, die in diesem Beispiel aus dem Internet zitiert wird, stammt von dem Syrer Muhammad Nâsir al-Dîn al-Albânî (gest. 1999). Er lehrte in Saudi-Arabien von 1961 bis 1963 Hadithwissenschaften an der Universität von Medina, musste aber aufgrund von abweichenden islamischen Rechtsauffassungen das Land verlassen; er vertrat zum Beispiel die Position, dass jemand im Ramadan nicht fasten müsse, wenn er kein Tageslicht sehen könne, etwa in einem Haus mit verdeckten Fenstern, oder dass man seine Fußbekleidung beim Beten nicht abzulegen brauche und dass kein Schleier erforderlich sei, der das ganze Gesicht bedecke. All das sind Rechtsmeinungen, die auf dem Lesen des Korans und der Hadithe beruhen, ohne dabei die Traditionen der Rechtsschulen zu berücksichtigen. Der Koran sagt schlicht: »Esst und trinkt, bis ihr in der Morgendämmerung einen weißen von einem schwarzen Faden unterscheiden könnt.« (Koran 2:187)

Es ist auch heute in Moscheen üblich, von jedem zu verlangen, vor dem Eintreten das Schuhwerk abzulegen. Im Koran steht dazu allerdings nichts. Die Hadithe und die frühen Rechtswerke rufen lediglich dazu auf, keinen offensichtlichen Schmutz anzuschleppen: Bei al-Bukhârî heißt es zum Beispiel (Kitâb al-salât 24, bâb al-salât fî l-ni'âl, Nr. 386), dass der Prophet in Sandalen gebetet habe. Ein weiterer Abschnitt des Buchs bezeugt, dass er in ledernen Socken (khuffayn) gebetet habe, nachdem er sie abgewischt hatte. Laut Abû Dâwûd (Kitâb al-salât 88, bâb al-salât fî l-na'l, Nr. 652) hat der Prophet erklärt: »Unterscheidet euch von den Juden, die nicht in ihren Sandalen oder Ledersocken beten.« (Eine Zusammenfassung der Rechtsmeinungen findet sich bei al-Zarkaschî [gest. 1392] 1964: 380).

Im Folgenden nun wollen wir uns ein Beispiel für Albânîs Rechtsprechung auf der Grundlage von Hadithen anschauen (1995f.: Bd. 2, S. 529):

»›Es ist [beim Geschlechtsakt] verboten, von hinten in Frauen einzudringen (ityân al-nisâ' fî adbârihinna).‹

al-Nasâ'î veröffentlichte die Aussage (d.h. er versah sie mit einer kompletten Kette von Überlieferern) in seinem Buch al-Sunan al-kubrâ [...] Abd Allâh Ibn Schaddâd al-A'radsch [erfuhr von] < irgendeinem Mann [der wiederum von] < Khuzaymah Ibn Thâbit [erfahren hat, dass] < der Prophet [gesagt habe...].

›Ich sage, seine Gewährsmänner sind glaubwürdig bis auf den einen Mann, den er nicht benennt. Dennoch ist der Hadith korrekt, da er ja auch über andere Ketten von Khuzayma und anderen in ähnlichen Worten überliefert wurde.‹«

al-Nasâ'î (gest. 915?) ist Urheber zweier bedeutender Hadithsammlungen. Diejenige, die hier zitiert wird, zählt allerdings nicht zu den so genannten »al-Kutub al-sitta« (Sechs Büchern), den am höchsten verehrten sunnitischen Hadithsammlungen. Was diesen speziellen Hadith hier angeht (siehe al-Nasâ'î 1991: Bd. 5, S. 319), so hat Abd Allâh Ibn Schaddâd al-A'radsch (Iraker, frühes 8. Jahrhundert) lediglich eine mittelmäßige Reputation bei der Überlieferung von Hadithen (siehe Ibn Hadschar o.D.: Bd. 5. S. 252). al-Nasâ'î selbst wird sogar mit den Worten zitiert, dass es weder eine Erlaubnis noch ein Verbot für den Geschlechtsverkehr a tergo gibt (al-Maqrîzî 1991: Bd. 1, S. 401).

Die Frage wurde kontrovers diskutiert. Eine bändefüllende Quelle für die Rechtsdebatten in der Frühzeit des Islams, der Hadithsammler Abd al-Razzâq (gest. 827), erwähnt sowohl die Gefährten (sahâba; das sind Personen, die den Propheten persönlich getroffen haben) Ibn Abbâs, den Kalifen Umar, Abd Allâh Ibn Amr, Abû l-Dardâ' und Abû Hurayrah als Befürworter eines Verbots wie auch zwei Nachfolger (tâbi'ûn; das sind Personen, die wiederum die Gefährten getroffen haben) (siehe Abd al-Razzâq 1970ff.: Bd. 11, S. 442f.). Albânî zitiert diese nicht, ganz offensichtlich im Zweifel darüber, ob irgendetwas, das nicht aus dem Koran oder vom Propheten stammt, seinen Rechtsfall stützen könnte. Falsch wäre es nun allerdings zu behaupten, dass er niemals Rechtsmeinungen aus der Frühzeit des Islams zitiere. Sein oben ebenfalls erwähntes Urteil gegen die Verhüllung des

Gesichts zum Beispiel beruht in Teilen auf einer Reihe von Äußerungen der Gefährten und Nachfolger, die der Korankommentator al-Tabarî (gest. 923) anführt (Albânî 1954: 6). Es scheint jedoch so, dass er Gefährten und Nachfolger so weit wie möglich meidet und lieber einen formal schwachen Hadith mit einer unbekannten Person in der Überliefererkette (isnâd) vorzieht.

Zum Vergleich nun eine frühe Diskussion aus der schafiitischen Rechtsschule (al-Schâfi'î 1968: 5, S. 156; eine weitere Diskussion auf S. 84):

»al-Schâfi'î sagte: Gott [...] hat gesagt: ›Eure Frauen sind ein Acker [...] Geht zu eurem Acker, wie ihr wollt‹. Der Vers kann auf zwei Arten interpretiert werden. Eine besagt, dass sich der Ehemann der Frau nähern kann, von wo auch immer er es wünscht, da ›wie ihr wollt‹ bedeutet ›wo immer ihr wollt‹. Es gibt dabei keine Verbote, so wie es auch keine Verbote beim Ackerland gibt. Der Vers könnte aber auch in dem Sinn interpretiert werden, dass mit ›Acker‹ nur jene Bereiche gemeint sind, aus denen auch Pflanzen hervorkommen; dass der Platz des Ackers folglich dort ist, wo man Kinder zeugt – also allein die Vagina (fardsch) [...]. Unsere Kollegen haben unterschiedliche Auffassungen über das Eindringen in eine Frau von hinten. Einige tendieren dazu, es für gesetzmäßig zu erklären, andere dazu, es zu verbieten. Ich denke, jede Gruppierung interpretiert diesen Koranvers entweder als Unterstützung für die eine oder die andere Position.

Wir haben dann nach Beweisen von Gottes Gesandtem gesucht [...]. Wir fanden zwei unterschiedliche Hadithe. Einer ist zuverlässig, das ist der von Ibn Uyayna < Muhammad Ibn al-Munkadir, dass er Dschâbir Ibn Abd Allâh sagen hörte: ›Die Juden pflegten zu sagen, dass jeder, der mit seiner Frau von hinten vaginal verkehrt, schielende Kinder bekommen würde.‹ Daher offenbarte Gott [...]: ›Eure Frauen sind euch ein Acker. Geht zu eurem Acker, wie ihr wollt.‹ Ebenso al-Rabî' < al-Schâfi'î < seinem Onkel Muhammad Ibn Alî Ibn Schâfi' < Abd Allah Ibn al-Sâ'ib < Amr Ibn Uhayha Ibn al-Dschulâh oder Amr Ibn soundso Ibn Uhayha Ibn soundso Ibn al-Dschulâh – ich (das ist al-Schâfi'î) war in Zweifel – < Khuzayma Ibn Thâbit sagte, dass ein Mann den Gesandten Gottes [...] befragte über das Eindringen in Frauen von hinten bzw. über Männer, die über die Rückseite in ihre Frauen eindringen. Der Prophet [...] sagte, es sei gesetzmäßig. Als der Mann sich abwandte, rief er ihn zurück oder er ließ ihn noch einmal rufen, und so wurde er herbeizitiert. Der Prophet sagte: ›Was hast Du gesagt – in welche der beiden Köperöffnungen [...]? Wenn es von hinten ist, aber in ihre Vorderseite geht, dann ja, aber wenn es von hinten in ihre Rückseite geht, dann nein. Gott wird von der Wahrheit nicht beschämt. Dringt nicht in den Anus von Frauen ein.‹

Ich fragte: ›Was meinst Du?‹ [al-Schâfi'î sagte:] ›Mein Onkel ist vertrauenswürdig. Abd Allâh Ibn Alî ist vertrauenswürdig. Muhammad erzählte mir von al-Ansârî, der das berichtet hatte, dass er gepriesen sei. Khuzayma ist einer, dessen Vertrauenswürdigkeit von niemandem, der bekannt ist, angezweifelt wird. Daher kann ich es nicht zulassen, sondern ich verbiete es.‹«

al-Schâfi`î (gest. 820) argumentiert zunächst mit dem Koran. Andere frühe Rechtsgelehrte hatten aber ebenfalls den Koran zitiert, um dann genau das Gegenteil zu belegen. Folglich wandte sich al-Schâfi'î dem Hadith zu. Der erste Hadith hat im Zusammenhang mit dem Thema aus Koran 2:223 eine nach traditionellem Standard gute Überliefererkette (d.h. der Hadith ist in den meisten der Sechs Bücher verzeichnet), und er fällt zu seinen Gunsten aus. Möglicherweise hat Albânî diesen Hadith auch aus der Abneigung heraus nicht zitiert, sich erneut auf den Bericht eines Gefährten und nicht auf den Propheten selbst zu berufen. Die Version, die Albânî jedenfalls von al-Nasâ'î zitiert, scheint eine verkürzte Version von al-Schâfi'îs zweitem Hadith zu sein. Und dieser wird nach traditionellen Standards geschwächt, weil er sich auf einen Gewährsmann stützt, bei dessen Name al-Schâfi'î selbst angibt, unsicher zu sein, obgleich er die Überlieferer vor und nach dieser Person verteidigt. Derweil könnte das Misstrauen moderner Hadithkritiker vor allem durch die eigentliche Ausführung hervorgerufen werden. Allem Anschein nach wurde sie entworfen, um ein früheres, einfacheres Zitat des Propheten außer Kraft zu setzen, nämlich das erste, das schlicht besagt, in Frauen von hinten einzudringen sei gesetzmäßig.

Schauen wir auf ein noch detailliarteres Beispiel der Rechtsprechung von Albânî (1995f.: Bd. 2, S. 405f.)

»›Eine Frau darf keinen Teil ihres Vermögens aufzehren (tantahik), es sei denn, sie hat die Erlaubnis ihres Ehemanns‹

Das ist mit einer vollständigen Überliefererkette verbunden < Anbasa Ibn Sa'îd < Hammâd, Klient der Umayyaden < Dschanâh, Klient von al-Walîd < Wâthilah < der Gesandte Gottes.

Dieser isnâd ist schwach. Hammâd, der Klient der Umayyaden, scheint unbekannt zu sein. Nichts wurde über ihn erwähnt, außer dass al-Azdî ihn verworfen habe [...]

Es sieht so aus, als sei Anbasa Ibn Sa'îd der Ibn Abân Ibn Sa'îd Ibn al-Âs, auch genannt Abû Khâlid al-Umawî, den al-Dâraqutnî für vertrauenswürdig erklärt.

al-Suyûtî schrieb al-Tabarânî den Hadith in seinem Buch »al-Kabîr« zu. al-Haythamî sagte: ›In ihm sind einige [Personen], die mir nicht bekannt sind.‹

Ich sage, dass darin über Hammâd hinaus weitere unbekannte [Personen] vorkommen, also seid vorsichtig.

Dennoch hat der Hadith Zeugen [d.h. parallele Berichte], die aufzeigen, dass er authentisch ist. Einige sind an sich gut. Zudem gehört der Hadith zu denen von Amr Ibn Schu'ayb < sein Vater < sein Großvater. al-Hâkim und al-Dhahabî erklärten ihn für authentisch [...]. Ferner bin ich auf einen starken Beleg gestoßen mit einer unterbrochenen Überliefererkette (mursal), den Abd al-Razzâq anführt [...], wonach der Prophet etwas in der Art gesagt habe.

Ikrima berichtete etwas Vergleichbares mit einer unterbrochenen Überliefererkette, das die Worte ›ererbtes Vermögen‹ beinhaltet.

Dieser Hadith und das, worauf wir hingewiesen haben mit derselben Bedeutung, zeigen an, dass die Frau nichts von ihrem Privatvermögen veräußern darf (tatasarraf bi), es sei denn, sie hat die Erlaubnis ihres Ehemannes. Dies ist so aufgrund seiner vollständigen Höherstellung ihr gegenüber, die ihm von unserem Herrn gewährt worden ist [...] Dennoch trifft es sich nicht für einen Ehemann, sofern er ein aufrichtiger Muslim ist, diese Verfügung auszunutzen, um seine Ehefrau zu tyrannisieren und ihr zu verbieten, ihr Vermögen für etwas auszugeben, das weder für ihn noch für sie Schaden mitbringt. Dies ist zu übertragen auf die Rechte des Heiratsvormunds einer jungen Frau, wenn sie sich nicht ohne dessen Einwilligung vermählen darf. Wenn er ihr die Angelegenheit erschwert, muss der Fall vor den Richter für die offenbarte Rechte, damit der Heiratsvormund sie gerecht behandelt [...]. An der Regelung selbst ist nichts falsch. Vielmehr ist etwas falsch mit seinem kranken Verhalten diesbezüglich, also seid vorsichtig.«

Erneut greift Albânî auf einen Hadith des Propheten zurück, nicht auf Diskussionen der Rechtsschulen. Erneut beschränkt er sich nicht auf die Sechs Bücher. Der wichtigste Hadithsammler, den er zitiert, ist al-Tabarânî (gest. 971), bestärkt durch einen Hadith mit einer unvollständigen Überliefererkette, gesammelt von Abd al-Razzâq. Er beginnt nicht mit einem Hadith, der auf einem perfekten isnâd beruht, sondern gibt sich zufrieden mit einem Hadith, der deutlich fehlerhaft ist, aber zu einer Gruppe zählt, die in dieselbe inhaltliche Richtung weist.

Es gibt zahlreiche ähnliche Berichte in den Sechs Büchern, auch wenn diese meistens im Zusammenhang mit einem anderen Problem stehen, nämlich ob eine Frau Almosen aus dem Vermögen ihres Mannes geben darf. Gemeinhin wird das nicht verboten, vielmehr wird darauf hingewiesen, dass die göttliche Belohnung gleichmäßig zwischen ihr und ihrem Ehemann aufgeteilt wird.[4] Ein Cluster, das noch leichter mit Albânîs Vorschrift zu verbinden ist, wird in der Regel auf das Jahr der Abschiedswallfahrt datiert (d.h. kurz vor dem Tod des Propheten, sodass keine Regelung, die er verkündet hat, dann noch durch eine neue Offenbarung aufgehoben werden konnte). Ein Beispiel stammt von Abû Dâwûd (gest. 889) < Abd al-Wahhâb Ibn Nadschda al-Hawtî < Ibn Ayyâsch < Schurahbîl Ibn Muslim < Abû Umâma < der Gesandte Gottes sagte im Jahr der Abschiedswallfahrt: »Einer Frau steht es nicht an, etwas von ihrem Haus zu verbringen, außer mit der Erlaubnis ihres Mannes.« Er wurde gefragt: »Oh Gesandter Gottes, nicht einmal Lebensmittel? Er sagte: »Das ist das Beste unseres Besitzes.« (Abû Dâwûd, Kitâb al-buyû' 88, bâb fî tadmîn al-âriya, Nr. 3565) al-Tirmidhî (gest. 892?) zitiert zweimal eine Variante mit dem gleichen isnâd von Ismâ'îl Ibn Ayyâsch, aber nun heißt es: »Eine Frau verbringt nichts aus dem Haus ihres Ehemannes, außer mit seiner Erlaubnis.[5] Abd al-Razzâq hat tatsächlich zwei Versionen mit identischem isnâd (er selbst < Ismâ'îl Ibn Ayyâsch), in dem es einmal heißt: »von ihrem Haus« und einmal: »vom Haus ihres Ehemannes« (Abd al-Razzâq: 1970ff.: Bd. 9, S. 48f., S. 128f.). Das Buch »Musnad« von Abû Dâwûd al-Tayâlisî (gest. 819?) enthält eine Version mit »dem Besitz ihres Ehemanns« (1903: Nr. 1127). Im »Musnad« von Ahmad Ibn Hanbal (gest. 855) heißt es »von ihrem Haus« (1895: Bd. 5, S. 267). Unstimmige Formulierungen wie hier sind ein verbreitetes Problem im Hadith. Es ist schwer zu sagen, welches die älteste Variante ist. In diesem Fall geht jedoch aus den nach Themen geordneten Hadithsammlungen (Abd al-Razzâq, die Sechs Bücher) klar hervor, dass die meisten Gelehrten des 9. Jahrhunderts dachten, es gehe um eine Frau, die das Vermögen ihres Mannes durchbringt.

Albânî geht weiter als die mittelalterlichen Quellen und beschränkt die Veräußerungsrechte von Frauen auch hinsichtlich ihres eigenen Eigentums (eine Frage, die von klassischen Arbeiten zum islamischen Recht kaum berührt wird). Albânîs

---

4 | Z.B. al-Bukhârî: Kitâb al-buyû' 12, bâb qaul Allâh anfiqû min tayyibât mâ kasabtum, Nr. 2066; Kitâb al-nafaqât 4, bâb nafaqât al-mar'a idhâ ghâba anhâ dschawzuhâ, Nr. 5360.

5 | al-Tirmidhî: Kitâb al-zakât 34, bâb fî nafaqât al-mar'a min bayt zawdschihâ, Nr. 670; id., abwâb al-wasâyâ 5, bâb mâ dschâ'a lâ wasîya li-wârith, Nr. 2120.

Argumentation deutet die Bereitschaft an, die Antwort auf ein modernes Problem zu geben (oder zumindest dort eindeutig zu sein, wo die mittelalterlichen Diskurse sich mit Unschärfen begnügten), indem er es wagt, weit über die Traditionen hinaus zu gehen, auch wenn er nach wie vor nach einer Basis in Form einer Empfehlung des Propheten sucht. Man bekommt hier nicht gerade den Eindruck von akademischer Genauigkeit. Im Gegenteil, Albânî scheint ebenso opportunistisch zu sein wie jeder mittelalterliche Rechtsgelehrte, der mit einer erwünschten Regelung anfängt und dann nach einer zulässigen juristischen Begründung Ausschau hält (zum Opportunismus siehe Sadeghi 2013). Was Albânî von mittelalterlichen Rechtsgelehrten unterscheidet, ist, dass er für gewöhnlich nach einem Hadith sucht, der seine Position direkt unterstützt, unter geringer Berücksichtigung von Analogie und fast gar keiner Berücksichtigung der juristischen Tradition vor ihm. Ob es ihm damit besser gelingt, die Regeln, die Gott im Sinn hat, zu bestimmen, hängt letztlich – wenn auch nicht allein – davon ab, ob es ihm gelungen ist, Hadithe zu identifizieren, die in ihrem exakten Wortlaut auf den Propheten zurückgehen.

Anmerkungen zu den Quellen und den salaf

Wir sehen an diesen Beispielen, dass der Anspruch der Salafisten darin besteht, an das vermeintliche Handeln der salaf anzuknüpfen. Nach Auffassung der Salafisten trafen diese ihre Entscheidungen auf der Grundlage des Korans und der Sunna, also der überlieferten Aussprüche und Taten Mohammeds. Tatsächlich haben wir sehen können, dass Salafisten in der Regel die in den Rechtsschulen über Jahrhunderte entwickelten Positionen ignorieren und sich zur Begründung ihrer Standpunkte vor allem auf den Koran und Prophetenhadithe beziehen, wenn auch häufig nicht mit wissenschaftlicher Strenge.

Aber orientiert sich diese Auffassung tatsächlich am Vorbild der salaf? Oder was wissen wir darüber, wie die salaf, die Altvorderen, tatsächlich ihre Entscheidungen trafen? Diese Frage ist aufgrund der Quellenlage zum frühen Islam nicht einfach zu beantworten. Aus den ersten beiden Jahrhunderten des Islams, also dem 7. und 8. Jahrhundert unserer Zeitrechnung, liegen uns kaum schriftliche Quellen vor, und inwieweit die späteren Quellen verlässlich Auskunft über die Frühzeit des Islams geben, ist in der Islamwissenschaft seit längerem umstritten. Wir wollen im Folgenden drei Aspekte näher betrachten, die uns dennoch ein paar Anhaltspunkte zur Beantwortung dieser Frage liefern können. Zum einen betrifft dies Überlegungen, inwieweit der Koran in den ersten Jahrzehnten des Islams bereits in der Form vorlag, in der er heute überliefert ist, und welche Rolle er für die frühen Muslime spielte. Der zweite Aspekt bezieht sich auf die Erinnerung an Mohammeds Taten und Worte in der Frühzeit des Islams und inwieweit dies prägend für die Muslime der ersten Generationen gewesen ist oder gewesen sein kann. Der dritte Aspekt schließlich betrifft unser Wissen über das Handeln der ersten Generationen selbst.

Der Koran

Wenden wir uns zunächst dem Koran zu. Für die meisten Muslime steht außer Frage, dass der Koran, wie er heute vorliegt, exakt den Wortlaut und die Anordnung widerspiegelt, die er schon zu Lebzeiten Mohammeds aufwies. Mohammed hatte nach dieser Auffassung über einen Zeitraum von rund 20 Jahren immer wieder Offenbarungen erhalten, zumeist in kürzeren Passagen von einigen Versen. Daneben hatte er auch Anweisungen bekommen, wie diese Offenbarungen sich in das Gesamtkonstrukt des entstehenden Korans einfügten. Die Offenbarungen verkündete er jeweils seinen Anhängern, die sie auswendig lernten und teilweise auch auf unterschiedlichen Materialien – Palmblätter, Tonscherben, Knochen oder Lederstücke – niederschrieben. Auch die Anordnung der gesamten Offenbarungen innerhalb des Korans soll verschiedenen seiner Anhänger bei seinem Tod bekannt gewesen sein. Als bald nach Mohammeds Tod in der Schlacht bei Yamama eine größere Zahl derer starb, die den Koran auswendig kannten, wurden nach dieser Ansicht noch unter dem ersten Kalifen Abû Bakr (regierte 632-634) Anstrengungen unternommen, die Offenbarungen systematisch zu sammeln und in Schriftform niederzulegen. Nach Abû Bakrs Tod gingen diese einzelnen Blätter (suhuf) dann an den zweiten Kalifen, Umar Ibn al-Khattâb (reg. 634-644), über und nach dessen Tod an seine Tochter Hafsa. Zwar gab es bald darauf Unstimmigkeiten zur richtigen Rezitation des Korans, diesen wurde jedoch durch eine einheitliche und verbindliche Redaktion unter dem dritten Kalifen, Uthmân Ibn Affân (reg. 644-656), auf Basis der Blätter Hafsas begegnet (eine ausführliche muslimische Darstellung der Sammlung des Korans findet sich etwa bei Denffer 1983: 21ff.).

Diese traditionelle Auffassung der Entstehung des Korantextes wurde in der Islamwissenschaft zu Beginn des 20. Jahrhunderts aufgrund von Unstimmigkeiten in den Überlieferungen in Frage gestellt. So berichten die Quellen von verschiedenen Sammlungen des Korantextes, die sich zu widersprechen scheinen. Die Aussage über die große Anzahl von Koranlesern unter den Toten der Schlacht von Yamama deckt sich nicht mit den Listen der Toten dieser Schlacht in anderen Quellen. Auch der Verbleib der ersten Niederschrift des Korans in einzelnen Blättern (suhuf) wirft Fragen auf: Während diese nach dem Tode Abû Bakrs an Umar übergegangen sein sollen, was nachvollziehbar wäre, wenn es sich dabei um eine offizielle Ausgabe gehandelt hätte, sollen sie bei Umars Tod an dessen Tochter Hafsa vererbt worden sein, was eher auf eine private Ausgabe Umars hindeutet (Nöldeke 1919: Bd. II, 15ff.; Casanova 1911: 108; vgl. Motzki 2001: 7f.). Weiterhin gibt es Überlieferungen, die von späteren Redaktionen durch den Gouverneur al-Hadschdschadsch unter dem Umayyadenkalifen Abd al-Malik (reg. 685-705) berichten (Mingana 1915: 32f., 41f.; Casanova 1911: 110ff.; vgl. Motzki 2001: 10; Sinai 2012: 21). Darüber hinaus gibt es verschiedene Berichte von frühen theologischen Debatten zwischen Muslimen und Christen, in denen nichts auf eine Existenz des Korans hindeutet (Mingana 1915: 34ff.; vgl. Motzki 2001: 9), und die ersten Inschriften auf Gebäuden und Münzen, die Passagen aus dem Koran zitieren, lassen sich auch erst auf einige Jahrzehnte nach Mohammeds Tod datieren und weichen teilweise vom überlieferten Text des Korans ab (Cook 2002: 74f., 146f.).

Auch der Korantext selbst weist Strukturen auf, die für eine spätere Redaktion oder Überarbeitung sprechen könnten. Die einzelnen Kapitel des Korans, die Suren, sind nicht nach Inhalt oder Chronologie der Offenbarung angeordnet, sondern im Wesentlichen nach absteigender Länge. Zu den meisten Surenüberschriften gibt es zahlreiche Varianten, was dafür spricht, dass diese sekundär sind und nicht zum ursprünglichen Textbestand gehören (Paret 1989: 533ff.). Zahlreiche Themen werden an unterschiedlichen Stellen innerhalb des Korans behandelt, teilweise in recht ähnlichem Wortlaut, teilweise auch mit deutlich unterschiedlichem Fokus. Dies könnte damit erklärt werden, dass es sich dabei um Varianten einer Erzählung oder eines Textnukleus handelt, die im Laufe einer längeren Überlieferungsphase einen eigenständigen Charakter gewannen und schließlich alle Aufnahme in den Kanon fanden (Wansbrough 1977: 20ff.). Zudem enthalten einige Passagen offensichtlich spätere Einschübe, die sich in Verslänge und Sprache von ihrer Umgebung abheben und ursprüngliche Aussagen zu relativieren scheinen. Ein besonders prägnantes Beispiel dafür stellt die 95. Sure »Der Feigenbaum« dar (Übersetzung nach Zirker 2007):

Im Namen Gottes des Allerbarmenden und Barmherzigen
1 Beim Feigen- und Ölbaum,
2 beim Berg Sinai
3 und bei diesem sicheren Ort!
4 Wir haben den Menschen in schönster Gestalt geschaffen
5 und dann wieder zum Allerniedrigsten gemacht.
6 Außer denen, die glauben und gute Werke tun. Die bekommen unbegrenzten Lohn.
7 Was lässt dich noch das Gericht leugnen?
8 Ist nicht Gott der weiseste derer, die entscheiden?

Vers sechs ist in diesem Fall deutlich länger als die anderen, und die Sure erscheint ohne diesen Vers sehr viel stimmiger.

Diese Beobachtungen wurden von einigen Wissenschaftlern damit erklärt, dass ein fester und einheitlicher Korantext zur Zeit Mohammeds und in den ersten Jahrzehnten nach seinem Tod noch gar nicht vorlag, sondern sich erst im Laufe der Zeit etablierte und seine endgültige Form erst unter Uthmân, unter Abd al-Malik oder gar erst rund 200 Jahre nach Mohammeds Tod erhalten habe (Nöldeke 1919: Bd. II, 61f.; Casanova 1911: 141f.; Mingana 1915: 46; Wansbrough 1977: 43ff.; vgl. Motzki 2001: 8ff.). Sollte der Koran tatsächlich erst so spät entstanden sein oder zumindest erst dann seine feste Form erhalten haben, könnte seine Bedeutung für die frühen Muslime wohl bestenfalls marginal gewesen sein.

Nun lassen sich allerdings viele der genannten Beobachtungen auch erklären, wenn man von einer früheren Kodifizierung des Korans ausgeht. Die Einschübe etwa könnten bereits zu Lebzeiten des Propheten erfolgt sein (dies ist die gängige muslimische Auffassung; siehe auch Nagel 1995). Zudem mag es Gründe geben, weshalb sich Muslime in theologischen Debatten mit Christen nicht auf den Koran beriefen, selbst wenn er bereits existierte. Tatsächlich gibt es gute Argumente anzunehmen, dass zumindest der Wortlaut des Korans bereits sehr früh fixiert wurde. So gibt es einige Verse, die nicht den Regeln der klassischen arabischen Grammatik gehorchen, was die Kommentatoren vor erhebliche Schwierigkeiten stellte (Sinai 2012: 24). An einer Stelle ist im Koran von Bakka die Rede – gemeint ist dabei nach einhelliger Meinung der Kommentatoren Mekka (ebd.). Daneben ist der Koran in einigen theologischen Kernfragen wie etwa der Willensfreiheit, die eine wichtige Rolle in den theologischen Auseinandersetzungen der jungen islamischen Gemeinde spielte, nicht eindeutig (ebd. S. 23). All diese Probleme hätten unschwer durch minimale Modifikationen im Text bereinigt werden können. Dass dies nicht erfolgt ist, spricht für eine sehr frühe Fixierung des Textes, auch wenn ein exaktes Datum dafür nicht ermittelt werden kann.

Wenn wir nun davon ausgehen, dass der Korantext bereits früh fixiert war – welche Rolle spielte er für die frühen Muslime? Die koranexegetische Literatur zeigt, dass es weder in der Lesung des Korans noch in der Auslegung seiner Bedeutung eine ungebrochene Tradition gibt, sondern vielmehr eine sehr große Vielfalt und – damit einhergehend – Widersprüchlichkeit. So sind zu zahlreichen Versen unterschiedliche Lesarten überliefert. Dabei scheinen einige dieser Lesarten vorauszusetzen, dass der Inhalt des Textes bekannt war, beispielsweise wenn sich an Stelle einzelner Worte Synonyme finden (ebd. S. 20). Andere Lesarten deuten hingegen darauf hin, dass der Grundtext feststand, sich die Gelehrten jedoch über die Vokalisation – teilweise auch über die Setzung diakritischer Punkte – uneins waren. Dies konnte ganz erhebliche Unterschiede in der Bedeutung nach sich ziehen, beispielsweise in der Frage, ob eine Stelle im Aktiv oder im Passiv zu lesen sei (ebd. S. 21f.). Und zu etlichen Koranversen finden sich so viele gegensätzliche Auslegungen, dass es unmöglich ist festzustellen, welche davon ursprünglich gemeint gewesen sein könnte (siehe z.B. Crone 1987: 203ff.). Alle diese Phänomene deuten darauf hin, dass der Koran in seiner Gesamtheit für die frühen Muslime keineswegs die Richtschnur für jegliches Handeln gewesen sein kann und – mit Ausnahme des liturgischen Gebrauchs im Gottesdienst – nicht notwendigerweise eine zentrale Rolle gespielt hat.

Augenfällig wird dies gerade auch im Bereich des Rechts, das sich offensichtlich in einigen Fragen unabhängig von und im Gegensatz zu koranischen Aussagen entwickelt hat. So ist etwa als Strafe für illegitimen Geschlechtsverkehr im islamischen Recht die Steinigung vorgesehen. Im Koran taucht diese Strafe jedoch überhaupt nicht auf (vgl. Sinai 2012: 22f.; Burton 1977: 72ff.). Auch für das so genannte islamische Bilderverbot bzw. die Abneigung, beseelte Objekte wie Menschen oder Tiere in öffentlichen oder religiösen Kontexten abzubilden, gibt es keine koranische Grundlage (Creswell 1946: 159f. mit weiteren Belegen). Weitere Beispiele, in denen sich das islamische Recht unabhängig von oder gar im Gegensatz zu Aussagen des Korans entwickelt hat, sind etwa im Steuer-, Familien- oder Erbrecht zu finden (Rosenthal 1953: 68ff.; Cahen 1962; Bravman 1963; Kister 1964; Rubin 1993; 2006; Crone 1994; Hawting 1989).

Diese Beispiele müssen nicht derart verallgemeinert werden, dass der Koran in der Rechtsentwicklung keinerlei Rolle gespielt hat. Tatsächlich finden sich auch Beispiele, in denen bereits im ersten Jahrhundert nach der Hidschra rechtliche Positionen unter Bezug auf den Koran begründet wurden (Motzki 2002: 295; Schacht 1964: 18; 1950: 224). Allerdings ist dies offensichtlich nicht systematisch oder flächendeckend erfolgt.

DER HADITH

Wenden wir uns nun der zweiten Hauptquelle des islamischen Rechts zu, dem Hadith, also den Überlieferungen über die Aussprüche und Handlungen Mohammeds. Bereits im Koran ist die Auffassung zu finden, dass der Gläubige in den

Taten Mohammeds ein gutes Vorbild hat (33:21) und dass Entscheidungen des Propheten Folge zu leisten ist (etwa 4:69, 33:36). Es ist anzunehmen, dass Erinnerungen an den Propheten und seine Taten nach seinem Tod von den frühen Muslimen bewahrt und etwa im Familienkreis weitergegeben wurden. Sicher dürfte auch die eine oder andere rechtlich relevante Entscheidung, die Mohammed getätigt hatte, einigen seiner Anhänger in Erinnerung geblieben sein. Doch in welchem Umfang war Wissen über Mohammeds Aussprüche und Handlungen für die Gläubigen überhaupt verfügbar? Und inwieweit bildete dieses Wissen die Grundlage für das eigene Handeln und für die Rechtsfindung?

Die spätere islamische Literatur berichtet davon, dass einige der Anhänger Mohammeds schon zu dessen Lebzeiten damit begonnen hatten, Aussprüche niederzuschreiben. Dieses Unterfangen wurde von anderen scharf kritisiert, unter anderem wohl um eine Vermischung dieser Aussprüche mit dem Koran zu vermeiden (Goldziher 1890: Bd. II, 194ff.; ausführlich Schoeler 1989; Cook 1997). Überwiegend wurde das Wissen über die Taten und Aussprüche Mohammeds daher mündlich oder allenfalls in privaten Aufzeichnungen als Gedächtnisstütze bewahrt. Wann es zu einer systematischen Sammlung der Hadithe und der Entstehung einer regelrechten Hadithliteratur kam, ist in der Islamwissenschaft umstritten. Während einige Wissenschaftler von einer sehr frühen und kontinuierlichen schriftlichen Überlieferung ausgehen, die Hadithliteratur also praktisch schon mit den Prophetengefährten beginnen lassen (etwa Sezgin 1967: Bd. I, S. 53ff.), setzen andere den Beginn dieser Literatur erst am Ende des 2./8. oder zu Beginn des 3./9. Jahrhunderts an (Goldziher 1890: Bd. II, 203ff.). Die frühesten erhaltenen systematischen schriftlichen Sammlungen, in denen wir Aussagen Mohammeds finden, stammen erst aus der zweiten Hälfte des zweiten Jahrhunderts nach Mohammeds Tod (Brown 2009: 25f.), auch wenn man frühere Bestrebungen, die Überlieferungen zu sammeln und schriftlich niederzulegen, bereits in der ersten Hälfte des 2./8. Jahrhunderts verorten kann (Lucas 2004: 341ff., 371f.; Schoeler 2008: 47ff.). Während in der Zeit zuvor einige Personen durchaus Kenntnis von Mohammeds Anweisungen und Verhalten gehabt haben werden – und einzelne diese auch schriftlich niedergelegt haben mögen –, so wird dieses Wissen doch sehr stark regional und auf das direkte Umfeld dieser Personen begrenzt gewesen sein. In der Regel wird sich daher das Handeln der Muslime in den ersten Generationen kaum direkt am Vorbild des Propheten orientiert haben können.

Tatsächlich bestätigen die ältesten Rechtswerke diesen Eindruck. Im Muwatta' des Mâlik Ibn Anas (gest. 179/799), eines der führenden medinensischen Rechtsgelehrten des 2./8. Jahrhunderts, nach dem später die malikitische Rechtsschule benannt werden sollte, sind Prophetenaussprüche für weniger als ein Drittel der juristischen Positionen relevant – häufiger werden die Meinungen von Muslimen der ersten beiden Generationen oder die Praxis der Medinenser herangezogen, und schließlich nennt Mâlik seine eigene Position häufig auch ohne direkten Bezug auf ein Prophetenwort oder den Koran (Brown 2009: 25). Auch finden wir in der Literatur Hinweise darauf, dass er bestimmte Aussprüche des Propheten nicht kannte (ebd. S. 27f.).

Noch deutlicher wird dieses Bild, wenn wir uns anschauen, wie frühere Rechtsgelehrte argumentiert haben. So bezieht sich der mekkanische Gelehrte Atâ' Ibn Abî Rabâh (gest. 114/732) in weniger als einem Drittel der auf ihn zurückgeführten Traditionen auf den Koran, den Propheten, die Prophetengefährten oder auf andere

Autoritäten. Mehr als zwei Drittel der ihm zugeschriebenen Aussagen hingegen begründet er nicht mit anderen Quellen, sondern präsentiert sie als seine eigene Meinung (Motzki 2002: 107). Zwar lässt sich zeigen, dass einige dieser Positionen sehr wohl auf koranischen Aussagen (ebd. S. 114ff.) – oder zu einem geringeren Teil auf Aussagen Mohammeds – basieren, insgesamt ist aber von einer systematischen Orientierung am Koran oder am Vorbild Mohammeds nichts festzustellen. Mohammed taucht sogar seltener als Quelle auf als einige der Prophetengefährten (ebd. S. 125). Dabei scheint es so zu sein, dass Atâ' durchaus mehr Überlieferungen vom Propheten kannte, sie aber für ihn noch keine wesentliche Rechtsgrundlage gewesen sind (ebd. S. 127). Ähnliche Erkenntnisse lassen sich auch bei der Analyse von Aussagen treffen, die anderen Gelehrten zugeschrieben werden (ebd. S. 187). Sehr viel wichtiger als Prophetenhadithe scheinen noch Ende des 2./8. und Anfang des 3./9. Jahrhunderts die Aussagen von Prophetengefährten und Nachfolgern gewesen zu sein. Das Berufen auf das Vorbild des Propheten stellt hier eher die Ausnahme als die Regel dar (Schacht 1950: 3; Motzki 2002: 295f.; Lucas 2008).

Wie kommt es also zu dem Bild, dass die frühen Muslime sich primär am Koran und am Vorbild Mohammeds orientiert haben? Hierfür gibt es im Wesentlichen zwei Gründe; der eine ist in der Legitimation des islamischen Rechts zu finden, der andere in der Verklärung und Überhöhung der frühislamischen Geschichte im Zuge der Entstehung einer sunnitischen Identität.

Das islamische Recht

Während es eine Form islamischen Rechts bereits zu Lebzeiten Mohammeds gegeben hat, begann sich eine islamische Rechtstheorie erst im Laufe der ersten Jahrhunderte danach zu entwickeln. In den verschiedenen Zentren unter islamischer Herrschaft entwickelten sich dabei zunächst unterschiedliche Rechtsauffassungen, die unter anderem den unterschiedlichen regionalen Gegebenheiten geschuldet waren (Coulson 1964: 36ff.; Schacht 1964: 28ff.). Dabei spielten koranische Aussagen und eine durch das Vorbild des Propheten initiierte Praxis sicherlich eine Rolle, viele Entscheidungen wurden jedoch ad hoc im Hinblick auf eine jeweils pragmatische und passende Lösung getroffen. So entwickelten sich, wie wir oben gesehen haben, durchaus Entscheidungen, die im Widerspruch zum Koran oder zu Aussagen Mohammeds standen (Schacht 1964: 18f.; 1950: 188).

Im zweiten Jahrhundert entstanden Bestrebungen, das Recht auf eine systematische Grundlage zu stellen. Dabei kamen verschiedene Gelehrte zu unterschiedlichen Lösungen, wie sich etwa Widersprüche zwischen koranischen Aussagen, überlieferten Aussagen des Propheten oder einer etablierten Praxis auflösen ließen. Das Genre der ikhtilâf-Literatur, in der die unterschiedlichen Meinungen verschiedener Gelehrter gegenübergestellt werden, gibt davon beredt Auskunft. Als besonders einflussreich erwies sich dabei die Systematik al-Schâfi'îs, der vier Hauptquellen des islamischen Rechts identifizierte. Unstrittig war dabei, dass der Koran eine Hauptquelle des Rechts war. Neu an al-Schâfi'îs Einteilung war jedoch der Stellenwert, den er den von Mohammed überlieferten Aussagen oder Berichten über sein Handeln beimaß. al-Schâfi'î argumentierte, dass auch diese göttlich inspiriert und daher verbindlich seien und nicht außer Acht gelassen werden könnten. Diese Argument überzeugte letztlich auch andere Rechtsgelehrte (Coulson 1964: 53ff.;

Schacht 1950: 11ff.). Die Systematisierung des Rechts und die Entwicklung einer Rechtstheorie führten also erst im Laufe der ersten drei Jahrhunderte dazu, dass der Koran und das Vorbild Mohammeds als die beiden zentralen Rechtsquellen anerkannt wurden. Die wichtige Rolle, die nun den Worten und Taten Mohammeds zukam – nur der Koran konnte einen höheren Stellenwert beanspruchen – führte dazu, dass zahlreiche Prophetenaussprüche erfunden wurden und Aussagen von späteren Rechtsgelehrten oder Muslimen der ersten beiden Generationen dem Propheten zugeschrieben wurden, auch wenn der genaue Umfang dieser Fälschungen kaum zu ermitteln ist (Coulson 1964: 62ff.; Schacht 1950: 140ff.; im Gegensatz dazu Motzki 2002: 295ff.).

Die Prophetengefährten

Als letzter Punkt ist schließlich noch die Verklärung der frühislamischen Geschichte in der Erinnerung der Muslime zu diskutieren. Die Frage der rechtmäßigen Herrschaft hatte die islamische Gemeinde früh gespalten und zu verschiedenen bürgerkriegsartigen Auseinandersetzungen mit zahlreichen Toten geführt (arab. fitna: etwa »Versuchung«, »Heimsuchung«.) Die Fragen, wie dies zu erklären sei, wenn die Gemeinde doch von Gott geleitet wurde, welche Personen in diesen Streitigkeiten denn nun im Recht gewesen seien und wie mit den Personen umzugehen sei, die in den Konflikten Schuld auf sich geladen hatten, beschäftigten die frühen Muslime. Während einige Gruppen klare Schuldige ausmachten, versuchten andere Gruppen, diese Frage möglichst auszublenden, da sie ihrer Ansicht nach zu weiteren Konflikten führen würde. Im Laufe der Zeit entwickelte sich aus dieser Haltung die Position, dass alle Prophetengefährten im besten Glauben gehandelt hätten und mithin ohne Schuld an den Auseinandersetzungen seien (vgl. Berger 2010: 59ff.). In der Hadithkritik führte das dazu, dass alle Prophetengefährten als untadelige und gewissenhafte Überlieferer von Prophetenworten angesehen wurden, die über jeden Zweifel hinsichtlich der Zuverlässigkeit ihrer Überlieferungen erhaben waren (ausführlich dazu Lucas 2004: 221ff.). Die verklärte Zeit der ersten Gemeinde vor dem Aufkommen der Nachfolgestreitigkeiten und damit in erster Linie das prophetische Vorbild wurde zum Ideal, dem es nachzueifern galt.

Fazit

Zusammenfassend lässt sich sagen: Die Vorstellung, wonach sich die frühen Muslime in erster Linie am Koran und am Vorbild Mohammeds orientierten, ist historisch nicht haltbar, sondern eine spätere Fiktion und Rückprojektion. Zwar hat der Koran offensichtlich von Beginn an eine Rolle in der Rechtsfindung gespielt. Jedoch sind die Bezüge auf den Koran im frühesten Recht noch unsystematisch. Zudem gibt es zahlreiche Beispiele, in denen die Rechtsentwicklung offensichtlich unabhängig von koranischen Aussagen und in deren Unkenntnis oder Missachtung erfolgt ist. Auch das Vorbild Mohammeds spielte zunächst eine untergeordnete Rolle und entwickelte sich erst im Laufe der ersten beiden Jahrhunderte zu einer zentralen Rechtsquelle. Parallel zur Etablierung von Koran und Hadith als den beiden wichtigsten Rechtsquellen und zur Systematisierung der Rechtstheorie im 3./9.

Jahrhundert entwickelte sich schließlich auch die Vorstellung, die ersten Generationen von Muslimen hätten sich bereits an dieser – späteren – Systematik orientiert.

LITERATUR

Abd al-Razzâq al-San'ânî (1970ff.): al-Musannaf, hg. v. Habîb al-Rahmân al-A'zamî, 11 Bde., Johannesburg: Majlis Ilmi 1390-1392/1970-1972 [=Manschûrât al-Madschlis al-ilmî 39].

Abû Dawûd: al-Sunan [viele verschiedene Ausgaben].

Abû Dâwûd al-Tayâlisî (1903): Musnad Abî Dâwûd al-Tayâlisî. Hyderabad: Matba'at madschlis dâ'irat al-ma'ârif al-nizâmiyya 1321 [1903], Nachdruck Beirut: Dâr al-ma'ârifa o.D.

Ahmad Ibn Hanbal (1895): Musnad imâm al-muhaddithîn, 6 Bde., Kairo: al-Matba'a al-maymaniyya 1313/1895.

al-Albânî, Muhammad Nâsir al-Dîn (1954): Hidschâb al-mar'a al-muslima fî l-Kitâb wa-l-sunna. Kairo: Ladschnat al-schabâb al-muslim 1374 [1954].

al-Albânî, Muhammad Nâsir al-Dîn (1995f.): Silsilat al-ahâdît al-sahîha, 8 Bde., 2. Aufl., Riyad: Maktabat al-ma'ârif, 1415-17/1995-6.

Berger, Lutz (2010): Islamische Theologie. Wien.

Bravman, Meir M. (1963): »À propos de Qur'ân IX-29: hattâ yu'tû l-ǧizyata wa-hum sâġirûna«, in: Arabica 10(1963), S. 94-95.

Brown, Jonathan (2009): Hadith: Muhammad's Legacy in the Medieval and Modern World. Oxford.

al-Bukhârî, Muhammad Ibn Ismâ'îl: al-Sahîh [viele verschiedene Ausgaben].

Burton, John (1977): The Collection of the Qur'ân. Cambridge [u.a.].

Cahen, Claude (1962): »Coran IX-29: Hattâ yu'tû l-ǧizyata 'an yadin wa-hum sâġirûna«, in: Arabica 9(1962), S: 76-79.

Calder, Norman (2010): Islamic jurisprudence in the Classical era, hg. v. Colin Imber. Cambridge.

Casanova, Paul (1911): Mohammed et la fin du monde. Paris.

Cook, Michael (2002): Der Koran. Eine kurze Einführung. Stuttgart.

Cook, Michael (1997): »The Opponents of the Writing of Tradition in Early Islam«, in: Arabica 44(1997), S. 437-530.

Coulson, Noel James (1964): A History of Islamic Law. Edinburgh.

Creswell, K.A.C. (1946): »The Lawfulness of Painting in Early Islam«, in: Ars Islamica 11/12(1946), S. 159-166.

Crone, Patricia (1987): Meccan Trade and the Rise of Islam. Oxford.

Crone, Patricia (1994): »Two legal problems bearing on the early history of the Qur'ân«, in: Jerusalem Studies in Arabic and Islam 18(1994), S. 1-37.

Denffer, Ahmed von (1983): 'Ulûm al-Qur'ân. An Introduction to the Sciences of the Qur'ân. Leicester.

Goldziher, Ignaz (1890): Muhammedanische Studien, zweiter Teil, Halle.

Hawting, Gerald R. (1989): »The Role of Qur'ân and Hadîth in the Legal Controversy about the Rights of a Divorced Woman during her ›Waiting Period‹ ('idda)«, in: Bulletin of the School of Oriental and African Studies 52(1989), S. 430-445.

Ibn Abî Schayba, Abû Bakr (2004): al-Musannaf, hg. v. Muhammad Abd Allâh al-Dschum'a und Muhammad Ibrâhîm al-Luhaydân, 16 Bde., Riyad: Maktabat al-Ruschd 1425/2004.

Ibn Hadschar al-Asqalânî (o.D.): Tahdhîb al-tahdhîb, 12 Bde., Hyderabad: Madschlis dâ'irat al-ma'ârif al-nizâmiyya 1325-1327. Nachdruck: Beirut: Dâr sâdir.

Ibn Rushd (1994ff.): The Distinguished Jurist's Primer, übers. v. Imran Khan Nyazee, 2 Bände, Reading.

Kister, Meir J. »'An Yadin (Qur'ân IX/29). An attempt at interpretation«, in: Arabica 11(1964), S. 272-278.

Lucas, Scott C. (2004): Constructive Critics, Hadîth Literature and the Articulation of Sunnî Islam. The Legacy of the Generation of Ibn Sa'd, Ibn Ma'în, and Ibn Hanbal. Leiden [u.a.].

Lucas, Scott C. (2008): »Where are the Legal Hadîth? A Study of the Musannaf of Ibn Abî Shayba«, in: Islamic Law and Society 15(2008), S: 283-314.

al-Maqrîzî (1991): Kitâb al-muqaffâ al-kabîr, hg. v. Muhammad al-Ya'lawî, 8 Bde., Beirut: Dâr al-gharb al-islâmî.

Mingana, Alphonse (1915f.): »The Transmission of the Ḳur'ân«, in: Journal of the Manchester Egyptian and Oriental Society 5 (1915-16), S. 25-47.

Motzki, Harald (2001): »The Collection of the Qur'ân. A Reconsideration of Western Views in Light of Recent Methodological Developments«, in: Der Islam 78(2001), S. 1-34.

Motzki, Harald (2002): The Origins of Islamic Jurisprudence. Meccan Fiqh before the Classical Schools. Leiden [u.a.].

Nagel, Tilman (1995): Medinensische Einschübe in mekkanischen Suren. Göttingen.

al-Nasâ'î (1991): al-Sunan al-kubrâ, hg. v. Abd al-Ghaffâr Sulaymân al-Bundârî und Sayyid Kisrawî Hasan, 7 Bde., Beirut: Dâr al-kutub al-ilmiyya 1411/1991.

Nöldeke, Theodor (1919): Geschichte des Qorâns. Zweiter Teil: Die Sammlung des Qorâns, 2. Auflage, völlig umgearb. v. Friedrich Schwally. Leipzig.

Nu'aym Ibn Hammâd (o.D.): Kitâb al-fitan, hg. v. Suhayl Zakkâr. Mekka: al-Maktaba al-tidschâriyya.

Paret, Rudi (1989): Der Koran. Kommentar und Konkordanz, 4. Aufl., Stuttgart [u.a.].

Rosenthal, Franz (1953): »Some Minor Problems in the Qur'ân«, in: The Joshua Starr Memorial Volume, New York 1953, S. 67-84.

Rubin, Uri (1993): »Qur'ân and Tafsîr: The case of 'an yadin«, in: Der Islam 70(1993), S. 133-144.

Rubin, Uri (2006): »Qur'ân and poetry: More data concerning the Qur'ânic jizya verse ('an yadin)«, in: Jerusalem Studies in Arabic and Islam 31(2006), S: 139-146.

Sadeghi, Behnam (2013): The Logic of Law Making in Islam. Women and prayer in the legal tradition. Cambridge.

Schacht, Joseph (1950): The Origins of Muhammadan Jurisprudence. Oxford.

Schacht, Joseph (1964): An Introduction to Islamic Law. Oxford.

al-Schâfi'î, Muhammad Ibn Idrîs (1968): Kitâb al-umm, 4. Bde., Bulaq: al-Matba'a al-kubrâ al-amîriyya, 1321-1325. Nachdruck Kairo: Kitâb al-scha'b 1388/1968.

Schoeler, Gregor (1989): »Mündliche Thora und Hadîth: Überlieferung, Schreibverbot, Redaktion«, in: Der Islam 66 (1989), S. 213-251.

Schoeler, Gregor (2008): The Genesis of Literature in Islam. From the Aural to the Read. Cairo.

Sezgin, Fuat (1967): Geschichte des Arabischen Schrifttums. Band I: Qur'ânwissenschaften, Ḥadîṯ, Geschichte, Fiqh, Dogmatik, Mystik. Bis ca. 430 H. Leiden.

Sinai, Nicolai (2012): Die heilige Schrift des Islams: Die wichtigsten Fakten zum Koran. Freiburg i.Br. [u.a.].

al-Tirmidhî: al-Dschâmi' al-sahîh [viele verschiedene Ausgaben].

Wansbrough, John (1977): Quranic Studies. Sources and Methods of Scriptural Interpretation. Oxford.

Zaman, Muhammad Qasim (2012): Modern Islamic thought in a radical age. Cambridge.

al-Zarkaschî, Muhammad Ibn Bahâdur (1964): I'lâm al-sâdschid bi-ahkâm al-masâdschid, hg. v. Abû al-Wafâ Mustafâ al-Marâghî. Kairo: Dâr al-tahrîr 1384 [1964] [=Al-Madschlis ala'lâ li-l-schu'ûn al-islâmiyya, Ladschnat ihyâ' al-turâth al-islâmî 5].

Zirker, Hans (2007): Der Koran. Übersetzt und eingeleitet von Hans Zirker, 2. Aufl., Darmstadt.

Ahmad Ibn Hanbal — sein Leben, sein Ruhm, seine Lehre
Wie sich die Orthodoxie im sunnitischen Islam etablierte

Thorsten Gerald Schneiders

Einleitung

Außerhalb der islamischen Welt erfolgt der Blick auf die Religion des Islams häufig vom Standpunkt der eigenen religiösen Traditionen. Im Christentum beispielsweise stehen Spiritualität, Glaube und Erlösung im Vordergrund, die ihr theoretisches Fundament durch die systematische Theologie erhalten. Dabei wird unter Theologie im Allgemeinen die fachliche Auseinandersetzung mit religiösen Glaubensaussagen verstanden. Die vergangenen Jahrhunderte, in denen sich die christliche Welt zunehmend wissenschaftlich mit der Religion des Islams befasst hat, sind von dieser theologischen (philosophischen) Grundhaltung geprägt. Entsprechend wurde nach dem Äquivalent in der fremden Religion gesucht: Welcher Art ist der Gott im Islam – strafend, barmherzig? Welches Menschenbild vertritt die Religion des Islams – ist der Mensch sittliches Subjekt mit freien Entscheidungsmöglichkeiten oder sklavischer Diener Gottes? Durch solche Fragestellungen wurde der Blick verstellt. Theologische Ansätze (kalâm) sind zwar im Islam verbreitet, im Vordergrund standen aber über die Jahrhunderte hinweg religionsrechtliche Herangehensweisen (fiqh) – also die Frage danach, welche Folgen das Handeln im Diesseits für den Status des jeweiligen Menschen im Jenseits hat: Wird man für diese oder jene Tat von Gott belohnt oder wird man dafür bestraft? Diesen Schwerpunkt veranschaulicht bereits der reine Bestand an religiösen Schriften aus klassisch-islamischer Zeit (also bis zum Ende des 18. Jahrhunderts): Die islamrechtlichen Abfassungen überwiegen deutlich. Eine Folge des verstellten Blicks auf die Religion des Islams ist nun, dass unzählige dieser Manuskripte für die Wissenschaft bislang nicht erschlossen wurden (vgl. z.B. Rohe 2009: 403).

Nach wie vor dreht sich ein Großteil der innerislamischen Debatten um die göttliche Bewertung des menschlichen Verhaltens. Christliche Theologen sprechen daher vom Islam oft als »Gesetzesreligion«, um den Unterschied zur eigenen Religionscharakteristik hervorzuheben. Dabei ist es wichtig, sich zu vergegenwärtigen, dass es seit dem Tod des Propheten Mohammed weder einen universalen Konsens in Glaubensfragen gibt noch eine übergeordnete religiöse Instanz, die diese allgemeingültig – vergleichbar etwa mit dem Vatikan im Katholizismus – beantworten könnte. Mithin gibt es nicht »den« Islam, sondern zu allen Aspekten unterschiedliche, teils kontroverse Auffassungen. Wenn die Muslime nun weniger um theologisch-philosophische Fragen ringen, sondern mehr um eine möglichst gottgefällige Lebensführung, könnte man sagen, je strenger die Glaubensauffassung im orthodoxen Sinn, desto mehr werden die täglichen Handlungen auf Kompatibilität mit Gottes Vorstellungen – so wie man ihm sie jeweils zuschreibt – überprüft. Einer der frühzeitlichen Garanten für diese juristische Prägung der Religion des Islams ist Ahmad Ibn Hanbal (gest. 855).

Religionsgeschichtliche Einordnung

Großen Anteil an seiner fortwährenden Bedeutung für die Geschichte des Islams haben zwei Personen, die seine Meinungen Jahrhunderte später aufgegriffen haben: Im 14. Jahrhundert war das der große Gelehrte Ibn Taymiyya (gest. 1328) und im 18. Jahrhundert Muhammad Ibn Abd al-Wahhab (gest. 1792), auf den die Strömung des Wahhabismus zurückgeht, jenes strengen Islamverständnisses, das heute Saudi-Arabien prägt. Beide Männer beriefen sich in ihrem Wirken auf Ahmad Ibn Hanbal und belebten maßgeblich die Erinnerung an ihn. Der Traditionalismus bildet das Fundament, auf dem alle drei ihr dogmatisches Lehrgebäude errichtet haben, d.h. sie ließen sich besonders stark vom Idealbild der islamischen Gemeinschaft (umma) zur Zeit des Propheten leiten. Darüber hinaus verbindet sie ein provozierendes und prinzipientreues, beharrliches Auftreten in der Öffentlichkeit. Der ungarische Orientalist Ignaz Goldziher (1850-1921) schrieb 1884, Ibn Taymiyya, die »merkwürdigste Erscheinung« im Islam des 14. Jahrhunderts, trat als jemand auf, der eindeutig die Lehre von Ibn Hanbal weiterführte (1884: 188).

Trotz Ibn Hanbals exponierter Stellung in der islamischen Geschichte gibt es diverse Forschungsdesiderate hinsichtlich seiner Person und seines Wirkens. Die Sekundärliteratur ist sehr überschaubar, speziell im Deutschen gibt es kaum tiefgründige Abhandlungen. So sind nach wie vor die Arbeiten Goldzihers, vor allem aber die des kanadischen Religionshistorikers Walter Melville Patton (1863-1928) und des französischen Orientalisten Henri Laoust (1905-1983) von Bedeutung. Erst in den vergangenen Jahren kamen eine Reihe neuer Schriften über Ahmad Ibn Hanbal hinzu. Hervorzuheben sind die Werke der amerikanischen Islamwissenschaftler Christopher Melchert, Michael Cooperson und Susan Spectorsky sowie des israelischen Islamwissenschaftlers Nimrod Hurvitz. Bei ihren Arbeiten handelt es sich weitgehend um breitere Forschungsansätze zu seiner Biografie, in gewissem Umfang sind darunter auch Spezialstudien zu einzelnen Aspekten seines Denkens. Erwähnenswert ist sicherlich für den deutschsprachigen Raum auch die im Rahmen einer Dissertation jüngst erschienene kommentierte Übersetzung von Ahmad Ibn Hanbals »Buch der Gewissensfrömmigkeit« (Kitab al-wara') durch Christoph Pitschke.

Ahmad Ibn Hanbal wird gerne die Rolle eines Fanatikers zugeschrieben, der am strengsten im Vergleich zu Abû Hanîfa, Mâlik Ibn Anas und al-Schâfi'î geurteilt habe, mit deren Namen die heute noch verbliebenen großen Rechtsschulen (Sg. madhhab, Pl. madhâhib) des sunnitischen Islams verbunden sind – in chronologischer Reihenfolge ihres Entstehens im 8. und 9. Jahrhundert: die Hanafiten, die Malikiten, die Schafiiten und eben die vierte, die jüngste Rechtsschule, deren

Eponym Ahmad Ibn Hanbal ist: die Hanbaliten. Diese Rechtsschulen bestehen bis heute. Sie erfahren vor allem durch Gelehrtendiskurse ihre Bedeutung, im Alltag eines einzelnen Gläubigen spielen sie eine eher untergeordnete Rolle – viele Muslime wissen nicht einmal, welcher Rechtsschule sie oder ihre Familien angehören. Die Zugehörigkeit gilt nach herrschender Lehre nicht als verbindlich, was damit zu tun hat, dass der Mensch im Islam nur gegenüber Gott verantwortlich ist. Die Zugehörigkeit zu einer Rechtsschule besagt daher nur, dass ein Gläubiger den dort vertretenen Ansichten vorwiegend folgt. Er ist durchaus berechtigt, in einzelnen Fragen auch andere Rechtsschulen zu konsultieren. In vielen Fällen unterscheiden sich die vier Rechtsschulen aber nur marginal.

Rechtsschulen stehen zum einen für bestimmte Verfahrensweisen, wie mit den Quellen des Islams umgegangen wird (usûl al-fiqh), und zum anderen für die konkreten Ergebnisse, zu denen diese Verfahrensweisen letztlich führen (furu al-fiqh): Der Genuss von Pferdefleisch beispielsweise ist aus Sicht von Ibn Hanbal und al-Schâfiʿî indifferent (mubâh), also weder von Gott empfohlen noch verboten, für Mâlik Ibn Anas ist er indes verwerflich, fromme Menschen sollten besser auf Pferdefleisch verzichten (al-makrûh karâhat tanzîh). Abû Hanîfa wiederum bewertet es noch strenger und sieht den Verzehr nahe an einem Verbot (harâm) (siehe auch Damîrî 2005: Bd. 2, S. 39ff.). Diese unterschiedlichen Ergebnisse kommen deshalb zustande, weil es über die Rechtsquellen bzw. die Rechtsmethodologien, mit denen man menschliche Handlungen als Gott gefallend oder Gott missfallend qualifizieren kann, unterschiedliche Auffassungen gibt.

Die wichtigste Säule des islamischen Rechts ist selbstverständlich der Koran, der nach der Glaubensauffassung die authentischen Worte Gottes beinhaltet. Einzelne Aussagen daraus können allenfalls durch anderen Aussagen im Koran aufgehoben (abrogiert) bzw. zurückgestellt werden. In der Rangfolge steht als nächstes die Sunna. Das ist die Gesamtheit der Aussprüche und Handlungen des Propheten Mohammed, dessen Vorbildlichkeit wiederum im Koran selbst explizit hervorgehoben wird (u.a. Sure 33, Vers 21: »Im Gesandten Gottes habt ihr doch ein schönes Beispiel«; vgl. auch 33:46; mehrfach wird dazu aufgerufen, Gott und dem Gesandten zu gehorchen: u.a. 3:32; 4:80; 24:52; 33:36). Die Sunna wiederum wurde in Form von Hadithen, die jeweils ein Ereignis im Zusammenhang mit dem Propheten schildern, über die Jahrhunderte hinweg überliefert; ein Hadith kann nur authentisch sein, wenn er dem Koran nicht widerspricht. Wenn es nun darum geht, ein menschliches Verhalten religionsrechtlich zu bewerten und dafür ein entsprechendes Rechtsgutachten (fatwa) zu erstellen, geht der Blick der Gelehrten also zunächst in den Koran, dann in die gesammelten Hadithe. In beiden Quellen lassen sich allerdings nicht auf alle Fragen, die im Laufe der Menschheit gestellt wurden, Antworten finden. So ist beispielsweise in Koran und Sunna vom Verbot des Weins die Rede, nicht aber von Wodka, Whisky und anderen Alkoholika, die im 7. Jahrhundert auf der arabischen Halbinsel unbekannt waren. Man war und ist also darauf angewiesen, sich weitere Quellen bzw. Methoden zu erschließen, um Fragen zu neuartigen Dingen zu beantworten.

So etablierte sich als Drittes der Konsens (idschmâ') als rechtsschöpferische Kraft. Es gibt unterschiedliche Auffassungen darüber, was für diesen Konsens konstitutiv ist. Zum einen geht es dabei um die Personengruppe (müssen sich nur – bestimmte – Gelehrte einig sein oder alle Muslime?), zum anderen um den Zeitraum (muss die Einigkeit beispielsweise generationsübergreifend in bestimmten Jahrhunderten geherrscht haben, von Anbeginn bis heute, oder zählt nur die jeweilige Gegenwart der Fragesteller als Bezugsrahmen?). In der Regel beziehen sich Sunniten auf die gesamte Gemeinde während der ersten Generationen von Muslimen (den so genannten: al-salaf al-sâlih, den »frommen Altvorderen«) und/ oder generationsübergreifend auf die maßgeblichen Islamgelehrten.

Die vierte Rechtsquelle – streng genommen keine Quelle, sondern eine Methode – ist der Analogieschluss (qiyâs). Hier wird eine vorhandene Rechtserkenntnis nach genau definierten Regeln auf einen als gleichwertig erachteten Fall übertragen: Somit geht aus dem expliziten Weinverbot im Koran auch das Verbot anderer alkoholischer Getränke hervor, die ratio legis (arab.: 'illa) in diesem Fall ist die berauschende Wirkung (siehe Ibn Taymiyya 1949: 115ff.; siehe auch Lohlker 2012: 141ff.). Über die vier religiösen Rechtsquellen bzw. Rechtsmethoden hinaus kennt die islamische Gelehrsamkeit mit abnehmender Bedeutung noch weitere (siehe dazu Krawietz 2002).

Dass die Hanbaliten gemeinhin als die strengsten unter den vier sunnitischen Rechtsschulen betrachtet werden, gründet sich zuvorderst darauf, dass Ahmad Ibn Hanbal und seine Nachfolger nur den Koran sowie die Sunna als Rechtsquelle vorbehaltlos akzeptierten. »Strenge« muss also in dem Sinn verstanden werden, dass sich ihre Rechtsentscheidungen ungeachtet des gesellschaftlichen Fortschritts vorrangig am Status quo zur Zeit des Propheten Mohammed orientieren und damit von Jahrhundert zu Jahrhundert ein Stück antiquierter bzw. anachronistischer werden. Schon gegenüber dem Konsens sowie insbesondere gegenüber dem Analogieschluss hegen Hanbaliten Skepsis. Grund ist die Vernunft bzw. das eigenständige Urteilen, das in geringem Maß zur Feststellung eines Konsenses nötig und für den Analogieschluss bereits unerlässlich ist. Ahmad Ibn Hanbal galt die Abwägung durch den Menschen als Einfallstor für Irrungen. Sein primäres Ziel war die Bewahrung der Reinheit der Lehre. Der menschliche Einfluss auf die Religion, sprich die Möglichkeit fehlerhafter oder auch manipulierter Deutungen, sollte auf ein Mindestmaß reduziert werden. Garanten dafür sind seiner Meinung nach im Grunde nur das, was Gott offenbart hat, und das, was dem Vorbild des Propheten Mohammed entspricht. Mit dieser »reaktionären« Haltung, wie man heute sagen könnte, reagierte Ahmad Ibn Hanbal allerdings auch auf die politischen Entwicklungen seiner Zeit, wie wir noch sehen werden.

Ahmad Ibn Hanbal beschränkt den Konsens auf den Kreis der Prophetengenossen. Der Konsens war für ihn keine eigene Rechtsquelle wie Koran und Sunna, sondern Ausdruck des gemeinschaftlichen Verständnisses von Koran und Sunna unter den Prophetengenossen. Schon die Übereinkünfte der nachfolgenden Generation (tâbi'ûn) betrachtet er nicht mehr als bindend. Er gesteht ihnen lediglich die Funktion einer Beweisgrundlage (bayyina) für plausible Argumentationen zu (siehe auch Laoust 1960: 276; Melchert 2006: 235). Hinsichtlich einer Übereinkunft zwischen Gelehrten, wie al-Schâfi'î sie anerkannte, bemerkte er: »Wer so einen Konsens bejaht, ist ein Lügner. Wie kann er das wissen? Vielleicht waren sich die Menschen uneinig, und er wusste es nicht.« (zit.n. Spectorsky 1982: 462).

Während die Legitimation des Konsenses in erster Linie auf dem bekannten Ausspruch des Propheten: »[Mein Volk] wird sich nicht auf einen Irrtum einigen« (vgl. Wensinck 1992: Bd. 3, S. 518) beruht – auch wenn die Echtheit dieses Hadiths nicht unumstritten ist –, gibt es für den Analogieschluss keine eindeutigen und gesicherten Textzeugnisse. Im Grunde basiert er auf seinen eigenen Prinzipien

(Schacht 1955: 66). »Es gibt keinen Analogieschluss in der Sunna, und es können keine Beispiele aus ihr zitiert werden«, unterstrich Ibn Hanbal selbst (vgl. Ibn Abî Ya'lâ 1952: Bd. 1, S. 241). Eindeutig abgelehnt hat er den Analogieschluss als Rechtsquelle trotz der Kritik allerdings nie. Gewisse Konzessionen diesbezüglich waren auch für ihn unabdingbar (Goldziher 1913: 200), und so führt der berühmte hanbalitische Rechtsgelehrte Ibn Qayyim al-Dschauziyya Anfang des 14. Jahrhunderts den Analogieschluss als eine der Quellen auf, aus denen Ahmad Ibn Hanbal seine Überzeugungen gewonnen habe – wenn auch als die unwichtigste (Ibn Qayyim al-Dschauziyya 1968: Bd. 2, S. 20f.).

Vermutlich akzeptierte Ibn Hanbal den Analogieschluss widerwillig im Wissen darum, dass schon zu seiner Zeit die Beantwortung aller Fragen allein durch Koran und Sunna unmöglich gewesen ist. Denn wohin eine noch rigorosere Ablehnung aller Methoden jenseits der Befragung von Koran und Sunna letztlich wohl führt, zeigt die Geschichte der Zahiriten, einer weiteren, fünften Rechtsschule im Islam. Sie ist auch in der formativen Periode des islamischen Rechts im Irak des 9. Jahrhunderts aufgekommen und geht auf Dawud Ibn Khalaf al-Zahiri (gest. 883/884) zurück. Wegen ihrer simplen Prinzipien breitete sie sich rasch aus (bis nach Spanien), war dann aber spätestens im 14. Jahrhundert am Ende und ging mehr oder weniger in der hanbalitischen Rechtsschule auf (vgl. Fück 1939: 430; Schacht 1986: 63ff.; 1955: 67; Goldziher 1884).

Seine Haltung nötigte Ahmad Ibn Hanbal auch zu einem relativ unkritischen Umgang mit der Echtheit von Hadithen (siehe Melchert 2006: 48ff.). Schon die nachfolgende Generation der großen Hadithsammler al-Bukhari (gest. 870) und Muslim (gest. 875), deren kanonisierte Werke in der vorherrschenden Lehre des Islams bis heute die Basis für den Umgang mit der Sunna bilden (van Ess spricht von einer sahih-Bewegung, also der Suche nach jenen Hadithen, deren Authentizität am besten gesichert ist; vgl. 2011: Bd. 1, S. 1210), reagierte mit ihrem Wirken laut Jonathan Brown auch auf Ibn Hanbals zu laxen Umgang mit Überlieferungen (2007: 52ff.). Gaben Koran und Sunna keine klare Antwort und lieferten die Prophetengenossen keine Hinweise, war es für Ahmad Ibn Hanbal allerdings ebenso typisch, sich Fragen einfach zu enthalten (Ibn Abî Ya'lâ 1952: Bd. 1, S. 461). Im Kitâb al-wara' sagt er: »Es widerstrebt mir, mich dazu zu äußern. Ich bin lieber frei davon und möchte dazu nichts sagen.« (zit.n. Pitschke 2010: 157).

Am eindeutigsten lehnte er letztlich die so genannten ra'y-Praktiken ab. Dabei können Rechtsgelehrte eigenständig islamrechtliche Meinungen äußern, sobald die Rechtsquellen keine klaren Hinweise auf die Beantwortung einer Frage liefern. Der Rechtsgelehrte wählt dann zum Beispiel eine Antwort, die ihm persönlich am besten erscheint (istiḥsān), oder er orientiert sich in seiner Entscheidung daran, welche Antwort für die Allgemeinheit, für das öffentliche Interesse (maslaha) am besten wäre (istislâh). Während Kritiker den Vorwurf der Beliebigkeit erheben, verweisen die Verfechter der ra'y-Prinzipien auf strenge Regeln für die Anwendung: So müssen die Gelehrten eine entsprechende Befähigung vorweisen und dürfen die Beurteilungen nicht losgelöst von genauen methodischen Vorgaben vornehmen (siehe auch Makdisi 1985).

Die stärkste Rolle spielen ra'y-Überlegungen bei den Hanafiten, die gemeinhin als Pioniere auf diesem Gebiet gelten, aber auch die Malikiten, denen ebenfalls eine besondere Affinität zur Sunna zugeschrieben wird. Ahmad Ibn Hanbal wird mit den Worten zitiert: »Ich mag weder die ra'y-Praktiken Maliks noch die irgendeines anderen.« (zit.n. Spectorsky 1982: 462). Aber selbst hinsichtlich des ra'y führte ihn seine Haltung anscheinend nicht zu apodiktischen Urteilen. So stellt Laoust fest, Ibn Hanbal habe in seinen Rechtsurteilen sowohl das öffentliche Interesse (maslaha) berücksichtigt (1960: 275) als auch ein weiteres ra'y-Prinzip – die Methode des istishâb; hierbei bleibt die Beurteilung eines Zustands so lange gültig, bis das Ende dieses Zustands bewiesen ist (Krawietz 2002: 297ff.).

Die hanbalitische ist nicht nur die jüngste der vier großen sunnitischen Rechtsschulen, sie ist auch die mit den wenigsten Anhängern. Am weitesten verbreitet sind die Hanafiten, denen der Ruf vorauseilt, die moderatesten Ansichten zu vertreten. Während sich deren Anhänger überwiegend vom Balkan über die Türkei bis nach Zentralasien und Indien verteilen, die Malikiten vor allem in Nordafrika sind und die Schafiiten in Ostafrika sowie Südostasien, finden sich die Hanbaliten hauptsächlich auf der arabischen Halbinsel, außer in Saudi-Arabien auch in den Golfstaaten, und darüber hinaus in kleineren Gruppen etwa in Syrien und Jordanien. Da Saudi-Arabien jedoch die beiden zentralen Stätten des Islams in Mekka und Medina islamrechtlich dominiert, wirkt der Einfluss der Hanbaliten über die reine Anzahl der Anhänger hinaus.

SEIN LEBEN – DER HADITH

Die nachfolgenden Ausführungen zur Biografie Ibn Hanbals beruhen weitgehend auf dem Buch »Sîrat al-imâm Ahmad Ibn Hanbal« seines Sohns Sâlih (1981) und auf dem Werk »Über die Tugenden von Imam Ahmad« des Polyhistors Ibn al-Dschauzi (2013). Ebenfalls zu Rate gezogen wurden Schams al-Din al-Dhahabîs »Geschichte des Islams« (1987ff.) und Muhammad Ibn Abî Ya'lâs »Generationen der Hanbaliten« (1952; für eine umfassende Auflistung siehe Sezgin 1967: Bd. 1, S. 503f.). Die Authentizität einzelner Angaben zu Ibn Hanbals Leben ist nicht immer gesichert. Seine Anhänger schmückten seine Biografie im Laufe der Jahrhunderte aus und spannten Legenden um seine Person. Um sich die de facto-Bedeutung Ibn Hanbals im Kontext des Salafismus zu vergegenwärtigen, ist eine authentische Lebensbeschreibung aber nebensächlich. Im Vordergrund steht hier das unter Gläubigen tradierte Bild. Zur besseren Lesbarkeit möchte ich im Folgenden auf den Gebrauch des Konjunktivs verzichten, auch die Quellenhinweise wurden auf ein Minimum reduziert.

Ahmad wurde 780, knapp 150 Jahre nach dem Tod des Propheten Mohammed, als Sohn Muhammad Ibn Hanbals, eines Soldaten der Armee von Khorasan, in Bagdad geboren. Im schwangeren Zustand hatte Ahmads Mutter ihre Heimatstadt Merw (im heutigen Turkmenistan) verlassen und sich wie so viele andere in die 18 Jahre zuvor neu gegründete Hauptstadt des Kalifenreichs aufgemacht. Ahmad lebte in einer spannenden Zeit. Nur knapp 30 Jahre vor seiner Geburt hatte der Aufstieg der Abbasiden-Dynastie, also jenes Kalifengeschlechts, unter dessen Herrschaft sich die sogenannte Blütezeit des Islams entwickelte, seinen Anfang genommen.

Da sein Vater früh mit etwa 30 Jahren starb, wuchs Ahmad Ibn Hanbal bei seiner Mutter auf. Schon in jungen Jahren bemühte er sich, Aussprüche des Propheten Mohammed zusammenzutragen. Seine Studien führten ihn nach Kufa, Basra, Mekka, Medina, in den Jemen und nach Syrien. Davon abgesehen verbrachte er aber fast sein ganzes Leben in Bagdad.

Ahmad Ibn Hanbal hatte mehrere Kinder; zwei Söhne, Sâlih und Abdallâh, machten sich später um die Verbreitung seiner Ansichten verdient. Er war mehrmals verheiratet. Seine erste Frau A'ischa und seine zweite Frau Rayhâna starben frühzeitig. Eine Konkubine namens Husn gebar ihm weitere Nachkommen. Ahmad Ibn Hanbals Familie betrieb ein kleines Geschäft, um ihren Lebensunterhalt zu bestreiten.

In der Zeit der Regentschaft des Kalifen Harun al-Raschid hatte er eine umfangreiche Ausbildung in verschiedenen Bereichen des Islams erhalten. Gemäß dem sich entwickelnden Kanon islamischer Ausbildung studierte er zunächst die Sprache; nach bis heute herrschender Auffassung ist das Studium des Arabischen unerlässliche Voraussetzung für eine islamische Bildung. In allen Bereichen des Glaubens kommt es auf das Verständnis des Wortlauts in den Quellentexten an. Darüber hinaus nahm Ibn Hanbal Unterricht im islamischen Recht in einer Zeit, die von heftigen Diskussionen um die künftige Handhabung der Religion geprägt war.

Der Tod des Propheten und der Prophetengenossen lag bereits mehr als 150 Jahre zurück, die Unsicherheiten in religiösen Fragen nahmen zu, und der Wunsch nach verbindlichen Regeln wurde größer. Zudem waren immer mehr Hadithe in Umlauf gelangt, die erfunden worden waren, etwa um bestimmten Ansichten Legitimation zu verleihen. Das Zentrum der Hadithtreue lag damals im Hidschâz, der Wirkungsstätte Mohammeds, wo auch Mâlik Ibn Anas agierte. Schon rein geographische Gesichtspunkte machten es somit vom politischen Zentrum des islamischen Reichs in Bagdad aus schwierig, stets an glaubwürdige Hadithe zu gelangen bzw. deren Glaubwürdigkeit zu überprüfen. Entsprechend wuchs die Skepsis gegenüber Hadithen. Abû Hanîfa nahm dies zum Anlass, verstärkt durch Vernunftmethoden zur Scharia zu gelangen, und auch andere schenkten alternativen Methoden der Rechtsmethodologie – darunter den ra'y-Prinzipien – größere Beachtung. Aus dieser Entwicklung wiederum gingen »spekulative Auswüchse« hervor, die einerseits den Wunsch nach einer stärkeren Systematisierung des Rechts hervorbrachten – hier kommt der Rechtsschulgründer al-Schâfi'î ins Spiel – und andererseits den frommen Wunsch nach Rückkehr zur Anfangszeit des Islams. Das Unterrichtsangebot in dieser ersten formativen Periode des islamischen Rechts war entsprechend reichhaltig. So kam Ahmad Ibn Hanbal mit führenden Persönlichkeiten seiner Zeit in Kontakt wie al-Schâfi'î selbst oder Abû Yûsuf, Abû Hanîfas Schüler und einer der maßgeblichen Theoretiker der hanafitischen Rechtsschule; dessen Einfluss auf das theoretische Rechtsverständnis Ibn Hanbals blieb aber marginal.

Ahmad Ibn Hanbals Ausbildung hatte ihren Schwerpunkt auf dem Umgang mit der Sunna. Mit 15 oder 16 Jahren fing er an, die Hadithe zu studieren. In der Auseinandersetzung mit dem zeit seines Lebens gesammelten Material und durch den Austausch mit zahlreichen Gelehrten, zu denen er seine Reisen unternahm, erwarb er sich breites Wissen. Er unterrichtete in der Moschee nahe seinem Haus, wenngleich er dies offenbar nicht mit allzu großer Hingabe tat und interessierte Schüler lieber auf seine eigenen Lehrer verwies. Als Vertreter der Hadithgelehrten galt er ohne Frage als Koryphäe, als Rechtsgelehrten indes haben manche seiner Zeitgenossen und der nachfolgenden Generationen ihn nicht gesehen. Das spiegelt sich in der Auslassung seines Namens im Buch des bedeutenden Historikers al-Tabarî (gest. 923) »Die verschiedenen Ansichten der Rechtsgelehrten« wider (siehe 1902). Ibn Hanbal selbst bezeichnete sich als »widerwilligen Rechtsgelehrten« doch »überzeugten Traditionarier« (Spectorsky: 1982: 461). Entsprechend ist Ibn Hanbals bedeutendstes Werk, das bis heute universal Wertschätzung genießt, eine Hadithsammlung: »al-Musnad« (der Titel bezeichnet eine bestimmte Form, gesammelte Hadithe aufzuführen). Das Buch umfasst 28.000 Überlieferungen, die Ibn Hanbal aus der 25-fachen Menge ausgewählt hat (vgl. Ibn al-Dschauzî 2013: 357). Nach Angaben Brockelmanns (1937ff.: Bd. S1, S. 309) und Laousts (1960: 273) wurde der »Musnad« durch seinen Sohn Abdallâh herausgegeben, Fuat Sezgin jedoch schreibt, Ibn Hanbal habe ihn eingeständig zusammengestellt und sein Sohn habe lediglich einen kleinen Teil dazu beigetragen (1967: Bd. 1, S. 504).

Ein großer Autor war Ahmad Ibn Hanbal nicht. So sind auch weitere zentrale Werke, die ihm zugeschrieben werden, keine eigenständigen Abhandlungen. Zu nennen wäre hier vor allem sein Kitâb al-zuhd (Das Buch der Askese). Darin werden der Prophet Mohammed, aber auch weitere Persönlichkeiten aus der Frühzeit des Islams mit Aussagen darüber zitiert, wie man ein frommes Leben führt. In eine ähnliche thematische Richtung geht das Kitâb al-wara' (Das Buch der Gewissensfrömmigkeit). Allerdings gibt dieses Buch Ahmad Ibn Hanbals eigene Aussagen zu verschiedenen religiösen und profanen Angelegenheiten wieder. Ein paar der seltenen Ausführungen aus der Feder Ahmad Ibn Hanbals selbst finden sich in der kurzen Epistel Kitâb al-salât (Das Buch des Gebets) (siehe auch Melchert 1997: 138; Ibn Abî Ya'lâ 1952: Bd. 1, S. 348ff.). Von größerer Bedeutung sind ferner sein Glaubensbekenntnis »al-Aqîda« (siehe weiter unten). Es wurde von verschiedenen Schülern und Anhängern redigiert und überliefert – Sezgin führt neun Versionen auf (1967ff.: Bd. 1, S. 508f.). Die Rechtsauffassung Ibn Hanbals erschließt sich insbesondere anhand so genannter Responsa-Werke: »al-Masâ'il«. Das sind Aufzeichnungen im Frage-Antwort- bzw. Dialog-Stil zu juristischen, dogmatischen oder ethischen Fragen. Im Fall Ibn Hanbals wurden auch sie wiederum von mehreren seiner Schüler festgehalten – Sezgin nennt elf und weist auf weitere hin (ebd. S. 507f.). Abû Bakr al-Khallâl (gest. 923) hat sie gesammelt und zu einem Buch zusammengestellt, die ursprünglich wohl 20 Bände sind zum Teil noch erhalten (Khallâl 1975; siehe auch Melchert 1997: 143). Es gibt weitere Werke, die Ibn Hanbal zugeschrieben werden, in denen er sich ebenfalls hauptsächlich mittels des Zitierens von Überlieferungen zu islamrechtlichen, religiösen und politischen Themen einlässt sowie hadithkritische Bewertungen abgibt. Ein Korankommentar gilt als verschollen (für ausführliche Werkangaben siehe Sezgin 1967ff., Bd.1, S. 504ff.).

SEIN RUHM – DIE MIHNA

Frömmigkeit und Beharrlichkeit durchziehen Ibn Hanbals privates und öffentliches Leben. Schon al-Schâf'î wird mit den Worten zitiert: »Ich verließ in Bagdad keinen Frömmeren und Gelehrteren als Ahmad Ibn Hanbal.« (Ibn al-Dschauzî 2013: 191; Ibn Hanbal 1969: Bd. 1, S. 4). Insgesamt fünfmal unternahm Imam Ahmad, wie er im religiösen Kontext häufig genannt wird, die Pilgerfahrt nach Mekka. Zudem führte er ein genügsames Leben. Zeitweise ernährte er sich von Linsensuppe und trockenem Brot, bestreut mit Salz und getränkt in Essig. Er mied Zusammenkünfte mit anderen Menschen. Vor allem in der Moschee, bei Beerdigungen, Krankenbesuchen oder beim Pilgern traf man ihn in Gesellschaft an. Am deutlichsten kommen seine imageprägenden Charakterzüge aber im letzten Drittel seines Lebens zum Ausdruck.

Der Höhepunkt der abbasidischen Macht war erreicht. Mit den Söhnen Harun al-Raschids, al-Amin und al-Ma'mun, begann bereits der Abstieg der Familiendynastie. Machtkämpfe und Intrigen führten in den folgenden Jahrzehnten zu raschen Wechseln auf dem Kalifenthron und zu Einflussverlust. Im Reich gab es diverse Aufstände. Das an einigen Stellen entstandene Machtvakuum wurde genutzt, um neue Teilreiche zu errichten etwa durch die Tahiriden in Khorasan oder später die Tuluniden in Ägypten. Die Abbasiden wurden nur noch pro forma anerkannt. Diese Entwicklungen blieben nicht ohne Auswirkungen auf die Religion des Islams, offiziell ist der Kalif (der Nachfolger/Stellvertreter des Propheten Mohammed) immer noch derjenige, der neben der weltlichen auch die geistliche Macht auf sich vereint. Aber durch die wachsende Bedeutung der Rechtsgelehrten wurde seine Autorität auch auf diesem Gebiet zunehmend herausgefordert.

Es ist daher nicht allzu überraschend, dass es in den 830er Jahren erneut zu einer Machtprobe kam, die am Ende zu einer weiteren nachhaltigen theologischen Zäsur führte. Ausgangspunkt war dieses Mal ein erbitterter Streit über ein vermeintliches Detail: Es ging um die Frage, ob der Koran das erschaffene oder unerschaffene Wort Gottes ist. Man darf die Frage nicht isoliert betrachten. Zum einen muss man sie in einen Zusammenhang mit den großen theologischen Debatten um Vorherbestimmung oder Willensfreiheit stellen (siehe auch Peters 1976), zum anderen hatte die jeweilige Antwort politische Auswirkungen auf die Führung im Kalifat und auf die Bedeutung der Rechtsgelehrten.

Die Doktrin der Erschaffenheit des Korans bringt der politischen Führung mehr Unabhängigkeit von den Rechtsgelehrten und stärkt das Kalifat. Sie sorgt nämlich für eine Unterscheidung zwischen der Wertigkeit Gottes und der des Korans mitsamt seinen Vorschriften. Sollte der Koran erschaffen sein, wäre er im Rang etwas tiefer, und damit stünden auch diejenigen etwas tiefer, die sich mit seiner Exegese befassen. Sollte der Koran unerschaffen sein, hätte er den gleichen Rang wie Gott, und sein Glanz würde die Rechtsgelehrten stärker bescheinen. Zudem wird die Frage berührt, inwiefern die Aussagen im Koran an einen historischen Kontext gebunden oder zeitlos sind. Dies hat Auswirkungen auf die Interpretierbarkeit des Textes und das wiederum auf die Macht der Exegeten. Bei dem Streit über die Geschaffenheit des Korans ging es also um weit mehr als um eine theologische Spitzfindigkeit. Letztlich steht die Konfrontation auch symbolisch für den Widerstreit zwischen Modernisten und Traditionalisten in der islamischen Religionsgeschichte.

Die Traditionalisten argumentierten, die Worte und das Wissen Gottes seien dessen Attribute und damit ebenso unerschaffen wie er selbst. Die Modernisten entgegneten, das Dogma der Unerschaffenheit des Korans greife Gottes Einzigartigkeit (tauhîd) an. Zentrale Akteure auf ihrer Seite waren die Anhänger der rationalistisch-spekulativen Strömung der Mu'tazila. Sie hielten den erschaffenen Koran auch für der menschlichen Vernunft zugänglich, lediglich Gottes Wesen selbst konnte davon ausgenommen sein (siehe auch das Kapitel 3.2.1 über Abû l-Hudhail [gest. 841], der die Lehre maßgeblich geprägt hat, in van Ess 1991ff.: Bd. 3., S. 209ff.) Der Abbasiden-Kalif al-Ma'mun erkannte die in dieser »Abwertung« des Korans liegende Chance, seine Macht mit Hilfe der Mu'taziliten zu stabilisieren. Er erhob die Erschaffenheit des Korans zur Doktrin und erließ den Befehl, alle Rechts- und Hadithgelehrten darauf zu verpflichten. Damit legte er den Grundstein für den Ruhm Ahmad Ibn Hanbals.

Der Traditionalist Ahmad Ibn Hanbal, der im Laufe seines Lebens zunehmend engstirniger geworden zu sein scheint, lehnte diese Auffassung kategorisch ab. Laut van Ess brach er sogar den Kontakt zu all jenen Traditionariern ab, die sich der Vorgabe des Kalifen gebeugt hatten, und vermied es, hernach noch Hadith-Aufzeichnungen von ihnen zu nutzen (1991ff.: Bd., S. 470). Für Ibn Hanbal war die Herleitung der Lehre von der Erschaffenheit des Korans auch deshalb unglaubwürdig, weil sie auf menschlichen Überlegungen fußte und nicht aus den Quellen des Korans und der Sunna geschöpft werden konnte. Er plädierte dafür, die Frage unbeantwortet zu lassen.

Mit der Verfügung des Kalifen begann eine rund 16-jährige Zeit der Inquisition (mihna) von 833 bis etwa 848. Die Gelehrten wurden allesamt nach ihrer Haltung zu der Doktrin befragt und sollten die Vorgabe des Kalifen öffentlich anerkennen. Während fast alle der Aufforderung nachkamen, widersetzte sich Ahmad Ibn Hanbal. Daraufhin wurde er eingekerkert; das gleiche Schicksal teilte mit ihm nur noch ein weiterer Gelehrter: Muhammad Ibn Nûh al-Idschlî, der allerdings auf dem Weg in den Kerker verstarb. Nach dem Tod Ma'muns im Herbst 833 versuchte der nachfolgende Kalif Mu'tasim weiter, Ibn Hanbal zur Annahme der Doktrin zu zwingen. Unter den Augen des Herrschers wurde er im Ramadan 834 oder 835 öffentlich befragt. Er blieb bei seiner Ablehnung und wurde deswegen ausgepeitscht. Ibn al-Dschauzî und anderen pro-hanbalitischen Autoren zufolge blieb er auch unter den Schmerzen der Peitschenhiebe seiner Haltung treu. Letzten Endes wurde der geschundene Ahmad Ibn Hanbal aus der Haft entlassen.

Für viele Zeitgenossen und spätere Generationen avancierte er zu einer Symbolfigur für den Widerstand gegen hoheitliche Instanzen. Mit seinem oppositionellen Verhalten besiegelte er seinen Ruhm als frommer, standhafter und den eigenen Prinzipien treuer Muslim (Patton: 1897). Vermutlich würde man sich seiner ohne diese Episode weit weniger stark erinnern. Josef van Ess notiert: »In Ibn Hanbal hat die Obrigkeit einen Märtyrer geschaffen; er verkörpert für den sunnitischen Muslim den Kampf des Einzelnen gegen den ungerechten und weltlichen Staat.« (Vgl. 1991ff., Bd.3, S. 456)

Diese verbreitete Darstellung über Ibn Hanbals Rolle während der Mihna wirft allerdings auch Fragen auf. Warum wurde er aus dem Kerker entlassen, wenn er seine Meinung nicht widerrufen hat? Möglicherweise hatte der Kalif Sorge, ein Ableben Ahmad Ibn Hanbals infolge weiterer körperlicher Züchtigung hätte Aufruhr nach sich ziehen können (Hanbal Ibn Ishaq 1977: 62f.). Für van Ess gibt es indes keine andere plausible Erklärung für die Freilassung als ein Geständnis Ibn Hanbals, er sieht in den anderen Darstellungen einen Teil der hagiographischen Verklärung (1991ff.: Bd. 3, S. 461ff.). Auch Zeitgenossen Ibn Hanbals wie al-Dschâhiz (gest. 869) und al-Ya'qûbî (gest. 897) berichten, er habe unter den Schmerzen der Peitschenhiebe nachgegeben (Dschâhiz 1964ff.: Bd. 3, S. 285ff.; Ya'qûbî 1969: Bd. 1, S. 576f.). Eine dritte Variante bietet der Historiker al-Khatîb al-Bagdâdî (gest. 1071) an: Demnach stellte Ibn Hanbal keine direkte Gefahr für die Obrigkeit dar, weil er weder gegen den Kalifen agitierte noch eine Anhängerschaft um sich geschart hatte (Khatîb al-Bagdâdî 1931: Bd. 4, S. 418; siehe im Allgemeinen dazu auch Cooperson 2000: Kap. 4.).

Kalif Mu'tasims Nachfolger al-Wâthiq führte die Mihna weiter fort. Erst dessen Nachfolger al-Mutawakkil, der 847 den Kalifenthron bestieg, fuhr die Maßnahmen der Inquisition weitgehend geräuschlos zurück und setzte die Prüfungen der Gelehrten um 849/850 letztlich ohne großes Aufsehen ganz aus. Die Traditionalisten aus theologischer Sicht, die Rechtsgelehrten aus machtpolitischer Sicht hatten sich durchgesetzt.

Ahmad Ibn Hanbal zog sich nach der Freilassung zunächst ins Private zurück. al-Mutawakkil holte ihn zwar später an seinen Hof und bot ihm an, seinen Sohn al-Mu'tazz zu unterrichten, doch Ibn Hanbal lehnte mit Hinweis auf sein hohes Alter ab; er war bereits jenseits der 70. Zuwendungen des Kalifen versuchte er sich aus Angst vor Korrumpierung zu entziehen – im Gegensatz zu Teilen seiner Familie. Das führte nach seiner Rückkehr vom Kalifenhof zu Zerwürfnissen insbesondere mit seinem Sohn Sâlih. Im Jahr 855 starb Ahmad Ibn Hanbal an den Folgen eines schweren Fiebers. An seinem Totengebet sollen Hunderttausende (teilweise heißt es weit mehr als eine Million) Menschen teilgenommen haben (siehe Ibn Taymiyya 1961ff.: Bd. 4, S. 18); was ein Beispiel für seine Verklärung darstellen dürfte.

Seine Lehre — die Aqîda

Ahmad Ibn Hanbal hat nichts dezidiert Neues geschaffen, sein Wirken ist im Kern vielmehr eine Reaktion auf bestehende Lehren. Vor allem im Unterschied zu dem großen Systematiker al-Schâfi'î ist Ibn Hanbal kein großer Rechtstheoretiker. Und selbst sein entschlossenes Abheben auf Koran und Sunna hat in Mâlik Ibn Anas und anderen seine Vorläufer. Auch seine »Strenge« ist verglichen mit den Zahiriten nicht unübertroffen. Ahmad Ibn Hanbal hat sich allerdings auch nie als ein Rechtsschulgründer verstanden. Selbst eine Rolle als führender Gelehrter kam für ihn persönlich vermutlich nicht infrage (Hurvitz 2002). Ihm war vielmehr daran gelegen, die Strömung derer zu stärken, die das Verständnis vom Islam primär aus Koran und Sunna gewinnen wollten, und diese von Anhängern des eigenständigen Urteilens (ra'y) – vor allem Abû Hanîfa – abzugrenzen.

So sind es am Ende seine Schüler, die aus seinen Ansichten und Argumentationen erste juristische Lehrsätze formulierten, deren weitere Systematisierung und schriftliche Fixierung sukzessive den Anhängern nach seinem Tod zur Aufgabe wurde. Im Grunde geschah das alles gegen den ausdrücklichen Willen Ibn Hanbals.

Er sprach sich gegen eine Kodifizierung seiner juristischen Meinungen aus. Ibn al-Dschauzî schreibt: »Imam Ahmad – möge Gott an ihm sein Wohlgefallen haben – hatte kein Vertrauen in die Niederschrift von Büchern. Er verbot jedem, das, was er sagte, aufzuschreiben oder seine Antworten auf juristische Fragen aufzunehmen.« (Vgl. 2013: 355) Aus Ibn Hanbals Sicht stand eine schriftliche Fixierung dem Ziel entgegen, Rechtsnormen lebendig und in den Köpfen der Menschen präsent zu halten. Er rief seine Hörer auf, zurück zu den Quellen zu gehen, sich an die Hadithe zu halten, nicht an die Bücher eines al-Schâfi'î oder Mâlik Ibn Anas (ebd. S. 359). Zudem fürchtete Ibn Hanbal, eigene Abhandlungen könnten von seinen Anhängern zu Richtlinien erhoben werden, zu deren Gunsten dann Koran und Sunna an Bedeutung verlören (Laoust 1960: 274; Melchert 1997: 14, 141f.). Als mahnendes Beispiel führte er Abû Hanîfa an, der seine Meinung bereits mancherorts über die Texte gestellt habe (Laoust 1960: 274). Laoust wertet Ibn Hanbals Haltung als demonstrative Gegenreaktion auf Bestrebungen zur Kodifizierung von Rechtsmeinungen (ebd.).

Ibn Hanbal war dadurch nicht per se Feind von Literalität. Er bevorzugte lediglich die mündliche Tradition, so wie es in der (alt-)arabischen Kultur üblich war; Oralität ist eines ihrer zentralen Elemente. Das liegt auch an der arabischen Schrift, die nur Langvokale ausschreibt und für einige Buchstaben mit ein bis drei Punkten über oder unter einzelnen Zeichen arbeitet. Bei unsorgfältigem Schreiben können leicht Fehler entstehen, die den Sinn verändern. Zudem herrschte zweitweise die Vorstellung, dass nur der Koran verschriftlicht sein sollte, um dessen exponierte Stellung zu unterstreichen (siehe auch Schoeler 1989; grundsätzlich zur Debatte über Niederschrift von Wissen im Islam siehe Cook 1997). Ahmad Ibn Hanbal gilt zwar als der erste Hafiz seiner Zeit (Patton 1897: 27), der sich zudem bemühte, die Hadithe auswendig zu lernen (Cooperson 1997: 77), aber als Gedächtnisstütze waren ihm schriftliche Fixierungen durchaus willkommen (siehe auch Abbott 1967: Bd. 2, S. 55). Dabei ist auch ein rein technischer Aspekt zu bedenken: die Einführung und rasche Verbreitung des Papiers in der arabischen Welt zu seinen Lebzeiten – 794 wurde in Bagdad mit der Herstellung begonnen.

Im Folgenden sollen einige Beispiele für die Glaubensgrundlage (aqîda), wie sie Ahmad Ibn Hanbal verstanden hat, aufgeführt werden. Das geschieht weitgehend unter Berufung auf Ibn Abî Ya'lâ (1952) und Ibn al-Dschauzi (2013). Ausgewählt wurden die Aspekte, die im Kontext des heutigen Salafismus bedeutsam sind.

Der Glaube (imân) manifestiert sich für Ahmad Ibn Hanbal nicht nur in Worten. Lediglich zu denken und zu sagen, dass man an Gott glaube und in Mohammed dessen Gesandten sehe, reicht für ihn nicht aus. Glaube muss sich auch in konkreten Taten zeigen. Nur dann ist er wahr – das gilt zuvorderst für das fünfmalige tägliche Gebet, aber auch für weniger bedeutende Taten. Die Taten müssen sich laut Ahmad Ibn Hanbal an der Sunna orientieren. Zudem müssen sie mit Absicht (nîya) geschehen, d.h. man muss sich explizit vornehmen, beispielsweise das Gebet nach dem Vorbild des Propheten zu verrichten und es dann umsetzen. Glaube kann aus seiner Sicht stärker werden, aber auch schwächer.

Zentral für die Überzeugungen Ibn Hanbals ist ferner der Glaube an die Vorherbestimmung (qadar). Nichts kann ohne oder gegen Gottes Willen geschehen. Der Mensch verhält sich so, wie Gott ihn erschaffen hat. Gott kann nicht nur jede Sünde vorhersehen, sondern er hat sie vorab selbst festgelegt. Mit dieser Haltung unterstreicht Ibn Hanbal die Allmacht Gottes. Allerdings sieht er die Vorherbestimmung weniger apodiktisch als etwa die Sekte der Dschabriten (siehe auch Watt 1948: 96ff.). Um einem ausgeprägten Fatalismus entgegenzuwirken, gesteht er dem Menschen zu, auf die von Gott festgelegten Umstände in Eigenverantwortung gut oder schlecht zu reagieren. Wohl ebenso als Antwort auf die Gerechtigkeitsfrage, inwiefern ein Sünder im Fall der Prädestination überhaupt von Gott bestraft werden kann und inwiefern diese Lehre nicht ein Freibrief dafür ist, alles zu tun, was einem gefällt, verweist Ibn Hanbal darauf, dass man von Taten allein grundsätzlich nicht ableiten könne, ob jemand ins Paradies oder in die Hölle eingeht. Es sei denn, es gibt einen konkreten Hadith, der dies als Konsequenz einer Handlung benennt. Letztlich obliegt es aber selbst dann Gott allein, einen Menschen in das Paradies oder die Hölle zu schicken oder nach einer bestimmten Zeit wieder aus der Hölle heraus zu holen. Es besteht die Hoffnung auf Barmherzigkeit, und es gibt die Fürsprache am Tag des Jüngsten Gerichts, die Gott für einen Menschen annehmen kann. Die Gerechtigkeit Gottes ist für den Menschen unergründlich, der menschliche Verstand zu begrenzt, um Gottes Plan zu verstehen. Ahmad Ibn Hanbal betont, dass man daher nicht zu viel nach theologischen Belangen fragen solle. Im Grunde geht es um einen Glauben ohne »Wie« und »Warum«. Man muss nicht alles verstehen, um zu glauben.

Ausgenommen vom Eingang ins Paradies sind Ahmad Ibn Hanbal zufolge nur Ungläubige. Wobei »ungläubig« bei ihm unter anderem Menschen sind, die Neuerungen (bida'), sprich Änderungen der als ursprünglich eingeschätzten Lehre unter der Führung der Umma durch Mohammed, in den Islam eingebracht haben. Ibn Hanbal verketzert deshalb beispielsweise seine Gegner in der Frage der Geschaffenheit des Korans und bezeichnet sie abschätzig als Dschahmiten, als Anhänger Dschahm Ibn Safwâns (gest. um 745), auf den die Lehre der Erschaffenheit des Korans zurückgeführt wird. Damit lässt Ibn Hanbal keinen Zweifel, dass er sie außerhalb des Islams sieht (Ibn Hanbal 1973). Zum Unglauben führt ferner das Unterlassen des fünfmaligen Gebets – das Unterlassen aller anderen Handlungen und das Begehen verbotener Taten ausdrücklich nicht; im Gegensatz dazu die Kharidschiten, jene in der Frühzeit des Islams entstandene oppositionelle Sekte, die sich wesentlich stärker an der Orthopraxie orientierte und auch schwere Sünden zur Ursache für einen Abfall vom Glauben erklärte (siehe auch Salem 1956; Crone 2006: 54ff.). Diese Strömung sieht Ibn Hanbal ebenfalls außerhalb des Islams.

Neben Kharidschiten, Dschahmiten und Mu'taziliten zählt er bis zu vier weitere theologische Strömungen auf, die seiner Auffassung nach verdammt sind (siehe Melchert 2006: 89ff.). Darunter befindet sich auch eine schiitische. Von ihnen ist in der sunnitisch-arabischen Polemik als »râfida« oder »rafîd (Sg.)/rawâfid (Pl.)« die Rede, als »diejenigen, die [zentrale sunnitische Autoritätspersonen aus den Anfängen des Islams] ablehnen/im Stich lassen«; später wurde dieser pejorative Begriff vor allem auf die Zwölferschia bzw. Imamiten angewandt, heutzutage wird er in diesem Zusammenhang oft für alle Schiiten verwendet. Ibn Hanbal benutzte »râfida«, um diejenigen zu bezeichnen, die Ali nicht nur dem dritten Kalifen Uthman vorzogen, sondern auch den ersten beiden, Abû Bakr und Umar – etwas, was nach seiner Vorstellung nicht auf den Propheten zurückgeführt werden kann. Für Schiiten wiederum ist Ali nach Mohammed der beste Mensch, und nach ihrer Überzeugung hat der Prophet ihn am Teich von Khumm nördlich von Mekka sehr wohl zu seinem Nachfolger bestimmt (siehe auch Halm 1988: 10ff.). Sie betrachten die ersten drei Kalifen als Usurpatoren, die Ali nach dem Tod Mohammeds von der Position des rechtmäßigen Kalifen ferngehalten haben. Ibn al-Dschauzî führt eine Überlieferung an, wonach Ahmad Ibn Hanbal gesagt hat, jeder, der Abû Bakr und Umar verunglimpfe, sei ein Abtrünniger (2013: 305). Frank Griffel hält in seiner Studie zur Toleranz im Islam fest:

»Urteilt man aus ihren frühen Texten und den Überlieferungen über Ahmad b. Hanbal, so wirkt die Bewegung der traditionalistischen Hanbaliten in einem für den Islam bisher unbekannten Maße intolerant und inquisitorisch. Für die Traditionalisten waren so gut wie alle theologischen Gegner Ungläubige, und in den frühen Texten suchte man nach Wegen, dieses Urteil im Fall der [Dschahmiten] mit der Todesstrafe zu vollstrecken.« (Vgl. Griffel 2000: 148)

Ein weiteres zentrales Element in Ibn Hanbals Vorstellungen ist die Frage, wie die Beschreibungen Gottes im Koran zu verstehen sind. Es ist von seinen Händen die Rede, von seinen Augen oder auch von seinem Thron. Nach herrschender islamischer Lehre ist der Mensch allerdings kein Ebenbild Gottes, vielmehr wird er klar von ihm abgegrenzt, denn: »Es gibt nichts, was ihm gleich kommen würde« (Sure 42, Vers 11). Gott ist demnach unendlich, hat weder Zeit noch Raum. Jedes andere Verständnis ist oder grenzt an Anthropomorphismus (taschbîh; Gott mit etwas vergleichen, was geschaffen wurde). Strömungen wie die Mu'tazila vertraten eine negative Theologie und verstanden die koranischen Aussagen im übertragenen Sinn: Gottes Thron ist demzufolge eine metaphorische Umschreibung seiner Weltherrschaft bzw. seiner Schöpfung, seine Augen stehen für Allwissenheit, seine Hände für Allmacht. Ahmad Ibn Hanbal wiederum verstand den Koran wörtlich – denn: »Dies sind Verse der [w. Zeichen] der deutlichen Schrift. Wir haben sie [d.h. die Schrift] als einen arabischen Koran hinabgesandt. Vielleicht würdet ihr verständig sein.« (Sure 12, Vers 1-2) Den logischen Konflikt zwischen der verbotenen Vermenschlichung Gottes und einer naiven Buchstabentreue löste er mit einer nihilistischen Grundhaltung auf: Die Verse, die Gott mit anthropomorphen Begriffen beschreiben, sind zwar wörtlich zu nehmen, aber amodal zu verstehen, also ohne nach dem Wie zu fragen (bi-lâ kayf). Das ist bis heute die vorherrschende Meinung im sunnitisch-orthodoxen Islam. Wenn im Koran somit von Gottes Thron die Rede ist, kann man sich demzufolge darunter eben keinen Stuhl vorstellen, der womöglich sogar noch größer als Gott wäre, um diesen räumlich zu fassen, sondern gar nichts. Umgekehrt lehnt es Ibn Hanbal ebenso ab, aufgrund menschlicher Verhaltensweisen Rückschlüsse auf Gottes Handeln zu ziehen.

Ahmad Ibn Hanbal bringt Menschen bzw. Generationen entsprechend ihrer Bedeutung für islamrechtliche Regelungen in eine Reihenfolge. Nach dem Propheten Mohammed folgen die ersten drei Kalifen Abû Bakr, Umar und Uthman. Ali, der vierte Kalif, mit seiner Bedeutung für die Schiiten, ist hier ausgeklammert. Ahmad Ibn Hanbal ordnet ihn erst einer zweiten Gruppe zu (siehe Ibn al-Dschauzî 2013: 297), merkt allerdings auch an, dass Ali im sunnitischen Islam in der Regel zur ersten Gruppe gezählt wird (Nagel 1975: 270). Innerhalb der Gesamtgruppe der Prophetengenossen (sahâba), also aller Muslime, die Mohammed gekannt haben und sei es nur vom Sehen her, baut er ebenfalls eine Hierarchie auf. Sie orientiert sich daran, ob sie 622 (Hidschra) bereits zusammen mit Mohammed von Mekka nach Medina ausgewandert (muhadschirûn) oder ob sie erst dort zu ihm gestoßen sind und ihn dann unterstützt haben (ansâr). Im Kitâb al-wara' heißt es: »Wer eine Handlung der Gefährten des gepriesenen Propheten [...] verschmäht, besitzt nicht den geringsten Glauben.« (zit.n. Pitschke 2010: 185). Segenswünsche für sie bringen einen Muslim näher zu Gott, und wer ihnen nacheifert, gelangt auf den Pfad der Rechtleitung: »Sich in ihren Spuren zu halten, ist Tugend.« (zit.n. Nagel 1975: 270f.) Ahmad Ibn Hanbal führt weiter aus: »Es ist niemandem erlaubt, etwas von ihren schlechten Seiten zu erwähnen, niemand darf einen von ihnen wegen eines Fehlers oder einer Unzulänglichkeit kritisieren. Wer dies dennoch tut, den soll die Staatsgewalt züchtigen und bestrafen. Sie darf ihm nicht verzeihen, sondern muss ihn bestrafen und zur Reue auffordern. Sollte er Buße tun, möge sie es akzeptieren.« (Vgl. ebd.) Nach den Prophetengenossen folgen in der Wertung Ahmad Ibn Hanbals Muslime der nächsten Generation, die Mohammed selbst nicht mehr erlebt haben (tâbi'ûn); diese Hierarchie ist schließlich auch ausschlaggebend für die bereits erwähnte Handhabung des Konsenses als Rechtsquelle.

Hervorzuheben sind zudem Ahmad Ibn Hanbals Überzeugungen in der Frage nach dem Umgang mit einem ungerechten Herrscher. Ibn Hanbal meint, dass auf politischer Ebene den Herrschenden, denen Gott die Regelung der Angelegenheiten im Diesseits anvertraut habe, Folge zu leisten sei – auch wenn diese nicht aufrichtig oder gottesfürchtig seien. Man muss ihnen in den Dschihad folgen, die zu entrichtenden steuerlichen Abgaben leisten, und mit ihnen zusammen kultische Vorschriften befolgen wie das Gemeinschaftsgebet, das Begehen des Opferfests und des Fests zum Ende des Ramadans sowie die Wallfahrt (diese Haltung stützt im Übrigen die These, dass er während der Mihna freigelassen wurde, weil von ihm keine aufrührerische Gefahr ausging). Die Treue zum Herrscher gilt Ibn Hanbals Auffassung nach selbst für den Fall einer gewaltsamen Usurpation. Den Tyrannenmord, der bereits in der antiken Philosophie diskutiert wurde, lehnt er somit ab. Eine solche Tat gilt ihm einerseits als Neuerung, andererseits fürchtet er fitna (die Spaltung der muslimischen Gemeinde, was zunächst zu kollektiver Verunsicherung und letztlich zu Gewalt, Rebellion und Krieg führen kann; fitna ist eine viel beschworene Gefahr in der longue durée der islamischen Geistesgeschichte). Hinsichtlich islamrechtlicher Fragen vertrat Ahmad Ibn Hanbal allerdings eine andere Position, wie auch sein Verhalten während der Mihna zeigt. Diese Ausnahme wird durch die Sunna gedeckt, wo es zum Beispiel heißt: »Hört auf euren Anführer und gehorcht ihm, solange er nichts Ungesetzliches anordnet.« (Bukhârî 1991: 313) Ibn Hanbal selbst argumentiert: »Ihr sollt der Regierung gehorchen und nicht gegen sie rebellieren. Wenn der Herrscher etwas anordnet, das eine Sünde gegen Gott beinhaltet, sollt ihr weder gehorchen noch rebellieren. Unterstützt keine fitna, nicht mit der Hand und nicht mit Worten.« (Vgl. Ibn al-Hanbal 1984: 35f.)

Ähnliches gilt für die bekannte Verhaltensnorm »Das Rechte gebieten und das Verwerfliche verbieten« (al-amr bi-l-ma'rûf wa-n-nahî 'an al-munkar) (siehe auch Cook 2000). In erster Linie ist dieser Appell an die jeweiligen Herrscher gerichtet – nicht an jeden einzelnen Muslim. Erst wenn Herrscher gegen die Formel verstoßen oder versäumen, die islamischen Gesetze zu implementieren, sind Gläubige zum Handeln aufgerufen. Ibn Hanbal erkannte diese auf dem Koran (Sure 3, Vers 110) basierende Formel an, drängte aber auf einen passiven Umgang damit (siehe Cook 2000: Kap. 2). Demnach soll man nur auf Fehler hinweisen, wenn sie unmittelbar vor den eigenen Augen geschehen, und nicht aktiv nach Fehlern anderer suchen. Wenn beispielsweise jemand offenkundig Wein trinkt, schreitet ein Gläubiger mahnend ein, wenn aber ein Verdächtiger Wein etwa aus bedeckten Gefäßen trinkt, lässt er ihn in Ruhe. Hintergrund für Ibn Hanbals Zurückhaltung in dieser Angelegenheit war wiederum seine Sorge davor, eine zu offensive Praxis könne gewalttätige Reaktionen und Unfrieden (fitna) hervorrufen. Die amr bi-l-ma'rûf-Norm entfaltet bis heute im Privaten wie im Staatlichen Wirkung: In Saudi-Arabien etwa trägt die Religionspolizei die Formel in ihrem offiziellen Namen, im Alltag von Muslimen führt sie bzw. ihre missbräuchliche Anwendung bis heute zu Unmut (Kaddor 2012: insb. S. 167ff.).

Ahmad Ibn Hanbal positionierte sich auch hinsichtlich der Steinigung (radschm): Er sah sie als die von Gott gewünschte Strafe für Unzucht zwischen zwei verheirateten Personen an. Das ist insofern bemerkenswert, als der Koran in Sure 24, Vers 2 ausdrücklich »nur« 100 Peitschenhiebe für beide Beteiligte verlangt (eine ausführliche Diskussion dieser Abrogation [naskh] im Fall der Steinigung findet sich bei Fatoohi 2013: 158ff.). Ibn Hanbal stützt sich in seinem Urteil vor allem auf Hadithe. Im »Musnad« führt er mehrere entsprechende Belege auf (1969: Bd. 4, S. 272), zudem weist er auf die ersten drei Kalifen hin, die den Überlieferungen zufolge ebenso wie Mohammed selbst haben steinigen lassen (siehe auch Nagel 2010: 214ff.). Zudem gibt es eine Überlieferung, die auch Eingang in den »Musnad« gefunden hat (Ibn Hanbal 1969: Bd. 6, S. 269), wonach ein Vers, der die Steinigung vorsah, nicht in den Koran aufgenommen werden konnte, weil das Blatt, auf dem er notiert war, von einer Ziege aufgefressen wurde (siehe auch Burton 1977: 86). In der Realität spielte Steinigung in klassisch-islamischer Zeit allerdings fast keine Rolle, was auch daran lag, dass die Unzucht mit verschärften Nachweisen belegt werden muss, die im Grunde kaum zu erbringen sind; in den Kernländern der islamischen Welt gibt es in der gesamten Geschichte bis zur Neuzeit lediglich zwei Textzeugnisse für die Verhängung einer Steinigungs-Strafe – abgesehen von den eben erwähnten (möglicherweise legendären) Hinweisen auf die Anfangszeit des Islams (Baer 2011; s.a. Bauer 2011: 281f.).

Schluss

Ahmad Ibn Hanbal ist nach wie vor ein wissenschaftlich unzureichend beschriebenes Blatt, was Salafisten und anderen islamischen Strömungen heute die Möglichkeit gibt, gemäß ihrem Framing eigene Vorstellungen über ihn zu formulieren. In seiner Biografie und seinen überlieferten Aussagen gibt es zum Teil Widersprüche, die nicht ausgeräumt sind. Die Desiderate innerhalb des ganz allgemein schlecht beleuchteten islamischen Rechts ziehen sich besonders stark durch die Geschichte der hanbalitischen Rechtsschule: »Seit den Arbeiten von Ignaz Goldziher war die hanbalitische Rechtsschule der bevorzugte Prügelknabe der modernen islamwissenschaftlichen Forschung«, konstatierte bereits George Makdisi (vgl. 1979: 116) und führte an anderer Stelle aus, insbesondere die westliche Orientalistik habe die Hanbaliten außerhalb des Mainstreams muslimischen Denkens verortet, weshalb gerade in der zweiten Hälfte des 19. Jahrhunderts kaum darüber geforscht worden sei (1965: 120). Dabei haben die späteren hanbalitischen Gelehrten – allen voran Ibn Qudâma (gest. 1223) und Ibn Taymiyya (gest. 1328) – mit ihren Arbeiten die Entwicklung des islamischen Rechts insgesamt erheblich beeinflusst.

Wenn auch Namensgeber der Rechtsschule, ist Ahmad Ibn Hanbal selbst kein großer Theoretiker gewesen. Sein Name steht in erster Linie für die (Rück-)Besinnung auf Koran und ganz besonders auf die Sunna im islamischen Recht. Er gilt als Symbolfigur für Frömmigkeit und religiöse Standhaftigkeit. Es umgibt ihn ein wenig die Aura eines Märtyrers. Die Rechtsschulgründung mal außer Acht gelassen, basiert sein Ruhm primär auf diesem Ruf. Seine vergleichsweise simplen Lehren – weniger verkopft, weniger vergeistigt, mehr auf die Orthopraxie abhebend – brachten den Hanbaliten vor allem unter der einfachen Bevölkerung über die Jahrhunderte hinweg guten Zuspruch. Zudem stärkten sie das Selbstverständnis der Sunniten als Sunniten in Abgrenzung zu den Schiiten.

Es ist nicht zwingend, in Ahmad Ibn Hanbal den Ur-Vater des Salafismus zu sehen. Zwischen seinen Lehren und denen heutiger Salafisten finden sich zwar eindeutige Anknüpfungspunkte, aber auch Unterschiede. Ibn Hanbal gibt den

Grundgedanken des Salafismus vor, nämlich die Prophetengenossen zu lieben und ihnen zu folgen, wobei es weniger um die Tatsache an sich geht, die für alle sunnitischen Rechtsschulen gilt, sondern um deren Hervorhebung. Die heutige Betonung des bid'a-Vorwurfs findet ebenfalls in Ahmad Ibn Hanbal einen historischen Ankerpunkt, und sein Verhalten während der Mihna dient politischen sowie dschihadistischen Salafisten als Schablone für ihren Widerstand/Kampf gegen die staatlichen und politischen Gefüge in der islamischen Welt. Ferner gibt es Überschneidungen in seiner teils rigorosen Abwehrhaltung und Intoleranz gegenüber Andersdenkenden. Zugleich stehen seine Sorgen vor fitna dem teilweise radikalen Takfirismus (also der Ausgrenzung anderer Muslime, indem sie zu »Ungläubigen« erklärt werden) politischer und dschihadistischer Salafisten entgegen. Auch hat Ibn Hanbal im Sinne der von Thomas Bauer beschriebenen Kultur der Ambiguität (2011) Gegenmeinungen nicht grundsätzlich abgelehnt, sondern durchaus andere religiöse Rechtsauffassungen neben seiner geduldet. So waren ihm viele Zeitgenossen und Vorfahren, trotz teils scharfer Kritik, respektable Gelehrte, die er mit sich selbst in einem Atemzug nannte: »Ahmt weder mich nach noch Mâlik noch al-Schâfi'î noch al-Thaurî [gest. 778, Gründer einer weiteren, nach einigen Jahrhunderten untergegangenen sunnitischen Rechtsschule (Judd 2002)], sondern forscht [in den Heiligen Schriften], so wie wir geforscht haben.« (Vgl. Ibn Taymiyya 1965f.: Bd. 1, S. 484)

Für die Ablehnung des Sufismus, den Salafisten gilt er als Irrweg und bid'a,[1] bieten die Hanbaliten – anders als oft angenommen – ebenso wenig eine fundierte Basis. Ihre Haltung ist differenzierter. Ihre Kritik galt den Sufis nicht prinzipiell, sondern lediglich einzelnen Überzeugungen und bestimmten Auswüchsen sufischer Praktiken (siehe den Beitrag von Krawietz zu Ibn Taymiyya in diesem Band). Ibn Hanbal selbst unterhielt Kontakte zu wichtigen Sufis seiner Zeit wie Bischr Ibn al-Hârith (gest. 841) oder Sarî al-Saqatî (gest. 867). Nimrod Hurvitz spricht in diesem Zusammenhang von einem gewissen gegenseitigen Respekt (2002: 88; siehe auch Cooperson 1997). Für van Ess und Makdisi ist die »Erzfeindschaft« bloß ein Stereotyp, das aus der falschen Gleichsetzung der hanbalitischen Lehren mit denen des Wahhabismus herrührt (Ess 1999: 29; Makdisi 1979).

Die Salafisten übertreffen Ibn Hanbal ferner in Bezug auf Radikalität im Allgemeinen: Eine vergleichbar extreme Stellung, wie sie Salafisten heutzutage im muslimischen Spektrum einnehmen, hatte Ahmad Ibn Hanbal zu seiner Zeit nicht: Die Zahiriten hatten die strengere Rechtsschule, die Kharidschiten waren strenger in Bezug auf Sünden. Vielleicht hätte Ibn Hanbal eine deutlich geringere Rolle für die Salafisten gespielt, wenn die Zahiriten überlebt hätten.

Ein Text, der am 18. Juli 2013 auf dem Wordpress-Blog »Anti Majoze« veröffentlicht wurde,[2] veranschaulicht zum Abschluss sehr schön, wie in der Salafisten-Szene auf Ahmad Ibn Hanbal rekurriert wird und Teile seiner Lehren instrumen-

---

1 | Siehe zum Beispiel die Stellungnahmen von Pierre Vogel unter: https://www.youtube.com/watch?v=dpmkcH4Q2ag und https://www.youtube.com/watch?v=SzgcLp7C9YQ.
2 | http://antimajozze.wordpress.com/2013/07/18/der-quran-ist-erschaffen-laut-den-schiiten/; das Zitat ist im Original wiedergegeben ohne sprachliche und grammatikalische Korrekturen; lediglich die Fachbegriffe wurden zum besseren Verständnis im Rahmen dieses Beitrags angepasst.

talisiert werden. Der Autor des Blogbeitrags nennt sich »Abu Riyadus«.[3] Er gibt seine Glaubensrichtung mit »Sunnah – Salafi – Hanbali« und seine Herkunft mit »Libanon/Syrien« an:

»Um es ziemlich kurz zu machen, und nicht tief in das Thema einzugehen, erwähne ich in diesem Artikel einige der großen Imame der Sunnah, die jene als Ungläubige verbannt haben, die Aussagen ›Der Quran wäre erschaffen.‹ Die Gelehrten der Salaf zögerten keinen Augenblick um diese abscheuliche Lehre entgegenzutreten, indem sie unmissverständlich verkündeten, dass der Quran das unerschaffen Wort Allahs ist! Speziell will ich hiermit die [rafîda], Allah verfluche sie und möge sie niemals rechtleiten, attackieren, da ihre vollgekotzte Religion, Elemente von den [Dschahmiten] und [Mu'tazila] beinhalten, die Aussagen der Quran wäre erschaffen. Und die Schiiten haben sowieso Zweifel am Qur'an. Imam Ahmad Ibn Hanbal (ra) hat wahrlich solche Menschen mit Wort bekämpft und hat diese [fitna] ausgerottet. Die Schiiten aber hingegen lieben halt auf alte Miseren zugreifen und ein wenig zu erneuern, weil sie der Inbegriff der [fitna] sind. Wir dagegen, die Ahlu Sunnah wa al-Jamâ'ah, sagen das der Quran, das Wort Allahs und nicht erschaffen ist. Wir philosophieren nicht weiter, noch fragen wir nach dem ›Wie‹ noch Vermenschlichen wir die Rede Allahs mit einem Geschöpf.«

LITERATUR

Abbott, Nabia (1967): Studies in Arabic literary papyri, Bd. 2: Qur'ânic commentary and tradition, 3 Bde., Chicago.

Baer, Marc (2011): »Death in the Hippodrome: Sexual Politics and Legal Culture in the Reign of Mehmet IV«, in: Past and Present 210(2011), S. 61-91.

Baradie, Adel El (1983): Gottes-Recht und Menschen-Recht – Grundlagenprobleme der islamischen Strafrechtslehre. Baden-Baden.

Bauer, Thomas (2011): Die Kultur der Ambiguität. Eine andere Geschichte des Islams. Berlin.

Brockelmann, Carl (1937ff.): Geschichte der arabischen Litteratur (=GAL), Supplementbände 1-3, Leiden.

Brown, Jonathan (2007): The canonization of al-Bukhârîî und Muslim. The formation and function of the Sunnî Hadîth canon. Leiden.

Bukhârî, Muhammad al- (1991): Sahih al-Bukhârî, ausgew., übers.u. hg. v. Dieter Ferchl. Stuttgart.

Burton, John (1977): The Collection of the Qur'an. Cambridge.

Cook, Michael (1992): »On the origins of Wahhâbism«, in: Journal of the royal asiatic society 2.2(1992), S. 1991-202.

Cook, Michael (1997): »The Opponents of the Writing of Traditions«, in: Arabica 44(1997), S. 437-530.

Cook, Michael (2000): Commanding Right and Forbidding Wrong in Islamic Thought. Cambridge.

Cooperson, Michael (1997): »Ibn Hanbal and Bishr al-Hâfî: A Case Study in Biographical Traditions«, in: Studia Islamica 86(1997), S. 71-101.

Cooperson, Michael (2000): Classical Arabic biography. The heirs of the prophets in the age of al-Ma'mûn. Cambridge.

---

3 | www.ahlu-sunnah.com/members/11205-Abu-Riyadus

Coulson, Noel James (1959): »Muslim custom and case-law«, in: Die Welt des Islams 6(1959), S. 13-24.
Crone, Patricia (2006): God's Rule: Government and Islam. New York.
Dhahabî, Shams al-Din al- (1987ff.): Târikh al-islâm wa-wafayât al-maschâhîr wa-l-a'lâm, 52. Bde, Beirut: Dâr al-kitâb al-arabî.
Dschâhiz, Amr Ibn Bahr al- (1964ff.): Rasâ'il al-Dschâhiz, 4 Bde., Kairo: Maktabat al-khândsch.
Ess, Josef van (1991ff.): Theologie und Gesellschaft im 2. und 3. Jahrhundert Hidschra. Eine Geschichte des religiösen Denkens im Islam, 6. Bde, Berlin u.a.
Ess, Josef van (2011): Der Eine und das Andere. Beobachtungen an islamischen häresiographischen Texten, Bd. 1, Berlin u.a.
Ess, Josef van (1999): »Sufism and its Opponents: Reflections on Topoi, Tribulations, and Transformations«, in: Frederick de Jong u.a. (Hg.): Islamic Mysticism Contested: Thirteen Centuries of Controversies and Polemics. Leiden u.a., S. 22-44.
Fatoohi, Louay (2013): Abrogation in the Qur'an and Islamic Law: A Critical Study of the Concept of »Naskh« and its Impact. New York.
Fück, Johann (1939): »Die Rolle des Traditionalismus im Islam«, in: Zeitschrift der Deutschen Morgenländischen Gesellschaft 93(1939), S. 1-32.
Fück, Johann (1961): »Die Religion des sunnitischen Islam«, in: Handbuch der Orientalistik, Bd. 8, Leiden u.a.
Goldziher, Ignaz (1884): Die Zahiriten – ihr Lehrsystem und ihre Geschichte. Leipzig.
Goldziher, Ignaz (1887): »Das Princip des istishâb in der muhammedanischen Gesetzeswissenschaft«, in: Wiener Zeitschrift für die Kunde des Morgenlandes 1(1887), S. 182-190.
Goldziher, Ignaz (1913ff.): Art. »Ahmad Ibn Hanbal« in: Enzyklopaedie des Islam, 1. Aufl., 4 Bde., Leiden, Bd. 1, S. 199-201.
Goldziher, Ignaz (1908): »Zur Geschichte der hanbalitischen Bewegung«, in: Zeitschrift der Deutschen Morgenländischen Gesellschaft 62(1908), S. 1-28.
Griffel, Frank (2000): Apostasie und Toleranz im Islam. Die Entwicklung zu al-Gazâlîs Urteil gegen die Philosophie und die Reaktion der Philosophen. Leiden u.a.
Halm, Heinz (1988): Die Schia. Darmstadt.
Hallaq, Wael B. (1993): »Was al-Shafi'i the master architect of islamic jurisprudence?«, in: International journal of Middle East studies 25/4(1993), S. 587-605.
Hallaq, Wael B. (1996): »Was the gate of ijtihad closed?, in: Ian Edge (Hg.): Islamic law and legal theory. Aldershot u.a., S. 287-329.
Hanbal Ibn Ishaq (1977): Dhikr mihnat al-imâm Ahmad Ibn Hanbal, hg. v. Muhammad Naghasch. Kairo: Dâr naschr al-thaqâfa.
Hourani, Georges F. (1964): »The Basis of Authority of Consensus in Sunnite Islam«, in: Studia islamica 21(1964), S. 13-60.
Hurvitz, Nimrod (2002): The formation of Hanbalism. Piety into power. London: Routledge Curzon.
Ibn Abî Ya'lâ, Abû l-Husayn Muhammad (1952): Tabaqât al-hanâbîla, hg. v. Muhammad Hâmid al-Fuqâ, 2 Bde., Kairo: Matba'at al-sunna al-muhammadiyya.
Ibn al-Dschauzî (2013): Manâqib Abî Abdallâh Ahmad Ibn Muhammad Ibn Hanbal=Virtues of the Imâm Ahmad Ibn Hanbal, Bd. 1, hg. u. übers. v. Michael Cooperson. New York.
Ibn Hanbal, Ahmad (1969): al-Musnad, 6. Bde., Beirut: al-Maktab al-islāmī.

Ibn Hanbal, Ahmad (1973): al-Radd alâ l-zanâdiqa wa-l-dschahmiyya. Kairo: al-Matba'a al-salafiyya.
Ibn al-Hanbal, Abdallâh Ibn Ahmad (1984): Kitâb al-sunna, 2. Aufl., Delhi: al-Dâr al-ilmiyya.
Ibn Qayyim al-Dschauziyya, Muhammad (1968): I'lâm al-muwaqqi'în an rabb al-âlamîn, 4 Bde., hg. v. Tâhâ Abd al-Ra'ûf Sa'd, Kairo: Maktabat al-kulliyyât al-azhariyya.
Ibn Qudâma al-Maqdisi, Muwaffaq al-Dîn (1971): Raudat al-nâzir wa-dschannat al-munâzir, 4. Aufl., Kairo: Matba'at al-salafiyya.
Ibn Taymiyya, Ahmad (1949): al-Radd alâ l-mantiqîyîn, hg. v. Abd al-Sammad Scharaf al-Dîn al- Kutubî, Bombay: Matba'at al-qayyima.
Ibn Taymiyya (1961ff.): Madschmû'a fatâwâ schaykh al-islâm Ahmad Ibn Taymiyya, 38.Bde., hg. v. Abd al-Rahmân Ibn Qâsim, Riad: Matâbi' al-Riyâd.
Ibn Taymiyya (1965f.): al-Fatâwa al-kubrâ, 5 Bde., Kairo: Dâr al-kutub al-haditha.
Jokisch, Benjamin (2001): »Ijtihâd in Ibn Taymiyya's Fatâwâ«, in: Robert Gleave und Eugenia Kermeli (Hg.): Islamic law – theory and practice. London u.a., S. 119-137.
Judd, Steven (2002): »Competitive Hagiography in Biographies of al-Awzâ'î and Sufyân al-Thawrî«, in: Journal of the American Oriental Society 122(2002), S. 34-36.
Kaddor, Lamya (2012): »Muslime in Deutschland – Selbstbewusstsein und Kritikfähigkeit«, in: Thorsten Gerald Schneiders (Hg.): Verhärtete Fronten. Der schwere Weg zu einer vernünftigen Islamkritik. Wiesbaden, S. 149-176.
Kamali, Mohammed Hashim (1997): Principles of islamic jurisprudence. Cambridge.
Khadduri, Majid (1953): »Nature and sources of Islamic law«, in: The George Washington Law Review 22(1953), S. 3-23.
Khallâl, Ahmad Ibn Muḥammad al- (1975): al-Musnad min masâ'il Abî Abdallâh Ahmad Ibn Muhammad Ibn Hanbal, hg. v. Ziauddin Ahmed, Dhaka: Asiatic society of Bangladesh.
Khatîb al-Bagdâdî, Abû Bakr (1931): Tarîkh Baghdâd, 14. Bde., Kairo: Maktabat al-khândschî.
Krawietz, Birgit (2002): Hierarchie der Rechtsquellen im tradierten sunnitischen Islam. Berlin.
Laoust, Henry (1960): Art. »Ahmad b. Hanbal«, in: Encyclopaedia of Islam, 2. Aufl., Leiden, Bd. 1, S. 272-277.
Laoust, Henry (1971): Art. »Ibn Taymiyya«, in: Encyclopaedia of Islam, 2. Aufl., Leiden, Bd. 3, S. 951-955.
Libson, Gideon (1997): »On the development of custom as a source of law in Islamic law«, in: Islamic law and society 4(1997), S. 131-155.
Lohlker, Rüdiger (2012): Islamisches Recht. Methoden. Wien.
Makdisi, John (1985): »Legal logic and equity in Islamic law«, in: The American Journal of Comparative Law 33/1(1985), S. 63-92.
Makdisi, George (1965): »Ibn Taymîya's autograph manuscript on istihsân – materials for the study of islamic legal thought«, in ders. (Hg.): Arabic and Islamic studies in honor of Hamilton A. R. Gibb. Leiden, S. 446-479.
Makdisi, George (1979): »The Hanbali school and sufism«, in: Boletin de la Asociación Española de Orientalists XV(1979), S. 115-126.
Makdisi, George (1983): L'Islam hanbalisant. Paris.

Melchert, Christopher (1997): The formation of the sunni schools of law, 9th-10th centuries C.E. Leiden u.a.
Melchert, Christopher (2006): Ahmad ibn Hanbal. Oxford.
Nagel, Tilman (1975): Rechtleitung und Kalifat. Versuch über eine Grundfrage der islamischen Geschichte. Bonn.
Nagel, Tilman (2010): Mohammed: Zwanzig Kapitel über den Propheten der Muslime, München: Oldenbourg.
Paret, Rudi (1966) (Übers.): Der Koran. Stuttgart.
Patton, Walter M. (1897): Ahmad Ibn Hanbal and the mihna, Leiden.
Peters, Jan R. T. M. (1976): God's created speech. A study in the speculative theology of the Mu'tazilî Qâdî l-qudât Abû l-Ḥasan Abd al-Jabbâr ibn Ahmad al-Hamadânî. Leiden.
Peters, Rudolph (1980): »Idjtihâd and taqlîd in 18th and 19th century islam«, in: Die Welt des Islam 20(1980), S. 131-146.
Peters, Rudolph (1996): »Erneuerungsbewegungen im Islam vom 18. bis zum 20. Jahrhundert und die Rolle des Islams in der neueren Geschichte«, in: Werner Ende und Udo Steinbach (Hg.): Der Islam in der Gegenwart. München.
Peskes, Esther (1993): Muhammad b. Abdalwahhâb (1703-92) im Widerstreit – Untersuchungen zur Rekonstruktion der Frühgeschichte der Wahhâbîya. Beirut.
Rohe, Mathias (2009): Das islamische Recht. Geschichte und Gegenwart. München.
Sâlih Ibn Ahmad Ibn Hanbal (1981): Sîrat al-imâm Ahmad Ibn Hanbal, hg. v. Fu'ad Abd al-Mun'im Ahmad. Alexandria: Mu'assasat Schabâb al-Dschami'a
Salem, Elie Adib (1956): Political theory and institutions of the Khawârij. Baltimore, MD.
Sezgin, Fuat (1967ff.): Geschichte des arabischen Schrifttums [=GAS], 15 Bde., Leiden.
Schacht, Joseph (1986): An introduction to Islamic law. Oxford.
Schacht, Joseph (1955): »The schools of law and later development of jurisprudence«, in: Majid Khadduri und Herbert J. Liebesny (Hg.): Law in the Middle East. Washington D.C.
Schoeler, Gregor (1989): »Mündliche Thora und Hadit: Überlieferung, Schreibverbot, Redaktion«, in: Der Islam. Zeitschrift für Geschichte und Kultur des islamischen Orients 66(1989), S. 213-263.
Spectorsky, Susan A. (1982): »Ahmad Ibn Hanbal's fiqh«, in: Journal of the American oriental society 102(1982), S. 461-465.
Stewart, Frank H. (2000): Art. »'urf«, in: Encyclopaedia of Islam, 2. Aufl., Leiden, Bd. 10, S. 887-892.
Tabarî, Muhammad al- (1902): Kitâb ikhtilâf al-fuqâhâ'. Kairo: Matba'at al-Mausû'ât.
Vogel, Frank E. (2000): Islamic law and legal system – studies of Saudi Arabia. Leiden u.a.
Wahba, Hafiz (1929): »Wahhabism in Arabia – past and present«, in: Journal of the Central Asian society 16(1914), S. 458-467.
Watt, William Montgomery (1948): Freewill and predestination in early Islam. London.
Wensinck, A. J. (1992): Concordance et indices de la tradition musulmane. 8 Bde., 2. Aufl., Leiden u.a.
Ya'qûbî, Ahmad Ibn Abî Ya'qûb al- (1969): Târîkh, übers. v. M. Th. Houtsma, 2. Bde., Leiden.

Ibn Taymiyya, Vater des islamischen Fundamentalismus?
Zur westlichen Rezeption eines mittelalterlichen Schariatsgelehrten[1]

Birgit Krawietz

1. EINFLUSS IBN TAYMIYYAS AUF ISLAMISCHE GEISTESGESCHICHTE UND POLITIK

Westliche Islamwissenschaftler, darum gebeten, an einer Hand die bedeutendsten islamischen Denker aus vormoderner Zeit aufzuzählen, dürften an dem Damaszener Schariatsgelehrten Taqî al-Dîn Ahmad Ibn Taymiyya (1263-1328) kaum vorbeikommen. Er ist in einem Atemzug zu nennen mit so andersartigen und meist gründlicher erforschten Größen wie etwa dem Philosophen, Theologen und Juristen Abû Hâmid al-Ghazzâlî (gest. 1111), dem ersten Soziologen der islamischen Welt, Ibn Khaldûn (gest. 1406), dem Philosophen Ibn Rushd (Averroes) (gest. 1198) oder dem Philosophen und Mediziner Ibn Sînâ (Avicenna) (gest. 1037). Im Gegensatz zu letzteren resultiert das besondere Interesse westlicher Gelehrter an Person, Lehren und Wirkung Ibn Taymiyyas in der Regel allerdings weniger aus dessen wissenschaftlicher Nähe zu europäischen Geistesentwicklungen oder aus einer unmittelbar einsichtigen Form von Seelenverwandtschaft. Stattdessen ist eine beträchtliche negative Faszination zu verzeichnen. Berühmt – wenn nicht teilweise sogar berüchtigt – ist Ibn Taymiyya insbesondere in folgenden Rollen, welche jedoch im Schrifttum ganz unterschiedliche Berücksichtigung finden.

Ibn Taymiyya ist der wichtigste Vertreter der bis dato schwächsten der schließlich insgesamt vier orthodoxen islamischen Rechtsschulen sunnitischer Prägung,

---

[1] | Dieser Artikel erschien ursprünglich im Verlag Duncker & Humblot als Beitrag in der Festschrift: Atienza, Manuel [u.a.] 2003: 39ff. Anders als in der Erstfassung wurden im hier vorgelegten Nachdruck die englischen Zitate in deutscher Übersetzung wiedergegeben, und der Text – einschließlich der bibliographischen Angaben – wurde mit Ausnahme der Langvokale in der arabischen Transliteration um Diakritika bereinigt. Die eine oder andere Fußnote wurde herausgenommen. Neuste Forschungsliteratur auch zu Ibn Taymiyya (wie der Sammelband Ibn Taymiyya and His Times 2010 oder die Monographie von Al-Matroudi 2006 zu seiner Jurisprudenz) wurde jedoch nach Möglichkeit in meinen Beitrag zu Ibn Qayyim al-Dschauziyya in diesen Band integriert. Trotz längst schwerer Bedenken gegenüber dem westlichen Begriff des Mittelalters habe ich ihn hier im damaligen Untertitel stehen lassen.

nämlich derjenigen der Hanbaliten. Seine juristischen Auskünfte sind teilweise von beträchtlicher Originalität und werden auch von Angehörigen anderer Schulen zur Kenntnis genommen. Als theologischer und juristischer Verteidiger des islamischen Religionsgesetzes (scharî'a) geht Ibn Taymiyya in seinen Schriften mit äußerster Härte gegen innere und äußere Feinde vor. Erstere sind für ihn in erster Linie die Muslime selbst, denen er allerlei unerlaubte Neuerungen (bida', Sg. bid'a) attestiert. Sie sind von der Religion der trefflichen frühislamischen Vorväter (salaf sâlih) abgewichen und haben so die Schwächung der eigenen Reihen und dadurch das Unheil, das die islamische Welt nach dem Zusammenbruch des von Bagdad aus regierten Kalifenreiches getroffen hat, hervorgerufen[2] Ibn Taymiyya macht sich anheischig, fortlaufend Glauben von Unglauben zu scheiden und dem – nach seiner Meinung – orthodoxen Islam der Altvorderen wieder zu seinem Recht zu verhelfen.[3] Mit seiner Unnachgiebigkeit rief der prominente Polemiker zeitlebens zahlreiche persönliche Feinde und immer wieder auch die mamlukische Obrigkeit[4] auf den Plan. Gestritten hat er aber nicht bloß mit spitzer und unermüdlicher Feder. Er ist das genaue Gegenteil eines von der Außenwelt abgekehrten, reinen Stubengelehrten, der sich allein in seinem Werk ausdrückt. Vielmehr wurde er zu einer aktiven Figur der unmittelbaren Zeitgeschichte. Im nachdrücklich von ihm propagierten Heiligen Krieg (dschihâd) gegen die als abtrünnige Muslime gebrandmarkten Mongolen, entwickelte er sich zum Streiter an vorderster Front. Ibn Taymiyyas tatsächliche militärische Rolle wird jedoch unterschiedlich beurteilt. Neben einigen diplomatischen Missionen führte er auch Strafaktionen gegen vermeintliche Kollaborateure durch. In seinem Aktivismus wurde er mehrfach handgemein, um gegen unislamische Umtriebe vorzugehen und den Geboten Gottes im öffentlichen Raum zur Durchsetzung zu verhelfen. Seine Vorstöße hat er des Öfteren ›zweigleisig‹ in Worten und Taten umgesetzt.[5] Die Erteilung schariatrechtlicher Gutachten (sg. fatwâ) entwickelte sich bei ihm zur zentralen Form der Selbstartikulierung (vgl. Weiss 1996: 63f.), um eigene intellektuelle Anliegen durchsetzen zu können. Normalerweise gehen Fatwas auf eine konkrete Anfrage eines Gläubigen zurück, bleiben oft kontextgebunden und bilden insgesamt lediglich einen beschränkten, oft der Nachwelt gar nicht überlieferten Teil des Schaffens eines Experten. Bei Ibn Taymiyya jedoch, dem jede Form enzyklopädischer Selbstverwaltung fremd ist, avancierten Fatwas zu einer seinem Naturell angemessenen unverzüglichen Reaktionsmöglichkeit bei der Verfolgung aktueller Probleme.

---

2 | 1258 zerschlug der Mongole Hülägü das innerlich längst zerrüttete Reich der Abbasiden von Bagdad mit dem Kalifen als nominellem Oberhaupt der islamischen Welt.
3 | Der Begriff »orthodox« ist mit Blick auf seine Person jedoch mit Vorsicht zu verwenden, weil seine Stellungnahmen im Kontext des ausgehenden 13. und frühen 14. Jahrhunderts häufig eine Minderheitenposition darstellten (vgl. Shahab 1998: 68, 124).
4 | Von 1260 an herrschte in Ägypten und Syrien die Dynastie der Mamluken, welche das Regime der Ayyubiden abgelöst hatte.
5 | Ein Beispiel dafür ist bereits sein erstes öffentliches Auftreten. Im Jahre 1294 war Ibn Taymiyya führend bei Ausschreitungen gegen Assâf al-Nasrânî, einen christlichen Sekretär, welcher der Blasphemie gegenüber dem Propheten Muhammad beschuldigt wurde (vgl. Laoust 1943: 118). In diesem Zusammenhang ist wohl auch Ibn Taymiyyas Schrift »Das Schwert, welches gegenüber demjenigen gezückt wird, der den Gesandten schmäht« (al-Sârim al-maslûl alâ schâtim al-rasûl) entstanden (vgl. Turki 1969: 39ff.).

Die vormoderne und moderne Geschichte sowie die politische Entwicklung hat Ibn Taymiyya nachhaltig geprägt. Zum einen ist er der ideologische Ahnherr des Staates Saudi-Arabien. Der von Ibn Taymiyyas Ideen beseelte, puritanisch ausgerichtete Reformer Muhammad Ibn Abd al-Wahhâb (1703- 1792) (vgl. Safiullah 1987: 67ff.) schloss sich mit dem Stammesführer Muhammad Ibn Sa'ûd zu einer dogmatisch-militärischen Allianz zusammen. Es begann eine wechselvolle Expansionsgeschichte, welche 1926 schließlich zur offiziellen Proklamierung des (dritten) Königreiches unter saudisch-wahhabitischer Ägide führte (zur dortigen Bedeutung Ibn Taymiyyas s. Vogel 2000: 67ff., 173, 204f. et passim). Des Weiteren wurde Ibn Taymiyya zur Ikone der transnationalen Reform-Bewegung der Salafiyya. Von seiner Betonung des authentischen Weges der frühen Muslime (salaf) hat diese in der zweiten Hälfte des 19. Jahrhunderts entstandene neo-orthodoxe, teilweise aber auch liberal-reformatorische Strömung nicht nur ihre Bezeichnung erhalten (vgl. Weismann 2001: 263), sondern sie wurde maßgeblich und in vielerlei Weise von seinem Gedankengut geprägt (vgl. Commins 1990: 21ff.; Ende 1995: 908). Sie greift weit über die arabische Welt hinaus und ist gerade auch für Südasien bedeutsam (vgl. Nizami 1990: 123ff.). Fest steht, dass Ibn Taymiyya wie kaum ein anderer vor ihm die Kraft und Dynamik frühislamischer Geschichte und das Abstreifen apokrypher Entwicklungen beschwor. Jedoch nicht allein ein etabliertes Regime und Staatswesen wie das saudi-arabische oder traditionell gestimmte reformatorische Kreise beziehen sich auf Ibn Taymiyya als zentrale Gestalt. Auch Umstürzler verschiedener Couleur wie z.B. die Muslimbrüder haben Teile seines Gedankenguts absorbiert. Er wird mit radikalen Fundamentalisten bis hin zu Terroristen in Verbindung gebracht – als einer dritten neuzeitlichen Bewegung neben Wahhâbiyya und Salafiyya. Ibn Taymiyya war es, auf den sich die Mörder des ägyptischen Präsidenten Sadat bei ihrem Attentat 1981 beriefen. In heutigen Auseinandersetzungen gerät Ibn Taymiyya somit immer wieder ins Sperrfeuer der Kritik und polarisiert – noch Jahrhunderte nach seinem Tod – die Gemüter.

2. Schwerpunkte und Topoi westlicher Sekundärliteratur

Bei so viel Licht der Öffentlichkeit, geschichtsträchtigem Auftreten und einem derartigen Mix aus intellektueller Emsigkeit, Predigten, Politik sowie regelmäßigen Verfolgungen und Inhaftierungen (Nettler 1995: 165) sollte man meinen, dass Ibn Taymiyya und die vielen Facetten seines Lebenswerks besonders gut untersucht seien. Umso erstaunlicher ist es aber, dass die westliche Forschung ihm bei weitem nicht die zu erwartende Aufmerksamkeit hat zukommen lassen. Dieser Befund gilt zumindest bis zum Aufkommen des politischen Fundamentalismus in den 70er Jahren des 20. Jahrhunderts. So heißt es bei Little noch im Jahre 1973: »Eigenartigerweise wurde Ibn Taymiyya seitens moderner Wissenschaftler verhältnismäßig wenig Aufmerksamkeit gewidmet; verwunderlich in Anbetracht der als unverhältnismäßig erscheinenden Aufmerksamkeit, die im Vergleich dazu anderen muslimischen Denkern wie beispielsweise Ghazâlî und al-Hallâj zu Teil wurde« (Little 1973: 320). Dies verwundert umso mehr, als Ibn Taymiyya verschiedentlich sogar mit keinem Geringeren als Martin Luther (gest. 1546) verglichen wird (vgl. Meier 1981: 77; Radtke 1994: 36): »Wie protestantisch-christliche Reformer zwei Jahrhunderte später in Europa übertrug Ibn Taymiyya die rationale Verantwortung dafür, die Religion zu reformieren und zu bereinigen, dem individuellen Gläubigen, denn er verlor den Glauben an die Fähigkeit der etablierten Autoritäten, sich selbst zu reformieren.« (Martin [u.a.] 1997: 124) Angesichts derart vielfältiger Anlässe zu einer Beschäftigung mit Ibn Taymiyya stellt sich die Frage, in welcher Weise genau sich die westliche Wissenschaft bislang mit ihm auseinander gesetzt hat?[6] Es schälen sich dabei zumindest die folgenden fünf Schwerpunktbereiche heraus, nämlich erstens Biographisches, zweitens seine Doktrin vom Heiligen Krieg (dschihâd) und deren historische Einbettung, drittens seine sich aus einem stark literalistischen Textverständnis herleitende Theologie, viertens Ibn Taymiyyas Kritik an Sufismus, Heiligenverehrung und Volksislam sowie fünftens seine ›Karriere als Vater des islamischen Fundamentalismus‹.

Die Biographie Ibn Taymiyyas ist Aufsehen erregender als die eines üblichen Schariatsgelehrten. Als Kind hatte er aus seinem Heimatort Harrân in Nordsyrien vor den einfallenden Mongolen nach Damaskus fliehen müssen. In dieser bedeutenden Gelehrtenmetropole erhielt er – der Familientradition folgend – eine klassische religionsrechtliche Ausbildung und erteilte schon früh selber Unterricht, Fatwas und hielt Predigten. Wegen seiner Glaubensüberzeugungen wurde er mehrfach von Kollegen angegriffen und von der mamlukischen Obrigkeit hart sanktioniert, so dass er insgesamt mehr als sechs Jahre in Kairo, Alexandria und Damaskus im Gefängnis verbringen musste. In Anlehnung an die vormodernen Biographien Ibn Taymiyyas und biographischen Lexika aus Ägypten und Syrien orientieren sich noch heutige Untersuchungen in westlichen Sprachen in auffallendem Maße an den – meist zu theologischen Fragen ausgetragenen – Polemiken und den daraus resultierenden Heimsuchungen (mihan, Sg. mihna) für Ibn Taymiyya, einschließlich seiner verschiedenen Tribunale und Gefängnisaufenthalte (vgl. Jackson 1994; Little 1973; Murad 1979 und die bio- und bibliographischen Angaben bei Wein 1973). Der Begriff ›mihna‹ ist Muslimen nur allzu vertraut. Er knüpft an die berühmteste aller historisch verbürgten ›Heimsuchungen‹ an, nämlich diejenige Ahmad Ibn Hanbals (gest. 855), des Eponyms der hanbalitischen Rechtsschule, welcher vom Bagdader Abbasidenkalifen al-Ma'mûn (gest. 833) mehrfach inhaftiert und gedrängt wurde, seiner Doktrin von der Unerschaffenheit des Korans abzuschwören (für Einzelheiten siehe Patton 1897). Die augenfällige Parallele hat stark zum Nimbus von Ibn Taymiyya beigetragen. Bezeichnenderweise soll er gestorben sein, nachdem man ihm im Gefängnis erstmals auch seine Schreibutensilien weggenommen hatte. Trotz solcher ungewöhnlichen Entwicklungen und z.B. der für einen Muslim ziemlich unüblichen Tatsache, dass er niemals verheiratet war, ist über ihn als Person und seine innere Entwicklung letzten Endes sehr wenig bekannt: »Ibn Taymiyya ist in all seinen Arbeiten sehr zurückhaltend, was den Bezug auf eigene Erfahrungen betrifft.« (Michel 1981: 4) Was die Zeitgenossen und Spätere fesselt, ist die paradigmatische Situation seines aufrichtigen Widerstandes. Sein Leben hat gerade wegen der besonderen Verzahnung politischer Aktivitäten mit intellektuellem Schaffen und des Kampfes an verschiedenen Fronten zahlreiche Chronisten und Biographen angezogen. Die rein politisch orientierten Chronisten und Historiker nahmen die Rolle Ibn Taymiyyas allerdings weniger wahr als die

---

6 | Die arabische und innerislamische Rezeption ist hier nicht Gegenstand und wird im Folgenden allenfalls am Rande erwähnt.

Schariatsgelehrten selbst in den ihnen eigenen biographischen Traditionswerken (vgl. Little 1973).[7]

Auch Mittelalterhistoriker interessieren sich – in Anknüpfung an die Biographie Ibn Taymiyyas – für die Genese seiner Doktrinen, insbesondere derjenigen zum Heiligen Krieg (dschihâd) (vgl. Michot 1995; Morabia 1978b; Hillenbrandt 1999, insb. 241ff., 312). Seine Lebenszeit fällt in die Epoche der endgültigen Vertreibung der Kreuzfahrer aus dem Heiligen Land. Damit ging ein etwa 200-jähriges Kapitel zu Ende, in dem versucht worden war, der ›bedrängten Christenheit beizustehen‹ und die Heiligen Stätten gewaltsam in Besitz zu bringen. 1291 gelangte Akkon, die Hauptstadt des Königreichs von Jerusalem, wieder in die Hand der Muslime. Einen ungleich furchterregenderen Eindruck als die bereits abgehalfterten Christen aus dem Abendland machte auf die Muslime jedoch die unkontrollierbar erscheinende Mongolenexpansion nach Westen. Der Mongole Hülägü (1217-1265), ein Enkel Dschingis Khans, hatte 1258 das Reich der Abbasiden von Bagdad zerschlagen.[8] Die als unvermeidlich befürchtete weitere Westausdehnung der Mongolen mit ihrem Endziel einer Eroberung Ägyptens konnte durch die dort kurz zuvor an die Macht gelangten Mamluken 1260 in der Schlacht am Goliathsquell (Ayn Dschâlût) unweit von Nazareth gestoppt werden. Dass dieser Sieg ein endgültiger war, erschien jedoch zu Beginn des 14. Jahrhunderts bei erneuten Mongoleneinfällen in Syrien noch alles andere als klar. Erst später breitete sich generationenlang das Gefühl aus, einer ganz unglaublichen Heimsuchung entronnen zu sein (vgl. Haarmann 1991: 217). Der Historiker Ibn al-Athîr bezeichnet den Einfall der Tataren in Irak und Syrien als das größte Unglück, das je über die Menschheit gekommen sei (vgl.

---

7 | Nicht hagiographisch ist die wichtige Biographie Ibn Taymiyyas in al-Bidâya wa-l-nihâya von seinem berühmtem schafiitischen Schüler Ibn Kathîr. Sie wird ausgiebig bei Laoust 1943: 115ff., dargestellt. Die Ausführungen zu Ibn Taymiyya in weiteren traditionellen Nachschlagewerken wurden von Murad zu Rate gezogen, allerdings ohne Berücksichtigung westlicher Sekundärliteratur (vgl. Murad 1979: 26ff.). Die Berichte eines knappen Dutzend Historiker sind im arabischen Original von Salâh al-Dîn al-Munajjid zusammengestellt und ediert (vgl. al-Munajjid 1976). Für einige bibliographische Angaben zu klassischen und modernen Ibn Taymiyya-Biographien in arabischer Sprache s. Makari 1983: 232. Abgesehen von Ibn Taymiyyas eigenen Auskünften sind zwei Biographien, die in einem Abstand von drei Jahrhunderten geschrieben wurden, die wichtigsten Quellen zu seinem Leben – nämlich Muhammad Ibn Abd al-Hâdî (gest. 1343) und – weniger detailliert und authentisch, aber gewisse Zusatzmaterialien enthaltend – Mar'î Ibn Yûsuf al-Karmî al-Maqdisî (gest. 1623) (vgl. Laoust 1943: 115). Ibn Abd al-Hâdî, ein hanbalitischer Schüler von Ibn Taymiyya, verfasste al-Uqûd al-durriyya min manâqib schaykh al-islâm Ahmad Ibn Taymiyya, herausgegeben von al-Hulwânî (Ibn Abd al-Hâdî 2002). Das Werk enthält Informationen aus erster Hand, wie Briefe und Memoiren aus dessen Gefängniszeit. Mar'îs Biographie trägt den Titel al-Kawâkib al-durriyya. Zu beiden s. Little 1973: 316f. Beide Biographien sind allerdings hagiographischer Natur: »Ihr großer Makel ist, dass sie nur loben und sich ohne sehr strenge chronologische Anordnung darauf beschränken, die Hauptverdienste (manâqib) Ibn Taymiyyas aufzuzählen« (Laoust 1943: 115). In Karmîs Darstellung liest z.B. Ibn Taymiyya dem Mongolensultan Ghâzân gehörig die Leviten, was unislamische Zustände in dessen Heereslager angeht (vgl. Jansen 1987-88: 393).

8 | Tatsächlich hatten sich verschiedene Statthalter längst de facto selbständig gemacht und eigene Dynastien begründet.

Rabbani 1979: 13). Anders als nachfolgende Generationen hatte Ibn Taymiyya eine solche Gewissheit der Rettung noch nicht. In zahlreichen Aktionen versuchte er immer wieder, die Mamluken militärisch gegen die Mongolen zu mobilisieren. Dies war insofern prekär, als Hülägüs Urenkel, Ghâzân Khân (gest. 1304), 1295 mit seinem Heer zum Islam übergetreten war (vgl. Berkey 1998). Der im Namen eines nach Kairo geflüchteten ›Schattenkalifen‹ geführte Kampf der Mamluken gegen die Mongolen drohte somit auf die Stufe bloßer innerislamischer Kriegshandlungen abzugleiten (vgl. Sivan 1983: 42). Von Damaskus aus reiste Ibn Taymiyya persönlich nach Ägypten, um den turkstämmigen Mamlukensultan Qalawûn vom gottgefälligen Charakter des Krieges gegen die ›abtrünnigen‹ Mongolen zu überzeugen.[9]

Dass Ibn Taymiyya ein Theologe ersten Ranges ist, gilt als unbestritten. Man sieht ihn sogar »einstimmig als den hervorragendsten Theologen seines Jahrhunderts« (ebd.: 41). Seine spezielle Theologie ist durch die intensiven Verfolgungen eng mit seiner Biographie verzahnt. Auch im wissenschaftlichen westlichen Schrifttum stehen die aktuellen theologischen Auseinandersetzungen und Polemiken im Vordergrund. Diese betreffen insbesondere seine literalistische Koraninterpretation (vgl. Izharul-Haq 1996), sein Verständnis des Wesens und der Eigenschaften Gottes (al-dhât wa-l-sifât) sowie seine radikale Betonung des Monotheismus (vgl. Nagel 2002: 363ff.). 1298 verfasste er auf Anfrage der Bewohner des nordsyrischen Hama die nach dieser Stadt benannte Aqîda Hamawiyya, ein umfassendes Glaubenscredo, in dem sein streitbares anthropomorphistisches Gottes- und literalistisches Glaubensverständnis bereits angelegt ist. Weitere solcher Bekenntnisse folgten auf Anfrage auch für andere Städte (zur Aqîda wâsitiyya, welche vom irakischen Wâsit erbeten worden war, s. Wein 1973; Laoust 1986; Swartz 1973). Nachdem die Mongolen zu Beginn des 14. Jahrhunderts aus Syrien vertrieben worden waren, brach für Ibn Taymiyya eine besonders intensive Phase religiöser Streitigkeiten an. Er war involviert in Strafexpeditionen gegen islamische Sekten, denen Kollaboration mit den Mongolen und Franken vorgeworfen wurde. Seine wissenschaftliche Auseinandersetzung mit schiitischen und anderen Doktrinen wurde polemisch vorgetragen. Allerdings ist sie alles andere als simplistisch, sondern beruht auf einer erstaunlich fundierten Bildung. Rahman bezeichnet Ibn Taymiyyas Kenntnisse der kompliziert verwobenen Meinungsunterschiede islamischer Gruppierungen sogar als »so sehr nuanciert, dass es sich der Beschreibung entzieht« (Rahman 2000: 163). Ibn Taymiyyas Zorn richtet sich in besonderem Maße gegen die Schiiten (vgl. Laoust 1979: 17, 19).[10] Auch interkonfessionellen Streitigkeiten widmete er breiten Raum, und zwar in einem für einen traditionellen islamischen Religionsgelehrten erstaunlichen Maße. Dies gilt gerade gegenüber den Christen (vgl. Michel 1984; Roberts 1996; Siddiqi 1986; Ibn Taymiyya 1996). Besonderes Interesse besteht auch an seiner Kritik der griechisch beeinflussten Philosophen bzw. der Pseudo-Philosophen (mutafalsifa), wie er sie nennt (vgl. Mi-

---

9 | Er handelt als ein von seiner Mission der Notwendigkeit zur Reform durchdrungener Gelehrter. Wirklich politische Ambitionen waren ihm wohl letzten Endes fremd (vgl. Sivan 1983: 42). Als Aktivist hat er gleichwohl zu gelten (vgl. Michel 1981: 7).

10 | Es war noch nicht so lange her, dass Saladin 1171 die Herrschaft der schiitischen Fatimiden über Ägypten beendet hatte. Deren Gedankengut war damit jedoch keineswegs beseitigt.

chel 1983). Martin, weist zu Recht darauf hin, dass Ibn Taymiyya »Muslime dazu aufforderte, die Fähigkeit der rationalen Erkenntnis zu nutzen, um geistige Gewissheit über die Bedeutung der Offenbarung zu erreichen«, denn er vertrat einen Rationalismus, »der sich den Ansprüchen der Offenbarung verpflichtete« (Martin 1997: 124; vgl. Abrahamov 1992: 272; Hallaq 1993). Den unbedingten Primat der Offenbarung verteidigt Ibn Taymiyya trotz all seiner Kenntnis rationalistisch geprägter Philosophen weiter ganz entschieden.

Lange Zeit galten Hanbaliten aufgrund ihrer scharfen Auseinandersetzung mit speziellen Auswüchsen des Sufismus als dessen natürliche Antagonisten. Die Kritik Ibn Taymiyyas richtete sich indessen gegen die im Mamlukenreich populäre und insbesondere von Ibn al-Arabî (gest. 1240; speziell zu Ibn Taymiyyas Auseinandersetzung mit ihm vgl. Nagel 2002: 378ff.) vertretene Doktrin des mystischen Monismus, d.h. der grundsätzlichen Einheit alles Seienden (wahdat al-wudschûd) (vgl. Knysh 1999: 87ff.; Homerin 1999: 231ff., 243) auf der einen und gegen mit allerlei synkretistischen Praktiken verbundene Gräberkulte und Pilgerstätten (vgl. Olsen 1991; Memon 1976) auf der anderen Seite – sowie ganz allgemein gegen falsche ›Heilige‹ und ›Gottesfreunde‹,[11] die sich ihren Adepten mit allerlei Wundertaten wie dem Laufen durch Feuer oder Scherben zu empfehlen pflegten (vgl. Ansari 1984). Pseudo-religiöse Belustigungen musikalischer Natur (samâ') waren Ibn Taymiyya ein besonderer Dorn im Auge (vgl. Michot, J. 1991: 4, 24f. et passim). Im Kern geht es ihm darum, jedwede wie auch immer geartete Beeinträchtigung des wahren Monotheismus abzuwehren und die allerorten zu beklagende Abwendung von den klaren Aussagen der Gottesbotschaft wieder umzukehren (vgl. Meier 1981: 79). Es wäre jedoch falsch, ihn als aufgeklärten Kritiker von Magie und Volksislam präsentieren zu wollen (vgl. Radtke 1994: 36; Krawietz 2002a: 256f.).

Was das Verhältnis der Hanbaliten und gerade auch Ibn Taymiyyas zum Sufismus angeht, so ist es insbesondere den Arbeiten von George Makdisi zu verdanken, dass hier ein Umdenken stattgefunden hat (vgl. Makdisi 1979). Schon Laoust hatte auf diese Beziehung hingewiesen (Laoust 1939a: 91; Laoust 1962: 32f.; Makdisi 1975: 119, 128.). Gemeinsam ist Hanbaliten und Sufis die besondere Bezugnahme auf den Koran und Betonung des persönlichen Gewissens. Während Makdisi seine These in erster Linie mit externen Belegen stützt und Ibn Taymiyya als aktiven Anhänger des Qâdiriyya-Ordens präsentiert (vgl. Makdisi 1975: 123ff.), heben Homerin (vgl. Homerin 1985: 220) und Michel (vgl. Michel 1981: 4) die Bedeutung werkimmanenter Aussagen von ihm anhand ausgewählter Schlüsseltexte hervor. Die angebliche Erzfeindschaft zwischen Hanbaliten und Sufismus ist mittlerweile als »nicht mehr als ein Stereotyp« (van Ess 1999: 29) entlarvt. Dieser Topos ist maßgeblich auch darauf zurückzuführen, dass Hanbalismus oft mit Wahhabismus gleichgesetzt wurde.

Die innerislamische Rezeptionsgeschichte Ibn Taymiyyas ist nur unzulänglich erforscht. Das gilt insbesondere für die Jahrhunderte bis zum Aufkommen der

---

11 | So z.B. in Ibn Taymiyya, Taqî al-Dîn Ahmad: al-Furqân bayn awliyâ' al-rahmân wa-awliyâ' al-schaytân. Die englische Version The Criterion: Between the Allies of the Merciful and the Allies of the Devil, Lahore: Numani Kutab Khana, Urdu Bazar, (o. J.), scheint mir nicht werkgetreu zu sein. Einen guten Überblick bietet Kabbani 1979. Die Kritik richtet sich nicht bloß gegen apokryphe Praktiken, die von Juden und Christen übernommen wurden, sondern insbesondere auch gegen die Schiiten, namentlich die Fatimiden (vgl. Taylor 1999: 178).

wahhabitischen Bewegung in der zweiten Hälfte des 18. Jahrhunderts (vgl. Laoust 1979: 22ff.; Cook 2000: 158ff.; Voll 1972: 277ff.). Diese markiert jedoch den Auftakt der politischen Renaissance Ibn Taymiyyas – und zwar mit einer Wirkung, die er selbst wohl kaum für möglich gehalten hätte. Muhammad Ibn Abd al-Wahhâb beruft sich in zentralem Maße auf Ibn Taymiyya (vgl. Cook 1992: 198, 201).[12] Durch die Wahhabiten erfolgte jedoch eine selektive Reduzierung seiner Ausführungen auf gewisse polemische Streitpunkte.[13] Die aggressive Umsetzung der auf diesem Weg gewonnenen selbstlegitimatorischen Erkenntnisse tat ein Übriges. So wurden z.B. die wahhabitischen Grabschändungen (vgl. Peskes 1999: 153) auf der Arabischen Halbinsel sowie an heiligen Stätten im Irak zum Politikum, welches bis heute fest im kollektiven Gedächtnis nicht nur der Schiiten verankert ist und namentlich die Beziehungen zwischen Saudi-Arabien und Iran belastet. In den immer wieder nachgedruckten Streitschriften rangiert der Name Ibn Taymiyya ganz oben. Eine stärker als die frühen Wahhabiten wissenschaftlich ausgerichtete, aber gleichfalls ideologisch begründete Absorbierung von Ideen Ibn Taymiyyas erfolgte durch die Salafiyya-Bewegung. Sie hat viel für die Drucklegung und Popularisierung seiner – bis dahin nur in raren Handschriften vorliegenden – Werke getan (vor allem der Name Muhammad Raschîd Ridâ (gest. 1935) ist hier zu nennen).

Große Schlagzeilen in der Nahost-Politik machte Ibn Taymiyya schließlich im Zusammenhang mit dem Attentat auf den ägyptischen Präsidenten Anwar el Sadat durch vier Mitglieder der dschihâd-Organisation (vgl. Sivan 1983: 41) und dessen Ermordung durch einen zu ihnen gehörenden Artillerie-Leutnant namens Khâlid al-Islâmbûlî (vgl. Sagiv 1995: 54). Ihnen gelang es zwar nicht, »die gesamte politische oder militärische Führung, die während der Parade anlässlich des 6. Oktobers auf der Tribüne anwesend war, auszulöschen und dadurch die ›islamische Revolution‹ in ihrer Breitenwirkung freizusetzen« (Sivan 1983: 41), doch hinterließen sie eine Art internes ideologisches Manifest. Dieses war von einem Ingenieur namens Muhammad Abd al-Salâm Faradsch (1954-82) unter dem Titel al-Farîda al-ghâ'iba, d.h. »Die vergessene Pflicht«, verfasst worden. Jansen hat dieses Dokument in mehreren Publikationen vorgestellt sowie die Umstände seiner Abfassung und Wirkung untersucht (vgl. Jansen 1985; ders. 1986a, insb. 1-34, mit einer Übersetzung des Manifests selbst 159ff.; ders. 1987-88; ders. 1997). Die Pflicht, die in diesem Pamphlet angemahnt wird, ist der Heilige Krieg (dschihâd) gegen den vom Islam abgefallenen Herrscher. Dabei wird ausgiebig aus Ibn Taymiyyas Aufruf zur Bekämpfung der Mongolen zitiert:[14] »Obwohl Ibn Taymiyya seine mongolischen Feinde vor Augen hatte, als er die entsprechenden Zeilen im 13. Jahrhundert ver-

---

12 | Wobei nur Ibn Taymiyyas Schüler Ibn Qayyim al-Dschauziyya eine annähernd vergleichbare Bedeutung zugebilligt wird (vgl. Cook 1992: 199ff.).

13 | Rahman bezeichnet entsprechende Adaptionen als »kläglich verkürzt« (Rahman 2000: 132). Ob es außerdem tatsächlich so ist, dass »Ibn Taymiyyas Botschaft über Jahrhunderte hinweg schlummerte« (ebd.), wird für die normative Rezeption erst noch zu prüfen sein (vgl. bereits Laoust 1939a: 489ff.).

14 | Es werden auch Abû Hanîfa, Amr Ibn al-Âs, Ibn Kathîr, Nawawî, Schâfi'î und viele andere angeführt, aber niemand so oft wie Ibn Taymiyya, aus dessen Fatwas seitenlang zitiert wird (vgl. Jansen 1987-88: 391). Ibn Taymiyya wird des Weiteren bemüht, wenn es heutzutage um Attentate geht zur Vertreibung der ›ungläubigen‹ Amerikaner von der Arabischen Halbinsel und von anderen Stätten (vgl. Kepel 2000: 313ff.). Häufig übersehen wird dagegen Ibn Tay-

fasste, müssen seine Worte für Muslime im 20. Jahrhundert, die die Scharia angewendet sehen möchten, erstaunlich relevant klingen« (Jansen 1997: 38).[15] Laut Farîda ist es so, dass Gottes Wille und islamisches Recht identisch sind und Gottes Wille unbedingt ausgeführt werden muss (vgl. Jansen 1986b: 131). Neben solchen und anderen ägyptischen Extremisten gibt es heutzutage weitere radikale Bewegungen oder Untergruppen, die sich auf Ibn Taymiyya berufen. Michot identifiziert z.B. »Ali Belhadj, Nummer zwei der Islamischen Heilsfront, beim Aufruf zum bewaffneten Aufstand in Algerien« (Michot 1995: 336, vgl. 348, Fn. 39) als selbsternannten Adepten. Sivan beklagt den besonderen Einfluss Ibn Taymiyyas auf die Jugend: »Muslimische Jugendliche werden sehr wahrscheinlich auch weiterhin von diesem mittelalterlichen Theologen fasziniert sein« (Sivan 1983: 50). Fundamentalisten lesen natürlich noch andere Autoren als Ibn Taymiyya wie etwa den ägyptischen Muslimbruder Sayyid Qutb (1906-1966) oder Mawdûdî (1903-1979), den Gründer und Führer der indo-pakistanischen Jamâ'at-î Islâmî. Über die Lesegewohnheiten moderner Extremisten sagt Sivan: »Normalerweise lasen sie zuerst Qutb und gingen dann zurück zu seinen modernen Vordenkern wie Mawdûdî oder zu denen aus dem Mittelalter, Ibn Taymiyya und Ibn Kathîr.« (Sivan 1983: 48) Und laut Jansen: »Moderne Radikale zitieren Ibn Taymiyya ausgiebig, wenn auch etwas selektiv« (Jansen 1987-88: 396). Interessanterweise lässt sich jedoch beispielsweise der vom ägyptischen Regime inhaftierte und schließlich gehängte Muslimbruder Sayyid Qutb keineswegs zu simplistischen Gleichsetzungen der Diagnosen von Ibn Taymiyya mit den modernen Problemen hinreißen (vgl. Choueiri 1997: 146f.). Ibn Taymiyya mangelt es aber in keiner Weise an wissenschaftlichem Renommee: »Es ist eben diese Seriosität, die eine ›revolutionäre Version‹ Ibn Taymiyyas im sunnitischen Islam so wirkungsvoll macht, viel mehr als Khomeinis Botschaft mit ihrem ausgeprägten schiitischen Beigeschmack« (Sivan 1983: 41; zum schiitischen Fundamentalismus s. Riesebrodt 1990; vgl. dazu Abdallah 1998: 49ff.). Aufgrund gewisser Vereinnahmungen durch extremistische Kreise tauchte Ibn Taymiyya bald auch in westlicher Sekundärliteratur als zentrale Figur auf. Im Untertitel eines Artikels von Jansen erscheint seine Zeit schließlich als »prägende Periode für den modernen muslimischen Radikalismus« (Jansen 1987-88: 391ff.). Jansen ging sogar noch einen Schritt weiter und bezeichnete den Reformer Jamâl al-Dîn al-Afghânî (gest. 1897) und Ibn Taymiyya als die beiden Gestalten, die am nachhaltigsten den Islam des 20. Jahrhunderts geprägt hätten (vgl. Jansen 1997: 26). Diese Etikettierung hat mehrfach Schule gemacht. Ein Artikel von Bernd Radtke trägt den Titel »Ibn Taimîya – der erste sunnitische ›Fundamentalist‹« (Radtke 1994: 35f.).[16] Auch bei Esposito heißt es: »Vielleicht gibt es keinen mittelalterlichen Gelehrten

---

miyyas Doppelkonzept eines auch inneren Kampfes (dschihâd), der gegen das Böse in einem selbst und die Versuchung gerichtet ist (vgl. Morabia 1978a: 170).

15 | Vgl. Jansen 1987-88: 395, ein Artikel, der mehr oder weniger Eingang in die zuerst genannte, ein Jahr später erschienene Monographie gefunden hat. Laut Hillenbrandt »[ist] Israel [..] für viele Muslime in den 1990ern der neue Kreuzzügler-Staat, gegen den jihad geführt werden muss« (Hillenbrandt 1999: 250).

16 | Einige holen noch weiter aus und rekurrieren sogar auf Ahmad Ibn Hanbal (gest. 855) (vgl. Sagiv 1995: 14), wenn nicht gar auf die frühislamische Protestbewegung der Khârijîten (vgl. Jansen 1986b: 127ff.).

cum Aktivisten, der mehr Einfluss auf radikal-islamische Ideologie hat als Ibn Taymiyya« (Esposito 2002: 45).

3. HINDERNISSE UND SCHWIERIGKEITEN

Westliche Sekundärliteratur präsentiert uns Ibn Taymiyya überwiegend als Gegner religiöser Toleranz und spekulativen Denkens, Proto-Fundamentalisten bzw. den oder einen der ersten islamischen Fundamentalisten, als gewaltbereiten Aktivisten, Gegner von Volksreligion und Synkretismus, Sufi-Kritiker, radikalen Anthropomorphisten, wenn nicht gar als Streithansel jedweder Art. Von diesen Topoi wurde allenfalls sein Verhältnis zum Sufismus bislang eingehender überprüft und teilweise revidiert. Doch auch gegen einige der anderen plakativen Rollenzuweisungen regt sich mittlerweile Widerspruch. Jansens Radikaldeutung von Ibn Taymiyyas Einfluss auf neuzeitliche Extremisten relativiert Ahmad Shahab dahingehend, dass er festhält: »Auch wenn es sich dabei um eine Übertreibung handelt, spiegelt es die Meinung innerhalb des Diskurses wider, den Jansen untersucht« (Shahab 1998: 68, FN 4). O'Keefe macht geltend, dass sich Ibn Taymiyya bei derartigen Bewunderern doch wohl eher im Grab umgedreht hätte. Er habe »sogar den Ruf, der spirituelle Vater des muslimischen Terrorismus zu sein, obwohl es ihn angesichts dieser Verzerrung seiner Lehren wahrscheinlich schütteln würde«. Der Autor bezeichnet Ibn Taymiyya dennoch als »einen politisch-religiösen Reformer, und das ohne Zweifel, aber was noch wichtiger ist: er war ein Fundamentalist« (Ibn Taymiyya 1996: 53ff.). Noch vorsichtiger in der Terminologie ist Richard Martin, dessen Themenstellung ihm allerdings nicht erlaubt, diesem Problem weiter auf den Grund zu gehen: »War Ibn Taymiyya nun der spirituelle Vorfahre des zeitgenössischen islamischen Fundamentalismus, wie so oft behauptet wird? Die Antwort auf diese Frage ist ein kompliziertes sic et non« (Martin 1997: 126). Dies kann auch im Rahmen der hier vorgestellten tour d'horizon westlicher Sekundärliteratur zu Ibn Taymiyya nicht weiter vertieft werden. Es bedürfte ohnehin einer differenzierten Analyse gerade auch politologischer Parameter,[17] um die ›Fundamentalismus-Keule‹ einmal beiseite legen zu können oder um über journalistische Schlagworte – wie »das explosivste geistige Eigentum in der heutigen arabischen Welt« (Sivan 1983: 41) – hinauszugelangen. Der Begriff ›Fundamentalismus‹ ist ohnehin problematisch. Er bezieht sich ursprünglich auf die abwehrende Reaktion bestimmter amerikanischer Protestanten im letzten Viertel des 19. und zunehmend zu Beginn des 20. Jahrhunderts gegen den Ansturm der Moderne (vgl. Künzlen 2000: 413; Voll 1995: 32f.).[18] Seine Ausweitung auf literalistisch und restaurativ gestimmte Kreise verschiedener religiöser Denominationen ist nicht unproblematisch. Andererseits »ist der ›islamische Fundamentalismus‹«, wie der Islamwissenschaftler Heinz Halm zu Recht betont, »allerdings keine Erfindung der Medien; er ist ein Phänomen, das auch von Wissenschaftlern beschrieben und analysiert wird – von Sozial- und Politikwissenschaftlern ebenso wie von Islam-

---

17 | Das Projekt »Fundamentalisms and the State« widmet Ibn Taymiyya keine nähere Aufmerksamkeit (vgl. Marty 1993: 160).

18 | Die Vorschläge von Fazlur Rahman zur Verwendung des Ausdrucks »neo-fundamentalism« sollen hier nicht diskutiert werden (vgl. Rahman 1981: 33).

wissenschaftlern« (Halm 1994: 214). Es soll nun nicht behauptet werden, Ibn Taymiyya könne unter keinen Umständen als ›Vater des islamischen Fundamentalismus‹ in Anspruch genommen werden oder, dass all den anderen Zuschreibungen jede plausible Grundlage fehle. Es wird jedoch dafür plädiert, derartige Topoi in stärkerem Maße, als dies bisher geschehen ist, als solche zu erkennen und erst einmal systematisch zu überprüfen. Auf verschiedenen Forschungsfeldern scheint inzwischen – mehr oder weniger getrennt voneinander – eine stille Revision bereits eingeleitet. Richard Martin z.B. kommt in seiner Studie rationalen Denkens im Islam zu dem Ergebnis:»»Unsere Schlussfolgerung ist, dass Ibn Taymiyya in seinem Denken rationaler und unabhängiger war, als vielen seiner späteren Interpreten recht ist« (Martin 1997: 126). Derartige Einschätzungen werden häufig jedoch eher am Rande vermerkt. Zurückhaltung in der Erforschung Ibn Taymiyyas ist des Weiteren gerade auch in Bereichen festzustellen, in denen er auf weniger Widerspruch bei Zeitgenossen und Späteren gestoßen ist. Fast könnte man meinen, die westliche Wissenschaft habe sich auf bestimmte Themen ›eingeschossen‹ – etwas, das sie doch eigentlich Ibn Taymiyya vorhält.

Es fragt sich abschließend, welche Gründe bislang eine umfassendere Analyse dieses bedeutenden Mannes und seines überaus reichhaltigen Werkes erschwert haben und welche Faktoren den bezeichneten Wahrnehmungsverengungen Vorschub geleistet haben könnten. Es lassen sich, um dies gleich vorwegzunehmen, sowohl formal-sachliche, in der Eigenart und editorischen Bereitstellung seines Werkes beruhende Gründe, wie auch gewisse ideologische Beschränkungen auf allen Seiten – einschließlich westlicher Wissenschaftler – konstatieren. Die Auseinandersetzung mit Ibn Taymiyya folgt nicht bloß in auffallendem Maße den Konfliktlinien seines Lebens, auch die Art seiner Wahrnehmung ist nach wie vor stark von den Polemiken geprägt. Auf diese Weise erscheint Ibn Taymiyya immer wieder mit Radikalpositionen und komplettiert ideengeschichtliche Überblicke. Seine weniger Aufsehen erregenden Stellungnahmen treten demgegenüber häufig in den Hintergrund. Dies gilt – wohl noch aus anderen Ursachen – auch für ihn als Juristen und Theoretiker von Hermeneutik und Methodologie. Es gilt ferner, die Entwicklung Ibn Taymiyyas zu einer Art Inkarnation problematischer Standpunkte zu untersuchen, welche heute in politischer und gesellschaftlicher Hinsicht als atavistisch empfunden werden. Alle diese Annahmen werden im Folgenden näher ausgeführt und begründet.

Ibn Taymiyya ist einer jener berühmten Vielschreiber, die mehrere Genres von wissenschaftlicher Literatur mit Bravour beherrschen (vgl. Weismann 2001: 263). Er selbst verwandte jedoch keine Sorgfalt auf die Vorstrukturierung seines Nachruhms durch eine systematische Präsentation, eine gefällige Aufbereitung oder eine sorgfältige Sichtung seiner bereits abgefassten Schriften. Auch nahm er zuweilen auf ein und dasselbe Werk mit verschiedenen Titeln Bezug, wodurch sich die Unklarheiten bei seinen Studenten und nachfolgenden Generationen noch verstärkten (vgl. Michel 1984: 68). Dennoch hat er mehr geschrieben und mehr die Zeiten überdauert als die meisten seiner Kollegen aus vielen Jahrhunderten. Allerdings hatten bereits die Zeitgenossen keinen klaren Überblick mehr über sein genaues Werk. So bekundet sein Schüler Ibn Qayyim al-Jawziyya (gest. 1350), dass eine »Gruppe von Leuten, denen die Prophetentradition und das Wissen am Herzen liegt« (dschamâ'a min muhibbî al-sunna wa-l-ilm), ihn dazu gedrängt habe, eine genaue Aufstellung der »Titel der Schriften Ibn Taymiyyas« zu machen. Aus verschiedenen Gründen sei er aber nicht imstande gewesen, sie zu erfassen und ihre Anzahl zu beziffern. Diese Leute hätten aber dennoch auf einer Liste bestanden, auch wenn sie sicher unvollständig sei (vgl. Ibn Qayyim al-Jawziyya 1976: 5, 9). Seit dem 19. Jahrhundert sind dann zahlreiche Handschriften ediert und umfangreiche Sammlungen zusammengestellt worden. Von zentraler Bedeutung für das Studium von Ibn Taymiyya ist auf jeden Fall die 35-bändige Sammlung Madschmû' fatâwâ schaykh al-islâm Ahmad Ibn Taymiyya in arabischer Sprache. Sie wurde ab 1961/62 in Riad herausgegeben (vgl. Ibn Taymiyya 1966).[19] Laut Vorwort wurde das Unternehmen vom Vater, Abd al-Rahmân al-Âsimî, begonnen, wobei er und sein Sohn Muhammad nicht bloß zahlreiche Bibliotheken und Privatsammlungen in Saudi-Arabien selbst aufsuchten, sondern auch nach Damaskus, Aleppo, Hama, Beirut, Kairo, Bagdad und Paris reisten, um dort Handschriften einzusehen. Im Ergebnis erschienen über 8000 Seiten Text, wovon etwa ein Drittel nie zuvor publiziert worden war (vgl. Ibn Taymiyya 1966a, Vorwort Bd. 1: b-y). Die ›Fatwa-Sammlung‹ enthält jedoch keineswegs nur Fatwas bzw. in Fatwa-Form abgefasste Texte, sondern auch Sendschreiben (s. z.B. Raff 1971), Briefe und Schriften, die im Grunde in sich geschlossene Monographien darstellen. Das Unternehmen wurde ausdrücklich vom saudischen Königshaus unterstützt und finanziell mitgetragen (vgl. ebd.: n-s).[20] Aus solchen »Steinbrüchen« wurde und wird eine unüberschaubare Zahl arabischer Heftchen unterschiedlichster editorischer Größe gewonnen – wodurch auch Leserschichten erreicht werden, die Ibn Taymiyya jahrhundertelang nicht hatte. In arabischem Schrifttum (vgl. z.B. al-Munajjid 1976: 35ff.) sowie in westlicher Sekundärliteratur (vgl. Wein 1973: 9f.) finden sich häufiger Auflistungen seiner Schriften, doch fehlt es insgesamt an einer kritischen Gesamtedition mit präzisem Werkverzeichnis. Während Ibn Taymiyyas Zusammenstöße mit der Staatsgewalt bereits recht detailliert dokumentiert und aufgearbeitet wurden, steht eine wirklich übersichtliche und quellenkritische Biographie in Verbindung mit einer genaueren zeitlichen Einordnung seiner Publikationen noch aus. Auch ist nur bei einem Teil davon bekannt, inwieweit sie während der Gefängnisaufenthalte geschrieben wurden. Man wüsste auch gerne, wie die Bedingungen der Haft seine wissenschaftliche Produktion quantitativ und qualitativ beeinflusst haben. Neben vielen Texten, die eindeutig als Fatwa einzuordnen sind, ist bei zahlreichen seiner Stellungnahmen der Kontext ihrer Entstehung unklar. Einzelne Schriften Ibn Taymiyyas wurden in westliche Sprachen übersetzt, gerade ins Englische, lange Zeit aber vor allem ins Französische. Die Lektüre seiner Ausführungen im arabischen Original ist teilweise recht voraussetzungsvoll, zumal unterschiedliche Scharia-bezogene Disziplinen betroffen sind.[21] Auch ist das Werk umfangreich, spröde und nicht leicht zu erschließen. Zum Teil handelt es sich um mittelschweres Arabisch, mäandernd in der Gedankenführung, immer insistierend vom Tonfall her und – der dialogischen Natur seines Denkens entsprechend – voller Anspielungen. Die besondere Struktur und Aufbereitung seines Werkes hat dem Phänomen Vorschub

---

19 | Als Bd. 37 erschienen dazu detaillierte Indices (vgl. Ibn Taymiyya, al-Fahris, 1970). Für weitere Sammelbände, die aber alle nicht diesen Umfang erreichen: Laoust 1995: 953.

20 | Auf der Titelseite heißt es, dass es auf Geheiß Seiner Exzellenz des Königs Sa'ûd Ibn Abd al-Azîz Âl Sa'ûd gedruckt wurde.

21 | Gleichwohl mögen juristisch geschulte Muttersprachler wie Abû Zahra dessen Schriften an erster Stelle Klarheit (wudûh) und Eindeutigkeit attestieren (1952: 521).

geleistet, dass Teiluntersuchungen sich gerne winzigste Untereinheiten in Form der einen oder anderen Epistel oder Fatwa herauszugreifen pflegen und sich seiner Auskünfte in ahistorischer Weise bedienen. Taylor diagnostiziert »eine dekontextualisierte Auseinandersetzung mit seinem Werk sowohl seitens moderner säkularer Wissenschaft als auch islamischer Reformer« (Taylor 1999: 210). Ibn Taymiyya hat – anders als viele seiner Kollegen – meist keine durchstrukturierten Überblicksdarstellungen verfasst, denn »Fatwa-Literatur bedarf keiner durchdachten Systematisierung wie große Abhandlungen es tun« (Weiss 1996: 64). Eine solche fehlende Durchdringung der Materie hat die Rezeption Ibn Taymiyyas beeinträchtigt. Wer sich ein umfassendes Bild machen möchte, ist gehalten, sich mit seinen grundsätzlichen Recycling-Techniken zu beschäftigen und sich auf beträchtliche Sucharbeit einzustellen. Ibn Taymiyya kommt fast zwanghaft immer wieder auf das zurück, was ihm am Herzen liegt. Es gibt kaum etwas, was er nicht ›doppelt und dreifach‹ sagt (vgl. Michot 2000: 152).[22] Ständig unterbricht er dann seine Abschweifungen mit einem ›zurück zur Sache‹ (selbst Abû Zahra spricht von der »Häufigkeit des Abschweifens«; vgl. 1952: 522). Bei allem Hang zur Selbstreferenz erfolgt diese meistens jedoch ohne konkrete Werkangaben.

Es scheint, als ob sich die westlichen Autoren insgesamt immer noch stark von dem von den Polemikgegnern Ibn Taymiyyas vorgegebenen Bild eines notorischen Störenfrieds leiten lassen. Dies gilt sowohl für ihre doch insgesamt recht beschränkte Auswahl der Themen wie auch für deren Behandlung. Weite Teile seines Œuvres sind schließlich stark ›technischer‹ Natur ohne besondere ideologische Aufladung. Kurzum, es fehlen eine ganze Reihe nüchterner Untersuchungen. So sehr es oft stimmt, dass auf seinen Widerspruch Verlass ist: »Ibn Taymiyyas Aufruf, sich direkt an die Quellen zu wenden, wurde als scharfer Angriff gegen die sich während der späteren Generationen herauskristallisierende Orthodoxie gewertet, deren Repräsentation sie für sich in Anspruch nahmen« (Weismann 2001: 265), so rundet sich Ibn Taymiyyas Ansicht doch nicht immer zu einer Fundamentalopposition, auch wenn dies heutigen Systematikern mit ihrer Freude an kontrastiven Radikalpositionen weniger ins Gliederungskonzept passt. Es fehlt insgesamt an abgewogenen Würdigungen, die Ibn Taymiyya eine stärkere Verankerung als Kind seiner Zeit zugestehen (so z.B. beim Topos von Ibn Taymiyya als prinzipiellem Gegner alles Okkulten; vgl. Krawietz 2002a: 257).

Die starke Fixierung eines großen Teils westlicher Sekundärliteratur auf unmittelbare politische Ereignisgeschichte und Ibn Taymiyyas religiöse Polemiken hat eine juristische Würdigung seines Werkes lange Zeit in den Hintergrund treten lassen. Dabei ist zu bedenken, dass theologische Kontroversen nicht notwendigerweise den bedeutsamsten Teil seiner Lehren darstellen müssen. Wegen des unitarischen Charakters von Wahrheit in bestimmten theologischen Fragen ist es auch so, dass »sie das einfachste Mittel darstellten, um Ibn Taymiyya vor Gericht zu bringen« (Little 1973: 323) – zumal Ibn Taymiyya wegen seines notorischen Charakters zahlreichen Gegnern hier immer wieder Angriffsflächen bot. Auch Michot moniert, dass Ibn Taymiyyas Beiträge insgesamt viel zu selten für die Entwicklung juristisch-theologischen sowie philosophisch-mystischen Denkens konsultiert worden seien (vgl. Michot 1995: 335). Mögliche Gründe einer gewissen

---

22 | »Jeder, der mit dem Stil Ibn Taymiyyas vertraut ist, weiß, wie sehr er zu Ausschweifungen neigt« (Michot 2000: 152).

Meidehaltung gegenüber der Jurisprudenz Ibn Taymiyyas gehen zum Teil über dessen Person hinaus. Makdisi sieht die hanbalitische Rechtsschule insgesamt als Stiefkind der Orientalistik: »Seit den Arbeiten von Ignaz Goldziher war die hanbalitische Rechtsschule der bevorzugte Prügelknabe der modernen islamwissenschaftlichen Forschung.« Dieser einflussreiche ungarische Orientalist habe sich zwar anderweitig große Verdienste erworben, aber er »war bezüglich der hanbalitischen Schule einfach mit Blindheit geschlagen«. Dazu habe u.a. auch dessen Lektüre anti-hanbalitischer Quellen beigetragen (Makdisi 1979: 116). So »wurden Ibn Taymiyya und die hanbalitische Rechtsschule, zu der er gehörte, außerhalb des Mainstreams muslimischen Denkens gestellt und dadurch beiseite geschoben«. Gerade in der zweiten Hälfte des 19. Jahrhunderts sei deswegen kaum über Hanbalitisches gearbeitet worden (vgl. Makdisi 1975: 120). Auch Oussama Arabi beklagt: »westliche Orientalisten haben – mit der Ausnahme von Henri Laoust und George Makdisi – dem hanbalitischen Beitrag zum muslimisch juridisch-religiösen Denken nicht die wissenschaftliche Aufmerksamkeit gewidmet, die er wirklich verdient hätte« (Arabi 1998: 38, 47, N. 37; s. auch Laoust 1939a; Ibn Taymiyya 1966b). Die Zurückhaltung[23] ist unverständlich, denn üblicherweise muss nicht so sehr die Theologie, sondern vielmehr die islamische Jurisprudenz (fiqh) als Königsweg zur Erschließung des Gedankenguts eines vormodernen Schariatsgelehrten angesehen werden. Dies ist umso eklatanter, als normativer Islam trotz aller Breite der Gelehrsamkeit Ibn Taymiyyas dessen hauptsächliche wissenschaftliche Identität darstellt. Er ist nun einmal in erster Linie Jurist (faqîh) (vgl. Makari 1983: 520) und das beinhaltet, je nach Schwerpunkt der Ausbildung, auch eine Reihe von Hilfs- und Unterdisziplinen. In seinem Fall sind dies insbesondere Koranexegese (tafsîr) und Traditionswissenschaft (ilm al-hadîth), welche jedoch nicht allein dem theologischen Bereich zugerechnet werden dürfen, sondern eine Schnittstelle darstellen, die für Theologie und Jurisprudenz gleichermaßen relevant ist. Selbst wenn man solche, bei ihm mehrere Bände umfassende Schriften ausklammert, ist immer noch die gesamte zweite Hälfte der 35-bändigen Fatwa-Sammlung eindeutig islamrechtlichen Inhalts und betrifft sowohl rituelle Vorschriften (ibâdât) als auch schariatrechtliche Regelungen der menschlichen Beziehungen untereinander (mu'âmalât). Einige seiner Darlegungen – etwa solche zu Sufismus oder Gräberkult – mögen von ihrer Thematik her aus westlicher Perspektive primär theologische Fragestellungen beinhalten; ihrer sozialgeschichtlichen Ausblicke ungeachtet lässt die Art der Auseinandersetzung aber oft unschwer erkennen, dass es sich im Kern meist um juristische Stellungnahmen eines Schariatsgelehrten handelt. Eben diese Dimension bleibt aber häufig unberücksichtigt bzw. es wird ihr nur am Rande Rechnung getragen. Ein angemessenes Eingehen darauf würde jedoch auch eine Behandlung technisch-methodologischer Fragen beinhalten, und die sind alles andere als einfach.[24] Gerade bei einem Autor, der ein solches Schwergewicht auf die Rekonstruktion und korrekte Benutzung frühislamischer Quellen legt, spielen Regeln der Hermeneutik der Heiligen Texte aus Koran und Sunna, die genaue Hie-

---

23 | Sie gilt – wohl wegen dessen politischer Relevanz – weniger für seine Auskünfte zu siyâsa schar'iyya (vgl. Laoust 1948; Ibn Taymiyya 1982; Makari 1983: 133ff.; Cook 2000: 151ff.).

24 | Vgl. etwa die Ausführungen von Benjamin Jokisch zu Ibn Taymiyyas Analogieverfahren (qiyâs) (vgl. Jokisch 1996: 177ff.).

rarchie der Rechtsquellen sowie Methoden der Rechtsfortbildung eine enorme Rolle. Es reicht nicht, schlichte Ideologiekritik zu betreiben, vielmehr muss die Diskussion auch auf der Ebene methodologischer Begründungen verstanden werden. Dies gilt umso mehr, als wir bei Ibn Taymiyya in der glücklichen Lage sind, seine tatsächliche Argumentationspraxis mit seinen verschiedenen theoretischen Schriften zu diesen Themen vergleichen zu können, auch wenn er nie ein systematisches Werk zur Hermeneutik (vgl. auch das einschlägige Kapitel bei Ali 2000) und Methodenlehre (usûl al-fiqh) verfasst hat. Mindestens zwei umfangreiche Bände seiner großen Fatwa-Sammlung drehen sich aber um einschlägige Fragen,[25] welche ihrerseits wiederum auch für die Theologie bedeutsam sind. Die häufiger für diese Thematik zitierte Studie von Laoust ist im Kern lediglich eine gestraffte Übersetzung (vgl. Laoust 1939b: 50)[26] von zwei Schriften Ibn Taymiyyas zu Teilbereichen der Rechtsquellenlehre. Sie sind demzufolge nur von beschränkter Reichweite, zumal sich auch die Anmerkungen Laousts in Grenzen halten. Das Gros der usûl al-fiqh-Lehren Ibn Taymiyyas liegt gar nicht in Übersetzungen vor und ist relativ wenig erforscht. Eine über kommentierte Übersetzungen hinausgehende Übersicht stammt von Makari im sechsten Kapitel seines Buches Ibn Taymiyyah's Ethics (vgl. Makari 1983: 85ff.). Die präzisesten Auskünfte zu Ibn Taymiyyas Rechtsquellen bietet derzeit Jokisch. In seiner Untersuchung der Rechtsfortbildung (idschtihâd) von Ibn Taymiyya behandelt er eine Auswahl handelsrechtlicher Fatwas jenseits ideologischer Grabenkämpfe (vgl. Jokisch 1997).[27] Anhand juristischer Problemfälle wie »Nutzung fremden Blütenstaubs« (Jokisch 1996: 13ff., 185; ders. 1997: 123f.) oder »Kauf einer verliebten Sklavin« als möglicherweise wertminderndem Mangel, der erst nach Vertragsabschluss bekannt wird, geht er der Argumentationsstruktur von Ibn Taymiyyas Falllösungen auf den Grund (vgl. Jokisch 1996: 21ff., 200; ders. 1997: 121f.).[28] Im Bereich des Vertragsrechts attestiert ihm z.B. Arabi einen »tiefen Sinn für ethische Verpflichtung, die der im modernen liberalen Recht sehr nahe kommt« (Arabi 1998: 38). Weite Bereiche seiner juristischen Einzelfallbearbeitungen sind noch gar nicht untersucht.

---

25 | Es sind dies die Bde. 19 und 20. Ersterer beginnt mit einer Epistel über Jinn, die islamischen Dämonen, als den Menschen gleichgestellte Normadressaten der Scharia (vgl. Krawietz 2002a: 252). Zur Hermeneutik s. auch Izharul-Haq 1996: 43-57; Ibn Taymiyya 1992 ist eine Übersetzung der Abhandlung über die Grundlagen der Koraninterpretation von zweifelhafter Werkgenauigkeit (vgl. Mir 1995: 171). Ibn Taymiyyas Muqaddima fî usûl al-tafsîr ist wie viele andere seiner Schriften, die im Rahmen dieses Artikels nicht alle aufgeführt werden können, auch separat erschienen mit einer 42-seitigen Einleitung (Ibn Taymiyya 1988).

26 | Makdisi 1965: 446ff. ergänzt Fragen der Analogie um eine kommentierte Bereitstellung eines kurzen Originaltextes, welcher sich auf die Hilfsquelle istihsân bezieht. Für einführende Literatur zu istihsân und Analogieverfahren (qiyâs) s. Krawietz 2002b: 313ff. bzw. 203ff.

27 | »Was diese Fatwas zeigen, ist, dass Ibn Taymiyya idschtihâd nicht nur in der Theorie befürwortete (wie man von einem Hanbaliten erwarten würrde), sondern dass er auch bereit war, idschtihâd durch das Ausstellen von Fatwas zu konkreten Fällen in der Praxis anzuwenden. Für Ibn Taymiyya war das Tor des idschtihâd weder in der Theorie, noch in der Praxis geschlossen.« (Jokisch 1997: 129)

28 | Dass die Hanbaliten ein beträchtliches Potential progressiver Lösungen aufweisen, belegt z.B. der Artikel zur Vertragsfreiheit von Arabi (vgl. Arabi 1998: 33, 39f.).

Die Relevanz und mögliche Aktualität Ibn Taymiyyas ergibt sich sicher nicht aus einem Auftreten als Vater der ›political correctness‹. Er steht nicht Pate für säkulare Gesellschaftsordnung, Wertrelativismus, Toleranz gegenüber Andersdenkenden oder einen zu begründenden ›Euro-Islam‹. Sein moralischer Rigorismus, die daraus resultierenden gesellschaftlichen Diagnosen und das unerbittliche Vorgehen gegen Normabweichler in den eigenen Reihen belasten noch heute die Beziehungen innerislamischer Gruppierungen. Möglicherweise löst aber heutzutage gerade die durch ihn verkörperte Kombination aus geistiger Größe und einer ganzen Reihe von ›Atavismen‹ die nicht zu übersehende Beklemmung aus. Es könnte sein, dass auch bei westlichen Autoren eine gewisse unreflektierte Scheu am Werke ist, einem präsumtiven Gegner der Zivilgesellschaft Respekt zu zollen. Dies wird natürlich selten so deutlich artikuliert wie bei Slim Freund (vgl. Freund 1987: 217), der von der natürlichen Weigerung des modernen Weltenbürgers ausgeht, sich in Fundamentalisten jedweder Couleur hineinzudenken. Wer aber, wenn nicht die Islamwissenschaftler, soll denn überhaupt versuchen, interne Evidenzen und Logik aufzuzeigen, bevor plakative Befunde arbeitsteilig an nicht mit Originalquellen arbeitende Wissenschaftler wie Politologen etc. weitergereicht werden? In Zeiten äußerster Spannungen kann allerdings bereits ein solches Bemühen als subversiv eingestuft werden. Man darf dabei nicht vergessen, dass Ibn Taymiyya ein recht unabhängiger Kopf ist: »Sein Ruhm beruht nicht nur auf der Bandbreite seiner schriftlichen Werke, sondern auch auf seinem reformerischen Geist, der viele dieser Werke durchdringt« (Weiss 1996: 63). Bei ihm erscheint Intransingenz geradezu als Methode. Eine derartige Unbedingtheit und Kompromisslosigkeit ließ seinen berühmten Zeitgenossen und islamischen Reisenden Ibn Battûta sogar daran zweifeln, ob Ibn Taymiyya überhaupt noch ganz bei Trost sei (vgl. Little 1986: 93ff.; Makdisi 1975: 118). Selbst Sivan attestiert ihm »unübertroffene moralische Courage, Intensität und geistige Durchschlagskraft« (Sivan 1983: 42). Gerade Ibn Taymiyyas unbändiger Widerspruchsgeist, der sich allein schon darin artikuliert, dass beinahe »jedes seiner Werke, das er hervorbrachte, eine Kritik, Widerlegung oder Apologie in Bezug auf ein bestimmtes Thema ist« (Makari 1983: 1), vermag uns aber – unter Wahrung der nötigen kritischen Distanz – wie eine Sonde islamisches Geistesleben näherzubringen.

Die beträchtlichen Desiderata bei der Erforschung und Analyse des Werkes von Ibn Taymiyya wurden hier nur angedeutet. Sie liegen vor allem jenseits dessen, was Heerscharen glühender Bewunderer oder wild entschlossener Gegner aus ihm gemacht haben. Das Zugehen auf einzelne vormoderne Schariatsgelehrte der islamischen Welt und ihre individuelle Würdigung im Rahmen ihres Gesamtwerkes sowie im breiteren Kontext islamischer Geistesgeschichte stehen ohnehin noch relativ am Anfang – von einer Mitberücksichtigung im Bildungskanon der westlichen Welt, welche zunehmend auch eine islamische wird, einmal ganz zu schweigen. Unabhängig vom Forschungsstand kann allerdings eines schon jetzt aus dem Vorhergehenden gefolgert werden: Ein zu aufreibendes und ereignisreiches Leben schlägt nicht bloß den oder die unmittelbar Betroffenen in Bann, sondern legt sich zuweilen wie Mehltau auf die Rezeption des hinterlassenen Werkes.

LITERATUR

Abdallah, Laila (1998): Islamischer Fundamentalismus – eine fundamentale Fehlwahrnehmung? Zur Rolle von Orientalismus in westlichen Analysen des islamischen Fundamentalismus. Berlin: Das Arabische Buch.

Abrahamov, Binyamin (1992): »Ibn Taymiyya on the Agreement of Reason with Tradition«, in: The Muslim World, 82(1992), S. 256-273.

Abû Zahra, Muhammad (1952): Ibn Taymiyya: Hayâtuhu wa-asruhu wa-ârâ'uhu wa-fiqhuhu. Kairo: Dâr al-Fikr al-Arabî.

Ali, Mohamed M. Yunis (2000): Medieval Islamic Pragmatics: Sunni Legal Theories of Textual Communication. Richmond: Curzon.

Ansari, M. Abdul Haq (1984): »Ibn Taymiyah's Criticism of Sufism«, in: Islam and the Modern Age 15 (1984), S. 147-156.

Arabi, Oussama (1998): »Contract Stipulations (Shurût) in Islamic Law«, in: International Journal of Middle East Studies 30(1998), Heft 1, S. 29-50.

Berkey, Jonathan P. (1998): »The Mamluks as Muslims«, in: Th. Philipp und U. Haarmann (Hg.): The Mamluks in Egyptian Politics and Society. Cambridge: University Press, S. 163-173.

Choueiri, Youssef, M. (1997): Islamic Fundamentalism, durchgesehene Aufl., London [u.a.]: Pinter.

Commins, David D. (1990): Islamic Reform: Politics and Social Change in Late Ottoman Syria. New York [u.a.]: Oxford University Press.

Cook, Michael (1992): »On the Origins of Wahhâbism«, in: Journal of the Royal Asiatic Society Third Series 2(1992), Heft 2, S. 191-202.

Cook, Michael (2000): Commanding Right and Forbidding Wrong in Islamic Thought. Cambridge: University Press.

Ende, Werner (1995): »Salafiyya: 2. In Egypt and Syria«, in: Encyclopaedia of Islam, 2. Aufl., hg. v. P. Bearman [u.a.], Bd. 8, Leiden: Brill, S. 906-909.

Esposito, John L. (2002): Unholy War: Terror in the Name of Islam. New York: Oxford University Press.

Ess, Josef van (1999): »Sufism and its Opponents: Reflections on Topoi, Tribulations, and Transformations«, in: Frederick de Jong [u.a.] (Hg.): Islamic Mysticism Contested: Thirteen Centuries of Controversies and Polemics. Leiden [u.a.]: Brill, S. 22-44.

Freund, Wolfgang S.: »Jüdischer und islamischer Fundamentalismus: Entsprechungen, politische Konsequenzen«, in: Orient 28(1987), Heft 2.

Haarmann, Ulrich (1991): »Der arabische Osten im späten Mittelalter 1250-1517«, in: ders. (Hg.): Geschichte der arabischen Welt, 2. durchgesehene Aufl., München: Beck.

Hallaq, Wael B. (1993): Ibn Taymiyya Against the Greek Logicians, übers. mit einer Einl. u. Anm. Oxford: Clarendon Press.

Halm, Heinz (1994): »Fundamentalismus – ein leeres Etikett«, in: Gernot Rotter (Hg.): Die Welten des Islam: Neunundzwanzig Vorschläge, das Unvertraute zu verstehen. Frankfurt: Fischer Taschenbuch, S. 211-218.

Hillenbrandt, Carole (1999): The Crusades in Islamic Perspective. Edinburgh: University Press.

Homerin, Th. Emil. (1985): »Ibn Taymîya's al-Sûfîyah wa-al-fuqarâ'«, in: Arabica 32(1985), S. 219-244.

Homerin, Th. Emil (1999): »Sufis and Their Detractors in Mamluk Egypt: A Survey of Protagonists and Institutional Settings«, in: Frederick de Jong [u.a.] (Hg.): Islamic Mysticism Contested: Thirteen Centuries of Controversies and Polemics. Leiden [u.a.]: Brill, S. 225-247.

Ibn Abd al-Hâdî (2002): al-Uqûd al-durriyya min manâqib shaykh al-islâm Ahmad Ibn Taymiyya, hg. v. Abû Mus'ab Tal'at Ibn Fu'âd al-Hulwânî, o.O.: al-Farûq al-Hadîtha lil-Tibâ'a wal-Nashr.

Ibn Qayyim al-Jawziyya, Shams al-Dîn (1976): Asmâ' mu'allafât Ibn Taymiyya, hg. v. Salâh al-Dîn al-Munajjid. Beirut: Dâr al-Kitâb al-Jadîd.

Ibn Taymiyya (1966a): Majmû' fatâwâ shaykh al-islâm Ahmad Ibn Taymiyya, hg. v. Ibn Muhammad Ibn Qâsim al-Najdî al-Hanbalî Abd al-Rahmân al-Àsimî [u.a.], Matâbi' al-Riyâd.

Ibn Taymiyya (1966b): Ibn Taymiyya on Public and Private Law in Islam or Public Policy in Islamic Jurisprudence, a. d. Arab. v. Omar A. Farrukh. Beirut: Khayat.

Ibn Taymiyya (1970): al-Fahâris al-'âmma wal-taqrîb li-Majmû' fatâwâ shaykh al-islâm Ibn Taymiyya, hg. v. Ibn Muhammad Ibn Qâsim al-Najdî al-Hanbalî Abd al-Rahmân al-Àsimî [u.a.]. Mekka: Matba'at al-Hukûma.

Ibn Taymiyya (1982): Public Duties in Islam: The Institution of the Hisba, a. d. Arab. v. Muhtar Holland; eing. u. kom. v. Khurshid Ahmad. Leicester: The Islamic Foundation.

Ibn Taymiyya (1988): Muqaddima fî usûl al-tafsîr, hg. v. Mahmûd Muhammad Mahmûd Nassâr. Kairo: Maktabat al-Turâth al-Islâmî.

Ibn Taymiyya (1993): An Introduction to the Principles of Tafseer, a. d. Arab. v. Muhammad Abdul Haq Ansari. Birmingham: al-Hidaayah.

Ibn Taymiyya (1996): »Mas'alat al-kanâ'is (The Question of the Churches), präs.u. übers. v. Benjamin o'Keefe«, in: Islamochristiana 22 (1996), S. 53-78.

Izharul-Haq, Muhammad (1996): »Ibn Taymiyyah and the Literal and Non-Literal Meaning of the Qur'an«, in: Pharos: Research Journal of the Shaykh Zayed Islamic Centre, University of Peshawar 3(1996), Heft 11, S. 43-57.

Jackson, Sherman A. (1994): »Ibn Taymiyyah on Trial in Damascus«, in: Journal of Semitic Studies 39(1994), Heft 1, S. 41-85.

Jansen, Johannes J. G. (1985): »The Creed of Sadat's Assassins: The Contents of The Forgotten Duty Analyzed«, in: Die Welt des Islams 25(1985), Heft 1, S. 1-30.

Jansen, Johannes J. G. (1986a): The Neglected Duty: The Creed of Sadat's Assassins and Islamic Resurgence in the Middle East. New York: Macmillan Publishing Company.

Jansen, Johannes J. G. (1986b): »The Early Islamic Movement of the Kharidjites and Modern Muslim Extremism: Similarities and Differences«, in: Orient 27(1986b), Heft 1, S. 127-135.

Jansen, Johannes J. G. (1987): »Ibn Taymiyyah and the Thirteenth Century: A Formative Period of Modern Muslim Radicalism«, in: Quaderni di Studi Arabi 5-6(1987-88), S. 391-396.

Jansen, Johannes J. G. (1997): The Dual Nature of Islamic Fundamentalism. Ithaca: Cornell University Press.

Jokisch, Benjamin (1996): Islamisches Recht in Theorie und Praxis: Analyse einiger kaufrechtlicher Fatwas von Taqî d-Dîn Ahmad b. Taymiyya. Berlin: Klaus Schwarz.

Jokisch, Benjamin (1997): »Ijtihâd in Ibn Taymiyya's fatâwâ«, in: R. Gleave und E. Kermeli (Hg.): Islamic Law: Theory and Practice. London [u.a.]: Tauris, S. 119-137.
Kabbani, Marwan (1979): Die Heiligenverehrung im Urteil Ibn Taymîyas und seiner Zeitgenossen. Univ., Diss., Bonn.
Kepel, Gilles (2000): Jihad: Expansion et déclin de l'islamisme. Paris: Gallimard.
Knysh, Alexander D. (1999): Ibn 'Arabî in the Later Islamic Tradition: The Making of a Polemical Image in Medieval Islam. Albany: State University of New York.
Krawietz, Birgit (2002a): »Dschinn und universaler Geltungsanspruch des Islams bei Ibn Taymiyya«, in: R. Brunner [u.a.] (Hg.): Islamstudien ohne Ende. Würzburg: Ergon, S. 251-259.
Krawietz, Birgit (2002b): Hierarchie der Rechtsquellen im tradierten sunnitischen Islam. Berlin: Duncker & Humblot.
Krawietz, Birgit (2003): »Ibn Taymiyya, Vater des islamischen Fundamentalismus? Zur westlichen Rezeption eines mittelalterlichen Schariatsgelehrten«, in: Manuel Atienza [u.a.] (Hg.): Theorie des Rechts und der Gesellschaft. Festschrift für Werner Krawietz zum 70. Geburtstag. Berlin: Duncker & Humblot, S. 39-62.
Küenzlen, Gottfried (2000): »Fundamentalismus: I Zum Begriff«, in: H. D. Betz [u.a] (Hg.): Religion in Geschichte und Gegenwart, Bd. 3, 4. völlig neu bearb. Aufl., Tübingen: Mohr Siebeck.
Laoust, Henri (1939a): Essai sur les doctrines sociales et politiques de Taqî-l-Dîn Ahmad b. Taimîya. Kairo: Imprimerie de l'Institut Français d'Archélogie Orientale.
Laoust, Henri (1939b): Contribution à une étude de la méthodologie canonique de Takî-d-Dîn Ahmad b. Taymîya; traduction annotée 1) du Ma'ârij al-wusûl ilâ ilm ma'rifat anna usûl al-dîn wa-furû'ahu kad bayyanahâ ar-rasûl et 2) d'al-Kiyâs fi-s-sar' al-islâmî. Kairo: L'Institut Français d'Archélogie Orientale.
Laoust, Henri (1943): »La Biographie d'Ibn Taymîya d'après d'Ibn Katîr«, in: Bulletin des Études Orientales 9(1943), S. 115-162.
Laoust, Henri (1948): Le traité de droit public d'Ibn Taimîya: Traduction annoteé de la Siyâsa shar'îya. Beirut: Institut Français de Damas.
Laoust, Henri (1962): »Le reformisme d'Ibn Taymiya«, in: Islamic Studies 1(1962), Heft 3, S. 27-47.
Laoust, Henri (1979): »L'influence d'Ibn Taymiyya«, in: Alford T. Welch und Pierre Cachia (Hg.): Islam: Past Influence and Present Challenge. Edinburgh: University Press, S. 15-33.
Laoust, Henri (1986): La profession de foi d'Ibn Taymiyya: Textes, traduction et commentaire de la Wâsitiyya. Paris: Librairie Orientaliste Paul Geuthner.
Laoust, Henri (1995): »Ibn Taymiyya«, in: Encyclopaedia of Islam, 2. Aufl., hg. v. P. Bearman [u.a.], Bd. 3., Leiden: Brill, S. 951-955.
Little, Donald P. (1973): »The Historical and Historiographical Significance of the Detention of Ibn Taymiyya«, in: International Journal of Middle East Studies 4(1973), Heft 3, S. 311-327.
Little, Donald (1986): »Did Ibn Taymiyya have a Screw Loose?« in: ders. (Hg.): History and Historiography of the Mamluks. London: Variorum Reprints, S. 93-111.
Makari, Victor E. (1983): Ibn Taymiyyah's Ethics: The Social Factor. Chico: Scholars Pr.

Makdisi, George (1965): »Ibn Taimîya's Autograph Manuscript on Istihsân: Materials for the Study of Islamic Legal Thought«, in: ders. (Hg.): Arabic and Islamic Studies in Honor of Hamilton A. R. Gibb. Leiden: Brill, S. 446-479.

Makdisi, George (1973): »Ibn Taymîya: A Sûfî of the Qâdiriya Order«, in: The American Journal of Arabic Studies 1(1973), S. 118-129.

Makdisi, George (1979): »The Hanbali School and Sufism«, in: Boletin de la Asociación Española de Orientalistas 15(1979), S. 115-126.

Martin, Richard [u.a.] (1979): Defenders of Reason in Islam: Mu'tazilism from Medieval School to Modern Symbol. Oxford: Oneworld.

Marty, Martin E. und R. Scott Appleby (Hg.): Fundamentalisms and the State: Remaking Polities, Militance, and Economies. Chicago. London: The University of Chicago Press.

Meier, Fritz (1981): »Das sauberste über die Vorherbestimmung«, in: Saeculum 32(1981), S. 74-89.

Memon, Muhammad Umar (1976): Ibn Taymîya's Struggle Against Popular Religion: With an Annotated Translation of his Kitâb iqtidâ' as-sirât al-mustaqîm mukhâlafat ashâb al-jahîm. Den Haag: Mouton [u.a.].

Michel, Thomas (1984): »Ibn Taymiyya's Sharh on the Futûh al-Ghayb of Abd al-Qâdir al-Jîlânî«, in: Hamdard Islamicus 4(1981), Heft 2, S. 3-12.

Michel, Thomas (1983): »Ibn Taymiyya's Critique of Falsafa«, in: Hamdard Islamicus 6(1983), Heft 1, S. 3-14.

Michel, Thomas F. (1984): A Muslim Theologian's Response to Christianity: Ibn Taymiyya's al-Jawâb al-sahîh, hg. u. übers. v. Thomas F. Michel. Delmar: Caravan Books.

Michot Jean R. (1991): Musique et danse selon Ibn Taymiyya: Le Livre du Samâ' et de la Danse (Kitâb al-Samâ' wa 1-Raqs) compilé par le shaykh Muhammad al-Manbiji, übers.u. kom. v. Jean R. Michot. Paris: Vrin.

Michot, Yahya J. (1995): »Un important témoin de l'histoire et de la société mamlûkes à l'époque des Ilkhâns et de la fin des croisades: Ibn Taymiyya (ob. 728/1328)«, in: U. Vermeulen und D. de Smet (Hg.): Egypt and Syria in the Fatimid, Ayyubid and Mamluk Eras. Leuven: Peeters, S. 335-353.

Michot, Yahya J. (2000): »Ibn Taymiyya on Astrology: Annotated Translation of Three Fatwas«, in: Journal of Islamic Studies 11(2000), Heft 2, S. 147-208.

Mir, Mustansir (1995): »Tafsîr«, in: John L. Esposito (Hg.): The Oxford Encyclopedia of the Modern Islamic World, Bd. 4, New York [u.a.]: Oxford Univ. Press, S. 169-176.

Morabia, Alfred (1978a): »Prodiges prophétiques et surnaturel démoniaque selon Ibn Taymiyya«, in: La signification de Bas Moyen Age dans l'histoire et la culture du monde musulman. Proceedings of the 8th congress of the Union Européenne des Arabisants et Islamisants, Aix-en-Provence 1976. Aix-en-Provence: EDISUD, S. 161-172.

Morabia, Alfred (1978b): »Ibn Taymiyya, demier grand théoricien du gihâd médieval«, in: Bulletin d'Études Orientales 30/(1978), Mélanges offerts à Henri Laoust, Bd. 2, S. 85-100.

al-Munajjid, Salâh al-Dîn (1976): Shaykh al-islâm Ibn Taymiyya: Sîratuhu wa-akhbâruhu ind al-mu'arrikhîn. Beirut: Dâr al-Kitâb al-Jadîd.

Murad, Hasan Qasim (1979): »Ibn Taymiyya on Trial: A Narrative Account of his Mihan«, in: Islamic Studies 18(1979), Heft 1, S. 1-32.

Nagel, Tilman (2002): Im Offenkundigen das Verborgene: Die Heilszusage des sunnitischen Islams. Göttingen: Vandenhoeck und Ruprecht.

Nettler, Ronald L. (1995): »Ibn Taymîyah, Taqî al-Dîn Ahmad«, in John L. Esposito (Hg.): The Oxford Encyclopedia of the Modern Islamic World, Bd. 2, New York [u.a.]: Oxford Univ. Press, S. 165-166.

Nizami, Khaliq Ahmad (1990): »The Impact of Ibn Taymiyya on South Asia. In: Journal of Islamic Studies 1(1990), S. 120-149.

Olsen, Niels H. (1991): Culte des saints et pélerinages chez Ibn Taimiyya. Paris: Librarie Orientaliste Paul Guenther.

Patton, W. M. (1897): Ahmad ibn Hanbal and the Mihna. Leiden: Brill.

Peskes, Esther (1999): »The Wahhâbiyya and Sufism. In: de Jong, Frederick [u.a.] (Hg.): Islamic Mysticism Contested: Thirteen Centuries of Controversies and Polemics. Leiden [u.a.]: Brill 1999: S. 145-161.

Rabbani, Marwan (1979): Die Heiligenverehrung im Urteil Ibn Taymîyas und seiner Zeitgenossen. Bonn: Univ. Diss.

Radtke, Bernd (1994): »Ibn Taymîya, der erste sunnitische ›Fundamentalist‹«, in: Gernot Rotter (Hg.): Die Welten des Islam: Neunundzwanzig Vorschläge, das Unvertraute zu verstehen. Frankfurt: Fischer Taschenbuch, S. 33-38.

Raff, Thomas (1971): Das Sendschreiben nach Zypern ar-Risâla al-qubrusîya von Taqî ad-Dîn Ahmad Ibn Taimîya: Ed., Übers. u. Kom. Bonn: Univ. Diss.

Rahman, Fazlur (1981): »Roots of Islamic Neo-Fundamentalism«, in: P. H. Stoddard [u.a.] (Hg.): Change and the Muslim World. Syracuse: University Press, S. 23-36.

Rahman, Fazlur (2000): A Study of Islamic Fundamentalism: Revival and Reform in Islam, hg. u. eing. v. Ebrahim Moosa. Oxford: Oneworld.

Riesebrodt, Martin (1990): Fundamentalismus als patriarchalische Protestbewegung: Amerikanische Protestanten (1910-28) und iranische Schiiten (1961-79) im Vergleich. Tübingen: Mohr.

Roberts, Nancy N. (1996): »Reopening the Muslim-Christian Dialogue of the 13-14th Centuries: Critical Reflections on Ibn Taymiyya's Response to Christianity in al-Jawâb al-Sahîh li man baddala dîn al-masîh«, in: The Muslim World 86(1996), S. 342-366.

Safiullah, Sheikh M. (1987): »Wahhâbism: A Conceptual Relationship Between Muhammad Ibn Abd al-Wahhâb and Taqiyy al-Dîn Ahmad Ibn Taymiyya«, in: Hamdard Islamicus 10(1987), Heft 1, S. 67-81.

Sagiv, David (1995): Fundamentalism and Intellectuals in Egypt, 1973-1993. London: Frank Cass.

Shahab, Ahmad (1998): »Ibn Taymiyyah and the Satanic Verses«, in: Studia Islamica 87(1998), Heft 2, S. 67-124.

Siddiqi, Muzammil H. (1986): »Muslim and Byzantine Christian Relations: Letter of Paul of Antioch and Ibn Taymîyah's Response«, in: N. M. Vaporis (Hg.): Orthodox Christians and Muslims. Brookline: Holy Cross Orthodox Press, S. 33-45.

Sivan, Emmanuel (1983): »Ibn Taymiyya: Father of the Islamic Revolution; Medieval Theology & Modern Politics«, in: Encounter 60(1983), Heft 5, S. 41-50.

Swartz, M. (1973): »A Seventh-century (A.H.) Sunni Creed: The ›Aqîda Wâsitiyya of Ibn Taymîya‹«, in: Humaniora Islamica 1(1973), S. 91-131.

Taylor, Christopher S. (1999): In the Vicinity of the Righteous: Ziyâra and the Veneration of Muslim Saints in Late Medieval Egypt. Leiden [u.a.]: Brill.

Turki, Abdelmagid (1969): »Situation du ›tributaire‹ qui insulte l'islam, au regard de la doctrine et de la jurisprudence musulmanes«, in: Studia Islamica 30(1969), S. 39-72.

Vogel, Frank E. (2000): Islamic Law and Legal System: Studies of Saudi Arabia. Leiden [u.a.]: Brill.

Voll, John (1972): »The Non-Wahhâbî Hanbalîs of Eighteenth Century Syria«, in: Der Islam 49(1972), Heft 2, S. 277-291.

Voll, John O. (1995): »Fundamentalism«, in: John L. Esposito (Hg.): The Oxford Encyclopedia of the Modern Islamic World, Bd. 2, New York [u.a.]: Oxford Univ. Press, S. 32-34.

Wein, Clemens (1973): Die islamische Glaubenslehre ('Aqîda) des Ibn Taimîya, Bonn: Univ. Diss.

Weismann, Itzhak (2001): Taste of Modernity: Sufism, Salafiyya, and Arabism in Late Ottoman Damascus. Leiden [u.a.]: Brill.

Weiss, Bernard (1996): »Ibn Taymiyya on Leadership in the Ritual Prayer«, in: Muhammad Khalid Masud [u.a.] (Hg.): Islamic Legal Interpretation: Muftis and Their Fatwas. Cambridge [u.a.]: Harvard University Press.

Open Source Salafiyya
Zugriff auf die islamische Frühzeit durch Ibn Qayyim al-Dschauziyya

Birgit Krawietz

1. ZUM WERK UND WIRKEN VON IBN QAYYIM AL-DSCHAUZIYYA

Strömungen, welche dem Breitbandphänomen der Salafiyya[1] zugerechnet werden, beziehen sich häufig auf zwei ganz zentrale vormoderne Persönlichkeiten, die beide in Damaskus gewirkt haben. Es handelt sich um die sowohl theologisch als auch islamrechtlich gebildeten Gelehrten Taqî al-Dîn Ahmad Ibn Taymiyya (1263 bis 1328) und Schams al-Dîn Muhammad Ibn Qayyim al-Dschauziyya (1292 bis 1350; »z« wird dabei als weiches »s« gesprochen) – als dessen wichtigsten Schüler. Obwohl an der selbst für damalige Verhältnisse ungewöhnlich intensiven Beziehung beider, vor allem jedoch an der unverbrüchlichen Ergebenheit von Ibn Qayyim al-Dschauziyya gegenüber Ibn Taymiyya kein Zweifel bestehen kann,[2] wurde sein umfangreiches Werk wohl erst nach dem Tod des Meisters geschrieben oder aber, was noch sehr viel eher der Fall gewesen sein dürfte, erst danach vorgelegt und zwar ab einem Alter von etwa 37 Jahren – einem für jene Epoche erstaunlich späten Auftakt. Von da an präsentierte Ibn al-Qayyim jedoch ein äußerst umfangreiches Œuvre von über Hundert Schriften,[3] die mit dem erst sehr viel später Aufkommen des Buchdrucks in der Arabischen Welt in vielen Fällen mehr als nur einen Band umfassen. Mithin wirft sein Werk allein schon wegen der beträchtlichen Quantität das Problem von Autorenschaft auf. Die Frage nach den Werkstattbedingungen des zudem bibliomanischen Handschriftensammlers Ibn al-Qayyim sowie dessen Zusammenarbeit mit den ihm zur Verfügung stehenden (insbesondere fa-

---

1 | Ich vermeide hier den Begriff »Salafismus«, der ohnehin nur ein gewisses Segment bezeichnet, geringe historische Tiefe hat und bei dem man schon die Waffen klirren hört. – Dieser Beitrag ist entstanden im Rahmen des von der German-Israeli Foundation for Scientific Research and Development (GIF) geförderten und zusammen mit Livnat Holtzman getragenen Projektes »Patterns of Argumentation and Rhetorical Devices in the Legal and Theological Works of Ibn Qayyim al-Jawziyya«.
2 | Anjum 2010: 162ff.. Zum Korpsgeist in der Gruppe um Ibn Taymiyya s. Bori 2010: 32ff.. In dem gesamten Text sowie den bibliografischen Angaben wurden aus Gründen der Vereinfachung arabische Diakritika mit Ausnahme von Langvokalen herausgenommen.
3 | Für Werküberblicke aus unterschiedlichen Perspektiven s. Abû Zayd 1412 [1991/92]; Holtzman 2009: 201ff.; Krawietz 2006: 19ff..

milialen) Hilfstruppen bei der Erstellung seiner eigenen Schriften kann hier nicht verfolgt werden. Der nicht minder produktive, sich jedoch in juristischer Hinsicht vorzugsweise im Kurzformat von Fatwas artikulierende Ibn Taymiyya selbst war wenig darum bemüht, seine eigenen Unterlagen zu ordnen, eine Aufgabe, in die u. a. Ibn al-Qayyim in nennenswertem, wenn auch ungeklärtem Umfang involviert gewesen sein muss (vgl. Bori 2009: 54ff.). Außerdem nahm Ibn al-Qayyim an zahlreichen Strafmaßnahmen als Mitstreiter teil, wenn es darum ging, mit der Gruppe religiöser Aktivisten im öffentlichen Raum ein Exempel zu statuieren. In den gut eineinhalb Jahrzehnten, in denen Ibn Taymiyya seine wohl zentrale Bezugsperson darstellte, war Ibn al-Qayyim weitgehend auf Damaskus fokussiert, auch wenn er später zumindest Jerusalem und Kairo besuchte sowie einige Male die Pilgerfahrt nach Mekka und Medina unternahm und so gewisse Zeit an den heiligen Stätten des Islam verbrachte. Seine Loyalität gegenüber Ibn Taymiyya führte nicht bloß zu dessen Lebzeiten anlässlich der Verbreitung spezieller islamischer Doktrinen verschiedentlich zu Verfolgungen bis hin zur längsten Haftstrafe, die beide in den Jahren 1324 bis 1326 verbüßten, sondern reichte noch weit über dessen Tod hinaus.[4] Immer wieder kam es zu Auseinandersetzungen mit dem Mainstream damaliger Gelehrsamkeit, so dass der Begriff »islamische Orthodoxie« gerade nicht zutrifft für diese – mit Blick auf ihre Rechtsschulzugehörigkeit – sogenannte Neo-Hanbaliyya (auch wenn deren Treiben respektive das derjenigen, die sich auf sie berufen, heutigen Medienkonsumenten auf diffuse Art sogar »ultraorthodox« erscheinen mag). Ibn al-Qayyims sich vor allem erst in späterer Zeit manifestierende außerordentliche geistes- und sozialgeschichtliche Bedeutung lässt sich noch nicht an den von ihm erreichten religiösen und akademischen Ämtern ablesen. Neben der Streitbarkeit seiner Überzeugungen dürfte auch die Herkunft aus kleinen Verhältnissen[5] für seine eher bescheidene Teilhabe an gesellschaftlich anerkannten Positionen verantwortlich sein.

Ibn Taymiyya wird oft ohne vergleichenden Blick auf Ibn Qayyim al-Dschauziyya betrachtet. Der umgekehrte Fall ist jedoch eher selten anzutreffen: Ibn al-Qayyim wird geradezu reflexartig zusammen mit ihm genannt bzw. scheint sich seine Relevanz erst in Relation zu Ibn Taymiyya zu entfalten, so dass sich vor allem (aber nicht nur) in westlicher Sekundärliteratur eine Art Inferioritätsnarrativ herausgebildet hat, das direkt oder indirekt einer gewissen Zweitklassigkeit von Ibn al-Qayyim das Wort redet (dazu und zu möglichen tiefer liegenden geistesgeschichtlichen Gründen s. Kokoschka/Krawietz 2013: 14ff.). Die Islamwissenschaft konnte sich darauf sowie auf viele weitere Aspekte des Schaffens von Ibn al-Qayyim lange Zeit kaum einen Reim machen.[6] Auch wenn sich die Forschung in der letzten Zeit

---

4 | Zu seiner Biografie s. die Anmerkungen von Bori/Holtzman 2010: 13ff.; Abdul-Mawjud 2006. Eine annähernd umfassende und historisch-kritische Biografie, welche zugleich die chronologische Entwicklung seines Werkes näher reflektiert, steht jedoch noch aus; gerade seine jungen Jahre liegen bislang im Dunkeln.

5 | Der Beiname, unter dem er der Nachwelt bekannt ist, schreibt diesen sozialen Hintergrund fest als »Sohn des Hausmeisters der Dschauziyya[-Schule]«(Kokoschka/Krawietz 2013: 16).

6 | Zu dieser langen Ratlosigkeit und beträchtlichen Meidehaltung trotz der allgemein anerkannten Relevanz der Thematik gerade angesichts der modernen Salafiyya-Bewegung s. Kokoschka/Krawietz 2013: 4ff.. Ein signifikanter Wandel in westlicher Sekundärliteratur

deutlich stärker auf Ibn al-Qayyim zubewegt hat und ihn zunehmend getrennt von bzw. in seinen Unterschieden zu Ibn Taymiyya wahrnimmt und würdigt, hinkt sie doch immer noch dem ungeheuren Boom an Ibn al-Qayyim-Schrifttum und dessen Verwertung(-sindustrie) beträchtlich hinterher, gerade wenn es um Ibn al-Qayyim & Co als Kassenschlager in der Arabischen Welt geht, um die Flut von Übersetzungen seiner Werke in weitere islamrelevante Sprachen[7] notabene das Englische oder die Präsenz von Ibn al-Qayyim im Internet.[8] Ein machtvoller, aber bei Weitem nicht der einzige Faktor ist, dass die staatliche Religionspolitik in Saudi Arabien Ibn Taymiyya und Ibn Qayyim al-Dschauziyya als maßgebliche Vordenker der dort bestehenden Gesellschaftsordnung beansprucht; entsprechende Einrichtungen für islamische Propaganda sorgen weltweit für eine Verbreitung ihrer Schriften und daran anknüpfender Publikationen.

Um das Phänomen der immensen Popularität von Ibn al-Qayyim zu ergründen, empfiehlt es sich, zunächst von der fragwürdigen verbreiteten Zuschreibung als Proto-Fundamentalist im Gefolge Ibn Taymiyyas abzugehen, denn diese Betrachtungsweise verhindert sinnvollere Wahrnehmungen. Ibn al-Qayyim ist sicher kein Chorknabe und sein heutzutage oft auch wenig »abrahamitische Ökumene«-tauglicher Tonfall soll hier nicht in Abrede gestellt werden (relativierend jedoch Schlosser 2013: 422ff., 456ff.). Ohne ein Nachdenken über unsere Denkgewohnheiten stagnieren jedoch auch die Deutungsangebote. Man könnte ihn – statt als vormodernen Fundamentalisten – zunächst als Vertreter der Tradition insbesondere derjenigen der islamischen Frühzeit bezeichnen. Hier gilt es aber, genauer zu unterscheiden, denn laut Makdisi ist ein Traditionarier jemand, der sorgfältig Hadithe sammelt (muhaddith), also (gerade aus westlicher Sicht in ihrer Historizität bedenkliche) Berichte über die Worte und das Wirken des Propheten sowie von

---

jenseits weniger verstreuter Artikel hat erst um die Wende zum 21. Jahrhundert eingesetzt. Eine erste internationale westliche Konferenz, die sich gleichermaßen mit Ibn Taymiyya wie Ibn al-Qayyim auseinander setzte, fand unter dem Titel »Neo-Hanbalism Reconsidered: The Impact of Ibn Taymiyya and Ibn Qayyim al-Jawziyya« vom 23.-25. Oktober 2007 im »Zentrum Moderner Orient« (ZMO) in Berlin statt. In modifizierter sowie stark erweiterter Form erschien der Konferenzband aber erst 2013 unter dem Titel Islamic Theology, Philosophy and Law. Im Jahr 2010 wurde der erste Sammelband zu Ibn al-Qayyim vorgelegt: A Scholar in the Shadow. Essays in the Legal and Theological Thought of Ibn Qayyim al-Gawziyyah, hg. von Caterina Bori und Livnat Holtzman. Mittlerweile ist die Beschäftigung mit diesem Autor und damit verbundenen weiter gehenden Problemstellungen ein Forschungsfeld, das gerade auch jüngere Wissenschaftler anzieht, so dass diverse Graduierungsarbeiten und insbesondere Dissertationen zu ihm im Entstehen sind.

7 | Für den indonesischen Sprachraum wird dies in einer ersten Studie durchexerziert von Arif 2013: 220ff. Des Weiteren untersucht Preckel 2013 für das späte 19. Jahrhundert Ankaufspraktiken, gezielte selektive Auseinandersetzungen und (kreative) Übersetzungen von (Hand-)Schriften arabischer Traditionalisten (vor allem Ibn Taymiyyas) durch eine zentrale Figur der indischen Reformbewegung der Ahl-i Hadith, Siddiq Hasan, den gut situierten Gatten der damaligen Fürstin, welcher durch seine polyglotten Aktivitäten in einem sprachlichen Umfeld von arabischer, persischer und Urdu-Gelehrsamkeit als ein wichtiger Multiplikator auf dem Indischen Subkontinent gelten kann.

8 | Ein bedeutsamer Auftakt ist die Studie von Böttcher 2013, die im Zusammenhang damit einen speziellen Ausschnitt deutschsprachiger Aktivitäten untersucht.

dessen gläubigem Umfeld zusammenträgt und formal überprüft, wohingegen ein Traditionalist primär inhaltlich ausgreift, dabei aber unbedingt auf einer Rückbindung von Recht und Theologie an die Heiligen Quellen des Korans und der aus den Hadithen aufscheinenden normstiftenden Lebensweise des Propheten, der Sunna, besteht (vgl. Melchert 1997: 235, FN 4; ders. 2001: 385f.). Ibn al-Qayyim wäre somit trotz der exzessiven Zusammenstellung von Hadithen in seinen Werken, hinter deren Bugwelle sich eine dezidierte eigene Stellungnahme oft zu verstecken scheint, kein Hadith-Wissenschaftler, sondern eher als Traditionalist einzuordnen. Zwar hat Ibn al-Qayyim insbesondere im Rahmen seines Frühwerkes die Abhandlung al-Manâr al-munîf geschrieben, in der es um schwache Hadithe geht, doch hat er kein umfassendes Werk zur kritischen Prüfung des Hadith-Bestandes vorgelegt (vgl. Halawi 2012: 5). Es erscheint jedoch auf den ersten Blick erstaunlich, dass jemand, der so stark mit Hadithen operiert, ein relativ geringes Interesse entfaltet, seinerseits Hadithwissenschaft im herkömmlichen Sinne zu betreiben. Die Wissenschaft der Prüfung von Hadith-Authentizität scheint jedenfalls nicht sein zentrales Anliegen zu sein, sondern vielmehr das, was inhaltlich durch Hadithe erschlossen werden kann. Für viele Herausgeber, Verleger und somit auch Leser scheint Ähnliches zu gelten, denn bei der Flut von Schriften insbesondere Ibn al-Qayyims, die aus salafitischen Druckpressen quillt, handelt es sich in der Regel nicht um kritische arabische Editionen (die wir ja dringend bräuchten), sondern es werden primär meist andere Anliegen verfolgt.[9] Es gilt somit zunächst, dieses Phänomen als solches wahrzunehmen und zu hinterfragen sowie den funktionalen Stellenwert der islamischen Frühzeit bzw. die genaue Stoßrichtung Ibn al-Qayyims zu bestimmen, wie sie durch das Schlagwort von den »Trefflichen Altvorderen« (salaf sâlih) verkörpert wird. Bei Letzteren handelt es sich um die ersten drei Generationen von – wie unterstellt wird, noch ganz im Lichte der Offenbarung agierenden und vom Vorbild des Propheten wirksam durchdrungenen, mithin authentischen – Muslimen. Neo-hanbalitische Rhetorik bzw. ganz allgemein solche ihres weiteren Umfeldes mit einer exzessiven Orientierung am Propheten Muhammad (gest. 632) im Sinne einer »imitatio Muhammadi« sowie an den besagten Trefflichen Altvorderen wird oft fälschlicherweise als Rückwärtsgewandtheit gedeutet. Das Gegenteil ist jedoch der Fall. Sie dient in erster Linie als ein Instrument, um weniger Treffliche oder Streitgegner zu entwerten und für nicht beachtenswert zu erklären. Im Fall von Ibn Taymiyya und Ibn al-Qayyim gilt das zunächst einmal für alle »abweichenden« Zeitgenossen – mithin das Gros – sowie die gesamten jahrhundertealten Lehrtraditionen, in denen letztere stehen. Dies betrifft zum einen die sunnitischen Rechtsschulen und ihre intern als herrschende Meinung gewürdigten Positionen sogar inklusive der hanbalitischen Denomination selbst, welcher Ibn Taymiyya und Ibn al-Qayyim angehören, zum anderen aber auch religiöse Gruppen und Strömungen, wie bestimmte »Auswüchse« des Sufismus oder aber spekulative Theologie. Es handelt sich somit gerade nicht um Autoritätsgläubigkeit, sondern – und das ist die eigentliche Funktion – um Kritik an (falschen) Autoritäten und gleichsam diskursive Praktiken der Gefolgschaftsverweigerung. In diesem Zusammenhang sind auch das neohanbalitische Insistieren auf Rechtsfortbildung (idschtihâd) und das zeitlich sowie geografisch ganz restriktiv gefasste Verständnis von verbindlichem

---

9 | Ich bin diesbezüglich weniger enthusiastisch, was die gegenwärtigen Bemühungen angeht, qualitativ hochwertige Editionen seiner Werke vorzulegen (vgl. Bori/Holtzman 2010: 13).

Konsens (idschmâ') und dessen Beschränkung auf die islamische Frühzeit zu sehen (vgl. Al-Matroudi 2006: 57ff., 67ff., 84ff.; Rapoport 2010: 199ff.).

Über das lange 20. Jahrhundert hinweg ist – mit einem besonderen Schub durch moderne salafitische Strömungen während der letzten Dekaden – eine wirklich nachhaltige Popularisierung Ibn al-Qayyims, der paradigmatisch für andere zu stehen vermag, zu verzeichnen.[10] Es ist allerdings vorab noch zu unterscheiden zwischen der Rezeption dieses Autors bei Exponenten von mittlerweile historischen Salafiyya-Bewegungen auf der einen Seite sowie der großen salafitischen Welle seit den 1970er Jahren auf der anderen bzw. bereits bei der modernen transnationalen Salafiyya, die im Wesentlichen im späten 19. Jahrhundert von Ägypten aus ihren Ursprung nahm. Des Weiteren werden die Dinge noch dadurch verkompliziert, dass unterschiedliche Reform-, Erweckungs- und Erneuerungsbewegungen sowie arabischer Nationalismus, Panarabismus, Fundamentalismus, säkularer Nationalismus und Liberalismus unwägbare Gemengelagen mit salafitischem Gedankengut eingehen. Die Rezeption bzw. besser Aneignung[11] von Ibn Taymiyya und Ibn al-Qayyim bei all solchen Bewegungen ist nicht wirklich systematisch erschlossen, obwohl schon früh und wiederholt auf deren begeisterte Wiederentdeckung hingewiesen wurde. Das Faible für gerade diese beiden gilt zwar allgemein als gewusst, ist aber kaum mit der nötigen Tiefenschärfe untersucht worden (eine Ausnahme ist die Mikrostudie von Preckel 2013). Ein besonders wichtiger Anstoß zur Lektüre dieser sowie weiterer Autoren wurde insbesondere durch gelehrte Reformer wie Muhammad Abduh (gest. 1905) und Muhammad Raschîd Ridâ (gest. 1935) sowie Sayyid Qutb (gest. 1966) gegeben, welche alle drei zur besagten modernen transnationalen Salafiyya gehören, wobei jedoch ihre heutige Breitenwirkung erst jüngeren Datums ist. Die multiple Wiederentdeckung dieses vormodernen islamischen Schrifttums hatte zunächst als Gelehrtendiskurs eingesetzt, wurde besonders publikumswirksam von den saudi-arabischen Wahhabiten betrieben und schon früh über Sprachrohre wie die sogar in Indonesien gelesene arabische Reformzeitschrift »al-Manâr« für ein größeres Publikum aufbereitet. Auch sein genauer Stellenwert in den Ausführungen des Gründers der Muslimbruderschaft Hasan al-Bannâ' bleibt noch zu untersuchen. Nicht zuletzt durch medial weltweit präsente Transmitter wie Yûsuf al-Qaradâwî (geb. 1926), welche sich explizit auf Ibn al-Qayyim (und Ibn Taymiyya) berufen (dazu Serrakh 2012), diffundiert es mittlerweile in breite Bevölkerungsschichten. Ibn al-Qayyim hat insbesondere religiöse Polemiken vorgelegt, theologische Abhandlungen, Auskünfte zu islamischer Jurisprudenz, Rechtsquellenlehre und Hermeneutik sowie moralisch-psychologische Erbauungsschriften.[12] »Genres« wäre eigentlich der falsche Ausdruck, um diese einzuordnen,

---

10 | El-Rouayheb 2010: 305 et passim, legt dar, wie sich Ibn Taymiyya von einem umstrittenen und wenig gelesenen Gelehrten zu einer zentralen Figur des sunnitischen Islams in der Moderne wandeltet. Melchert 2013: 148 et passim, führt anhand stichprobenartig erhobener Zitierpraktiken den Nachweis der langen Marginalisierung beider sogar in der hanbalitischen Rechtsschule selbst.

11 | Zum Konzept der Aneignung (appropriation) mit Blick auf das Werk beider Gelehrter s. Kokoschka/Krawietz 2013: 1f., 25ff..

12 | Anders als Ibn Taymiyya ist bei ihm nicht festzustellen, dass er aufgrund seiner, wenn auch als Kritik vorgetragenen Spezialkenntnisse, praktisch zum halben Philosophen geworden wäre, vgl. Kügelgen 2013.

denn oft bricht er deren vertraute Rahmen auf, wodurch er das vorhandene Wissen in kreativer Weise umgestaltet.[13]

In »Open Source Salafiyya« begebe ich mich weder auf die Suche nach dem »wahren« Ibn Qayyim al-Dschauziyya noch betrachte ich genauer die Art und Weise, wie er selbst auf die islamische Frühzeit Zugriff nimmt, was mein Untertitel zunächst nahe legen könnte. Stattdessen sollen, wie der (d)englische Obertitel anzeigt, heutige Transformationsprozesse und Aneignungsstrategien seiner Schriften herausgestellt werden und zwar unter drei besonders wichtigen Aspekten, welche über die verbreitete rückwärts gewandte Quellenorientierung hinausgehen bzw. diese vorherrschende Blickrichtung teilweise sogar umdrehen, nämlich: (i) neue publizistische Formate, (ii) salafitische Rhetorik und moderne Ästhetik sowie (iii) Anleitungen zum Alltagshandeln. Der Untertitel dieses Artikels ist somit dahingehend zu verstehen, dass – als Beitrag zur heutigen Salafiyya- bzw. Salafismus-Forschung – nicht Ibn Qayyim al-Dschauziyya bei seiner Verwendung des Reservoirs (angeblich) frühislamischer Quellen betrachtet wird, sondern dass es in aller Kürze darum gehen soll, auf welche Arten heutige Akteure auf das insbesondere seit dem 20. Jahrhundert sukzessiv edierte und mannigfaltig aufbereitete Werk von Ibn al-Qayyim mit seiner jeweils thematisch gerahmten Bereitstellung der Auskünfte des Propheten Muhammad und der Trefflichen Altvorderen Zugriff nehmen und wie sie sich in besonderer Weise über den hier zur Debatte stehenden postklassischen[14] Gelehrten die islamische Frühzeit als Bedeutungsreservoir für ihre unterschiedlichen Zwecke aneignen. Der eigentlich aus dem Kontext von freier Software-Nutzung stammende Ausdruck Open Source soll dabei auf die ganz grundlegend gewandelten Zugriffsmöglichkeiten und die damit verbundenen Ermächtigungspotentiale hinweisen.

2. Zugriff durch neue publizistische Formate

Die Werke islamischer Gelehrter waren lange Zeit nur in Form von unterschiedlich kostbaren Handschriften, d.h. meist für einen sehr eingeschränkten, vor allem ausgewählten Leserkreis zugänglich und bedurften eingehender mündlicher Unterweisung. Die Errichtung von Druckereien in der Islamischen Welt, die Gründung von Verlagshäusern, Buchhandlungen, modernen Universitäten und öffentlichen Bibliotheken, ferner die Anerkennung von Editionstätigkeit in islamrelevanten Sprachen als wichtiger akademischer Betätigung sowie ganz allgemein die Schaffung einer Presselandschaft haben das kulturelle Reservoir islamischer Gelehrsamkeit nachhaltig transformiert und erstmals einer breiteren Öffentlichkeit zur Verfügung gestellt (vgl. Hamzah 2008: 40ff.). Im Zuge solcher Aktivitäten und der damit verbundenen Auswahlprozesse wurden von modernen Reformern insbesondere die Neo-Hanbaliyya sowie ihr nahe stehende Autoren

---

13 | Vgl. Krawietz 2006: 29, 55, 62. Das zeichnet sich bereits in seinem Frühwerk ab, vgl. Krawietz 2010: 63f., scheint aber im Laufe seines Gelehrtenlebens noch zuzunehmen – bis hin zu späteren hochgradig hybriden Schriften wie *Ighâthat al-lahfân min masâyid al-shaytân*.

14 | Zur Verwendung von postklassisch statt mittelalterlich vgl. in Anlehnung an Stefan Leder Kokoschka/Krawietz 2013: 4.

»wiederentdeckt« (mithin auch schafiitische Rechtsgelehrte wie z.B. Ibn Kathîr, gest. 1373, oder Muhammad al-Dhahabî, gest. 1348). Es handelt sich dabei nicht nur um Autoren in ihrer Eigenschaft als Vertreter islamischen Rechts, sondern ebenso um Theologen, die für sich allesamt eine besondere Verbundenheit mit der islamischen Frühzeit beanspruchen. Welche ihrer Werke wann, von wem und auf welche Art finanziert und ediert wurden, ist für die Salafiyya-Forschung von beträchtlicher Bedeutung. Solche Schemata, die längst noch nicht hinreichend aufgearbeitet worden sind, könnten Auskunft geben über den Wandel des kulturellen Gedächtnisses und dessen weitgehende Emanzipation von der über Jahrhunderte vorherrschenden sedimentierten Kommentarliteratur. Ein Indikator ist beispielsweise die frühzeitige oder wiederholte Drucklegung eines Werkes (auch unter verschiedenen Titeln) oder dessen Publizierung zunächst in Teilstücken etwa in Zeitschriften und danach in monographischer Form. Durch solche Rezeptionstrends, die sich auch in entsprechenden Sinn stiftenden Einleitungen der Herausgeber niederschlagen, wird ein anderer Ibn al-Qayyim nachgefragt und dadurch auch gestaltet als das Profil, das seine vormodernen Zeitgenossen über die Lektüre der Handschriften von ihm wahrnehmen. Maßgeblich betrieben wurde die Wiederentdeckung postklassischer, aber vormoderner »salafitischer« Schriften durch Vertreter der Reform-Bewegung (islâh) wie Abduh oder Raschîd Ridâ. Sie versuchten, die Fesseln jahrhundertelanger Autoritätsgläubigkeit abzustreifen und eigenständiges Räsonnieren mit den Grundlagen des Islams in Einklang zu bringen. Gerade im 13. und 14. Jahrhundert entdeckten sie vornehmlich mit Ibn Taymiyya und Ibn Qayyim al-Dschauziyya Geistesverwandte dieses zentralen Aspekts ihrer Agenda.[15]

Durch die Erstellung von Inhaltsverzeichnissen und Indices, das spätere Einfügen von Zwischenüberschriften oder ganz allgemein durch ein gefälliges Schriftbild für ehemals nur als schwer lesbare Handschriften existierende Texte konnten solche Werke weiteren Teilen der Bevölkerung zugänglich gemacht werden. Die oft umfangreichen Arbeiten Ibn al-Qayyims werden jedoch nicht nur in voller Länge, sondern zunehmend gekürzt oder in Untereinheiten offeriert. Anderenfalls wäre es kaum möglich, dass mittlerweile so viele Halbgebildete bzw. meist noch kleinere Geister allein schon das Sitzfleisch für deren autodidaktische Lektüre aufbringen. Die Abnehmer von Ibn al-Qayyim stellen längst nicht mehr nur Gelehrte von Religion und Recht des Islams dar, sondern rekrutieren sich aus allen möglichen Schichten.[16] Gerade Ibn al-Qayyim ist ein Extrembeispiel dafür, wie Texte von Autoren in zum Teil kleinste überhaupt nur denkbare Einheiten zerlegt werden, so dass man durchaus von Ausschlachtung sprechen kann. Neben seiner Darreichung als kompakte Stapelware gibt es Ibn al-Qayyim in Form von (ihre Provenienz nicht im-

---

15 | Als solcher Verbündeter über die Jahrhunderte hinweg dient bspw. aber auch der malikitische andalusische Gelehrte *Abû Ishâq al-Schâtibî* (gest. 1388), dessen Schrift al-Muwâfaqât erstmals 1884 in Tunis ediert wurde.

16 | Dies gilt ungeachtet des von Hirschler 2012: 2 et passim eingehend dargelegten Phänomens einer gewissen Popularisierung der im weitesten Sinne religiösen Wissenschaften in der so genannten Mittleren Epoche (Middle Period), also der Zeit vom frühen 11. bis zum 16. Jahrhundert. Die Darstellung von Böttcher 2013 zeigt andererseits, wie sich in deutschen Moscheen Leute heutzutage eine Nische erobern können, die in ihren arabischen Heimatland nicht den Hauch einer Chance gehabt hätten, sich auf dem Markt der religiösen Autoritäten zu etablieren.

mer offen legenden) Paperback- und Heftchenliteratur allenthalben in Drehständern, und gerade auch das Internet ermöglicht die separate Aufbereitung kleinster Sentenzen. Der Zugriff auf die islamische Frühzeit – als noch nicht von späteren »Fehlentwicklungen« überlagertes Bedeutungsreservoir – geschieht somit häufig nicht direkt über die von ihrer Anlage her eher spröden und sperrigen Hadith-Sammlungen, sondern oft über postklassische Autoren wie Ibn al-Qayyim, die solche Materialien souverän vorsortieren, welche aber jahrhundertelang eher im kleineren Kreis Eingeweihter rezipiert wurden.[17] Ibn al-Qayyims Texte sind zwar ebenfalls noch ziemlich sperrig, bieten jedoch allerlei interpretierende Rahmungen, erörternde Übergänge und sorgfältig sortierte Bündel von Koranversen und Hadithen, die als einschlägig präsentiert werden. Salafitische Bearbeiter übernehmen aber oft nicht den Rahmen seines Großnarrativs, sondern brechen dessen Binnenstruktur auf, picken sich spezielle Inhalte in dann verändert konstituierter Form heraus bzw. verknüpfen diese mit weiteren Materialien. Der eigentliche Schub für Ibn al-Qayyims außerordentliche Popularität erfolgt somit – in zeitlicher und medialer Hinsicht – zweigestaffelt, nämlich zum einen über die Verbreitung des modernen Buchdrucks im Nahen Osten, wobei sich eine ganze Reihe von Mittlern einschalten, welche das nicht urheberrechtlich geschützte Material ertragreich aufzubereiten und zu vermarkten wissen. Zum anderen erfolgt er durch »Suchfunktionen im Internet, spezifische Datenbanken und Wikis mit islamischen Inhalten, die von den Benutzern selbst erstellt werden,« so dass Wissen nicht mehr durch aufwändige Lektüre erlangt bzw. umständlich generiert werden muss, sondern im Wege von »Fragmentierung«, durch Zusammenfügung von Fragmenten und das Konvergieren mit neuen Elementen zügig aufgegriffen und modifiziert werden kann (vgl. Becker 2009: 37ff.). Auch wenn die akademische Auseinandersetzung mit Ibn al-Qayyim (respektive Ibn Taymiyya) an Universitäten der Islamischen Welt heutzutage weiterhin in nennenswertem Umfang insbesondere in Saudi Arabien stattfindet (wobei entsprechende Untersuchungen von Lehrplänen und Graduierungsarbeiten noch ausstehen), haben sich die Leser und, wie in den beiden nächsten Abschnitten deutlich werden soll, die Adepten und Konsumenten seines Werkes insgesamt stark vermehrt und verändert.

3. Salafitische Rhetorik und moderne Ästhetik

Salafitische Schriften sind oft in einem Predigtstil verfasst, welcher alle rhetorischen Register der Ausschmückung zieht, so dass Paradies und Hölle den Gläubigen dem theologischen Credo entsprechend in konkreter Ausgestaltung vor Augen geführt werden. Ibn Taymiyya selbst läuft vor allem als Polemiker zu Höchstform auf (vgl. Ibn Taymiyya 1984: vii.), aber während bei ihm Schnellschüsse und Salven überwiegen, bevorzugt Ibn al-Qayyim den großen Wurf bzw. das große Mäandern, bei dem sich der eigentliche Gegenstand eines Werkes oft zu verselbständigen pflegt und sich in einer Ansammlung von ausufernden Exkursen windet

---

17 | Das Pendant für Ibn al-Qayyim zu dem Ibn Taymiyya-Artikel von El Rouayheb 2010 (s. FN 12) ist noch nicht geschrieben worden; Melchert 2013 vermag aber durch Stichproben zu zeigen, dass eher noch Ibn Taymiyya als Ibn al-Qayyim auf einem gewissen Level rezipiert wurde, weil er stärker als letzterer die hanbalitische Rechtsschultradition aufgriff, vgl. ebd., insb. 161.

– eingebettet in zahlreiche Zitate und Belege aus den heiligen Quellen Koran und Sunna. Ibn Taymiyya trommelt geradezu zwanghaft gegen Abweichungen vom allein selig machenden Pfad der wahrhaft Gottesfürchtigen. Ibn al-Qayyim geht dagegen häufig ab von reiner Martialrhetorik und kultiviert insbesondere medizinische Metaphern oder solche der (spirituellen) Reise als Strukturprinzip seiner Ausführungen; bei ihm zeigt sich des Weiteren eine Art pansemiotisches Erspüren von Gottes Handschrift und wie Er die Welt weise geordnet hat. Während Ibn Taymiyya mit wortmächtigen Beschimpfungen seiner Streitgegner nicht spart, erregt Ibn al-Qayyim häufig in anderer Weise die Gemüter, was ihm trotz der scheinbar endlosen Bugwellen an Koran- und mehr noch an Hadith-Zitaten gelingt. Dies dürfte auch damit zu tun haben, dass er bei einer ganzen Reihe seiner Schriften in größerem Stil eigene Dichtung zum Thema in den Text einbaut.[18] So betont Abû Zayd nachdrücklich Ibn al-Qayyims Lebendigkeit und überströmende Gefühle, die getragen seien von dessen ernsthafter Sorge um die Gesellschaft und deren unzulängliche Orientierung am Islam (vgl. Abû Zayd 1412 [1991/92]: 113f.). Darüber hinaus zeichnen sich bei heutigen Adepten gewisse Muster ab, dahingehend, dass die Vorliebe für einen der beiden Gelehrten je nach persönlicher Lebenssituation sowie politischer Lage schwanken kann.[19]

Salafitische Publikationen und insbesondere solche der Präsentation und Aufbereitung vormoderner Gelehrter geben sich zunehmend bereits auf den ersten Blick zu erkennen. Über eine ziemlich ausgeprägte islamische Symbolik erfolgt ein Branding als salafitisches Produkt, so dass solche Schriften von potenziellen Kunden im Nu identifiziert werden können, noch bevor diese auch nur einen Buchtitel entziffert oder ein einzelnes Werk in die Hand genommen haben. Beispiele für dieses seit einigen Jahrzehnten zunehmend populäre Design sind patchwork-artige Kompositionen aus Versatzstücken islamischer Architektur (Moscheekuppeln, Minarette), aus geometrischen islamischen Mustern, aus Kalligrafie und anderweitig dekorativer Ornamentik, auch aus Gefäßen, aus visuellen Repräsentationen eines Koranexemplars (mushaf) bzw. von Ehrfurcht gebietenden arabischen Schrifttafeln, Schwertern, (Umwelt-)Phänomenen wie Lichtstrahlen, Blitzen oder Wasserstrudeln, häufig auch von Palmen, anderen Bäumen, Blumen, heilsamen Erträgen aus Gottes »Apotheke der Natur« oder von Schatztruhen. Sie bilden zusammengewürfelte Illustrationen, auf denen jedoch menschliche Abbildungen und diejenige von Tieren vermieden oder allenfalls in Form von Schattenumrissen beispielsweise eines Turbanträgers denaturalisiert werden (als Reverenz gegenüber dem so genannten und angeblich herrschenden »Bilderverbot«) bzw. in frommer Absicht nur partiell zur Abbildung gelangen wie beispielsweise geöffnete Hände. Im Zuge einer sich ausbreitenden, auch islamischen Konsumkultur werden solche Bücher immer häufiger in schrille Pop-Farben getaucht oder erhalten eine reliefartige Oberflächengestaltung, so dass die Buchdeckel ergänzend auch haptische Reize bieten. In einer digitalen Umgebung können entsprechend aufbereitete Texte noch

---

18 | Diesem Phänomen ist maßgeblich Holtzman auf der Spur; vgl. Holtzmann 2013.

19 | Böttcher 2013, die in ihrem Beitrag darauf abstellt, dass es für die Bezugnahme auf neo-hanbalitische Autoren einen Unterschied macht, ob sie vor dem Hintergrund von Gewalterfahrungen bzw. Inhaftierung erfolgt oder in einem wesentlich friedlicheren Umfeld. Wie sich bereits Ibn al-Qayyims Tonfall je nach Thema, Werk, Lebenssituation oder jeweiligem historischen Kontext ändert, kann zum gegenwärtigen Zeitpunkt noch nicht skizziert werden.

um filmische Sequenzen, Audio-Strecken und anderes mehr erweitert werden.[20] Durch unmissverständliche visuelle Botschaften werden Gut und Böse eindeutig konnotiert. In ihrer ostentativen Expressivität geben solche essenzialisierenden, oft (selbst)orientalisierenden Gestaltungen der Schriften von Ibn al-Qayyim und vergleichbarer Gelehrter in der Regel keine besonderen semiotischen Rätsel auf, sondern sind daraufhin angelegt, unmittelbare Evidenz zu erzeugen. Diese Ästhetik bedient sensuell den salafitischen Drang nach Ambivalenzreduktion und Selbstpräsentation auf dem Rechten Pfad.

4. ALLTAGSHANDELN UND SUBJEKTIVIERUNGSPROZESSE

Ibn Qayyim al-Dschauziyya ist ein weitaus besseres Beispiel für den umfassenden salafitischen Ansatz als Ibn Taymiyya, weil er anders als letzterer von gläubigen Lesern nicht in erster Linie politisch-juristisch oder über religiöse Polemik rezipiert wird. Seine Durchdringung des Alltags passt besonders gut zur Detailfreude der Hadithe, die ihm als Bausteine für seine Ausführungen dienen. Zwar ist Ibn al-Qayyim auch Jurist und hat eine ganze Reihe von Gutachten (Fatwas) erstellt, welche teilweise sogar angeschwollen sind auf – in heutigem Sinne – Buchformat, doch wird sein normativer Anspruch nicht von der engeren Inhaltsstruktur und besonderen Systemlogik islamischer Rechtswerke vorgegeben, sondern greift weit darüber hinaus. Noch kleinste Gesten des Propheten Muhammad oder scheinbar nebensächliche Auskünfte zur islamischen Frühzeit dienen ihm gleichermaßen als spirituelle Bereicherung wie als normstiftendes Vorbild. Man könnte sogar von einer Spiritualisierung des Normativen sowie des Alltagshandelns sprechen. Dadurch wird das Leben der Banalität enthoben; relativ einfache Glaubensrituale werden rituell noch beträchtlich ausgestaltet (etwa, indem unter Verweis auf die islamische Frühzeit allerlei Zusätze empfohlen werden), und sogar profane Aktivitäten mutieren zu höchst bedeutungsvollen Verrichtungen, die sich in einem gottgefälligen Sinne durchsequenzieren lassen. Eine persönliche gottgefällige Orientierung ist somit für solche Verfasser nicht bloß für geistige muslimische Eliten möglich, die in der Lage sind, komplexen theologischen oder islamrechtlichen Diskussionen zu folgen oder diese gar mitzugestalten. Vielmehr steht das unverbrüchliche Vorbild der Trefflichen Altvorderen allen Gläubigen gleichermaßen zur Verfügung (vgl. Anjum 2010: 182f.). Nur an diesen und ihrer reinen Glaubenspraxis muss der Einzelne sich messen lassen. Die Vorgaben der islamischen Frühzeit sind allerdings nicht misszuverstehen als autoritative Ansagen ex cathedra, sondern laden zur aktiven Gegenprobe ein, die sich im digitalen Zeitalter wesentlich leichter bewerkstelligen lässt. Es handelt sich somit bei den weitläufigen Ausführungen von Ibn al-Qayyim eher um eine Fülle von erbaulichen didaktischen Beispielen, welche er aber auch entsprechend plausibilisiert und erläutert, wobei er insgesamt versucht, fromme Überzeugungsarbeit zu leisten. Kern seines Anliegens ist eine echte Internalisierung von Normen, welche Handlungsorientierung und Sinnstiftung in allen Lebenslagen bieten. Wie schon bei seiner Umdeutung des eigentlich

---

20 | Becker 2009: 41 erwähnt – allerdings ohne Bezug zu Ibn al-Qayyim – Wolken, die das Wort »Allah« formen, oder Löwen, die es brüllen. Insgesamt stehen bei ihr jedoch die Recherche- und Kompositionspraktiken im Vordergrund(s. auch Becker 2011: 421-441).

meist elitär und hierarchisch ausgerichteten Sufismus zu einer egalitären Spiritualität bei gleichzeitig gesetzeskonformer Grundhaltung räumt Ibn al-Qayyim allen (muslimischen) Gläubigen die radikal gleiche Chance auf Gottes Wohlgefallen kraft Beherzigung Seiner Gebote ein (vgl. Schallenbergh 2013: insb. 102f., 120; mit Blick bereits auf Ibn Taymiyya vgl. Sarrio 2011: 275f. et passim). Auch in diesem Sinne propagiert er wie schon Ibn Taymiyya nicht bloß moderaten Neo-Sufismus, sondern geradezu eine Befreiungstheologie und Befreiungsjurisprudenz. Zur emanzipatorischen Verwendung der Schriften von Ibn al-Qayyim als sozusagen »open source«, die in steigendem Maße zur allgemeinen Verfügungsmasse gerät,[21] tritt die nahezu totale Omnipräsenz dieses Autors, was Orientierungsangebote zu rituellen Praktiken, korrektem Alltagshandeln und seelischen Befindlichkeiten in scheinbar sämtlichen Lebenslagen angeht.

Diese psychische Disposition und umfassende Grundorientierung haben besondere Konjunktur in Zeiten des Postislamismus. Auch sind sie zu sehen im Kontext von Subjektivierungsprozessen und den damit verbundenen gezielten Anstrengungen zu individueller Selbstgestaltung. Ibn al-Qayyims Warnung vor weltlichen Verlockungen und sein eindringlicher Aufruf zum Erstreben eigener moralischer Vollkommenheit bzw. ganz allgemein zu einer gewissenhaften, durchaus psychologisierenden Selbstbeobachtung bei Einhaltung der Vorschriften Gottes gehört zwar noch zum Weichbild des Sufismus, doch handelt es sich bei der verstärkten heutigen Forderung nach Selbstgestaltung und Selbstoptimierung um ein sehr modernes Projekt (vgl. Alkemeyer u.a. 2013: 9ff.). Sein oft als Ratgeberliteratur präsentiertes Schrifttum hat ausgeprägte körperbezogene Aspekte im Sinne einer Inkorporierung bestimmter, als authentisch islamisch deklarierter Werte wie Bescheidenheit, Geduld, Gottergebenheit oder Schamhaftigkeit, verbunden mit der Kontrolle negativer Gefühle wie lasterhafter Ausschweifung, Trauer oder Zorn – mithin Themen, zu denen sich Ibn al-Qayyim wiederholt eingehender äußert.

Ungeachtet der dezidierten Jenseitsperspektive von Ibn al-Qayyim in all seinen Schriften ist mit Blick auf heutige Nutzer seine besondere Nähe zu speziellen Aspekten der Lebenspraxis zu konstatieren, welche gerade auch einem säkular orientierten Publikum relevant erscheinen: So werden islamische Rituale und normative Vorgaben zum Umgang mit Kleinkindern (insbesondere seine Monografie Tuhfat al-maudûd bi-ahkâm al-maulûd) nunmehr als Erziehungsratgeber gelesen, Aufrufe zur nachhaltigen Ein- und Umkehr (tauba) geraten zu Herausforderungen gelungener Habitustransformation, und Elemente seiner religiösen Betrachtungen finden Eingang in New Age-Spiritualität. Des Weiteren werden seine Schriften gegen das Musikhören (samâ', insbesondere der Sufis) oder zur islamischen Reitkunst (furûsiyya) umgedeutet zu Traktaten über die Grenzen der Spaßgesellschaft bzw. des Sports und dienen somit der legitimierenden Halalisierung[22] von prosperierenden Freizeitwelten. Seine Ausführungen zur Prophetenmedizin (al-tibb al-nabawî) werden anschlussfähig für kommerzielle Segmente wie alternative Medizin, Bio-Nahrung, Naturheilkunde oder psychosomatische Handreichungen,

---

21 | Becker 2009: 39, spricht bezüglich der Überprüfung digital aufbereiteter Argumentationsketten von »empowerment«.

22 | Ich nehme diesen Ausdruck von Fischer 2008: 74 et passim. Der arabische Ausdruck *halâl* bezeichnet etwas islamrechtlich Gestattetes.

d.h. sie eignen sich als Marketing-Strategie für Lifestyle-Produkte.[23] Das bedeutet, weite Teile des salafitischen Universums überschneiden sich oder konvergieren mit dem, was global gesehen heutige Konsumenten jedweder Provenienz erwarten.

5. Schlussbemerkungen

Abschließend lässt sich sagen, dass es zunächst als verblüffend erscheint, wenn nicht geradezu als paradox, dass ein vormoderner Autor des 14. Jahrhunderts, der sich so umständlich und ausufernd artikuliert wie der Theologe und Jurist Ibn Qayyim al-Dschauziyya, mit Verzögerung von einigen Hunderten von Jahren nunmehr eine solche Breitenwirkung entfaltet und mittlerweile geradezu eine Schlüsselfunktion einnimmt. Viele Muslime lesen ihn jedoch nicht im Original, sondern in entschlackter Form, wenn nicht gar häppchenweise aufbereitet. Zusammen mit Ibn Taymiyya ist Ibn al-Qayyim somit nicht bloß Säulenheiliger im wahhabitisch geprägten Saudi-Arabien (inklusive seiner ideologischen Exportprodukte in alle Welt) bzw. des Breitbandphänomens Salafiyya generell, von der er auch in ihrer Heftchenliteratur sowie auf salafitischen Websites kooptiert wird, sondern er wird von deren diversen Strömungen (und sogar noch darüber hinaus) massiv zu Rate gezogen bzw. aufwändig umgestaltet und gerade auch in deren Propaganda nutzbar gemacht. Mehr noch wird er kreativ zur spirituellen Rückbindung und gottgefälligen Ausgestaltung von Alltagshandeln eingesetzt. Ibn al-Qayyim ist somit ein Extrembeispiel dafür, wie umfangreiche Monografien aufgebrochen und im Wege der Fragmentierung mit allen möglichen weiteren Materialien zusammengefügt werden. Dies lässt sich einerseits durch seine besonders ausführlichen Inhalte, die für sich genommen noch gar nicht originell sind, und seine durchaus innovativen Formate der Darbietung erklären; andererseits ist eine solche zeitlich stark verzögerte »Karriere« in nunmehr sogar globaler Öffentlichkeit nur in Verbindung mit moderner Medienentwicklung (wie insbesondere Buchdruck und Digitalisierung) zu erklären. Diese Faktoren führen einerseits zur besonderen Popularität gerade dieses Gelehrten beim größeren Publikum sowie bei (auch selbst ernannten) religiösen Autoritäten, wobei beide Gruppen über ihn als »shortcut« sinnstiftenden Zugriff nehmen auf die authentische islamische Frühzeit bzw. seine Auskünfte in ihre Selbstinszenierungen einbauen – wodurch sich auch die gewohnten Hierarchien und religiös-rechtlichen Unterweisungsverhältnisse zwischen Experten und Laien verändern. Außerdem inspiriert Ibn al-Qayyim heutige Leser in besonderem Maße zu allerlei Mischformen mit säkularem Wissen jedweder Art. Das ausufernde und facettenreiche Werk Ibn Qayyim al-Dschauziyyas wird zu einem schier unerschöpflichen Reservoir für erfolgreiche salafitische Produkte (mit all ihren Verkürzungen, Simplifizierungen, Verbiegungen und kreativen Inwertsetzungen) und wird in besonderer Weise zu aktiver Selbstermächtigung und individueller Ausgestaltung genutzt.

---

23 | Dieses Phänomen betrifft auch andere Religionen bzw. Kulturkreise als kulturelles Reservoir (vgl. Frank 2004).

LITERATUR

Abdul-Mawjud, Salahud-Din Ali (2006): The Biography of Imâm ibn al-Qayyim, übers. v. Abdul-Rafi Adewale Imam, Riyadh [u.a.]: Darrussalam.
Abû Zayd, Bakr b. Abd Allâh (1412 [1991/92]): Ibn al-Qayyim. Hayâtuhu âthâruhu mawâriduhu. Riad: Dâr al-Âsima.
Alkemeyer, Thomas [u.a.] (2013): »Einleitung«, in: dies. (Hg.): Selbst-Bildungen. Soziale und kulturelle Praktiken der Subjektivierung. Bielefeld: transcript, S. 9-30.
Anjum, Ovamir (2010): »Sufism without Mysticism. Ibn Qayyim al-Gawziyya's Objectives in Madârig al-sâlikîn«, in: Bori/Holtzman (Hg.): S. 161-188.
Arif, Syamsuddin (2013): »Ibn Qayyim al-Jawziyya in the ›Lands Below the Wind‹. An Ideological Father of Radicalism or a Popular Sufi Master?«, in: Krawietz/Tamer (Hg.): S. 220-249.
Becker, Carmen (2009): »Zurück zum Quellcode. Salafistische Wissenspraktiken im Internet«, in: Inamo 57(2009), S. 37-42.
Becker, Carmen (2011): »Following the Salafî Manhaj in Computer-mediated Environments. Linking Everyday Life to the Qur'ân and the Sunna«, in: Nicolet Boekhoff-van der Voort [u.a.] (Hg.): The Transmission and Dynamics of the Textual Sources of Islam. Essays in Honour of Harald Motzki. Leiden und Boston: Brill, S. 421-441.
Bori, Caterina (2009): »The Collection and Edition of Ibn Taymiya's Works. Concerns of a Disciple«, in: Mamlûk Studies Review 13(2009), Heft 2, S. 47-67.
Bori, Caterina (2010): »Ibn Taymiyya wa-Jamâ'atuhu. Authority, Conflict and Consensus in Ibn Taymiyya's Milieu«, in: Rapoport/Ahmed (Hg.): S. 32-52.
Bori, Caterina und Livnat Holtzman (2010) (Hg.): A Scholar in the Shadow. Essays in the Legal and Theological Thought of Ibn Qayyim al-Gawziyyah [= Oriente Moderno 90(2010), Heft 1]. Rom.
Bori, Caterina und Livnat Holtzman: »Introduction«, in: Bori/Holtzman (Hg.): S. 13-44.
Böttcher, Annabelle (2013): »Ibn Taymiyya and Ibn Qayyim al-Jawziyya as Changing Salafi Icons«, in: Krawietz/Tamer (Hg.): S. 461-492.
El-Rouayheb, Khaled (2010): »From Ibn Hajar al-Haytamî (d. 1566) to Khayr al-Dîn al-Àlûsî (d. 1899). Changing Views of Ibn Taymiyya among Non-Hanbalî Sunni Scholars«, in: Rapoport/Ahmed (Hg.): S. 296-318.
Fischer, Johan C. (2008): Proper Islamic Consumption. Shopping among the Malays in Modern Malaysia. Kopenhagen: NIAS Press.
Frank, Robert (2004): Globalisierung alternativer Medizin. Homöopathie und Ayurveda in Deutschland und Indien. Bielefeld: transcript.
Halawî, Sa'îd (2012): Ârâ' Ibn al-Qayyim fî funûn mustalah al-hadîth. Rabat: Top Press.
Hamzah, Djala (2008): »Muhammad Rashîd Ridâ (1865-1935) or: The Importance of Being (a) Journalist«, in: Heike Bock [u.a.] (Hg.): Religion and its Other. Secular and Sacral Concepts and Practices in Interaction. Frankfurt a.M. [u.a.]: Campus, S. 40-63.
Hirschler, Konrad (2012): The Written Word in the Medieval Arabic Lands. A Social and Cultural History of Reading Practices. Edinburgh: Edinburgh University.

Holtzman, Livnat (2009): »Ibn Qayyim al-Jawziyyah«, in: Joseph Lowry und Devin Stewart (Hg.): Essays in Arabic Literary Biography 1350-1850. Wiesbaden, S. 201-223.

Holtzman, Livnat (2013): »Insult, Fury, and Frustration: The Martyrological Narrative of Ibn Qayyim al-Jawziyah's al-Kafiyah al-Shafiyah«, in: Mamlûk Studies Review 17[2013] (im Erscheinen).

Ibn Taymiyya (1984): A Muslim Theologian's Response to Christianity. Ibn Taymiyya's al-Jawâb al-sahîh, hg. u. übers. v. Thomas F. Michel, Delmar (NY): Caravan Books.

Kokoschka, Alina und Birgit Krawietz (2013): »Appropriation of Ibn Taymiyya and Ibn Qayyim al-Jawziyya. Challenging Expectations of Ingenuity«, in: Krawietz/Tamer (Hg.): S. 1-33.

Krawietz, Birgit (2006): »Ibn Qayyim al-Jawzîyah. His Life and Works«, in: Mamlûk Studies Review 10(2006), Heft 2, S. 19-64.

Krawietz, Birgit (2010): »Transgressive Creativity in the Making. Ibn Qayyim al-Jawziyyah's Reframing within Hanbali Legal Methodology«, in: Bori/Holtzman (Hg.): 43-62.

Krawietz, Birgit und Georges Tamer (2013) (Hg.): Islamic Theology, Philosophy and Law. Debating Ibn Taymiyya and Ibn Qayyim al-Jawziyya, in Zusammenarbeit mit Alina Kokoschka. Berlin und New York: de Gruyter.

Kügelgen, Anke von: »The Poison of Philosophy. Ibn Taymiyya's Struggle for and against Reason«, in: Krawietz/Tamer (Hg.): S. 253-328.

Al-Matroudi, Abdul Hakim I. (2006): The Hanbali School of Law and Ibn Taymiyyah. Conflict or Conciliation. London and New York: Routledge.

Melchert, Christopher (2013): »The Relation of Ibn Taymiyya and Ibn Qayyim al-Jawziyya to the Hanbali School of Law«, in: Krawietz/Tamer (Hg.): S. 146-161.

Melchert, Christopher (1997): »The Adversaries of Ahmad Ibn Hanbal«, in: Arabica 44(1997), Heft 2, S. 234-253.

Melchert, Christopher (2001): »Traditionist-Jurisprudents and the Framing of Islamic Law«, in: Islamic Law and Society 8(2001), Heft 3, S. 383-406.

Preckel, Claudia (2013): Screening Siddiq Hasan Khan's Library. The Use of Hanbali Literature in 19th Century Bhopal«, in: Krawietz/Tamer (Hg.): S. 162-219.

Rapoport, Yossef (2010): »Ibn Taymiyya's Radical Legal Thought«, in: Rapoport/Ahmed (Hg.): S. 191-226.

Rapoport, Yossef; Ahmed, Shahab (2010) (Hg.): Ibn Taymiyya and His Times. Karachi [u.a.]: Oxford University Press.

Sarrio, Diego R. (2011): »Spiritual Anti-elitism. Ibn Taymiyya's Doctrine of Sainthood (walâya)«, in: Islam and Christian-Muslim Relations 22(2011), Heft 3, S. 275-291.

Schallenbergh, Gino (2013): »Ibn Qayyim al-Jawziyya's Manipulation of Sufi Terms. Fear and Hope«, in: Krawietz/Tamer (Hg.): S. 94-122.

Schlosser, Dominik (2013): »Ibn Qayyim al-Jawziyya's Attitude Toward Christianity in Hidâyat al-hayârâ fi ajwibat al-yahûd wal-nasârâ«, in: Krawietz/Tamer (Hg.): S. 422-458.

Serrakh, Younes (2012): Mit Ibn Taymiyya und Ibn Qayyim al-Jawziyya in den Heiligen Krieg. Yûsuf al-Qaradâwîs Jihâd-Konzept und seine postklassischen Referenzen. Master-Arbeit, FU Berlin, unveröffentlicht.

Die Salafiyya im 19. Jahrhundert als Vorläufer des modernen Salafismus[1]

Itzchak Weismann

EINLEITUNG

Die moderne Salafismus-Bewegung hat ihre Wurzeln in den städtischen arabischen Zentren des Osmanischen Reichs und Ägyptens im späten 19. Jahrhundert. Die Befürworter waren Religionsgelehrte (Ulema), die vor dem Hintergrund der kulturellen und politischen Herausforderungen des westlichen Kolonialismus eine kritische Haltung zum religiösen Glauben und zur religiösen Praxis ihrer Tage eingenommen hatten. Die Vorläufer der Salafisten, die Salafis, riefen zur Rückkehr zu den (zu restaurierenden) Ursprüngen des Islams auf, überzeugt davon, dass sie ihren Glauben so von den Fesseln der bis dato etablierten theologischen Traditionen befreien und ihn zugleich auf den Pfad der Modernisierung setzen können. Sie wiesen sowohl die klassischen Rechtsschulen (madhhab) zurück als auch die Sufi-Orden (tarîqa), denen sie beiden vorwarfen, vom wahren Islam abgewichen zu sein. Stattdessen offerierten sie die Möglichkeit, eigenständig in den islamischen Rechtsquellen nach Urteilen zu forschen (idschtihâd) und einer ethischen Form des Sufismus zu folgen. Außerdem verlangten einige von ihnen, das Kalifat wieder in die Hände der Araber zurückzugeben, da diese dessen ursprüngliche Träger gewesen seien.

Der Gedanke, dem Vorbild der frommen Altvorderen (al-salaf al-sâlih) zu folgen, ist jedoch nicht neu. Man kennt ihn bereits seit der Frühzeit des Islams. Er basiert auf der Sunna, zum Beispiel auf jener Überlieferung, wonach der Prophet Muhammad erklärt haben soll, dass die ersten Generationen im Islam die besten seien. Die Glaubensüberzeugungen der Salafis wurden speziell innerhalb der hanbalitischen Rechtsschule gewürdigt, die vor allem auf theologische Themen fokussiert ist: die absolute Einheit Gottes (tauhîd), die buchstabengetreue Interpretation des Korans und der Sunna, Fernhalten vom Unglauben (schirk) und von der Einführung nicht autorisierter Ideen und Handlungsweisen in die Religion (bida'). Ihr führender Vertreter in klassisch-islamischer Zeit war Ahmad Ibn Taymiyya (1263-1328). Auf ihn berufen sich praktisch alle modernen islamistischen Bewegungen. Im 18. Jahrhundert wurde die Salafi-Doktrin einen weiteren Schritt vorangebracht

---

1 | Aus dem Englischen übersetzt von Thorsten Gerald Schneiders. Der Beitrag wurde unter dem Titel »*The Precursors of Modern Salafism*« verfasst.

und zwar durch die puritanischen Wahhabiten im Zentrum der arabischen Halbinsel, die ihre muslimischen Glaubensgeschwister als Ungläubige denunzierten (takfîr) und zum Dschihad gegen das Osmanische Reich ermunterten.

Die modernen Salafisten wurden von zwei miteinander verwobenen ideologischen Strömungen hervorgebracht. Auf der einen Seite standen die islamischen Modernisten, die im Kontrast zu den westlichen Ideen und Werten die Notwendigkeit einer Reform des Islams betonten. Einflussreiche Persönlichkeiten waren der kosmopolitische Revolutionär Jamal al-Din al-Afghani und sein Schüler Muhammad Abduh aus Ägypten. Auf der anderen Seite standen die Salafis selbst, die eine islamische Form der Moderne bevorzugten, die auf ein buchstabengetreues Verständnis der Heiligen Schriften und das Vermächtnis der Vorfahren setzt. Diese Strömung wird für gewöhnlich mit den späteren Arbeiten von Raschid Rida assoziiert, obwohl ihm eigentlich eine Generation von arabisch-osmanischen Religionsreformern vorangegangen war wie die Familie al-Alusi in Bagdad, Jamal al-Din al-Qasimi in Damaskus oder Abd al-Rahman al-Kawakibi in Aleppo, die noch offener für Veränderungen waren. Im Anschluss an eine kurze Diskussion der Gegebenheiten im Osmanischen Reich und in Ägypten während des »langen 19. Jahrhunderts« wird der vorliegende Beitrag das Leben und die Lehren der ersten Generation der Salafi-Reformer von 1870 bis zum 1. Weltkrieg darlegen.

Die politischen Gegebenheiten: Westlicher Kolonialismus und autochthone Staatenbildung

Die frühen modernen Salafis waren gefangen zwischen zwei interdependenten Prozessen, die im Laufe des 19. Jahrhunderts aufgetreten sind. Zum einen handelt es sich dabei um den kolonialen Vorstoß des Westens, der dazu führte, dass europäische Mächte Teile des osmanischen Territoriums im Nahen und Mittleren Osten sowie in Nordafrika besetzten und dass die gesamte Region in das globale kapitalistische System eingegliedert wurde. Zum anderen handelt es sich um den Prozess der Bildung eines modernen autochthonen Staats. Das beinhaltete eine ganze Reihe politischer und rechtlicher Maßnahmen, die auf die Zentralisierung und Bürokratisierung des Osmanischen Reichs und seiner halbautonomen Provinz Ägypten abzielten. Der westliche Kolonialismus und die autochthone Staatenbildung kulminierten im Nachgang zum 1. Weltkrieg: Es entsteht die Türkei, und es kommt zur direkten und indirekten europäischen Herrschaft über die ehemaligen arabischen Provinzen.

Die Anfänge der Modernisierung im Nahen und Mittleren Osten werden oft als Folge der Besetzung Ägyptens durch Napoleon 1798 beschrieben. Folgerichtiger wäre allerdings das englisch-osmanische Handelsabkommen von 1838, das die osmanischen und ägyptischen Märkte für westliche Industrieprodukte öffnete. Die Überschwemmung dieser Märkte mit billigen europäischen Gütern benachteiligte die lokalen Handwerker und Kleinbauern und führte das Aufkommen einer autochthonen Mittelschicht herbei – vor allem in den Hafenstädten Izmir, Beirut und Alexandria. Die politische Intervention Europas änderte ferner die Beziehungen der Glaubensgemeinschaften im Osmanischen Reich. Christen und andere nicht-muslimische Gemeinden wurden bevorzugt, christlich-missionarische Kulturaktivitäten erhielten auf Kosten der sunnitischen Mehrheit Rückendeckung.

Schließlich führten die innereuropäischen Rivalitäten zum Krimkrieg von 1854 bis 1856. Zu den Gegenreaktionen gehörten die anti-christlichen Ausschreitungen in Damaskus 1860.

Die Weltwirtschaftskrise, ein verheerender Krieg gegen Russland und die wachsenden Staatsschulden während der 1870er Jahre unterwarfen sowohl das Osmanische Reich als auch Ägypten der europäischen Finanzhoheit. Die Eröffnung des Suez-Kanals 1869 lenkte das internationale Interesse auf Ägypten, was dessen Besetzung durch Großbritannien 1882 zur Folge hatte. Die »zeitweilige Herrschaft«, die Generalkonsul Lord Cromer (1883-1907) errichtete, um »die Ordnung in dem Land wieder herzustellen«, hatte bis 1956 Bestand. Das Osmanische Reich selbst, inzwischen weitgehend in den Einflussbereich des Deutschen Reichs geraten, verlor die meisten seiner Territorien auf dem Balkan und wurde schließlich als Folge seiner Niederlage an der Seite der übrigen Mittelmächte im 1. Weltkrieg aufgelöst.

DIE REFORMBEMÜHUNGEN

Der erste größere Versuch, das Osmanische Reich anhand der vom Westen vorgegebenen Leitlinien zu reformieren, die sogenannte »Neue Ordnung« (Nizâm-i cedid) Selims III., endete 1807 mit der Absetzung und Exekution des Sultans in einem völligen Misserfolg. Mahmud II. folgte dem Beispiel seines mächtigen Vizekönigs in Ägypten, Mehmet Ali Pascha (1805-1848), des »Gründers des modernen Ägyptens«, und eliminierte die etablierten Streitkräfte, um Platz für eine moderne Armee zu schaffen. Zudem bemühten sich beide Männer, die Verwaltung neu zu organisieren, und führten westliche Mittel und Techniken ein, um die Landwirtschaft und die Industrie aufzuwerten. Allerdings war Mehmet Ali der erfolgreichere von beiden. Kurz vor Mahmuds Tod 1839 stand er mit seinen Truppen vor den Toren Istanbuls. Nur durch das Einschreiten westlicher Mächte, die ihn zum Rückzug zwangen, konnte das Osmanische Reich gerettet werden. Wieder zurück in Ägypten, erlaubten die Europäer Mehmet Ali Pascha, eine halbautonome Dynastie zu installieren, die sich bis 1952 hielt und die Provinz auf einen eigenständigen Kurs brachte.

In der folgenden Tanzimat-Ära (1839-1876) im Osmanischen Reich festigte die Führung in Istanbul ihre Kontrolle über die arabischen Provinzen Syrien und Irak. Der erste Teil dieser Reformperiode (bis 1856) repräsentiert den letzten großen Versuch, die alte Macht und den Wohlstand des Reiches wiederzubeleben. Gelingen sollte das durch die Rückkehr zu den islamischen Idealen der Gerechtigkeit. Der zweite Teil der Reformperiode wurde von einflussreichen Bürokraten der Hohen Pforte dominiert, die eher geneigt waren, westliche Mittel und Wege zu übernehmen – selbst auf Kosten des Islams. Ihre Rolle fällt ungefähr mit der Herrschaft der verwestlichten ägyptischen Khediven Sa'id und Isma'il (1854-1879) zusammen, Sohn und Enkel von Mehmet Ali Pascha. Die Tanzimat-Reformer stützten sich zunächst auf lokale Notabeln, um die Provinzen zu regieren. Danach sattelten sie um, erneut dem Beispiel Ägyptens folgend, schufen eine offizielle Verwaltung und besetzten sie mit Mitgliedern der landbesitzenden bürokratischen Oberschicht. Die Verwestlichung wurde begleitet von dem Bemühen, jeweils eine supra-religiöse osmanische und ägyptische Nation zu schmieden, so wie es vor allem durch das neu etablierte Schulsystem propagiert wurde. Das Ganze wurde gekrönt von der Einsetzung einer Notabelnkammer durch Isma'il Pascha 1866 und der Verkündung einer Osmanischen Verfassung durch den Tanzimat-Reformer Midhat Pascha 1876.

Die Reaktion darauf setzte mit dem Aufstieg von Sultan Abudlhamid II. ein. Zwischen 1878 und 1908 etablierte er eine absolutistische Herrschaft unter einem pan-islamischen Banner. Erpicht darauf, die Zügel der Macht zurückzuerlangen, wählte Abdulhamid eine reaktionäre Politik. Sie förderte sein politisch-religiöses Image als Kalif und sorgte dafür, dass konservative Ulemas sowie populäre Sufi-Scheichs als unmittelbare Verbindung zum gemeinen Volk unter sein Patronat gestellt wurden. Zur gleichen Zeit verwirklichte Abdulhamid eine Reihe von Tanzimat-Reformen, vor allem durch den spektakulären Ausbau der Verkehrswege im Reich. Die Jungtürkische Revolution von 1908 setzte schließlich eine endgültig westlich-orientierte autoritäre Militärherrschaft, basierend auf türkischem Nationalismus, an die Stelle der religiös geprägten Regentschaft des Sultans, und en passant beschleunigte die Revolution das Entstehen eines arabischen Nationalismus in den syrischen und irakischen Provinzen.

Aufbruch in die moderne Welt

Sayyid Jamal al-Din al-Afghanis Ankunft in Ägypten 1871 wird gemeinhin als Ausgangspunkt des islamischen Modernismus in der arabischen Welt gesehen. Als treuester Schüler Afghanis ist Muhammad Abduh bekannt. Der persönliche Hintergrund, das Temperament und die Laufbahn der beiden Männer sind dennoch sehr unterschiedlich, was sie letztlich auf getrennte Wege führte, sodass sie beinah gegensätzliche Agenden verfolgten. Der kosmopolitische Revolutionär Afghani priorisierte eine pan-islamische Einheit, um den westlichen Imperialismus abzuwehren. Abduh indes konzentrierte sich auf Reformen innerhalb der muslimischen Gemeinschaft (Umma), selbst wenn der Preis dafür eine Zusammenarbeit mit den Briten war. So erweist sich Vielfalt quasi als eines der typischen Charakteristika für die grundlegend individualistischen Bemühungen der Intellektuellen innerhalb der islamisch-modernistischen Strömung.

Afghani (1838-1897) wurde als Schiit geboren und aufgezogen im Iran. Um dies zu verbergen, als er im sunnitisch dominierten Osmanischen Reich ankam, trat er als Afghane auf. Dabei wähnte er sich in Übereinstimmung mit dem schiitischen Prinzip der taqiyya (der Verheimlichung des Glaubens [aus Gründen des Selbstschutzes]). Afghanis Erziehung im Iran und in den schiitischen Schreinstädten des Irak vermittelte ihm Kenntnisse über die philosophischen Traditionen im Islam, die lange Zeit unter Sunniten abgelehnt wurden, und über die vormoderne mystische Scheichismus-Schule, einen Vorläufer der Baha'i-Religion. Zudem war ihm die Methode des ›idschtihâd‹ vertraut, die bei der jüngeren Schia verbreitet war, bei den Sunniten aber nur sehr beschränkt Anwendung fand. Um das Jahr 1857 reiste Afghani nach Indien, wo er Gelegenheit hatte, aus erster Hand Kenntnisse über die modernen westlichen Wissenschaften zu erlangen, vielleicht bis zum Entwickeln einer skeptischen Haltung gegenüber Religionen. Gleichzeitig entstand auch sein anti-imperialistisches Gefühl – in erster Linie gegen Großbritannien –, das bis zu seinem Lebensende anhalten sollte.

Afghani verbrachte einige Zeit in Afghanistan und engagierte sich in der antibritischen Politik, bevor er 1869 nach Istanbul reiste. Dort baute er Kontakte zu den führenden westlich-orientierten Tanzimat-Reformern auf und drängte Muslime, den Westen nachzuahmen, um ihn so abzuwehren. Zwei Jahre später wurde er unter dem Druck der Konservativen ausgewiesen, weil er von der Prophetie als Handwerk gesprochen hatte. Afghani verbrachte die folgenden acht Jahre in Kairo. Dort gab er – begierig nach Reformen – zumeist unzufriedenen Studenten der al-Azhar-Universität inoffiziellen Unterricht in rationaler Philosophie. Als sich die ägyptische Krise in den späten 1870er Jahren verschärfte, ermutigte er seine Studenten, politische Zeitungsartikel zu veröffentlichen, und verfolgte Pläne zum Sturz des Khediven Isma'il Pascha. Von dessen Nachfolger Taufiq wurde er 1879 nach Indien vertrieben.

Muhammad Abduh (1849-1905) war in den 1870er Jahren einer von Afghanis ergebensten Schülern. Als Spross einer religiösen Familie in Ägyptens ländlichem Nildelta erhielt er eine traditionelle Ausbildung an den führenden Institutionen des Landes in Tanta und an der al-Azhar in Kairo. Allerdings war er frustriert von der verbreiteten Lehrmethode des Auswendiglernens. Gerettet wurde sein Interesse am religiösen Lernen durch seinen Onkel, der der reformorientierten Madani-Sufibruderschaft angehörte. Zudem erweiterte die Diskussion der Theologie und des Rechts, der Philosophie und der Mystik bei Afghani deutlich seinen Horizont. Letztlich machte das aus ihm einen engagierten Reformer. Nach Afghanis Abreise wurde Abduh auch in die politische Krise seines Landes hineingezogen. Die Briten hatten Ägypten besetzt, und auf der einflussreichen Position als Redakteur der regierungsamtlichen »Egyptian Gazette« unterstützte er die nationalistische Sache gegen die pro-britische Politik des Khediven. Infolgedessen wurde auch Abduh für drei Jahre ins Exil geschickt.

1884 fanden Afghani und Abduh in Paris wieder zusammen. Sie brachten ihre kurzlebige, aber höchst einflussreiche Zeitschrift »al-›Urwa al-Wuthqâ« (Das feste Band) heraus. Die insgesamt 18 Ausgaben widmeten sich der anti-imperialistischen Polemik, wandten sich insbesondere gegen die britische Politik in Ägypten und im Sudan. Zudem huldigten sie dem osmanischen Sultan Abdulhamid II. und dessen Appellen an die Muslime, sich zusammenzuschließen, um ihre Schwäche zu überwinden. Mit dem Erscheinen der letzten Ausgabe trennten sich Afghanis und Abduhs Wege, und fortan sahen sie sich nie wieder. Afghani wirkte an internationalen Plänen mit, um die Briten aus Ägypten zu vertreiben. Abduh nahm einen Lehrauftrag in einer reformorientierten Schule in Beirut an. Die Mitte der 1880er Jahre sind somit ein geeigneter Zeitpunkt, um innezuhalten und die religiösen Meinungen zu untersuchen, die die beiden auf einen unterschiedlichen Kurs innerhalb der Strömung des islamischen Modernismus geführt haben.

Während seines Aufenthalts in Indien in den frühen 1880er Jahren veröffentliche Afghani seine einzige Arbeit im Buchformat, »al-Radd alâ al-dahriyyîn« (Die Zurückweisung der Materialisten). Das Buch richtete sich gegen Sir Sayyid Ahmad Khan (1817-1898), den pro-britischen Anführer der islamischen Modernisten in Indien. Afghani tritt hierin als überzeugter Verteidiger des Islams gegen unorthodoxe Lehren auf, etwa den von Khan angenommenen Glauben an die Natur(-wissenschaft). Trotzdem definierte er den Islam wie Khan als eine Religion der Vernunft und als Hauptstütze einer tugendhaften Gesellschaft. Zudem fordert Afghani, den Koran einer genauen verstandesmäßigen Prüfung zu unterziehen und dessen Prinzipien auf die Probleme der Gegenwart anzuwenden. Zwei Jahre später in Paris zeigte er sich allerdings in einem Disput mit Ernest Renan deutlich skeptischer gegenüber der Religion, und nach Ansicht seines Biographen Nikki Keddie gibt dieser Disput die wahren Vorstellungen Afghanis wieder. Afghani stimmte dem französischen Philosophen und Orientalisten zu, dass Religion feindselig gegenüber Wissenschaft und Fortschritt sei, zugleich äußerte er sich aber überzeugt davon, dass der Islam seine eigene Reformation unter seinem eigenen Luther haben werde. Zudem lässt die Kritik an dem islamischen Modernisten-Kollegen in Indien Sayyid Ahmad Khan erkennen, dass für Afghani die islamische Reform dem politischen Ziel der islamischen Einheit und Unabhängigkeit untergeordnet war.

Abduhs berühmteste Schrift, »Risâlat al-tauhîd« (Abhandlung von der Einheit Gottes), wurde zwischen 1885 und 1886 in Beirut verfasst. Sie stützt sich auf die Vorlesungen, die er an der neuen Sultaniyya Medresse seines modernistischen Mitstreiters Hussein al-Jisr hielt. Darüber hinaus spiegelt sie seine neue Bekanntschaft mit syrischen Salafis wider, deren Ideen im nachfolgenden Abschnitt diskutiert werden. Das Buch wandte sich an gebildete Muslime, die ihre Religion bewahren wollten, sich aber von der Ignoranz und Rückständigkeit der traditionellen Ulemas und populären Sufis beschämt fühlten. Die Hauptabweichung im Vergleich zu Afghanis religiösen Ansichten liegt in der Verlagerung von der Philosophie hin zur Historie. Abduh postulierte, dass der Islam ursprünglich mit der Vernunft im Einklang stand, und rechtfertigte Offenbarungen damit, dass Vernunft das göttliche Wesen nicht durchdringen könne und Menschen dazu tendierten, ohne Wissen und Einsicht zu handeln. Der Islam, laut Abduh die ausgereifteste unter den Religionen, habe die Menschheit von Irrationalität und Knechtschaft befreit. Zudem sorgte er nach seiner Ansicht für die Unabhängigkeit des Willens und des Denkens. Der Islam sei weder von Natur aus gewaltfördernd noch fatalistisch, wie viele Europäer meinten. Durch falschen Glauben und unbegründete Praktiken sei er mit der Zeit jedoch mehr und mehr verdorben worden. Die Nachahmung (taqıîd) auf dem Gebiet der Vernunft und die Verehrung von Gräbern und Bäumen hätten den Sieg davon getragen, meinte Abduh. Nur durch die Rückkehr zum wahren Islam, dem der al-salaf al-sâlih, könnte folglich eine vernünftige und moralische Zivilisation womöglich eines Tages noch einmal errichtet werden.

Afghani verwandte den Rest seines Lebens darauf, auf hochrangiger Ebene Pläne für die pan-islamische Sache zu schmieden. In London verhandelte er mit führenden Politikern über den Abzug Großbritanniens aus Ägypten und dem Sudan. In St. Petersburg versuchte er russische Politiker davon zu überzeugen, einen Krieg gegen Großbritannien in Indien zu lancieren. Doch seine Versuche blieben vergebens. 1889 ging er in sein Heimatland Iran zurück, wo er wie schon in Ägypten während der 1870er Jahre eine Gruppe Reformer um sich scharte, die den wirtschaftlichen Konzessionen Naser al-Din Schahs gegenüber Ausländern entgegentraten. Nach dem inzwischen bekannten Muster wurde er auch aus dem Iran wieder ausgewiesen. Aber er setzte seine Propaganda gegen den Schah auch im Ausland fort, was ihm möglicherweise 1891 die Einladung Abdulahmids II. nach Istanbul einbrachte. Afghani zeigte sich bereit, den Anspruch des Sultans auf das Kalifat zu unterstützen, und war allem Anschein nach auch in die Ermordung Naser al-Dins 1896 involviert. Trotzdem genoss Afghani am Hof in Istanbul nur wenig Vertrauen, sodass er ein Jahr später de facto als Gefangener gestorben ist.

Abduh indes, der sich Mitte der 1880er Jahre immer noch in Beirut aufhielt, war von der pan-islamischen Politik des Sultans enttäuscht. Er entschied sich dazu, sich auf die Sache der religiösen Reformen zu konzentrieren. Auf Druck konservativer Kräfte zum Rückzug von seinen Lehrtätigkeiten gezwungen, schickte er zwei Memoranden nach Istanbul, in denen er zu einer Runderneuerung des osmanischen Bildungssystems aufrief. Beide Eingaben blieben unbeantwortet. Der mächtige britische Generalkonsul Lord Cromer erlaubte Abduh, nach Ägypten zurückzukehren, und er kam mit ihm fortan gut aus. Nach einem weiteren Memorandum über religiöse Reformen, das vom neuen Khediven Abbas II. alias Abbas Hilmi Pascha mit Wohlwollen entgegengenommen worden war, wurde Abduh 1894 für den Verwaltungsrat der al-Azhar nominiert. Fünf Jahre später wurde er zum Mufti von Ägypten gemacht und bekleidete damit eine der höchsten religiösen Positionen im Land. Zu seinen Aufgaben gehörten die Überwachung der Schariagerichte und die Vorträge an der al-Azhar. Ex officio wurde er Mitglied der Legislative und des Obersten Rates für die Verwaltung islamischer Stiftungen (waqf), was ihn somit auch wieder in die nationale Politik zurückführte.

Abduhs Azhar-Vorlesungen über Koranexegese waren faktisch Generaldebatten über religiöse und gesellschaftliche Fragen. Sie waren unter den Studenten sehr beliebt, aber auch in der breiten Öffentlichkeit. Der eingangs erwähnte Raschid Rida, von dem im Folgenden auch noch die Rede sein wird, veröffentlichte Abduhs Vorlesungen in seiner Zeitschrift »al-Manâr« (Der Leuchtturm). Die Reformen, die Abduh als Mufti und Verwalter durchführen konnte, blieben jedoch bescheiden. Seine Rechtsgutachten (fatwa) wurden von den Prinzipien des ›idschtihâd‹ geleitet und waren am öffentlichen Interesse (maslaha) ausgerichtet. Sie umfassten Themen wie die Legitimierung von Eigentum und Lebensversicherungen, die Erlaubnis, Hüte zu tragen, Fleisch von Tieren zu konsumieren, die von Christen geschlachtet worden waren, und mit Schuhen zu beten. Neben seinen offiziellen Ämtern schrieb Abduh weiter Beiträge für Zeitungen und war in Wohltätigkeitsvereinen involviert, die sich für die Bildung der ärmeren Bevölkerungsschichten einsetzten, sowie in die anfänglichen Bemühungen zur Gründung einer ägyptischen Universität.

AUF DEM WEG DER SALAFIS

Im Irak

Parallel zum Wirken Afghanis und Abduhs in Ägypten und Paris trat in den arabischen Provinzen unter unmittelbarer osmanischer Herrschaft eine Gruppe aufgeklärter islamischer Gelehrter in Erscheinung, die einen Reformkurs auf Basis der Heiligen Schriften verfolgten. Die Veröffentlichung einer ausführlichen Verteidigung Ibn Taymiyyas, des Puristen aus klassisch-islamischer Zeit, von Nu'man al-Alusi aus Bagdad 1881 kann als Ausgangspunkt dieser Strömung gesehen werden. Die frühen Salafis waren zwar, wenn auch im Wesentlichen noch nicht namentlich, vom aktivistischen Geist in Afghanis und Abduhs Zeitschrift »al-'Urwa al-Wuthqâ« stark beeindruckt, sie machten sich aber hauptsächlich Gedanken über die Erstarrung der islamischen Tradition. Um diese wieder zu beleben, suchten sie nach Ansatzpunkten in den islamischen Quellentexten. Die Männer standen in Opposition zu Sultan Abdulhamid II. sowohl wegen seiner Tyrannei als auch wegen seiner Patronage für konservative Ulemas und im Volk beliebte Sufis. Verfolgt und zensiert, zogen viele von ihnen ins britische Kairo um, wo Raschid Rida

(1865-1935) unter anderem die erste beständige Salafi-Zeitschrift starten konnte, das bereits erwähnte Magazin »al-Manâr«, und seine Kollegen die Druckerei »al-Maktaba al-Salafiyya« (Salafitische Buchhandlung).

Nu'man Khayr al-Din al-Alusi (1836-1899) gehörte zu einer islamischen Gelehrtenfamilie mittleren Ranges, die sich zum Ende des 19. Jahrhunderts in Bagdad angesiedelt hatte. Sein Vater, Mufti der hanafitischen Rechtsschule in der Stadt und Autor einer reformistischen Koranexegese, wurde in seiner Jugend von der wahhabitischen Doktrin, die von der arabischen Halbinsel kam, beeinflusst und von der revivalistischen Tradition des Sufi-Ordens Naqschbandi. Nu'man wirkte während der späten Tanzimat-Periode als religiöser Richter in verschiedenen irakischen Städten. 1878 stieß er auf die Arbeiten Siddiq Hasan Khans, einem führenden Vertreter der Ahl-i Hadith in Indien. Durch ihn angeregt, begann Alusi mit der Wiederbelebung von Ibn Taymiyyas Vermächtnis in der arabischen Welt. Zudem ging er seinen Lehr- und Predigttätigkeiten nach, unbeschadet wiederholter Belästigungen durch die konservativen Ulemas und Sufi-Scheichs in Bagdad.

In seinem Hauptwerk »Dschalâ' al-'Aynayn fî mûhâkamat al-Ahmadayn« (Freistellung des Blicks für die Verhandlung des Falls der beiden Ahmads; gemeint sind Ahmad Ibn Taymiyya und sein bekannter schafiitischer Kritiker Ahmad Ibn Hadschar al-Haytamî, gest. 974) folgt Nu'man den alten Konventionen und zitiert ausgiebig frühere Persönlichkeiten. Dennoch deuten die Gliederung des Buchs und das systematische Abhandeln aller grundsätzlichen Aspekte der damaligen religiösen Debatte den Anbruch eines neuen islamischen Diskurses an. Im Bewusstsein des umstrittenen Charakters seines Unternehmens, das der wahhabitischen Aneignung Ibn Taymiyyas geschuldet ist, beginnt Nu'man seine Arbeit mit einer Auflistung respektierter Gelehrter, die über die Jahrhunderte hinweg die klassisch-islamischen Ansichten aufgegriffen hatten. Er versichert seinen Lesern, dass Ibn Taymiyyas Glaubensüberzeugungen vollkommen mit dem Koran und dem Beispiel des Propheten (Sunna) übereinstimmten. Außerdem habe er in seinen Schriften die Aussagen der frühesten Muslime detailliert dargestellt und ausgearbeitet. Auf dieser Grundlage führt Nu'man seine eigene Autorität an, um dann die Praxis des reinen Nachahmens (taqlîd) im Bereich der Rechtswissenschaft zu kritisieren, den Besuch von Gräbern (ziyârat al-qubûr) und die Bitte um Fürsprache der Heiligen (tawassul) im volkstümlichen Sufismus. Er forderte, die sufischen Praktiken dem islamischen Recht (Scharia) zu unterwerfen und eine vernünftige Methode des unabhängigen Urteilens in religiösen Rechtsfragen (idschtihâd) anzuwenden.

Die völlig andere Karriere von Nu'mans Neffen, Mahmud Schukri al-Alusi (1857-1924), Schlüsselfigur der nächsten Generation irakischer Salafis, reflektiert den herben Wandel, den das Osmanische Reich in seinen letzten Jahrzehnten durchgemacht hat. Mahmud al-Alusi war sowohl in religiösen wie in modernen Wissenschaften bewandert. Eine Studie über die vorislamischen Araber von 1882 brachte ihm mit gerade mal 25 Jahren einen internationalen Preis und die Anerkennung westlicher Orientalisten ein. Neben seinen Lehrveranstaltungen schrieb er regelmäßig für irakische Zeitungen und tauschte sich mit den arabischen Ulemas und Intellektuellen im Osmanischen Reich bzw. in Ägypten über religiöse Reformen und die Wiederbelebung der arabischen Sprache und Geschichte aus. Auch er wurde von den Konservativen verfolgt, denen es 1905 gelang, seine Verbannung gemeinsam mit anderen Mitstreitern nach Anatolien zu veranlassen; allerdings wurde ihnen unverzüglich wieder die Rückkehr gestattet. Mahmud al-Alusi mied die Politik im Allgemeinen. Allerdings wurde er nach der Jungtürkischen Revolution von 1908 für den Verwaltungsrat von Bagdad nominiert. Im Anschluss an die Entscheidung des Osmanischen Reichs, in den 1. Weltkrieg einzutreten, entsandte man ihn zum saudischen König Abd al-Aziz, damit er diesen überzeugen möge, für die Regierung in Istanbul Partei zu ergreifen. In seinen letzten Lebensjahren unter britischer Herrschaft lehnte Mahmud al-Alusi das Angebot ab, oberster Mufti und Vorsitzender der Schariagerichte zu werden – Ämter, die Muhammad Abduh zuvor in Ägypten angenommen hatte. Er stimmte lediglich zu, einen Platz im Rat für Bildung einzunehmen.

Mahmud al-Alusis salafistische Ideen spiegeln sich in zwei seiner Werke wider: erstens in der Widerlegung eines Buchs des populären palästinensischen Sufi-Scheichs Yusuf al-Nabhani und zweitens in der Verteidigung der Wahhabiten. In »Ghayat al-amânî fî l-radd alâ l-Nabhânî« (Größtes Verlangen nach Zurückweisung al-Nabhanis) wiederholt er mit noch deutlicheren Worten den Aufruf seines Onkels, in die Fußstapfen der salaf zu treten und dem Koran und der Sunna zu folgen, den idschtihâd zu praktizieren sowie die Gräberverehrung und die Heiligenfürsprachen abzulehnen. Im Buch »Tarîkh Nadschd« (Die Geschichte des Nadschd), einer postum veröffentlichten Zusammenstellung von Schriften, macht er sich daran, die Menschen auf der arabischen Halbinsel vom Vorwurf des religiösen Extremismus zu entlasten und die seiner Meinung nach irrigen Vorstellungen über sie zu korrigieren. Dabei vermeidet er den Begriff Wahhabiten. Er spricht von »Unitariern«, Einheitsbekennern (muwahhidûn), die in Fragen der Doktrin den frühen Muslimen (salaf) folgen, sich auf anerkannte Arbeiten zur Koranexegese sowie zum Hadith stützen und Anhänger der hanbalitischen Rechtsschule sind – ohne die Rechtmäßigkeit anderer Rechtsschulen zu verneinen. Er führt weiterhin aus, dass der Aufstieg der Familie Saud im 18. Jahrhundert die Region vor endlosen Stammeskriegen bewahrt habe. Allerdings gibt Alusi zu, dass sich die Familie geirrt hatte, als sie gegen den osmanischen Sultan rebellierte, die Pilgerfahrt behinderte und den Dschihad gegen andere Muslime ausrief.

In Syrien

Die gleiche Kluft zwischen den Generationen lässt sich in Damaskus erkennen. Der erste Gelehrte der Stadt, der die salafitischen Ideen übernahm, war Abd al-Razzaq al-Bitar (1837-1916). Sein Vater war Schüler des reformistischen Sufi-Scheichs Khalid vom Naqschbandi-Orden. Bitar selbst nahm an Studienzirkeln des berühmten Emir Abd al-Qadir al-Jaza'iri (1808-1883) teil, des Führers des Widerstands gegen die französische Besetzung Algeriens. Er war 1855 nach Damaskus gekommen. Jaza'iri suchte nach einem Ausgleich mit dem Westen auf Grund der Lehren des großen mystischen Denkers Muhyi al-Din Ibn Arabi (1165-1240). Bitar übernahm die Salafi-Positionen Mitte der 1880er Jahre nach einem Besuch Nu'man al-Alusis in Damaskus und einem Treffen mit Muhammad Abduh in Beirut. Zu dieser Zeit, so heißt es, habe er begonnen, sich ausschließlich auf den Koran und die Sunna zu stützen, um jene Sufi-Praktiken zu verdammen, die im Widerspruch zur Scharia standen.

Die zweite Hauptfigur der früheren damaszenischen Salafiyya, Tahir al-Jaza'iri (1852-1920), war stärker dem Modernismus zugeneigt. Als Sohn eines aus Algerien emigrierten Gelehrten besuchte Jazar'iri die öffentliche Schule und erlangte ebenfalls parallel zur religiösen Bildung Kenntnisse im Bereich der modernen Wissenschaften sowie der türkischen Sprache. Als der renommierte osmanische Reformer Midhat Pascha 1878 als Gouverneur nach Damaskus kam, machte er Jazar'iri zur rechten Hand für seine Bildungsvorhaben. Als solche errichtete er Grundschulen für Jungen und Mädchen, schrieb Schulbücher und gründete die Zahiriyya-Bibliothek, aus der später Syriens Nationalbibliothek wurde. Von konservativen Rivalen verleumdet, wurde Jazar'iri 1886 aus dem Rat für Bildung entfernt. Erst zwölf Jahre später wurde es ihm erlaubt, wieder ein Amt zu bekleiden, allerdings nur als Verwalter der Provinzbibliotheken. Während seiner Tätigkeit in der Zahiriyya zogen ihn vor allem die Manuskripte von Ibn Taymiyya in den Bann. Er fertigte Drucke davon an und sorgte für die Verbreitung in der Öffentlichkeit.

Die Aufgabe, die in Damaskus aufkommenden modernistischen salafistischen Ideen zu Papier zu bringen, blieb dem jüngeren Kollegen von Abd al-Razzaq al-Bitar und Tahir al-Jaza'iri, Jamal al-Din al-Qasimi (1866-1914), überlassen. Wie die beiden stammte Qasimi aus einer Ulema-Familie mittleren Status im 19. Jahrhundert. Auch er kombinierte religiöse Studien mit der öffentlichen Schulbildung und besuchte darüber hinaus den Naqschbandi-Orden. Schon in frühen Jahren diente er als Imam, erteilte Unterricht und ging in ländliche Gebiete, um den Bewohnern dort ebenfalls Wissen zu vermitteln. Entsprechend dem Zeitgeist wuchs parallel sein Interesse an Geschichte und Literatur. Bei einem Besuch der Firma seines engsten Freundes Bitar 1903 tauschen sich beide Männer mit dem damaligen Großmufti Muhammad Abduh über religiöse Reformen aus. Wieder zurück in Damaskus, lernte Qasimi dann auch Tahir al-Jaraz'iri näher kennen.

Qasimis salafitische Gedanken beruhen auf zwei fundamentalen Prinzipien: Vernunft und Einheit. Seine Schrift »Dala'il al-tauhid« (Beweise für den Monotheismus), nur eine Woche nach der Jungtürkischen Revolution im Juli 1908 verfasst, postuliert in modernistischer Manier die Zentralität der Vernunft im Islam. Es werden 25 »wissenschaftliche Beweise« für die Existenz Gottes angeführt. Zudem werden der Materialismus und der Atheismus für eine Verzerrung der Wahrheit verantwortlich gemacht und als Gefahr für die Gesellschaft beschrieben. Aus der Sicht Qasimis ist die Vernunft sowohl gänzlich mit der Offenbarung vereinbar als auch der Schlüssel zur Interpretation der Heiligen Schriften. Verschiedene andere Arbeiten setzten sich mit der Zerrissenheit der islamischen Gemeinschaft auseinander. Wie seine irakischen Kollegen stellt Qasimi weder die Legitimität der Rechts- und Theologieschulen noch des Sufismus als solchen infrage. Allerdings ruft er alle Muslime auf, die sektiererischen Differenzen zu überwinden und sich auf Basis der originären islamischen Prinzipien zu vereinen. Insbesondere die Praxis des takfir ist ihm zuwider – selbst zwischen Sunniten und Schiiten. Das wichtigste Instrument, das Qasimi anbietet, um die muslimische Gemeinschaft wieder zu einen und auf den Pfad der Vernunft zu bringen, ist der idschtihâd. Nach salafitischer Auffassung bedeutet das die Ablehnung des taqlîd sowie gängiger Praktiken wie das üppige Dekorieren von Moscheen, wilde dhikr-Rituale (ekstatische Handlungen von Sufis zur Annäherung an Gott) und Grabbesuche.

1896 gab es einen ersten Fall von Schikane gegen die Damaszener Salafis. Die Konservativen berichteten den Behörden, dass die Salons der reformistischen Zirkel zu Vorläufern der jungtürkischen Opposition und religiöser Abweichungen geworden seien. Qasimi wurde kurzzeitig inhaftiert, aber aufgrund des öffentlichen Drucks schon am Folgetag wieder freigelassen. Zu einem weiteren Angriff kam es

1906 wegen derselben unbegründeten Anschuldigung. Diesmal hieß es, die Salafis hätten mit Ägypten zusammengearbeitet, um Syrien aus dem Osmanischen Reich herauszulösen. Im selben Jahr entschied sich Jaraz'iri dazu, Ägypten zu verlassen und nie mehr zurückzukehren. Die Verfolgung nahm im Nachgang der Jungtürkischen Revolution zu. Im Oktober 1908 sahen sich Bitar und Qasimi gezwungen, in ihren Häusern zu bleiben, weil die Konservativen den Mob angestiftet hatten, den berühmten Gast der beiden, Raschid Rida, aus Damaskus zu jagen. Ein Jahr später im Zuge wachsender arabisch-türkischer Spannungen beschuldigte das Komitee für Einheit und Fortschritt (CUP) die beiden, Kontakte zu den Wahhabiten aufrechtzuerhalten und an einer Verschwörung zur Errichtung eines arabischen Kalifats beteiligt zu sein. Isoliert verbrachten Bitar und Qasimi ihre letzten Lebensjahre damit, die Werke Ibn Taymiyyas zu bearbeiten.

Abd al-Rahman al-Kawakibi (1854-1902), die wichtigste salafitische Persönlichkeit in Aleppo, war Mitglied einer gelehrten und namhaften Familie. Er erhielt eine klassische Bildung in der Familienmoschee, schrieb sich in einer öffentlichen Schule ein und wurde von Privatlehrern in Türkisch und Persisch unterrichtet. Spezielles Interesse hatte er an Politik und Wissenschaft. 1877 wurde Kawakibi Herausgeber der regierungsamtlichen Zeitung »al-Furât« (Euphrat). Parallel dazu gründete er die erste private Zeitung in Aleppo: »al-Shahbâ'« (ein landläufiger Beiname Aleppos in der Bedeutung »aschgrau«) – später umbenannt in »al-I'tidâl« (Die Mäßigung). Darin nahm er unter anderem die Provinzgouverneure kritisch ins Visier. In den folgenden rund 20 Jahren bekleidete Kawakibi verschiedene leitende Posten in der osmanischen Verwaltung. Nebenbei eröffnete er ein Büro, das Armen half, Beschwerden gegen willkürlich handelnde und korrupte Reichsbedienstete einzureichen. 1899 floh Kawakibi nach Ägypten. Zuvor war er zweimal inhaftiert worden, einmal 1885 wegen eines angeblichen Anschlags auf den Gouverneur und ein weiteres Mal wegen der Bildung einer regierungsfeindlichen Geheimgesellschaft. In den drei ihm noch verbleibenden Jahren beteiligte er sich an den reformistischen Zirkeln um Abduh und Rida und bereiste die islamische Welt im Auftrag des Khediven Abbas Hilmi.

Kawakibis Vorstellungen finden ihren Ausdruck in zwei Arbeiten, die er nach seiner Ankunft in Ägypten geschrieben hat. »Tabâ'i' al-istibdâd« (Die Natur der Tyrannei) basiert im Grunde auf einer italienischen Arbeit zum selben Thema und ist gegen Sultan Abdulhamid II. und seinen sufischen Berater Abû l-Hudâ gerichtet, der sich Kawakibis Amt als naqîb al-aschraf von Aleppo, als Adelsmaschall (Oberhaupt der Nachkommen Muhammads) bemächtigt hatte. »Umm al-qurâ« (ein Beiname der Stadt Mekka) ist sein eigenständigeres Werk und dem Doppelanliegen islamische Reform und arabisches Revival gewidmet. Angelegt wie das Protokoll einer geheimen Versammlung in Mekka zur Zeit der Pilgerfahrt 1899 führt es detailliert die politischen und religiösen Gründe für den Niedergang des Islams auf. Zugleich zeigt es verschiedene Wege auf, um die Religion wieder in Übereinstimmung mit der Moderne zu bringen. Auch Kawakibi missbilligt die unerlaubten Neuerungen (bida') der Sufis, den taqlîd und die Vernachlässigung der Vernunft. Darüber hinaus kritisiert er den Aufstieg despotischer Herrscher, die solche Praktiken unterstützten. Sie förderten Ignoranz und Fatalismus und zerstörten damit die moralische Struktur der Gesellschaft. Um den Islam von diesem Bösen zu befreien, empfiehlt er eine Reform der religiösen Bildung und wie die anderen auch den Gebrauch des idschtihâd – unterstützt durch individuelle Freiheit, gesellschaftliche Solidarität und eine verfassungsmäßige Regierung. Mehr jedoch als alle anderen Salafis fordert Kawakibi zudem die Rückgabe des Kalifats von den Türken an die Araber. Durchgeführt werden sollten die Reformen von den Nachkommen der salaf auf der Arabischen Halbinsel.

Fazit

Heutzutage wird der Salafismus gemeinhin mit dem konservativen Purismus wahhabitischen Typs zusammengebracht – ebenso der tödliche Dschihadismus von al-Qaida und ähnlichen Organisationen oder Netzwerken. Die Salafiten im späten Osmanischen Reich würden sich vermutlich im Grabe umdrehen bei dem Gedanken daran, dass solche Islamisten als Abkömmlinge von ihnen gelten. Die Modernisten Afghani und Abduh sowie die Proto-Salafis Alusi, Qasimi und Kawakibi waren im Wesentlichen religiöse Intellektuelle, die unter dem Einfluss des Westens zu der Überzeugung gelangten, dass Modernisierung für die Bewahrung und die Blüte des Islams nötig sei. Sie unterschieden sich voneinander hinsichtlich des jeweils zugelassenen Ausmaßes der Adaption westlicher Normen und Institutionen und teilten die Bewunderung für Ibn Taymiyya und dessen Appell zur Rückkehr auf den Pfad der ersten Muslime. Letzteres schloss gemäß ihrer Interpretation sowohl die kritische Haltung gegenüber islamrechtlichen und sufischen Traditionen ein als auch die Förderung der (arabisch-)muslimischen Einheit, der Freiheit und der Vernunft.

Der Wendepunkt in der Geschichte der modernen Salafiyya steht mit den späteren Werken Raschid Ridas im Zusammenhang. In seiner Autobiographie, die selbst ein Symbol für die Zeit des Umbruchs ist, berichtet Rida von seinen Studien in Hussein al-Jisrs modernistischer Schule in Beirut und davon, wie ihn die Artikel, die er in Afghanis und Abduhs Zeitschrift »al-'Urwa al-Wuthqâ« gelesen hatte, fasziniert haben. Auch Rida verließ 1897 seinen osmanischen Geburtsort Tripolis (im heutigen Libanon) in Richtung Kairo, um an Abduhs Studienzirkeln teilzunehmen. Er gründete die einflussreiche islamische Zeitschrift »al-Manâr«, die bis zu seinem Tod 1935 ohne Unterbrechung regelmäßig erschien. Der Wandel kam dann während des 1. Weltkriegs. Desillusioniert von dem Gemetzel der angeblich so »zivilisierten« europäischen Mächte und von deren Umtrieben im Nahen und Mittleren Osten, drehte Rida den Kurs der Salafis in eine radikalere Richtung. Er wurde ein glühender Anhänger der Wahhabiten unter König Abd al-Aziz Ibn Sa'ud und setzte vor allem den geistigen Anleihen aus dem Westen striktere Regeln. Seit den 1970er Jahren hat sich der Salafismus, konfrontiert mit der doppelten Gefahr durch die repressiven Regierungen in der eigenen Region und die ungezügelte Globalisierung, in unzählige Gruppierungen aufgespalten. Sie alle interpretieren das Erbe der ersten Muslime nach ihrem Geschmack und ziehen jeweils die Aspekte aus den Lehren Ibn Taymiyyas, die besser zu ihren puritanischen oder militanten Agenden passen.

Literatur

Busool, Assad Nimr (1976): »Shaykh Muhammad Rashid Rida's Relations with Jamal al-Din al-Afghani and Muhammad Abduh«, in: The Muslim World 66(1976), S. 272-286.
Cole, Juan R. I. (2000): »New Perspectives on Sayyid Jamal al-Din al-Afghani in Egypt«, in: Matthee Rudi and Beth Baron (Hg.): Iran and Beyond. Santa Ana, Ca.: Mazda Publishers.
Commins, David Dean (1990): Islamic Reform: Politics and Social Change in Late Ottoman Syria. Oxford: Oxford University.
Commins, David Dean (2006): The Wahhabi Mission and Saudi Arabia. London and New York: I.B. Tauris.
Escovitz, Joseph H. (1986): »›He was the Muhammad ›Abduh of Syria‹. A Study of Tahir al-Jaza'iri and his influence«, in: International Journal of Middle East Studies, 18(1986), S. 293-310.
Fattah, Hala (2003): »Wahhabi' Influences, Salafi Responses: Shaikh Mahmud Shukri and the Iraqi Salafi Movement, 1745-1930«, in: Journal of Islamic Studies 14(2003), S. 127-148.
Gibb, H.A.R. (1947): Modern Trends in Islam. Chicago: University of Chicago Press.
Hourani, Albert H. (1983): Arabic Thought in the Liberal Age, 1798-1939. Cambridge: Cambridge University Press [Nachdruck].
Keddie, Nikki R. (1966): »The Pan-Islamic Appeal: Afghani and Abdulhamid II.«, in: Middle Eastern Studies 3(1966), S. 46-67.
Keddie, Nikki R. (1968): An Islamic Response to Imperialism. Berkeley: University of California Press.
Keddie, Nikki R. (1972): Sayyid Jamal al-Din »al-Afghani«: A Political Biography. Berkeley: University of California Press.
Kedourie, Elie (1966): Afghani and Abduh: An Essay on Religious Unbelief and Political Activism in Modern Islam. London: Cass.
Kerr, Malcolm (1966): Islamic Reform: The Political and Legal Theories of Muhammad Abduh and Rashid Rida. Berkeley: University of California Press.
Rahnema, Ali (Hg.) (1994). Pioneers of Islamic Revival. London and New Jersey: Zed Books.
Sedgwick, Mark (2010): Muhammad Abduh. Oxford: Oneworld.
Shahin, Emad Eldin (1989): »Muhammad Rashid Rida's Perspectives on the West as Reflected in al-Manar«, in: The Muslim World 79(1989), S. 113-132.
Weismann, Itzchak (2001): Taste of Modernity: Sufism, Salafism & Arabism in Late Ottoman Damascus. Leiden: Brill.
Weismann, Itzchak (2009): »Genealogies of Fundamentalism: Salafi Discourse in Nineteenth-Century Baghdad«, in: British Journal of Middle Eastern Studies 36(2009), S. 269-282.

Zum Verhältnis von Wahhabiten und Salafisten

Mohammad Gharaibeh

1. EINLEITUNG

Sowohl in der Öffentlichkeit als auch unter Wissenschaftlern werden die Begriffe Salafisten (oder auch salafiyya) und Wahhabiten (oder auch wahhâbiyya) oft synonym benutzt oder zumindest in einem Atemzug genannt. Dieser Umstand findet seine Berechtigung dadurch, dass sich Gemeinsamkeiten sowie gegenseitige Beeinflussung nicht von der Hand weisen lassen. Dabei wird die »moderne Salafiyya« (in Abgrenzung zur »klassischen Salafiyya« des ausgehenden 19. und beginnenden 20. Jahrhunderts) meist – und auch in diesem Artikel – als globale Bewegung bezeichnet, deren Anhänger sich in Glaubensfragen nach der Urgemeinde des Islams zu orientieren vorgeben, wohingegen mit der Wahhâbiyya im modernen Kontext eine Verlängerung der historischen Reformbewegung gemeint ist, die nach Muhammad Ibn Abd al-Wahhâb benannt wurde.

Dieser Beitrag möchte zeigen, warum es mit gewissen Einschränkungen durchaus möglich ist, beide Bewegungen als Salafisten zu bezeichnen, und warum sich aber auch gute Gründe finden lassen, zwischen beiden begrifflich zu unterscheiden. Dabei wird hauptsächlich Bezug genommen auf die puristischen Salafisten und die (traditionellen) Wahhabiten, die hier zumindest begrifflich von der historischen Wahhâbiyya abgegrenzt werden sollen wegen des divergierenden politischen und geistesgeschichtlichen Kontextes. Ein historischer Abriss soll den Kontext der Entwicklungen vermitteln, welche beide Bewegungen im 20. Jahrhundert maßgeblich prägten, sowie die Charakteristika beider Bewegung hervorheben.

2. HISTORISCHE BETRACHTUNG

2.1 Zur Wahhâbiyya

Die Umstände der Entstehung dieser Reformbewegung, welche sich hauptsächlich auf den Süd-Osten der Arabischen Halbinsel begrenzte und welche durch Zeitgenossen des Gründers Muhammad Ibn Abd al-Wahhâb (gest. 1792) polemisch als Wahhâbiyya bezeichnet wurde, sind bereits ein ausgeprägtes Erkennungsmerkmal ihrer selbst. Ibn Abd al-Wahhâb, der ein Sprössling eines hanbalitischen Gelehrten war, richtete sich mit seinen Ideen gegen die verbreitete Volksfrömmigkeit auf der arabischen Halbinsel im 18. Jahrhundert und zielte damit insbesondere auf die Praktiken der Heiligenverehrung ab. In seinen Augen stellten sie einen Verstoß gegen das Prinzip des tauhîd (Monotheismus) dar. Er unterstellte den Anhängern der Heiligenverehrung einen impliziten Polytheismus, da sie Schutz und Beistand nicht ausschließlich bei Gott suchten, sondern auch bei frommen Menschen.

Ibn Abd al-Wahhâb, dessen Auslegung des tauhîd unter den hanbalitischen Gelehrten seiner Zeit auf Ablehnung stieß, fand in dem Stammesführer Muhammad Ibn Sa'ûd einen politischen Patron. Dieser nutzte das gesellschaftspolitische Potenzial der Ideen von Ibn Abd al-Wahhâb, um seine Expansionsversuche religiös zu legitimieren, indem er behauptete, seine Rivalen seien in einen vorislamischen Zustand zurückgefallen und müssten unterworfen werden. Seitdem gilt zwischen Anhängern der wahhabitischen Bewegung und den Nachkommen Ibn Sa'ûds ein stillschweigendes Bündnis, bei dem letztere für den politischen Rahmen sorgten, in dem sich die Wahhâbiyya entfalten und ihre Ideen und Ideale durchsetzen konnte, wohingegen sich erstere verpflichtet sahen, die politischen Handlungen der Âl Sa'ûd religiös zu legitimieren (siehe auch Commins 2009: 11ff.).

Damit sind bereits zwei wichtige Eigenschaften der Wahhâbiyya vor der Gründung des modernen Staates Saudi-Arabien benannt. Theologisch stehen die Glaubenslehre und insbesondere das Konzept des tauhîd im Vordergrund. Ibn Abd al-Wahhâb berief sich in seinen Polemiken auf die Dreiteilung des tauhîd in tauhîd ar-rubûbiyya, tauhîd al-ulûhiyya und tauhîd al-asmâ' wa-s-sifât, welche bereits bei dem klassischen Gelehrten Ibn Taymiyya (gest. 1328) zu finden ist (siehe auch Peskes 1993: 126ff.). Während der erste Teil, der tauhîd ar-rubûbiyya, als ein Basiskonzept gesehen werden kann und den Glauben beschreibt, dass Gott allein der Urheber, Erhalter, Verwalter und Versorger der Schöpfung ist, bilden die beiden anderen Teile die Reibungspunkte zwischen Wahhabiten und Nicht-Wahhabiten. Sie umfassen jeweils von der herrschenden Lehre des Islams abweichende Vorstellungen, die oft Gegenstand polemischer Abhandlungen waren und sind. Dabei beschreibt der tauhîd al-ulûhiyya den Glauben, dass jede Art der Verehrung und Anbetung sowie jegliches Ersuchen um Beistand allein auf Gott ausgerichtet sein müssten. Dieses Verständnis des Eingottglaubens wird daher mitunter auch als tauhîd al-ibâda (der tauhîd der Anbetung) bezeichnet. In der Vergangenheit richtete er sich hauptsächlich gegen die Volksfrömmigkeit und Praktiken der Mystiker (siehe Ibn Uthaymîn 2001: 39ff.; zur wahhabitischen Verurteilung der Sufis siehe Sirriyeh 1989: 123ff.). In modernen Gesellschaften erweitern Wahhabiten (wie auch Salafisten) dieses Konzept gerne auf alles andere, was im Leben eines Menschen gegenüber der Religion einen größeren Stellenwert einnimmt. Der dritte Teil, (tauhîd al-asmâ' wa-s-sifât), befasst sich allein mit Gott und trifft Aussagen über sein Wesen. Es wird definiert, wie sich Wahhabiten und Salafisten Gott vorstellen. Gott ist demnach alleiniger Besitzer jener Eigenschaften, die ihm im Qur'ân oder in der Sunna zugeschrieben werden. Für die Wahhâbiyya vor der Gründung Saudi-Arabiens spielt dieser Teil wie der erste eher eine untergeordnete Rolle. Dies änderte sich allerdings deutlich im 20. Jahrhundert (zur Analyse des dritten Teils des tauhîd und dessen Bedeutung für die moderne Wahhâbiyya siehe Gharaibeh 2012).

2.2 Zur klassischen Salafiyya

Was heute als Salafismus bezeichnet wird, nimmt Anklang an eine relativ junge Bewegung aus der Mitte des 20. Jahrhunderts, die sich aus verschiedenen Erneuerungsbewegungen mit unterschiedlichen geographischen und politischen Umständen formiert hat. Dazu zählen neben der klassischen Salafiyya die Bewegung der Ahl-e Hadith in Indien und die Reformbewegungen im Jemen (siehe auch Preckel 2005; 2013). Die Schlüsselfiguren, die auch die Wahhâbiyya im 20. Jahrhundert stark beeinflussten und die sich umgekehrt stark von ihr beeinflussen ließen, entsprangen aber größtenteils der klassischen Salafiyya. Dabei handelt es sich ebenfalls um eine Reformbewegung. Sie ist um Dschamâl ad-Dîn al-Afghânî (gest. 1897), Muhammad Abduh (gest. 1905) und Muhammad Raschîd Ridâ (gest. 1935) Ende des 19. und Anfang des 20. Jahrhunderts, als Reaktion auf den Kolonialismus, entstanden. Alle drei sahen den Grund der vorherrschenden politischen Verhältnisse und der Rückständigkeit ihrer Länder nicht in politischen und gesellschaftlichen Entwicklungen, sondern machten den Umstand dafür verantwortlich, dass die Muslime nicht mehr in ausreichendem Maß an ihrer Religion festhielten. Durch die Verlagerung des Problems in den religiösen Bereich glaubten sie, nun auch die Lösung dort finden zu können. Ihrer Auffassung nach müssen die Gläubigen wieder zu dem Urislam zurückfinden, wie er von den – idealisierten – Altvorderen (salaf) praktiziert wurde. Dieser Islam sollte allerdings nicht einfach in gleicher Form in der Moderne gelebt, sondern vielmehr auf die gegebenen Umstände übertragen und angepasst werden. Ein besonderes Merkmal dieses Ansatzes besteht folglich darin, dass die klassische Salafiyya zwar die Lösung der Probleme in der Moralität und Religiosität der Altvorderen zu finden glaubte, eine Rückkehr zu dieser Zeit für sie aber nicht mit der Moderne in Konflikt stand, sondern vielmehr mit ihr in Einklang gebracht werden konnte (siehe Merad 1978; Haykel 2009: 45ff.). Ihre Bewegung hatte eine starke politische Orientierung, die durch Hasan al-Bannâ und die Gründung der Muslimbrüder noch weiter verfolgt wurde. Im Bereich der Glaubenslehre äußerten die Vertreter der klassischen Salafiyya allerdings keine reformerischen Gedanken. Sie waren in der Regel Anhänger bestehender Rechtsschulen, die die Ratio in ihr System mit einbanden (siehe Commins 2009: 140ff.; er setzt die Lehren al-Bannâs auch in Beziehung zu den Lehren der Wahhâbiyya).

Die klassische Salafiyya war folglich eher politisch motiviert. Ihr Fokus lag nicht auf der Glaubenslehre, wie es bei der Wahhâbiyya der Fall war. Im Unterschied zur Wahhâbiyya tolerierte sie zum Beispiel den Sufismus, setzte sich für eine »rationalistische« Auslegung des Koran ein und stand politischen Systemen im Allgemeinen kritisch gegenüber.

3. Die Entwicklung der Wahhâbiyya und Salafiyya nach der Staatsgründung Saudi-Arabiens

Die Staatsgründung Saudi-Arabiens zog tiefgreifende Veränderungen für die Wahhâbiyya nach sich. In ihrem Bündnis mit den Âl Sa'ûd hatte sich der Einfluss nun deutlich zu Gunsten letzterer verschoben. Indirekt wirkte sich die Staatsgründung auch für die Anhänger der klassischen Salafiyya aus.

Die Herrscherfamilie der Âl Saʿûd sah sich der Herausforderung gegenüber, das relativ rasch unterworfene Gebiet des heutigen Saudi-Arabiens nicht nur politisch-administrativ zu kontrollieren, sondern auch ein Justizsystem und Erziehungswesen aufzubauen, das der religiösen Pluralität im Lande gerecht wird. Denn insbesondere in die ab 1924 eroberte Hidschâz-Region waren die Wahhabiten zuvor nicht vorgedrungen, und dort war beinahe die gesamte Spannbreite der islamischen Pluralität vertreten (Steinberg 2004: 358ff.).

Verschiedene Faktoren veranlassten in diesem Zusammenhang Ibn Saʿûd und seine Thronfolger, Personen aus dem Ausland nach Saudi-Arabien zu holen. Zum einen konnten die wahhabitischen Gelehrten gar nicht so viel Personal aufbieten, um die geschaffenen Bildungsinstitutionen und das Justizsystem zu betreiben. Zum anderen war das einseitige intellektuelle Klima im Nadschd den Anforderungen der pluralen Realität nicht gewachsen. Das lag nicht ausschließlich daran, dass es wahhabitische Gelehrte nicht für nötig erachteten, sich mit anderen islamischen Strömungen und Schulen in nicht-polemischer Weise auseinanderzusetzen. Es hatte auch den Grund, dass im Nadschd nur wenige Quellentexte vorhanden waren, sodass wahhabitische Gelehrte lange Zeit nur eine begrenzte Anzahl rezipieren konnten (Dziri 2014: 141). Vor diesem Hintergrund kam Ibn Saʿûd die überwiegende Orientierung wahhabitischer Gelehrter an der hanbalitischen Rechtsschule durchaus zugute. Die einseitige Quellenrezeption der Wahhabiten förderte allerdings sowohl die Intoleranz anderen Rechtsschulen gegenüber als auch die starke Feindschaft gegenüber anders denkenden Muslimen. Insbesondere in den ersten Jahren nach der Eroberung des Hidschâz kam es zu vermehrten Konflikten zwischen den Ikhwân, den radikalen Beduinenstämmen, die Ibn Saʿûd als Milizen zur Eroberung des Landes gedient hatten, und zwischen der Bevölkerung der Region. Ibn Saʿûd konnte sich der Ikhwân aber schließlich geschickt entledigen, als sich deren Unmut auch gegen Ibn Saʿûd richtete (siehe auch Kostiner 1985). Seine Religionspolitik zielte von da an auf eine Entradikalisierung der Wahhâbiyya im Allgemeinen und der Beduinen im Besonderen ab. Dazu holte er zahlreiche Gelehrte aus dem Ausland nach Saudi-Arabien und gab ihnen im Bildungs- und Justizsystem Arbeit. Darüber hinaus verteilte er einerseits Bildungsinstitutionen über das Land und errichtete andererseits ein Religionsministerium.

Ein Großteil der ins Land gerufenen Gelehrten war direkt oder indirekt vom Gedankengut der klassischen Salafiyya geprägt. Viele davon stammten aus Ägypten, Syrien oder dem Irak, wo sie staatlichen Repressionen ausgesetzt waren. Saudi-Arabien bot daher mit den lukrativen Lehrstellen ein attraktives Auswanderungsziel. Diejenigen, die ins Land kamen, fanden in der Wahhâbiyya oft Gleichgesinnte, die wiederum deren gute Ausbildung und salafistische Gedanken zu schätzen wussten. Unter den eingewanderten Gelehrten sollen exemplarisch folgende genannt sein:

Abd ar-Razzâq Afîfî (gest. 1995) war an der Gründung der islamistischen Dschamâʿat Ansâr as-Sunna al-Muhammadiyya in Ägypten beteiligt, der er nach dem Tod vom Muhammad Fiqqî vorstand. In Saudi-Arabien unterrichtete er an zahlreichen Einrichtungen, bekam die saudische Staatsangehörigkeit und wurde sogar in den Rat der Großen Gelehrten aufgenommen (vgl. Bassâm 1998, Bd. 3: 275ff.)

Muhammad Khalîl Harrâs (gest. 1975), in Ägypten geboren, schloss seine traditionelle Ausbildung an der Azhar 1940 mit einer Abschlussarbeit zum Thema »Ibn Taimiyya, der Salafî« ab. Anschließend ging er nach Saudi-Arabien und unterrichtete in der Muhammad Ibn Sa'ûd-Universität in Riad. Später wurde er Vorsitzender der Abteilung für Glaubenslehre an der Scharia-Fakultät der Umm al-Qurâ-Universität in Mekka. Zum Ende seines Lebens kehrte er nach Ägypten zurück.[1]

Muhammad Surûr Zayn al-'Âbidîn (geb. 1938) war ein aktiver Muslimbruder in Syrien, bevor er 1965 nach Saudi-Arabien ging. Er hatte sich der militanten Qutb-Fraktion innerhalb der Muslimbrüder angeschlossen und wurde deshalb vom Regime in Damaskus verfolgt. In Saudi-Arabien unterrichtete er zunächst in Hâ'il und in Buraida, bis er 1974 auch Saudi-Arabien verlassen musste. Heute lebt Surûr in Jordanien (vgl. Lacroix 2009b).

Der Hadith-Gelehrte Muhammad Nâsir ad-Dîn al-Albânî (gest. 1999) war besonders von den Ideen Raschîd Ridâs beeinflusst und verfolgte mit seinem Lebenswerk das Ziel, den Islam von wenig glaubwürdigen prophetischen Traditionen zu reinigen. 1960 kam er nach Saudi-Arabien, wo er an der Islamischen Universität in Medina unterrichtete. Sein Wirken beförderte insbesondere die inner-wahhabitische Entwicklung von der Bindung an die hanbalitische Rechtsschule weg hin zu einem auf dem Hadith basierten, den traditionellen Rechtsschulen übergeordneten Ansatz (vgl. dazu und zu seiner Biographie Lacroix 2009a).

Muhammad Mahmûd as-Sawwâf (gest. 1992) wurde 1915 in Mosul geboren. Seine Ausbildung führte ihn nach Kairo, wo er 1943 an der Azhar sein Studium aufnahm. Nach erfolgreichem Abschluss kehrte er in den Irak zurück und gründete 1948 einen Ableger der Muslimbruderschaft mit Namen »Gemeinschaft islamischer Bruderschaft« (Dscham'iyya al-Ikhwan al-Islâmiyya). Der aufkommende Sozialismus zwang ihn in den 60er Jahren, das Land zu verlassen. as-Sawwâf floh nach Saudi-Arabien und fand dort eine zweite Heimat.

All diese Personen hinterließen deutliche Spuren in der religiösen Landschaft Saudi-Arabiens und trugen dazu bei, dass sich die Wahhâbiyya etwas öffnete und die Salafiyya zentrale Gedanken aus dem Bereich der Glaubenslehre der Wahhâbiyya übernahm.

Die wohl wichtigsten der neugeschaffenen religiösen Institutionen, an denen die persönlichen Kontakte stattfanden, sind die Islamische Universität in Medina (gegr. 1961), die Umm al-Qurâ-Universität in Mekka (gegr. 1949) und die al-Imâm Muhammad Ibn Sa'ûd-Universität in Riad (gegr. 1953). Hinzu kamen die zahlreichen religiösen Institute (al-ma'âhid al-ilmiyya) sowie moderne Schulen, in denen viele der ins Land gekommenen Gelehrten als Lehrer und Dozenten eingestellt wurden. So entstanden enge Lehrer-Schüler-Verhältnisse zwischen Salafisten und Wahhabiten und umgekehrt.

Diese Entwicklung förderte das Entstehen von drei verschiedenen Richtungen innerhalb der modernen Salafiyya, welche in der Forschung als puristisch, politisch und dschihadistisch bezeichnet werden (Wiktorowicz 2006: 208). Die Gruppe der puristischen Salafiyya, welche sich überwiegend mit Glaubensfragen beschäftigt und zum Ziel hat, über die Glaubenslehre zu wachen, ist mehr oder weniger mit den traditionellen wahhabitischen identisch. Zahlreiche grundlegende Schriften stammen aus der Feder saudischer Gelehrter wie Abd al-Azîz Ibn Bâz (gest. 1999), Muhammad Ibn Sâlih Ibn Uthaymîn (gest. 2001) und Sâlih al-Fauzân (geb. 1933). Dennoch ergibt es einen Sinn, im saudischen Kontext diese Gelehrten

---

1 | www.islamway.com/?iw_s=Scholar&iw_a=info&scholar_id=1341 (Zugriff: 06.07.2011).

als traditionell wahhabitisch zu bezeichnen. Zwar bedienen sie sich mittlerweile auch der salafistischen Rhetorik, zum Beispiel die Selbstbezeichnung als die Ahl as-Sunna wa-l-Dschamâ'a (Anhänger der Sunna und der – sich daraus ergebenden – Gemeinschaft) oder als Repräsentanten der »ad-Da'wa as-Salafiyya« (Salafistische Mission), jedoch blieben sie im Kern der traditionellen wahhabitischen Lehre treu. Auch wenn sie sich im Bereich der Glaubenslehre durch Gelehrte wie Abd ar-Rahmân Afîfî, Muhammad Khalîl al-Harrâs und in gewissem Maße auch durch Muhammad Nâsir ad-Dîn al-Albânî beeinflussen ließen, geschah dies meist nur insofern, als sie die traditionelle wahhabitische Lehre dadurch stärken und weiterentwickeln konnten (siehe auch Gharaibeh 2012: 135ff., wo exemplarisch der Einfluss Muhammad al-Amîn asch-Schinqîtîs auf Ibn Uthaymîn thematisiert wird; letzterer übernahm die hermeneutischen Konzepte, um seine Argumentation zu untermauern).

Gedanken aus dem Umfeld der Muslimbrüder wurden hingegen kaum von den traditionellen wahhabitischen Gelehrten übernommen. Im Gegenteil: Muslimbrüder gerieten nicht selten in Konflikt mit den wahhabitischen Gelehrten, was teilweise zu deren Ausreise aus Saudi-Arabien führte. Das gilt etwa für Muhammad Surûr Zayn al-Âbidîn und Muhammad Mahmûd as-Sawwâf (siehe Lacroix 2009: 436 und Gharaibeh 2012: 89f.).

Nachdem die gegenseitige Beeinflussung in den 60er Jahren des 20. Jahrhunderts ihren Höhepunkt erreicht hatte, lässt sich ungefähr ab den 80ern ein deutlicher Wandel auch in der Religionspolitik der Âl Sa'ûd erkennen. Seitdem werden kaum noch Lehrpositionen an ausländische Gelehrte vergeben. Zum einen, weil das Bildungssystem nun selbst genug qualifizierte Lehrkräfte hervorgebracht hat und zum anderen, weil die anderen beiden Richtungen, die politische Salafiyya (im saudischen Kontext die Bewegung des »Islamischen Erwachens« [as-Sahwa al-Islâmiyya]) und die Dschihadisten, den Âl Sa'ûd die Folgen des unkontrollierten Zustroms ausländischer Gelehrter vor Augen führten: z.B. die Besetzung der Großen Moschee von Mekka 1979 durch die dschihadistische al-Jama'a al-Salafiyya al-Muhtasiba oder die erstarkende religiöse Opposition, angestoßen durch den zweiten Golfkrieg 1991 sowie die damit verbundene Stationierung amerikanischer Truppen in Saudi-Arabien (siehe Hegghammer 2007; Lacroix 2007; Dekmejian 1994). Die Entwicklungen haben allerdings auch zur Folge, dass sich die traditionelle Wahhâbiyya relativ gut identifizieren lässt: Ihre Vertreter repräsentieren das offizielle Bildungs- und Religionssystem, besetzen die Stellen im Rat der Großen Gelehrten und alle weiteren dazugehörigen Organisationen und Ausschüsse.

4. Fazit

Die modernen Salafisten als Produkt der gegenseitigen Beeinflussung von historischer Wahhâbiyya und klassischer Salafiyya zu bezeichnen, mag überspitzt sein. Das würde die zahlreichen mehr oder minder davon unabhängigen Entwicklungen in anderen Ländern übersehen. Dennoch waren zentrale Vordenker der modernen Salafisten sowohl im puristischen und politischen, als auch im dschihadistischen Spektrum entweder aktiv an diesem Prozess beteiligt oder selbst Produkt desselben. Dies gilt für die erwähnten Abd al-Azîz Ibn Bâz, Muhammad Ibn Sâlih al-Uthaymîn, Sâlih al-Fauzân, Muhammad Surûr Zayn al-Âbidîn, Muhammad Nâsir ad-Dîn al-Albânî und viele mehr. Die moderne Wahhâbiyya hat sich dabei ebenfalls verändert und unterscheidet sich in einigen Punkten von ihren historischen Vorläufern wie etwa der Loslösung von der hanbalitischen Rechtsschule. Bewahrt haben sie allerdings die zentralen Merkmale: die Betonung der Glaubenslehre mit ihrer Dreiteilung des tauhîd und die ausgeprägte Loyalität gegenüber dem saudischen Königshaus. Verglichen mit ihrem internationalen salafistischen Pendant ist diese Loyalität zum saudischen Königshaus aber zugleich das Merkmal, das sie unter den puristischen Salafisten auszeichnet.

Literatur

Al-Bassâm, Abd Allâh b. Abd ar-Rahmân b. Sâlih (1998): Ulamâ' nadschd khilâl thamâniya qurûn, 2. Aufl., Riad 1419/1998, 6 Bde.

Commins, David Dean (2009): The Wahhabi Mission and Saudi Arabia, London.

Dekmejian, R. Hrair (1994): »The Rise of Political Islamism in Saudi Arabia«, in: Middle East Journal 48/4(1994), S. 627-643.

Dziri, Bacem (2014): »›Das Gebet des Propheten, als ob Du es sehen würdest‹. Der Salafismus als ›Rechtsschule‹ des Propheten?«, in: Behnam T. Said und Hazim Fouad (Hg.): Salafismus. Auf der Suche nach dem wahren Islam. Freiburg, S. 130-157.

Gharaibeh, Mohammad (2012): Zur Attributenlehre der Wahhâbiyya unter besonderer Berücksichtigung der Schriften Ibn Utaimîns (1929-2001). Berlin.

Haykel, Bernard (2009): »On the Nature of Salafi Thought and Action«, in: Roel Meijer (Hg.): Global Salafism. Islam's new religious movement. London, S. 33-57.

Hegghammer, Thomas und Stéphane Lacroix (2007): »Rejectionist Islamism in Saudi Arabia. The Story of Juhayman al-Utaybi revisited«, in: International Journal of Middle East Studies 39(2007), S. 103-122.

Ibn Uthaymîn, Muhammad b. Sâlih (2001): Scharh kitâb al-usûl ath-thalâtha li-Schaykh al-islâm Muhammad b. Abd al-Wahhâb, hg. v. Fahd b. Nâsir Sulaymân. Alexandria.

Kostiner, Joseph (1985): »On Instruments and Their Designers: The Ikhwan of Najd and the Emergence of the Saudi State«, in: Middle Eastern Studies 21/3(1985), S. 298-323.

Lacroix, Stéphane (2009a): »Between Revolution and Apoliticism. Nasir al-Din al-Albani and his Impact on the Shaping of Contemporary Salafism«, in: Roel Meijer (Hg.): Global Salafism. Islam's new religious movement. London, S. 58-80.

Lacroix, Stéphane (2009b): »Muhammad Surur Zayn al-Abidin«, Roel Meijer (Hg.): Global Salafism. Islam's new religious movement. London, S. 435-436.

Lacroix, Stéphane (2007): »Rejectionist Islamism in Saudi Arabia. The Story of Juhayman al-Utaybi revisited« in: International Journal of Middle East Studies 39(2007), S. 103-122.

Merad, Ali (1978): »Islâh«, in: Encyclopaedia of Islam, Second Edition, Leiden, Bd. 4, S. 141-163.

Peskes, Esther (1993): Muhammad b. Abdalwahhâb (1703-92) im Widerstreit: Untersuchungen zur Rekonstruktion der Frühgeschichte der Wahhâbîya. Beirut.

Preckel, Claudia (2013): »Screening Hasan Khân's Legacy,« in: Birgit Krawietz und Georges Tamer (Hg.): Islamic Theology, Philosophy and Law. Debating Ibn Taimiyya and Ibn Qayyim al-Jawziyya. Berlin, S. 162-219.

Preckel, Claudia (2005): Islamische Bildungsnetzwerke und Gelehrtenkultur im Indien des 19. Jh.: Muhammad Siddîq Hasan Hân (st. 1890) und die Entstehung der Ahl-e hadît-Bewegung in Bhopal. Bochum/Erfurt [Diss.].

Sirriyeh, Elizabeth (1989): »Wahhâbîs, unbelievers and the problem of exclusivism«, in: British Society for Middle Eastern Studies Bulletin 16(1989), S. 123-132.

Steinberg, Guido (2004): Saudi-Arabien: Politik, Geschichte, Religion. München.

Steinberg, Guido (2002): Religion und Staat in Saudi-Arabien. Die wahhabitischen Gelehrten 1902-1953. Würzburg.

Wiktorowicz, Quintan (2006): »Anatomy of the Salafi Movement«, in: Studies in Conflict & Terrorism 29/3(2006), S. 207-239.

Die Entstehung des Salafismus aus dem Geiste des sunnitischen Islams

Hans-Thomas Tillschneider

Eine hermeneutische Untersuchung

Der Begriff Fundamentalismus bezeichnet ein Verhalten zu kanonischen Texten, das die historisch gewachsenen und sich stets verändernden Traditionen ihrer Auslegung nicht als Entfaltung, sondern nur als Verzerrung von Textsinn begreifen kann. Fundamentalismus erklärt den ursprünglichen Sinn der Texte zum einzig Wahren und glaubt, dieser Sinn sei unmittelbar und unverfälscht zugänglich. Sind Fundamentalismen erfolgreich, bilden freilich auch sie ihre eigenen Traditionen aus, ihr Impuls aber ist immer gegen eine bestehende Auslegungstradition gerichtet, die es zu vernichten gilt, damit der wahre und ursprüngliche Sinn der Texte zum Vorschein kommen kann.

Fundamentalismus steht so in maximalem Widerspruch zu Hans-Georg Gadamers philosophischer Hermeneutik und der ihr zugrunde liegenden Auffassung, dass der Sinn eines Textes sich überhaupt erst durch die im Laufe der Zeit entstehenden Auslegungen entfaltet. Die Geschichte verdeckt den Textsinn bei Gadamer nicht, sie bringt ihn zum Vorschein.[1]

Nichts liegt dem Fundamentalisten ferner als das. Ein Fundamentalist will den Texten, auf die er seinen Glauben gründet, in ihrem ursprünglichen Sinn begegnen, wofür er sich durch allgemeine Menschenvernunft und Sprachkenntnis hinreichend gerüstet fühlt. Den Anspruch der Auslegungstradition empfindet er als Bevormundung. Die Deutungen, die sich im Laufe der Geschichte angesammelt haben, verstellen den Zugang zum Text. Sie müssen nicht nachvollzogen, sondern abgeräumt werden.

Der Text empfängt seinen auf ewig gültigen und maßgeblichen Sinn zum Zeitpunkt seiner Entstehung. Er ist das reine Abbild seiner Ursprungszeit, bei der es sich um eine dem gewöhnlichen Lauf der Geschichte enthobene, besonders ausgezeichnete Heilszeit handelt. Dem heiligen Text entspricht so die heilige Geschichte, die, wenn sie etwa in Form einer subkanonischen Tradition als Interpretationshintergrund akzeptiert wird, gerade die Aufgabe erfüllt, den Text dem Zugriff der profanen Geschichte zu entziehen.

---

1 | Hierzu vor allem die Kapitel »Die hermeneutische Bedeutung des Zeitenabstandes« und »Das Prinzip Wirkungsgeschichte« aus »Wahrheit und Methode« (Gadamer 1990: 296ff.).

Der Fundamentalist offenbart damit nicht nur ein ahistorisches Verhältnis zum Text, sondern auch einen fehlenden Sinn für die Geschichtlichkeit allen Verstehens und damit auch für die Problematik der Erkennbarkeit von Geschichte selbst. Der Fundamentalist glaubt, ein heiliger Text interpretiere sich selbst auf eine Weise, die durch den Wandel der Zeiten nicht berührt werde. Sein ewig gültiger Sinn ist immer in gleicher Weise zugänglich. Eine gewisse Variation besteht allenfalls in der Anwendung des immer gleichen Sinns auf neue Zeitumstände, nicht aber in der Auslegung. Der Wandel der Zeit erfasst nur die Applikation, nicht die Interpretation.

Was man im sunnitisch-islamischen Kontext »Salafismus« nennt, ist ein Fundamentalismus in eben diesem Sinn. Der Begriff leitet sich von as-salaf as-sâlih, den rechtschaffenen Altvorderen, her, womit in aller Regel die Angehörigen der Generation des Propheten und der folgenden beiden Generationen gemeint sind. Welche Ausprägungen der islamischen Kultur auch als »Salafismus« bezeichnet wurden, immer zeichnen sie sich aus durch: Ein Aufbegehren gegen historisch gewachsene Traditionen; ein destruktives »Zurück zu«; eine Verleugnung des historischen Wandels; einen fehlenden Sinn für die Problematik der Erkennbarkeit von Geschichte und Textsinn; den Glauben, man könnte auf dem Wege der Überlieferung wissen, wie der Prophet und seine Gefährten gelebt haben. Dieser Impuls ist kein modernes Oberflächenphänomen; er ist tief in der sunnitischen Geistes- und Literaturgeschichte verankert.

1. Die Tradition der Traditionsfeindlichkeit

Wie Joseph Schacht (1950) gezeigt hat, beginnt die Geschichte des islamischen Rechts, indem ein aus der spät-umayyadischen Verwaltungspraxis hervorgehendes Substrat an Recht durch sekundäres Eindringen von Prophetenüberlieferungen überlagert und überformt wird. Die frühe Geschichte des islamischen Rechts ist die Geschichte der Islamisierung eines Rechts, das ursprünglich keine oder nur sehr schwache islamische Konnotationen trug. Die Berufung auf die Überlieferung vom Propheten richtet sich gegen den Rechtsbrauch, gegen die Sunna in jenem alten Sinn, den der Begriff hatte, bevor er zum Synonym für das normative Verhalten und die Aussagen des Propheten wurde.

Diese Rückwendung zum Recht des Propheten – besser gesagt, was man dafür hielt oder ausgegeben hat – kulminiert in der Forderung des Juristen Muhammad Ibn Idrîs asch-Schâfi'î (gest. 820), nur noch Überlieferungen vom Propheten und nicht von seinen Gefährten oder von noch späteren Autoritäten zur Ausarbeitung des islamischen Rechts heranzuziehen. Es handelt sich dabei um ein fundamentalistisches Ansinnen par excellence. Die juristische Tradition, die sich mit der Zeit aufgebaut und entwickelt hat, wird zugunsten der Imagination eines Ursprungszustandes verworfen, von dem man glaubt, er sei in Überlieferungstexten zugänglich. Ob diese Überlieferungen tatsächlich in ihre angebliche Ursprungszeit zurückreichen oder nicht, ist nebensächlich, weil sie, sollten sie auch authentisch sein, unter vormodernen Bedingungen nicht historisch gelesen wurden, sondern anachronistisch, d.h. so, als habe sich der Horizont ihrer Auslegung nicht verändert.

asch-Schâfi'îs Vorstellungen setzen sich durch. Sie prägen die Grundstrukturen des islamischen Rechts und lenken das Interesse der Juristen und Traditionarier auf Prophetenüberlieferungen. Dass einige Jahrzehnte nach asch-Schâfi'îs Tod

Sammlungen entstehen, die beanspruchen, nur korrekte (sahîh) Überlieferungen vom Propheten zusammenzutragen, geht wesentlich auf asch-Schâfi'îs Wirkung zurück.

Inspiriert von asch-Schâfi'îs Wendung hin zur heiligen Ursprungszeit des Propheten entwickelt sich in den Jahrzehnten nach seinem Tod im Kreis seiner Anhänger das Konzept des sogenannten mudschaddid (siehe Landau-Tasseron 1989). Unter mudschaddid versteht man einen Erneuerer, der jedes Jahrhundert erscheint, um den zwischenzeitlich von seinem Ursprungsideal abgefallenen Islam wieder herzustellen. asch-Schâfi'î ist der Erste, der diesen Titel erhält, der in den folgenden Jahrhunderten erteilt oder reklamiert wird, um besonders herausragende Gelehrte auszuzeichnen (siehe Goldziher 1967: 53f. und Landau-Tasseron 1989: 112).

Ein guter Gelehrter ist, wer den ursprünglichen Islam wieder neu macht, wieder herstellt, also kein Reformer, der etwas in eine zeitgemäße Form bringt, um es zu erhalten, sondern ein Renovateur, der etwas in seiner überlieferten Form wieder neu in Geltung setzt. Geschichte wird als Verfallsgeschichte gedacht, als unvermeidlicher Abfall von der goldenen Ursprungszeit, dem Erneuerung immer nur entgegenwirken kann. Dieses Konzept wird zunächst innerhalb des Kreises derjenigen Gelehrten entwickelt, die sich zu asch-Schâfi'î bekennen, gewinnt aber unter der islamischen Gelehrsamkeit rasch allgemeine Anerkennung.

Die Gelehrten, die sich auf asch-Schâfi'î berufen, bilden schließlich eine eigene Rechtsschule, die zusammen mit weiteren drei Schulen bis heute den sunnitisch-orthodoxen Islam repräsentiert. Nachdem sich die Schulen etabliert und ihre eigene juristische Tradition ausgebildet haben, richtet sich der fundamentalistische Widerstand nun gegen eben diese Schulen. Exemplarisch für solche späteren Wendungen gegen die Rechts- und auch die Prophetentradition sei kurz auf Ibn Tûmart (1077-1130) und Muhammad Nâsir ad-Dîn al-Albânî (1914-1999) eingegangen.

1.1 Ibn Tûmart

Ibn Tûmart, der Begründer des Reiches der Almohaden, das sich im 12. und 13. Jahrhundert über weite Teile des Maghrebs und Spaniens erstreckte, war mit einer religiösen Agenda angetreten. Geboren in einem kleinen Dorf im Atlas-Gebirge, ging er in jungen Jahren zum Studium nach Syrien und in den Irak. Dort entwickelte er eine eigene Lehre, die als Gegenentwurf zu jener Ausprägung der sunnitischen Orthodoxie gedacht war, wie sie von den Almoraviden gefördert wurde. Das betraf nicht nur die Theologie und etwa die Frage, wie die anthropomorphen Gottesbeschreibungen im Koran exegetisch zu behandeln seien, sondern auch das islamische Recht und die Prophetenüberlieferung.

Ibn Tûmart vertrat die Auffassung, das islamische Recht sei weder auf die eigene Tradition der Rechtsschulen noch auf die professionelle Spekulation der Juristen, sondern allein auf den Koran und die Überlieferungstexte zu gründen (siehe Goldziher 1887: 85ff., 137f.; Abun-Nasr 1975: 104). Er lehnte die juristische Tradition und die in den juristischen Schulen üblichen Auslegungstechniken ab und forderte einen neuen, unverstellten Zugang zu den Texten (siehe Fierro 2010: 70). Diese Lehre richtete sich gegen den mâlikitischen Rechtsschulenislam, das geistige Fundament der Almoravidenherrschaft.

Die Konstellation »Prophetenüberlieferung gegen die Tradition der Juristen« wiederholt das von asch-Schâfi'î her bekannte Szenario. Wieder wird die Forderung laut, zurückzugehen auf die Zeit des Propheten und das zwischenzeitlich angesammelte Material an Deutungen und Lehren beiseite zu räumen.

Alles in allem mutet Ibn Tûmarts Lehre nicht besonders originell an, was sich schon an ihrem Kerndogma ablesen lässt, dem sogenannten tauhîd, dem Bekenntnis zu Gottes Einsheit. Wovon Ibn Tûmarts Lehre lebt und woraus sie ihre Energie bezieht, das ist nicht ihre Originalität, sondern das von ihr angeschlagene Pathos der Erneuerung. Ibn Tûmart wirft den Almoraviden vor, vom ursprünglichen Islam abgekommen zu sein, den er mit seiner Lehre wieder herstellen will.

1.2 al-Albânî

Die Argumentation, die Rechtsschulen hätten den Islam mit ihren Auslegungen und Gelehrtentraditionen verfälscht, es komme deshalb darauf an, die kanonischen Texte – Koran und Prophetenüberlieferung – mit unverbildetem Sinn und gesundem Menschenverstand zu lesen, um ihren ursprünglichen Sinn zu erschließen, ist ein Topos salafistischen Denkens.

Mitunter aber reicht der salafistische Impuls noch über diese Kritik an den Rechtsschulen hinaus. Muhammad Nâsir ad-Dîn al-Albânî (1914-1999), ein aus Albanien stammender Traditionarier, der in Syrien ausgebildet wurde und gewirkt hat, ist dafür bekannt, nicht nur die Schultradition, sondern auch den Überlieferungskanon selbst hinterfragt zu haben. Überlieferungen aus den beiden Sammlungen von al-Bukhârî und Muslim galten spätestens seit dem fünften islamischen Jahrhundert als verlässlich. Überlieferungen aus diesen Sammlungen mussten nicht mehr auf ihre Echtheit überprüft werden, um sie etwa in juristischen Argumentationen verwenden zu können. Sie waren der Kritik enthoben und sozusagen gebrauchsfertig, weshalb man auch mit einem gewissen Recht von kanonischen Sammlungen sprechen kann.

al-Albânî hat diesen Konsens hinterfragt, auch einzelne Überlieferungen aus diesen beiden Sammlungen neu überprüft und gegebenenfalls als wahrscheinlich nicht authentisch verworfen – aus Sicht der Rechtsschulen wie auch der Traditionsgelehrten ein Tabubruch. al-Albânî fühlt sich an die Autorität der von al-Bukhârî und Muslim getroffenen Auswahl und der auf diesen beiden Sammlungen aufbauenden Tradition nicht im Geringsten gebunden und führt damit vor Augen, was salafistisches Denken ausmacht. Nicht ohne Grund gilt al-Albânî als ein großer salafistischer Vordenker im engeren Sinn des Begriffs (siehe Brown 2011: 325ff.).

asch-Schâfi'î, Ibn Tûmart und al-Albânî mögen als Beispiele genügen. Die Reihe ließe sich beliebig fortsetzen. Kritik an der Tradition und Auslegungstradition der Rechtsschulen, verbunden mit der Forderung, wieder auf Koran und Prophetenüberlieferung zurückzugehen, findet sich von Muhammad Ibn 'Abdalwahhâb bis zu den jüngsten Hervorbringungen der islamischen Theologie an deutschen Universitäten.[2] Das Aufbegehren gegen die etablierte Tradition, das Streben zurück zum Propheten und die Wiederherstellung einer verlorenen Ursprünglichkeit

---

2 | Als Beispiel dafür mag die Dissertation von Wolfgang Johann Bauer: »Aishas Grundlagen der Islamrechtsergründung und Textinterpretation« dienen. Bauer entwirft die Vorstellung einer Läuterung des islamischen Rechts durch eine Rückbesinnung auf Â'ischa-Überlieferungen. Vgl. meine Rezension für das online-Journal sehepunkte.de: http://www.sehepunkte.de/2013/09/22726.html.

sind Topoi der sunnitischen Geistesgeschichte. Diese Wiederherstellung wird dabei nicht nur als möglich, sondern immer auch als gänzlich unproblematisch gedacht. Die Umstände der goldenen Heilszeit sind in Überlieferungen so verzeichnet, dass sie jederzeit in objektiver Weise erkennbar sind. Der Horizont, in dem die Erkenntnis von Textsinn steht, verschiebt sich nicht. Und all das ist schon in jener Tradition angelegt, gegen die sich das salafistische Denken eigentlich richtet.

2. Fundamentalistische Strukturen der islamischen Auslegungskultur

Die Erkennbarkeit von Geschichte hat innerhalb der islamischen Tradition bis heute nie eine so grundsätzliche Problematisierung erfahren wie innerhalb der abendländischen Wissenschaftstradition bei ihrem Durchgang durch Aufklärung, Romantik und Historismus. Infolgedessen fehlt der islamischen Tradition jene tiefe Dichotomie von Natur- und Geisteswissenschaften, wie sie für unseren Begriff von historischer Wissenschaft wesentlich ist.

Die historischen Wissenschaften erklären Erscheinungen menschlichen Lebens nicht durch Rückführung auf allgemeine = überzeitliche Gesetze, sondern aus dem einmaligen historischen Kontext. Da der historische Wandel nicht nur die Zeitumstände, sondern auch die Bedingungen, unter denen sie erkannt werden, erfasst, wird eine objektive Erkenntnis des Historischen zum Problem. Das betrifft die Auslegung von Texten auch und gerade bei gesicherter Überlieferung.

Der Rahmen, in dem sich die islamische Auslegungskultur bis heute bewegt, ist ein anderer. Die islamische Tradition versteht die Dichotomie von Geistes- und Naturwissenschaften als bloße Einteilung nach Themengebiet und denkt methodisch auch die Geisteswissenschaften von den Naturwissenschaften aus. Den Zirkel, dem jede historische Erkenntnis unterliegt, prinzipiell verkennend, wird innerhalb der islamischen Auslegungskultur das einzige Problem darin gesehen, ob die Überlieferung vom Propheten und seinen Gefährten zutrifft. Ist sie hinreichend wahrscheinlich, vermittelt sie objektive Erkenntnis.

Die neuere orientalistische Hadith-Forschung wiederum ist in eine Sackgasse geraten, weil sie sich von der islamischen Tradition eben jene Frage nach der Authentie vorgeben ließ. So ist sie nicht bis zu jenen Fragen vorgestoßen, die sie eigentlich an die islamische Überlieferung zu stellen hätte, sondern hat immer nur die Authentie der Überlieferungen einzuschätzen gesucht. Mag sie auch teilweise zu anderen Ergebnissen gekommen sein als die islamische Hadith-Forschung, bewegt sie sich doch im Rahmen der gleichen Fragestellung.

Dabei hat sie sich in immer neuen und immer spitzfindigeren Authentiebewertungen verlaufen, anstatt die Geschichte des Hadith zu untersuchen, verstanden als eine Abfolge von literarischen Wandlungen und Paradigmenwechseln.[3] Zual-

---

3 | Beispielhaft hierfür wären etwa Harald Motzkis Kritik an Gautier H. A. Juynboll, Motzkis Auseinandersetzung mit Irene Schneider im Anschluss an ihre Habilitationsschrift: »Kinderverkauf und Schuldknechtschaft« oder jüngst die Kontroverse Shoemaker vs. Görke, Motzki und Schoeler. In all diesen Auseinandersetzungen wurden Ansätze, die zwar die Authentie der islamischen Überlieferung in Frage stellten, aber eigentlich eine eher literaturwissenschaftliche Herangehensweise suchten, auf die Frage nach der Authentie reduziert.

lererst wäre dafür notwendig, die Frage nach der Authentie aufzugeben und das Hadith als das zu verstehen, was es ist: eine Literatur mit einer ganz eigenen Formensprache. Erst so könnten die Bedingungen, unter denen Ereignisse im Hadith literarische Verarbeitung finden, aufgedeckt werden, was nicht nur ein Erkenntnisziel von eigenem Rang und Recht, sondern auch eine Voraussetzung ist, will man das Hadith als historische Quelle auswerten.[4]

Eben diese Wende weg von der Authentiefrage hin zu einer Betrachtung der Überlieferung als Literatur, die als Literatur historische Erfahrung nicht einfach nur abbildet, sondern auslegt, verformt und für ihre Aussageabsichten verwendet, müsste aber auch und vor allem innerhalb der sunnitisch-orthodoxen Tradition vollzogen werden, wollte sie mit ihrer fundamentalistischen Grundstruktur brechen. Erst dann würde sie ein vertieftes Problembewusstsein für die Erkennbarkeit von Textsinn und Geschichte und damit auch für die produktive Leistung von Auslegungsgeschichte entwickeln. So aber wird Auslegungsgeschichte entweder nur als sinnentstellendes Moment abgewertet oder als immer bessere Erforschung des einen ursprünglichen und wahren Textsinns gedacht. Der historische Wandel im Textverstehen ergibt keine Auslegungen mit neuer Qualität, sondern nur differenziertere Auslegungen und neue Anwendungen.

Fragen wie etwa die, ob das Inhalieren von Asthmamitteln, die es zur Zeit des Propheten noch nicht gab, während des Ramadan erlaubt sei, müssen beantwortet werden. Was sagen die Texte dazu? Ist eine Antwort oder sind mehrere konkurrierende Antwortmöglichkeiten aus den kanonischen Texten abgeleitet, kann die Frage als erledigt betrachtet werden. So sind es immer nur neue Fragen, die beantwortet werden müssen; und nicht alle Fragen müssen neu beantwortet werden.

Die sunnitisch-orthodoxe Hermeneutik erforscht die Texte und glaubt, sie so immer besser, aber nicht anders zu verstehen. Dieser Prozess ist nur in dem Sinne unabschließbar, dass er immer weiter perfektionierbar ist. Er ist aber nicht offen in dem Sinne, dass sich das Verständnis der Texte mit dem Wandel der Zeiten und damit der Perspektive des Verstehens grundlegend ändern könnte. Fundamentalistisch verdient dieses Verständnis genannt zu werden, weil es sich dem einen im Ursprung des Textes geprägten Sinn verpflichtet sieht. Dieses fundamentalistische Verständnis soll im Folgenden an drei Auslegungsfiguren veranschaulicht werden.

2.1 Der äußere und der innere Sinn

Die Unterscheidung zwischen einem äußeren und inneren Sinn (zâhir vs. bâtin), die zum Grundbestand der juristischen Hermeneutik und der Koranexegese gehört, scheint eine Öffnung hin auf ein nicht-fundamentalistisches, dem historischen Wandel Rechnung tragendes Verständnis der Texte zu ermöglichen.

---

4 | Zu erwähnen wäre hier die Dissertation von Eckehard Stetter: »Topoi und Schemata im Hadith«, Tübingen, 1965. Stetter analysiert einige augenfällige Topoi und Schemata, erkennt jedoch nicht, wie tief die Schematisierung dieser Literatur reicht. Konsequenter ist der von John Wansbrough in seinen Studien zur historischen und juristischen Überlieferung vorgestellte Ansatz. Einsichten in die Funktionsweise des Hadith als Literatur vermitteln auch die Arbeiten von Stefan Leder, Sebastian Günther und Jens Scheiner, allerdings werden hier teilweise immer noch europäische Konzepte wie »Autor« und »Fiktionalität« in Anschlag gebracht, die den Blick auf die Eigenart der Hadith-Literatur verstellen.

Sie gleicht auf den ersten Blick unserer Unterscheidung zwischen dem zeitgebundenen Literalsinn eines normativen Textes und der eigentlichen, überzeitlichen Absicht. Diese Vorstellung vom toten Buchstaben, der unter Berufung auf einen inneren Sinn durch aktualisierende Auslegung immer wieder überstiegen werden muss, ist die Grundlage der europäischen Auslegungskultur. Wir sehen darin keine Bedrohung des Sinns, sondern sind – ganz im Gegenteil – der Auffassung, dass dem Sinn überhaupt erst so volle Geltung verschafft werden kann. Diese Denkfigur findet sich in der Theologie (siehe McGrath 1997), im Recht (siehe Betti 1988: 21, 56) und in weiteren Kontexten.

Die Unterscheidung von äußerem (zâhir) und inneren (bâtin) Sinn entspricht dem jedoch nur scheinbar. In der sunnitischen Exegesetradition ist der innere Sinn nicht ein anderer und höherer als der äußere Sinn, sondern nur der noch nicht sichtbare Sinn, der sich weder prinzipiell noch in seiner Wertigkeit vom äußeren Sinn unterscheidet. asch-Schâfi'î erklärt das Verhältnis beider Begriffe sehr anschaulich am Beispiel der Gebetsrichtung. Die genaue Lage der Ka'ba ist das Verborgene (bâtin). Die jeweils anhand äußerer Indizien ermittelte Gebetsrichtung ist das Offensichtliche (zâhir), das im besten Fall dem Verborgenen entspricht, wahrscheinlich aber von ihm abweicht (siehe Tillschneider 2006: 58f.). Der äußere Sinn ist der Anschein. Der verborgene Sinn ist das, was tatsächlich der Fall ist. Beides weicht unter Umständen voneinander ab, weil das menschliche Erkenntnisvermögen mangelhaft ist. Das Auseinanderfallen von zâhir und bâtin erklärt sich durch Unschärfefaktoren, die von der Exegese aber prinzipiell kontrolliert und minimiert werden können. Das ist juristisch gedacht: Der äußere Sinn ist die an Sicherheit grenzende Wahrscheinlichkeit. Die Exegese zielt demnach nicht auf einen vom Literalsinn unabhängigen inneren, höheren, eigentlichen Sinn ab, sondern versucht, den einen ungebrochenen und unveränderbaren Sinn zu ermitteln, der dann gefunden ist, wenn die Differenz zwischen äußerem und inneren Sinn, so weit das eben möglich ist, ausgeschlossen werden kann. Indem die Exegese nach dem inneren Sinn sucht, schreibt sie ihn nicht fest, sondern strebt danach, die Differenz zwischen zâhir und bâtin aufzuheben.

Etwas völlig anderes bedeutet dagegen die Unterscheidung zwischen einem inneren und äußeren Wort etwa bei Augustinus, auf dessen Denken wesentliche Teile der abendländischen Hermeneutiktradition aufbauen. Auf der Suche nach einer Möglichkeit, Gottes Sohn als Gottes Wort zu denken, »ohne das Verbum als einfach sinnliche Veräußerung Gottes aufzufassen« (vgl. Grondin 2001: 54), differenziert Augustinus zwischen dem, was wir uns bei einer Äußerung denken – das innere Wort – und der Äußerung selbst, die das innere Wort immer nur unvollkommen wiedergibt. Das innere Wort ist eine Sinnfülle, die prinzipiell nie vollständig zum Ausdruck gelangen kann und auch deshalb im Laufe der Geschichte immer anders ausgelegt wird. Das äußere Wort und seine Deutungen erscheinen als Emanationen des einen inneren Worts, das ihm zugrunde liegt – eine Struktur, deren Herkunft aus der platonischen Ideenlehre auf der Hand liegt.[5]

---

5 | Siehe auch Goldziher 1970: 182: »Wenn die sichtbare Welt mit ihren Sondererscheinungen ihre Wirklichkeit von der universalen Idee ableitet, so mag dies auf das in Erscheinung tretende Wort seine Anwendung finden. Es ist ein blasser Schemen; seine Wirklichkeit liegt in der Welt der Idee, deren Schattenbilder die Worte sind.«

Etwas Vergleichbares findet sich innerhalb der islamischen Tradition nur in der Mystik. Hier ist der verborgene Sinn, der bâtin, anders als in der sunnitisch-orthodoxen Tradition nicht nur ein nicht Gewusstes, das Erkenntnis unsicher macht, sondern tatsächlich ein reichhaltigerer, ja unerschöpflicher Sinn, der den zâhir übersteigt. Nicht ohne Grund aber spielt die mystische Exegese im Gesamtbild der islamischen Tradition eine eher marginale Rolle. Der Auslegungskultur des sunnitischen Mehrheitsislam fehlt eben dieses Moment.

2.2 Die Aufhebung

Als ein weiteres Argument dafür, dass auch die klassisch-islamische Tradition ihre Texte problemlos an gewandelte Zeitumstände anzupassen vermag, wird in reformislamischen und apologetischen Diskursen immer die sogenannte Aufhebung (naskh) genannt. Es handelt sich um eine theologisch-juristische Auslegungsfigur, deren Funktion darin besteht, Widersprüche innerhalb der kanonischen Texte zu klären.

Wenn sich zwei Koranverse oder zwei Prophetenüberlieferungen in einer Weise widersprechen, die keine Vereinbarung beider Texte erlaubt, wird der eine für früher und der andere für später erklärt, wobei der spätere den früheren außer Kraft setzt. Auch das Verhältnis des Korans zu den vorangegangenen Offenbarungen der jüdischen und christlichen Propheten wird als eine solche Aufhebung, also Außerkraftsetzung, gedacht. Der Koran hebt nach islamischem Glauben als letzte Offenbarung die vorangegangenen Offenbarungen auf. Er ist Gottes letztes Wort.

Diese Aufhebung ist nun aber etwas völlig anderes als eine aktualisierende Umdeutung. Die Umdeutung alttestamentarischer Gebote in der Bergpredigt beispielsweise greift das Überlieferte auf und erklärt, wie es im Hinblick auf seine Intentionalität neuartig verstanden werden muss. »Ihr habt gehört, dass gesagt ist: ›Du sollst nicht ehebrechen.‹ Ich aber sage euch: Wer eine Frau ansieht, sie zu begehren, der hat schon mit ihr die Ehe gebrochen in seinem Herzen.« (Matthäus 5, 27-28). Das Gebot soll seiner eigentlichen Intention nach und dabei nicht nur äußerlich, sondern auch mit einer konformen Gesinnung befolgt werden. Die Vorschrift wird gesinnungsethisch relativiert, was eine Voraussetzung ist, um sie unter Umständen auch historisch zu relativieren. Gerade die Umdeutung, die einen überlieferten Text an veränderte Zeitumstände anzupassen und so erst in Geltung zu halten sucht, wird von seinem Wortsinn abstrahieren und auf eine eigentliche Absicht, die Idee im Hintergrund, abheben. »Denn der Buchstabe tötet, aber der Geist macht lebendig« (2. Korinther 3,6).

Die Aufhebung (naskh) dagegen gibt keinem toten Buchstaben auf dem Wege aktualisierender Umdeutung neues Leben. Sie legt das, worauf sie sich bezieht, nicht neu aus, damit es in Geltung bleibt, sondern ersetzt es schlichtweg. Eines der Standardbeispiele für die Aufhebung im islamischen Recht ist das Weinverbot im Koran. Nach islamischer Auffassung wurde die ursprüngliche Freistellung von Wein schrittweise aufgehoben. Vers 16:67 stellt Wein frei: »Und (wir geben euch) von den Früchten der Palmen und Weinstöcke (zu trinken), woraus ihr euch einen Rauschtrank macht, und (außerdem) schönen Unterhalt. Darin liegt ein Zeichen für Leute, die Verstand haben.«

Diejenigen Verse, die die Freistellung des Weingenusses einschränken, sollen danach offenbart worden sein, bis Vers 5:90 schließlich das letzte Wort in der Sache spricht und Wein verbietet: »Ihr Gläubigen! Wein, das Losspiel, Opfersteine und Lospfeile sind ein Gräuel und Teufelswerk. Meidet es! Vielleicht wird es euch wohl ergeben.« Vom Rauschtrank, der zum Nachsinnen über Gottes wunderbare Einrichtung der Welt einladen soll, ist nichts mehr geblieben.

Die Aufhebung wird in der Rechtstheorie so gedacht, dass sie keine göttlich verfügte Gesetzesänderung, sondern eine Begrenzung der Geltungsdauer darstellt. Gott ändert seinen Sinn nicht. Es war schon immer beschlossen, das die aufgehobene Regelung nur eine zeitlang in Kraft sein sollte. Auch das aber ist keine Neuauslegung, die dem ursprünglichen Text besser gerecht werden will, sondern das genaue Gegenteil davon: die Annullierung eines Textes.

Das Gleiche gilt auch für das Verhältnis des Korans zu den Offenbarungsbüchern der Juden und Christen: Der Koran hebt die vorangegangenen Offenbarungen in dem Sinne auf, dass er alles, was ihm widerspricht, korrigiert bzw. annulliert und alles, was ihm entspricht, bestätigt. Die früheren Offenbarungen sind damit überflüssig geworden. Die Neuauslegung des Alten Testaments durch das Neue Testament, wie sie in der christlichen Theologie gedacht wird, hat dagegen das Alte Testament nicht überflüssig gemacht, sondern neu in Geltung gesetzt und sein Weiterleben in einem neuen umfassenden Kanon so erst gesichert. Mit den Worten von Augustinus: »Das Neue Testament ist im Alten verborgen gegenwärtig; das Alte wird durch das Neue zugänglich.« (Vgl. McGrath 1997: 215)

2.3 Die Offenbarungsanlässe

Unter Offenbarungsanlässen versteht man in der islamischen Tradition Überlieferungen, die vorgeben, von den Umständen zu berichten, unter denen einzelne Koranverse offenbart worden sein sollen. In apologetischen und reformislamischen Diskursen wird das Konzept genutzt, um nachzuweisen, auch die islamische Tradition könne ihre heilige Schrift aus einer Perspektive historischer Distanz betrachten.

Dieses Argument verkennt den Unterschied zwischen Geschichte und Heilsgeschichte und verhält sich insofern komplementär zu jener orientalistischen Hadith-Forschung, die mit der islamischen Überlieferung nichts Besseres anzufangen weiß, als sie auf ihre Authentie zu prüfen.

Bei den Offenbarungsanlässen handelt es sich um exegetische Überlieferungen, die aus dem Bedürfnis, die Deutungsmöglichkeiten eines Verses zu limitieren, entstanden sind. Offenbarungsanlässe stellen Verse in einen Kontext, der ihrem Sinn eine Richtung gibt. Wenn also Koranverse vor dem Hintergrund der sie begleitenden Offenbarungsanlässe gelesen werden, führt das bestenfalls zu einer Explikation der den Offenbarungsanlässen eingeschriebenen Deutungsabsichten, aber in keinem Fall dazu, dass irgendetwas vom historischen Kontext der Entstehung des Korans erkannt würde. Die Offenbarungsanlässe entstehen, indem die exegetische Behauptung, ein Vers beziehe sich auf ein bestimmtes Ereignis, im Laufe der Literaturgeschichte der Texte sich zur Behauptung wandelt, der Vers sei im Zusammenhang mit jenem Ereignis offenbart worden. Interpretation wird zum Ereignis, Auslegung wandelt sich zu Erzählung (siehe Tillschneider 2011).

Insofern sind gerade die Offenbarungsanlässe paradigmatisch für die gesamte islamische Überlieferung, die theologische und juristische Doktrin in die Form von Erzählungen kleidet. Salafismus wiederum erkennt man daran, dass er diese

Erkenntnis als Bedrohung empfindet und die Auseinandersetzung mit ihr verweigert, ja sie mitunter denunziert und verketzert.

2.4 Ausblick

Der Salafismus ist kein dem Islam fremdes und modernes Phänomen, das sich erst im Kontakt mit dem Westen entwickelt hätte und erst unter Bedingungen der Globalisierung so recht zur Geltung käme. Wie gezeigt, ist das salafistische = fundamentalistische Denken gerade auch in der Tradition, gegen die es sich richtet, tief verwurzelt. Der sunnitisch-orthodoxe Islam ist strukturell salafistisch. Die im engeren Sinn als salafistisch bezeichneten Gruppen radikalisieren etwas, dessen Wurzeln tief in die islamische Tradition hinabreichen.

Ein mit der modernen Welt, mit aufgeklärter Geisteswissenschaft und mit westlichen Gesellschaften vereinbarer Islam muss sich von eben diesen salafistischen Strukturen befreien. Das ist keine leichte Operation, doch birgt die islamische Tradition zugleich auch Ansätze zur Überwindung ihres strukturellen Salafismus.

Viel versprechend ist die ganz eigene Deutungskultur der islamischen Mystik, die den inneren Sinn nicht mit dem richtigen verstandenen Wortsinn gleichsetzt, sondern mit einer den äußeren Wortsinn übersteigenden höheren Intentionalität. »Koran und Gesetz bedeuten nicht, oder mindestens nicht allein, was ihr Wortverstand zu künden scheint. Hinter diesem sind tiefere Gedanken verschleiert, der wahre Sinn der göttlichen Kundgebung deckt sich nicht mit den Banalitäten ihres Scheins.« (Vgl. Goldziher 1970: 182) Seit jeher relativiert die Mystik den äußeren Sinn der kanonischen Texte und damit das darauf aufbauende islamische Recht durch eine hintergründige, eigentliche Wahrheit: »scharî'a – das Recht« steht gegen »haqîqa – die Wahrheit« (vgl. Akash 2006: 228). Nicht ohne Grund war die Mystik seit jeher die stärkste Gegenströmung zum Salafismus wie auch zum Rechtsschulenislam. An der Kreativität mystischen Denkens könnte eine islamische Selbstbesinnung ansetzten.

Ähnliche exegetische Vorstellungen wie in der Mystik sind auch in der Schia und insbesondere im Umfeld der Isma'îlîya anzutreffen, die von ihren Gegnern bezeichnenderweise auch Bâtinîya genannt wird, weil sie sich gegen den äußeren Sinn der heiligen Texte auf deren inneren Sinn beruft. »Man ging davon aus, dass jede Erscheinung eine innere, wahre Realität (haqîqa) in sich birgt. Demgemäß haben die offenbarten Schriften und die darin niedergelegten Gesetze einen augenscheinlichen, wörtlichen Sinn, den zâhir, der dem bâtin, der wahren, verborgenen Bedeutung, gegenübergestellt wurde.« (Vgl. Daftary 1990: 137) Vergleichbare Vorstellungen sind auch bei den »lauteren Brüdern von Basra« anzutreffen, einer Geheimgesellschaft, die im 10. Jahrhundert aktiv war.

Alle zâhir-bâtin-Dichotomien, die anders als das sunnitisch-orthodoxe Konzept einen vom äußeren Sinn abweichenden höheren, eigentlichen, inneren Sinn annehmen, beruhen letztlich auf der Rezeption platonischen bzw. neoplatonischen Gedankenguts, das aber keinen erkennbaren Fremdkörper mehr darstellt, sondern rückstandslos anverwandelt wurde. Damit ist der Keim einer den äußeren Wortsinn relativierenden Auslegung in der islamischen Tradition gesät. Zwar mag man der Isma'îlîya mit Recht vorwerfen, dass sie missbräuchlich auf einen inneren Sinn abstellt, weil es ihr nur darum geht, ihre Doktrin mithilfe abwegiger Deutungen in den Texten zu verankern. Sie betreibt also das, was man Eisegese nennt: Sie legt nicht aus, sondern legt in die Texte hinein.

Demgegenüber aber käme es darauf an zu erkennen, dass nicht jede Berufung auf einen inneren Sinn Eisegese sein mus, sondern es Möglichkeiten gibt, sich in einer Weise vom Wortsinn zu lösen, die dem Text nicht Gewalt antun, sondern ihm sogar besser gerecht werden als ein ängstliches Haften an seinem Wortsinn. Die starre juristische Dogmatik des sunnitisch-orhthodoxen Islam und sein starres Geschichtsbild würden in Fluss geraten, eine echte historische Kritik der islamischen Tradition und – damit verbunden – eine Reform des islamischen Rechts würden möglich, weil die historischen Berichte und die Vorschriften des Propheten als tote Buchstaben erkannt würden, die, um lebendig zu bleiben, immer neu ausgelegt werden müssen.

Literatur

Abun-Nasr, Jamil (1975): A History of the Maghrib. Cambrige: Cambridge University Press.

Abun-Nasr, Jamil (1987): A history of the Maghrib in the Islamic period. Cambrige: Cambridge University Press.

Akash, Ali Hussein (2006): Die sufische Koranauslegung – Semantik und Deutungsmechanismen der išârî-Exegese. Berlin: Klaus Schwarz.

Betti, Emilio (1988): Zur Grundlegung einer allgemeinen Auslegungslehre. Tübingen: Mohr.

Brown, Jonathan (2011): The Canonization of al-Bukhârî and Muslim. Formation and Function of the Sunnî Hadîth Canon. Leiden: Brill.

Daftary, Farhad (1990): The Ismâ'îlîs: their history and doctrines. Cambridge: Cambridge University Press.

Fierro, Maribel (2010): »The Almohads and the Hafsids«, in: dies. (Hg.): The New Cambridge History of Islam – Volume 2: The Western Islamic World Eleventh to Eighteenth Centuries. Cambridge: Cambridge University Press, S. 66-105.

Gadamer, Hans-Georg (1990): Hermeneutik I – Wahrheit und Methode. Tübingen: Mohr.

Goldziher, Ignaz (1887): »Materialien zur Kenntniss der Almohadenbewegung«, in: Zeitschrift der Deutschen Morgenländischen Gesellschaft (ZDMG) 41(1887), S. 30-140.

Goldziher, Ignaz (1967): »Zur Charakteristik Gelâl ud-dîn us-Sujûtî's und seiner literarischen Thätigkeit«, in: ders: Gesammelte Schriften, Bd. I., Hildesheim: G. Olms, S. 52-73.

Goldziher, Ignaz (1970): Die Richtungen der islamischen Koranauslegung. Leiden: Brill.

Grondin, Jean (2001): Einführung in die philosophische Hermeneutik. Darmstadt: Wissenschaftliche Buchgesellschaft.

Landau-Tasseron, Ella (1989): »The ›Cyclical Reform‹: A Study of the mujaddid Tradition«, in: Studia Islamica 70(1989), S. 79-117.

McGrath, Alister E. (1997): Der Weg der christlichen Theologie. München: Beck.

Schacht, Joseph (1950): The Origins of Muhammadan Jurisprudence. Oxford: Clarendon.

Tillschneider, Hans-Thomas (2006): Die Entstehung der juristischen Hermeneutik (usûl al-fiqh) im frühen Islam. Ergon: Würzburg.

Tillschneider, Hans-Thomas (2011): Typen historisch-exegetischer Überlieferung. Formen, Funktionen und Genese des asbâb an-nuzûl-Materials. Ergon: Würzburg.

Salafismus als Teil der Globalgeschichte

Rüdiger Lohlker

ZUR SYSTEMATISCHEN BETRACHTUNG EINER NEUEN RELIGIÖSEN BEWEGUNG

Wird über Salafismus geredet, ist eigentlich von unterschiedlichen Dingen die Rede (grundsätzlich Lauzière 2010). Von muslimischer Seite sunnitischer Richtung kann der selbstverständliche Bezug auf die »frommen Altvorderen«, arab. as-salaf as-sâlih, gemeint sein. Der Begriff selber geht ja auch auf diese »Altvorderen« (salaf) zurück. Gemeint sein kann eine modernistische Strömung, die gegen Ende 19. Jahrhunderts in Ägypten, Syrien und anderenorts entstanden ist. Heute ist zumeist eine seit den 1990er Jahren immer mehr in der Öffentlichkeit präsente Strömung gemeint, die sich strenggläubig und fromm gibt, zur Unterscheidung vielleicht eher Neo-Salafismus zu nennen. Eine weitere Bedeutungsebene ist die Konstruktion des Salafismus als absolute Bedrohung, häufig verschmolzen mit einem oft hypostasierten dschihadistischen Terrorismus. Dabei handelt es sich in weiten Teilen eher um ein Fantasieprodukt, das von realer Analyse des Phänomens absieht.

Wenig beachtet wird eine andere Perspektive: die Betrachtung des Salafismus als ein historisch entstandenes Phänomen in globalgeschichtlicher Verflechtung. Diese Verflechtung ermöglicht es auch, vergleichende Untersuchungen vorzunehmen.

In einer Arbeit zu Muslimen in Delhi im 19. Jahrhundert heißt es so:

»Wenn das Ziel einer Globalgeschichte ernst genommen wird, so gilt es, sich von der Vorstellung zu verabschieden, die europäische Historiographie sei gewissermaßen der Hausherr und Gastgeber, der andere einladen könne – oder ihnen eben auf Grund des Fehlens gewisser Voraussetzungen das Gastrecht entziehen kann. Besteht eine begründete Vermutung, dass die Geschichte Europas und der außereuropäischen Länder miteinander verflochten sind, muss es darum gehen, Begriff und Methoden zu entwickeln, um diese Hypothese zu verifizieren, also ein potentielles entanglement adäquat erfassen zu können. Dabei ist es sinnvoll, so die Überlegung, von den gegebenen Fragestellungen und Begriffen auszugehen, die ohnehin den Hintergrund bilden, vor dem jede Arbeit über außereuropäische Geschichte gelesen wird. Ob im wissenschaftlichen oder vorwissenschaftlichen Bereich: die Annäherung an Fremdes erfolgt zunächst einmal dadurch, dass es zu bekanntem in Beziehung gesetzt wird. Dies ist weder richtig noch falsch, und schon gar nicht eurozentristisch, sondern unvermeidlich.« (Pernau 2008: 9)

Interessant wird es, wenn die außereuropäischen Phänomene nicht mehr durch Fragen oder Begriffe, die im europäischen Kontext geprägt wurden, erfasst werden können. An diesem Punkt ist zu klären, wie und warum der Begriff, der aus der europäischen Geschichte übernommen wurde, nicht mehr passt. Es gilt ihn also im außereuropäischen Begriffshorizont zu interpretieren ohne die Verbindung zum gemeinsamen, verflochtenen Begriffshorizont zu verlieren und nur noch das Fremde zu sehen. »Dazu werden teilweise Begriffe neu definiert werden müssen; noch wichtiger aber erscheint es, sie für neue Bedeutungen zu öffnen.« (Pernau 2008: 10)

Dies ist schon mehrfach versucht worden. So wurde nach den islamischen Wurzeln des Kapitalismus gesucht (Gran 1998). Eine engagierte islamwissenschaftliche Fachdiskussion entwickelte sich um die Idee einer islamischen Aufklärung (so z.B. Schulze 2004). Letztlich geht es in all diesen Fällen um ein Schwanken zwischen Subsumierung außereuropäischer Entwicklungen unter europäische Begriffe (z.B. Kapitalismus) bzw. der Erweiterung des europäisch geprägten Begriffshorizontes (z.B. Aufklärung). Wenn ein Resultat dieser Versuche ist, dass sie helfen, die Perspektive einer islamischen Exzeptionalität zu überwinden, so ist das zweite Resultat sicherlich die beginnende Dekonstruktion einer europäischen (und christlichen) Exzeptionalität in globalgeschichtlicher Hinsicht. Sicherlich sind solche Vergleiche typologisch und funktional, nicht auf eine Identifizierung gerichtet. D.h., nicht jedes Element der verglichenen Erscheinungen findet sich bei den anderen.

Es ist in diesem Zusammenhang bereits angemerkt worden, dass »Puritanismus wie Pietismus zum Beispiel [...] ideengeschichtlich so stark in den Religionsdiskurs intervenieren« haben, »dass eine anthropozentrische Religionskritik erst möglich wurde« (Schulze 2004: 169). An diesem Punkt setzt die folgende Betrachtung der islamischen Bewegungen des 17.-19. Jahrhunderts an.

Der Gedanke, der hier entwickelt wird, ist, dass sich in dieser Zeit eine islamische Reformation herausbildete, die etwas anderes ist als das Resultat der Intervention eines heute wiederholt geforderten »islamischen Martin Luther«, eine Forderung, die mehr über die Ahistorizität und Apologetik derjenigen verrät, die eine solche Person reklamieren. Die zu betrachtenden Bewegungen zeigen viele Familienähnlichkeiten mit den zeitgenössischen europäischen Bewegungen auf.

Reformation und Pietismus — die Vergleichsebene

Unsere Vergleichsebene ist also nicht die Reformationsbewegung Luthers. Wir ziehen den zeitnäheren Vergleich zu den pietistischen christlichen Bewegungen des 17. und 18. Jahrhunderts, den wichtigsten Reformbewegungen im Rahmen des kontinentaleuropäischen Protestantismus. In weiterer Perspektive sind natürlich die aus diesen Bewegungen entstandenen Strömungen komparativ interessant (s.u.). Unter unterschiedlichen historischen Voraussetzungen entstanden, kann eine Betrachtung dieser Phänomene helfen, ähnliche Erscheinungen im islamischen Kontext zu verstehen. Es geht hier also nicht um die Behauptung von Identitäten. Es geht vielmehr um das Verständnis von Ähnlichkeiten in einer zunehmend verflochtenen Welt.

Die christlichen pietistischen Bewegungen sind durch verschiedene Merkmale charakterisiert worden. Neben der individuellen, subjektiven Perspektive hat sich in der neueren Forschung auch die Wichtigkeit der Gemeinschaftsbildung gezeigt

(Strom 2010). Als zentral für den Pietismus wird hier die Rolle des »moralischen Subjekts« in der Gemeinschaft angesehen:

»Eine quer zu den Klassen vorkommende Amoralität der Individuen wird als die ›Quelle des Verderbens‹ ausfindig gemacht, die gesellschaftlichen Konflikte sind individuellem moralischen Versagen zuzurechnen. Obrigkeitliche Willkür und private Durchsetzungsstrategien gelten nun ebenso wie persönlicher Streit als Ausdruck unmoralischer Eigenschaften einer nicht bekehrten Seele. Die von Francke anvisierte ›Universalverbesserung in allen Ständen‹ artikuliert die sich einander widersprechenden Perspektiven als ein einheitliches Problem, auf das die religiöse Pädagogik der Glaubenserneuerung die umfassende Antwort zu sein beansprucht.« (Reiter 1986: 69)

Wichtig ist für die christliche pietistische Bewegung die Abgrenzung von der lutherischen Tradition, insbesondere ihrer Predigtlehre in ihrer kunstvoll ausgearbeiteten Gestalt (Reiter 2010). Wie es in einem Reformprogramm für die lutherische Kirche aus dem Jahre 1675 heißt:

»Die Kanzel ist nicht derjenige Ort, da man seine Kunst mit Pracht sehen lassen, sondern das Wort des Herrn einfältig, aber gewaltig predigen, und dieses das göttliche Mittel sein sollte, die Leute selig zu machen« (Spener 1841: 100).

Als pietistisch und damit in reformatorischer Tradition werden hier also religiöse Bewegungen verstanden, die auf die Schaffung einer neuen Subjektivität zielen, die durch eine innere Umkehr hin zu einer an den als ursprünglich begriffenen Inhalten der religiösen Tradition orientierten Haltung der einzelnen Gläubigen geschaffen wird. Dies erfordert eine neue Praxis der Glaubensvermittlung, die u.a. zu einer Bildung von neuen religiösen Gemeinschaften führt. Diese Gemeinschaften sind aber nicht feindlich der bestehenden Obrigkeit gegenüber, grenzen sich aber deutlich von etablierten religiösen Praktiken ihrer Tradition ab. Gibt es nun solche Bewegungen im islamischen Kontext? Es sei noch einmal betont, es geht hier nicht um den Nachweis einer Identität; es werden Familienähnlichkeiten betrachtet.

Reformbewegungen ab dem 17. Jahrhundert

Als erste klar erkennbare reformatorische pietistische Strömung im islamischen Kontext sei die der Qadizadeli im osmanischen Reich genannt (s. auch Schulze 1996). Einer der Urväter der Qadizadeli-Bewegung, Mehmed Birgevi (gest. 1573), war ein populärer frommer Prediger, der in einer osmanischen Provinzstadt tätig war und einige Reformschriften verfasste, die in der sunnitischen muslimischen Welt weithin rezipiert wurden. Seine Schriften befassten sich, gestützt auf koranische und insbesondere Hadith-Belege, mit Fragen des individuellen religiösen Verhaltens mit dem Ziel, auf den rechten Weg zu führen – auch wenn seine Bezugnahme auf den Hadith nicht unumstritten war. Dies wurde mit einer Ablehnung von als unislamisch begriffenen Neuerungen verbunden. Völlig uninteressiert war er an den lokalen Bräuchen und Sitten (Zilfi 1986).

Die Qadizadeli-Bewegung nahm seine Ideen auf und setzte sie, befördert von einer Gruppe wichtiger Prediger, auf manchmal auch gewalttätige Weise um. Diejenigen, die den von ihnen identifizierten Neuerungen anhingen, wurden quasi als Häretiker angesehen, die eine Erneuerung ihres Glaubens beweisen mussten. Eine besondere Gegnerschaft brachten sie der gesellschaftlichen Amoralität ihrer Zeit gegenüber zum Ausdruck, die sie in dem von ihnen verdammten Genuss von Wein, aber auch von Kaffee und Tabak sowie Singen, Tanzen und Musik verkörpert sahen. Ein wichtiger weiterer Punkt war der Besuch von Heiligengräbern, ein Konfliktpunkt mit sufischen Strömungen, der dominanten religiösen Tradition. Die Kontrolle dieses für sie abweichenden Verhaltens deckte sich zeitweise mit den Interessen des osmanischen Sultans wie auch führender Gelehrter. Die Aktivität der Bewegung erstreckte sich bis in das 18. Jahrhundert.

Für unseren Zusammenhang wichtig ist, dass Birgevi in seinen Schriften die Beseitigung menschlicher Fehler wie Neid, Hass, Wut, Geiz, Hochmut, aber auch Unglaube, durch eine innere Reform mittels »Untersuchung des Herzens« anstrebte. Damit war sein Ziel – und das der Qadizadeli – die seelische Umkehr, die Schaffung einer moralisch gefestigten Gesamtpersönlichkeit. Seine Argumentation stützt sich insbesondere auf Hadithe – aber auch auf andere Quellen. Eine dieser wichtigen anderen Quellen sind sufische Schriften und Erfahrungen. Von einer strikten Feindschaft reformerischer Kräfte dem Sufismus gegenüber ist also nicht auszugehen, aber schon von einer Distanz zu den jeweiligen Praktiken sufischer Bewegungen.

Es ist postuliert worden, dass die sunnitischen islamischen Reformbewegungen des 17. bis 19. Jahrhunderts durch Gelehrtennetzwerke miteinander in Verbindung gebracht werden können. Insbesondere Medina und Mekka (auch jemenitische Orte) werden genannt. Ergänzt werden sollte noch eine Verbindung nach Südasien über Zentralasien und die Wolgaregion, die wir u.a. an der Birgevi-Rezeption verfolgen können. Wichtige Züge des Denkens dieser Netzwerke waren die Wiederbelebung der Hadithkunde, die Kritik an sufischen Praktiken und anderem Brauchtum, eine Kritik der einzelnen Richtungen des islamischen Rechts und eine Ablehnung der unkritischen Nachahmung der Gelehrten (taqlîd) sowie Streitigkeiten der Gelehrten als unnütz mit einer Tendenz zur Aufhebung der Grenzen zwischen diesen Richtungen (Lohlker 2008).

In welcher Situation wurden solche Netzwerke bedeutsam? Die zunehmende Interdependenz der muslimischen Welt wie auch die steigende Verflechtung mit der europäischen Welt, sei es in (Ost-)Europa oder in Form der europäischen kolonialen Expansion bis nach Süd- und Südostasien, die durch die genannte steigende Interdependenz beförderte Generalisierung von Inhalten islamischer Bildung, die in klar formulierten Curricula Ausdruck fand, trugen dazu bei. Dazu kamen noch die Stärkung der lokalen Mächte zu Lasten der Zentralmächte der großen muslimischen Reiche bis in das 18. Jahrhundert, die zunehmende Urbanisierung, die neue Herausforderungen und Problematiken hervorbrachte, die als moralische Gefahr wahrgenommen wurden. Dies ist natürlich nur ein kurzer Abriss möglicher Ursachen.

Die bekannteste dieser pietistischen Bewegungen dürfte die der Wahhabiten sein. Diese von ihnen selber abgelehnte Bezeichnung ist zum Inbegriff eines islamischen Fanatismus geworden. In der Gründungszeit war dies anders. Die Wahhabiten wurden in etlichen Teilen der muslimischen Welt als Reformbewegung wahrgenommen, die eine Rückkehr zu den Quellen des Glaubens beabsichtigte (s.u.).

Die Geschichte der Allianz zwischen dem Begründer dieser Bewegung, Muhammad Ibn Abdalwahhab, und dem damaligen Stammesführer Muhammad Ibn

Sa'ud hat über mehrere historische Etappen zur Gründung des heutigen Königreichs Saudi-Arabien geführt, das den Rahmen für die – nicht zuletzt militärisch gestützte – größte Erfolgsgeschichte unter den hier behandelten Bewegungen liefert. Was ist nun die ideengeschichtliche Seite dieser Allianz? Basis der Ideen ist wiederum ein erneuerter Rekurs auf den Koran und den Hadith – wenn auch die Art und Weise des letzteren kritisiert wurde. Dies führt zur Betonung eines strikten Monotheismus und Ablehnung aller Vermittlungsversuche zwischen Menschen und Gott wie Heiligenverehrung oder die der zwölferschiitischen Imame, was neben anderen Handlungen als eine Art Polytheismus und damit als unislamisch qualifiziert wird. Zentral für die Predigt Muhammad Ibn Abdalwahhabs war das Gefühl in einer durch unislamisches Verhalten geprägten Zeit zu leben, die eine völlige religiöse Umkehr erforderte, um überhaupt wieder von Islam im ursprünglichen Sinne zu sprechen; die Verankerung des Glaubens im Herzen ist hier ebenfalls das zentrale Element. Auch bei ihm können wir von einer Art des idschtihâd sprechen und von einer Nachahmung bereits geäußerter Meinungen (taqlîd). Das Element der Gemeinschaftsbildung finden wir in der wahhabitischen Strömung bis hin zur Abschottung des ganzen saudisch-wahhabitischen Herrschaftsbereichs. Zusammengefasst geht es also um die (Neu-)Schaffung eines islamischen Subjektes unter den Bedingungen auf der arabischen Halbinsel.

Zentral für die Reformbewegungen ist die Gestalt von Schah Wali Allah ad-Dihlawi (gest. 1762). Er studierte in Mekka und Medina und kam damit in Kontakt mit den oben genannten Netzwerken und mit den Diskussionen in der arabisch-osmanischen Welt. Er lehnte ebenfalls die unkritische Befolgung der Meinungen der etablierten Richtungen des islamischen Rechts ab, also den taqlîd, und auch den Besuch von Heiligengräbern. Er sprach sich für den idschtihâd und den Primat der Hadithkunde aus, wobei er methodisch allerdings nicht von der traditionellen Herangehensweise abwich (Brown 1996). Eine puritanisch-pietistische Deutung seiner Ideen setzte sich erst unter seinen Nachfolgern durch.

Große Familienähnlichkeiten mit der wahhabitischen Bewegung hat die der Tariqa-yi Muhammadiyya unter Sayyid Ahmad Barelvi (gest. 1832), die u.a. stark vom jemenitischen Hadithgelehrten asch-Schaukani (gest. 1834) und den Ideen Schah Wali Allahs beeinflusst wurde.

Als Folgebewegung entstand die der Ahl-e Hadith, die aus der militärischen Niederlage ihres Vorgängers die Lehre zog, sich quietistisch zu orientieren. Diese elitäre, immer noch bestehende Bewegung stützt sich auf den Koran und insbesondere auf den Hadith, steht den etablierten Richtungen des islamischen Rechts und ihrem taqlîd kritisch gegenüber, sieht als Aufgabe an, idschtihâd zu üben, lehnt den Besuch von Heiligengräbern und das Gebet zu Heiligen ab als Ausfluss ihres strikten Monotheismus. Ziel ist letztlich die individuelle Frömmigkeit und eine fromme Gesamtlebensführung (Brown 1996). Mit dem modernistischen Salafismus (s.u.) gibt es eine Ähnlichkeit in der Verwerfung der gelehrten Tradition und der Betonung des Hadith als Grundlage des Glaubens, Unterschiede gibt es im konkreten Umgang mit Hadithen.

Andere Reformbewegungen finden sich in Westafrika, die, ebenfalls von neu gegründeten Gemeinschaften ausgehend, die Reform der islamischen Glaubenspraxis (auch mit militärischen Mitteln) einfordern.

Albrecht Hofheinz, der hier ebenfalls von Pietismus spricht, beschreibt die genannten Prozesse am Beispiel von Muhammad Madschdhub (gest. 1833), einem sudanesischen Reformator. Auch bei ihm finden wir die Zentriertheit auf den Propheten Mohammed, die Orientierung an der inneren Reform der Gläubigen und die Bildung von Gemeinschaft – Hofheinz spricht von der sufischen Gemeinschaft als »moralischer Anstalt« (Hofheinz 1996). Hofheinz spricht auch von einer »Internalisierung des Islams«, die eine neuere Form der Subjektivität hervorbringt als die an einem externen Verhaltenscode orientierte frühere muslimische Subjektivität. Allerdings ist diese Reformströmung eher sufisch geprägt.

Die Reformbewegungen konnten unterschiedliche Gestalt annehmen, je nach den spezifischen Bedingungen. In Südarabien sprachen sich Gelehrte für die puritanischen und pietistischen Aspekte des wahhabitischen Reformismus aus, lehnten aber extremere Positionen wie die Verdammung anderer Muslime als Ungläubige ab. In Marokko gab es im 18. Jahrhundert den Versuch einer Reform von oben, um das Feld des islamischen Wissens zu transformieren; mit dem Herrscher, der dies wesentlich initiierte, ist im äußersten Westen der arabischen Welt ein gewisses Interesse am wahhabitischen Reformismus zu konstatieren (Lohlker 2009).

Bereits in das 17. Jahrhundert gehen die Verbindungen südostasiatischer Reformgelehrter zu den oben genannten Gelehrtennetzwerken zurück. Von einer ausgeprägten pietistischen Strömung können wir allerdings erst Anfang des 19. Jahrhunderts in Sumatra sprechen. Von drei Gelehrten nach ihrer Pilgerfahrt nach Mekka und zu vermutender Kenntnis wahhabitischer Lehren gegründet, wandte sich die Padri-Bewegung gegen bestehende Strukturen, die durch den neuen Handelsreichtum der Region gefördert wurden. Auch hier finden wir die Ablehnung des Tabakkonsums etc., die Kritik insbesondere der Tradition des Gewohnheitsrechts (adat), die Gemeinschaftsbildung, die Aufforderung zur moralischen Umkehr und andere bereits beschriebene Elemente. Hinzu kommt eine antikoloniale Wende: der letztlich erfolglose militärische Widerstand gegen die niederländische koloniale Durchdringung. Damit berühren wir die Frage der Rolle des Kolonialismus für die neuere islamische Ideengeschichte, die hier nicht behandelt werden kann.

Können wir nun von einem völligen Bruch mit den älteren islamischen Traditionen in den pietistischen Bewegungen ausgehen, für die sich noch andere Beispiele finden ließen? Dies ist nicht der Fall, denn es lassen sich Kontinuitäten der älteren Traditionen feststellen. Das bekannteste Beispiel dürfte das neu aufgelebte Interesse an den Ideen Ibn Taymiyyas (gest. 1328) sein, aber auch andere frühere Ideen werden von den Reformbewegungen aufgegriffen. Auch für dieses Phänomen finden wir ähnliche Erscheinungen im europäischen Kontext. Ohne in die Diskussion über Reformation und Gegenreformation einsteigen zu wollen, die als widerstreitende Elemente der frühmodernen Transformation Europas begriffen werden können, sei Berhard Groethuysens Beobachtung zum Verhältnis von katholischer Religiosität und Bürgertum in Frankreich zitiert, der die Umbildungsprozesse im Verhältnis zwischen beiden beschreibt:

»Gewisse Vorstellungselemente büßen ihre ursprüngliche Bedeutung ein; sie scheiden aus dem Bewußtsein der Gläubigen aus. Vieles wird vereinfacht und auf gewisse Grundmotive zurückgeführt. [...] Wenn der Laie gewisse Teile der Lehre aus seinem Bewußtsein ausgesondert hat, so hat er sich andererseits gewisse Vorstellungs- und Gefühlsweisen bewahrt [...] Es kann wohl vorkommen, daß das Glaubenerlebnis an Bedeutung verliert und dabei doch die Beziehung auf die Totalität des Geglaubten soweit wie möglich gewahrt bleibt. Andererseits ist es aber auch möglich, daß die Glaubenswelt gewissermaßen immer mehr einschrumpft und dabei doch dem Glaubenserlebnis als solchem seine zentrale Stellung innerhalb des Lebens gewahrt bleibt. So hat es manche Katholiken gegeben [...], für die der ganze Umfang dessen, was sie noch tatsächlich glaubten, sich schließlich auf das Bild der Hölle beschränkte, während alles andere sozusagen nur noch als Gegenstand einer fides implicita gelten konnte. [...] Diese Art des Glaubens hat in ihrer Einschränkung auf ganz wenige Motive etwas Farbloses, Trockenes und Abstraktes.« (Groethuysen 1978: 82ff.)

Betrachten wir die Verwerfung der direkten Begegnung mit dem bzw. den Propheten im Traum, die traditionalistischen Vorstellungen so teuer war, durch modernistische Salafisten wie Rashid Rida (Sirriyeh 2000) und danach, können wir durchaus eine zunehmende Austrocknung farbiger Elemente der Religiosität feststellen. Bedenken wir zudem die Selektivität, mit der ältere Gelehrsamkeit in den islamischen pietistischen Reformbewegungen des 17. bis 19. Jahrhunderts auftritt, können wir auch generell einen Verlust an religiöser Farbigkeit konstatieren.

Gemeinsame Elemente der islamischen pietistischen Reformbewegungen sind eine gewisse Abwendung von sufischen Praktiken und Lehren, insbesondere – nuanciert – von der Theologie der »Einsheit des Seins«, begründet von Ibn al-Arabi (gest. 1240). Eine Hinwendung gibt es zum idschtihâd, der eigenständigen Meinungsbildung, auf der Basis von koranischen und Hadith-Quellen – verstanden als Gegensatz zur Nachahmung bestehender Gelehrtenmeinung dem taqlîd. Dazu tritt eine Betonung der Verpflichtung zur individuellen Umkehr der Gläubigkeit und der Herausbildung eines eigenständigen moralischen Subjekts, das sich in neu begründete moralische Gemeinschaften einordnet. Die Subjektbildung findet allerdings nicht nur in pietistischer Form statt; andere Ansätze sind durchaus präsent, aber nicht unbedingt von einer Gruppenbildung geprägt, vielmehr an individualistischer Frömmigkeit in Verbindung mit einer Weltorientierung interessiert.

Die Kategorie des Pietismus und der Reformation im weitesten Sinne kann in globalgeschichtlicher Hinsicht so Aufschluss über frühneuzeitliche Entwicklungen geben, die auch in der muslimischen Welt in die Formierung der modernen Gesellschaft eingehen. Es gibt strukturelle Familienähnlichkeiten zwischen den unterschiedlichen Bewegungen, die nur unter dem Gesichtspunkt einer islamischen Ausnahme zu bestreiten sind. Der Einfluss des europäischen Kolonialismus ist ein zusätzliches Element, das mit innermuslimischen Einflüssen verflochten ist, alleine aber die Entwicklung nicht erklären kann.

Gilt dies auch für die Kategorie Salafismus? Sicherlich handelt es sich nicht um einen programmatischen Begriff, der sich durch die islamische Geschichte zieht (Lauzière 2010). Es waren eine Vielzahl von Selbstbezeichnungen für diese Bewegungen in Gebrauch. Was wir erkennen können, ist eine – verborgene, denn sie wird nicht expliziert – Grammatik der islamischen pietistischen Reformation. Es fügen sich zusammen: die Kritik an den vorhandenen, als erstarrt begriffenen gelehrten religiösen Traditionen verschiedener Art, die als bloße Nachahmung (taqlîd) früherer Meinungen konstruiert werden, die Hinwendung zu einem erneuerten Denken über religiöse Fragen (idschtihâd), basierend auf einer Relektüre und Interpretation von Koran und Hadith, die Kritik am moralischen Verfall der damaligen muslimischen Gesellschaften, die Betonung der individuellen Umkehr, gegründet in einer Erforschung des eigenen Herzens, letztlich die Konstruktion einer neuen sunnitischen islamischen Subjektivität. Dazu tritt immer wieder die Schaffung neuer Gemeinschaften, in denen als Utopie die ideale islamische Urgemeinschaft mitschwingt – damit ist der starke Bezug auf die as-salaf as-sâlih, die frühen Muslime, verbunden. Wir können also von einer gewissen »salafistischen« Grundstimmung in diesen Strömungen sprechen – im vollen Bewusstsein, dass es sich um eine wissenschaftliche (Re-)Konstruktion handelt.

Programmatisch wird der Begriff des Salafismus erst seit Anfang des 20. Jahrhunderts verwendet.

Modernistischer Salafismus

Die gerade skizzierten Elemente einer grundlegenden Reform(ations)grammatik finden sich in der zweiten Hälfte des 19. Jahrhunderts in anderer Form wieder. Üblicherweise wird allerdings vorher bereits von einem islamischen Modernismus als Salafismus gesprochen. Nur lässt sich der explizite Gebrauch des Begriffs nicht feststellen (Lauzière 2010). Der modernistische Salafismus des späten 19. Jahrhunderts kann somit nicht als bloße Reaktion auf den europäischen Kolonialismus verstanden werden.

Der modernistische Salafismus wird meistens anhand zweier Zentren betrachtet: Ägypten mit Kairo und (Groß-)Syrien mit Damaskus. Der damaszenische Salafismus (Commins 1990; Weismann 2001) hat einen Teil seiner Inspiration von irakischen Gelehrten und nicht so sehr aus Kairo bezogen, wenn es auch Verbindungen zwischen beiden Städten gab. In Damaskus gab es schon länger eine reform-orientierte Strömung, die sich aus Familien unterhalb der obersten Gelehrtenschicht rekrutierte und sich später insbesondere auf die Familie der al-Qasimis konzentrierte. Auch hier finden wir die Betonung des idschtihâd, gestützt insbesondere auf die Relektüre des Koran und der Hadithe, die – nuancierte – Kritik an den etablierten Richtungen des Rechts, am taqlîd und am Sufismus. Es gab auch Kontakte zu den südasiatischen Reformbewegungen. Die Wahhabiten wurden nicht negativ, aber kritisch als extremistisch gesehen.

Der Begriff »Salafismus« als Bezeichnung einer spezifischen modernistischen Strömung findet sich aber nicht bei deren Proponenten. Erst 1902 spricht einer der Urväter dieser Strömung, Muhammad Abduh (gest. 1905) explizit von Salafisten; auch Rashid Rida (gest. 1935) benutzte den Begriff des Salafismus nicht für eine spezifische Bewegung. Eine öffentliche Präsenz findet der Begriff eigentlich erst 1909 mit der Begründung des »Salafistischen Buchladens« (al-maktaba al-salafiyya) in Kairo mit seiner später dort herausgegebenen Zeitschrift, über den dieses Label popularisiert wurde (Lauzière 2010).

Muhammad Abduhs Tätigkeit wie die seines Schülers Rashid Rida ist jedenfalls eng verbunden mit der Nutzung der neuen Druckmedien der damaligen Zeit. Die von ihnen, besonders von Rida herausgegebene Zeitschrift al-Manâr wurde von den neu entstehenden Intellektuellenschichten in der ganzen muslimischen Welt rezipiert. Für Abduh ist ein wichtiger Ausgangspunkt die Auseinandersetzung mit der europäisch geprägten Moderne und der Versuch, eine islamische Antwort auf die von dieser aufgeworfene Fragen zu finden. Bei ihm – neben vielen anderen Aspekten – findet sich abermals die Kritik an den etablierten Rechtsgelehrten und am taqlîd, eine Befürwortung des erneuten idschtihâd; diverse Neuerungen werden verworfen. Rashid Rida beschäftigte sich u.a. mit Auseinandersetzungen mit den Schiiten, aber auch den Baha'i.

Im Gegensatz zu den bereits dargestellten pietistischen Bewegungen handelt es sich beim modernistischen Salafismus um eine Richtung eher individualistischer und intellektueller Art, die zunächst mit der älteren wahhabitischen und später mit der neuen salafistischen Strömung der jüngeren Zeit in Kontakt stand.

Eine direktere Verbindung zu den älteren islamischen pietistischen Bewegungen findet sich nach der Etablierung des dritten saudischen Staates 1924. Rashid Rida widerrief seine frühere generelle Kritik am Wahhabitentum, wenn er auch weiterhin von einem gewissen Extremismus sprach; auch eine positivere Einschätzung der Hanbaliten und Ibn Taymiyyas findet sich in seiner späteren Zeit.

NEO-SALAFISMUS

Der Übergang zum Neo-Salafismus ist bis jetzt schwer zu bestimmen. Wir können inzwischen davon ausgehen, dass der Übergang vom modernistischen Salafismus zum Neo-Salafismus über lokale und überregionale Netzwerke von Aktivisten geschah, die zum Teil auf die syrischen salafistischen Netzwerke wie auch die von Rashid Rida zurückgehen. Zentral waren dabei verbindende Vorstellungen wie die des idschtihād, die Orientierung am Hadith und die persönliche moralische Reform.

Diese Vorstellungen knüpfen sich an die neu entstehenden Netzwerke, die sich um den Hadithgelehrten Nasir ad-Din al-Albani (gest. 1999) bilden, und um diejenigen, die aus der mehr und mehr sich entfaltenden Einflussnahme Saudi-Arabiens auf die muslimische Welt entstehen, womit wir eine direkte – aber nicht konfliktfreie – Verbindung zur wahhabitischen Bewegung seit dem 18. Jahrhundert konstatieren können.

Die neueste Entwicklungsstufe des Salafismus ist also der Salafismus als neofundamentalistische Bewegung, kurz: Neo-Salafismus. Auch bei ihm finden wir die individuelle Selbstreform und Frömmigkeit, die Bildung frommer Gemeinschaften und die Orientierung am idschtihād mit dem Hadith als Quelle. Einen Unterschied können wir in der Entwicklung des Religiösen von seiner kulturellen Einbettung her sehen – zumindest dem Anspruch nach. Diese Phänomene sind auch in der Gegenwart kein rein islamisches Phänomen; der (Neo-)Salafismus steht also nicht alleine. Grundsätzlich können wir weltweit eine Entkoppelung der historisch verbundenen Religionen und ihrer Kulturen feststellen. In diesem Prozess entsteht etwas, das sich als »reine Religion« klassifizieren ließe. Olivier Roy formuliert es so:

»Derzeit erleben wir einen Übergang von traditionellen Formen des Religiösen (Katholizismus, muslimischer Hanafismus, klassische protestantische Bekenntnisse wie Anglikanismus oder Methodismus) zu fundamentalistischen und charismatischeren Formen der Religiosität (Evangelikalismus, Pfingstlertum, Salafismus, Tabligh, Neosufismus). Diese Bewegungen sind relativ neu. [...]
In diesem Sinn ist die ›Rückkehr‹ des Religiösen nur eine optische Täuschung. Besser sollten wir von einer Mutation sprechen. Das Religiöse ist zwar deutlicher sichtbar, aber zugleich ist es häufiger im Niedergang begriffen. Wir haben es eher mit einer Neuformulierung des Reli-

giösen als mit einer Rückkehr zu Praktiken von einst zu tun [...] Diese Tendenzen gehen mit dem Wunsch nach größerer Sichtbarkeit im öffentlichen Raum einher und zielen oft sogar auf einen offensichtlichen Bruch mit den herrschenden Praktiken und Kulturen. Das Religiöse stellt sich als solches zur Schau.« (Roy 2010: 23f.)

Die Wendung in den öffentlichen Raum hinein und die Absicht, die Gesellschaft insgesamt zu einer frommen Gesellschaft zu transformieren, hat Nebenfolgen. Aus der allgemeinen salafistischen Strömung entsteht eine Strömung von Subkulturen, die den bewaffneten Kampf in das Zentrum ihres Handelns und Denken stellen: die dschihadistische, die methodische Grundlagen mit der breiteren salafistischen Strömung teilt. Sie versteht den bewaffneten Kampf als einzige Möglichkeit einer Intervention in die Weltgesellschaft. Eine andere Strömung ist noch immer im Entstehen begriffen: ein politischer (Neo-)Salafismus, der insbesondere in der arabischen Welt nach den arabischen Aufständen des Jahres 2011 aufblühte, als die politische Partizipation als Möglichkeit der Transformation der Gesellschaft erschien.

Die islamischen pietistischen Bewegungen des 17. bis 19. Jahrhunderts stehen am Anfang dieser neueren Entwicklung und zählen damit zur Genealogie dessen, was wir heute Salafismus nennen.

Literatur

Brown, D. W. (1996): Rethinking Tradition in Modern Islamic Thought. Cambridge u.a.: Cambridge Univ. Pr.

Commins, D. D. (1990): Islamic Reform. Politics and Social Change in Late Ottoman Syria. New York/Oxford: Oxford Univ. Pr.

Gran, P. (1998): Islamic Roots of Capitalism: Egypt, 1760-1840, 2. Aufl. 1979, Reprint. Syracuse: Syracuse Univ. Pr.

Groethuysen, B. (1978): Die Entstehung der bürgerlichen Welt- und Lebensanschauung in Frankreich. Band 1: Das Bürgertum und die katholische Weltanschauung. Frankfurt a.M.: Suhrkamp.

Hofheinz, Albrecht (1996): Internalising Islam. Shaykh Muḥammad Majdhūb, Scriptural Islam, and Local Context in the early nineteenth-century Sudan. Diss. phil. Bergen.

Lauzière, H. (2010): »The Construction of Salafiyya: Reconsidering Salafism from the Perspective of Conceptual History«, in: International Journal of Middle East Studies 42(2010), S. 369-389.

Lohlker, R. (2009): »›Vorher ward ihrer keine Erwähnung ...‹. Zur Renaissance der Hadithwissenschaft im marokkanischen 18. Jahrhundert«, in: ders. (Hg.): Hadithstudien – Die Überlieferungen des Propheten im Gespräch. Festschrift für Prof. Dr. Tilman Nagel. Hamburg: Dr. Kovač, S. 133-152.

Lohlker, R. (2008): Islam. Eine Ideengeschichte. Wien: facultas wuv.

Pernau, M. (2008): Bürger mit Turban. Muslime in Delhi im 19. Jahrhundert. Göttingen: Vandenhoeck & Ruprecht.

Reiter, M. (1986): »Moralische Subjektkonstitution im deutschen Pietismus. Projekt Ideologie-Theorie«, in: Der innere Staat des Bürgertums, Berlin: Argument, S. 62-100.

Roy, O. (2010): Heilige Einfalt: Über die poltischen Gefahren entwurzelter Religionen. München: Pantheon.
Schulze, R. (2004): »Weltbilder der Aufklärung. Zur Globalgeschichte neuzeitlicher Wissenskulturen«, in: M. Grandner und A. Komlosy (Hg.): Vom Weltgeist beseelt. Globalgeschichte 1700-1815. Wien: Promedia, S. 161-179.
Schulze, R. (1996): »Was ist die islamische Aufklärung?«, in: Die Welt des Islams 36(1996), S. 276-325.
Sirriyeh, E. (2003): Sufis and Anti-Sufis. The Defense, Rethinking and Rejection of Sufism in the Modern World. London: Routledge Curzon (Reprint der Auflage 1999).
Sirriyeh, E. (2000): »Dreams of the Holy Dead: Traditional Islamic Oneirocriticism versus Salafi Scepticism«, in: Journal of Semitic Studies 45(2000), S. 115-130.
Spener, P. J. (1841): Pia Desideria oder herzliches Verlangen nach gottgefälliger Besserung der wahren evangelischen Kirche. Leipzig: Köhler.
Strom, J. (2010) (Hg.): Pietism and Community in Europe and North America, 1650-1850. Leiden/Boston: Brill.
Weismann, I. (2001): Taste of Modernity. Sufism, Salafiyya, and Arabism in Late Ottoman Damascus. Leiden u.a.: Brill.
Zilfi, M. C. (1986): »The Kadizadelis: Discordant Revivalism in Seventeenth-Century Istanbul«, Journal of Near Eastern Studies, 45(1986), S. 251-269.

Der Islamismus ist kein grüner Faschismus, sondern ein religiöser Extremismus
Eine kritische Prüfung einschlägiger Kriterien anlässlich einer öffentlichen Debatte

Armin Pfahl-Traughber

1. Einleitung und Fragestellung

Ist der Islamismus eine neue Form des Faschismus? Diese Frage ist nach dem 11. September 2001 immer mal wieder bejaht worden. Indessen mangelte es an einer systematischen Begründung, die Hamed Abdel-Samad liefern will. Einschlägige Auffassungen bekundete der Islam- und Politikwissenschaftler in einem Vortrag am 4. Juni 2013 in Kairo, worin er noch einen bedeutenden Schritt weiter ging: Faschistoides Gedankengut habe nicht erst mit den Muslimbrüdern inhaltlichen Eingang in den Islam gefunden, sondern sei bereits in der Frühgeschichte des Islam angelegt gewesen. Diese Auffassung fand durch Internet-Einstellungen des Vortrags weite Verbreitung und führte zu einer Mord-Fatwa gegen den Autor (vgl. Abdel-Samad 2014: 11f.). Um seine Auffassung breiter zu belegen und bekannter zu machen, legte er das Buch »Der islamische Faschismus. Eine Analyse« vor. Darin benannte Abdel-Samad viele Gemeinsamkeiten, die für ihn Beleg für eine Identität von Faschismus und Islamismus sind. Folgende Auffassungen formulierte der Autor:

»Der Faschismus ist eine Art ›politische Religion‹. Seine Anhänger glauben, im Besitz der absoluten Wahrheit zu sein. Ganz oben in der Hierarchie steht der charismatische unfehlbare Führer, der mit einem heiligen Auftrag ausgestattet ist, um die Nation zu einen und die Feinde zu besiegen. Die faschistische Ideologie vergiftet ihre Anhänger mit Ressentiments und Hass, teilt die Welt in Freund und Feind ein und droht Gegnern mit Vergeltung. Sie richtet sich gegen die Moderne, die Aufklärung, den Marxismus und die Juden und glorifiziert Militarismus und Opferbereitschaft bis in den Tod. All diese Eigenschaften treffen auch auf den modernen Islamismus zu, der gleichzeitig mit dem Faschismus in den zwanziger Jahren des letzten Jahrhunderts entstanden ist. Sowohl der Faschismus als auch der Islamismus sind aus einem Gefühl der Niederlage und Erniedrigung hervorgegangen. Beide Strömungen eint das Ziel, ein Imperium zu errichten – die Weltherrschaft als quasi verbrieftes Recht, dem die totale Vernichtung seiner Feinde vorausgeht« (Abdel-Samad 2014: 19).

Doch wie angemessen ist die Rede vom Islamismus als neuer Form des Faschismus, als »grünem Faschismus« oder »Islamo-Faschismus«? Dieser Frage will die vorliegende Abhandlung nachgehen. Dazu bedarf es zunächst einer Definition der zentralen Arbeitsbegriffe »Faschismus« (2.) und »Islamismus« (3.) sowie einer Darstellung von deren Verständnis bei Abdel-Samad (4.). Dem folgt die Prüfung der Merkmale des Faschismus im Islamismus hinsichtlich Antisemitismus (5.), Führerkult (6.), Gemeinschaftsideologie (7.), Gewaltakzeptanz (8.), Massenmobilisierung (9.), Nationalismus (10.), Totalitarismus (11.) und Vernichtungsoptionen (12.). Ausführungen zu historischen und aktuellen Kooperationen von Islamisten und Rechtsextremisten (13.) und eine Einschätzung der Gemeinsamkeiten und Unterschiede beider Bestrebungen (14.) schließen sich dem an. Dann kommt es wieder zu einer Konzentration auf Abdel-Samads »Islamischer Faschismus«-These (15), ergänzt durch den Hinweis auf die angemessenere »Extremismus«-Kategorie« (16).

2. Definition zentraler Arbeitsbegriffe: »Faschismus«

Die Definition von »Faschismus« liefert die Analysekriterien zur Erörterung der formulierten Fragestellung. Hierbei bestehen Probleme unterschiedlichster Art: Es gibt keinen Konsens in den Wissenschaften zum Thema, wird doch seit Jahrzehnten eine intensive Debatte um die Angemessenheit unterschiedlicher Faschismus-Theorien geführt (vgl. u.a. Mittelweg 36; Wippermann 1997). Hier kann daher nicht der Anspruch erhoben werden, eine alleingültige Begriffsbestimmung vorzunehmen. Gleichwohl sollen einige Kernmerkmale inhaltliche Aufmerksamkeit finden. Außerdem lässt sich der Faschismus nicht nur auf die Hitler- und Mussolini-Bewegung in Deutschland und Italien reduzieren, bestanden doch noch weitere politische Bestrebungen diesen Typs in vielen Ländern. Sie weisen zwar grundlegende Gemeinsamkeiten, aber auch viele Unterschiede auf. Darüber hinaus sind deren ideologische Bestandteile nicht allein ihnen eigen, was bezüglich einer trennscharfen Definition für die Ergänzung um organisatorische und strategische Merkmale spricht.

Bezogen auf die inhaltliche Ausrichtung lassen sich drei verschiedene Dimensionen unterscheiden: Dazu gehört erstens das Bekenntnis zu positiven Prinzipien, wobei als herausragendes Merkmal der ausgeprägte Nationalismus, meist in Kombination mit dem Rassismus anzusehen ist. Beide Gesichtspunkte gingen einher mit einer Auffassung von der Gesellschaft als ethnisch und politisch homogener Gemeinschaft ganz im Sinne der »Volksgemeinschaft«-Vorstellung des deutschen Nationalsozialismus. Die zweite Dimension der Ideologie kann in den Feindbildern als negativen Prinzipien gesehen werden. Hierzu gehört die Ablehnung von ethnischen oder religiösen Minderheiten, wofür etwa der Antisemitismus als ausgeprägte Judenfeindschaft steht. Darüber hinaus existierte eine Frontstellung sowohl gegen den Kommunismus wie den Liberalismus. Und als dritte Dimension im ideologischen Bereich können die strukturellen Merkmale der Ideologie gelten. Hierzu gehören etwa Absolutheitsansprüche, Dogmatismus oder Freund-Feind-Denken.

Die genannten Gesichtspunkte bestehen auch bei anderen politischen Bestrebungen, was die erwähnte Ergänzung um weitere Merkmale als sinnvoll erscheinen lässt. Faschistische Bestrebungen organisierten sich meist als Führer-Parteien, unterhielten aber auch paramilitärische Verbände. Insbesondere deren Agieren steht für die offene Bereitschaft zur Gewaltanwendung als Handlungsstil, womit bereits die strategische Ebene angesprochen ist. Je nach politischer Gelegenheitsstruktur strebten Faschisten mit Hilfe einer Massenbewegung gewalttätig oder legal die Abschaffung und Überwindung einer pluralistischen Gesellschaftsordnung und eines demokratischen Rechtsstaates an. Letzterer sollte ersetzt werden durch einen militärähnlich ausgerichteten »totalen Staat«, der als Diktatur im Konsens ebenso wie mit Repressionen allseitig bis in das private Leben der Menschen hinein herrscht. An dessen Spitze hätte eine charismatische Führer-Figur zu stehen, welche ihre Politik auch mit Mythen und Ritualen religionsähnlicher, aber säkularer Art legitimiert.

3. Definition zentraler Arbeitsbegriffe: »Islamismus«

»Islamismus« wird für die vorliegende Abhandlung definiert als eine Sammelbezeichnung für alle Auffassungen und Handlungen einer ideologisch, organisatorisch und strategisch keineswegs einheitlichen politischen Bewegung, die ihren ideologischen Ursprung in innerislamischen Reformbestrebungen im letzten Drittel des 19. Jahrhunderts und ihre organisatorischen Wurzeln in der 1928 in Ägypten gegründeten »Muslimbruderschaft« haben. Allen später entstandenen islamistischen Akteuren ist die Absicht eigen, den Islam nicht nur zur verbindlichen Leitlinie für das individuelle und persönliche, sondern auch für das gesellschaftliche und politische Leben zu machen (vgl. u.a. Ayubi 2002; Kepel 2002). Dies bedingt die Ablehnung einer Trennung von Religion und Staat als Ausdruck der Säkularisierung und die institutionelle Verankerung der religiösen Grundlagen im Sinne eines islamischen Staates. Damit einher geht die Negierung der Prinzipien von Individualität, Menschenrechten, Pluralismus, Rechtsstaatlichkeit, Säkularisierung und Volkssouveränität.

Mit dieser Frontstellung handelt es sich beim Islamismus auch um eine extremistische Ideologie und Zielsetzung: Da es unter Islamisten wie Muslimen keine einheitliche theologische Lehrmeinung gibt und ein Gott nicht unmittelbar in die Politik eingreift, obliegt die Deutungs- und Entscheidungskompetenz den jeweiligen Interpreten der religiösen Vorgaben. Der anerkannte Gottesgelehrte wird so zum eigentlichen Herrscher. Dogmatismus und Willkür prägen dann die Legitimation der eigenen Politik, denn in einer solchen Sichtweise muss jeder Andersdenkende als verderblicher Ungläubiger gelten. Herrschaft legitimiert sich nicht mehr durch den Willen des Volkes, sondern durch die Berufung auf den Koran. Das Vorhandensein unterschiedlicher Meinungen im Sinne des Pluralismus widerspricht in dieser Sicht dem unbedingten Anspruch des göttlichen Willens. Individuelle Menschenrechte spielen dann keine Rolle mehr, erhält der Einzelne doch seinen rechtlichen Status durch die Zugehörigkeit zur Glaubensgemeinschaft der »wahren Muslime«.

Wenn oben »Islamismus« als eine politische Bewegung bezeichnet wurde, dann darf man sich dies nicht im Sinne eines homogenen Phänomens vorstellen. Es gibt in ihr auch organisatorische und strategische Unterschiede. Idealtypisch lassen sich die islamistischen Akteure in zwei größere Gruppen mit jeweils zwei

Untergruppen aufteilen. Die erste allgemeinere Unterscheidung differenziert zwischen gewaltorientierten und politischen Akteuren. Die letztgenannten können in Gruppen mit parteipolitischem und sozialem Aktivismus unterteilt werden. Erstere gründen Parteien und kandidieren zu Wahlen. Bei den sozialen Aktivitäten geht es um die Gewinnung von Anhängern durch Hilfe im Alltagsleben. Die gewaltorientierten Gruppen lassen sich bezogen auf die regionale oder transnationale Ausrichtung unterscheiden. Im ersten Fall beschränken sich ihre Anschläge auf die jeweiligen Heimatländer. Die transnational Ausgerichteten begehen demgegenüber Gewalttaten in einem terroristischen Sinne auch in anderen Regionen wie in der westlichen Welt.

4. »Faschismus« und »Islamismus« bei Hamed Abdel-Samad

Da die Erörterung der Fragestellung »Ist der Islamismus eine neue Form des Faschismus?« nicht allein, aber hauptsächlich durch die Auffassungen von Hamed Abdel-Samad motiviert ist, sollen hier auch seine Definitionen der zentralen Arbeitsbegriffe dargestellt und kommentiert werden. Zwar findet sich bereits zu Beginn des Buchs ein Abschnitt über »Eckpfeiler des Ur-Faschismus«, von einer Begriffsbestimmung oder Kriterienpräsentation im systematischen Sinne kann aber nicht die Rede sein. Abdel-Samad nennt zwar immer mal wieder einige Merkmale, die dem Faschismus und dem Islamismus jeweils eigen sein sollen. Dabei reflektiert er indessen nicht systematisch darüber, inwieweit es sich hier jeweils um ein Alleinstellungsmerkmal der gemeinten politischen Phänomene handelt oder ob deren genannte Eigenschaften nicht auch anderen Ideologien, Organisationen oder Systemen eigen sein können. Die Faschismusforschung wird von Abdel-Samad nahezu komplett ignoriert, die Islamismusforschung von ihm nur rudimentär zur Kenntnis genommen.

Hier sollen nun zunächst einige Besonderheiten inhaltliche Aufmerksamkeit finden, welche für den Autor zu den »Merkmalen des Ur-Faschismus« gehören: Es gehe um den Glauben, »im Besitz der absoluten Wahrheit zu sein«, die Fixierung auf »charismatische unfehlbare Führer«, »Ressentiments und Hass« als Einstellung der Anhänger, die Einteilung der »Welt in Freund und Feind«, die Ablehnung von »Aufklärung«, »Juden«, »Marxismus« und »Moderne«, die Glorifizierung von »Militarismus und Opferbereitschaft«, die »Überlegenheit der arischen Rasse«, »das strikte Befolgen der offenbarten Botschaft«, die Entstehung aus »den verspäteten Nationen« (vgl. Abdel-Samad 2014: 17, 19f.) heraus. Diese Auflistung nennt als positive Eigenschaften nur den Rassismus und als negative Kriterien Aufklärung, Juden, Marxismus und Moderne. Der Absolutheitsanspruch, Autoritarismus und Freund-Feind-Dualismus sind als Strukturmerkmale von Doktrinen auch anderen Ideologien eigen. Dies gilt ebenso für die erwähnten Feindbilder. Somit fehlt der Definition die nötigen Trennschärfe.

Für den »Islamismus« findet man bei Abdel-Samad keinen ähnlichen Merkmalskatalog. Meist betont er von vornherein die Gemeinsamkeiten mit dem Faschismus, wozu die für ihn eben erwähnten Eigenschaften gehören. Sie könnten »durchaus auch als die Ur-Prinzipien des politischen Islam« verstanden werden. Der Autor benennt ebenso Differenzen: »Die eine Bewegung glaubt an die Überlegenheit der arischen Rasse, die andere ist überzeugt von der moralischen Überlegenheit der Muslime gegenüber dem ungläubigen Rest der Menschheit.« Und über die Feindbilder heißt es: »Für die Islamisten gab und gibt es die immer gleichen drei Feinde, den Westen als fernen Feind, Israel als nahen. Den inneren Feind findet man unter Häretikern, Reformern und säkularen Denkern und Politikern [...]« Darüber hinaus fehlt eine Benennung der positiven Ideologiemerkmale der Islamisten, die auch eine Einordnung des Verhältnisses zum Islam möglich machen würde. Indessen seien die »Wurzeln des Faschismus in der islamischen Geschichte« (Abdel-Samad 2014: 17, 19, 26, 59) angelegt.

5. Prüfung des Merkmals I: Antisemitismus im Islamismus

Nach der Definition einschlägiger Arbeitsbegriffe geht es um eine Erörterung der Frage, inwieweit spezifische Merkmale des Faschismus im oben definierten Sinne auch im Islamismus auszumachen sind. Am Beginn steht eine diesbezügliche Analyse zum Antisemitismus, der in allen faschistischen Bestrebungen mit allerdings unterschiedlichem Stellenwert bestand. Während die Judenfeindschaft in ihrer rassistischen Form im Nationalsozialismus in Deutschland eine herausragende Bedeutung hatte, spielte sie bei den politisch weniger erfolgreichen Parteien in anderen Ländern mitunter eine geringere Rolle. Darüber hinaus konnten stärker andere ideologische Komponenten des Antisemitismus wie etwa die Vorwürfe der »jüdischen Verschwörung« oder des »jüdischen Wucherns« ausgemacht werden. Derartige Erscheinungsformen des politischen und sozialen Antisemitismus fanden sich neben der rassistischen Komponente ebenfalls sowohl in der Bewegungs- wie in der Systemphase im Nationalsozialismus.

Auch im Islamismus kann man Antisemitismus ausmachen, wobei diese Auffassung auf eine Feindschaft gegen Juden als Angehörige einer Religionsgemeinschaft, nicht gegen Semiten als Angehörige einer Sprachfamilie bezogen ist (vgl. u.a. Benz/Wetzel 2007; Faber/Schoeps/Stawski 2007). Hierbei knüpft die Agitation einerseits an die Konflikte des Propheten Mohammed mit den jüdischen Stämmen und die negativen Kommentierungen von Angehörigen dieser Religionsgemeinschaft im Koran an. Andererseits bietet die politische Auseinandersetzung mit Israel den inhaltlichen Bezugspunkt für judenfeindliche Propaganda, wobei der damit angesprochene antizionistische Antisemitismus inhaltlich auch mit Formen des politischen oder sozialen Antisemitismus einhergeht. Dabei unterstellt man eine »jüdische Dominanz« in Politik und Wirtschaft. Solche Aussagen stehen etwa in der von dem islamistischen Theoretiker Sayyid Qutb erstmals 1951 publizierten Broschüre »Unser Kampf gegen die Juden« oder im Text der Charta der palästinensischen Hamas von 1988.

Beide Schriften veranschaulichen den Einfluss des Agitationsarsenals des europäischen Antisemitismus auf den arabischen Islamismus: So findet man darin etwa judenfeindliche Verschwörungsauffassungen, die von einer jahrhundertelangen Konspiration gegen den Islam ausgehen und sich dabei direkt oder indirekt auf die gefälschten »Protokolle der Weisen von Zion« stützen. Somit bestehen viele Gemeinsamkeiten mit dem Antisemitismus, war dieser doch der faschistischen Bewegung in Europa mal mehr oder mal weniger stark eigen. Indessen lässt sich keine direkte Agitation im Sinne des rassistischen Antisemitismus belegen, spielt diese Kernauffassung der nationalsozialistischen Ideologie im islamistischen

Selbstverständnis doch keine Rolle. Gleichwohl bedient man sich nahezu aller anderen judenfeindlichen Stereotype, wozu selbst die im christlich-religiösen Kontext entstandenen »Ritualmord«-Legenden gehören. Ihre Judenfeindschaft legitimieren die Islamisten dabei primär in einem antizionistischen, aber nicht in einem biologistischen Sinne.

6. Prüfung des Merkmals II: Führerkult im Islamismus

Als eher formales und weniger inhaltliches Merkmal des Faschismus kann dessen Führerkult gelten. Es geht hierbei nicht nur um die hohe Bedeutung des jeweiligen Parteivorsitzenden oder Regierungschefs. Vielmehr wird die gemeinte politische Bewegung darüber hinaus primär über die jeweilige Person identifiziert und wahrgenommen, wofür etwa Hitler und Mussolini standen. Aber auch die politisch weniger erfolgreichen faschistischen Bestrebungen hatten etwa mit Oswald Mosley in Großbritannien oder Vidkun Quisling in Norwegen entsprechende »Führerfiguren« an der Spitze. Ihnen schrieb man ein ausgeprägtes Charisma zu, woraus sich jeweils ein Personenkult zumindest im eigenen politischen Lager ergab. Die Figur an der Spitze galt in dieser Perspektive dann häufig auch als potentieller oder tatsächlicher »Heilsbringer«, der von der »Geschichte«, dem »Schicksal« oder der »Vorsehung« zur Erlösung des jeweiligen Landes aus seinem Elend berufen war. Für diese Erwartungshaltung spielte die konkrete Ideologie eher eine geringe Rolle.

Auch bei den unterschiedlichen Bestrebungen im islamistischen Lager lässt sich ein Personenkult ausmachen, was etwa für Necmettin Erbakan bezogen auf die türkische »Milli Görüş«-Bewegung, für Ayatollah Khomeini hinsichtlich der Islamischen Republik Iran oder Osama bin Laden in den Al-Qaida-Netzwerken galt. Kleidungsstücke und Plakate mit einem Portrait der Genannten konnten vielfach ausgemacht werden. Ihren Büchern, Erklärungen oder Schriften kam darüber hinaus ein gewisser Kult-Status zu. Ähnliche, wenngleich nicht ebenso hohe Bedeutung hatten und haben Führungsfiguren anderer islamistischer Organisationen. Indessen gab es und gibt es auch einschlägige Gruppen, Parteien oder Vereine mit einer kollektiven Führung, was gegen eine pauschalisierende Auffassung von einem Führerkult im angesprochenen politischen Lager spricht. An einer einschlägigen Forschung zum Thema mangelt es übrigens, liegen doch bislang nur einzelne Fallstudien zum Kult um einzelne Personen im Islamismus vor (vgl. als Ausnahme: Sarkohi 2014).

Somit bestehen hier nur ansatzweise Gemeinsamkeiten mit dem Faschismus. Darüber hinaus muss folgender Gesichtspunkt besondere Beachtung finden: Die jeweiligen Führungsfiguren des Islamismus können sich nur als Repräsentanten einer übergeordneten Macht darstellen. Gerade die Ausrichtung auf einen Gott reduziert die Möglichkeit des Personenkultes. Insofern gilt eine solche Führungsfigur nur als Repräsentant oder Stellvertreter einer viel mächtigeren Wesenheit. Damit relativiert sich auch seine Bedeutung, zumindest in der vergleichenden Betrachtung mit entsprechenden Personen an der Spitze faschistischer Bewegungen, Gruppen oder Parteien. Ihnen schrieben deren Anhänger mitunter selbst die Rolle eines »Gottes«, »Heiligen« oder »Heilsbringers« zu. Mitunter spricht die Forschung daher von einer »politischen Religion«, wobei hier eine »säkulare« bzw. »weltliche Religion« mit gemeint ist. Aufgrund der Ausrichtung des Religionsverständnisses auf eine transzendente Wesenheit handelt es sich dabei aber um eine missverständliche Begriffswahl.

7. Prüfung des Merkmals III: Gemeinschaftsideologie im Islamismus

Faschistische Bewegungen entstanden häufig in Krisenphasen liberaler Gesellschaften, wobei deren Identität scheinbar einem Erosionsprozess ausgesetzt war. Als ein Modell gegen die angebliche Auflösung des sozialen Miteinanders, bedingt durch behaupteten Gruppen- oder Individualegoismus, huldigten die gemeinten politischen Bestrebungen der Idee der Gemeinschaft. Im deutschen Nationalsozialismus artikulierten sich einschlägige Auffassungen in der Rede von der »Volksgemeinschaft«, womit unterschiedliche Aspekte verbunden waren: Hierzu gehörte zunächst eine antiindividualistische Komponente, galt der Einzelne doch nur etwas im Kontext seiner Einbettung in das Ganze und als dessen Teil. Damit einher ging eine ausgeprägte wie vollständige Anpassung an die politischen Gegebenheiten. Dies mündete wiederum in der antipluralistischen und identitären Einstellung, wonach es auch eine entsprechende Homogenität geben müsse. Sie sollte sich meist auf ethnische und nicht nur auf politische Gesichtspunkte beziehen.

Auch die Islamisten bedienen sich der Rhetorik einer Gemeinschaftsideologie, wobei sie an die kollektivistische Dimension im dominierenden Islamverständnis anknüpfen können. Das Individuum wird hier besonders stark über die Identität und Zugehörigkeit mit der jeweiligen Glaubensgemeinschaft wahrgenommen. Eine damit einhergehende Einordnung und Loyalität übertragen Islamisten auf ihre politischen Organisationsstrukturen, gleichzeitig verbunden nicht nur mit einer politisch, sondern auch religiös begründeten Notwendigkeit der Anpassung an die jeweilige Linie. Eine Abweichung gilt dann nicht nur als Illoyalität gegenüber dem politischen Führer, sondern auch gegenüber der religiösen Instanz. Demnach steht ein Ausschluss oder eine Isolierung im politischen Kontext auch für entsprechende Folgen im sozialen Zusammenhang, also hier der Glaubensgemeinschaft. Mitunter verengen Islamisten auch ihre Auffassung vom »wahren Muslim«, differenzieren sie dann in ihrem Sinne zwischen dem »wahrhaft Gläubigen« und »nicht wahrhaft Gläubigen«.

Insofern besteht hinsichtlich der Gemeinschaftsideologie eine Gemeinsamkeit von Faschismus und Islamismus. Indessen dürften bei dieser Feststellung die Unterschiede nicht ignoriert werden: Im erstgenannten Fall ist die Gemeinschaftsideologie ethnisch und politisch, im islamistischen Sinne religiös und politisch definiert. Darüber hinaus lässt sich ein so verstandener Kollektivismus eben nicht nur im Faschismus oder Islamismus ausmachen. Er steht rein formal für ein identitäres Gesellschafts- und Politikverständnis, das die Homogenität des Denkens zuungunsten des Pluralismus in der Gesellschaft aushebelt. Allerdings ist eben eine solche Gemeinschaftsideologie nicht nur dem Faschismus, sondern auch dem Kommunismus eigen. Angesichts dieser Feststellung kann hier auch keine inhaltliche, sondern nur eine strukturelle Identität in den Auffassungen von Gesellschaft bei Faschisten und Islamisten konstatiert werden: Die islamistische Gemeinschaft sieht ideologisch und real anders als die nationalistische Gemeinschaft aus.

8. Prüfung des Merkmals IV:
Gewaltakzeptanz im Islamismus

Allen faschistischen Bestrebungen war in hohem Maße eine Gewaltakzeptanz eigen, selbst wenn sie durch einen »legalen Weg« an die Macht kommen wollten. Dies gilt auch für die NSDAP in der Phase ihrer Entwicklung zu einer Massenpartei zwischen 1929 und 1933, denn ihre paramilitärische SA sah im »Kampf um die Straße« insbesondere gegen Kommunisten eine angemessene und notwendige Form des politischen Wirkens. Ähnliche Handlungsstile und Untergliederungen kann man bei den anderen faschistischen Parteien ausmachen. Die Mussolini-Bewegung in Italien, die als Namensgeber und Vorbild der gemeinten politischen Strömungen anzusehen ist, entstand sogar aus einschlägigen paramilitärischen Gruppen. Aber auch darüber hinaus sprechen Rhetorik und Verhaltensweisen für eine ausgeprägte Gewaltakzeptanz und -bereitschaft, wollte man doch das abgelehnte demokratische und liberale System jeweils durch den Akt einer »nationalen Revolution« mit Hilfe einer nationalen Massenbewegung überwinden.

Im Islamismus bestehen – entsprechend der oben vorgenommenen Differenzierungen – hinsichtlich der Einstellung zur Gewalt ganz unterschiedliche Varianten. Bei aller ideologischen Übereinstimmung zwischen dem dschihadistischen und institutionellen Bereich dieser politischen Bewegung, lassen sich eben hinsichtlich des Handlungsstils auch die genannten Formen gewalttätiger und nichtgewalttätiger Spielart ausmachen. Selbst bei den dschihadistischen Strömungen kann man darüber hinaus Gewalthandlungen und -planungen verschiedener Art feststellen. Hierzu zählt sowohl der terroristische Anschlag aus einer Kleingruppe von wenigen Aktivisten heraus wie der Kampf größerer Einheiten im Sinne einer Guerilla-Strategie mit kriegsähnlichem Charakter. Mitunter können paramilitärische Einheiten aber auch Bestandteil einer politischen Organisation sein, wofür etwa die »Hamas« oder die »Hisbollah« mit ihren »bewaffneten Armen« stehen. Somit gibt es keine einheitliche Haltung zur Frage der politisch motivierten Gewaltanwendung im Islamismus.

Allein von daher lassen sich hier keine Gemeinsamkeiten mit den diesbezüglich im Handlungsstil anders und einheitlicher ausgerichteten Faschisten konstatieren. Die größten Übereinstimmungen bestehen wohl noch mit den erwähnten paramilitärischen Verbänden größerer islamistischer Organisationen. Darüber hinaus gilt auch hier, dass noch andere politische Bewegungen, Gruppen oder Parteien über solche Untergruppen verfügten und verfügen. So existierte in der Weimarer Republik etwa der »Rotfront-Kämpferbund« der »Kommunistischen Partei Deutschlands«, der regelmäßig in Schlägereien auf der Straße mit Angehörigen der SA verwickelt war. Insofern stellen paramilitärische Gruppen oder Verbände in der beschriebenen Form keine Besonderheit faschistischer Parteien dar. Somit können die Gemeinsamkeiten bezogen auf Gewalthandlungen und Gewaltverständnis von Faschisten und Islamisten hier nicht die Auffassung begründen, wonach es sich um ein eher ähnliches oder gar identisches politisches Phänomen handelt.

9. PRÜFUNG DES MERKMALS V: MASSENMOBILISIERUNG IM ISLAMISMUS

Das Aufkommen des Faschismus wurde in der historischen Rückschau häufig auf die Krise liberaler Demokratien zurückgeführt. Demnach handelte es sich um ein relativ modernes Phänomen, das trotz Rückgriffen auf ältere und bestehende Auffassungen und Traditionen eben in seiner besonderen Ausprägung nur in der Ära des Massenzeitalters aufkommen konnte. Alte Formen traditioneller Eliteherrschaft, die große Teile der Bevölkerung aus dem Partizipationsprozess ausblendeten, schienen nicht mehr als realistische Alternativen zu gelten. Demnach mussten sich diktatorische Antworten auch um eine pseudo-demokratische Legitimation bemühen. Neben den agitatorischen Bezügen auf einen angeblichen Willen des Volkes war dafür die Existenz einer Massenbewegung von Bedeutung. Häufig rekrutierte sich diese aus dem traditionellen Mittelstand, der durch die politischen und sozialen Umbruchprozesse einer Krise ausgesetzt war. Erst die dadurch entstandene Personalbasis machte aus dem Faschismus einen politisch mächtigen Faktor.

Auch der Islamismus in seinen unterschiedlichen Erscheinungsformen und Handlungstypen setzt jeweils auf eine Massenbasis, sieht man einmal von den terroristisch agierenden Kleingruppen ab. Demgegenüber geht es sowohl dem parteipolitisch wie sozialpolitisch wirkenden Islamismus gerade um eine breite Akzeptanz in der Bevölkerung, die dann zu den jeweils angemessenen Gelegenheiten für eine öffentliche Unterstützung ihrer politischen Forderungen mobilisiert werden soll. Hierfür bestand und besteht auch in den autoritär-säkularen Diktaturen eine gute Ausgangsposition: Während demokratisch-säkulare Kräfte von der konservativen über die liberale bis zur sozialistischen Ausrichtung verboten wurden, konnten solche Regime aufgrund der alltagskulturellen Verankerung des Islams nicht so einfach gegen religiöse Einrichtungen vorgehen. Darin versuchen aber gerade die Islamisten, die selbst bei Unterdrückung oder Verbot ihrer Organisationen dort wirkten, ihre Anhänger in Richtung einer Massenbewegung zu rekrutieren.

Demnach könnte man davon sprechen, dass das oben erwähnte Merkmal auch in dem untersuchten politischen Lager auszumachen ist. Gleichwohl lässt sich dies in allgemeiner wie besonderer Perspektive nicht als Bejahung der Frage nach dem Sinn einer Rede vom »grünen Faschismus« deuten. Denn für den Faschismus fiel die Massenmobilisierung als Besonderheit in einer politischen Ära auf, wo eben die Mobilisierung von vielen Menschen auch in Form einer Bewegung eine neue Erscheinung darstellte. Heute gehört die Existenz ideologisch ganz unterschiedlich ausgerichteter politischer oder sozialer Bewegungen zu den Selbstverständlichkeiten in modernen wie traditionellen Gesellschaften. Insofern sagt diese Handlungs- oder Organisationsform kaum noch etwas über die Besonderheit einer politischen Bestrebung der Gegenwart aus. Allenfalls könnte dies in Ansätzen bezogen auf eine paramilitärische Dimension, entsprechend der oben formulierten Ausführungen zum Gewaltverständnis im Islamismus, inhaltlich der Fall sein.

10. Prüfung des Merkmals VI: Nationalismus im Islamismus

Als eines der inhaltlich konstitutiven Merkmale des Faschismus gilt der Nationalismus bzw. Rassismus. Hierbei handelt es sich indessen nicht um originäre Auffassungen der gemeinten politischen Bestrebungen, greifen diese doch nur bereits seit längerem kursierende Einstellungen und Positionen für ihr ideologisches Selbstverständnis auf. Dabei wies man der biologischen Kategorie der ethnischen Identität eine herausragende Bedeutung zu. Ihr war sowohl eine ausschließende Dimension in Form der Abwertung oder Ausgrenzung von Anderen als auch eine einschließende Dimension in Gestalt der Höherwertung und Verherrlichung des Eigenen gemeinsam. Daher definierte man die vorgenannte Gemeinschaft auch in der eigenen Perspektive als durch die Natur vorgegeben. Ihr konnten demnach nur Menschen einschlägiger ethnischer Abstammung im Sinne der Eigen-Gruppe angehören, was wiederum in der inhaltlichen Konsequenz zumindest eine Ausgrenzung oder Diskriminierung, mitunter aber auch eine Vernichtung oder Vertreibung nach sich zog.

Nationalismus spielt demgegenüber im Islamismus keine Rolle, definiert man sich ebendort doch ideologisch ganz anders. Die religiöse Identität steht denn auch in der Perspektive dieses politischen Lagers im Konfliktverhältnis zu der säkularen Orientierung, die dem als unislamisch und westlich geltenden Nationalstaatskonzept eigen ist. Dies schließt nicht aus, dass mitunter einzelne Bewegungen oder Parteien auch eine nationalistische Komponente im ideologischen Selbstverständnis aufweisen. Dafür steht etwa die »Milli Görüş«-Bewegung in der Türkei, welche zwar die Formulierung »Nationale Weltsicht« in der namentlichen Bezeichnung nutzt. Indessen gilt als konstitutives und primäres Merkmal der jeweiligen Identität der religiöse Glaube, hier dann häufig in Form einer besonderen Interpretation des Islams. Im dschihadistischen Islamismus lässt sich darüber hinaus häufig eine internationale Zusammensetzung der Aktivisten ausmachen, wozu auch Konvertiten aus den europäischen Ländern mit gleichrangiger Wertigkeit gehören.

Demnach kann man ein bedeutendes ideologisch-inhaltliches Merkmal des Faschismus im Islamismus allenfalls in einem marginalen Sinne ausmachen. Hier bietet der Glaube, nicht die Ethnie das herausragende Identitätskriterium. Insofern ist gerade in diesem Punkt ein entscheidendes Argument gegen die Auffassung, wonach der Islamismus als »grüner Faschismus« oder »Islamo-Faschismus« gelten sollte, zu sehen. Gleiches gilt für den Gesichtspunkt des Rassismus, spielt doch die biologische Kategorie der »Rasse« ebenfalls für Islamisten keine Rolle. Allenfalls können formale bzw. strukturelle Gemeinsamkeiten ausgemacht werden: Sie bestehen in der Abwertung von Menschen, die nicht zur Eigengruppe gehören, da man das jeweilige Identitätskriterium zum herausragenden Merkmal für den Stellenwert unterschiedlicher Individuen macht. In diesem Sinne lassen sich sehr wohl Gemeinsamkeiten konstatieren, sie wären dann aber eben nicht inhaltlicher, sondern struktureller Art. »Faschismus« ist aber ganz zentral auch ideologisch definiert.

11. Prüfung des Merkmals VII:
Totalitarismus im Islamismus

Außerdem trat der Faschismus offen für einen »totalen Staat« ein. Dies bedeutete einerseits die Abschaffung und Überwindung einer parlamentarischen Demokratie und einer pluralistischen Gesellschaft. Darüber hinaus stand das Ziel andererseits für die Etablierung einer diktatorischen Regierung mit weitem Herrschaftsanspruch. Letzterem ging es nicht nur darum, angebliche oder tatsächliche oppositionelle Regungen zu behindern. Vielmehr erhoben die Faschisten den Anspruch, ihre Macht über die Menschen bis ins Privatleben hinein auszuüben. Darüber hinaus genügte einer solchen Diktatur auch nicht das passive Dulden des autoritären Regimes durch die Bevölkerung. Diese sollte kontinuierlich zu aktiven Loyalitätserklärungen und Unterstützungsmaßnahmen mobilisiert werden. Erst durch die Allmacht des »totalen Staates«, der auf Basis einer ideologischen Heilslehre und unter der Leitung einer charismatischen Führergestalt wirken würde, ließe sich nach Auffassung der Faschisten die angebliche Misere liberaler Republiken und schwacher Staaten überwinden.

Auch den Islamisten geht es um eine totale und vollständige Durchdringung der Gesellschaft mittels ihres Herrschaftsanspruchs, der eben auch im Namen ihrer Ideologie über einen autoritären oder totalitären Staat tiefe Eingriffe in das gesellschaftliche Leben vornehmen würde. So überwachen etwa in Ländern wie Iran oder Saudi-Arabien, die beide als islamistisch regiert gelten können, Einrichtungen wie eine »Religionspolizei« im Alltagsleben die Einhaltung einschlägiger Vorschriften. Hierzu gehören etwa eine Einschränkung der gesellschaftlichen Bewegungsfreiheit von Frauen oder die Wahrung einer bestimmten Kleidungsordnung im angeblich islamischen Sinne. In diesen beiden Punkten reicht das Ausmaß von Beherrschung und Kontrolle noch tiefer als in den totalitären Systemen des 20. Jahrhunderts. Insofern läuft die von Islamisten geforderte Aufhebung der Trennung von Politik und Religion auf die Einführung einer Theokratie hinaus, welche diktatorisch mit hoch entwickeltem Herrschafts- und Kontrollanspruch agieren würde.

Bei dem Kriterium »totalitär« handelt es sich erneut um ein formales, nicht um ein inhaltliches Merkmal. Hinsichtlich des Anspruchs, breit in die Gesellschaft mit staatlicher Macht im Sinne einer Aufhebung individueller Freiheit hinein zu wirken, gibt es zwar Gemeinsamkeiten mit dem Faschismus. Indessen war dieser Herrschaftsanspruch auch anderen politischen Systemen eigen. Wollte man diese Gemeinsamkeiten dann zum Maßstab für eine Identität unterschiedlicher politischer Phänomene erheben, dann könnte hier wohl auch vom Islamismus als »grünem Kommunismus« oder »Islamo-Stalinismus« die Rede sein. Der geringe Erkenntnisnutzen einer solchen Bezeichnung und Einordnung muss – überträgt man die vorstehende Argumentation auf diese Kategorie – nicht mehr ausführlicher begründet werden. Demnach steht der Islamismus zwar ebenfalls für den Anspruch, eine Gesellschaft total zu beherrschen und durchdringen zu wollen. Daraus ließe sich aber allenfalls die Rede von einer neuen oder weiteren Form des Totalitarismus ableiten.

12. Prüfung des Merkmals VIII:
Vernichtungsoptionen im Islamismus

Da nach den Anschlägen vom 11. September 2011 gelegentlich von Historikern und Sozialwissenschaftlern in der Todessehnsucht und den Vernichtungsoptionen Gemeinsamkeiten von Faschismus und Islamismus gesehen wurden, soll dieser Gesichtspunkt noch gesonderte Beachtung finden. Der Politikwissenschaftler Daniel Jonah Goldhagen behauptet: »Die zentralen Argumente des politischen Islam knüpfen mehr an die Nazis an als an jede andere politische Bewegung unserer Zeit. Beide predigen einen Genozid. [...] Nazis und Islamisten glorifizieren den Tod – denken Sie zum Beispiel an die Selbstmordattentäter im politischen Islam« (Goldhagen 2006). Und der Historiker Robert Wistrich schreibt mit Blick auf die Situation im Iran: »Hitler bewies, dass es möglich war, sechs Millionen Juden zu ermorden, während die Welt untätig zusah. Seine Erben in Teheran könnten schon bald dieselbe Möglichkeit haben, indem sie lediglich einen Knopf drücken, auch wenn dies zweifellos ihren eigenen Untergang besiegeln würde« (Wistrich 2010: 926).

Den historisch beschreibenden Sachaussagen in beiden Zitaten kann zugestimmt werden: Ein Todeskult lässt sich in der Tat im Nationalsozialismus erkennen, wofür der Mythos des Opfers für das Volk in der Ideologie oder der Einsatz von »Rammjägern« während des Bombenkrieges in der Praxis standen. Im Islamismus bilden die Selbstmordattentate als häufiges Mittel der Gewalthandlungen einen Beleg für einen solchen Todeskult. Indessen kann diese Gemeinsamkeit nur dann für die Auffassung »Faschismus auch als Sammelbezeichnung für den Islamismus« sprechen, wenn sich eben solche Einstellungen und Handlungen allein oder primär im Faschismus finden. Dem ist aber nicht so, wie etwa ein Blick auf die Entwicklung der Selbstmordattentate im Laufe der Geschichte deutlich macht. Als Bestandteil der Kriegsführung kennt man sie als »Kamikaze«-Aktionen aus Japan. Und die ersten Selbstmordanschläge im Nahen Osten wurden von linksterroristischen Aktivisten der »Roten Armee Japans« verübt.

Hinsichtlich des zweiten Gesichtspunktes der Vernichtungsoption lässt sich zunächst sagen, dass der Holocaust an den Juden in der Tat bereits als mögliche Handlung in der Ideologie des Nationalsozialismus angelegt war. Dies gilt indessen nicht pauschal für die anderen faschistischen Bewegungen in Europa, welche zwar häufig auch den Antisemitismus als Position vertraten, aber meist nicht eine Politik des Massenmordes forderten. Darin bestand die Besonderheit des Nationalsozialismus. Der gegenwärtige wie historische Islamismus propagierte bzw. propagiert zu großen Teilen ebenfalls eine offene Vernichtungspolitik, die gegen die Existenz des Staates Israel gerichtet ist. Für den terroristischen Teil dieser politischen Bewegung geht dies auch mit der Bereitschaft zur Ermordung aller Juden einher. Insofern besteht in der Tat eine Gemeinsamkeit. Indessen zeigt die Geschichte der Menschheit, dass nicht nur Faschisten und Nationalsozialisten aktive Täter bei Genoziden und Massenmorden waren, was gegen die Auffassung von einer pauschalen Identität spricht.

13. Historische und aktuelle Kooperation von Islamisten und Rechtsextremisten

Bevor die obigen Ausführungen bilanzierend gewichtet und interpretiert werden, soll hier noch einmal ein Blick auf die historischen wie gegenwärtigen Fälle einer Kooperation von Islamisten und Rechtsextremisten geworfen werden. Handelt es sich bei den Erstgenannten um Angehörige einer Sonderform des Faschismus, dann müsste es derartige Kontakte und Zusammenarbeit häufiger und kontinuierlich gegeben haben. Dem ist bei genauer Betrachtung aber nicht so, wobei einzelne Fälle einer Kooperation nicht verallgemeinert werden dürfen. Mitunter führten ähnliche politische Interessen zu einer phasenweisen Zusammenarbeit. Dies kann zwar für eine Annäherung, aber nicht notwendigerweise für eine Identität sprechen. Darüber hinaus muss die Frage gestellt werden, inwieweit aus ersten Begegnungen oder gelegentlichen Kontakten eine intensive und längere Kooperation hervorging. Es geht demnach darum, ob das Zusammenwirken von Faschisten und Islamisten ebenso intensive Formen annahm wie das Zusammenwirken von Faschisten untereinander.

Ein historischer Fall, der eine solche Deutung nahe legt, ist mit Mohammed Amin al-Husseini verbunden (vgl. u.a. Gensicke 2007; Mallmann/Cüppers 2006). Der Großmufti von Jerusalem und Präsident des obersten islamischen Rats strebte bereits zu Beginn der Hitler-Regierung politische Kontakte mit ihr an und kooperierte ab Ende der 1930er Jahre offen mit den Nationalsozialisten. Das Interesse daran erklärt sich neben gemeinsamen antidemokratischen und antiindividualistischen Einstellungen durch identische Feinde: Man sah den Briten als Kolonialmacht bzw. Konkurrenzmacht und den Juden als Einwanderer bzw. Gegenbild. Zwischen 1941 und 1945 lebte Husseini hauptsächlich in Berlin und kam in persönlichen Kontakt mit führenden Nationalsozialisten wie Himmler und Hitler. In öffentlichen Erklärungen rief der Mufti die Muslime zur Unterstützung der Nationalsozialisten auf und warb unter ihnen Freiwillige für eine eigene SS-Division an. Darüber hinaus forderte er in öffentlichen Stellungnahmen ohne Verklausulierung die Tötung von Juden.

Auch in der Gegenwart kam es mitunter zu Kontakten von Islamisten und Rechtsextremisten. Dafür stehen Besuche von NPD-Funktionären bei einer Veranstaltung der Hizb ut-Tahrir, Interviews mit Repräsentanten des einen politischen Lagers in den Medien des anderen politischen Lagers oder Solidaritätserklärungen für das Vorgehen der einen wie der anderen Seite gegen Israel. Insbesondere die Einladung von rechtsextremistischen Revisionisten zu einer Konferenz in Teheran im Dezember 2006, wo die Massenmorde an den Juden öffentlich geleugnet wurden, veranschaulicht eine solche Kooperation. Diese Einzelbeispiele belegen aber nicht, dass mit dem Antisemitismus die Basis für eine regelmäßige Zusammenarbeit von Repräsentanten beider politischer Lager existiert. Vielmehr überwiegen die ideologischen Differenzen, die regelmäßige Kooperationen verhindern: Die Islamisten sehen in den Rechtsextremisten fremdenfeindliche Rassisten, die Rechtsextremisten lehnen den Islam als Religion der Überfremdung ab (vgl. u.a. Benz/Pfeiffer 2011; Pfahl-Traughber 2009).

14. Einschätzung der Gemeinsamkeiten und Unterschiede beider Bestrebungen

Bei der Betrachtung und Prüfung der Merkmale des Faschismus bezogen auf den Islamismus sind sowohl Gemeinsamkeiten wie Unterschiede deutlich geworden. Wie müssen diese nun in der Gesamtschau gewichtet werden? Am Beginn der Erörterung soll zunächst der Blick auf die Ideologie mit ihren drei Dimensionen stehen: Hinsichtlich der ersten, positiv bestimmten Eigenschaften wie dem Nationalismus und Rassismus gibt es keine Gemeinsamkeiten, sieht man für die erstgenannte Ausrichtung von den marginalen Ausnahmen eines parallelen Bekenntnisses zu einer ethnischen und religiösen Identität ab. Im engeren Sinne spielt die Politisierung der Biologie aber keine bedeutsame Rolle, während die Politisierung der Religion einen zentralen Stellenwert einnimmt. Demgegenüber bestehen hinsichtlich der zweiten, negativen Dimension viele Gemeinsamkeiten bei den Feindbildern, wenngleich mit unterschiedlicher ideologischer Begründung: Man ist gegen den Individualismus, die Juden, die Menschenrechte, den Pluralismus, die USA und den Westen.

Die Gemeinsamkeiten bei den Feindbildern und die Unterschiede bei den Wertvorstellungen in Faschismus und Islamismus machen noch einen Blick auf die dritte Dimension der Ideologie in Form der strukturellen Merkmale nötig. Hierbei kann man eine Fülle von Übereinstimmungen konstatieren, welche sich bei der Betrachtung der formalen Einstellungen im politischen Denken in beiden politischen Lagern ergeben. Dazu gehören etwa ein dogmatischer Absolutheitsanspruch, eine identitäre Gesellschaftskonzeption oder ein dualistischer Rigorismus. Diese Bestandteile der faschistischen und islamistischen Ideologie artikulieren sich aber inhaltlich unterschiedlich: Im ersten Fall wird die biologische oder die religiöse Richtigkeit des eigenen Denkens postuliert. Im zweiten Fall sieht man das Ideal in einer ethnisch oder religiös homogen ausgerichteten Gesellschaft. Und im dritten Fall besteht der Gegensatz von »gut« und »böse« zwischen einer »nationalistischen« und »internationalistischen« oder einer »muslimischen« und »nichtmuslimischen« Position.

Nach der Ideologie sind auch Organisationsform und Strategie für eine komparative Betrachtung von zusätzlicher Bedeutung: Hier wäre zunächst noch einmal daran zu erinnern, dass die faschistischen Bestrebungen meist als Partei organisiert waren, demgemäss auch zu Wahlen antraten, aber auch auf die Entwicklung einer Massenbewegung setzten und über einen paramilitärischen Bereich verfügten. Einen ähnlichen Handlungstyp findet man im Islamismus auch, wofür etwa die Hamas oder die Hisbollah konkrete Beispiele wären. Indessen berechtigt diese Erkenntnis allein nicht dazu, hier von einer allgemeinen Gemeinsamkeit zu sprechen. Denn die politischen Bestrebungen im Islamismus bedienen sich noch anderer Organisationsformen und Strategien. Und umgekehrt nutzen auch Akteure aus ganz anderen politischen Zusammenhängen ebenfalls diese Formen des Engagements. Insofern bestehen hier zwar wie hinsichtlich der Einstellung zur Gewalt durchaus gewisse Übereinstimmungen, aber eben auch mit anderen politischen Phänomenen.

15. Kritische Einschätzung von Hamed Abdel-Samads »Islamischer Faschismus«-These

Die vorgenannten Ausführungen lassen sich direkt auf Hamed Abdel-Samads »Islamischer Faschismus«-These übertragen. Anhand seiner Positionen soll dies hier noch einmal im Sinne einer kritischen Einschätzung gesondert erläutert werden: Die meisten Aussagen zu Ereignissen und Sachverhalten in Hamed Abdel-Samads Buch »Der islamische Faschismus. Eine Analyse« lassen sich gut belegen, wenngleich dies der Autor in seinem Werk mit gerade mal acht Anmerkungen für über 200 Seiten nicht tut. Problematisch wird es immer dann, wenn einzelne Gesichtspunkte im Sinne einer komplexen Interpretation in einen inhaltlichen Kontext gebracht werden. Da Abdel-Samad über keine entwickelte und systematische Faschismus-Definition verfügt, kommt er zu den unangemessenen Zuordnungen. »Faschismus«, so auch der Konsens in der neueren Forschung, lässt sich nur durch eine Kombination verschiedener Merkmale auf unterschiedlichen Ebenen analytisch erfassen. Es fehlt an ideologischen, organisatorischen und strategischen Alleinstellungsmerkmalen.

Abdel-Samad bezieht sich jeweils auf Gemeinsamkeiten formaler Art, ignoriert aber die Unterschiede inhaltlicher Ausrichtung. Mit dieser Argumentationsweise könnte man – wie oben schon angedeutet – den Islamismus auch als »grünen Kommunismus« oder »Islamo-Stalinismus« deuten. Eine Fülle der vom Autor genannten Merkmale gibt es in beiden politischen Bestrebungen: Der dogmatische Absolutheitsanspruch und das rigorose Freund-Feind-Denken fanden und finden sich im »real existierenden Sozialismus«. Auch ein Personenkult um Mao oder Stalin lässt sich nachweisen. Darüber hinaus bestanden und bestehen gemeinsame Feindbilder: der Kapitalismus und der Westen, Israel und die USA. Selbst eine gewisse Todesbereitschaft lässt sich bei Guerilla-Kämpfern und Revolutionären ausmachen. Und schließlich würden Kollektivismus und Solidarität, die in der Klassen- wie Religionsgemeinschaft einen großen Stellenwert haben sollen, zu den unverkennbaren Gemeinsamkeiten von Islamismus und Kommunismus gehören.

Der Hinweis darauf soll hier erklärtermaßen nicht zur Begründung einer derartigen Auffassung, sondern zur Problematisierung der Deutung von Abdel-Samad dienen. Beide Perspektiven stellen auf formale Aspekte ab und ignorieren inhaltliche Unterschiede. Nur mittels dieser Sicht lässt sich die Auffassung vom Islamismus als »Faschismus« bzw. ließe sich die Deutung vom Islamismus als »Kommunismus« begründen. Indessen spricht die dezidert antiislamische und biologistische bzw. religionsfeindliche und säkulare Ausrichtung der beiden genannten politischen Bestrebungen gegen eine solche Einordnung. Abdel-Samad benennt selbst die entscheidende Differenz: »Die eine Bewegung glaubt an die Überlegenheit der arischen Rasse, die andere ist überzeugt von der moralischen Überlegenheit der Muslime« (Abdel-Samad 2014: 19). Da hier aber ein grundlegender ideologischer inhaltlicher Gegensatz zwischen beiden politischen Bestrebungen deutlich wird, lassen sie sich schwerlich einem identischen ideologischen politischen Phänomen zuordnen.

16. ISLAMISMUS ALS RELIGIÖSER EXTREMISMUS – EINE ANGEMESSENERE KATEGORIE

Diese Einsicht in die ideologischen Differenzen von Faschismus und Islamismus schließt indessen nicht aus, dass formale Übereinstimmungen in der Einstellung zu Gesellschaft und Staat sachlich und terminologisch mit einer angemessenen Kategorie erfasst werden. Dabei kann es angesichts der erwähnten Unterschiede im Bereich der Ideologie aber nicht um eine hierauf bezogene inhaltliche Ebene gehen. Vielmehr muss es sich um eine Sammelbezeichnung mit formalem Zuschnitt handeln. Denn die von Abdel-Samad richtig konstatierten Gemeinsamkeiten finden sich einerseits in den Strukturmerkmalen der jeweiligen Ideologien und andererseits in deren Frontstellung gegen Demokratie und Menschenrechte. Dafür existiert als Kategorie die Sammelbezeichnung »Extremismus«. Sie steht für die Erfassung aller Auffassungen und Bestrebungen, die sich unabhängig von der jeweiligen ideologischen Positionierung gegen die Minimalbedingungen einer offenen Gesellschaft und eines demokratischen Verfassungsstaates richten.

Dazu gehören Abwahlmöglichkeit und Gewaltenteilung, Individualitätsprinzip und Menschenrechte, Minderheitenschutz und Pluralismus, Rechtsstaatlichkeit und Volkssouveränität. Demnach bildet die Ablehnung bzw. Bekämpfung der genannten Grundmerkmale und nicht einer »politischen Mitte« das inhaltliche Kriterium, um von politischem Extremismus in Form von Einstellungen oder Handlungen zu sprechen. Dabei lassen sich die einzelnen politischen Bestrebungen nach ihrer ideologischen Ausrichtung in eine linke, rechte und religiöse Form einteilen und unterscheiden. Der Faschismus fällt hierbei in den Bereich »rechter Extremismus«, der Islamismus in den Bereich »religiöser Extremismus«. Denn der letztgenannten politischen Bestrebung geht es im Kern darum, im Namen einer Religion die Grundlagen von Demokratie und Menschenrechten zugunsten einer diktatorischen theokratischen Ordnung zu beseitigen. Eine Gleichsetzung hinsichtlich des Gefahrenpotenzials und der Ideologie geht damit nicht einher.

Jedoch lassen sich bei der Ablehnung und Bekämpfung der erwähnten Prinzipien in den jeweiligen Ideologien formale Gemeinsamkeiten ausmachen. Sie können als Strukturmerkmale extremistischer Doktrinen gelten und folgendermaßen unterschieden werden:

1. exklusiver Erkenntnisanspruch
2. dogmatischer Absolutheitsanspruch
3. essentialistisches Deutungsmonopol
4. holistische Steuerungsabsichten
5. deterministisches Geschichtsbild
6. identitäre Gesellschaftskonzeption
7. dualistischer Rigorismus
8. fundamentale Verwerfung.

Demnach erfolgt die Begriffsbestimmung von »Extremismus« hier ebenso im Sinne einer Negativ- wie Positiv-Definition: Einerseits geht es um die Ablehnung der Minimalbedingungen einer offenen Gesellschaft und eines demokratischen Verfassungsstaates, andererseits um die dabei auszumachenden formalen Prägungen der jeweiligen Ideologien. Deren politische Umsetzung würde denn auch zur Aufhebung von Pluralismus und Toleranz führen.

17. Exkurs: Islam und Monotheismus als Wurzeln des Faschismus

Bevor eine bilanzierende Einschätzung zur aufgeworfenen Fragestellung formuliert wird, soll hier noch ein besonderer Aspekt in Abdel-Samads Argumentation inhaltliches Interesse finden: Er deutet nicht nur den Islamismus als eine Form des Faschismus. Darüber hinaus vertritt er die Auffassung, »dass faschistoides Gedankengut [...] bereits in der Urgeschichte des Islams begründet sei« (Abdel-Samad 2014: 11). Der Islam habe die religiöse Vielfalt auf der arabischen Halbinsel beendet, von seinen Anhängern unbedingten Gehorsam verlangt, keine abweichenden Meinungen geduldet und nach der Weltherrschaft gestrebt. Daher betitelte Abdel-Samad auch ein ganzes Kapitel seines Buchs mit »Von Abraham bis Sayyid Qutb – die Wurzeln des Faschismus in der islamischen Geschichte«. Bereits Abrahams Bereitschaft zur Opferung des Sohnes zeige zwei »zentrale Aspekte des Faschismus: bedingungsloser Gehorsam und Opferbereitschaft bis zum Äußersten«. Überhaupt sei der Faschismus »in gewisser Weise mit dem Monotheismus verwandt« (Abdel-Samad 2014: 67).

Zunächst kann in Abdel-Samads Ausführungen eine Unklarheit bzw. ein Widerspruch ausgemacht werden: Einmal sieht er im Islam, einmal im Monotheismus die Wurzel des Faschismus. Bezogen auf den letztgenannten Aspekt kann der Auffassung, dass der Glaube an einen Gott mehr zum Dogmatismus als der Glaube an mehrere Götter neige, zugestimmt werden. Dazu gibt es bereits seit längerer Zeit eine Forschungskontroverse, die mit den Auffassungen des Ägyptologen Jan Assmann verbunden sind (vgl. u.a. Assmann 1998; 2003). Nach dessen Meinung ist eine Gewaltorientierung in den Religionen mit dem Monotheismus verbunden. Abdel-Samad kennt diese Debatte laut seinem Literaturverzeichnis offenbar nicht. Noch weitaus kritikwürdiger ist dagegen, dass er hier Gehorsams- und Opferungsauffassungen ahistorisch als originär faschistisch betrachtet. In dieser Perspektive wäre übrigens Abraham der ideologische Ahnherr von Hitler und Mussolini, setzten sie doch in dieser Kontinuität ebenfalls auf Gehorsams- und Opferungsauffassungen.

Ebenso wenig kann die Ansicht überzeugen, wonach der Faschismus seine Wurzel in der Frühgeschichte des Islams habe. Abdel-Samad sieht dafür in Mohammeds Einforderung unbedingten Gehorsams, seiner Intoleranz gegenüber religiösen Abweichlern oder seines Traums von einem großarabischen Reich die entscheidenden Belege: »Es ist die Geburtsstunde des islamischen Ur-Faschismus« (Abdel-Samad 2014: 67). Indessen gingen zwischen dem 8. und dem 20. Jahrhundert noch viele andere Akteure im Namen von Ideologie, Macht oder Religion mit derartigen Methoden vor. Gleiches gilt für die historische Ära vor der Geburt Mohammeds. Folgt man der Argumentationslogik Abdel-Samads, so könnte man in allen derartigen Fällen die historische Basis des Faschismus sehen. Sein methodischer Fehler besteht auch hier darin, dass er Dogmatismus und Intoleranz, Unterdrückung und Verfolgung in völliger Verkennung der historisch-politischen Entwicklung der Menschheit allein als Erscheinungsformen des Faschismus wahrnimmt.

18. Schlusswort und Zusammenfassung

Wie lassen sich nun die erwähnten Gemeinsamkeiten und Unterschiede bezogen auf eine Beantwortung der oben formulierten erkenntnisleitenden Fragestellung inhaltlich gewichten? Nimmt man eine Prüfung des Islamismus hinsichtlich der genannten Merkmale des Faschismus vor, so sind die jeweils analysierten und benannten Differenzen und Übereinstimmungen nur in bestimmten Bereichen festzustellen. Bei der inhaltlichen Ausrichtung mit einem positiven Bekenntnis zu bestimmten Normen lassen sich keine Gemeinsamkeiten konstatieren, bildet doch für die eine Seite die ethnische und für die andere Seite die religiöse Ebene den jeweiligen Bezugspunkt für das eigene ideologische Selbstverständnis. Da es dabei noch nicht einmal ansatzweise Berührungspunkte gibt, ja sogar die Sphäre des Glaubens und der Natur in ganz unterschiedlichen Kontextfeldern beheimatet sind, kann auch nicht das Fehlen von Gemeinsamkeiten verwundern. Im Gegenteil lehnt die jeweils eine Seite die ideologischen Grundlagen der jeweils anderen Seite ab.

Demgegenüber treten die Gemeinsamkeiten bei den Feindbildern, der Organisationsform und der Strategie in ihrer Bedeutung zurück. Erstere sind auf der Basis der unterschiedlichen Ideologien auch mit verschiedener Stoßrichtung entstanden. Die Übereinstimmungen in den Handlungs- und Strukturformen finden sich darüber hinaus noch bei vielen anderen politisch-ideologisch ganz verschieden ausgerichteten Akteuren. Insofern reichen all diese Gemeinsamkeiten nicht aus, um den Islamismus als besondere Form des Faschismus anzusehen. Dieser Terminus ist auch als Sammelbegriff für unterschiedliche Phänomene sehr stark durch eine ideologische Ausrichtung primär in einem nationalistischen bzw. rassistischen Sinne geprägt. Da diese eben gerade im Islamismus nicht auszumachen ist, kann die Rede von einem »grünen Faschismus« oder »Islamo-Faschismus« keine inhaltliche Angemessenheit beanspruchen. Insofern handelt es sich weniger um eine analytische Kategorie, sondern vielmehr um ein politisches Schlagwort.

Diese Erkenntnis relativiert oder verharmlost nicht das Gefahrenpotential in dem gemeinten politischen Lager, müssen doch Risiken für Demokratie und Menschenrechte nicht nur in Form des Faschismus auftreten. Gerade die formalen Gemeinsamkeiten, bezogen auf die Forderung nach einer identitären Gesellschaft mit der Gemeinschaftsideologie und dem tiefgreifenden Herrschaftsanspruch mit dem Totalitarismus, lassen zwei andere Kategorien der Politikwissenschaft als Erkenntnis fördernder für die Einordnung von Faschismus und Islamismus erscheinen. Gemeint sind die Extremismus- bzw. Totalitarismustheorie, die beide nicht von ideologisch-inhaltlichen Kriterien ausgehen. Vielmehr zielen sie auf die Ablehnung der Minimalbedingungen eines demokratischen Verfassungsstaates bzw. das Ausmaß eines Herrschaftsanspruchs gegenüber der Gesellschaft ab. In diesen Punkten bestehen auch Gemeinsamkeiten von Faschismus und Islamismus, womit man es eben auch mit den besseren Kategorien zur Einordnung zu tun hat (vgl. Pfahl-Traughber 2008).

LITERATUR

Zu Führerkult, Gemeinschaftsideologie, Gewaltakzeptanz, Massenmobilisierung, Nationalismus und Totalitarismus im Islamismus mangelt es an Spezialliteratur. Daher fanden sich in den Kapiteln keine entsprechenden Literaturhinweise. Die vorgenommenen Einschätzungen stützen sich auf die allgemeinen Publikationen zum Islamismus.

Abdel-Samad, Hamed (2014): Der islamische Faschismus. Eine Analyse, München: Droemer.

Assmann, Jan (1998): Moses, der Ägypter. Entzifferung einer Gedächtnisspur, München: Carl Hanser.

Assmann, Jan (2003): Die Mosaische Unterscheidung oder der Preis des Monotheismus, München: Carl Hanser.

Ayubi, Nazih (2002): Politischer Islam. Religion und Politik in der arabischen Welt, Freiburg: Herder.

Benz, Wolfgang und Thomas Pfeiffer (Hg.) (2011): »Wir oder Scharia«? Islamfeindliche Kampagnen von Rechtsextremisten, Schwalbach: Wochenschau.

Benz, Wolfgang und Juliane Wetzel (Hg.) (2007): Antisemitismus und radikaler Islamismus, Essen: Klartext.

Gensicke, Klaus (2007): Der Mufti von Jerusalem und die Nationalsozialisten. Eine politische Biographie Amin el-Husseinis, Darmstadt: Wissenschaftliche Buchgesellschaft.

Goldhagen, Daniel Jonah (2006): »Der politische Islam knüpft an die Nazis an« (Interview), in: Spiegel-Online vom 23. November (www.spiegel.de) (gelesen am 15. Januar 2014).

Kepel, Gilles (2002): Das Schwarzbuch des Dschihad. Aufstieg und Niedergang des Islamismus, München: Piper.

Mallmann, Klaus-Michael und Martin Cüppers (2006): Halbmond und Hakenkreuz. Das Dritte Reich, die Araber und Palästina, Darmstadt: Wissenschaftliche Buchgesellschaft.

Mittelweg 36(2007): Schwerpunktausgabe zu »Neue Wege der vergleichenden Faschismusforschung«, Hamburg: Hamburger Edition.

Pfahl-Traughber, Armin (2008): »Islamismus – der neue Extremismus, Faschismus, Fundamentalismus und Totalitarismus? Eine Erörterung zu Angemessenheit und Erklärungskraft der Zuordnungen«, in: Zeitschrift für Politik, 55. Jg., Nr. 1, S. 33-48.

Pfahl-Traughber, Armin (2009): »Judenfeindschaft als Basis einer Kooperation? Antisemitismus und Antizionismus bei Islamisten und Rechtsextremisten«, in: Martin H. W. Möllers und Robert Chr. van Ooyen (Hg.): Jahrbuch Öffentliche Sicherheit 2008/2009, Frankfurt a.M.: Verlag für Polizeiwissenschaft, S. 265-277.

Sarkohi, Arash (2013): »Ayatollah Khomeini – Der islamische Revolutionsführer«, in: Thomas Kunze und Thomas Vogel (Hg.): Oh Du, geliebter Führer. Personenkult im 20. und 21. Jahrhundert, Berlin: Ch. Links, S. 211-226.

Wippermann, Wolfgang (1997): Faschismustheorien. Zum Stand der gegenwärtigen Diskussion, 6. Auflage, Darmstadt: Wissenschaftliche Buchgesellschaft.

Wistrich, Robert (2010): A Lethal Obsession. Anti-Semitism from Antiquity to the Global Jihad, New York: Random House.

Erscheinungsformen des Salafismus in Deutschland

»Lasst Euch nicht radikalisieren!« — Salafismus in Deutschland

Claudia Dantschke

Es sind nun etwas mehr als zehn Jahre ins Land gezogen, seitdem eine bestimmte Gruppe fundamentalistischer Islamprediger aus ihren kleinen Hinterzimmern heraustrat und begann, ihre »frohe Botschaft« auf dem Markt der Lebensmöglichkeiten feilzubieten. Lange hat es gedauert, bis diese Missionare wirklich wahr- und ernstgenommen wurden. Nun aber werden jedes Jahr die Zahlen ihres Missionserfolges fleißig nach oben korrigiert von denen, die für unser aller Sicherheit verantwortlich sind. Denn die Wahrnehmung dieses recht jungen Phänomens – Salafismus genannt – erfolgt vor allem durch die Sicherheitsbehörden. Noch tut sich die Wissenschaft schwer damit, eigene Erkenntnisse zu liefern, auch wenn dutzende, ja vielleicht hunderte Bachelor-, Master- oder Doktorarbeiten derzeit im Entstehen sind. Und so liefern vor allem Journalisten oder Praktiker die notwendigen Ergänzungen zu den Erkenntnissen der Sicherheitsbehörden und Einblicke in eine sich immer mehr ausdifferenzierende Szene. Eine Ausnahme bildet hier der im Juni 2014 erschienene erste deutschsprachige Sammelband zum Thema von Behnam T. Said und Hazim Fouad: Salafismus. Auf der Suche nach dem wahren Islam.

Dabei fällt es jedoch schwer, den Überblick nicht zu verlieren. Immer neue Namen, immer neue Zusammenschlüsse tauchen auf, verschwinden wieder oder verlieren an Bedeutung. Und plötzlich wird Ende Februar 2014 ein bekannter Prediger dieser Szene, der bis dahin zwar als ideologisch radikal, aber nicht als dschihadistisch gegolten hat, unter Terrorismusverdacht in Untersuchungshaft genommen. Konkret stand er unter dem Verdacht, zwei junge Männer »für einen fremden Wehrdienst nach §109h Strafgesetzbuch (StGB)« angeworben und mit ihnen »eine schwere staatsgefährdende Gewalttat nach § 89a StGB«[1] vorbereitet zu haben. Mitte Mai wurde von der Stuttgarter Staatsanwaltschaft gegen den 33-jährigen Konvertiten, der sich »Abu Adam« nennt aber auch unter seinem bürgerlichen Namen Sven Lau einige Berühmtheit erlangte, Anklage erhoben. »Lau soll«, so meldet es die Deutsche Presse-Agentur (dpa) am 17. Mai 2014, »Geld für die islamistische Rebellentruppe ›Muhajirun Halab‹ (Aleppo-Auswanderer) gesammelt haben«. Die Einheit gehört zu der als Terrorgruppe eingestuften Vereinigung »Islamischer

---

1 | »Salafistischer Prediger Sven LAU verhaftet«, www.verfassungsschutz-bw.de/,Lde/Startseite/Aktuelles/Salafistischer+Prediger+Sven+LAU+verhaftet, letzter Zugriff: 4.06.2014.

Staat im Irak und Sham [Großsyrien]« (ISIS; arab.: »ad-Dawlat al-islâmiyya fî l-'irâq wa-sch-schâm« – abgekürzt: da'îsch; »schâm« bezeichnet die Region Levante oder Großsyrien, ein Gebiet, das neben Syrien den Libanon, Teile Jordaniens und Palästinas umfasst).[2] »Die beiden Mitangeklagten wollten laut Anklage Mitte Februar einen ausrangierten Notarztwagen sowie mehrere Tausend Euro zu der Rebellentruppe nach Syrien bringen«, erklärte eine Sprecherin der Staatsanwaltschaft gegenüber dpa (ebd.). Am 21. Mai wurde Lau jedoch aus der Untersuchungshaft entlassen. Die Stuttgarter Staatsanwaltschaft hatte ihre Anklage gegen ihn zurückgenommen. Die Beweislage war von Anfang an sehr dünn (siehe zu den Ermittlungen auch einen kritischen TV-Beitrag des NDR-Magazins Zapp vom 11.6.2014)[3].

Die Inhaftierung und Anklage von Sven Lau sorgte in der Frage, wer aktuell von der salafistischen Predigerszene noch mit wem kann und wer nicht, für eine gewissen Klarheit. Plakativ sichtbar wurde dies zunächst durch das vom Bonner »Abu-Z-Projekt« unter der Losung: »Wir unterstützen unseren Bruder Abu Adam, Sven Lau« entworfene Solidaritätsplakat. Zehn aneinandergereihte Embleme steckten den Rahmen der sich gegenseitig ergänzenden und miteinander kooperierenden Gruppen ab. Sie lassen sich in drei Kategorein einteilen: a) die beiden Predigernetzwerke »Die Wahre Religion« und »Pierre Vogel«, zu dem Sven Lau selbst gehört, sowie das auf bestimmte religiöse, historische und politische »Weisheiten« und Sprüche spezialisierte Facebook-Portal »Fakt Islam«; b) die pop-dschihadistische Jugend-Kameradschaftsszene, bestehend aus der Gruppe »Tauhid-Germany« – faktisch die Nachfolgeorganisation der im Juni 2012 vom Bundesinnenminister verbotenen militanten Jugendkameradschaft »Millatu Ibrahim« – und die dazu gehörenden Medienprojekte »Abu-Z-Projekt« des Bonners Abu Zakariya, »Muslim Mainstream« des Kölners Sabri Ben Abda, »Independent Journalists« (»Indyjournalists«), ein Portal, das vor allem den Kontakt zu den nach Syrien in den Dschihad ausgewanderten »Brüdern« aufrecht erhält und dabei kräftig Propaganda für die ISIS verbreitet sowie ferner »Shababul Islam Media«, eine Online-Jugend-Gruppe, die sich auf die Übersetzung und Verbreitung dschihadistischer Propagandamaterialien spezialisiert hat. Dazu gehören zum Beispiel Videos mit Ansprachen des radikalen amerikanischen Predigers jemenitischer Herkunft, Anwar al-Awlaki, der bis zu seinem Tod durch einen Drohnenangriff Ende September 2011 einer der Anführer der jemenitischen Terrororganisation »al-Qaida auf der Arabischen Halbinsel« (AQAP) war.

Die dritte und letzte Kategorie c) bildet die im Sommer 2011 gegründete Gefangeneninitiative »Ansarul Aseer« sowie der mit viel Knast-Erfahrung ausgestattete ehemalige Linksterrorist Bernhard Falk. Als Mitglied der linksextremistischen »Antiimperialistischen Zellen« (AIZ) war Falk 1996 festgenommen und wegen vierfachen Mordversuchs und diverser Sprengstoffverbrechen zu 13 Jahren Gefängnis verurteilt worden. Als er 2008 vorzeitig entlassen wurde, nannte er sich bereits Muntasir bi-llah, denn er war in der Haft zum Islam übergetreten. Seither »bereichert« er das Netzwerk mit ideologischen Ergüssen, wobei er seine alte linksrevolutionäre Rhetorik mit radikal-salafistischen Botschaften mischt. Das klingt dann

---

2 | Ende Juni 2014 ruft die ISIS das Kalifat aus und nennt sich seither nur noch »Islamischer Staat« – »ad-Dawlat al-islâmiyya«.

3 | http://www.ndr.de/fernsehen/sendungen/zapp/Salafisten-Wie-Journalisten-Behoerden-helfen-,zapp7674.html, letzter Zugriff: 16.8.2014.

zum Beispiel so wie dieser Ausschnitt aus seinen »Denkanstößen« aus dem Jahr 2012: »So Gott will, wird der zukünftige internationale Kalifats-Staat die derzeitigen Usurpatoren der Macht, die im Trikot als Marionetten der imperialistischen Staaten (USA, BRD, ...) fungieren und die Muslime so grausam unterdrücken, hinwegfegen [...]«.[4]

Wie ein Pate kümmert sich Falk zudem um die pop-dschihadistische Jugendszene. Die leidet ein wenig darunter, dass ihr ihre charismatischen Führungspersonen abhandengekommen bzw. dass sie in die syrische Dschihad-Ferne entschwunden und nur noch virtuell greifbar sind. Einen Schwerpunkt legt Falk dabei auf die Betreuung der wegen Terrorunterstützung und ähnlicher Vorwürfe angeklagten oder bereits verurteilten Jungmänner (und -frauen, sofern vorhanden). Gemeinsam mit der Organisation »Ansarul Aseer« sorgt er dafür, dass diese jungen »Löwen«, als die sie gern gesehen werden wollen, nicht vom »wahren« Weg abkommen und »umkippen«. Das erreicht er durch seine regelmäßigen Berichte von den Strafprozessen und dem Aufruf über »Ansarul Aseer«, inhaftierte Islamisten per Brief zu kontaktieren. So wird sichergestellt, dass diese weiter in Kontakt mit der Szene bleiben und die Einbindung in die Ideologie aufrechterhalten wird. Zudem nützt es der Propaganda, dass man die Gefangenen nicht alleine lässt. Schließlich braucht man für den Nachwuchs einige »Vorbilder«, die die »Prüfungen Allahs« – etwa eine Gefängnisstrafe – erfolgreich bestanden haben.

Sven Laus Inhaftierung bot der radikalen deutschen Salafisten-Szene zudem einen willkommenen Anlass, ihre Geschlossenheit auch öffentlich zu zelebrieren. Unter dem Motto: »Wie steht der Islam zu Gewalt« versammelte sich eine illustre Schar bekannter und weniger bekannter Köpfe am 23. März 2014 auf einer Bühne in Mannheim zur großen »Sven-Lau-Solidaritätskundgebung«. Mit dabei waren: Pierre Vogel mit seinem Pressesprecher Thomas Ibrahim, das Köln-Bonner Prediger-Trio des Netzwerkes »Die Wahre Religion«, Ibrahim Abou Nagie, Abu Dujana (Said el-Emrani) und Abu Abdullah (Ibrahim Belkaid), Vogels Partner in Bonn und Wuppertal, der Konvertit Marcel Krass sowie der weniger bekannte Düsseldorfer Abu Sakinah (Baschschar Masri), die beiden Jungstars dieser Szene Izzuddin Abu Sufjaan (Izudin Jakupovic) aus Bonn und Abdelilah Abu Roumaisa Belatouani aus Eschweiler sowie der durch das Verbot seines Vereins »DawaFFM« im März 2013 durch den Bundesinnenminister etwas lahmgelegte Abdellatif Rouali aus Frankfurt a.M. Zwar nicht auf der Bühne, aber vor Ort aktiv dabei waren zudem der bereits erwähnte Bernhard Falk sowie der Kopf der »Tauhid-Germany«-Jugendkameradschaft, Abu Ibrahim (Hasan Keskin) aus Hemer (NRW).

Trotz dieser recht beachtlichen Anzahl bekannter Akteure ließ sich gleichfalls feststellen, dass eine ganze Reihe mindestens genauso bekannter Prediger, die gemeinhin ebenfalls unter dem Sammelbegriff Salafismus erfasst werden (dieses Spektrum ist sehr heterogen und ausdifferenziert, was an anderer Stelle noch ausgeführt wird), dem Ruf zum gemeinsamen Protest ganz bewusst nicht gefolgt waren. Zu nennen seien hier der Leipziger Abul Hussain (Hassan Dabbagh), der Braunschweiger Abu Anas (Muhamed Çiftçi), die Berliner Abdul Adhim Kamouss und Ferid Heider, der Wuppertaler Abu Jibril (Mohamad Gintasi) oder der Dort-

---

4 | http://ansaralhaqq114.wordpress.com/2013/06/01/muntasir-bi-llahbernhard-falk-denkanstos-9/, letzter Zugriff: 4.06.2014.

munder Abdelhay Fadil. Einige dieser Prediger standen noch bis vor dreieinhalb Jahren mehr oder weniger an der Seite von Pierre Vogel und Sven Lau.

Vor allem diesen Predigern aber auch der übergroßen Mehrheit der in den klassischen Moscheevereinen und Islamverbänden organisierten Muslime galt die Hauptbotschaft der Mannheimer Demo-Prediger: der Ruf nach Zusammenhalt und Loyalität – gegenüber jedem Muslim, der sich zu seiner Religion bekennt und unabhängig davon, wessen er konkret von den Nichtmuslimen, den »Ungläubigen«, beschuldigt wird. Denn »jeder Muslim ist besser als der beste Kafir [Nichtmuslim, Ungläubiger; Plural: kuffâr]! Jeder Muslim, alle eingeschlossen!«, so Sven Lau in einem Werbevideo von »Indyjournalists« für die Gefangeneninitiative »Ansarul Aseer« im Frühjahr 2013.[5] Hinter diesem Ruf verbirgt sich das Grundprinzip salafistischen Denkens: das Konzept von al-Walâ`wa-l-barâ'. Wörtlich übersetzt heißt das: »Loyalität und Lossagung für Allah« und bedeutet, dass Loyalität nur gegenüber Allah und seinen Gesetzen erlaubt ist. Von allem, was nicht mit seinen Geboten übereinstimmt (wie Salafisten sie verstehen), müssten gläubige Muslime sich lossagen. In den radikalen Strömungen wird dieses Prinzip nicht nur als Ablehnung und Abgrenzung interpretiert, sondern auch zum Hass auf alles »Nichtislamische« zugespitzt, was die Menschen einschließt, die das verkörpern.

Entsprechend dieser Denkrichtung wurde auf der Mannheimer Kundgebung die Inhaftierung von Sven Lau als gezielter Angriff auf die Umma, die (fiktive) muslimische Weltgemeinschaft, interpretiert. Statt nun zusammen dagegen aufzustehen, duckten sich die Muslime in Deutschland und ihre Vertreter aber feige weg oder spalteten sich in unendlichen Diskussionen über bestimmte religiöse Auslegungen immer weiter auf und grenzten sich gegenseitig ab. »Wir müssen begreifen, was hier passiert, in welcher Situation wir uns befinden«, ruft Marcel Krass nach dieser Einstimmung den etwa 300 Anhängern (darunter knapp 50 weibliche) aus ganz Deutschland zu, die sich auf dem Mannheimer Marktplatz versammelt haben. »Hier um uns herum tobt eine ideologische Schlacht, und wir sind mittendrin. Und in so einer Situation reicht es vollkommen aus, wenn der Bruder, der neben dir steht, sich einfach nur mit dem Islam identifiziert. Mehr braucht es nicht«, erklärt Krass und erntet dafür ein lautstarkes »Allahu Akbar« (Allah ist größer; Allah steht über allem).[6] »Vor dir steht ein übermächtiger Gegner, der sich nichts anderes auf die Fahnen geschrieben hat, (als) dir deine Religion wegzunehmen«, so die simplifizierte Erklärung von Krass für Laus Inhaftierung. »Und wenn es mit dir nicht klappt, dann spätestens mit deinen Kindern. Und diesem Gegner ist vollkommen egal, welche Aqida [Glaubensinhalt, Glaubensgrundlage] und welchen Manhadsch [religiöse Lebensweise; Weg, Methodik der Praktizierung des Glaubens] du befolgst, das interessiert ihn gar nicht, solange du dich mit dem Islam identifizierst.« (Vgl. ebd.) Mit dieser plakativen Feindbild-Darstellung hofft Krass, die Sehnsucht vieler Muslime nach Einheit und Gemeinschaft, ihr Gefühl, in Deutschland nicht wirklich willkommen zu sein und ihre Ängste, ihre Kinder könnten in dieser Gesellschaft zu sehr »verweltlichen«, für sich und sein Netzwerk

---

5 | YouTube-Kanal »Indyjournalists«, 30.05.2013:· »Abu Adam (Sven Lau) - Unterstützt die Gefangenen«, www.youtube.com/watch?v=oKK-ekELVCA, letzter Zugriff: 4.06.2014.

6 | YouTube-Kanal »Die Wahre Religion«, 24.03.2014: Marcel Krass Einheit der Muslime Kundgebung brüderlicher Solidarität, www.youtube.com/watch?v=CY_Vva5cOt4, letzter Zugriff: 4.06.2014.

ausnutzen zu können. Gleichzeitig suggeriert er, dass all jene muslimischen Prediger und Verbandsvertreter, die dieser Solidarisierungs-Show für Sven Lau ferngeblieben sind, nicht nur dem Feind, den »Ungläubigen«, in die Hände spielen, sondern dabei helfen würden, den Islam und die muslimische Umma zu zerstören.

Während auf der Rednerbühne die »muslimische Einheit« beschworen und der Feind markiert wird, agitiert Bernhard Falk die derart eingestimmten Kundgebungsteilnehmer mit seinen Kalifats-Visionen. Nur ein »islamischer Staat«, in dem »gemäß Qur'an und Sunnah regiert wird«, wäre laut Falk die Garantie dafür, dass »wir Muslime in Frieden und Sicherheit leben können«. »Es ist selbstverständlich, dass sich gegen das System der Ungläubigen und Kreuzzügler [damit meint Falk zuallererst die USA und die BRD] weltweit Widerstand entwickelt. Um dem globalen System der Ungerechtigkeit zu entgehen und um die Gesetze Allahs (swt) so anzuwenden, wie sie der Menschheit in Qur'an und Sunnah offenbart worden sind – für dieses Ziel setzen sich weltweit islamische Widerstandsgruppen ein«, heißt es in einem der Flugblätter, die Falk gerne bei den Kundgebungen Pierre Vogels unter die vor allem jugendliche Zuhörerschaft bringt, in diesem Fall am 25. Januar 2014 in Berlin; das Flugblatt liegt der Autorin vor.

Was er unter »islamischen Widerstandsgruppen« versteht, macht er mit einem Foto deutlich, das am 22. Mai 2014 auf seinem Blog und seiner Facebook-Seite veröffentlicht wurde. Das Foto zeigt Falk vor einer Landkarte der arabischen Halbinsel und einer roten Fahne sitzend, auf der in weißer Schrift das islamische Glaubensbekenntnis abgebildet ist. Untertitelt ist dieses Foto mit einem Ausspruch Falks: »Ich werde nicht dazu schweigen, wenn al-Qaida-Sympathisanten hierzulande von irgendwelchen Dawah-Prominenten [arab.: da'wa heißt Einladung zum Islam (Mission)] verspottet oder gar an den Pranger gestellt werden.«[7] Dschihadistische Gruppen wie al-Qaida, auf die Falk mit diesem Foto eingeht, nutzen die schwarze »Schahada-Fahne« – das islamische Glaubensbekenntnis in Weiß auf schwarzem Fahnengrund – in unterschiedlicher Stilisierung. Dass Falk statt schwarz hier rot verwendet, könnte vielleicht als Verbindung der beiden Ideologien interpretiert werden, denen sich Falk verpflichtet fühlt – Linksterrorismus und Dschihadismus?

Mit diesem Ausspruch im Untertitel nimmt Falk einerseits seine pop-dschihadistischen Zöglinge in Schutz, die sich gern mit dem zur al-Qaida-Terror-Huldigung umgestalteten Adidas-Logo schmücken – zum Beispiel als Aufdruck auf T-Shirts oder Umhängetaschen. Es besteht aus drei schrägen Balken, die nun die drei Gebäude des World-Trade-Centers symbolisieren, die beim Anschlag am 11. September 2001 eingestürzt sind, und statt adidas steht darunter »alqaida«, rechts ist ein auf die Balken zusteuerndes Flugzeug eingefügt. Auch zur Mannheimer Sven-Lau-Demo waren Jugendliche mit diesem Logo gekommen, wie ein von »Indyjournalists« veröffentlichtes Foto zeigte. Andererseits spielt Falk mit dem Ausspruch aber auch auf Ibrahim Abou Nagie an, der sich kurz zuvor in einem Video-Interview entrüstet über eine derart offene dschihadistische Positionierung geäußert hatte.

Gemäß seiner demokratiefeindlichen Grundeinstellung sieht Abou Nagie zunächst hinter dieser Radikalisierung der Jugendlichen eine konzertierte Aktion der deutschen Gesellschaft, allen voran der Medien und Politiker, die gerne wollen, dass »einige Muslime radikalisiert werden, damit sie innerhalb dieser Gesellschaft

---

7 | Siehe: http://ansarulhaqqmedia.wordpress.com/2014/05/22/muntasir-bi-llah-bernhard-falk-al-qaida-sympathisanten, letzter Zugriff: 13.06.2014.

abgestoßen und ein Schlachtopfer für die Politik und für die Islamhasser sein werden, [...] damit sie [...] vielleicht vergast werden, vielleicht getötet werden.«[8] Im Kern geht es ihm in diesem Interview aber um einen anderen Punkt: Im Herbst 2011 hatte Abou Nagie zusammen mit seinem Netzwerk »Die Wahre Religion« (DWR) seine Koranverteilaktion »Lies!« gestartet. In Fußgängerzonen zahlreicher deutscher Städte wird seitdem kostenlos eine deutsche Übersetzung des Korans verteilt. Es ist ihm mit dieser Aktion gelungen, sehr viel Sympathie auch außerhalb des salafistischen Spektrums zu gewinnen. Die wenigsten der muslimischen Jugendlichen und jungen Erwachsenen, die sich an dieser Aktion beteiligen, haben ein fundiertes religiöses Wissen oder sind bereits politisch-salafistisch indoktriniert. Mit ihrem Engagement bei dieser Verteilaktion erhoffen sie sich vor allem, etwas gegen »die Islamfeindlichkeit« tun zu können. Denn sie fühlen sich in ihrer Identität als Muslim von politischen und medialen Debatten direkt angesprochen. Sie glauben, dass die nicht-muslimische Bevölkerung den Islam aus Unkenntnis und aufgrund einer »falschen Darstellung der Medien« ablehnen würde. Durch die Lektüre des Korans, so ihre Erwartung, könnten die Bürger den Islam richtig kennenlernen und würden ihm dann positiv begegnen. Das Problematische an dieser Verteilaktion ist nicht der Umstand, dass der Koran verschenkt wird, wohl aber das Netzwerk DWR, das diese Aktion organisiert, lenkt und leitet. Denn DWR gehört zum radikalen salafistischen Spektrum.

Junge Muslime auf ihrer Suche nach »authentischem Wissen über den Islam« haben keine Scheu, die Prediger dieses Netzwerkes um Rat zu fragen oder ihnen zu folgen. Das geschieht dann nicht mehr am Koranverteilstand, sondern im Internet, wo zahlreiche Predigten abrufbar sind, in Hinterzimmer-Seminaren oder auf so genannten Syrien-Benefiz-Veranstaltungen dieses Netzwerks, dessen Prediger auch den Märtyrertod im Dschihad lobpreisen. Schritt für Schritt werden Jugendliche über dieses Prediger-Netzwerk in ein autoritäres und auf Abgrenzung und Feindbilder setzendes Islamverständnis hineingezogen und radikalisiert.

Nach zweieinhalb Jahren dominiert das Netzwerk DWR aufgrund dieser Aktion nun auch das sich von politischer Gewalt distanzierende missionarische Feld des Salafismus in Deutschland. Allein die DWR-Facebook-Fangemeinde ist von etwa 8.000 im Herbst 2011 auf inzwischen etwa 58.000 im Juni 2014 angestiegen. Den Erfolg, mit seinen Aktionen immer weitere muslimische und nicht-muslimische Kreise zu erreichen und anzusprechen, sieht Abou Nagie nun durch diese radikalisierten Jugendlichen gefährdet, denn, so Abou Nagie:

»zu den Veranstaltungen kommen keine Polizisten und keine Medien mehr. Das ist die neue Politik. Man sagt: ›Lasst diese Leute reden, sie werden Fehler machen‹. Und wir sehen auch, dass zu den Veranstaltungen wirklich Brüder kommen, die auf dem Dschihad-Trip sind, auf Trip Syrien sind, einfach kein Verantwortungsbewusstsein besitzen. Die kommen mit T-Shirts, auf denen al-Qaida steht, sie kommen mit Militärkleidung. [...] Was sollen die Menschen sagen, die zum ersten Mal zu solch einer Veranstaltung kommen? Was sollen die Nichtmuslime sagen? Die Nichtmuslime werden sagen: ›Es stimmt, was die Medien über diese Menschen erzählen‹. Wir dürfen diese Vorurteile nicht bestätigen.« (Vgl. ebd.)

---

8 | Ibrahim Abou Nagie: »Lasst euch nicht Radikalisieren«, hochgeladen im Kanal von »Die Wahre Religion« am 4. Mai 2014: www.youtube.com/watch?v=PpUNnfA-Df0, letzter Zugriff: 13.06.2014.

Bereits im Frühjahr 2012 hatte der damals bekannteste Vertreter des politisch-missionarischen Zweigs der deutschen Salafismus-Szene, der Leipziger Prediger Hassan Dabbagh, erkannt, wie schädlich das militante und radikale Auftreten der Jung-Salafisten für das große »Da'wa-Projekt« der Szene ist. Als am 1. und 5. Mai 2012 die militante Jugendkameradschaft »Millatu Ibrahim« den Straßenkampf in Solingen und Bonn erprobte, kritisierte Dabbagh in öffentlichen Videobotschaften heftig die damalige Führungsspitze der »Millatu Ibrahim«.

»Ich möchte auf keinen Fall, dass die Geschwister zu unseren Veranstaltungen kommen, die die Menschen abschrecken. Wir machen Da'wa, d.h. wir laden die Menschen zum Islam ein. Wir dürfen die Menschen nicht abschrecken. Die Medien haben aus den Muslimen hier im Land ein Monster in den Köpfen der Menschen gemalt«,

echauffiert sich nun zwei Jahre später auch Abou Nagie in dem bereits zitierten Video-Interview aus dem gleichen Grund wie einstmals Dabbagh (vgl. ebd.).

»Ich habe gestern in der Veranstaltung Schwestern gesehen, die kamen mit Niqab [Gesichtsschleier] und al-Qaida-Flagge. Was soll das? Wollt ihr die Da'wa in diesem Land zerstören?«, redet sich Abou Nagie in Rage:

»Hört auf mit diesen Kriegsbildern. Man sieht jetzt überall, in allen Facebook-Seiten der Muslime Dschihad-Bilder, Kalaschnikow-Bilder – Bilder, die abschrecken. So wollen euch die Kuffar sehen. Wallah [Bei Gott], die bereiten für euch eine gewaltige Aktion (vor). Deshalb achtet darauf, dass ihr dem Islam nicht schadet, achtet darauf, dass ihr euch selber nicht schadet und dass ihr der Da'wa hier in diesem Land nicht schadet«, so die eindringliche Botschaft an seine jugendlichen Fans (vgl. ebd.).

Wie Dabbagh, so erging es jetzt aber auch Abou Nagie, denn die mit diesem Interview angesprochene radikale Jugendszene wandte sich entrüstet gegen ihren ehemaligen Meister. Vor allem der Ausspruch »Dschihad-Trip« brachte sie derart auf die Palme, dass Pierre Vogel – verwundert über diese Respektlosigkeit dem erfahrenen Mentor gegenüber – seinem Prediger-Kollegen zur Seite sprang. Wie ein großer Bruder wandte er sich nun in versöhnenden Erklärungen an die jugendlichen Heißsporne und ermahnte sie, doch ein wenig strategischer zu agieren. Schließlich wolle man ja keine Da'wa machen für eine kleine Gruppe, sondern für alle und das Agieren und Auftreten mancher Jugendlicher schrecke eben potentielle neue Muslime ab.[9]

»Hier geht es um die Wahl, ob ich ein T-Shirt oder eine Mütze anziehe, wo bestimmte Embleme drauf sind, die sogar verboten sind oder verboten werden, oder ziehe ich eine ganz normale Jallabiya [weit geschnittenes, langärmeliges Kleidungsstück, das bis über die Waden reicht] an, oder bestimmte Kleidung, die islamisch korrekt ist. Das ist ein riesengroßer Unterschied, ob ich sage, soll man lieber eine Armeejacke anziehen, oder soll ich lieber eine Jallabiya anziehen«, erklärt Vogel in seiner kumpelhaften Art. Denn »was ist besser für die Da'wa? Wenn ich mit einer Mütze rumlaufe, wo ein Flugzeug in einen Turm reinfliegt, oder wenn ich zum

---

9 | Pierre Vogel: »Statement wegen der Radikalisierung der muslimischen Jugend«, hochgeladen im Kanal von »Die Wahre Religion« am 6. Mai 2014: www.youtube.com/watch?v=o5PDVQUZcxM, letzter Zugriff: 13.06.2014.

Beispiel eine ganz normale Kopfbedeckung, weißes Käppi zum Beispiel, anhabe? Was ist besser? Das ist keine Schleimerei, das ist Präsentation der Religion«

(vgl. ebd.), sagt einer, der gern mal, um Aufmerksamkeit zu provozieren, im schwarzen Kapuzen-Sweatshirt vor die Kamera tritt, auf dem das islamische Glaubensbekenntnis (Schahada) in der Art und Weise stilisiert ist, wie es die Jugendlichen aus den dschihadistischen Videos des al-Qaida-Umfeldes kennen.[10]

Vogel will mit seiner Verteidigung des »Bruders« Abou Nagie die Jugendlichen aber auch nicht vor den Kopf stoßen. So ermahnt er sie zwar, die Zeit nicht nur damit zu verbringen Videos zu schauen »wo Köpfe rollen«, sondern sich mehr »mit dem Koran und der authentischen Sunna« zu beschäftigen. Das, so Vogel weiter, solle aber nicht falsch verstanden werden, denn »ich rede nicht gegen irgendjemanden in Syrien und ich rede nicht gegen irgendjemanden hier, es geht ganz einfach darum, einen guten Ratschlag an die Brüder und die Schwestern zu geben.«[11]

Diese jugendlichen »Brüder und Schwestern«, die Pierre Vogel und Ibrahim Abou Nagie hier ansprechen, haben sich aber längst von ihren Autoritäten gelöst. Sie haben von diesen gelernt, selbst religiöse Autoritäten zu verspotten und sich über sie zu erheben, wenn diese »nicht dem richtigen Weg folgen«, so wie sie ihn interpretieren. Dass sie das nun auch gegenüber den Köpfen der eigenen Szene praktizieren zeigt, dass sich hier längst eine eigenständige radikale Jugendsubkultur entwickelt hat, die selbst von den salafistischen Hardlinern nur noch bedingt dirigier- und kontrollierbar ist. Die Jugendlichen greifen sich aus dem salafistischen und dschihadistischen Komplettangebot die Argumente und Botschaften heraus, mit denen sie sich am besten identifizieren können, die ihnen das bieten, wonach sie suchen. Und sie wollen auffallen, sie wollen provozieren, denn sie wollen wahrgenommen werden. Eine ideale Möglichkeit dazu bieten die jugendkulturellen Medien, allen voran Facebook und YouTube, aber auch Twitter und Instagram.

Erste Anzeichen für diese Entwicklung hatte man bereits 2010 erkennen können, als Prediger wie Pierre Vogel oder das radikale Netzwerk DWR verstärkt auf Stars der Jugendkultur wie den ehemaligen Berliner Gangsta-Rapper Deso Dogg setzten und diese systematisch zu Vorbildern für die Jugendlichen aufbauten. Vorangegangen waren Jahre der Herausbildung, Etablierung und Differenzierung der salafistischen Szene in Deutschland.

Exkurs in die Geschichte des Salafismus in Deutschland und seine Ausprägungen

Im medialen und damit im breiten öffentlichen Diskurs haben sich die Begriffe »Salafismus« und »Dschihadismus« zur Charakterisierung einer radikalen, demokratiefeindlichen und in Teilen militanten bis terroristischen Ideologie durchgesetzt. Dabei wird oft ignoriert, dass die »Salafiyya« zunächst eine religiöse Strömung im sunnitischen Islam ist, die sich in literalistischer Lesart an den rechtschaffenen

---

10 | Z.B. hier: Pierre Vogel am 25.01.14 in Berlin: www.youtube.com/watch?v=6tOizQHUIt4, letzter Zugriff: 13.06.2014.

11 | A.a.O. Pierre Vogel: »Statement wegen der Radikalisierung der muslimischen Jugend«, YouTube

Vorfahren, den »Altvorderen« (arab. as-salaf as-sâlih) orientiert. Gemeint sind damit die Gefährten des Propheten Mohammed und die ersten drei Generationen der Muslime. Das, was aktuell unter dem Schlagwort »Salafismus« thematisiert wird, basiert zwar religiös auf dieser Rückbesinnung auf die »Altvorderen« mit Bezug vor allem auf saudi-arabische und ägyptische Gelehrte, es handelt sich aber um eine moderne Bewegung. Denn oft ist dieser religiöse Rückbezug nicht viel mehr als eine Konstruktion (vgl. Said/Fouad 2014 und Ceylan/Kiefer 2013).

Diese Bewegung lässt sich zunächst unterscheiden in eine religiös-puristische und eine politische Salafiyya. Die puristische Salafiyya, die es auch in Deutschland gibt, umfasst Personen, oft Familien, die in ihrem privaten Bereich streng religiös entsprechend der salafistischen Islaminterpretation leben wollen und von Staat und Gesellschaft erwarten, dass ihnen dies gewährt wird. Im Gegenzug dazu sehen es die Anhänger dieser Szene als verpflichtend an, die öffentliche Ordnung und die Verfasstheit des Staates, der ihnen diese Lebensweise zubilligt, nicht infrage zu stellen. Man kann dieses Verhalten vielleicht mit den Amish-People in den USA vergleichen. Die Islaminterpretation der Puristen orientiert sich an den wahhabitisch-salafistischen Großgelehrten in Saudi-Arabien, die das saudische Königshaus als »Gott gegebene Ordnung« nicht infrage stellen, ja sogar stützen und deshalb auch von radikaleren Vertretern des Salafismus als »Palast-Gelehrte« diffamiert werden.

Demgegenüber steht der politische Salafismus, der entsprechend der Frage der Akzeptanz politischer Gewalt in drei Strömungen unterteilt werden kann:

1) politisch-missionarisch, Ablehnung von Gewalt (Mehrheit)
2) politisch-missionarisch, einschließlich der Legitimation des bewaffneten Dschihad
3) dschihadistisch.

Allen drei Strömungen des politischen Salafismus gemein ist das gesellschaftspolitische Ziel, eine religiöse Ordnung entsprechend salafistischer Interpretationen zu errichten. Dabei handelt es sich um ein globales Ziel, zu dessen Verwirklichung die Gruppen und Prediger in Deutschland ihren Beitrag leisten wollen. Die politisch-missionarische Mehrheit will dieses Ziel nicht wie bei den militanten Strömungen durch Gewalt, sondern durch Missionierung von Muslimen wie Nichtmuslimen erreichen. Mit persönlichen Ansprachen, Street-Da'awa (Straßenmission), Infoständen, Seminaren und weiteren Propagandaaktivitäten wird versucht, Muslime »zurück auf den richtigen Weg« zu führen oder Nichtmuslime durch Konversion, also den Übertritt zum Islam salafistischer Ausrichtung, für die Etablierung der »besseren Ordnung« zu gewinnen.

Eine Minderheit dieses politisch-missionarischen Spektrums legitimiert dabei auch den Einsatz von politischer Gewalt (bewaffneter Dschihad) als angemessen und notwendig, wenn irgendwo in der Welt »der Islam oder die Muslime angegriffen oder unterdrückt« werden. Dabei nehmen sie für sich in Anspruch zu definieren, wann und wo ein solcher Angriff vorliegt: Von dieser Strömung ist der Übergang nicht mehr weit ins dschihadistische Spektrum, wo die Anhänger nicht mehr nur reden sondern handeln.

Verlässliche Zahlen aus empirischen Studien über die Größe der Anhängerschar des politischen Salafismus in Deutschland gibt es nicht. Alle Zahlen, die derzeit im Umlauf sind, stammen von den Verfassungsschutzämtern in Bund und Ländern. Aktuell wird vom Bundesamt für Verfassungsschutz das Spektrum des politischen Salafismus auf ca. 6.000 Personen in ganz Deutschland beziffert, wobei Nordrhein-Westfalen, aber auch Hessen oder die Stadtstaaten Berlin, Bremen und Hamburg als Schwerpunktländer angesehen werden können. Was das weiteste militante Spektrum betrifft, so lag dieses – laut Verfassungsschutz – bei 850 Personen. Im Kontext der Ausreisen zur Beteiligung am »Dschihad in Syrien« dürfte sich diese Zahl inzwischen erhöht haben. Insgesamt gehen die Sicherheitsbehörden im Sommer 2014 von mindestens 350 »Syrien-Ausreisenden« aus, die sich entweder direkt am bewaffneten Kampf dschihadistischer Gruppen beteiligen, diese durch andere Aktivitäten unterstützen oder in den von diesen Gruppen beherrschten Gebieten ein »islamgerechtes« Leben führen wollen; intern wird von rund 500 Ausreisenden aus Deutschland ausgegangen, da es eine den Sicherheitsbehörden nicht bekannte Dunkelziffer gibt. Etwa 100 Personen sollen nach Deutschland zurückgekehrt sein, davon knapp 20 mit Kampferfahrungen. Die Zahl der bisher in Syrien Getöteten wird auf 20 bis 24 geschätzt.

Kleine radikale salafistische Gruppen gab es in Deutschland bereits seit Mitte der 1990er Jahre. Ihre Zentren waren in Ulm/Neu-Ulm, Hamburg und Bonn und sie beschäftigten vorrangig die Sicherheitsbehörden. Für eine interessierte Öffentlichkeit wahrnehmbar wurde der Salafismus jedoch erst durch das offensive Auftreten des politisch-missionarischen Zweiges seit 2004/2005. Den Vorbildern aus Großbritannien und den USA nacheifernd, begann damals ein halbes Dutzend Prediger aus Leipzig, Nordrhein-Westfalen und Berlin durch die Moscheen verschiedener Städte zu ziehen und Vorträge auf Deutsch zu halten. Die Vorträge wurden zunächst per Audio später per Video aufgezeichnet und ins Internet gestellt. Es kamen mehrtägige »Islam-Seminare« hinzu sowie die Teilnahme an den Islamwochen deutscher Universitäten. Ergänzt wurde diese Entwicklung durch eine massive Präsenz im Internet u.a. durch deutsche Übersetzungen salafistischer Schriften sowie religiöser Gutachten (fatwas), meist aus dem Englischen. Zu den ersten, die in dieser Form missionarisch unterwegs waren, gehörten u.a. der Leipziger Hassan Dabbagh, der Bonner Mohammad Benshain (Abu Jamal) und der Berliner Abdul Adhim.

Als im September 2007 die »Sauerland-Gruppe« u.a. wegen Mitgliedschaft in einer terroristischen Vereinigung im Ausland (»Islamische Jihad Union«) und Vorbereitung eines Sprengstoffanschlages festgenommen wurde, rückte mit der Diskussion um den »Homegrown Terrorism« (hausgemachter Terrorismus) auch das Thema Salafismus ins Blickfeld einer breiteren Öffentlichkeit. Die nun einsetzenden Entwicklungen spülten einen jungen Kölner Ex-Boxer an die Oberfläche, der seither als »bekanntester Salafisten-Prediger« durch die Medien geistert: Pierre Vogel. Der inzwischen 36-Jährige war 2001 im Alter von 22 Jahren zum Islam konvertiert. Im Sommer 2005 hatte er sich in Bonn Ibrahim Abou Nagie angeschlossen. Der Palästinenser Abou Nagie war ein erfolgreicher Unternehmer, bevor er sich der Religion zugewandt hatte und dafür, wie er sagt, »etwas tun wollte«. Zunächst ging es darum, DVDs herzustellen und in hoher Stückzahl kostenlos zu verteilen, um damit in die damals laufende »Kopftuchdebatte« einzugreifen. Schnell wurde daraus eine Internetseite, zunächst »islamweb.info« dann »DieWahreReligion. de« nach dem englisch-amerikanischen Vorbild »TheTrueReligion.org«. Die Gruppe »Die Wahre Religion« (DWR) vernetzte sich in Bonn unter anderem mit den deutsch-marokkanischen Predigern Abu Dujana und dessen Vater Scheich al Araby. Im Winter 2008, ein halbes Jahr nach der Festnahme der Sauerland-Gruppe, trennte sich Vogel von DWR und schuf sein eigenes Netzwerk unter der Bezeichnung »Einladung zum Paradies« (EZP). In einer gemeinsamen Stellungnahme, die der Autorin vorliegt, gaben Vogel, der auch Abu Hamza (Vater von Hamza, Vogels Sohn heißt Hamza) genannt wird, und Abou Nagie im Februar 2008 ihre Trennung bekannt: »Der Bruder Abu Hamza möchte gerne in einem großen Stil diese Dawa-Arbeit durchführen, nämlich in Hallen, in großen Veranstaltungsräumen. Und wir wollen uns um die Menschen kümmern, die den Islam angenommen haben, die angefangen haben, diese Religion zu praktizieren. Unsere Wege haben sich getrennt nur für Allah und um Allahs willen. Und unser Ziel ist das gleiche.«

Tatsächlich war diese Trennung jedoch durch heftige Auseinandersetzungen gekennzeichnet, die bis Ende 2009 anhielten und die gesamte salafistische Szene spalteten. Dabei ließ es Vogel nicht an Hohn und Spott gegenüber den alten Kameraden fehlen, um sich selbst in Szene zu setzen. Unterstützung erhielt er dabei von seinen neuen Gefährten in Braunschweig (Muhamed Çiftçi – Abu Anas) und Mönchengladbach (Sven Lau – Abu Adam). Neben der Frage, ab wann ein Muslim kein Muslim, sondern ein Ungläubiger ist und wer berechtigt ist, dies zu entscheiden (takfir), drehte sich dieser Streit aber auch um die Propagierung des bewaffneten Dschihad. Immerhin waren zwischen 2007 und 2009 aus NRW, Hamburg und Berlin mehrere Gruppen von Jugendlichen in den bewaffneten Dschihad nach Afghanistan gezogen. Während Vogel versuchte, sich davon abzugrenzen und sich pauschal von Terror und Gewalt distanzierte, legitimierte und legitimiert das DWR-Netzwerk um Ibrahim Abou Nagie, Abu Dujana und Abu Abdullah bis heute auch den bewaffneten Dschihad. Neben Bonn hatte diese Strömung mit Abdellatif und dessen inzwischen verbotener Gruppe »Dawa FFM« einen zweiten Standort in Frankfurt a.M. Auch die Anhänger der im August 2010 verbotenen Hamburger Taiba-Moschee (ehemalige Al-Quds-Moschee) gehörten zum DWR-Spektrum.

Vogel, der wie ein Popstar agiert und ein feines Gespür dafür hat, sich selbst in Szene zu setzen, hatte damals einen weiteren Vorteil für sich entdeckt. Am 23. April 2008 waren gleichzeitig Durchsuchungsmaßnahmen in insgesamt 16 Wohnungen, Moscheen und Verlagsräumlichkeiten erfolgt. Betroffen davon waren die damals führenden Köpfe des politisch-missionarischen Zweiges, wie Mohammad Benshain aus Bonn und Hassan Dabbagh aus Leipzig. Mit sechs weiteren Personen wurden sie im August 2009 von der Staatsanwaltschaft München I wegen Volksverhetzung und Bildung einer kriminellen Vereinigung angeklagt. Die Ermittlungen zogen sich bis zum März 2010 hin, als die Richter nach Prüfung der Anklage eine feste gemeinsame Vereinigung und feste Regeln für die Willensbildung unter den Beschuldigten nicht feststellen konnten und sich für örtlich nicht zuständig erklärten.[12]

Diese Ermittlungen hatten jedoch zur Folge, dass die bis dahin tonangebenden salafistischen Prediger des politisch-missionarischen Spektrums paralysiert und mit sich selbst beschäftigt waren. In das dadurch entstandene Vakuum stieß nun Pierre Vogel mit seinen neuen Partnern unter dem Label »Einladung zum Paradies«.

---

12 | Zitiert nach: Holger Schmid in www.swr.de/blog/terrorismus/2010/03/30/radikal-islamisch-ja-kriminell-nein/

Als im Dezember 2010 das Bundesinnenministerium ein Ermittlungsverfahren gegen den mit Pierre Vogel verbundenen Verein »Einladung zum Paradies« (EZP) einleitete mit dem Ziel, ein Vereinsverbot zu erwirken, hatte Vogel sich aber längst schon wieder abgesetzt. Im Internet verfügte er inzwischen über eine eigene Webseite (www.pierrevogel.de). Und am 20. Juni 2011 verkündete er dann in einem gemeinsamen Video mit Abu Dujana seine Wiedervereinigung mit dem DWR-Netzwerk.

Hintergrund dieser Entwicklung war nicht zuletzt das Scheitern des Vereins »Einladung zum Paradies«, der faktisch vor seiner Auflösung stand, die er im Sommer 2011 auch vollzog. Das aggressive Auftreten dieses Vereins in Mönchengladbach sowie Vogels Großkundgebungen hatten dem politisch-missionarischen Spektrum insgesamt geschadet. Immer stärker war »der Salafismus« ins Zentrum der medialen Wahrnehmung getreten, hatte sich der repressive Druck der Behörden erhöht und zahlreiche Moscheegemeinden dazu gebracht, Vogel und andere salafistische Prediger zu unerwünschten Personen zu erklären. Diese Art der Aufmerksamkeit und Abgrenzung stieß in der salafistischen Szene auf große Kritik. Endgültig deutlich wurde dieser Riss als Vogel für den 7. Mai 2011 ein öffentliches islamisches Totengebet für Osama bin Laden ankündigte. Das wurde ihm nicht nur gerichtlich verboten, er bekam auch heftige Gegenwehr von prominenten Predigern der politisch-missionarischen Szene. Von Journalisten gefragt, ob er provozieren wolle, gab Vogel zu, worum es ihm tatsächlich ging: »Provokation würde ich das nicht nennen, ich würde das Marketing nennen«, so seine Aussage in der »Süddeutschen Zeitung« (9.5.2011). Er habe Zuhörer anlocken wollen. In einer EMail an etwa 5.000 seiner Anhänger sagte sich deshalb der Braunschweiger Imam Muhamed Çiftçi offiziell von Vogel los, weil dieser »immer politischer wird«. »Wir sollten nicht andere provozieren und auch nicht wie Vogel zum Sieg des Islam rufen«, erklärte Çiftçi gegenüber der Nachrichtenagentur dapd. »Denn«, so Çiftçi, »Jugendliche könnten das falsch verstehen, und aus Religion kann – ohne dass Vogel dies beabsichtigt – Extremismus und Gewaltbereitschaft entstehen«.

Die unter Auflagen dann doch genehmigte Demonstration war für Vogel-Verhältnisse ein Reinfall und so verkündete er im Frühsommer 2011, künftig nicht mehr in großen Hallen zu predigen und auf Demonstrationen zu verzichten und verschwand für zwei Jahre in Ägypten. Das Thema »Salafismus« in Deutschland hatte sich im Sommer 2011 scheinbar selbst relativiert, könnte man meinen. Doch die Saat von Vogel und weiterer charismatischer salafistischer Missionare war bei einem Teil der Jugendlichen längst aufgegangen.

DIE GENERATION POP-DSCHIHAD –
EINE RADIKALE JUGENDSUBKULTUR

Mit der im Herbst 2011 von Ibrahim Abou Nagie gestarteten Koran-Verteil-Aktion »Lies!«, gelang es nun dem radikalen Prediger-Netzwerk DWR, sich als führende salafistische Kraft auch im nichtgewaltbereiten missionarischen Feld durchzusetzen. Parallel dazu formierte sich unter dem Label »Millatu Ibrahim« ein bundesweites Jugendnetzwerk als pop-dschihadistischer und militanter Arm dieser Predigerszene nach dem Vorbild und in Verbindung mit den Gruppen »Islam4UK«

(ehemals Al Ghurabaa), SalafiMedia und Tawheed Movement von Anjem Choudary und Abu Waleed in Großbritannien. Neun Monate später, am 14. Juni 2012, wurde »Millatu Ibrahim« vom Bundesinnenminister verboten. In der Begründung heißt es:

»›Millatu Ibrahim‹ ruft Muslime in Deutschland zum aktiven Kampf gegen die verfassungsmäßige Ordnung auf. Die aggressiv-kämpferische Grundhaltung der Vereinigung manifestiert sich in der Beförderung und Inkaufnahme strafrechtswidrigen Verhaltens, einschließlich des Einsatzes von Gewalt als Mittel im Kampf gegen die bestehende verfassungsmäßige Ordnung. Dies belegen exemplarisch die gewaltsamen Ausschreitungen Anfang Mai 2012 in Solingen und Bonn. ›Millatu Ibrahim‹ hat diese in sogenannten Kampfvideos legitimiert und zu weiteren Gewalttaten aufgerufen.«

Der Name »Millatu Ibrahim« geht zurück auf den Titel eines Buchs von Abu Muhammad al-Maqdisi (geb. 1959). Geboren als Isam Barqawi in Palästina, aufgewachsen in Kuwait, ist er einer der wichtigsten Ideologen des Dschihadismus. Seit 1994 wurde al-Maqdisi in Jordanien mehrfach inhaftiert. Er gilt als Mentor des 2006 im Irak getöteten al-Qaida-Chefs Abu Musab al-Zarqawi. Als er 2005 zum Dschihad gegen den Westen aufrief, kam er wiederum in Jordanien in Haft. Am 16. Juni 2014 erfolgte seine Entlassung, zuvor hatte er in einer langen Erklärung die dschihadistische Gruppe ISIS nicht nur als extremistisch kritisiert, sondern sich vollständig von ihr distanziert. Die ISIS-Mitglieder, so al-Maqdisi in dieser Erklärung, sollten sich der offiziellen al-Qaida-Organisation in Syrien, der Dschabhat an-Nusra (al-Nusra-Front), anschließen. Das pop-dschihadistische Netzwerk »Millatu Ibrahim« in Deutschland sieht in al-Maqdisi einen seiner wichtigsten Vorbilder, allerdings bekennen sich seit Ausbruch der Kämpfe dschihadistischer Gruppen in Syrien auch viele von ihnen zur ISIS.

Die »Millatu Ibrahim«-Gruppe war ein Produkt der in diesem Beitrag skizzierten Entwicklungen der salafistischen Szene in Deutschland. Die führenden Köpfe, wie der Österreicher Mohammad Mahmoud (Abu Usama al Gharieb), der aus dem sauerländischen Hemer stammende Abu Ibrahim (Hasan Keskin) oder der Berliner Abu Talha al Almani (Denis Mamadou Cuspert bzw. Deso Dogg) hatten bereits eine längere Karriere der salafistischen Radikalisierung durch die bereits beschriebene Predigerszene hinter sich. Sie gehören zu einer Generation Jugendlicher, die in Deutschland bzw. Österreich geboren und aufgewachsen sind, ohne jedoch ihren Platz in der Gesellschaft gefunden zu haben – entweder emotional oder sozial. Um insbesondere diese Jugendlichen direkt ansprechen zu können, setzten salafistische Missionare ab 2009/2010 verstärkt auf Multiplikatoren, die den Jugendlichen nicht nur vertraut sind, sondern auch eine ähnliche Sozialisation haben. Ein Beispiel ist der Berliner Gangsta-Rapper Deso Dogg, der über salafistische »Streetworker«, wie Abdul Adhim, dem HipHop, den Drogen und der Gewaltkriminalität entsagte und fortan als vermeintlicher »Born-Again-Muslim« seinen Seelenfrieden gefunden zu haben schien. Doch das genügte Deso Dogg, der sich nun Abou Maleeq nannte, nicht. Er wollte mehr. Die große Aufmerksamkeit, die er erhielt, als ihn das radikale DWR-Netzwerk Ende 2010 zu seinem Aushängeschild machte, war zu verlockend. Endlich schien sich das zu erfüllen, was er bereits als 14-Jähriger gegenüber einer Berliner Jugendrichterin als sein Lebensziel formuliert hatte: »Ich möchte einmal berühmt werden, egal wie« (persönliches Gespräch der

Autorin mit der Richterin). Die militante salafistische Strömung bot ihm nun genau das, kam sie doch seiner gewaltgeprägten Vergangenheit sehr entgegen. Mit radikaler Dschihad-Propaganda zog er mehr und mehr auch international die Aufmerksamkeit auf sich. So schrieb zum Beispiel Souad Mekhennet in »The New York Times« am 31. August 2011: »Deutsche Behörden alarmiert wegen neuer Botschaft eines Ex-Rappers: Dschihad«.[13]

So wurde aus dem Gangsta-Rapper Deso Dogg zunächst der Naschid-Sänger Abou Maleeq, der in seinen Liedern und Vorträgen die eigenen Lebenserfahrungen der Ausgrenzung und sozialen Marginalisierung mit Diskriminierungs- und Ausgrenzungserfahrungen von Muslimen in Deutschland und dem Leid der Muslime weltweit verknüpft, um daraus das Bild einer globalen Opfergemeinschaft zu stricken. Jungen Salafisten wie ihm obliege es nun, diese große Gemeinschaft auch unter Einsatz ihres Lebens von Leid und Unterdrückung zu befreien, wofür ihnen der Status eines Märtyrers sicher sei.

Als Abou Maleeq im Herbst 2010 vom DWR-Netzwerk als authentischer Multiplikator der Ideologie entdeckt und gefördert wurde, gingen die missionarischen Salafisten zwar immer mehr auf Abstand zu ihm, seine Sogwirkung auf einen Teil der Jugendlichen beeinträchtigte das jedoch nicht. Gemeinsam mit Abu Usama al Gharieb gründete er im Herbst 2011 in Berlin die militante Kameradschaft »Millatu Ibrahim« und übernahm das Amt des Pressesprechers. Wie jedes Mal, wenn Cuspert sich neu erfand, brachte er dies mit einem Namenwechsel zum Ausdruck. Als Propagandist des militanten Dschihads adaptierte er den Kampfnamen des 2010 beim Sturm auf eine US-Basis in Afghanistan als »Märtyrer« gefallenen Deutsch-Marokkaners Bekkay Harrach: Abu Talha al-Almani (Abu Talha, der Deutsche).

In zahlreichen Videos stilisierten sich nun der neue Abu Talha al-Almani und seine Kameraden von »Millatu Ibrahim« als deutscher Arm des globalen Dschihad, jederzeit bereit zu kämpfen und dafür in den Tod zu gehen. Flecktarn und Paschtunenmütze, Patronengürtel und Kalaschnikow prägten fortan das Outfit der selbst ernannten »Löwen von Deutschland«. Als das rechtsradikale Bündnis »Pro NRW« im Frühjahr 2012 den kommunalen Wahlkampf in Nordrhein-Westfalen für islamfeindliche Aktionen nutzte, sahen sowohl die DWR-Prediger als auch ihr militanter Arm »Millatu Ibrahim« die Chance gekommen, sich gemeinsam als »die wahren und einzigen Verteidiger des Islam und der Muslime in Deutschland« zu profilieren. Dass sie dabei auch von der Sehnsucht nach Anerkennung durch die Muslime weltweit und besonders der »Mujaheddin« getrieben waren, wurde in einem Gespräch mit Abu Talha Mitte April 2012 in Berlin deutlich. »Pro NRW wird uns die Bilder liefern, die wir brauchen«, erklärte er gegenüber der Autorin in diesem Gespräch. »Wir müssen sie nur in entsprechenden Foren verbreiten und dann wird die Antwort aus der islamischen Welt kommen«. Davon sei er felsenfest überzeugt, denn der Islam werde siegen, so sei es offenbart und alles deute darauf hin, dass wir kurz vor der Entscheidung stehen.

Doch die erhoffte Resonanz »DER« Muslime blieb aus. Im Gegenteil. Die ausufernde Gewalt Anfang Mai in Solingen und Bonn und vor allem die Messerattacken auf Polizisten isolierten Millatu Ibrahim endgültig innerhalb der deutschen Salafisten-Szene. Und international blieb die Resonanz verhalten, auch wenn der

---

13 | www.nytimes.com/2011/09/01/world/europe/01jihadi.html?pagewanted=all&_r=0, letzter Zugriff: 28.11.2013.

Deutsch-Marokkaner Yassin Chouka per Video aus Waziristan das Lob der al-Qaida nahen Dschihad-Gruppe »Islamische Bewegung Usbekistan« übermittelte und zu weiteren Aktionen in Deutschland aufrief.

Nach dem Verbot von »Millatu Ibrahim« im Juni 2012 setzte sich auch Abu Talha zunächst nach Kairo ab, nicht ohne vorher dem deutschen Fernsehsender ZDF ein Abschiedsvideo zuzuspielen, wie es sich für einen potentiellen Märtyrer gehört. Nach Versuchen, bei dschihadistischen Gruppen in Libyen Fuß zu fassen, bot sich ihm dann mit dem Erstarken der al-Qaida-nahen Dschihad-Gruppen in Syrien im Frühjahr 2013 ein neues Profilierungsfeld. Zahlreiche gestylte Fotos zeigen ihn in Kampfmontur im Umfeld der ISIS oder an der Seite radikaler dschihadistischer Scheichs. Seit er Anfang September 2013 am Kopf verletzt wurde, sorgten immer wieder Spekulationen und Falschmeldungen über seinen Tod nicht nur bei seinen männlichen und weiblichen Fans in Deutschland für Aufregung. Für sie sind er und weitere inzwischen in den Dschihad nach Syrien ausgewanderte Jugendliche über Facebook, Twitter und YouTube nun authentischere Identifikationsfiguren als selbst die radikalsten DWR-Prediger. Fanden sich die Propagandavideos zu Zeiten des Werbens für den Dschihad in Afghanistan zuerst immer auf den typischen al-Qaida-nahen Dschihad-Foren wie ansar1.info so wird für den Dschihad in Syrien nun gleichzeitig überall geworben: auf YouTube, Facebook und Twitter. Also dort, wo sich die Jugendlichen virtuell aufhalten – gemacht von Jugendlichen für Jugendliche.

In einem einstündigen Video, das am 11. April 2014 veröffentlicht wurde, zeichnet Abu Talha anhand seiner persönlichen Entwicklung den noch zu Hause am Computer sitzenden »Brüdern und Schwestern« einen Weg vor, der vermeintlich alle ihre Probleme auf einen Schlag löst. Er selbst habe nach seiner Entlassung aus dem Gefängnis damals gehofft, in der Musik-Szene Karriere zu machen. Aber, so Abu Talha:

»Allah hat mich davor bewahrt, dass ich ganz nach oben komme, er hat mich bewahrt, noch mehr Sünden zu machen und vielleicht in Sünde zu sterben, denn wallahi, die Musik-Szene ist eine Szene gewesen, auf den ersten Blick denkt man: Da ist jemand, der steht im Rampenlicht, der macht Musik und alle freuen sich und alle klatschen dir Beifall und du verdienst den einen oder anderen Euro oder Dollar und du bist in Zeitschriften und du bist jemand. Du bist Jemand! Aber wallahi in Wirklichkeit, du bist niemand, du bist eine arme Seele, die gefangen ist zwischen Rampenlichtern und irgendwelchen Fans und Groopies und dann suchst du Anerkennung und am Ende bist du ein gebrochener Mann oder eine gebrochene Frau, und wenn du dann stirbst, dann bist du im Feuer«.[14]

In seiner weiteren Schilderung wird deutlich, weshalb sein Weg am Ende zu einer Organisation führte, die inzwischen der Ankerpunkt zahlreicher »westlich« sozialisierter Jugendlicher aus Europa, Nordamerika oder auch Australien ist:

»Ich habe angefangen, den Islam zu praktizieren, ich habe angefangen zu lernen, ich habe angefangen, Allah darum zu bitten, den Islam zu verstehen, den Islam nicht so zu verstehen, wie ihn mir irgendwelche Prediger beigebracht haben. Al-hamdu li-lläh [Gott sei Dank], ich

---

14 | Baya-to-the-Islamic-State_Abu-Talha-Al-Almani.mp4, unter: http://uptobox.com/rmn rwt6cyn9u, letzter Zugriff: 20.06.2014.

bin in Unterrichte gegangen, ich habe Moscheen besucht, ich habe Unterrichte im Internet angehört und habe Allah immer darum gebeten, mir das Rechte vom Rechten zu zeigen und das Falsche vom Falschen zu zeigen, damit ich unterscheiden kann zwischen Gut und Böse, zwischen Schlecht und Gut, zwischen Haqq und Batil [Wahrheit und Falschheit]. Und al-hamdu li-llâh, Allah hat meine Dua [Bittgebet] erhört und heute sitze ich hier in Sham auf dem gesegneten Boden und bin mehr oder weniger glücklich darüber, dass ich hier bin und meine Bayah [offizieller Treueeid] gegeben habe an den Islamischen Staat von Irak und Sham [ISIS].« (Vgl. ebd.)

In einem Interview erläutert der Schweizer Islamwissenschaftler Reinhard Schulze diese Attraktivität ausgerechnet der bestialischsten Dschihad-Gruppe, der ISIS: »ISIS und andere solche Gruppen interpretieren den Islam in einer völlig neuen Ebene, eine Ebene, die wir nur noch als kulturell-religiös bezeichnen können. D.h. sie verstehen den Islam gar nicht mehr als eine Ordnung, aus der bestimmte Werte des Zusammenlebens geschöpft werden, die sich dann in irgendwelchen Regeln umsetzen können, sondern sie verzichten ganz auf diesen ganzen moralischen Wertebereich und definieren sich lediglich als eine Art von Normenordnung. Und diese Normenordnung soll dann der Islam repräsentieren. Und das zeigt sich dann nur noch in der Lebensführung, also wie leben die Leute, wie können sie sich in ihrem Leben darstellen.« (Deutschlandfunk, 15.06.2014) Für die absolute Mehrheit der Muslime erscheint diese »sehr neue Art der Interpretation des Islam« vielleicht etwas merkwürdig, so Schulze weiter. Für Jugendliche wie beispielsweise Denis Cuspert wiederum macht aber gerade das den Reiz aus. Und das lassen sie sich dann auch nicht mehr von einem Abou Nagie oder einem Pierre Vogel madig machen, wenn diese sie aus strategischen Gründen zur Mäßigung ermahnen.

Wir haben es also mit einer militanten, hoch politisierten radikalen Jugendkultur zu tun, für die selbst der religiöse Salafismus nur noch Folie und Begründungsmuster ist, aus dem sie Argumente schöpfen zur Selbstaufwertung und um Aufmerksamkeit zu heischen. Gleichzeitig gibt es aber auch eine religiös am Salafismus ausgerichtete Jugendszene, die sich zwar auch zur demokratischen Gesellschaft abgrenzt, diese aber nicht aggressiv bekämpft. Gerade die Hooliganisierung des Salafismus durch die Pop-Dschihadisten hat hier eine Gegenbewegung auch im Jugendbereich erzeugt, die sich nun wieder stärker an den hauptsächlich saudiarabischen Großgelehrten der Salafisten orientieren – eine Art Pop-Purismus ist im Entstehen.

Literatur

Ceylan, Rauf und Michael Kiefer (2013): Salafismus: Fundamentalistische Strömungen und Radikalisierungsprävention. Wiesbaden.

Said, Behnam T. und Hazim Fouad (Hg.) (2014): Salafismus. Auf der Suche nach dem wahren Islam. Freiburg.

Populäre Prediger im deutschen Salafismus
Hassan Dabbagh, Pierre Vogel, Sven Lau und Ibrahim Abou Nagie

Nina Wiedl und Carmen Becker

Die Salafiyya in Deutschland entwickelte sich seit Ende der 1990er Jahre aus lokalen Netzwerken von Predigern mit Migrationshintergrund aus dem Nahen Osten und Nordafrika zu einer deutschlandweiten und missionarisch äußerst aktiven religiös-sozialen Bewegung meist junger Muslime verschiedenster Herkunft, darunter viele deutsche Konvertiten. Der Verfassungsschutz schätzt die Zahl ihrer Anhänger auf 6.000 (Ministerium für Inneres und Kommunales des Landes Nordrhein-Westfalen 2014: 4). Damit sind sie eine kleine Minderheit von ungefähr 0,15 Prozent der Muslime in Deutschland, ihre Bewegung gilt aber als die am schnellsten wachsende islamistische Bewegung in Deutschland (BMI o.D.).

In diesem Beitrag werden vier bekannte und einflussreiche Prediger vorgestellt, die als Vertreter des Mainstream-Salafismus gelten und damit der zahlenmäßig größten Strömung der deutschen Salafiyya angehören. In der folgenden Darstellung stehen der Werdegang der Prediger, ihre Arbeit und Strategie sowie ihre Positionen zu – auch politisch – zentralen Themen wie etwa der Rolle von Gewalt und ihrer religiösen Legitimation, den Bedingungen für den Ausschluss von muslimischen Staats- und Regierungschefs aus dem Islam oder dem Umgang mit Nichtmuslimen im Mittelpunkt. Es wird aufgezeigt, dass Prediger trotz aller Gemeinsamkeiten als Anhänger der Salafiyya jeweils unterschiedliche Schwerpunkte in ihren Predigten und ihrem Aktivismus setzen. Unter ihnen bestehen Meinungsverschiedenheiten in religiösen, strategischen und politischen Fragen. Darüber hinaus reagieren sie jeweils anders auf Herausforderungen aus der nichtmuslimischen Mehrheitsgesellschaft. Dies zeigt, dass ihre Ideologie und ihr Aktivismus nicht allein religiöse Wurzeln haben, sondern dass sie sich auch in Interaktion mit dem sozio-politischen Kontext der deutschen Gesellschaft und internationalen Entwicklungen entfalten.

Hassan Dabbagh: Vater der deutschen Da'wa-Prediger[1]

Hassan Dabbagh alias Scheich Abul Hussain ist ein deutsch-syrischer Imam, der in Leipzig wohnt und mit einer deutschen Muslima verheiratet ist. Er wurde 1972 in Syrien geboren und studierte eigenen Angaben zufolge zunächst in seinem Heimatland Bautechnik, bevor er 1992 nach Leipzig zog und ein Medizinstudium begann (Dabbagh 2009). Gemeinsam mit anderen Studenten gründete er eine kleine Gebetsgruppe, aus der schließlich die Gemeinde der Leipziger Rahman-Moschee hervorging, der er bis heute als Imam vorsteht. In den frühen 2000er Jahren wurde Dabbagh dank einer groß angelegten Da'wa-Kampagne (Da'wa = Ruf, Einladung zum Islam) zu einer der Schlüsselfiguren und religiösen Autoritäten des Mainstream-Salafismus in Deutschland. Er gilt bis heute als einer der einflussreichsten Prediger dieser Strömung. Gemeinsam mit dem in Bonn lebenden Prediger Mohamed Benhsain alias Abu Jamal und anderen Aktivisten begann er etwa 2001 damit, in verschiedenen Städten in Deutschland »Lerne-den-Islam«-Seminare zu organisieren, Vorträge in Moscheen zu halten und deutschsprachige salafistische Websites zu gründen wie salaf.de. Sie wurde 2001 von einem Anhänger Dabbaghs und Benhsains ins Netz gestellt. Al-tamhid.net besteht seit 2002 und wird von Benhsain selbst verwaltet. Zu seinen vielfältigen Tätigkeiten als Imam und Islamlehrer gehör(t)en auch die Arbeit als Seelsorger in einer sächsischen Justizvollzugsanstalt, die religionsrechtliche Beratung deutscher Muslime mittels übersetzter Rechtsgutachten (fatâwâ) arabischer Gelehrter (vgl. »Kontakt« o.D.) und der Islamunterricht in einem Chatraum des Chatservices Paltalk.

Dabbagh gilt als Anhänger des bekannten Hadith-Gelehrten Nâsir al-Dîn al-Albânî (1914-1999). Er gibt an, von dessen ehemaligem Studenten, dem syrischen und in Saudi-Arabien lebenden Gelehrten Adnân Ibn Muhammad al-Ar'ûr islamisches Wissen vermittelt bekommen zu haben (Dabbagh 2012d). al-Ar'ûr (geb. 1948) emigrierte 1982 nach der brutalen Niederschlagung eines Aufstandes der syrischen Muslimbruderschaft (MB) nach Saudi-Arabien. Er kombiniert eine puristisch-salafistische Ideologie mit einer politischen Strategie im Kampf gegen das syrische Regime, die er mit religiöser Polemik gegen Schiiten und Alawiten unterstützt. Neben al-Ar'ûr lernte Dabbagh eigenen Angaben nach auch vom Rektor der Umm al-Qurâ-Universität in Mekka (Dabbagh 2012d). Dabbagh teilt die Ansicht al-Albânîs, Muslime müssten zunächst einmal mit Hilfe von tasfiyya und tarbiyya (Reinigung [der Glaubenslehre] und [religiöse] Bildung) zum »authentischen Islam« geführt werden, bevor sie sich politisch vereinen und organisieren sollten (al-Albânî 1421 n.H.: 30f.). Dabbagh zufolge bedeutet dies jedoch nicht, dass sich Prediger nicht zu politischen Themen äußern dürfen. Auch wenn er noch 2011 erklärte, »es ist nicht in meinem Bereich, über politische Themen zu sprechen« (Dabbagh 2011) und sich ein Großteil seiner Vorträge der Vermittlung »authentischen« religiösen Wissens an Muslime und der Da'wa an Nichtmuslime widmet, so nimmt er

---

1 | Die vorliegenden Sektionen zu den Predigern Hassan Dabbagh und Pierre Vogel basieren zum Teil auf der Studie »Außenbezüge und ihre Kontextualisierung und Funktion in den Vorträgen ausgewählter salafistischer Prediger in Deutschland« (i. E.), die 2013-14 von Nina Wiedl im Rahmen des BMBF-Verbundprojektes »Terrorismus und Radikalisierung – Indikatoren für externe Einflussfaktoren« (TERAS – INDEX) erstellt wurde.

doch regelmäßig öffentlich zur Lage der Muslime Stellung und kritisiert »islamfeindliche« Handlungen und Äußerungen deutscher Politiker.

Dabbagh ist in die Strukturen eines europaweiten salafistischen Da'wa-Netzwerkes eingebunden, das sich an den Positionen von Adnân al-Ar'ûr und dem ebenfalls aus Syrien stammenden und in Tilburg (Niederlande) lebenden Prediger Ahmad Salâm alias Abu Suhayb orientiert, der ebenfalls ein ehemaliger Student von al-Albânî ist (Hummel 2009: 8). Niederländischen Sicherheitsbehörden zufolge stand Salâm in Syrien mit der Muslimbruderschaft in Kontakt und floh 1989 in die Niederlande, um politischer Verfolgung in seinem Heimatland zu entgehen (The National Coordinator 2008: 30f.). Bereits in den 1990er Jahren besuchte Dabbagh die von Salâm geleitete »Islamische Stiftung für Bildung und Übermittlung von Wissen« (Islamitische Stichting voor Opvoeding en Overdracht van Kennis) in Tilburg (vgl. »Service/Unterricht« o.D), die Weiterbildungen für europäische Prediger anbietet und Sicherheitsbehörden zufolge mit Unterstützung Saudi-Arabiens aufgebaut wurde (The National Coordinator 2008: 3f.). Experten beschreiben diese Stiftung als Zentrum eines paneuropäischen Netzwerkes (Hummel 2009: 8), das ideologisch dem gewaltfreien, missionarischen Salafismus mit politischer Orientierung, also dem Mainstream-Salafismus, zugeordnet werden kann (The National Coordinator 2008: 4, 30; de Koning 2009: 409f.).

In Deutschland unterrichtete Dabbagh andere Prediger und kooperiert(e) auf informeller Basis mit Predigern marokkanischer (z.B. Mohamed Benhsain, Abdul Adhim Kamouss), türkisch-deutscher (z.B. Muhamed Çiftçi) und palästinensischer (z.B. Mohamed Gintasi alias Abu Jibril, Ahmad Armih alias Ahmad Abu al-Baraa) Herkunft. Bis vor einigen Jahren arbeitete er auch mit Pierre Vogel zusammen. Er sieht sich selbst als »Vater« der neuen deutschsprachigen Predigergeneration und spricht gerne von »meinen Jungs« (Interview von Carmen Becker Februar 2010).

Effektive Da'wa statt Dschihad

Hassan Dabbagh stellt sich als Verfechter einer gewaltfreien und am Vorbild der mekkanischen Periode orientierten Da'wa-Strategie dar, die sich auf das Lehren und Predigen des Islams konzentriert. Den Traditionen zufolge nutzte der Prophet allein diese Methode für seine Da'wa, als die Muslime während der Anfangszeit in Mekka als Minderheit inmitten einer heidnischen Gesellschaft lebten und weder einen Staat noch eine Armee besaßen (Ibn Ishâq 2013: 109f.). Dabbagh betont, der Prophet habe in Mekka »generell tauhîd gelehrt« (die islamische Doktrin des strengen Monotheismus, Glaube an die Einheit Gottes; Dabbagh 2007). Er distanziert sich deutlich von dschihadistischen Argumenten und religiös motivierter politischer Gewalt wie Anschläge dschihadistischer Gruppen auf muslimische Politiker im Irak (Dabbagh 2012c) und Angriffe auf Polizeibeamte bei salafistischen Protestkundgebungen gegen die Zurschaustellung von Mohammed-Karikaturen (Dabbagh 2012a). Gewalt, so Dabbagh, verstärke staatliche Repressionen, schrecke Nichtmuslime ab und verhindere damit effektive Da'wa. Dschihad-Salafisten wie Mohamed Mahmoud alias Abu Usama al-Gharib von der 2012 verbotenen Vereinigung Millatu-Ibrahim (MI) wirft er vor, sich an medinensischen Suren zu orientieren, die Gewalt als Mittel zur Verteidigung und zur Verbreitung des Islams unter gewissen Bedingungen legitimieren. Seiner Ansicht nach sind diese Suren aber unter den heutigen Bedingungen muslimischen Lebens in Deutschland nicht anwendbar. Bezüglich des Bürgerkriegs in Syrien stellt sich Dabbagh auf die Seite der Freien Syrischen Armee (FSA) und ruft deutsche Muslime zu Spenden, Demonstrationen und Bittgebeten auf. Zudem spricht er sich wie führende puristische Gelehrte aus Saudi-Arabien und wie Adnân al-Ar'ûr gegen eine Teilnahme ausländischer Muslime am dortigen Dschihad aus (Dabbagh 2012b; al-Ḥakîm 2012; Khouri 2012; The Economist 2012).

Umgang mit Nichtmuslimen: Höflichkeit und innere Abgrenzung

Obgleich Dabbagh wie alle salafistischen Prediger Nichtmuslimen ein zukünftiges Leben in der Hölle prophezeit (Dabbagh 2013c), ermahnt er Muslime zu einem freundlichen und höflichen Umgang mit ihnen. Er betrachtet sie als wichtige Zielgruppe der Da'wa und empfiehlt seinen Anhängern, sie als »Menschen, die nicht Muslime sind« anzusprechen (siehe auch Dabbagh 2008). In Vorträgen an ein muslimisches Publikum verwendet er allerdings den oft pejorativ wahrgenommenen Ausdruck »kuffâr« (Ungläubige) (vgl. Dabbagh o.D.). Seine Vorträge enthalten zahlreiche Aufrufe an Muslime, sich ihrer eigenständigen islamischen Identität bewusst zu werden und sich in ihrem Denken und Handeln von Nichtmuslimen und nicht praktizierenden Muslimen abzugrenzen (Dabbagh 2013b). Er fordert aber keine generelle Lossagung (al-barâ') von Nichtmuslim oder gar einen Hass auf jeden einzelnen. In seinen Lehrvorträgen (durûs) und Predigten findet sich kein generalisiertes Feindbild »Nichtmuslim« oder »Christ«, das ein typisches Element der Propaganda radikalerer deutscher Prediger aus dem Umfeld der Gruppen »Die Wahre Religion« (DWR) und »DawaFFM« (ein 2013 verbotener salafistischer Verein aus Frankfurt a.M.) ist (Wiedl i.E.: insb. 204ff.).

Glaube, Unglaube und takfîr al-hâkim – im Zweifel für die (muslimischen) Staatsführer

Dabbagh vertritt die für Salafisten charakteristische theologische Grundannahme, dass der Glaube (îmân) eines Muslims aus Wort (qaul), Tat (amal) und »Verinnerlichung« (i'tiqâd bi-l-qalb, wörtl.: Glaube im Herzen) besteht. Glaube könne durch gute oder schlechte Taten zu- oder abnehmen und auch gänzlich schwinden, so dass ein Muslim, auch wenn er sich äußerlich zum Islam bekennt, zum Ungläubigen werden könne (Dabbagh 2013d). Er folgt in diesem Aspekt der theologischen Schule der Athariyya und des islamischen Gelehrten Ahmad Ibn Hanbal (780-855), dem zufolge der »Glauben aus Worten, Taten, der richtigen Absicht (niyya) und einem Festhalten an der Sunna besteht« (Gardet 2006). Damit grenzt er sich deutlich von der Schule der Murji'a ab, der zufolge Taten kein Bestandteil des Glaubens sind und nur Gott über den Glauben eines Muslims richten kann (Givony 1977: 149f.).

In der Tradition quietistischer Gelehrter wie al-Albânî und Abd al-Azîz Ibn Bâz (1910-1999) (Wiktorowicz 2006: 217ff.) verurteilt Hassan Dabbagh einen automatischen Ausschluss muslimischer Staats- und Regierungschefs aus dem Islam (takfîr al-hâkim) aufgrund der Tatsache, dass diese die Scharia nicht oder nicht vollständig anwenden (Dabbagh 2011). Der Koranvers »Wer nicht nach dem waltet, was

Allah (als Offenbarung) herabgesandt hat, das sind die Ungläubigen« (5:44),[2] den Befürworter eines revolutionären Dschihad häufig als Beweis anführen, um Regenten muslimischer Länder zu Ungläubigen zu erklären und ihren Kampf gegen diese als defensiven Dschihad zu legitimieren (al-Ghurabaa 2014), ist Dabbagh zufolge kein speziell auf Herrscher bezogener Vers. Jeder Muslim sei generell dazu verpflichtet, »nach Koran und Sunna zu urteilen« (Dabbagh 2007). Aber wenn er dies nicht tut, nicht die fünf täglichen Pflichtgebete vollzieht (Dabbagh 2013e) oder wenn er durch Worte oder Taten einen anderen Akt des Unglaubens (kufr) begeht, wird er deshalb nicht in jedem Fall zum Ungläubigen: Der takfîr (einen Muslim zum Ungläubigen [Sg. kâfir, Pl. kuffâr] erklären) eines individuellen Muslims könne nur nach einer Untersuchung seiner Beweggründe für eine »Handlung des Unglaubens« erfolgen, betont Dabbagh.

al-Albânî und einem Großteil puristischer Gelehrter folgend, differenziert Dabbagh zwischen »kleinem Unglauben« (kufr asghar) oder »Unglauben der Taten« (kufr al-amalî) und »großem Unglauben« (kufr akbar) oder »Unglauben der Überzeugung« (kufr al-i'tiqâdî)[3] und erklärt, ein Muslim werde nur dann zum kâfir, wenn (a) keine Entschuldigungen für seine »unislamischen« Taten oder Worte vorlägen, (b) alle Bedingungen erfüllt seien, um ihn zum Ungläubigen zu erklären, und (c) der entsprechende takfîr von Gelehrten praktiziert werde. Diese hätten zudem die Pflicht, die betreffende Person zunächst über ihre Fehler zu belehren, und ihr die Gelegenheit zur Reue zu geben. Es dürfe keinen Zweifel (schubha) an ihrem Unglauben geben, und Entschuldigungen für »kufr-Taten« seien möglich – beispielsweise Verrücktheit, Unwissenheit (dschahl), eine Fehlinterpretation bestimmter Koranverse und Traditionen oder eine kürzlich erfolgte Konvertierung. Voraussetzung sei ferner, dass ein Muslim wisse, was harâm (verboten) und halâl (erlaubt) sei.

Das Regieren und Richten mit anderen Gesetzen und Urteilen als denen Allahs sei zunächst einmal ein kleiner kufr. Dieser werde nur zum »Unglauben der Überzeugung«, wenn der betreffende Herrscher von Gelehrten auf seine Fehler hingewiesen worden sei und weiterhin entgegen dem Gesetz Gottes regiere und richte. Zudem dürften keine Entschuldigungsgründe vorliegen wie beispielsweise Bestechung, Angst vor einem anderen Land oder sonstige Interessen, die ihn zu diesem Handeln zwängen. Lägen den Gelehrten Hinweise darauf vor, dass er zwar »ungläubig« handle, aber von der Rechtmäßigkeit der Gesetze Gottes überzeugt sei, so werde er zum Sünder (fâsiq), bleibe aber Muslim. Dabbagh hebt ferner auf den Grundsatz (qâ'ida) »man lam yukaffir al-kâfir fa-hua kâfir« (wer einen kâfir nicht zum Ungläubigen erklärt, ist selbst ein kâfir) ab, den auch der umstrittene saudische Scheich Nasir al-Fahd ausformuliert hat (Fahd 2002; zu ihm siehe Hegghammer 2010: 87ff.). Dabbagh spricht dabei speziell über Fälle, in denen die Zugehörigkeit eines Muslims zum Islam zur Debatte steht. Der Grundsatz bezieht sich seinen Ausführungen zufolge allerdings nur auf Gelehrte. Ein »normaler« Muslim könne und müsse keinen takfîr auf einzelne Muslime aussprechen (Dabbagh 2011). Damit spielt er auf die Praxis des »Ketten-takfîrs« unter einigen Salafisten an. Dabei werden muslimische Staats- und Regierungschefs, die nicht einzig und

---

2 | Alle Koranstellen werden im Deutschen zitiert nach Bubenheim und Elyas (2003).
3 | Lav 2012: 152ff.; al-Albânî 2007: 9ff. al-Albânî verwendet in seinen Schriften die Begriffe kufr al-amalî und kufr al-i'tiqâdî.

allein mit der Scharia regieren, zu Ungläubigen erklärt; und wenn sich ein Muslim weigert, dies zu tun, läuft er ebenfalls Gefahr, als Ungläubiger abgestempelt zu werden.

PIERRE VOGEL: STARPREDIGER VON DEUTSCHEM BODEN

Pierre (Salahuddin) Vogel alias Abu Hamza ist ein deutscher Konvertit, der mit seiner Ehefrau, einer Muslima marokkanischer Herkunft, und den gemeinsamen Kindern nach einem temporären Aufenthalt in Ägypten mittlerweile wieder in Deutschland lebt. Er wurde 1978 in Frechen nahe Köln als Protestant geboren und entwickelte eigenen Angaben nach als Schüler einer katholischen Schule ein verstärktes Interesse an religiösen Themen. Im Alter von 16 Jahren wechselte er auf ein Sportinternat in Ostberlin und graduierte dort mit 21 (vgl. Vogel o.D.a). Er absolvierte seinen Zivildienst und begann eine professionelle Karriere als Boxer. Nach einem Lebensabschnitt, den er als eine lange Suche nach dem Sinn des Lebens und nach Antworten auf die Probleme moderner Gesellschaften beschreibt (ein häufiges Motiv islamischer Da'wa), konvertierte er 2001 zum Islam (vgl. Vogel o.D.b). Ein Jahr später beendete Vogel seine Karriere als Boxer, da er nicht mehr mit ganzem Herzen im Boxring gestanden habe, wie er rückblickend erklärte. 2004 begann Vogel ein Studium an der Umm al-Qurâ-Universität in Mekka, kehrte jedoch 2006 nach Deutschland zurück, da seine neugeborene Tochter intensive medizinische Betreuung benötigte und seine Familie ihm nicht nach Saudi-Arabien folgen konnte (ebd.; Vogel 2013e). Nach seiner Rückkehr veröffentlichte er ein Video seines Konversionsnarratives, d.h. seine autobiografische Erzählung, die seine Konversion mit Erklärungsmustern der neuen Religion rekonstruiert und die dem Genre der Da'wa-Literatur zugeordnet werden kann. Dieses Video erhielt bis März 2014 allein auf dem Internet-Videoportal YouTube mehr als 60.000 Aufrufe.[4] Gemeinsam mit Ibrahim Abou Nagie, den er eigenen Angaben zufolge bereits 2005 in einer Moschee in Köln kennenlernte (Abou Nagie/Vogel 2014), begann er als Mitglied von DWR eine neue Karriere als Prediger und etablierte sich zunächst als selbst ernannter Experte unter anderem zum Thema »Kopftuchstreit.«

Im Jahre 2008 kam es zum Zerwürfnis zwischen Abou Nagie und Vogel, nachdem Abou Nagie in mehreren Vorträgen und Aussagen das Thema »takfîr« angesprochen und erklärt hatte: »Alle Präsidenten, die nicht mit Allâhs Gesetzen regieren und nicht mit dem Koran regieren sind kuffâr, und wer das Gegenteil behauptet, ist selber ein kâfir [...].« (siehe »Schatten des Zweifels« 2010, »Warnung vor Ibrahim Abu-Nagie« 2009 und Abou Nagie 2009). Vogel, der grundsätzlich die bereits diskutierte Position puristischer Gelehrter zum Thema »takfîr« teilt (Vogel 2010c; 2011d), äußerte sich zunächst nicht zu den ideologischen Gründen der Trennung. Später kritisierte er jedoch die Aussage Abou Nagies und verkündete, er könne nicht mit jemandem zusammenarbeiten, der eine solche Meinung vertritt (vgl. »Schatten des Zweifels« 2010). Gemeinsam mit Muhamed Çiftçi gründete er das Da'wa-Projekt »Einladung zum Paradies«. 2009 schlossen sich beide Prediger

---

[4] | Das Video wurde auf YouTube und anderen Internet-Videoportalen in unterschiedlichen Versionen und in verschiedenen Teilen veröffentlicht. Die meistgesehene Version mit 44.901 Aufrufen bis zum 08.04.2014 ist Vogel 2006.

dann mit Sven Lau und anderen jungen du'ât (Sg. dâ'î, »Rufer zum Islam«) der as-Sunnah-Moschee in Mönchengladbach zusammen und arbeiteten bis 2011 unter dem Vereinsnamen »Einladung zum Paradies e.V.« (EZP).

In dieser Zeit wurde Vogel zu einem der wohl erfolgreichsten deutschen Missionare des Islams im Internet. Er spezialisierte sich auf Da'wa unter Nichtmuslimen und nicht praktizierenden Muslimen und präsentierte sich und die EZP als moderater Gegenpol zum gewaltaffinen Salafismus. Viele seiner Vorträge behandelten Themen wie die Vorteile und die »Wahrheit« des Islams, Widerlegungen der christlichen Doktrin mit rationalen Argumenten oder Warnungen vor der Hölle, die man auch auf mehrsprachigen Internetseiten saudischer und transnationaler Da'wa-Organisationen wie islamhouse.com findet. Man findet die Themen ferner in der Da'wa internationaler »Star-Prediger« wie Bilal Philips (geb. 1947), den Vogel als »großartige[n] dâ'î, insbesondere in der Arbeit mit Nichtmuslimen« (Vogel 2010e) lobte. Zudem profilierte er sich als scharfer Kritiker deutscher Islam-Politik und liberaler Muslime. Häufig spricht er die identitätsstiftenden Themen »Medienhetze« und »Islamfeindlichkeit« an.

Nach einigen Monaten der erneuten Annäherung unter anderem auf gemeinsamen Kundgebungen (siehe »17 Neue Muslime« 2011) erklärte Vogel im Juni 2011, er habe sich wieder mit Abou Nagie und dem DWR-Netzwerk vereint, um »beide Da'wa-Teams« in einer Zeit verstärkter staatlicher Repressionen zu stärken. Vermutlich haben aber auch Probleme des Vereines EZP, der einen Monat später von seinen Mitgliedern aufgelöst wurde, dazu beigetragen, dass er sich nach neuen Partnern umsah. Ausgelöst wurden diese Probleme offensichtlich durch die Schließung der as-Sunnah-Moschee aufgrund baurechtlicher Auflagen, durch anhaltende intensive Proteste einer lokalen Bürgerinitiative gegen den geplanten Bau eines großen Da'wa-Zentrums und den Umzug von Çiftçis Islamschule von Braunschweig nach Mönchengladbach und durch die erhöhte Aufmerksamkeit der Medien. Ferner könnte die Hinwendung von Pierre Vogel und Sven Lau zum politischen Salafismus ägyptischer Prägung ein Grund für Konflikte zwischen ihm und Çiftçi gewesen sein. Dieses lässt zumindest eine (den Autorinnen vorliegende) EMail Çiftçis an seine Anhänger vermuten, in der er sich einen Tag nach Vogels »Wiedervereinigung« mit dem DWR Netzwerk offiziell von diesem lossagte und unter anderem dessen »immer »schlechter[e] und politischer[e]« Methodik als Gründe für die »Lossagung« nennt. Auch führt er Vogels erneute Zusammenarbeit mit Abou Nagie an, den Çiftçi als takfîrî bezeichnet; dies steht pejorativ für einen Muslim, der andersdenkende Muslime aufgrund ihrer Worte und/oder Taten eigenmächtig zu Ungläubigen erklärt.

Bereits 2010 hatte Vogel Kontakt zu Scheich Abû Ishâq al-Huwaynî (geb. 1956), dem wohl wichtigsten Vertreter der Schule al-Albânîs in Ägypten (vgl. Fouad i.E.), aufgebaut und ist mit ihm in Deutschland aufgetreten. Anfang 2011 reiste er dann, unterstützt von al-Huwaynî, nach Ägypten, um sich dort über Studienmöglichkeiten an Islaminstituten zu informieren (Vogel 2013e). Im Herbst des Jahres zog er mit seiner Familie in das Land, das sich zu einem bevorzugten Gebiet für die hidschra (religiös begründete Emigration) deutscher Salafisten entwickelt hatte. Gründe waren die Vielzahl salafistischer Islam- und Sprachschulen, günstige Bedingungen für ein religiöses Leben entsprechend salafistischen Standards und offenbar auch die Hoffnung einiger Prediger, nach dem Sturz des langjährigen

Staatschefs Hosni Mubarak an der politischen Umgestaltung des Landes mitwirken zu können.

Die Arbeit und Ideologie Vogels nahm von da an eine politischere und globalere Orientierung an. Er sprach nicht länger davon, den Islam zur stärksten Religion Deutschlands machen zu wollen (Vogel 2010f), sondern bezeichnete es als sein Ziel, den »Islam in jedes Haus der Welt zu bringen« (Vogel 2012c). Vogel trat im ägyptischen Satellitenfernsehen auf, auf Kundgebungen ägyptischer Salafisten und in Moscheen (siehe Vogel 2011f; 2012d) und gewann auch unter palästinensischen Muslimen neue Anhänger. So veröffentlichte beispielsweise der in Israel lebende salafistische Scheich Aḥmad Maṣrî am 7. September 2012 eine arabische Da'wa-Publikation Vogels auf seiner Facebook-Seite.

Da sich die Situation deutscher Salafisten in Ägypten nach dem Militärputsch vom 3. Juli 2013 erheblich verschlechterte und viele nicht sicher waren, ob sie nach einem Urlaub in Deutschland wieder ins Land einreisen durften, stellte Vogel sich die Frage: »Kann man noch in Freiheit leben hier?« (Vogel 2013d) und kehrte im Herbst 2013 nach Deutschland zurück. Seither versucht er sich wieder mit Hilfe der für ihn charakteristischen Themen und Botschaften auf dem deutschen »religiösen Markt« zu etablieren. Heute kooperiert Vogel zwar mit dem DWR-Netzwerk, vertritt aber mitunter andere Positionen als dessen Prediger. So dominieren in seinen Vorträgen zu außenpolitischen Konflikten antiimperialistische Deutungsmuster, und er spricht von rohstoffpolitisch begründeten Angriffen einer »westlichen Zivilisation« auf den Islam (Vogel 2010d). In Vorträgen Abu Dujanas und Abu Abdullahs (DWR und DawaFFM) hingegen dominieren an Narrativen aus dem Koran und der Sunna orientierte Kontextualisierungen, die die aktuellen Konflikte als Manifestationen eines ewigen und bis zum Tag des Jüngsten Gerichts (yaum al-qiyâma; wörtlich: Tag der Auferstehung) andauernden Kampfes zwischen den »ungläubigen Feinden Allahs« und den »wahren Gläubigen« deuten (Abu Dujana 2013; Abu Abdullah 2012; DawaFFM 2012; Wiedl i.E.: 205f.).

Politisierung der quietistischen Da'wa

Zu Beginn seiner Karriere als Islamprediger orientierte sich Vogel eng an der Doktrin saudischer Staatsgelehrter wie Ibn Bâz und Muhammad Ibn al-'Uthaymîn (1925-2001) sowie an den Lehren al-Albânîs. Er beruft sich bis heute häufig auf diese »Großgelehrten« der zeitgenössischen Salafiyya sowie auf klassische Autoritäten wie Ahmad Ibn Taymiyya (1263-1328) und Ibn Hanbal. Vogel vertritt jedoch die Auffassung, einige Rechtsurteile saudischer Staatsgelehrter müssten den Bedingungen muslimischen Lebens in der Diaspora angepasst werden. So legitimiert er seine im Vergleich zu strikten Quietisten politischeren Da'wa-Methoden. Beispielsweise betrachtet er Protestkundgebungen als legitimes Mittel im Kampf gegen die Unterdrückung von Muslimen in einem »kufr-Staat« und erklärt, Rechtsgutachten saudischer Staatsgelehrter gegen Demonstrationen seien nur erlassen worden, um Proteste gegen islamische Regenten zu verhindern (Vogel 2010b).

Seit dem Arabischen Frühling vertritt Vogel eine politisch-salafistische Ideologie, die Brown als signifikante Abkehr von der typischen salafistischen Position bezeichnet (Brown 2011: 4). Sie kann aber auch als pragmatische Anpassung an neue politische Gegebenheiten gedeutet werden. Anfang Februar 2011, kurz vor dem Fall Mubaraks, wandten sich führende Köpfe der ägyptischen Salafiyya von der offiziellen Position Saudi-Arabiens ab (AFP 2011) und verurteilten die Proteste nicht länger als fitna (Chaos), sondern solidarisierten sich mit den Forderungen der Opposition (Abdel-Latif 2012: 3ff.; Fouad i.E.: 9; Lacroix 2013). In der Folgezeit gründeten Salafisten politische Parteien, und Vogel unterstützte das politische Engagement ägyptischer Salafisten, beispielsweise indem er auf seiner Internetseite ein Video mit der Parteihymne der Hizb al-Nûr, des politischen Arms der vormals rein missionarischen Da'wa al-Salafiyya-Bewegung, veröffentlichte (gesehen am 22.11.2012). Nach dem Militärputsch vom 3. Juli 2013 wandte sich Vogel allerdings von der Position der Hizb al-Nûr ab, die sich mit dem Militär arrangierte, und stellte sich mit anderen Salafisten auf die Seite der Mursi-Anhänger.

Demokratie und takfîr al-hâkim

Wie alle Salafisten sieht Vogel die Demokratie, in der »der Mensch [selbst] entscheidet [...], was für ihn gut und schlecht ist« (Vogel 2012a), grundsätzlich als unvereinbar mit tauhîd an (ebd.; Vogel 2011e). Er betont zudem, dass das Wissen muslimischer Staats- und Regierungschefs um ihre Pflicht, entsprechend den Gesetzen Gottes zu richten und zu regieren, »eigentlich eine Sache ist, die notwendigerweise in der Religion zu wissen ist« (Vogel 2011b). Daraus wird erkenntlich, dass er Unwissenheit (dschahl) nicht als Entschuldigungsgrund akzeptiert, der einen takfîr al-hâkim verhindere. Bereits 2009 schränkte Vogel jedoch ein, dass Wählen keine Form des Polytheismus (schirk) darstelle und ein demokratisch bestimmter Präsident, der die Scharia nicht sofort und vollständig umsetzen könne, nicht zwangsläufig ein Apostat sei. Es sei akzeptabel, dass ein Präsident Kompromisse eingehe, solange er die Scharia als bestes Gesetz betrachte und durch sein Handeln verhindere, dass Personen an die Macht kämen, die die Situation »noch schlimmer« machten (Vogel 2012h). Hinsichtlich des parteipolitischen Engagements ägyptischer Salafisten teilt er weitgehend die Position von Yâsir al-Burhâmî (geb. 1958), dem stellvertretenden Generalsekretär der Da'wa al-Salafiyya und Mitbegründer der Hizb al-Nûr, dessen Vorträge Vogel in Ägypten besucht hatte (Vogel 2013e; Roll 2012: 33). al-Burhâmî erläutert, die Beteiligung am politischen Prozess impliziere keine Akzeptanz der Demokratie, die er ebenfalls ablehne (siehe auch al-Burhâmî 1426 n.H./2005). Sie werde nur als »kleineres Übel« akzeptiert, um ein »größeres Übel«, nämlich die Entstehung eines säkularen Regierungssystems in Ägypten, zu verhindern und um langfristig der Errichtung eines islamischen Staates näher zu kommen (Yâsir al-Burhâmî zit. n al-Atawneh 2012).

Zwischen friedlicher Da'wa und Verständnis für Gewalt

Vogel vertritt grundsätzlich ebenso wie Dabbagh eine am Vorbild der mekkanischen Periode orientierte gewaltfreie Da'wa-Strategie. Diese wird durch zahlreiche mekkanische Verse wie Koran 16:125 gestützt: »Rufe [ad'u] zum Weg deines Herrn mit Weisheit [hikma] und schöner Ermahnung und streite mit ihnen in bester Weise [...].« Vogel erklärte, diesen Vers müssten deutsche Prediger zur Grundlage ihrer Arbeit machen und als Ermahnung verstehen, die Botschaft des Islams höflich und als »Geschenk« zu überbringen (Vogel 2010a). Bis etwa 2011 sprach er sich explizit gegen politische Gewalt aus. Er bezeichnete sie als »das Dümmste [...], was uns passieren kann [...], weil die Da'wa dann schnell zu Ende ist« (Vogel 2009b).

Medinensische Verse, die den Kampf gegen »Ungläubige« erlauben oder gebieten, seien herabgesandt worden, als Muslime unterdrückt wurden oder sich verteidigen mussten. Sie enthielten aber keine generelle Erlaubnis zum Kampf und seien nicht auf die heutige Situation in Europa anwendbar (Vogel 2009a), wo Muslime im Vergleich zu »sogenannten islamischen Ländern« (Vogel 2009c) religiöse Freiheit genössen.

Seit 2011, vermutlich infolge verstärkter staatlicher Repressionen salafistischer Da'wa, einer Zunahme der von ihm als »Islamhetze« bezeichneten Propaganda anti-islamischer Gruppen und seiner erneuten Zusammenarbeit mit DWR nimmt Vogel nun eine ambivalente Haltung zu Fragen der Gewalt ein. Er ruft nach wie vor nicht direkt dazu auf, äußert aber Verständnis dafür, dass einige Muslime auf »Angriffe gegen den Islam« mit Gewalt reagieren (Vogel 2012e). Er grenzt seither eine »späte« mekkanische Phase ab und betont, dass die Da'wa des Propheten zu dieser Zeit genau wie heute in Deutschland stark angefeindet wurde. Zudem lebten deutsche Muslime in mancherlei Hinsicht »in der Medina-Periode«, wenn man an die Existenz von Moscheen, von munâfiqûn (Heuchlern), ahl al-kitâb (Anhängern von Buchreligionen wie Juden und Christen) sowie an die Vervollständigung der Scharia denke (Vogel 2012f.; Abou Nagie/Vogel 2014).

Nachdem ein Muslim am 5. Mai 2012 bei den Protesten gegen das Zeigen von Mohammed-Karikaturen durch Aktivisten der rechtsextremen Kleinpartei Pro NRW Polizeibeamte angegriffen und mit Messerstichen verletzt hatte, stellte Vogel nach Erkenntnissen der Autorinnen erstmals eine Analogie zwischen der Situation von Muslimen in Deutschland und einem Koranvers aus der medinensischen Periode her, der Gewalt gegen »Ungläubige« bedingt legitimiert (Mourad 2013: 280): »[...] Und Verfolgung ist schwerwiegender als Töten. Und sie werden nicht eher aufhören, gegen euch zu kämpfen, bis sie euch von eurer Religion abgekehrt haben [...]«. Unter Bezugnahme auf diese Stelle in Sure 2, Vers 217 erklärte er, dass die beteiligten Muslime zwar »einen Fehler« begangen hätten, aber dass das, »was die kuffâr machen, [...] Leute von der Religion wegbringen«, schlimmer sei als das Töten (Vogel 2012g). In neueren Vorträgen finden sich zudem Beschreibungen des Dschihads als »wichtige gottesdienstliche Tat« und Hinweise auf Belohnungen gefallener Märtyrer (schuhadâ') im Jenseits (Vogel 2012f). Im Gegensatz zu Predigern wie Abu Abdullah oder Mitgliedern der mittlerweile verbotenen Gruppierung Millatu Ibrahim (MI) und Aktivisten von Tauhid Germany, einer Onlineplattform, bestehend aus einer Webseite, einer Facebook-Seite und einem YouTube-Kanal, auf der auch MI-Anhänger Vorträge und Stellungnahmen veröffentlichen, diskutiert Vogel das Thema jedoch nicht mit dem erkennbaren Ziel, Muslime zum Dschihad in Syrien oder anderen Konfliktzonen muslimischer Länder zu mobilisieren, und er glorifiziert auch den bewaffneten Kampf moderner Dschihad-Organisationen nicht.

Umgang mit Nichtmuslimen: Offenheit und Abgrenzung

Die Äußerungen und Auftritte von Pierre Vogel sind vom Ringen um Kompromisse zwischen radikaleren und moderaten Haltungen geprägt. Einerseits wirbt er für Offenheit gegenüber Nichtmuslimen, was er als Grundlage für erfolgreiche Da'wa betrachtet, andererseits plädiert er für Abgrenzung von der nicht-islamischen Umwelt, was seiner Ansicht nach erforderlich ist, um den Glauben der Muslime zu schützen. Vogel missbilligt enge Freundschaften mit Nichtmuslimen, die nicht das Ziel haben, diese vom Islam zu überzeugen (Dantschke u.a. 2011: 51). Er verurteilt zudem eine nicht-islamische Freizeitkultur sowie die Teilnahme von Muslimen an Festen wie Silvester (Vogel 2013a; Vogel 2011a). In seinen Vorträgen finden sich häufig identitätsstärkende und den Gruppenzusammenhalt fördernde interpretative Schemata, die ein klares »wir« und »die anderen« konstruieren. Dabei stellt er Muslime als Opfer einer »Islamhetze« dar, die in einem Völkermord enden könne (Vogel 2013f). Er konstruiert so das Bild einer extrem feindlichen Umwelt, betont aber gleichzeitig, dass nicht jeder Nichtmuslim ein Feind sei (Vogel 2013b; Vogel 2010d). Einige seien »relativ fair« (Vogel 2013c), andere neutral und unwissend, wieder andere potentielle Muslime, die nur noch mittels der richtigen Da'wa-Methoden zur Konversion geführt werden müssten (Vogel 2013b).

Explizit als Feinde bezeichnet Vogel nur Personen, die seiner Ansicht nach Muslime angreifen oder deren Glauben und gottesdienstliche Handlungen gefährden. Das können auch Muslime sein. So erklärt er beispielsweise Hass und Feindschaft gegenüber den »tâghût« zu einer Grundlage des »Muslimseins« (wörtl.: »Grenzüberschreiter«; islamischen Gelehrten zufolge sind das unter anderem Teufel und Wahrsager; im modernen islamistischen und salafistischen Sprachgebrauch sind es auch »tyrannische« Spitzenpolitiker in muslimischen Ländern). Der Begriff »tâghût«, so fügt er hinzu, bezeichne jede Person, die dazu aufrufe, [anstelle von oder zusätzlich zu Allâh] angebetet zu werden oder ihren Befehlen zu folgen und die Muslime dadurch veranlasse, die Grenzen des aus seiner Sicht religiös Zulässigen zu überschreiten (Vogel 2012b).

SVEN LAU: DA'WA MIT EMOTION

Die biografischen Informationen über den Konvertiten Sven Lau stammen – soweit nicht anders angegeben – aus zwei Interviews, die Carmen Becker 2011 und 2013 mit ihm in Mönchengladbach geführt hat. Hinzu kommen Informationen aus einem Video mit dem Titel »Mein Weg zum Islam« (Lau o.D.). Laus Ausführungen, insbesondere zu seinem neuen Glauben, geben somit in der Retrospektive seine eigenen Wahrnehmungen bzw. Bewertungen wieder und sind Teil seines Konversionsnarrativs.

Sven Lau ist seit 2008 unter dem Namen Abu Adam als Prediger aktiv und in der Szene für »bewegende« und »emotionale« Vorträge bekannt. Eigene Beobachtungen der Autorinnen während unterschiedlicher Islamseminare in Deutschland zwischen 2008 und 2009 bestätigen, dass sowohl er selbst als auch die Zuhörer bei seinen Auftritten nicht selten anfangen zu weinen. Dieses Phänomen ist in der Tradition des Islams nicht unbekannt. Aus homiletischer Sicht entspricht es einem mu'aththir (effektiven, emotionalen) Genre. Dabei versucht der Prediger, durch seine Rhetorik fromme Gefühle wie Gottesfurcht (taqwa) beim Publikum zu erzeugen (Hirschkind 2012).

Sven Lau wurde 1980 in Mönchengladbach geboren und konvertierte 1999 zum Islam. Er selbst sieht seine Bekehrung als Ende eines langen Weges, der bereits in der Schule angefangen habe. Er sei auf der Suche nach dem Sinn des Lebens gewesen, habe immer gewusst, dass es im Universum jemanden gebe, der ihn sehe und begleite. Weder in der Schule noch in seiner Familie fand er zufriedenstellende Antworten auf seine Sinnfragen. Sport spielte damals für ihn die größte Rolle, später kamen Mädchen, Cliquen und Alkohol dazu. Schon damals habe er jedoch die Ahnung gehabt, dass dieses Verhalten falsch sei und auf ihn zurückfallen werde.

Während seiner Ausbildung zum Industriemechaniker lernte er einen türkischstämmigen Kollegen kennen, dessen Verhalten und Benehmen ihn tief beeindruckten. Während er sich vorher über Religion und insbesondere den Katholizismus, in den er hineingeboren war, nur lustig gemacht hatte, fing er nun an, die Bibel zu lesen, um seine Religion besser kennenzulernen. Er entdeckte Widersprüche und löcherte seinen Kollegen mit Fragen über den Islam. Ihm war klar, dass dieser Mann die Wahrheit sprechen muss. Er habe das ausgestrahlt, er habe al-nur gehabt – das Licht.

Nach seiner Konversion 1999 zum Islam stieß er nach einiger Zeit auf Widersprüche unter den verschiedenen islamischen Strömungen und Praktiken. In den folgenden vier Jahren kam er mit Anhängern von Milli Görüş, sufistischen Strömungen und der Dschamâ'at al-Tablîgh in Kontakt, was ihn verwirrte, da diese Gemeinschaften in der Glaubensausübung stark voneinander abwichen. In dieser Phase lernte Sven Lau weitere Mitstreiter kennen, die sich wie er die Frage stellten: Wie kann ich den Islam authentisch praktizieren? Zu dieser Gruppe gehört auch Efstathios Tsiounis, der später unter dem Predigernamen Abu Alia bekannt wurde und zu den besten Freunden von Sven Lau zählt. Zusammen lernten sie in Islamseminaren unter anderem von Hassan Dabbagh, dass sie dem Beispiel des Propheten folgen müssen. Sven Lau begann in dieser Zeit, auf eine einwandfreie »islamische Beweisführung« zu achten und »den Fußstapfen der sahaba« (den Gefährten des Propheten) zu folgen. 2005 schloss er seine Berufsausbildung als Brandmeister ab und arbeitete bis 2008 bei der Berufsfeuerwehr Mönchengladbach.

2004 ging er zum ersten Mal auf die Pilgerfahrt nach Mekka. Kurz danach lernte er Pierre Vogel kennen. An ihm schätzt er Kompromisslosigkeit und den Mut, auch unangenehme Themen und Tabus wie Kriminalität und Prostitution unter Muslimen mit deutlichen Worten anzusprechen. Das habe es bis dato in der muslimischen Gemeinschaft nicht gegeben. Gleichzeitig begann Lau zusammen mit anderen jungen Muslimen, Geld für eine Moschee zu sammeln, in der der authentische Islam auf Deutsch gelehrt werden sollte. 2005 wurde mit diesem Geld die as-Sunnah-Moschee in Mönchengladbach-Eicken gegründet.

Als Prediger konzentrierte sich Lau ab 2008 zunächst vor allem auf Themen aus der direkten Lebenswelt junger Muslime in Deutschland wie Diskotheken, Alkohol, Freundschaften, Drogen, Diskriminierung und Familie. Später kamen Vorträge über seine Bekehrung zum Islam, die Endzeiterwartung und das Leben nach dem Tod, die Biografien des Propheten und seiner Gefährten, Gottesfurcht sowie den Umgang miteinander (adab; gutes Benehmen, Manieren) und das Leben als Muslim in einer »ungläubigen Gesellschaft« hinzu. Durch die Zusammenarbeit mit Pierre Vogel und Muhamed Çiftçi im Verein EZP verstärkte sich seine Da'wa-

Tätigkeit: Bundesweit wurden Vorträge organisiert, in Mönchengladbach Straßenfeste, Fußballturniere und Barbecues. Ausländische Prediger wurden eingeladen, ein Seelsorgetelefon wurde unterhalten und die Präsenz im Internet ausgeweitet. Sven Lau eröffnete in der Nähe der Moschee den »ZamZam Shop«, wo er unter anderem islamische Literatur und Kleidung verkaufte. 2010 kamen Pläne auf, die angemieteten Räume der as-Sunnah-Moschee zu kaufen und diese zu einem Da'wa-Zentrum auszubauen. Dafür sollte die Islamschule Braunschweig von Muhamed Çiftçi nach Mönchengladbach ziehen. In der Bevölkerung entwickelte sich Widerstand gegen die Pläne, es kam zu teils heftigen Auseinandersetzungen (siehe den Beitrag von Peters in diesem Buch). Die Staatsanwaltschaft ermittelte in mehreren Fällen gegen Sven Lau, zu einer Anklage kam es jedoch nicht. Im August 2011 entschloss man sich, den Verein EZP aufzulösen und die Pläne für das Da'wa-Zentrum in Mönchengladbach endgültig auf Eis zu legen. Zu dieser Entscheidung haben laut Sven Lau auch interne Streitigkeiten geführt.

Gemeinsam mit Pierre Vogel zog Sven Lau desillusioniert über die Lage der Muslime und die Zukunft der Da'wa in Deutschland mit seiner Familie nach Ägypten, um nach eigenen Angaben sein religiöses Wissen zu vertiefen. Im Gegensatz zu Pierre Vogel fiel er in dieser Zeit kaum mit Vorträgen oder politischen Statements auf. Er gibt selbst an, in Ägypten nicht politisch aktiv gewesen zu sein. 2012 und 2013 reiste Sven Lau mehrmals nach Deutschland, wo er unter anderem Hilfstransporte nach Syrien organisierte und begleitete. Schockiert von der Gewalt in dem Bürgerkriegsland und tief bewegt vom Schicksal der dortigen Bevölkerung, weitete er sein Engagement für Syrien aus (Independent Journalists 2013a; Habibflo 2013a).

Anfang Juli 2013 verweigerte Ägypten ihm die Einreise. Fortan wurde er in der deutschen Da'wa-Szene wieder aktiver mit Vorträgen im Internet und bei Veranstaltungen. Dabei problematisierte er vor allem die aus seiner Sicht zunehmende Islamophobie und Verfolgung praktizierender Muslime in Deutschland. Ferner machte er auf die Not in Syrien aufmerksam und rief zur Solidarität mit den bedrängten Muslimen dort auf. Als Teil einer »Städtetour« trat Sven Lau gemeinsam mit Pierre Vogel Anfang Februar 2014 erstmals wieder in Mönchengladbach auf, um die dortige Islamophobie anzuprangern und ihre Version der gescheiterten Gründung des Da'wa-Zentrums zu erzählen. Es kam zu lautstarken Gegendemonstrationen teilweise miteinander verfeindeter rechtsradikaler und linker Gruppen, verschiedener Bürgerinitiativen und etablierter Parteien. Massive Polizeipräsenz sicherte die Kundgebungen ab.

Am 24. Februar 2014 wurde Sven Lau in Mönchengladbach unter dem Vorwurf der Vorbereitung einer schweren staatsgefährdenden Straftat festgenommen. Die Staatsanwaltschaft Stuttgart warf ihm vor, im Rahmen von Hilfslieferungen nach Syrien Geld, Kämpfer und Material für den Kampf besorgt und nach Syrien transportiert zu haben. Sven Lau wies diese Vorwürfe vehement von sich. Auch wenn es nicht die erste Festnahme eines Aktivsten aus salafistischen Da'wa-Netzwerken war, schlug sie große Wellen in der Szene. Lau gilt als sanftmütig und kompromissbereit gegenüber der nichtmuslimischen Gesellschaft, was ihm von manchen Mitstreitern auch heftige Kritik eingebracht hat. Auf einem Flugblatt mit der Überschrift »Freiheit für Sven Lau«, das der frühere Linksextremist und Konvertit Bernhard Falk auf Solidaritätskundgebungen in Berlin am 9. März 2014 und zwei Wochen später in Mannheim verteilte (eine Kopie liegt den Autorinnen vor), wird die Festnahme als absurd kritisiert. Das Vorgehen bestätige den Eindruck vieler muslimischer Aktivisten, dass der deutsche Staat und die Medien einen radikalen, »hinterhältigen« Konfrontationskurs gegen »aktive Muslime und [...] Muslima« verfolgten. Am 21. Mai 2014 wurde Sven Lau aus der U-Haft entlassen, die Staatsanwaltschaft Stuttgart hatte die Anklage fallen gelassen.

Gewalt im politischen Kontext: Zwischen Ablehnung und Notwendigkeit

Ebenso wie Pierre Vogel lehnt Sven Lau die Anwendung von Gewalt in Deutschland ab, äußert aber Verständnis, wenn Muslime mit Gewalt auf Provokationen reagieren. So bezeichnete er im Gespräch den Messerangriff auf Polizisten am 5. Mai 2012 in Bonn (s.o.) als falsch, gab jedoch zu bedenken, dass man nicht wisse, was den Täter dazu gebracht habe, und dass die eigentliche Ursache die Provokationen von Pro NRW (das Zeigen der Mohammed-Karikaturen) gewesen seien. Muslime müssten sich dagegen wehren:

»Ich habe mir gedacht, wir sind so viele Muslime. Und die Mehrheit sagt, wir sollen ruhig sein [...]. Aber wenn wir so viele sind und das ignorieren, dann find' ich das selber ehrlich gesagt ein bisschen traurig. Wir lernen durch die Hadithe des Propheten, sallâ Allâh 'alaihi wa-sallam [Gott segne ihn und schenke ihm Heil], dass wir ihn mehr zu lieben haben als unsere Väter und uns selber und unsere Söhne. [...] Wenn irgendjemand seine Mutter beleidigt, dann geht er auch direkt auf den los und schlägt den oder beleidigt zurück. Dann bin ich doch froh, dass es wenigstens noch eine kleine Schar gibt, die dann aufsteht und sagt, ihr beleidigt unseren Propheten nicht.« (Interview von Carmen Becker Juli 2013)

Trotz seines Verständnisses für die Beweggründe hält Lau Muslime, die Anschläge in Deutschland verüben, für »radikal«. Ein solches Verhalten sei übertrieben und passe nicht zur Da'wa in Deutschland. Außerdem meint er ähnlich wie Dabbagh (s.o.), solche gewaltsamen Aktionen leisteten anti-islamischen Kräften und dem Sicherheitsapparat Vorschub und fügten Muslimen vor allem Schaden zu (ebd.).

Sven Lau äußert sich wenig systematisch über die Legitimität muslimischer Herrscher und den revolutionären Dschihad gegen sie. Er kritisiert, dass in keinem Land der Welt die Scharia umfassend umgesetzt werde und weist auf die Unterdrückung und Menschenrechtsverletzungen in muslimischen Ländern hin. Im Sturz Mubaraks sah er eine Chance für Ägypten, sich langfristig zu einem wahren islamischen Staat zu entwickeln. Ähnliche Hoffnungen hegt er langfristig auch für andere Kriegs- und Krisengebiete wie Afghanistan und Irak.

Eine Ausnahme in seiner Wahrnehmung ist Syrien:

»Ich war einen Monat in Mekka. Wa-llâh [bei Gott – es ist wahr], ich war zwischen zwei Welten. Gefühlschaos. Einerseits schön. Tarâwîh [nächtliche Gebete im Ramadan] mit den Geschwistern, Fastenbrechen mit deinen Geschwistern aus aller Welt. Es ist wunderschön. Die Nationalität, die Verschiedenheit der Farbe spielt keine Rolle. Andererseits weißt du, dass deine Geschwister an so vielen Orten der Welt abgeschlachtet werden. [...] Dein Herz spürt keine hundertprozentige Zufriedenheit, keine hundertprozentige Glückseligkeit. Warum? Weil du weißt, dass deine Geschwister gerade abgeschlachtet werden.« (Lau 2013)

Dieser Zwiespalt zwischen einer offenkundig glückseligen Glaubenserfahrung in der Gemeinschaft der Muslime und dem Bewusstsein des gleichzeitigen Leidens von Glaubensgeschwistern löst bei seinen Zuhörern den meist unbestimmten Wunsch aus, »etwas tun zu wollen«. Das ergaben Gespräche (von Carmen Becker) mit Teilnehmern von Benefizveranstaltungen für Syrien im Jahre 2013. Die Gesprächspartner identifizierten sich mit ihrer muslimischen Generation weltweit, ihrem Streben nach einer starken muslimischen Identität und einer »besseren Welt« inmitten von Krieg, Gewalt, Diskriminierung und Rassismus. Dieses Generationenbewusstsein und die gemeinsame Wut sind oft die Grundlage des Aktivismus muslimischer Jugendlicher (Bayat/Herrera 2010: 8ff.). Sven Lau spricht in seinen Vorträgen diese Wut an, greift den Wunsch nach Veränderung auf und versucht, dem Unbehagen Bedeutung und Anerkennung zu verleihen.

In mehreren Überlieferungen, die dem Propheten Mohammad zugeschrieben werden, spielt die Region bilâd al-schâm (Levante, Großsyrien) eine zentrale Rolle in den Ereignissen vor dem Tag der Auferstehung (yaum al-qiyâma). Ein Teil des Endkampfs zwischen Gut und Böse soll dort stattfinden, sobald der Prophet Îsâ (Jesus) zurückkehrt, um die »wahren Muslime« gegen das Böse ins Feld zu führen (siehe Cook 2002). Abgesehen von dieser Bedeutung Syriens in der islamischen Eschatologie ist für Sven Lau auch die Skrupellosigkeit des Regimes in Damaskus ein Alleinstellungsmerkmal des Leidens der syrischen Bevölkerung. Vor allem das Leid der Kinder im Bürgerkrieg rührt ihn und treibt seinen Aktivismus an (Interview von Carmen Becker Juli 2013). Er ruft nachdrücklich zu Hilfsmaßnahmen auf und prangert die Tatenlosigkeit der muslimischen Gemeinschaft an, die sich seiner Auffassung nach vor allem mit kleinen internen Streitigkeiten und Egoismen beschäftigt und sich spalten lässt (Lau 2013).

Leben als wahrer Muslim in einer nichtislamischen Gesellschaft: Verfolgung und Widerstand

Ähnlich wie in der ersten Phase seiner Da'wa unterstreicht er nach der Rückkehr aus Ägypten, dass es Unterschiede in der Art und Weise gibt, wie Nichtmuslime Muslime behandeln. Bei manchen Polizeikontrollen sei er gut und mit Respekt behandelt worden, bei anderen Gelegenheiten hätten Beamte ihn »wie ein Tier« behandelt (vgl. Independent Journalists 2013b). Trotz solcher Differenzierungen sieht er eine Koalition aus Medien, Politikern und »Islamhassern« in Deutschland am Werk: Diese wolle den Islam und seinen Siegeszug mit allen Mitteln bekämpfen. Die Muslime dürften sich daher nicht alles gefallen lassen und müssten ihre Rechte einfordern. Wie bereits vor seinem Aufenthalt in Ägypten betont er aber weiterhin, dass Muslime friedlich mit Nichtmuslimen zusammenleben könnten und wollten – allerdings nur auf Augenhöhe (Interview von Carmen Becker Juli 2013).

IBRAHIM ABOU NAGIE: GESCHÄFTSMANN UND WOHLTÄTER

Ibrahim Abou Nagie fand nach eigenen Aussagen erst später in seinem Leben den Weg zum »wahren Islam«. Er wurde 1964 im Flüchtlingslager Nuseirat bei Gaza-Stadt geboren und kam als 18-Jähriger zum Elektrotechnikstudium nach Deutschland. 1994 erhielt er die deutsche Staatsbürgerschaft und betrieb bis zu einer erheblichen Steuernachforderung 2007 ein Geschäft für selbstklebende Folien. Im Herbst 2013 erhob die Staatsanwaltschaft Köln Anklage gegen ihn wegen Sozialhilfebetrugs, da er unrechtmäßig Arbeitslosengeld-II-Leistungen erhalten haben soll. In einem Interview betont er, dass er drei Firmen geleitet und Millionen an Steuern an das Finanzamt Köln gezahlt habe und an der Errichtung großer erfolgreicher Firmen in den arabischen Ländern beteiligt gewesen sei (Schmidt 2012). Darüber hinaus beschäftige er sich seit März 2011 damit, in Deutschland eine Firma für einen arabischen Partner zu gründen.

In einem Video über seinen Weg zum (wahren) Islam, erzählt er, er habe sich während seines Studiums selbstständig gemacht, sehr viel Geld verdient und ein Leben in Luxus geführt (Abou Nagie 2005). Dennoch sei er unzufrieden gewesen und habe nach dem Sinn des Lebens gesucht, obwohl er als Muslim geboren worden sei. Von irdischen Dingen habe er sich von der göttlichen Rechtleitung entfernen lassen. Als er sich 2003 in einem Gebet »vor Allâh niederwirft«, hatte er nach eigenen Worten ein Glücksgefühl wie noch nie zuvor. Dieses Erweckungserlebnis motivierte ihn, den Koran zu lesen und sich weiter in seinen Glauben zu vertiefen. Er beschloss, von nun an jede Sekunde seines Lebens in den Dienst Gottes zu stellen.

2005 gründet Abou Nagie das Da'wa-Netzwerk »Die Wahre Religion« (DWR), das vor allem online[5] besteht und die Aktivitäten diverser Prediger bündelt. Abou Nagie sieht sich als Entdecker und Mentor von Pierre Vogel. Dieser sei 2004 zu seinem Unterricht in eine Moschee in Köln-Mühlheim gekommen; Vogel datiert das erste Treffen auf 2005, außerdem soll es in einer Moschee in Pulheim bei Köln stattgefunden haben (Abou Nagie/Vogel 2014). Andere Muslime hätten Vogel ausgelacht, weil dieser als rothaariger Konvertit eine Dschellaba getragen habe – ein traditionelles lang wallendes Männergewand, das vor allem in Ländern des Maghreb verbreitet ist. Sie meinten, dies sei in Deutschland unangebracht. Pierre Vogel sei damals sehr schüchtern gewesen, wollte aber unbedingt aktiv werden. Er, Abou Nagie, habe dessen tiefe Liebe zum Islam und zu seinem Volk erkannt und ihn zum Predigen gebracht (Interview Carmen Becker August 2013).

Bis zur Auflösung von EZP durch seine Mitglieder galt DWR als »radikalere« Strömung innerhalb der erfolgreichen salafistischen Netzwerke. Das machte sich vor allem an der Position ihrer Prediger zum takfīr fest. Sie erklärten muslimische Herrscher, die mit »menschengemachten« Gesetzen statt mit der Scharia regierten, zu Ungläubigen. Nach dem oben erwähnten Zerwürfnis zwischen Vogel und Abou Nagie 2008 kam es erst im Sommer 2011 wieder zu einer Zusammenarbeit von DWR und Vogels Da'wa-Netzwerk (Wiedl 2012: 41f.).

Die »Lies«-Kampagne

Im Oktober 2011 startete Abou Nagie die mittlerweile bekannte »LIES!«-Kampagne mit dem Ziel, so viele Koranexemplare wie möglich gratis an Nichtmuslime zu verteilen. Abou Nagie betont, der Druck der Exemplare werde durch Spenden deutscher Muslime finanziert. Sicherheitsbehörden gehen jedoch davon aus, dass

---

5 | Siehe http://www.diewahrereligion.de/ sowie die dazugehörige Facebook-Seite »Die Wahre Religion« und den YouTube-Kanal mit dem Benutzernamen »Allahsreligion« [30. April 2014].

auch große Spenden aus den Golfstaaten geflossen sind (Flade 2012). Selbst Aktivisten aus der salafistischen Szene wie Bernhard Falk äußern Zweifel daran, dass die gesamte Kampagne, deren Professionalität bewundernswert sei, lediglich aus Spendengeldern deutscher Muslime finanziert wurde (Interview Carmen Becker August 2013). Bis April 2014 wurden nach Angaben von Abou Nagie 1,1 Millionen Koranexemplare für Deutschland gedruckt und verteilt. Abgesehen von Deutschland findet die »Lies«-Kampagne vor allem in Bosnien-Herzegowina, Spanien, Frankreich, Österreich, der Schweiz und der Ukraine statt. Im April 2014 gaben Vogel und Abou Nagie bekannt, sie wollten sie in Kooperation mit einer Stiftung in Bahrain auch in arabische Länder tragen, um vor allem Touristen zu erreichen (Abou Nagie/Vogel 2014). In einem Video genau ein Jahr zuvor ist bereits zu sehen, wie »Lies«-Aktivisten, unter ihnen der ebenfalls in Deutschland bekannte Salafist Sabri Ben Abda, im ägyptischen Hurghada Koranexemplare und Rosen an deutsche Touristen austeilen (DWR 2013b). Ähnliche Aktionen soll es auch im Ort Scharm El-Scheich und in Tunesien gegeben haben.

Der Erfolg dieses Projekts basiert zum einen auf dem ihm zugrunde liegenden Franchising-Konzept. Vernetzt über Facebook und Twitter können Aktivisten den Prototyp eines Info-Standes mit Tischdecke, Poster, T-Shirts, Pullover und Jacken im bekannten einheitlichen Erscheinungsbild der Kampagne anfordern. Für einzelne Aktivisten wird ein Kit, bestehend unter anderem aus einem tragbaren »Lies«-Poster, für die »mobile Da'wa« angeboten. Abou Nagie besucht die »Lies«-Infostände regelmäßig bundesweit und auch im Ausland, meistens in Begleitung seines »Kameramanns« Sabri Ben Abda, der die Aktivisten interviewt. Kurze Videos und Fotos davon werden auf der DWR-Facebookseite von DWR veröffentlicht. Während die Infostände und Verteilungsaktionen lokal und »von unten« organisiert werden, ist Abou Nagie das Gesicht der Kampagne. Er betreibt die Öffentlichkeitsarbeit und gibt den allgemeinen Rahmen vor. Dabei handelt es sich zum Beispiel um praktische Tipps (das Einholen von Genehmigungen) und Verhaltensanweisungen: Nur den Koran verteilen (allenfalls zusammen mit roten Rosen), freundlich auftreten, nicht diskutieren, nicht auf Provokationen eingehen und in extremen Fällen die Infostände räumen; in einigen Städten wie Köln erteilen die Behörden die Genehmigung nur unter der Auflage, dass Passanten nicht angesprochen werden.

Die Einbeziehung sozialer Medien sorgt maßgeblich für die Dynamik des Projekts. Das entspricht der Logik der »connective action« (Bennett/Segerberg 2012: 748ff.). Im Gegensatz zur Logik der »collective action«, wie sie in älteren und traditionelleren Bewegungsformen zu finden ist, zeichnet sich »connective action« vor allem durch eine leichte Personalisierung und durch eine individuelle Aneignung der Basisidee aus. Hinzu kommt ein breiter gemeinschaftlicher Informations-, Gedanken- und Ideenaustausch über digitale Kommunikationswege (z.B. Facebook und Twitter). Hierarchische oder zentralisierte Strukturen werden somit zurückgedrängt oder gänzlich überflüssig. »Lies«-Aktivisten unterscheiden sich daher auch in ihren religiösen Ansichten teilweise erheblich. Viele identifizieren sich nicht mit den Kernaussagen der Salafiyya oder haben noch nie davon gehört. Den Auswertungen von Gesprächen mit Aktivisten der »Lies«-Aktionen in Hamburg am 10. August 2013 und in Köln am 17. August 2013 lässt sich entnehmen, dass sie die Motivation vereint, »etwas gegen die Missverständnisse über den Islam und gegen Islamophobie zu tun«, um »Gott zufrieden zu stellen«, um »die Religion voranzubringen« und um ganz allgemein »Da'wa zu machen«. Die meisten werden über Facebook und Freunde auf die Kampagnen aufmerksam und organisieren sich einige Tage vor dem geplanten Termin. Während eine Kerngruppe die Genehmigungen einholt und für das nötige Material sorgt, beteiligen sich nach Beobachtung einer der Autorinnen (Carmen Becker) im Sommer und Herbst 2013 Freunde, Bekannte oder Interessierte oft erst spontan am Tag selbst an den »Lies«-Ständen. Die Kerngruppen bestehen nach Angaben von Alpak Yücel (Pseudonym) von der »Lies«-Gruppe Köln (E-Mail-Korrespondenz Carmen Becker August 2013) aus Personen, die sich von früheren gemeinsamen Aktivitäten kennen oder zusammen Islamseminare besucht haben. In Interviews und Gesprächen äußerten sich Aktivisten begeistert über die unermüdliche Arbeit von Abou Nagie und seine »zugängliche Art«. Sie empfinden es als ein Zeichen der Anerkennung, wenn er sich die Zeit nimmt, ihren Stand zu besuchen und mit ihnen zu sprechen.

Der niedrigschwellige Zugang und das relativ breite ideologische Spektrum der beteiligten Aktivisten führten in anderen salafistischen Gruppen wie dem einstigen Netzwerk von Millatu Ibrahim (MI) zu Kritik. Ehemalige Mitglieder dieser Gruppe, die sich seit 2013 über die Internetplattform Tauhid Germany koordinieren, versuchen seit Herbst 2013, eigene Infostände zu organisieren. Abu Ibrahim von Tauhid Germany betont, dass diese sich in erster Linie an Muslime richten und nicht an »Ungläubige« (Tauhid Germany 2013). Damit grenzt er sich von Abou Nagies »Lies«-Kampagne deutlich ab. Anfangs hatten MI-Aktivisten dem Vorhaben angesichts der Kontroversen in den Medien und der Politik noch ihre Unterstützung »bis zum Tod« zugesagt (Abu Usama Al-Gharib 2012). Sie boten den Betreibern der Infostände sowie Abou Nagie ihren Schutz an, riefen ihre Anhänger zur finanziellen Beteiligung auf und unterhielten im ersten Halbjahr 2012 sogar selbst einige Infostände unter dem Motto »Lies«. Nachdem sich die MI-Aktivisten distanziert hatten, kritisierten sie, dass sich Abou Nagie mit der Kampagne von den Grundlagen der Scharia entfernt habe, weil er Nichtmuslimen den Islam als friedliche Religion schmackhaft machen wolle. So brächten die »Lies«-Aktivisten die obligatorische Abneigung gegenüber dem Unglauben nur ungenügend zum Ausdruck und sagten sich von den Dschihad-Kämpfern los. Ferner gehe die Kampagne zu Lasten von muslimischen Gefangenen und deren Familien, weil »Lies« enorme Spendengelder abziehe, die man besser für deren Unterstützung aufgewandt hätte. Wie auch in breiteren muslimischen Aktivistenkreisen wurde schließlich kritisiert, dass muslimische Frauen an den Infoständen beteiligt seien und Fotos von ihnen zusammen mit unbedeckten Nichtmusliminnen ins Internet gestellt würden. Als Folge dieser Kritik gingen manche dazu über, die Gesichter von nicht-muslimischen Frauen zu schwärzen und grundsätzlich Aufnahmen von muslimischen Frauen, die an der Kampagne teilnehmen oder zufällig vorbeikommen, zu vermeiden. Beobachtungen an den Infoständen in verschiedenen Städten 2013 zeigten, dass sich kaum noch Frauen an den Koranverteilungen beteiligen. Manche kommen vorbei, um Aktivisten mit Essen zu versorgen oder, um zu spenden.

Im November 2013 veröffentlichte die Internetplattform Al-Ghurabaa Media, auf der Meinungen aus dem dschihadistisch-salafistischen Milieu verbreitet werden, ein Video mit einer Stellungnahme zur »Lies«-Kampagne von Abû Sufyân al-Sulamî, einem in Bahrain ansässigen Gelehrten. Er bekräftigt, dass die Unterstützung und Befreiung der Gefangenen absolute Priorität genießen müsse, Loyalität zu den Dschihad-Kämpfern ebenso wie der Hass auf Ungläubige Teil der Religion sei und Frauen keine Da'wa in der Öffentlichkeit betreiben dürften (al-Ghurabaa

2013). al-Sulamî unterhält auch Kontakte zu Aktivisten von Tauhid Germany und Millatu Ibrahim, so gibt Mohamed Mahmoud (alias Abu Usama al-Gharib) an, eine idschâza (Lehrerlaubnis) von ihm zu besitzen,[6] und Denis Cuspert (alias Abu Talha al-Almani) erklärt, ihn im Winter 2013/2014 in Syrien getroffen zu haben (Tauhid Germany 2014).

In Sicherheitskreisen gilt die »Lies«-Kampagne als Vehikel zur Rekrutierung von Anhängern (Die Welt 13.4.2012). Dem hessischen Innenminister Boris Rhein zufolge wurden in diesem Rahmen Kämpfer für den Bürgerkrieg in Syrien rekrutiert (ZDF heute, 8.11.2013). Das Bundesinnenministerium leitete 2012 Ermittlungen zum Verbot von DWR ein (BMI 2012). Im Zuge dessen wurde auch die Wohnung von Abou Nagie durchsucht. Die Ermittlungen haben bisher [Stand: Mai 2014] weder zur Anklage noch zum Verbot geführt.

Kampf gegen Götzendienst und Unterdrückung: tâghût und der Jüngste Tag

Ibrahim Abou Nagie äußert sich wenig systematisch zum Thema Dschihad und zum Einsatz von Gewalt. Derartige Ausführungen kommen eher von anderen Predigern des Netzwerks DWR – beispielsweise von Abu Dujana. Abou Nagie beschäftigt sich vor allem mit den Themen Ungerechtigkeit und Tyrannei und ordnet diese in einen religiösen Rahmen ein. Dabei stehen die Konzepte tâghût und al-kufr bi-l-tâghût (damit ist die muslimische Pflicht gemeint, sich vom tâghût loszusagen) an zentraler Stelle. Mit seinem Verständnis des Begriffes tâghût folgt er Muhammad Ibn 'Abd al-Wahhâb, der fünf Erscheinungsformen des tâghût ausgemacht hat (Ibn 'Abd al-Wahhâb o.D.b; Abou Nagie 2012):

(1) der Teufel,
(2) Herrscher, die die Gesetze Gottes abändern,
(3) derjenige, der mit etwas anderem richtet als dem, was Gott offenbart hat,
(4) derjenige, der behauptet, Wissen über das Verborgene zu besitzen (z.B. Wahrsager)
(5) derjenige, der neben Gott angebetet wird und damit zufrieden ist.

Abou Nagie definiert alle muslimischen Staats- und Regierungschefs in der islamischen Welt als Götzen, die sich durch ihr Handeln gemäß den fünf Erscheinungsformen Gott gleichstellten. Sie implementierten die Scharia nicht oder nicht vollständig und wendeten stattdessen von Menschen gemachte Gesetze an. Unter Verweis auf den eingangs erwähnten Koranvers 5:44 erklärt er diese Politiker deshalb zu Ungläubigen. Damit folgt er der Argumentation derjenigen, die den revolutionären Dschihad gegen muslimische Herrscher anstreben (The Islamic Khilafah 2012; Abou Nagie 2011b). Darüber hinaus erklärt er auch Muslime, die ihrer Pflicht zum kufr bi-l-tâghût nicht nachkommen und Regierungen folgen, die sich nicht nach dem richten, »was Allâh herabgesandt hat«, zu Ungläubigen (The Islamic Khilafah 2012). Videos zeigen, wie Abou Nagie Bittgebete für die endgültige »Vernichtung« der »muslimischen Tyrannen« ausspricht, diese als »Agenten Amerikas

---

6 | http://izzahazzam.jimdo.com/shaykh-abu-usama-al-gharib/autorisierungen-ijaazat/ [13.05.2014].

und Israels« bezeichnet und von einer Verschwörung zwischen »Tyrannen, den kuffâr und den falschen Gelehrten« spricht (ebd.). Auch der König von Saudi-Arabien sei ein Tyrann, der den Islam kaputt gemacht habe und mit einer »heuchlerischen Scharia« herrsche. Die Scharia werde dort nur auf die Armen angewandt, jedoch nicht auf die Reichen (DWR 2013a). Muslime in Deutschland ruft er auf, den Geschwistern in Syrien, Ägypten und anderen Ländern mit allen zur Verfügung stehenden Mitteln zu helfen und Spaltungen innerhalb der muslimischen Gemeinschaft zu überwinden. Direkte Aufrufe zum Dschihad finden sich zumindest in seinen öffentlichen Vorträgen nicht.

Wahre Muslime dürften nach dem Fall dieser »Tyrannen« nicht die Einführung der Demokratie in den arabischen Ländern anstreben, denn Demokratie sei ein Götze und stehe der Scharia entgegen. Da Menschen in einer Demokratie ihre eigenen Gesetze machten, verachteten die Reichen die Armen, würden Frauen vergewaltigt und verhielten sich die Menschen gegenüber ihren Mitmenschen rücksichtslos. Anstatt Gott zu dienen, folgten Menschen in Demokratien ihren Neigungen und Begierden (The Islamic Khilafah 2012). Muslimische Aktivisten in arabischen Ländern, die für demokratische Reformen eintreten, nennt Abou Nagie »dschuhhâl« (Unwissende, Toren), die durch die Akzeptanz der Demokratie zu Ungläubigen werden könnten. Die Aufstände in der arabischen Welt, vor allem in Syrien, verknüpft er dabei mit einer Endzeiterwartung, wobei er die kleinen und großen Zeichen der »Auferstehung« (qiyâma) in der heutigen Lage der Muslime, der politischen Entwicklung der letzten Jahre und den aktuellen Konflikten in der arabischen Welt zu erkennen glaubt (Abou Nagie 2011a); dabei beruft er sich auf islamische Gelehrte wie 'Umar Sulaymân 'Abdullâh al-Aschqar (gest. 2012) (siehe al-Aschqar 1991). Weil in Syrien gemäß der islamischen Eschatologie ein Teil des Endkampfes zwischen Gut und Böse stattfinden wird, folgert Abou Nagie, dass sich »die besten Muslime« nun in Syrien befinden, um dort für ihre Religion geradezustehen und dem Propheten zu folgen (Abou Nagie 2011a; Habibflo 2013b).

Umgang mit Nichtmuslimen: Da'wa unter den Ungläubigen

Der Umgang mit Nichtmuslimen in Deutschland steht bei Abou Nagie im Zeichen der Da'wa und des Kampfes zwischen den Kräften der Wahrheit und der Unwahrheit, der bis zum Jüngsten Tag anhalten wird (Habibflo 2013b). Abou Nagie zufolge bekämpfen vor allem die Medien und die deutsche Regierung als Werkzeuge des Teufels den Islam. Deutsche Muslime sollten sich allerdings davon nicht beeindrucken lassen. Die Da'wa müsse um der ehrlichen Menschen in Deutschland willen mit allen Kräften vorangetrieben werden.

In diesen Kontext stellt Abou Nagie auch die »Lies«-Kampagne: Je mehr Menschen die Chance erhielten, Gottes Wort zu lesen, desto mehr würden sich bekehren und die Gesellschaft islamischer machen. Er erhofft sich, dass unter den Muslimen in Europa mit Hilfe seiner Da'wa-Arbeit eine Art Avantgarde entsteht, die den Islam überall siegen lässt. Von den Muslimen in den muslimischen Ländern sei dies nicht zu erwarten. Die Wahrhaftigen unter ihnen säßen in Gefängnissen, und der Rest werde von ihren Regierungen und falschen Gelehrten im Zustand der Unwissenheit gehalten:

»Die Menschen hier in Europa, die den Islam annehmen, müssen die volle Wahrheit erfahren. Müssen die volle Wahrheit erfahren und nicht verdummt werden wie die Muslime in den arabischen Ländern. Denn der Sieg wird aus Europa kommen.« (Abou Nagie 2010)

Durch diese Ambiguität, resultierend aus der Ablehnung alles Nicht-Islamischen und dem Drang zur Da'wa, hat Abou Nagie wie bereits geschildert Kritik aus dem Umfeld von Tauhid Germany auf sich gezogen. Da'wa bedeutet aber aus Abou Nagies Sicht auch, dass man neben Standhaftigkeit und Kompromisslosigkeit im Glauben ein gutes Benehmen (adab al-Da'wa) gegenüber den »Ungläubigen« zeigt (z.B. Freundlichkeit und Geduld), ohne dass man der Botschaft Gottes Abbruch tut oder gleich freundschaftliche Gefühle für »Ungläubige« entwickelt. Diese Gradwanderung gehört zur manchmal paradoxen Da'wa-Praxis, in der sich Prediger, Aktivisten und Gläubige wiederfinden (Becker 2013: 282ff.).

DIVERSITÄT UND SOZIO-POLITISCHER KONTEXT IN DER SALAFISTISCHEN DA'WA

Die in diesem Beitrag diskutierte Da'wa-Arbeit prominenter Prediger der deutschen Salafiyya illustriert die Vielfältigkeit des deutschen Mainstream-Salafismus. Zudem zeigt sie, dass Positionen, Strategien, Methoden und Schwerpunkte von Predigern weder starr noch ausschließlich religiös begründet sind. Alle hier vorgestellten Personen teilen fundamentale Überzeugungen und theologische Grundpositionen der Salafiyya. In ihrer praktischen Arbeit, ihren Da'wa-Strategien und ihren Reaktionen auf gegenwärtige politische Ereignisse und auf Herausforderungen finden sich jedoch teils erhebliche Unterschiede.

Einstellung zur Gewalt und zu Regierungen muslimischer Länder

Hassan Dabbagh lehnt den Sturz muslimischer Staats- und Regierungschefs mit Hilfe des revolutionären Dschihads und die Gewalt als Mittel zur »Errichtung des tauhîd« aus religiösen und strategischen Gründen klar ab (der Bürgerkrieg in Syrien stellt eine Ausnahme dar, da der Kampf gegen die Truppen von Staatschef Baschar al-Assad auch von moderaten Salafisten unterstützt wird). Er warnt auch davor, die muslimischen Staats- und Regierungschefs vorschnell und eigenmächtig zu Apostaten zu erklären. Dagegen betet Abou Nagie für deren Vernichtung und erklärt es zur religiösen Pflicht eines Muslims, jeden von ihnen, der nicht ausschließlich mit dem regiert und sich danach richtet »was von Allâh herabgesandt wurde«, als Ungläubigen (kâfir) zu bezeichnen. Sven Lau und Pierre Vogel wiederum nehmen Zwischenpositionen ein. Sie sprechen sich gegen religiös motivierte politische Gewalt aus, zeigen aber Verständnis dafür, dass einige Muslime auf »Angriffe auf den Islam« gewalttätig reagieren. Die Regime in der islamischen Welt sehen sie ebenso wie Abou Nagie als Handlanger und Agenten des Westens.

Rollen und Arbeitsschwerpunkte

Prediger des Mainstream-Salafismus unterscheiden sich deutlich in den von ihnen besetzten Rollen und ihren Arbeitsschwerpunkten: Hassan Dabbagh sieht sich als

Vorhut des Gelehrten-Islam in Deutschland und als Vermittler »authentischen« religiösen Wissens, das er unter anderem auf den bekannten Hadith-Gelehrten al-Albânî zurückführt. Ibrahim Abou Nagie, der einzige der vier Prediger, der in »westlicher« Kleidung auftritt, knüpft an seine frühere Tätigkeit als Geschäftsmann an und präsentiert sich als Manager, der das Produkt »Islam« auf dem deutschen Markt platzieren und die muslimische Gemeinschaft spirituell und politisch stärken will. In diesem Sinne leitet er beispielsweise die als Franchise konzipierte »Lies«-Kampagne. Beide sehen sich zudem als Vaterfiguren bzw. Mentoren der jüngeren Predigergeneration. Pierre Vogel ist zweifelsfrei der »Popstar« unter den Predigern mit seinen markigen und provozierenden Sprüchen, seinem rheinischen Akzent und seinem zugänglichen Auftreten. Er trifft klare Aussagen und scheut sich nicht, auch »unangenehme« Aspekte des Islams deutlich beim Namen zu nennen und öffentlich zu verteidigen. Sven Lau berührt seine Zuhörer durch »emotionale« Vorträge, die, wie aus Interviews mit seinem Publikum zu erkennen ist, ein Gefühl der Reue hervorrufen, den Willen zur Besserung stärken und einen »îmân-boost« – einen Glaubensschub – auslösen. Mit Hilfe dieser unterschiedlichen Rollen und Arbeitsschwerpunkte positionieren sich Prediger auf dem »salafistischen Markt.« Auch wenn einzelne Prediger kooperieren und ähnliche Ziele und Strategien verfolgen, sieht sich doch jeder als Vertreter des »wahren Islam«, der in diesem Sinne sowohl von der breiten nichtmuslimischen Öffentlichkeit als auch von der muslimischen Gemeinschaft wahrgenommen werden will. Sie konkurrieren mit den anderen Predigern um Spendengelder, Anhängerschaft, Zeit und den Einsatz muslimischer Aktivisten sowie um die Aufmerksamkeit von Nichtmuslimen, die als potentielle Konvertiten der eigenen Da'wa Autorität verleihen können.

Geringere Unterschiede fanden sich bezüglich der Einstellungen der vier diskutierten Prediger zum Umgang mit Nichtmuslimen. Prediger des Mainstream-Salafismus heben sich von radikaleren salafistisch inspirierten Gruppen wie Millatu Ibrahim ab, indem sie Nichtmuslime als wichtige Zielgruppe ihrer Da'wa betrachten und entsprechend höflich auf sie zugehen. Zugleich versuchen sie, eine aus religiösen Gründen als obligatorisch angesehene Distanz zur »ungläubigen« Mehrheitsgesellschaft einzuhalten, und beschreiben diese häufig als islamfeindlich. Im Spannungsfeld zwischen Offenheit und Abgrenzung differenzieren sie einerseits zwischen erklärten »Islamhassern« und »normalen« Nichtmuslimen und andererseits zwischen wahrer Freundschaft und einer für die Da'wa notwendigen, mit innerer Distanz gepaarten Freundlichkeit

Die Da'wa deutscher salafistischer Prediger wird schließlich vom politischen und gesellschaftlichen Umfeld beeinflusst. Die Da'wa-Strategien und -Argumente sowie die Arbeit einzelner Prediger änderten sich daher im Laufe der Zeit. Bei Pierre Vogel und Sven Lau haben der Arabische Frühling und die ihrer Meinung nach überwiegend negative Aufmerksamkeit der deutschen Öffentlichkeit zu einer deutlichen Politisierung ihrer Da'wa geführt. An zentraler Stelle steht seitdem der Widerstand gegen Islamophobie und Diskriminierung. Auch die wieder aufgenommene Zusammenarbeit von Pierre Vogel und Ibrahim Abou Nagie scheint teilweise unter dem Eindruck einer zunehmenden Repression aus Politik und Sicherheitskreisen zustande gekommen zu sein.

Insgesamt erweist sich die salafistische Da'wa in Deutschland als aktivistisch-religiös, geprägt von dynamischer Fragmentierung und Zusammenarbeit. Pragmatische Entscheidungen und inhärente Widersprüche formen dieses Feld ebenso wie theologische Argumentationen und religiöse Praktiken.

Literatur

»17 Neue Muslime + Umarmung zwischen P. Vogel und Abou Nagie! (Frankfurt)« (Video), 2011, https://www.youtube.com/watch?v=G9bGU1NUWUY [27.04.2014].

Abdel-Latif, Umaima (2012): Salafists and Politics in Egypt, Doha: Arab Center for Research and Policy Studies.

Abou Nagie, Ibrahim und Pierre Vogel (2014): »Bericht über den Start des Lies! Projekt in den Golfstaaten« (Video), https://www.youtube.com/watch?v=ur4DZEt9y5I [30. April 2014].

Abou Nagie, Ibrahim (2005): »Mein Weg zu Allah« (Video), www.youtube.com/watch?v=Z_9nJrWej24 [29. April 2014].

Abou Nagie, Ibrahim (2009): »Sollten Muslime wählen gehen Abu Nagie« (Video), www.youtube.com/watch?v=ixMw6nLrdd0&feature=related [22.03.2010].

Abou Nagie, Ibrahim (2010): »Weder Takfiris noch Wahabiten« (Video), https://www.youtube.com/watch?v=q1qsSvtTUbg [30. April 2014].

Abou Nagie, Ibrahim (2011a): »Sind wir kurz vor dem jüngsten Tag?« (Video), https://www.youtube.com/watch?v=erXQUn6ro1s [30. April 2014].

Abou Nagie, Ibrahim (2011b): »Wer schadet wirklich den [sic!] Islam?« (Video), https://www.youtube.com/watch?v=vAtg4TXbwEw [28. April 2014].

Abou Nagie, Ibrahim (2012): »Was ist taghut?« (Video), https://www.youtube.com/watch?v=0IzZMVrxlE4 [30. April 2014].

Abu Abdullah (2012): »Syrien – Abu Abdullah« (Video), www.youtube.com/watch?v=GlbXPl6Fyds [27.10.2013].

Abu Dujana (2013): »Abu Dujana (Die aktuelle Lage der Ummah)« (Video), https://www.youtube.com/watch?v=oO0_ML6bMkg [20.10.13].

AFP=Agence France-Presse (2011): »Saudi reformers start Facebook group«, 08.02.2011, www.rawstory.com/rs/2011/02/08/saudi-reformers-start-facebook-group/[30.09.2013].

al-Albânî, Muḥammad Nâṣir al-Dîn (1421 n.H): al-Tasfiyya wa-l-tarbiyya wa-hḥâja al-muslimîn ilayhima, Amman: al-Maktaba al-Islâmiya.

al-Albânî, Muḥammad Nâṣir al-Dîn (2007): Die Übel des Takfir, übers. v. Abu Imran, www.salaf.de/swf/man0025.swf [7. Mai 2014].

Aschqar, 'Umar Sulayman 'Abdullâh al- (1991): al-Qiyâma al-sughrâ, Amman: Dâr al-Nafâ'is, http://shamela.ws/index.php/book/9834 [30. April 2014].

al-Atawneh, Muhammad (2012): »A New Actor in the Middle Eastern Politics: The Egyptian Salafis«, Vortrag präsentiert am 11.01.2012 auf der 3. jährlichen Konferenz »The Middle East in Transition«, Jerusalem: The Hebrew University.

Baehr, Dirk (2010): »Charakteristika salafistischer Strömungen in Deutschland.« In: Backes, U; Gallus, A; Jesse, E. (Hg.): Jahrbuch Extremismus & Demokratie, Bd. 22, Baden-Baden: Nomos, S. 176-191.

Bayat, Asef und Linda Herrera (2010): »Introduction: Being Young and Muslim in Neoliberal Times«. In: Herrera, Linda und Bayat, Asef (Hg.): Being Young and

Muslim. New Cultural Politics in the Global South and North, Oxford: Oxford University Press, 3-24.

Becker, Carmen (2013): Learning to Be Authentic. Religious Practices of German and Dutch Muslims Following the Salafiyya in Forums and Chat Rooms, Dissertation, Nimwegen: Radboud Universität Nimwegen (Niederlande).

Bennett, W. Lance und Alexandra Segerberg (2012): »The Logic of Connective Action«, Information, Communication & Society, 15:5, 739-768.

BMI=Bundesministerium des Inneren (2012): »Salafisten: Razzia und Vereinsverbot«, Pressemitteilung vom 14.06.2012, www.bmi.bund.de/SharedDocs/Presse mitteilungen/DE/2012/06/vereinsverbot.html [14.05.2014].

BMI=Bundesministerium des Inneren (o.D.): Salafismus, www.bmi.bund.de/DE/ Nachrichten/Dossiers/Salafismus/salafismus_node.html [21.01.2014].

Brown, Jonathan (2011): Salafis and Sufis in Egypt, Washington DC et al.: Carnegie Endowment.

Burhâmî, Yâsir (1426 n.H./2005): al-Salafiyya wa manâhij al-taghîir, http://saaid. net/book/open.php?cat=83&book=1606 [04.02.2014].

Burhâmî, Yâsir (2011): »Hukm al-mushâraka fî thawra 25 yanâyr li-l-shaykh yâsir burhâmî«, www.ikhwanwiki.com [31.3.2014].

Cook, David (2002): »Hadith, Authority and the End of the World: Traditions in Modern Muslim Apocalyptic Literature«, OrienteModerno, 21:1, 31-53.

Dabbagh, Hassan (2007): »Dars vom 17.05.2007« (Audio), https://ia701205.us. archive.org/32/items7DerGewaltigeKufrVonAbulHussainhassanDabbagh/ kufrVonAbulHussain.mp3 [23.03.2014].

Dabbagh, Hassan (2008): »Wie stelle ich den Islâm vor?«, Vortrag präsentiert am 05.07.2008 während eines Islam-Seminars in der al-Rahman-Moschee, Leipzig.

Dabbagh, Hassan (2009): »1/14 – Die Stellung der Frau im Islâm (TU Ilmenau v. 28.10.2009)« (Video), www.youtube.com/watch?v=xK1C3i5zSYQ [10.10.2013].

Dabbagh, Hassan (2011): »Shaikh Abul Hussain – Takfir und die Methodik von AhluSunnah Wal Jama3a« (Video), https://www.youtube.com/watch?v=P9eiS ibefPk [24.03.2014].

Dabbagh, Hassan (2012a): »Eine Stellungnahme zur aktuellen Karikaturenprovokation gegen den Propheten der Barmherzigkeit« (Video), www.youtube.com/ watch?v=OgUAe3hIFGE [11.11.2013].

Dabbagh, Hassan (2012b): »Einige Worte zur aktuellen Lage in Syrien« (Video), https://www.youtube.com/watch?v=zkligRdSFAO [01.09.2013].

Dabbagh, Hassan (2012c): »Warnung vor Abu Usama al-Gharib, der Merkwürdige – Scheich Abu Al Hussain« (Video), https://www.youtube.com/watch? v=YGBFqmCBHb8 [11.11.2013].

Dabbagh, Hassan (2012d): »Wer ist Abu AlHussain und bei wem hat er gelernt« (Video), https://www.youtube.com/watch?v=t9exKlinXNk [04.04.2014].

Dabbagh, Hassan (2013a): »Der wahre Hintergrund des Syrienkrieges – Stellungnahme von Sheikh Dr. Hassan Dabbagh« (Video), https://www.youtube.com/ watch?v=BXlmrTzkdxU [24.10.2013].

Dabbagh, Hassan (2013b): »Sheikh Abul Hussain – Stellungnahme zum aktuellen Überfall auf Mali« (Video), https://www.youtube.com/watch?v=SdruFJXkfls [24.10.13].

Dabbagh, Hassan (2013c): »Sheikh Abul Hussein Kann man sagen alle Nichtmuslime/Kuffar kommen 100 % in die Hölle« (Video), https://www.youtube.com/watch?v=IOUQiAmNHgg [25.03.2014].

Dabbagh, Hassan (2013d): »Was ist Irjaa'? – ShaykhAbul Hussain« (Video), https://www.youtube.com/watch?v=1x4Hmv06Q60 [25.03.2014].

Dabbagh, Hassan (2013e): »Wem versprich (sic!) Allah (swt) das Paradies – Scheich Abul Hussain Dr. Hassan Dabagh« (Video), https://www.youtube.com/watch?v=egY4hbXyNpQ [25.03.2014].

Dabbagh, Hassan (o.D.): »Salafiyya vs. Madhaabib?« (Audio), www.alrahman-moschee.de/audioislaam/minhadsch/diverse/diverse.html [05.10.2011].

Dantschke, Claudia u.a. (2011): »Ich lebe nur für Allah«: Argumente und Anziehungskraft des Salafismus, Berlin: ZDK.

DawaFFM (2012): »Spende für Deine geschwister [sic!] in Syrien« (Video), https://www.youtube.com/watch?v=PSB0ZnON7bw [22.10.13].

Der edle Quran und die Übersetzung seiner Bedeutungen in die deutsche Sprache, 2003, übers. v. Frank Bubenheim und Nadeem Elyas, al-Madîna al-Munawwara: König-Fahd-Komplex zum Druck vom Qur'ân.

Die Welt (2012): »Verfassungsschutz – Koran-Verteilung ist Propaganda« (2012), [13.04.2012]. www.welt.de/politik/deutschland/article106179527/Verfassungsschutz-Koran-Verteilung-ist-Propaganda.html [30. April 2014].

DWR=Die Wahre Religion (Produzent) (2013 a): »Ägypten und der saudische Staat« (Video), https://www.youtube.com/watch?v=2rvHAQ8HXPk [28. April 2014].

DWR=Die Wahre Religion (Produzent) (2013 b): »Das erste Video über das Lies Projekt in Ägypten (Hurghada)« (Video), https://www.youtube.com/watch?v=poZ6ceT_CIY [13.05.2014].

Fahd, Nasir al- (2002) »Hawla qâ'idat: Man lam yukaffir al-kâfir fa-huwa kâfir, www.tawhed.ws/r?i=e7hqd4ju [26.05.2014].

Flade, Florian (2012): »Salafisten starten neue Gratiskoran-Offensive«, Die Welt, 16.10.12, www.welt.de/politik/deutschland/article109855219/Salafisten-starten-neue-Gratiskoran-Offensive.html [30. April 2014].

Fouad, Hazim (i.E.): »Postrevolutionärer Pluralismus: Das salafistische Spektrum in Ägypten.« In: Said, Behnam T. und Fouad, Hazim (Hg.): Salafismus: Die Suche nach dem wahren Islam, Freiburg: Herder.

Gardet, Louis (2006): »îmân.« In: Bearman, P; Bianquis, Th.; Bosworth, C.E.; van Donzel, E. und Heinrichs, W. P.: Encyclopaedia of Islam, Leiden: Brill Online.

al-Gharib, Abu Usama (2012): »Koran-Verteilung – Frohe Botschaft« (Video), https://www.youtube.com/watch?v=BZsQBKjhRmk [30. April 2014].

Al-Ghurabaa Media (Produzent) (2013): »Antwort auf das Lies Projekt von Shaykh Abu Sufyan As Sulami« (Video), https://www.youtube.com/watch?v=O1rJTvYkYGA [30. April 2014].

Al-Ghurabaa Media (Produzent) (2014): »Ein Treffen zwischen einem Shaykh und Mujahid« (Video), https://www.youtube.com/watch?v=nMpuQKhW54o#t=16 [26.03.2014].

Givony, Joseph (1977): The Murji'a and the Theological School of Abû Ḥanîfa: A Historical and Ideological Study, Dissertation, Edinburgh: The University of Edinburgh.

Habibflo Produktion (Produzent) (2013 a): »Abu Adam – Syrien« (Video), https://www.youtube.com/watch?v=SkMN0CcI3xs [30. April 2014].

Habibflo Produktion (Produzent) (2013 b): »Befinden wir uns kurz vor dem Jüngsten Tag?« (Video), https://www.youtube.com/watch?v=DRvsZRno6uk [29. April 2014].

al-Ḥakîm, Na'îm Tamîm (2012): » 'Uḍwân fî hay'at kibâr al- 'ulamâ': al-Da'wa li-l-khurûj ila al-jihâd fî sûriya khurûj 'an ṭâ'at walî al- 'amr«, al-Sharq, 07.06. 2012, www.alsharq.net.sa/2012/06/07/329647 [17.01.2014].

Haug, Sonja; Müssig, Stephanie und Anja Stichs (2009): Muslimisches Leben in Deutschland, Nürnberg: Bundesamt für Migration und Flüchtlinge.

Hegghammer, Thomas (2010): Jihad in Saudi Arabia. Violence and Pan-Islamism since 1979. Cambridge: Cambridge University Press.

Hummel, Klaus (2009): Salafismus in Deutschland: Eine Gefahrenperspektive [unveröffentlicht].

Hirschkind, Charles (2012): »Experiments in Devotion Online: The Youtube Khuṭba«, International Journal of Middle East Studies, 44:1, 5-21.

Ibn 'Abd al-Wahhâb, Muhammad (o.D. a): Nawâfid al-islâm, www.islamhouse.com/497020/ar/ar/books/ [8.05.2014].

Ibn 'Abd al-Wahhâb, Muhammad (o.D. b): Risâla fî ma'nâ al-tâghût, www.tawhed.ws/r?i=8p4ty5r7 [19. April 2014].

Ibn Ishâq, Muhammad (2013): The Life of Muhammad: A Translation of Ibn Ishâq's Sîrat Rasûl Allâh, übers. v. Alfred Guillaume, Oxford/New York: Oxford University Press.

Independent Journalists (Produzent) (2013 a): »Abu Adam (Sven Lau) unter Beschuss in Syrien« (Video), https://www.youtube.com/watch?v=sBT_bbH206w [30. April 2014].

Independent Journalists (Produzent) (2013 b): »Abu Adam (Sven Lau) – Leistet Widerstand gegen die Ungerechtigkeit« (Video), www.youtube.com/watch?v=qIRw8cZ20Vw [1. Mai 2014].

The Islamic Khilafah (Produzent) (2012): »Kufr bit Taghut – Abu Nagie & Abu Dujana« (Video), https://www.youtube.com/watch?v=TSg_hCXGMhM [29. April 2014].

Khouri, Ernest (2012): »Syria's Activists (II): The Struggle for the Minorities«, al-Akhbar (online), 21.03.2012, http://english.al-akhbar.com/node/5475/ [27.03.2014].

Koning, Martijn de (2009): »Changing Worldviews and Friendship: An Exploration of the Life Stories of Two Female Salafis in the Netherlands.« In: Meijer, Roel (Hg.): Global Salafism: Islam's New Religious Movement, London: Hurst, S. 404-423.

»Kontakt« (Webseite), www.fataawa.de/kontakt.html [01.04.2014].

Lacroix, Stéphane (2013): »Can Salafis be political actors like all others? The transformations of the Salafi movement in Egypt«. Vortrag präsentiert während des Workshops »Contemporary Salafi Islam – Between Ideas and Practices«, Södertörn University, Huddinge, 24-25.05.2013 [unveröffentlicht].

Lau, Sven (o.D): »Mein Weg zum Islam – Sven Lau alias Abu Adam« (Video), https://www.youtube.com/watch?v=La6M32mF2WM [29. April 2014].

Lau, Sven (2012): »Willst du so weiterleben???« (Video), https://www.youtube.com/watch?v=L4tbmad_ysI [30.04.2014].

Lau, Sven (2013): »Genug ist Genug« (Video), https://www.youtube.com/watch?v=zeruZhWmoEw [30. April 2014].

Lav, Daniel (2012): Radical Islam and the Revival of Medieval Theology, New York: Cambridge University Press.

al-Maqdisî, Abû Muḥammad 'âṣim (2013): Millatu-Ibrâhîm und die Da'wah der Propheten und Gesandten, sowie die Methoden der Ṭawâġît bei ihrer Zerschmelzung und die Abhaltung der Träger der Da'wah von ihr, o.O: GIMF.

Meijer, Roel (2009): »Introduction.« In: Meijer, Roel (Hg.): Global Salafism: Islam's New Religious Movement, London: Hurst, S. 1-32.

Ministerium für Inneres und Kommunales des Landes Nordrhein-Westfalen (2014): Salafismus: Ursachen, Gefahren und Gegenstrategien. Düsseldorf.

Mourad, Samir (2013): Erläuterung des Koran (Tafsîr). Korantafsîr: basierend auf authentischen Überlieferungen und den Tafsiren von Tabari und Ibn Kathir, Band 1, Heidelberg: DidI.

Müller, Jochen und Götz Nordbruch (2007): »www.salaf.de: Übersetzungen von Schriften und Predigten saudischer Gelehrter« (Blog), www.ufuq.de/newsblog/77-wwwsalafde-ersetzungen-von-schriften-und-predigten-saudischer-gelehrter [08.04.2014].

The National Coordinator for Counterterrorism (2008): Salafism in the Netherlands: A passing phenomenon or a factor of significance?, The Hague: Netherlands Ministry of Interior and Kingdom Relations.

Roll, Stefan (2012): Islamistische Akteure in Ägypten: Pragmatismus als Leitmotiv nach dem Sturz Mubaraks, Konrad-Adenauer-Stiftung, www.kas.de/upload/dokumente/2012/Islamische_Akteure/Islamische_Akteure_roll.pdf [04.04.2014].

»Schatten des Zweifels: Die unglaublichen Aussagen des Abu D. Teil (1/2)« (Video), 2010, www.myvideo.de/watch/7801044/Schatten_des_Zweifels_Die_unglaublichen_Aussagen_des_Abu_D_Teil_1_2 [28.01.2014].

Schmidt, Holger (2012): »Interview mit Ibrahim Abou Nagie«, als Transkription abrufbar unter www.swr.de/blog/terrorismus/2012/05/24/interview-mit-ibrahim-abou-nagie/ [29. April 2014].

»Service/Unterricht«, Webseite, www.salaf.de/service/service_unterricht.html [04.04.2014].

Tauhid Germany (Produzent) (2013): »Abu Ibrahim Infos über die Tauhid Germany Infostände!!!« (Video), https://www.youtube.com/watch?v=ZbbYpbkO5do [29. April 2014].

Tauhid Germany 2 (Produzent) (2014): »Treffen mit Sheikh Abu Sufyan as Sulami und einen Mujahid auf den Boden der Ehre« (Video), https://www.youtube.com/watch?v=ejUCcEpfZrw [13.05.2014].

The Economist (2012): »The charm of telesalafism«, 20.10.2012, www.economist.com/news/middle-east-and-africa/21564913-influential-rebel-preacher-who-needs-tone-things-down [21.01.2014].

Vogel, Pierre (2006): »Pierre Vogel – Mein Weg zum Islam 1. Teil« (Video), https://www.youtube.com/watch?v=xnjBO7IoUb8 [06.02.2014].

Vogel, Pierre (2009a): »Einführung in die Methodik der Koran Interpretation (Teil 2/3)« (Video), www.ezpmuslimportal.de/index.php?option=com_hwdvideoshare&task=viewvideo&Itemid=1&video_id=816&lang=de [09.11.2010].

Vogel, Pierre (2009b): »Unser Vorschlag wie man Dawa in Köln machen kann!« (Video), www.muslimtube.de/de/startseite/viewvideo/754/09dawa--dawa-kurs/unser-vorschlag-wie-man-dawa-in-koeln-machen-kann [17.11.2009].

Vogel, Pierre (2009c): »Verbreite die Botschaft!« (Video), www.einladungzum paradies.de/videos/kategorien/dawah/verbreite-die-botschaft-625.html#625 [20.11.2009].

Vogel, Pierre (2010a): »Dawa Kurs 1 – Einführung in die Dawa [3/6]« (Video), www.youtube.com/watch?v=4_DmSh2YJNQ&NR=1 [04.04.2010].

Vogel, Pierre (2010b): »Islam über Kundgebungen! Teil (2/7)« (Video), www.youtube.com/watch?v=8Uy5I59dkKw [14.06. 2011].

Vogel, Pierre (2010c): »Pierre Vogel – Detaillierte Widerlegung der Takfiris (Sind alle Herrscher Kuffar?) 4/6« (Video), https://www.youtube.com/watch?v=hH5xYY7bkcc&feature=related [02.02.2012].

Vogel, Pierre (2010d): »Thilo Sarrazin vs. Islamprediger Pierre Vogel – 1/2« (Video), https://www.youtube.com/watch?v=KYonSp7BYYI [07.10.2013].

Vogel, Pierre (2010e): »Tipps zur Verbesserung der Dawa (Dawa Kurs Folge 2) – Pierre Vogel Teil 3/8« (Video),www.youtube.com/watch?v=8U4HIrdNFOM&feature=PlayList&p=FB56DAFBF22AA964&playnext_from=PL&playnext=3&index=2 [03.06.2010].

Vogel, Pierre (2010f): »Wie Lenin für seine Vision gekämpft hat« (Video), www.einladungzumparadies.de/index.php?option=com_hwdvideoshare&task=viewvideo&Itemid=1&video_id=1169&lang=de [03.06.2010].

Vogel, Pierre (2011a): »DSDS – Deutschland sucht den Superstar – Pierre Vogel« (Video), https://www.youtube.com/watch?v=EAnB0pAz20Y [07.10.2013].

Vogel, Pierre (2011b): »Pierre Vogel – Ibnu Taymiyya über Hinderungsgründe des Takfir« (Video), https://www.youtube.com/watch?v=FBaJ6089Cyw [08.04.2014].

Vogel, Pierre (2011c): »Pierre Vogel HD+ Mein Weg zum Islam« (Video), https://www.youtube.com/watch?v=_fUo_ZrgrEs [08.04.2014].

Vogel, Pierre (2011d): »Pierre Vogel – Ist ein Muslim ohne Gebet ein Kafir« (Video), https://www.youtube.com/watch?v=iMm1zEe6WXg [28.03.2014].

Vogel, Pierre (2011e): »Pierre Vogel – Statement zu »Der arabische Frühling«!« (Video), https://www.youtube.com/watch?v=1aG1fqzQqCc[04.04.2014].

Vogel, Pierre (2011f): »Pierre Vogel zu Gast bei Al Nas TV (Teil 1/3)« (Video), www.pierrevogel.de/home/viewvideo/628/arabisch-language/pierre-vogel-zu-gast-bei-al-nas-tv-teil-13.html [06.11.2012].

Vogel, Pierre (2012a): »Abu Hamza Der arabische Frühling« (Video), https://www.youtube.com/watch?v=RMghTjog87c [29.3.2014].

Vogel, Pierre (2012b): »Für den wahren Weg musst du leiden!!! Piere Vogel« (Video), https://www.youtube.com/watch?v=6ARB5knkuAA [07.04.2014].

Vogel, Pierre (2012c): »Koranverteilung – Pierre Vogel distanziert sich von den Distanzierungen!« (Video), https://www.youtube.com/watch?v=e8T8Fr4lj-Q [22.11.2012].

Vogel, Pierre (2012d): »Pierre Vogel – Dawah in Ägypten September 2012« (Video), https://www.youtube.com/watch?v=fE4eMrGcuJ4 [29.03.2014].

Vogel, Pierre (2012e): »Pierre Vogel distanziert sich! Schlägerei bei Demo in Solingen!« (Video), https://www.youtube.com/watch?v=gQ-sLKxje9s [05.02.2014].

Vogel, Pierre (2012f): »Pierre Vogel – der Jihad Teil 1/2« (Video), https://www.youtube.com/watch?v=6maAJABqYJk [13.12.2013].

Vogel, Pierre (2012g): »Pierre Vogel – der Jihad Teil 2/2« (Video), https://www.youtube.com/watch?v=MqIFO-2EzwM [03.09.2013].

Vogel, Pierre (2012h): »Über diejenigen, die den Takfir leichtsinnig anwenden – Pierre Vogel« (Video), https://www.youtube.com/watch?v=wtonUu2IByE, Vortrag vom 11.10.2009 [03.03.2014].

Vogel, Pierre (2013a): »Eine Alternative zu Silvester ! (Krefeld) – Pierre Vogel« (Video), https://www.youtube.com/watch?v=-p9j8ziT6Ls [08.04.2014].

Vogel, Pierre (2013b): »Juden und Christen werden niemals zufrieden sein bis du ihrem Weg folgst! Pierre Vogel« (Video), https://www.youtube.com/watch?v=lsvqizsCfro [08.04.2014].

Vogel, Pierre (2013c): »Pierre Vogel – Hammer Statement zu Ägypten« (Video), https://www.youtube.com/watch?v=JwwpYmEHyY4 [23.10.2013].

Vogel, Pierre (2013d): »Pierre Vogel – Mohammed Mursi geht, Diktatur kehrt zurück?« (Video), https://www.youtube.com/watch?v=6iteM9v2wPQ [07.10.2013].

Vogel, Pierre (2013e), »Warum bin ich in Ägypten? (Statement von Pierre Vogel)« (Video), https://www.youtube.com/watch?v=wK6SAenVGas [29.3.2014].

Vogel, Pierre (2013f): »Pierre Vogel – Wie schätze ich die Lage in Deutschland ein?« (Video), https://www.youtube.com/watch?v=YagqnH1HI7E [07.04.2014].

Vogel, Pierre (o.D.a): »Salahuddin Pierre Vogel. Mein Weg zum Islam« (Video), www.way-to-allah.com/bekannte/p.vogel.html [14.01.2012].

Vogel, Pierre (o.D.b): »Mein Weg zum Islam« (Video), www.youtube.com/watch?v=rpfHckgRdOM&feature=related [03.08.2010].

ZDF heute (2013): »Vom Schulhof in den Dschihad«, 08.11.2013, www.heute.de/vom-schulhof-in-den-dschihad-30567978.html [29. April 2014].

Wagemakers, Joas (2009): »The Transformation of a Radical Concept: al-wala« wa-l-bara' in the Ideology of Abu Muhammad al-Maqdisi.« In Meijer, Roel (Hg.): Global Salafism: Islam's New Religious Movement, London: Hurst, 81-106.

»Warnung vor Ibrahim Abu Nagie« (Video), 2009, www.youtube.com/watch?v=Z9oHnDhc a6g&NR=1 [26.03.2010].

Wiedl, Nina (2012): The Making of a German Salafiyya, Aarhus: CIR.

Wiedl, Nina (i.E.): Außenbezüge und ihre Kontextualisierung und Funktion in den Vorträgen ausgewählter salafistischer Prediger in Deutschland, Hamburg: IFSH.

Wiktorowicz, Quintan (2006): »Anatomy of the Salafi Movement«, Studies in Conflict & Terrorism, 29:3, 207-239.

Die Politisierung des Salafismus

Andreas Armborst und Ashraf Attia

EINLEITUNG

Die politischen Umbrüche und Konflikte in einigen Teilen der Arabischen Welt werfen drängende Fragen über den politischen Islam, den Salafismus und den Dschihadismus auf: Was verbindet diese Strömungen und worin unterscheiden sie sich? Wie sehen ihre jeweiligen politischen Forderungen aus? Wie ist ihr Verhältnis zum Einsatz militanter Gewalt? Wie entwickeln sich diese Strömungen im weiteren Verlauf des Arabischen Frühlings?

Der vorliegende Aufsatz soll dem Leser einen nachvollziehbaren Überblick über einige der politisch-religiösen Programme des sunnitischen Islamismus vermitteln. Der Begriff Islamismus bezeichnet die Ideologie einer Reihe sehr unterschiedlicher Organisationen, Parteien und Gruppen, die mitunter sehr wenig gemeinsam haben, außer dass sie sich alle in irgendeiner Weise auf den Islam berufen (ICG 2005). Um einer Pauschalisierung entgegenzuwirken, werden im Folgenden einige wesentliche Unterscheidungsmerkmale Islamistischer Gruppen beschrieben. Der Leser soll dadurch in die Lage versetzt werden, besser zwischen eher gemäßigten und extremistischen Forderungen unterscheiden zu können. Grundkenntnisse über die Programme des politischen Islams sind wichtig, weil seine Ideen nicht nur innenpolitisch eine Rolle spielen, sondern durch die Arabischen Revolutionen auch zu einem handfesten außenpolitischen Faktor geworden sind. Viele westliche Regierungen stehen der politischen Neuordnung bisher unentschlossen gegenüber. Die Revolutionen in der arabischen Welt eröffnen Chancen ungeahnter Tragweite für die Menschen in diesen Ländern; sie stellen die arabischen und westlichen Staaten aber auch vor neue Herausforderungen und werfen Fragen über die Zukunft des Islamismus auf (Schneiders 2013).

Der militante Islamismus spielt in vielen bewaffneten Konflikten dieses Jahrzehnts eine Rolle. Geopolitische Veränderungen nach dem Ende des Kalten Krieges haben zur Ausbreitung von Konfliktformen geführt, in denen eine zunehmende Anzahl substaatlicher und religiös motivierter Akteure involviert sind (Melvin 2005: 124). Angesichts der hohen Beteiligung Islamistischer Gruppen an diesen Konflikten fragen sich einige Beobachter, ob der Islam Krieg und Gewalt befürwortet. Man muss diese Fragen (oder Befürchtungen) ernst nehmen, auch wenn sie die Komplexität islamischer Theologie und islamischen Rechts verkennen. Das islamische Recht reguliert den Einsatz von militärischer Gewalt, d.h. es kann Gewalt gleichermaßen befürworten wie unterbinden. Ob ein bewaffneter Konflikt durch das islamische Recht legitimiert ist, hängt davon ab, zu welchem Zweck, zu welcher Zeit, durch wen, gegen wen und unter welchen geopolitischen Umständen ein bewaffneter Kampf geführt wird.

Eine weiterführende Frage wäre dann: Berufen sich Muslime im Hinblick auf tatsächlich stattfindende Kriege und Konflikte denn auf den Islam? Auch auf diese Frage fällt die Antwort differenziert aus: Der militante Islamismus benutzt das islamische Recht, um seinen bewaffneten Kampf zu legitimieren, daran besteht kein Zweifel. Großer Zweifel besteht aber daran, ob er dies zu Recht tut, das heißt, ob er den Islam orthodox oder heterodox auslegt. Reformorientierte Muslime berufen sich nämlich ebenfalls auf den Islam, um zu belegen, dass die Militanz der Dschihadisten illegitim und eben nicht mit dem Islamischen Völkerrecht (siyar) vereinbar ist (Munir 2012). Angesehene Rechtswissenschaftler wie Cherif Bassiouni kommen nach aufwändigen Untersuchungen zu dem klaren Ergebnis, dass sich klassische sunnitische Rechtsnormen mit dem humanitären Völkerrecht harmonisieren lassen (Bassiouni 2013). Das heißt, nach orthodoxer Auslegung wäre der Einsatz militärischer Gewalt nach islamischem Recht auch durch das humanitäre Völkerrecht legitimiert. Diese weit verbreitete Position widerspricht sowohl der Rechtsauslegung militanter Islamisten als auch den Behauptungen islamophober Kommentatoren, die den Islam auf Grund seiner angeblichen Militanz als eine feindselige Religion diskreditieren.

In diesem rechtsdogmatischen Disput versuchen verschiedene islamistische Gruppen die Deutungshoheit zu gewinnen. Neben einigen anderen Unterscheidungsmerkmalen ist die theologische Auffassung darüber, unter welchen Umständen der Einsatz militärischer Gewalt durch den Islam legitimiert ist, ein aussagekräftiges Unterscheidungsmerkmal von Dschihadismus, Salafismus und politischem Islam. Das Merkmal stellt aber keinen definitiven Maßstab dar, anhand dessen man alle islamistischen Bewegungen eindeutig empirisch kategorisieren könnte, denn soziale Bewegungen lassen sich keinesfalls auf ihre bloße Ideologie reduzieren. Viele ihrer Anhänger kennen die ideologischen Grundsätze vielleicht nicht einmal, weil sie auf Grund von Solidarität (Abrahams 2008), Zwang oder Perspektivlosigkeit einer radikalen Bewegung angehören. Trotzdem ist es sinnvoll, die Gewaltideologie als eines von vielen klassifizierenden Merkmalen näher zu untersuchen.

DAS ISLAMISTISCHE SPEKTRUM

al-Qaida repräsentiert die radikalste Form des zeitgenössischen Islamismus (den Dschihadismus), weil sie radikale Ziele mit radikalen Mitteln verfolgt. Der Dschihadismus kann definiert werden als eine Form des sunnitischen Fundamentalismus, der den Islam gegen jede Form von Beeinflussung durch Andersdenkende gewaltsam verteidigt bzw. seine Verbreitung mit Gewalt durchsetzen will. Im Vergleich zu den anderen islamistischen Strömungen legt der Dschihadismus keine besonders hohen ideologischen Hürden an den Einsatz von Gewalt. Seine religiöse Legitimität beansprucht er – genau wie der Salafismus auch – durch eine unverfälschte Auslegung der islamischen Rechtsquellen. Lässt man bestimmte Detailfragen außer Acht, dann lässt sich sagen, dass Salafisten und Dschihadisten das gleiche theokratische Gesellschaftsmodell anstreben. In dieser Hinsicht sind die meisten Dschihadisten auch Salafisten. Allerdings setzen die meisten salafistischen Rechtsgelehrten dem Einsatz von militärischer Gewalt rechtstheoretisch sehr viel engere Grenzen, als dschihadistische Bewegungen dies tun. Der puristische (universitäre) Salafismus ist außerdem politisch teilnahmslos (Mneimneh 2011: 30), was ihn erst einmal weniger radikal erscheinen lässt als den Dschihadismus. Die deutschen salafistischen Organisationen lassen sich nicht immer eindeutig dem puristischen/politischen/dschihadistischen Lager zuordnen. Ihre Vertreter vereinen meistens recht disparate politische und theologische Ansichten aus allen drei Strömungen. Auch gibt es Unterschiede und Gemeinsamkeiten mit der Muslimbruderschaft.

Die Muslimbruderschaft repräsentiert eine moderatere Form des zeitgenössischen Islamismus (den politischen Islam). Zwar verfolgt auch der politische Islam das Ziel, der Gesellschaft eine islamische Rechtsordnung zu geben. Allerdings hat er ein fortschrittlicheres Verständnis davon, wie die islamischen Rechtsquellen (Koran und Sunna) auf die Gesellschaft des 21. Jahrhunderts übertragen werden können. Je mehr sich puristische Salafisten politisieren, indem sie beispielsweise politische Parteien bilden, je mehr verschwimmt ihre Abgrenzung zum politischen Islam der Muslimbruderschaft. Man kann den politischen Salafismus daher auch als eine diachrone Kategorie verstehen, also als eine zeithistorische »Übergangskategorie«, die den Wandel von einem Idealtyp (puristischer Salafismus) zu einem anderen Idealtyp (politischer Islam) erklärt. Selbst innerhalb einer nach außen homogen erscheinenden Bewegung wie der Muslimbruderschaft vereinen sich Merkmale aller drei Strömungen. Sie zerren die Bewegung mal in die eine, mal in die andere Richtung und bewirken somit langfristig einen ideologischen Wandel. Allerdings reagieren Ideologien träge auf rapide politische Umbrüche, wie sie derzeit in einigen arabischen Ländern stattfinden. Je nach Verlauf der Entwicklung in Ägypten, Syrien, Saudi-Arabien und weiteren Ländern könnte sich der Islamismus zunehmend fragmentieren oder vereinen.

Diese Entwicklung ist auch für die Zukunft islamistischer Gruppen in Deutschland relevant. Deutsche Islamisten adressieren zwar auch wahrgenommene Missstände für Muslime in Deutschland; sie sind aber trotzdem dem globalen ideologischen Wandel des Islamismus ausgesetzt und orientieren sich an der grundlegenden Entwicklung in ihren Heimatländern. Diese ist gekennzeichnet durch eine zunehmende Politisierung salafistischer Bewegungen, die auch schon seit einiger Zeit in Deutschland beobachtet wird (Baehr 2012 und 2013; Musharbash 2013; Steinberg 2012). Der langfristige ideologische Wandel im Islamismus wird auch zeigen, ob legalistische Islamisten und salafistische Islamisten zu einer gemeinsamen Basis finden.

Die dschihadistische Bewegung hat sich in den 1990er Jahren aus dem politischen Islam und dem puristischen Salafismus entwickelt. Zwar äußern alle drei Bewegungen eine ähnliche Gesellschaftskritik, die sich unter anderem gegen Korruption, Machtmissbrauch und den Verfall von islamischen Werten in den arabischen Ländern richtet, jedoch unterscheiden sie sich in ihren politisch-religiösen Programmen zur Überwindung dieser sozialen Probleme. Die Muslimbruderschaft zielt darauf ab, einen intakten Staatsapparat zu übernehmen und ist zu diesem Zweck bereit, das Mittel demokratischer Wahlen (aus-)zunutzen (der legalistische Ansatz), während der puristische Salafismus die Teilnahme an säkularer Politik überwiegend ablehnt, selbst dann, wenn sich dadurch islamische Ziele verwirklichen ließen. Diese Haltung wird allerdings nicht von allen salafistischen Gruppen geteilt. In Kuwait und Ägypten hat – ausgelöst durch den Arabischen Frühling – bei den einflussreichsten puristischen Rechtsgelehrten ein Umdenken stattgefunden: Ihre Anhänger sind neuerdings legitimiert, parteipolitisch aktiv zu werden (Utvik 2014). In Tunesien hingegen bleiben viele Puristen ihrer politischen Enthaltsamkeit treu, entgegen dem allgemeinen Trend einer wachsenden Politisierung des Salafismus im Land (Marks 2012). Für sie heiligt der Zweck nicht die Mittel. Sie möchten ein theokratisches Gesellschaftsmodell verwirklichen, ohne dabei auf säkulare Hilfsmittel wie Petitionen, Referenden oder parlamentarische Wahlen zurückzugreifen. Für die Puristen ist der bewaffnete Umsturz einer Regierung genauso illegitim wie ein demokratischer Sieg über sie. Die dschihadistische Strömung im Salafismus argumentiert, dass der bewaffnete Kampf sehr wohl ein legitimes Mittel zur Verwirklichung islamistischer Ziele sein kann, bzw. dass dieser Kampf unter bestimmten Umständen sogar eine individuelle religiöse Pflicht sei (fard ayn). Ansonsten stimmen die Dschihadisten mit den Puristen darin überein, dass ihre religiösen Ziele nicht auf der politischen Ebene verhandelt werden können.

Ursprünge

Um den politisierten Salafismus besser verstehen zu können, ist es hilfreich, seine ideologischen und historischen Ursprünge zu kennen. Bis in die 1990er Jahre war der politische Islam eine mehr oder minder homogene Bewegung mit einer gemeinsamen Ideologie und dem gemeinsames Ziel, islamische Prinzipien in islamischen Ländern zu revitalisieren. Etwas verkürzt könnte man sagen, dass der Islamismus genau wie der Panarabismus in dem staatsideologischen Vakuum entstand, das der Zusammenbruch des Osmanischen Reiches 1923 hinterließ. Weil die Programme des Islamismus unter anderem auch auf die nationale Gesetzgebung abzielen und damit unmittelbar Angelegenheiten von Macht und Herrschaft betreffen, kam es überall dort, wo Islamisten aktiv wurden, unweigerlich zu Konflikten mit der Staatsmacht. Schon kurz nach der Gründungsphase der Muslimbruderschaft werden die Mitglieder in ihrem Heimatland Ägypten politisch verfolgt und unterdrückt (Lia 1998). Diese wiederum verliehen ihren politisch-religiösen Forderungen auch immer wieder mit Gewalt Nachdruck, während sie in anderen Phasen einen legalistischen Kurs wählten. Die Muslimbrüder selbst bestreiten allerdings, dass sie Gewalt als Methode zur Verwirklichung ihrer revolutionären Ziele eingesetzt haben. Vorfälle, bei denen ihre Mitglieder in Anschläge verwickelt waren, verurteilt die Organisation von offizieller Seite, wie etwa die Ermordung des ägyptischen Premierministers Mahmoud Fahmi an-Nukrashi Pascha am 28. Dezember 1948. Lediglich zur Bekämpfung ausländischer Besatzer legitimiert die Bruderschaft den bewaffneten Kampf ihrer Mitglieder.

Ob mit oder ohne Gewalt – über Jahrzehnte hinweg gelingt es dem Islamismus jedenfalls nicht, seine Ziele durchzusetzen. Zu stark sind Sicherheitsapparate der autoritären Regime im Nahen und Mittleren Osten, die zudem noch von westlichen Staaten in ihrem Kampf gegen den Islamismus unterstützt werden. Der Islamwissenschaftler Oliver Roy resümiert die Entwicklung des politischen

Islams in dem selbstsprechenden Buchtitel »The failure of political Islam« [Das Scheitern des politischen Islams] von 1994. Demnach ist der Islamismus an dem Ziel gescheitert, genuine islamische Alternativen zu säkularen Erfolgsmodellen wie dem positivistischen Recht, der parlamentarischen Demokratie, dem Kapitalismus und den UNO-Menschenrechten durchzusetzen. Allerdings scheitern in der arabischen Welt auch säkulare Ideologien wie Liberalismus, Panarabismus, Nationalismus oder Sozialismus mit ihren Verheißungen von »sozialer Gerechtigkeit« (Mneimneh 2011: 25).

Als Reaktion auf die anhaltende Erfolglosigkeit islamistischer Bewegungen tritt in den 1970er Jahren neben den bis dato apolitischen Salafismus und den politischen Islam eine neue Form des politisierten Salafismus. Er vereint den politischen Aktivismus der Muslimbruderschaft mit dem rein theologischen Gedankengut der salafistischen und wahhabitischen Rechtslehre an den saudischen Universitäten (Hegghammer/Lacroix 2007).

Auch die Muslimbruderschaft wurde während ihrer Gründerzeit in den 1920er Jahren von einer islamischen Reformbewegung inspiriert, die sich genau wie die Anhänger des heutigen Salafismus auf die Tradition der ersten drei Generationen von Muslimen (die as-salaf as-sâlih) beruft. Salafistische Rechtsgelehrte benutzen überwiegend Quellen aus dieser Zeit, als die sunnitische Gemeinschaft durch die »rechtgeleiteten Kalifen« regiert wurde (632-661). In der Geschichte des Islams hat es immer wieder Gruppen gegeben, auf die die Bezeichnung Salafisten zutrifft, eben weil sie sich auf die as-salaf as-sâlih berufen. Wenn man die heutigen Salafisten mit diesen Strömungen vergleichen will, dann muss man untersuchen, wie deren sozio-religiöse Positionen in Bezug auf bestimmte zeitgenössische Phänomene ausfallen bzw. ausfielen. Ein pauschaler Vergleich zwischen bspw. der »klassischen Salafiyya« von Jamal ad-Din al-Afghani und Muhammad Abduh im 19. Jahrhundert mit dem heutigen Salafismus wäre ahistorisch, weil sich die klassische Salafiyya aus dem politischen Kontext der Kolonisierung heraus entwickelt hat. Dementsprechend waren für diese Bewegung antikolonialistische Positionen charakteristisch; ein Erkennungsmerkmal, das für den heutigen Salafismus nicht falsch (Salafisten wären auch heute noch antikolonialistisch), aber obsolet ist. Eine historische Parallele zwischen den salafistischen Bewegungen in der Geschichte des Islams besteht aber darin, dass der Salafismus stets eine Protestbewegung war, die versucht, zeitgenössische Missstände durch eine Revision des Islams zu überwinden. Ob Ibn Taymiyya im 14. Jahrhundert unter mongolischer Fremdherrschaft, Afghani im 19. Jahrhundert unter britischer Kolonialherrschaft, Sayyid Qutb zu Zeiten der Dekolonisierung oder Salman al-Auda in den 1990er Jahren im saudischen Königreich: Sie alle kritisierten die Herrschaftsverhältnisse ihrer Zeit als unislamisch.

DER POLITISIERTE SALAFISMUS

Auch der heutige sunnitische Fundamentalismus sieht den Islam durch säkulare Tendenzen in seiner Existenz bedroht. Reformorientierte Muslime verspüren diese Bedrohung vermutlich weniger stark, weil sie nicht so sehr der traditionellen Auslegung des Islams verhaftet sind wie die meisten Salafisten, deren Weltanschauung angesichts von gesellschaftlicher Pluralisierung und der Ausbreitung liberaler

Prinzipien tatsächlich zu den »bedrohten Arten« zählt. Einige Salafisten begegnen dieser Bedrohung mit dem Rückzug in den Schutz der religiösen Gemeinschaft. Sie halten das Leben der Ungläubigen zwar für verwerflich, sind aber in ihren Praktiken vor allem streng zu sich selbst. Andere Anhänger hingegen agieren rechtsschaffend, indem sie die Einhaltung islamischer Gesetze (nach strenger salafistischer Auslegung) auch von anderen Muslimen fordern bzw. aggressiv missionieren. Mit der Forderung nach kollektiv bindenden Vorschriften geht notwendigerweise auch eine Politisierung einher, denn es gibt kein islamisches Land, das die Scharia so auslegt, wie es der Salafismus tun würde. Ein Land, das dem salafistischen Ideal lange Zeit nahe kam, war Saudi-Arabien, dessen politischer Kurs in den letzten Jahrzehnten aber einige gravierende Widersprüche zur salafistischen Rechtslehre offenbarte. Viele Salafisten wurden durch die saudische Realpolitik in ihren Erwartungen enttäuscht und artikulieren zunehmend ihren Zorn.

Allerdings sieht der Salafismus eine herrschaftskritische Politisierung überhaupt nicht vor. Der puristische Salafismus ist daher charakterisiert durch absolute Ergebenheit gegenüber der Regierung. Selbst wenn eine Regierung nicht willens oder nicht in der Lage ist, islamisches Recht durchzusetzen, spielt der »Wille des Volkes« keine Rolle. Muslime in der Diaspora sind angehalten, sich dem Recht der Ungläubigen anzupassen. Ihre einzige Handlungsoption ist die Missionierung (da'wa).

Die Frage, ob und wenn ja, welche Formen des politischen Protests und Widerstandes erlaubt sind, wird in salafistischen Kreisen lebhaft diskutiert. In der Monatsschrift der Islamischen Gemeinde Millî Görüş (IGMG) nimmt der Islamwissenschaftler Ali Büyükkara Stellung zu der wachsenden Politisierung im Salafismus:

»Die eigentliche politische Auffassung des salafitischen Sunnitentums verlangt Gehorsam gegenüber dem religiös legitimen Staat. [...] Nach der Salafiyya darf man gegen Herrscher nicht revoltieren, solange sie die Pflichtgebete verrichten [...]. Der Haltungswechsel der saudischen Salafiyya ist jedoch verwunderlich. Denn diese Gruppe stand monarchischen und oligarchischen Tendenzen immer nah, demokratischen Initiativen fern. Moderne Begriffe wie repräsentative Demokratie und zivile Teilhabe wurden von ihnen als unzulässige Neuerung aufgefasst. Derselbe Kreis jedoch führte diese Teilhabe so weit, dass sie eine Partei gründete, die bei den freien Wahlen in Ägypten eine beträchtliche Stimmenzahl erhielt. Die saudische Unterstützung dieser salafistischen Bewegung ist jedoch als ein Manöver zu verstehen, damit die Muslimbruderschaft ausbalanciert wird. Denn das saudische Regime hatte hinsichtlich der Muslimbruderschaft immer bedenken.
Man kann sicher davon ausgehen, dass ein wichtiger Teil der Salafisten, trotz der Kritik von Seiten der dschihadistischen und saudischen Salafiyya, einen milderen und flexibleren Weg einschlagen wird. Eine andere Prognose ist, dass sich die Salafiyya, die ohnehin schon sehr viele Verzweigungen beherbergt, sich weiterhin zerspalten wird. Es wird eine interne Abrechnung stattfinden, die auf Basis der Religion durch Kritik und Gegenschriften geführt wird.« (Vgl. Büyükkara 2013)

Trotzdem wenden sich salafistische Gruppen gegen islamische Regierungen oder protestieren teilweise gewaltsam in der deutschen Diaspora. Um diesen scheinbaren Widerspruch und seine Konsequenzen verstehen zu können, muss man sich einiger religiöser Prinzipien des Salafismus bewusst werden.

Alle Salafisten stimmen in den wesentlichen Grundsätzen ihrer Religion überein. Dennoch sind einige Pazifisten und andere Dschihadisten; einige politisch ergeben und andere rebellisch. Wie lässt sich das erklären?

Alle Salafisten sind bestrebt, religiöse Gesetze minutiös zu befolgen. Jede minimale Abweichung von diesen Regeln bedeutet für sie die Verehrung von etwas anderem außer Gott und ist damit Polytheismus. Die rituellen Praktiken des Sufismus wie den ekstatischen Tanz der Derwische sehen Salafisten als unislamisch an, weil diese Riten erst nach der Zeit des Propheten Mohammed ab dem Jahre 632 kulturell gewachsen seien und nicht auf frühislamische Quellen zurückgeführt werden könnten. Für die Anhänger der Salafiyya ist strenge Regeltreue die einzige Möglichkeit, ihrem Glauben Ausdruck zu verleihen. Sie möchten sich daher in jedem kleinsten Detail so verhalten, als ob sie durch den Koran vollständig determinierte Wesen seien. Wenn dies tatsächlich so wäre, dann wäre die salafistische Bewegung in allen sozio-religiösen Angelegenheiten stets einer Meinung und ihr Handeln vorhersehbar. Es muss also irgendetwas mit ihrem Verständnis des Korans zu tun haben, dass der Salafismus nicht so homogen ist, wie er von seiner Anlage her eigentlich sein müsste.

In der salafistischen Rechtslehre werden alle Handlungsnormen durch die Exegese von Koran und Sunna bestimmt. Die Authentizität der Quellen ist in der salafistischen Rechtslehre daher enorm bedeutsam. Neben dem Koran bilden die Überlieferungen der Worte und Taten des Propheten (hadith) die zweite anerkannte Textquelle. Eine Historisierung dieser Quellen lehnen Salafisten strikt ab. Allerdings stehen auch sie vor dem Problem, dass Koran und Sunna Vorschriften für eine bestimmte Gesellschaft zu einem bestimmten historischen Zeitpunkt enthalten. Bei der Übertragung dieser Regeln in die heutige Zeit ist menschliche Interpretation daher unumgänglich. Aus Sicht eines Gläubigen birgt das die Gefahr, dass das göttliche Recht durch den Menschen willentlich oder unwillentlich verfälscht wird. Um das Problem von Willkür, Befangenheit und interpretativen Fehlern zu minimieren, haben sich im sunnitischen Islam vier Rechtsschulen entwickelt. Diese Rechtsschulen (Hanafiten, Malikiten, Schafi'iten und Hanbaliten) legen gewisse Standards für die Normfindung der Rechtsgelehrten vor.

Aber auch die vier Rechtsschulen sind ein Produkt aus frühislamischer Zeit und daher ebenfalls durch ihren zeitgenössischen Kontext geprägt. Im Laufe ihrer rechtshistorischen Entwicklung werden die Schulen zusätzlich durch philosophische Strömungen und wissenschaftliche Erkenntnisse beeinflusst, bzw. bringen diese sogar selbst hervor. Aus Sicht einiger Salafisten verfälschen diese innovativen Einflüsse die reine Lehre des Propheten. Weil der Koran keine klaren Regeln zur Ableitung von Rechtsnormen benennt, folgen viele Salafisten auch keiner bestimmen Rechtsschule, weil sie ja ausschließlich und wortgetreu auf Koran und Hadith-Sammlungen vertrauen und die »rationalen« Ansätze der etablierten Rechtsschulen ablehnen. Salafistische Rechtswissenschaftler lernen und lehren eine Rechtsdisziplin namens usûl al-fiqh. Andere Salafisten – insbesondere die Rechtsgelehrten im saudischen Wahhabismus – wenden die Methoden der hanbalitischen Rechtsschule an, um daraus anwendbare Rechtsbereiche (Wirtschaftsrecht, Strafrecht, Völkerrecht, Öffentliches Recht usw.) abzuleiten. Von allen Rechtsschulen steht diese der Jurisprudenz des Salafismus am nächsten. Der Rat der Höchsten Religionsgelehrten ist das einflussreichste Gremium im Wahhabismus. Trotzdem kommen salafistische und wahhabitische Rechtsgelehrte teilweise zu unterschiedlichen Ergebnissen. Den wahhabitischen Rechtsgelehrten wird in diesem Disput häufig politische Befangenheit vorgeworfen, weil sie in einem symbiotischen Verhältnis mit dem saudischen Königshaus stehen und politische Entscheidungen legitimieren, die viele Muslime empören. Als der ehemalige Großmufti von Saudi-Arabien (Abd al-Aziz Ibn Baz) die Stationierung von US-Truppen auf dem Ursprungsgebiet des Islams durch eine Fatwa legitimierte, kam das für viele Salafisten einem Sakrileg gleich. Auch die Urteile des Rates der Höchsten Religionsgelehrten während des Arabischen Frühlings wurden kritisiert, weil sie inkohärent ausfielen und offensichtlich von den außenpolitischen Interessen des saudischen Nationalstaates beeinflusst waren.

Beispiele wie dieses zeigen, dass der »angewandte« Salafismus vom »universitären« Salafismus abweicht. In einem bestehenden Herrschaftsverhältnis kann eine Abweichung vom universitären Salafismus vertikal nach oben oder nach unten stattfinden, wobei »nach oben« eine Abweichung im Sinne der Herrschenden und »nach unten« eine Abweichung im Sinne der Opposition bedeutet. Safar al-Hawali oder Salman al-Awdah repräsentierten beispielsweise den dissidenten Salafismus. Auf horizontaler Ebene können Bewegungen und Gruppen mit bestimmten sozioreligiösen Themen von der dogmatischen Lehrmeinung abweichen.

Rechtsdogmatik und Rechtspraxis driften auseinander, je heterogener die politischen Strömungen sind, die sich auf das göttliche Recht berufen und versuchen, dieses in ihrem Sinne auszulegen. Politische Konflikte können religiöse Dogmen zu einem gewissen Grad politisieren. Dabei erscheint der Salafismus auf den ersten Blick ungeeignet für eine politische Instrumentalisierung, weil seine Lehren so unflexibel sind, Innovationen unterbinden und politischen Handlungsspielraum stark einschränken. Der Analyst und politische Berater Hassan Mneimneh sieht in dem Einfluss salafistischer Lehren im politischen Islam daher ein »schwerwiegendes Hindernis für die Entdeckung neuer Ideen und Ansätze« in der islamistischen Bewegung als Ganzes (2011: 29). Die rigorose Lehre des Salafismus steht mitunter der Verwirklichung der eigenen Ziele im Wege. Die Einhaltung der Regeln steht über dem politischen Erfolg. Einigen Anhängern geht dieser Idealismus zu weit. So wie in vielen anderen Bewegungen gibt es daher auch im Salafismus Anhänger, die eher zum Idealismus neigen, und solche, die zum Pragmatismus und Realismus neigen. Realisten sind bereit, einen Teil ihrer Ideologie aufzugeben, wenn sie erkennen, dass die Ideologie ein Hindernis zur Verwirklichung ihrer eigenen Ziele darstellt. Idealisten verzichten auf politischen Erfolg, der nur auf Kosten von Prinzipien zu erreichen ist.

Salafistische Realisten sehen beispielsweise keinen Widerspruch darin, an demokratischen Wahlen teilzunehmen, bei denen islamistische Parteien eine reale Chance haben zu gewinnen, obwohl die salafistische Rechtslehre repräsentative Demokratien relativ eindeutig als illegitime Neuerung (bid'a) ansieht, an denen sich Muslime nicht beteiligen dürften. Bei den ägyptischen Parlamentswahlen 2011/12 kommt die salafistische al-Nour-Partei dennoch auf 28 Prozent. Die puristische Gruppierung »Salafistische Verkündigung« (ad-Da'wa as-Salafiyya) in Alexandria hatte zu Beginn der Unruhen die Teilnahme an den Protesten gegen das Mubarak-Regime noch abgelehnt. Auch die salafistischen Dschihadisten nutzten die realpolitischen Manöver der Pragmatiker als gute Gelegenheit dafür, ihre vermeintliche religiöse Überlegenheit unter Beweis zu stellen. Wenn sie die Wahl hätten zwischen bewaffnetem Dschihad und einer demokratischer Volksabstimmung zur Absetzung eines unliebsamen Staatsoberhauptes, dann würden sie den Dschihad bevorzugen; nicht weil es das effektivere – sondern weil es das legitime Mittel ist, um islamische Herrschaft zu etablieren.

Diese Beispiele zeigen, wie heterogen der Salafismus ist. Jede seiner Strömungen bringt ihre eigenen Rechtsgutachten hervor, die belegen sollen, warum unter den gegebenen Umständen politische Beteiligung bzw. bewaffneter Widerstand rechtmäßig sind. Wie kommen diese unterschiedlichen Ergebnisse zustande? Im Salafismus tobt ein »Krieg der Rechtsgutachten«. Es kursieren Fatwas mit widersprüchlichen Aussagen, ob etwa die Beteiligung am Dschihad in Syrien erlaubt ist, ob der syrische Konflikt überhaupt ein Dschihad ist, ob amerikanische Muslime der US-Armee beitreten dürfen, ob die Taliban oder Präsident Hamid Karzai in Afghanistan Legitimitätsanspruch haben. Salafisten suchen die Antwort auf jede politische Frage im Koran, weil nur diese Antwort sie zufrieden stellt. Sie glauben, dass für jeden politischen Sachverhalt, egal wie umstritten er sein mag, eine definitiv wahre Antwort existiert.

In der salafistischen Szene kursieren zu einigen Themen konkurrierende Lehrmeinungen und Positionen, die alle den Anspruch erheben, die definitive Antwort für das entsprechende Problem zu geben. Dieser Meinungspluralismus ist nach Auffassung der Salafisten darauf zurückzuführen, dass dem Menschen bei der Anwendung des unfehlbaren, göttlichen Rechts Fehler und Irrtümer unterlaufen können. Der Logik letzter Schluss ist also, dass Salafisten an die menschliche Interpretation von Gottes Wort glauben müssen, jedenfalls müssen sie es dann, wenn es statt einer einhelligen, kanonischen Lehrmeinung zu einem Thema mehrere Meinungen gibt, die nicht alle gleichzeitig wahr sein können. Um diese Lehrmeinungen scharen sich – jedenfalls bei wichtigen Angelegenheiten – Gruppen von Befürwortern. Auch deshalb ist der Salafismus so fragmentiert, weil sich im Prinzip für jeden renommierten Rechtsgelehrten oder sogar für jedes einzelne umstrittene Thema eine eigene Strömung bestimmen ließe. Ein unter Salafisten populärer Artikel unterscheidet ganze acht Strömungen (Brachman 2009: 26 in Bezug auf Abdelhaleem 2004). Viele Salafisten stören sich an solchen Unterscheidungen, denn nach ihrem eigenen Verständnis sind sie einfach nur (die einzig wahren) Muslime und nicht Anhänger bestimmter Rechtsgelehrter. Ein sarkastischer Kommentator in dem Forum islamicawakening.com schlägt daher Bezeichnungen für weitere Strömungen vor: Zylinderhut-Salafi, Blauhut-Salafi, olympischer Salafi, Kung-Fu-Salafi, Beinah-Salafi, Zwergen-Salafi etc. und fragt: »Ist Salafi eines der am häufigsten missbrauchten Wörter des Jahrhunderts?« Fest steht, dass die geistigen Urheber von populären Fatwas hohes Ansehen und Reputation genießen; auch al-Qaida ist in einigen Angelegenheiten Meinungsführer.

Die grobe Unterteilung des Salafismus in eine puristische, politische und dschihadistische Strömung (Wiktorowicz 2005; Hegghammer/Lacroix 2007) lässt sich zwar analytisch aufrechterhalten, kann aber auch irreführend sein, weil es sich hierbei keinesfalls um drei klar abgrenzbare soziale Bewegungen handelt. Zwei Vertreter des politischen Salafismus können völlig entgegensetzte Positionen vertreten; Puristen und Dschihadisten stimmen in vielen Frage überein, und dschihadistische Gruppen wie die »al-Nusra Front« und der »Islamische Staat« bekämpfen sich in Syrien und im Irak teilweise untereinander.

UNTERSCHEIDUNGSMERKMAL MILITANTER DSCHIHAD

Der militante Islamismus ist daher vor allem ein innerislamischer Konflikt um Legitimation und Deutungshoheit im islamischen Recht und in der islamischen Theologie. al-Qaida möchte eine »Hierarchie der Glaubwürdigkeit« entwickeln, um zu zeigen, dass ihre eigene theologische Auslegung richtig und die ihrer Gegner falsch ist. Im Kampf um diese Deutungshoheit benutzt der Dschihadismus drei Argumente:

1. Indem er moderate und reformorientierte Auslegungen des Islams als eine Unterwerfung unter den Westen diskreditiert.
2. Indem er einflussreiche, wahhabitische Theologen als politisch befangen diskreditiert.
3. Indem er sich selbst als die letzte unabhängige Instanz islamischer Theologie und islamischen Rechts hinstellt.

Ein Teil dieser Auseinandersetzung manifestiert sich nun ausgerechnet in dem islamisch-völkerrechtlichen Konzept des Dschihads. Das ist allerdings kein Zufall, denn die Ideologen von al-Qaida wissen genau, dass sich dieses Konzept sehr gut dazu eignet, ihren eigenen Legitimationsanspruch zu untermauern, denn viele islamistische Bewegungen haben ihren bewaffneten Kampf aus rein pragmatischen Erwägungen heraus aufgegeben. Die Gruppen al-Dschamâʿa al-islâmiyya und Tanẓẓîm al-Dschihâd haben 1997 ihr militantes Gedankengut revidiert. Diese so genannten »Murâdschaʿât«-Revidierungen waren allerdings innerhalb der Gruppen umstritten, weil sie für viele Mitglieder einer Kapitulation gleichkamen. Dschihadistische Ideologen wie Ayman az-Zawahiri argumentieren, dass eine religiöse Praxis nie auf Grund solcher opportunistischer Erwägungen ausgesetzt werden könne. Der Ideologe Abu Yahya al-Libi vergleicht den militanten Dschihad mit dem Gebet und führt an, dass man als gläubiger Muslim auch dann nicht mit dem Beten aufhöre, wenn die Gebete nicht erhört werden (wenn sie also nicht ›funktionieren‹). Von daher dürfe man auch nicht mit dem militanten Dschihad aufhören und nach Alternativen suchen, nur weil sich die erwarteten strategischen und politischen Ziele durch ihn nicht verwirklichen lassen:

»Was soll daher das ständige Gerede [der Islamisten], den Dschihad zu einem ›Mittel‹ anstatt zu einem ›Zweck‹ zu machen? [...] Es führt dazu, dass einige die Bürde des Dschihads umgehen wollen, indem sie nach Alternativen suchen und dann behaupten, dass sich durch diese Alternativen das gleiche Ziel verwirklichen ließe wie durch den Dschihad.«
(Abu Yahya al-Libi 2007)

Zwar sehen viele andere islamistische Bewegungen im Dschihad ebenfalls ein legitimes Mittel im Kampf gegen ausländische Besatzer und abtrünnige Regierungen, aber nicht unbedingt eine Pflicht. Für sie ist die Wahl militärischer Mittel daher eine strategische Entscheidung und keine theologische. Einige islamistische Organisationen versuchen, die Konflikte, an denen sie beteiligt sind, vor dem internationalen Völkerrecht als legitimen Widerstand gegen Unterdrückung und/oder Besatzung zu rechtfertigen (etwa in den Palästinensischen Autonomiegebieten oder Syrien). Sie sind bemüht, von der internationalen Gemeinschaft nicht als terroristische Vereinigung gelistet zu sein, weil das alle ihre politischen Ziele aufs Spiel setzen würde (für eine Übersicht über die rechtlichen Auswirkungen der Terrorlisten im deutschen Recht siehe Meyer/Macke 2007). Für die dschihadistischen Fundamentalisten ist dieses Vorgehen eine Heuchelei gegenüber dem Westen, denn sie sehen gar keine Notwendigkeit darin, eine theologische Doktrin vor einem säkularen Gesetzt zu rechtfertigen. Wissend um die Tatsache, dass andere islamistische Bewegungen aus politischem Kalkül ihre eigenen Prinzipien aufs Spiel setzen müssen, um internationale Legitimität zu erlangen, versucht al-Qaida, die kompromisslose Bereitschaft einer Gruppierung zum Dschihad zum Glaubensbekenntnis zu machen. Für al-Qaida ist die Bezeichnung »terroristische Vereinigung« ein Zertifikat ihrer Ideologie. Im Kampf um die Deutungshoheit im Islam sind »extremistisch« und »moderat« zentrale Begriffe. al-Qaida münzt diese Begriffe um und argumentiert, dass ein »moderater Islam« Appeasement gegenüber dem Westen sei, während der echte Islam unveräußerliche Prinzipien beinhalte, die nun einmal radikal gegenüber dem Westen seien. Diese Strategie der Polarisierung bringt Bin Laden in seinem theologischen Traktat »der moderate Islam ist ein Kniefall vor dem Westen« sehr klar zum Ausdruck:

»Und am Ende verkünden die [abtrünnigen] Intellektuellen, dass sie sich der amerikanischen Kampagne zum Kampf gegen den ›islamischen Terrorismus‹ – also dem Dschihad – anschließen. Das ist es also, was wir letztendlich von den ausgeglichenen Moderaten haben, dass sie ›Extremismus‹ als ernsthaftes Problem ansehen, das behoben werden muss. Sie haben sich entschieden, dass unter all die verschiedenen Formen von Extremismus auch der Islamische fällt. […] Zweifelsohne sind sie sich mit dem Westen über diese Wahrnehmung von Extremismus einig.« (Bin Laden 2002 zit.n. Ibrahim 2007: 51f.)

In einem Interview mit al-Qaidas Medienabteilung as-Sahab erwidert Zawahiri auf die Frage, wie er zu den »moderaten« islamischen Bewegungen stehe, die sich politisch engagieren: »Ich danke Allah für die Belohnung mit Extremismus, Militanz und Terrorismus und allen anderen [Begriffen], mit denen wir bezeichnet werden.« (as-Sahab-Interview mit Ayman az-Zawahiri Mai/4/2007).

Nach ihren selbstaufgestellten Regeln gewinnen die Fundamentalisten ihren eigenen Wettbewerb der Radikalität und um die Deutungshoheit. Sie präsentieren sich als letzte Verfechter einer Islamischen Doktrin, die alle anderen islamischen Bewegungen aus vermeintlichem Opportunismus aufgegeben haben. Diese kompromisslose Einstellung führt aber auch innerhalb der dschihadistischen Gruppierungen zu Zerwürfnissen zwischen Realisten und Idealisten. Bei genauerer Betrachtung entpuppt sich das – aus rein militärischer Sicht – mangelhafte strategische Vorgehen der al-Qaida aber als durchaus zielführend, weil die Bewegung nur so ihre vermeintlich unverfälschte Theologie nach außen demonstrieren kann und dadurch bei manchen Anhängern zusätzlich an Glaubwürdigkeit gewinnt.

Im Unterschied zur herrschenden Lehrmeinung im sunnitischen Islam sieht al-Qaida die islamische Gemeinschaft einem feindlichen Angriff ausgesetzt und argumentiert daher für den Verteidigungsfall (defensiver Dschihad). Die Stationierung und die Einsätze internationaler Kampftruppen in einigen arabischen Ländern bieten diesem populistischen Argument Nährboden: Angesichts der zahlreichen militärischen Konflikte und der Unterdrückung vieler Muslime erscheint es einigen Betroffenen weltfremd, dass Rechtsgelehrte in ihren Universitäten dem bewaffneten Widerstand die religiöse Legitimität absprechen. Diesen Mangel an Anerkennung bedient die Ideologie von al-Qaida.

al-Qaida verwendet beträchtliche organisatorische Ressourcen darauf, militante Gewalt theologisch zu rechtfertigen. Die entsprechenden Schriften und Interviews von Bin Laden, Zawahiri oder Libi sind ernstgemeinte Versuche islamischer Jurisprudenz, obwohl keiner der drei einen allgemein anerkannten Titel als Rechtsgelehrter führt, in ihren rechtstheoretischen Schriften wägen sie, scheinbar sorgfältig und objektiv, Argumente für und wider den jeweiligen Sachverhalt ab. Diese Sachverhalte sind zu zahlreich, um sie an dieser Stelle angemessen zusammenfassen zu können, aber grundsätzlich betreffen sie Fragen hinsichtlich des Rechts zum Krieg (ius ad bellum) und hinsichtlich des Rechts im Krieg (ius in bello).

Viele militante Dschihadisten machen sich dabei eine Regel in der islamischen Jurisprudenz (fiqh) zu Nutze, die besagt, dass »Notwendigkeit Verbotenes zulässig macht« (Lohlker 2013: 74). Welche Verbote unter welchen Umständen ausgesetzt werden können, ist abhängig vom Einzelfall. Eine unter Dschihadisten und Terrorismusforschern bekannte Fatwa erläutert beispielsweise, ob und unter welchen Umständen es rechtmäßig sei, Massenvernichtungswaffen gegen Ungläubige einzusetzen (Lohlker 2013: 72ff.; Paz 2005).

In einem anderen fragwürdigen Rechtsaufsatz erklärt Ayman az-Zawahiri, dass das Töten von Unschuldigen eine bedingt zulässige Handlung im Krieg sei. Militärische Operationen, die Unschuldige das Leben kosten, sind demnach zulässig, wenn deren Nutzen »erforderlich«, »universal« und »sicher« ist, d.h.: Wenn das eigentliche Angriffsziel anders nicht erreicht werden kann als durch das Töten von Unschuldigen (erforderlich); wenn alle Muslime von dem Erfolg des Anschlags profitieren (universal); wenn der Angriff mit Sicherheit den erwarteten Erfolg erbringt. Zawahiri zitiert bei dieser Begründung al-Qurtubi. Er zitiert aber auch aus klassischen Rechtsgutachten, die das Töten von Unschuldigen strikt ablehnen, um somit den Anschein einer objektiven Abwägung von Argumenten zu wahren (für das vollständige Gutachten siehe Ibrahim 2007:139ff).

Fazit

In Politik und Gesellschaft sind gewisse Sorgen über die Entwicklung des Islamismus verbreitet. Neben möglichen Herausforderungen sollten aber auch die Chancen erkannt werden, die eine solche Entwicklung mit sich bringt. Hinsichtlich des Verhältnisses von Islamismus, Salafismus und Dschihadismus werden in der Fachliteratur zwei Trends antizipiert. Der eine Trend sieht im politischen Islam der Muslimbruderschaft einen »Schutzwall« (Lynch 2011: 177), der radikalere Elemente des Islamismus in Zukunft aufhalten wird, weil sie den Bemühungen der Bewegung um legitime politische Macht und internationale Anerkennung schaden. Die zweite Auffassung sieht in der ideologischen Verbohrtheit des (puristischen) Salafismus ein Hindernis für die Realpolitik im politischen Islam (Mneimneh 2011; Lia 2011: 70). Beide Thesen schließen sich nicht aus, sondern zeigen, auf welch vielfältige Weise unterschiedliche islamistische Strömungen zusammenhängen und sich gegenseitig beeinflussen. Aus diesen Beobachtungen die richtigen innen- und außenpolitischen Schlüsse zu ziehen, ist dennoch schwierig, denn der Westen kann sich in diesen Prozess nicht einmischen, bzw. erregt mitunter negative

Aufmerksamkeit, wenn er es dennoch versucht. Die Bestrebungen der USA, den »moderaten« Islam durch systematische Einflussnahme zu stärken (Rabasa u.a. 2007), liefern radikaleren Bewegungen die nötigen Argumente, um einen reformorientierten und fortschrittlichen Islam zu diskreditieren. Dadurch kann der Erfolg einer begrüßenswerten Entwicklung, die auch ohne politische Einflussnahme stattfindet, allzu leicht aufs Spiel gesetzt werden, etwa wenn bestimmte Strömungen im politischen Islam als »der Islam der RAND Corporation [eine US-amerikanische Denkfabrik]« (al-Libi) beschimpft werden. Die gezielte Unterstützung moderater Gruppen könnte sich also allzu leicht als Bärendienst erweisen. Völlige Tatenlosigkeit im innen- und außenpolitischen Umgang mit dem politischen Islam wäre aber ebenso kontraproduktiv. Islamische Organisationen sind auf die Unterstützung, Dialogbereitschaft und diplomatische Anerkennung westlicher Länder angewiesen. Dabei ist es natürlich legitim und erstrebenswert, liberale Errungenschaften zum Beispiel bei der Gleichberechtigung von Männern und Frauen in diesem Dialog langfristig voranzutreiben.

LITERATUR

Abdelhaleem, Tariq (2004): The counterfeit Salafis. Scarborough. Ontario: Al-Attique.
Abrahms, Max (2008): »What terrorists really want«, in: Int Security 32/4(2008), S. 78-105.
Baehr, Dirk (2011): Der deutsche Salafismus. Vom puristisch-salafistischen Denken eines Hasan Dabbaghs bis zum jihadistischen Salafismus von Eric Breininger. München: GRIN Verlag GmbH.
Baehr, Dirk (2012): »Salafistische Propaganda im Internet«, in: Magdeburger Journal zur Sicherheitsforschung 2, S. 236-269.
Bassiouni, M. Cherif (2014): The Sharia and Islamic public law in time of peace and war. Cambridge [UK]: Cambridge University Press.
Brachman, Jarret M. (2009): Global Jihadism. London: Routledge (Political Violence).
Büyükkara, Mehmet Ali (2014): »Salafiyya: Entstehung, Hintergründe, Strömungen«, in: Perspektif. Zeitschrift der Islamischen Gemeinschaft Millî Görüş (IGMG) (Mai).
Hegghammer, Thomas und Stéphan Lacroix (2007): »Rejectionist Islamism in Saudi Arabia. The story of Juhayman al-'Utabi revisited«, in: International Journal of Middle East Studies 39/1(2007), S. 103-122.
Ibrahim, Raymond (2007): The Al Qaeda Reader. New York: Broadway Books.
ICG, International Crisis Group (2005): Understanding Islamism. In Middle East/North Africa Report. Cairo/Brussels.
Lia, Brynjar (2006): The Society of the Muslim Brothers in Egypt. The rise of an Islamic mass movement, 1928-1942. Reading, England: Ithaca Press (1. Aufl. 1998).
Lia, Brynjar (2011): »Jihadis divided between strategists and doctrinarians«, in: Assaf Moghadam und Brian Fishman (Hg.): Fault lines in global Jihad. Organizational, strategic and ideological fissures. Milton Park u.a.: Routledge (Political Violence), S. 69-87.

Lohlker, Rüdiger: »Religion, weapons, and jihadism emblematic discourses«, in: ders. (Hg.): Jihadism, online discourses and representations. Wien: V&R Unipress, S. 65-88.

Lynch, Marc (2011): »Islam divided between Jihad and the Muslim Brotherhood«, in: Assaf Moghadam und Brian Fishman (Hg.): Fault lines in global Jihad. Organizational, strategic and ideological fissures. Milton Park u.a.: Routledge (Political Violence), S. 161-183.

Marks, Monica (2012): »Who are Tunisia's Salafis?«, in: Foreign Policy, 28.9.2012.

Melvin, Neil J. (2006): »Islam, conflict, and terrorism«, in: SIPRI yearbook 2006. Armaments, disarmament and international security. Oxford: Oxford University Press.

Meyer, Frank und Julia Macke (2007): »Rechtliche Auswirkungen der Terroristenlisten im deutschen Recht«, in: Höchstrichterliche Rechtsprechung Strafrecht 8/12(2007), S. 445-465.

Mneimneh, Hassan (2011): »The spring of a new political Salafism?«, in: Current Trends in Islamist Idelogy 12(2011), S. 21-36.

Munir, Muhammad (2012): »Islamic International Law (Siyar): An Introduction«, in: Hamdard Islamicus, 40/4(2012), S. 37-60.

Musharbash, Yassin (2013): »Wie gefährlich sind Deutschlands Salafisten?« in: Die Zeit 13/2013.

Paz, Reuven (2005): »The impact of the war in Iraq on the global Jihad«, in: Current Trends in Islamist Idelogy 1(2005), S. 39-49.

Rabasa, Angel u.a. (2007): Building moderate Muslim networks. Santa Monica, CA: RAND.

Roy, Olivier (1994): The failure of political Islam. Cambridge, MA: Harvard University Press.

Schneiders, Thorsten Gerald (2013): Der Arabische Frühling. Hintergründe und Analysen. Wiesbaden: Springer VS.

Steinberg, Guido (2012): Wer sind die Salafisten? Zum Umgang mit einer schnell wachsenden und sich politisierenden Bewegung, hg. v. Stiftung Wissenschaft und Politik. Berlin [SWP Aktuell, 28].

Utvik, Bjørn Olav (2014): »The Ikhwanization of the Salafis: Piety in the Politics of Egypt and Kuwait«, in: Middle East Critique 23/1(2014), S. 5-27.

Dschihadistischer Salafismus in Deutschland

Dirk Baehr

Einleitung

Seitdem der US-amerikanische Politikwissenschaftler Quintan Wiktorowicz in seinem Aufsatz in der Fachzeitschrift »Studies in Conflict and Terrorism« die salafistischen Bewegungen in drei Strömungen aufgegliedert hat (Wiktorowicz 2006: 218ff.), nutzen Politik- und Islamwissenschaftler zunehmend den Begriff dschihadistischer Salafismus oder militanter Salafismus, um das Phänomen der gewaltbereiten islamistischen Bewegungen und Terrororganisationen wie al-Qaida zu umschreiben (Baz 2013; Wagemakers 2012; Heffelfinger 2011; Hegghammer 2009; Meijer 2010; Meijer 2007; Baehr 2012; Baehr 2009).

Der dschihadistische Salafismus unterscheidet sich vom puristischen und politischen Salafismus dahingehend, dass dschihadistische Salafisten die Einheit des Glaubens (tauhîd) nur durch Gewaltanwendung wiederherstellen wollen. Dschihadistische Salafisten sehen die muslimische Welt durch den Westen bedroht. Ideologen wie Yusuf al-Uyairi behaupten, dass der Westen die Welt politisch und ökonomisch beherrsche. Hinzu komme der starke kulturelle Einfluss auf die islamische Welt. Diese Dominanz des Westens sei eine Kriegserklärung an den Islam, weil der islamische Glaube in einem solchen Zustand nicht mehr praktizierbar sei. Die Muslime verlören aufgrund des Zustandes der Barbarei ihren Glauben (Meijer 2007: 431ff.).

Da die politischen Herrscher in den muslimischen Ländern politisch und ökonomisch von den westlichen Herrschern abhängig seien und sie ihren westlichen Lebensstil nachahmten, seien sie vom Glauben abgefallen. Dschihadistische Salafisten erklären sie zu Apostaten. Sie unterstellen ihnen, das islamische Recht (Scharia) zu ignorieren. Das ermöglicht es den Dschihadisten, auch politische Herrscher zu exkommunizieren (takfîr). Diese Exkommunizierung dient den Dschihadisten zur ideologischen Legitimierung von Gewalt, um eine Revolution gegen die apostatischen Herrscher zu rechtfertigen und durchzuführen (Wagemakers 2012: 9). Aus theologischen Erwägungen dürfen sie muslimische Politiker nur dann bekämpfen, wenn sie nachgewiesen haben, dass diese Ungläubige sind.

Der Beitrag gibt einen Überblick über die wesentlichen ideologischen Elemente des dschihadistischen Salafismus. Anhand von Schriften und Videobotschaften werden diese vier wichtigsten Elemente präsentiert:

1. das Konzept der dschâhiliyya,
2. die Einheit des Glaubens (tauhîd),
3. das Konzept der al-walâ' wa-l-barâ'
4. der Dschihad.

Dabei stützt sich die Untersuchung auch auf von deutschen Dschihadisten verbreitete ideologische Auslegungen.

Zunächst wird die Entstehung des dschihadistischen Milieus in Deutschland skizziert. Dabei werden die wichtigsten Aktivisten vorgestellt, die maßgeblich daran beteiligt waren, dass sich hierzulande aus kleinen verstreuten Gruppen eine dschihadistische Bewegung entwickelte. Außerdem werden die wichtigsten Gruppierungen in Deutschland aufgelistet, die dem dschihadistischen Salafismus zuzuordnen sind.

Abschließend wird erörtert, ob neben der Unterscheidung zwischen den drei salafistischen Strömungen auch noch eine dreigliedrige Aufteilung innerhalb der dschihadistischen Ideologie – wie es manche Islamwissenschafter und Analysten der Sicherheitsbehörden befürworten – vorgenommen werden muss. Es wird der Frage nachgegangen, inwieweit man die unterschiedlichen Richtungen innerhalb der dschihadistischen Ideologie ideentheoretisch auseinanderhalten kann. Vorab sei erwähnt, dass hier alle drei Richtungen als dschihadistischer Salafismus bezeichnet werden, weil die Abgrenzungsmerkmale zwischen den drei Richtungen minimal und teilweise kaum noch nachvollziehbar sind.

*

Die Entstehung des Dschihadismus in Deutschland hängt mit zwei zentralen Faktoren zusammen. In den 1980er Jahren flohen Dschihadisten aus Ägypten, Syrien, Algerien und anderen Ländern des Mittleren Ostens nach Deutschland, weil sie aufgrund ihrer Mitgliedschaft in einer dschihadistischen Bewegung von den dortigen Sicherheitsbehörden verfolgt wurden. In Europa angekommen, standen sie weiterhin in Kontakt mit Mitgliedern dschihadistischer Bewegungen, die entweder noch in ihren Heimatländern lebten oder auch ins Exil nach Europa geflohen waren. Bereits ab den 1990er Jahren bildeten sich in Deutschland Netzwerke, die regelmäßig Veranstaltungen organisierten, bei denen sich Dschihadisten aus ganz Deutschland und teilweise auch aus den europäischen Nachbarländern trafen. Die regelmäßigen Treffen führten in Hamburg, Freiburg, Neu-Ulm und Bonn zu einer stark wachsenden Zahl von Sympathisanten.

Als zweiter Faktor für die Entstehung des Dschihadismus in Deutschland ist der Krieg in Bosnien in den frühen 1990er Jahren zu nennen. In dessen Folge etablierten sich europaweit Netzwerke, die dazu dienten, die dschihadistischen Kämpfer in Bosnien zu unterstützen. Zu dieser Zeit gründeten Dschihadisten in Deutschland Hilfsorganisationen, mit denen sie Gelder für die Mudschahidin in Bosnien sammelten. Aus diesen Netzwerken gingen in Freiburg und Neu-Ulm kleinere Personengruppen hervor, die von selbsternannten, dschihadistisch geprägten Predigern geleitet wurden. Während in Leipzig, Berlin und Bonn hauptsächlich salafistische Prediger das Milieu prägten, waren in Hamburg, Freiburg und Neu-Ulm zumeist Dschihadisten aktiv, die Kontakte zu ranghohen Mitgliedern der al-Qaida besaßen. Oft trafen sich die Dschihadisten in kleineren Moscheen. Der harte Kern der Gruppen umfasste nur bis zu 20 Personen.

Ab Anfang der 2000er Jahre verlagerte sich die dschihadistische Szene zunehmend nach Bonn, weil führende Dschihadisten aus Hamburg und dem Ulmer Umland ins Rheinland gezogen waren. Später gewann auch Berlin weiter an Bedeutung, weil Reda Seyam, eine der Führungsfiguren, seinen Wohnsitz von Süddeutschland in die Hauptstadt verlegte.

HAMBURG

In der Entstehungsphase des deutschen Dschihadismus ist die Hamburger al-Quds-Moschee die zentrale Anlaufstelle gewesen. Die Führungsfigur des Hamburger Dschihadisten-Milieus war in den 1990er Jahren Mamoun Darkazanli. Der syrisch-stämmige Mann hatte laut Generalbundesanwaltschaft enge Kontakte zu Personen, die der Führung von al-Qaida nahe standen. So soll sich Darkazanli 1996 mit dem bekannten Ideologen Abu Musab al-Suri getroffen haben. Zudem hatte Darkazanli Kontakte zu ranghohen Dschihadisten, die in Spanien lebten. Zu ihnen zählte auch der Chef einer spanischen Terrorzelle der al-Qaida, der den Kampfnamen Abu Dahdah trug. Im November 2001 wurde Abu Dahdah wegen des Verdachts der Unterstützung der Terroranschläge vom 11. September 2001 in den USA von der spanischen Polizei festgenommen (Silber 2011: 191) und später zu einer Haftstrafe von 27 Jahren verurteilt. Nach Erkenntnissen spanischer Ermittlungsbehörden traf Darkazanli sich auch mehrfach mit dem in Spanien lebenden Tunesier Mohammed Zouaydi, der maßgeblich an der Finanzierung der Terroranschläge vom 11. September beteiligt gewesen sein soll (Vitzhum/Johnson 2002).

Ferner muss Darkazanli Kontakt zu Mamdouh Machmud Salim (Abu Hajer al-Iraqi) gehabt haben, der von den Medien als Finanzchef der al-Qaida bezeichnet wurde. Salim hielt sich in den 1990er Jahren regelmäßig in Deutschland auf und traf viele dschihadistische Aktivisten – unter anderem in Hamburg und Neu-Ulm. 1998 wurde er von der Polizei in München festgenommen. Nach der Verhaftung stellte die Polizei fest, dass Darkazanli für eines von Salims Konten eine Vollmacht besaß (Richter 2008).

Aus diesen Erkenntnissen lässt sich schließen, dass Darkazanli global agierende Dschihadisten auf logistischer Ebene intensiv unterstützt haben muss. Die Generalbundesanwaltschaft unterstellte ihm, dass er Finanztransaktionen für al-Qaida abgewickelt habe. Vor Gericht konnte sie ihm die Straftaten jedoch nicht nachweisen (Generalbundesanwaltschaft 2006).

Durch seine herausgehobene Bedeutung für die Szene in Hamburg kannte Mamoun Darkazanli die Mitglieder der Terrorzelle um Mohammed Atta, die maßgeblich an den Terroranschlägen des 11. September 2001 beteiligt waren. Da die deutschen Sicherheitsbehörden Darkazanli keine Beteiligung oder Unterstützung an den Anschlägen nachweisen konnten, wurde er strafrechtlich nie belangt. Amerikanische Sicherheitsbehörden gehen jedoch davon aus, dass er die Planung der Terroranschläge finanziell unterstützt hat (Crewdson 2002).

SÜDDEUTSCHLAND

In Süddeutschland bildeten sich ab den frühen 1990er Jahren kleine Netzwerke um den charismatischen Prediger Yahia Yusuf. Seit 1988 lebte der gebürtige Ägypter mit seiner Familie in Freiburg. Yusuf floh aus Ägypten, weil er Mitglied der al-Dschamâ'a al-Islâmiya war, einer dschihadistisch-salafistischen Bewegung, die sowohl militant war als auch der traditionellen Doktrin (aqîda) des Salafismus folgte (Meijer 2009: 193f.). Zahlreiche Mitglieder der al-Dschamâ'a al-Islâmiya wurden nach dem Attentat auf den ägyptischen Präsidenten Anwar el Sadat von den Sicherheitsbehörden verfolgt. Auch Yahia Yusuf war mehrere Monate in Ägypten inhaftiert.

Nach seiner Ausreise verbreitete Yusuf weiterhin seine radikalen Positionen, indem er regelmäßig als Prediger in der Ibad al-Rahman Moschee in Freiburg auftrat. Infolge seiner Predigten bildete sich ein kleines Netzwerk von Anhängern, die sich zunehmend radikalisierten und ihre Aktivitäten auf Deutschland ausdehnten. Zu den Mitgliedern zählten auch der Deutsch-Ägypter Reda Seyam und der Deutsch-Pakistani Aleem Nasir, die später eigene Netzwerke gründeten, um deutschen Dschihadisten dabei zu helfen, sich terroristischen Vereinigungen im Ausland anzuschließen. So soll Seyam in die Terroranschläge von Bali verwickelt gewesen sein. Nasir stellte den Kontakt mit Führungskadern der al-Qaida in Pakistan her. Zwischen 2003 und 2007 baute er mit Ömer Özdemir und Sermet Ilgen in Deutschland ein Netzwerk auf, um Geld für al-Qaida und Lashkar e Taiba zu sammeln, nachgefragte Hilfsmittel wie Nachtsichtgeräte zu besorgen oder eben Rekruten an die dschihadistischen Bewegungen zu vermitteln (Neumann u.a. 2011: 833).

Das Netzwerk von Yahia Yusuf war eines der ersten in Deutschland, welches global agierenden Dschihadisten half, Spendengelder einzutreiben. In den frühen 1990er Jahren gründete Yusuf mit Reda Seyam ein so genanntes Hilfswerk für Bosnien. Es trug den Namen »Menschen für Menschen«. Beide sammelten Gelder in ganz Deutschland ein, die sie nach eigenen Angaben für humanitäre Zwecke verwendeten. Da Seyam auch als Kurier fungierte, übergab er das Geld und andere Hilfsgüter zumeist persönlich den in Bosnien kämpfenden Dschihadisten (Musharbash/Gebauer 2007).

Nachdem Yusuf seinen Arbeitsplatz an der Universität Freiburg verloren hatte, zog er mit seiner Familie im Jahr 2000 nach Neu-Ulm. Yusuf kannte durch seine Arbeit in der Hilfsorganisation den ägyptischen Arzt Adly al-Attar, der seit einigen Jahren in Neu-Ulm lebte. al-Attar galt in der Frühphase als wichtiger Mittelsmann der dschihadistischen Szene in Deutschland, denn er hatte ebenso wie der Hamburger Darkazanli Kontakte zu Mamdouh Machmud Salim (Abu Hajer al-Iraqi), der ein wichtiger Spendeneintreiber der al-Qaida gewesen sein soll (Ramelsberger 2008: 100f.). In Neu-Ulm gründete al-Attar mit Ramez Aly am 21. Juni 1996 das Multi-Kultur-Haus (MKH), dessen Leitung Yahia Yusuf 2002 übernahm, weil al-Attar Deutschland wegen eines eröffneten Ermittlungsverfahrens fluchtartig verlassen hatte und in den Sudan ausgereist war; so entging er einem möglichen Gerichtsverfahren (Schattauer/Zistl 2007).

Yusuf baute im MKH kleine Gruppen junger Männer auf, die in Deutschland geboren oder aufgewachsen waren, unterrichtete sie und verbreitete salafistisches Gedankengut. Aus taktischen Gründen ging er nicht das Risiko ein, dschihadistische Inhalte an die jungen Sympathisanten zu vermitteln, weil er wusste, dass diese sowie er selbst vom Verfassungsschutz beobachtet wurden. Seine Propagandaarbeit führte dennoch dazu, dass die Jugendlichen und jungen Erwachsenen begannen, sich immer mehr für die radikalere Variante des Salafismus und für die Kriege in Tschetschenien oder Afghanistan zu interessieren. In der Hochphase hatte das MKH bis zu 40 Stammgäste. Erstmals wurden dort dschihadistische Propagandavideos wie »Das Tor der Trauer« genutzt, um Besucher zu mobilisieren. Die Aufnahmen zeigten auch tote Frauen und Kinder, die angeblich von russischen Soldaten umgebracht worden waren. Mit solchen Videos sorgte Yusuf für eine starke Emotionalisierung seiner Anhänger. Das half ihm, den Hass auf die »Ungläubigen« weiter zu schüren. Ein kleiner Personenkreis entschied sich tatsächlich nach Tschetschenien oder Pakistan zu reisen, um sich dschihadistischen Bewegungen anzuschließen. Infolgedessen kamen 2002 drei deutsche Dschihadisten bei Gefechten in Tschetschenien ums Leben.

Der spätere Anführer der Sauerland-Gruppe, Fritz Gelowicz, war ebenfalls ein Schüler von Yahia Yusuf. Gelowicz reiste 2006 mit dem Deutsch-Türken Adem Yilmaz nach Pakistan, um sich der dschihadistischen Bewegung Islamische Dschihad Union anzuschließen. Dort wurden sie im Bau von Bomben unterwiesen. Als beide 2007 nach Deutschland zurückkehrten, bildeten sie mit Daniel Schneider eine Terrorzelle, um Bomben für Anschläge auf amerikanische Militäreinrichtungen in Deutschland zu bauen. Die drei Dschihadisten wurden von der Polizei am 4. September 2007 im Sauerland verhaftet, so dass sie ihre Anschlagspläne nicht umsetzen konnten (Kaiser u.a. 2007).

Das Beispiel des Neu-Ulmer Netzwerkes demonstriert, welche zentrale Rolle Aktivisten wie Yahia Yusuf als Mittelsmänner einnehmen. Erst durch die Propagandaarbeit solcher in Deutschland lebenden dschihadistischen Salafisten fingen junge Leute an, sich für die Ideologie zu interessieren und zu begeistern. Seit 2008/2009 erfolgt die Anwerbung zumeist über das Internet. Die Mittelsmänner haben seither vor allem die Funktion, Basiswissen zu vermitteln, um potentielle Rekruten weiter zu radikalisieren und für den Kampf zu gewinnen.

Aus diesem Grund können Aktivisten wie Yusuf auch nicht als politische Salafisten bezeichnet werden, wie es zahlreiche Analysten der Sicherheitsbehörden machen. Denn Yahia Yusuf hat zwar selber nicht terroristisch gehandelt, war aber trotzdem vom dschihadistischen Kampf überzeugt. Nicht das terroristische Handeln ist entscheidend, um jemanden als Dschihadisten bestimmen zu können, für die Zuordnung zum dschihadistischen Milieu ist die ideologische Gesinnung einer Person ausschlaggebend.

Bonn

Neben Freiburg und Neu-Ulm entwickelte sich auch Bonn zu einem Zentrum der deutschen Dschihadisten. Dort traten zwar in der Frühphase hauptsächlich salafistische Prediger wie Mohammad Benhsain durch ihre Missionsarbeit in Erscheinung, ab Ende der 1990er Jahre wurde Bonn aber auch für Dschihadisten attraktiver, weil zum einen die saudische »König Fahd Akademie«, die im Stadtteil Bad Godesberg ansässig ist, längere Zeit radikale Prediger duldete. Zum anderen lebte ein führendes Mitglied der al-Dschamâ'a al-Islâmiya in Bonn, der wie Yahia Yusuf starken Einfluss auf eine kleine muslimische Gemeinde in Bad Godesberg nahm. Abdel-Akher Hammad gründete 2000 die Ar Rahma-Moschee, in der sich eine kleine Gruppe von Gleichgesinnten bildete. Einer von ihnen war der 2009 durch seine Propagandavideos bekannt gewordene Dschihadist Bekkay Harrach. In den Videos von As Sahab (der Medienorganisation von al-Qaida) drohte er, in Deutschland Terroranschläge zu verüben, weil die Bundeswehr in Afghanistan gegen Muslime kämpfe. Harrach war von März 2006 bis zu seiner Ausreise nach Pakistan 2007 stellvertretender Vorsitzender des Moscheevereins (Vallander 2009). Abdel-Akher Hammad verließ Deutschland 2007, weil der Druck durch die Sicherheitsbehörden zu groß wurde und er befürchten musste, strafrechtlich belangt zu werden. Seit dem Arabischen Frühling gehört Hammad der Führungsriege der ägyptischen, salafistischen Al-Nour Partei an, wobei er den radikaleren Flügel vertritt (Gerlach 2011).[1]

Allerdings hinterließ Abdel-Akher Hammad wie Yusuf ein Netzwerk von Dschihadisten, welches maßgeblich dazu beitrug, dass sich ab Mitte der 2000er Jahre das salafistische Milieu in Bonn radikalisierte. So traten nicht nur in der Ar Rahma-Moschee dschihadistisch gesinnte Prediger auf, sondern auch in der Muhsinin-Moschee in Bonn-Beuel. Unter dem Kampfnamen Abu Ubeidah veröffentlichte ein aus Tunesien stammender Bonner, der regelmäßig in der Muhsinin-Moschee predigte, Videobotschaften mit dschihadistischen Inhalten im Internet. Mit bürgerlichem Namen heißt der 38-Jährige Mohamed Ben Ghoumi. Nach Angaben der nordrhein-westfälischen Sicherheitsbehörden hat er enge Kontakte zu Fritz Gelowicz gehabt. Darüber hinaus hatte Ben Ghoumi auffällig viele Kontakte zu deutschen Dschihadisten, die seit 2006/2007 in terroristische Ausbildungslager nach Pakistan gereist waren. Bevor die gewaltbereiten Jugendlichen Deutschland verließen, habe Ben Ghoumi ihnen Tipps für den Aufenthalt in den pakistanischen Stammesgebieten gegeben (Spilcker 2010: 50). Neben Mohamed Ben Ghoumi trat auch immer mehr der somalisch-stämmige Prediger Hussein Kassim M. in der Muhsinin-Moschee in Erscheinung. Er soll ein wichtiger Funktionär der Shabaab-Milizen sein und gilt als wichtiger Ansprechpartner für deutsche Dschihadisten, die sich einer terroristischen Vereinigung im Ausland anschließen wollen. Unter seiner Führung sollen bis zu 15 Personen stehen, die das Landeskriminalamt NRW Deutsche Shabaab nennt (Baehr 2011: 36f.). Zwei junge Dschihadisten aus der Gruppe der Deutschen Shabaab versuchten 2008 nach Somalia auszureisen, um sich den Shabaab-Milizen anzuschließen. Die Bundespolizei nahm die beiden Deutsch-Somalier Omar Dahir und Abdirazak Buh allerdings im Flugzeug fest (Stark 2008). In einem zweiten Versuch gelang es Buh dann aber gemeinsam mit Andreas Müller Mitte 2011 nach Kenia zu reisen. Im Januar 2012 schlossen sich die beiden Scheich Ali Mohamud Rage an, dem Sprecher der Shabaab-Milizen in Somalia.

**

---

1 | al-Dschamâ'a al-Islâmiya gründete nach dem Sturz des ägyptischen Präsidenten Hosni Mubarak eine Partei, die sich mit den salafistischen Führern von Al-Nour für die Wahlen zusammenschloss. Die Partei oder der politische Arm der al-Dschamâ'a al-Islâmiya heißt Aufbau- und Entwicklungspartei; siehe The Construction and Development Party, Egyptians Elections 2011, unter: http://hiwarportal.dedi.org.eg/key/the-construction-and-development-party-al-jamaah-al-islamiya (vom 22.02.2014).

Deutschlandweit traten ab Mitte der 2000er Jahre immer mehr jüngere salafistische Propagandisten in den Vordergrund. Da die jüngere Generation verstärkt das Internet nutzt, rückten die meisten älteren Prediger in den Hintergrund. Unter den jungen Propagandisten fallen besonders Aktivisten aus dem Raum Köln/Bonn auf. Bei ihnen handelt es sich zumeist um in Deutschland geborene und aufgewachsene junge Männer, die Kontakte zu älteren salafistischen Predigern halten.

Pierre Vogel ist einer der populärsten Salafisten der jüngeren Generation. Er wurde 1978 im Rheinland geboren. Mit 22 Jahren konvertierte der ehemalige Boxer zum Islam. Zwei Jahre später reiste Vogel nach Saudi-Arabien. Von 2004 bis 2006 studierte er Islamische Theologie an der Umm al-Qura-Universität in Mekka. Aufgrund eines Herzfehlers seiner Tochter musste Vogel jedoch frühzeitig nach Bonn zurückkehren (Leyenberg 2010). Nach seiner Rückkehr entschloss sich Vogel Missionsarbeit zu betreiben. Seit 2006 hält er regelmäßig Vorträge über den Islam und über Glaubenspraktiken. Während einer Veranstaltung lernte er den Deutsch-Palästinenser Ibrahim Abou Nagie kennen. Nagie hatte 2005 die Internetseite »Die Wahre Religion« (DWR) gegründet, um Kinder und Jugendliche für den Salafismus zu gewinnen. Der 1964 in Gaza geborene Dschihadist lebt seit Anfang der 1980er Jahre in Köln. Erst in den frühen 2000er Jahren wandte sich der Deutsch-Palästinenser der radikalen Ideologie des Salafismus zu. Anfangs gehörte er der gemäßigten Strömung des puristischen Salafismus an, die sich auf die Lehren von Nasir ad-Din al-Albani und Abd al-Aziz ibn Baz beruft. Zusammen mit Vogel entschloss sich Abou Nagie, eine solche salafistisch ausgerichtete Gruppe zu gründen, die ihre Missionsarbeit hauptsächlich auf Jugendliche konzentriert.

Im Gegensatz zu anderen muslimischen Gemeinden und Einrichtungen betrieb DWR ihre Mission in deutscher Sprache. Mit ihrer deutschsprachigen Propaganda erreichten Abou Nagie und Vogel in einem sehr kurzen Zeitraum deutlich mehr Jugendliche, als es die etablierten muslimischen Moschee-Gemeinden vor Ort üblicherweise schaffen. Zudem waren sie die ersten, die ihre Missionsarbeit auch ins Internet verlagert hatten. Auf ihrer Internetseite veröffentlichen sie Videos von Vorträgen, die die beiden selbsternannten Prediger auf Islamseminaren gehalten haben. Mit ihrer Internetpropaganda schafften sie es binnen 18 Monaten bis zu fünf Millionen Besucher auf ihrer Webseite zu locken. Waren die beiden Hauptaktivisten von DWR in den ersten Jahren dem moderaten salafistischen Milieu zuzuordnen, so sind Ibrahim Abou Nagie und die später hinzugekommenen Aktivisten Said El Emrani (Abu Dujana) und Brahim Belkaid (Abu Abdullah) seit 2008 als dschihadistische Propagandisten anzusehen. Ein Streit zwischen Pierre Vogel und Ibrahim Abou Nagie machte deutlich, dass sich letzterer binnen zwei Jahren drastisch radikalisiert hatte.

Vogel zufolge behauptete Abou Nagie nunmehr, dass diejenigen, die die politischen Herrscher in den muslimischen Ländern nicht als Ungläubige ansehen, ebenfalls Ungläubige seien. Dabei handelt es sich um einen dschihadistischen Deutungsrahmen, den Ibrahim Abou Nagie aus Schriften von Sayyid Qutb übernommen hat. Qutb sah in allen Regierungen, die nicht der Herrschaft Gottes, sondern der Herrschaft der Menschen über den Menschen folgten, vom Glauben abgefallene Regime, die zerstört werden müssten (Qutb 2005: 108). Qutb betrachtete die westlich geprägten Herrscher der arabischen Welt als Menschen, die im Zustand der dschāhiliyya (Unwissenheit vor dem göttlichen Gesetz) lebten. Aufgrund dieses Zustandes müssten diese Herrscher bekämpft werden. Ibrahim Abou Nagie verlangt zwar nicht die direkte Bekämpfung der ungläubigen Herrscher, fordert aber von allen Muslimen, diese als Ungläubige anzusehen. Seine radikale Positionierung läuft letztlich darauf hinaus, dass sich alle Muslime von Regierungssystemen distanzieren sollen, in denen Menschen Gesetze machen und umsetzen. Damit stehen Abou Nagies Positionen denen des führenden dschihadistischen Ideologen Abu Muhammad al-Maqdisi nahe. Laut Maqdisi darf die Souveränität nicht den Menschen zukommen, weil Gott der einzige Souverän sei. Diejenigen, die arabische »Herrscher akzeptieren und nicht als Ungläubige diskreditieren«, seien Verräter, die bekämpft werden müssten (vgl. Maqdisi 2009). Ibrahim Abou Nagie hat diesen Deutungsrahmen verinnerlicht. Dem entsprechend müssen die Aktivisten von DWR vielmehr dem dschihadistisch-salafistischen Milieu zugeordnet werden (Baehr 2012: 253f.).

Pierre Vogel hielt die Aussage von Ibrahim Abou Nagie für inakzeptabel und bezog ab 2008 Stellung dagegen. Vogel war sich vermutlich bewusst, dass es sich bei den Aussagen um dschihadistisch-salafistisches Gedankengut handelte, welches auch strafrechtliche Konsequenzen auslösen könne. Durch die Trennung traten die neuen salafistischen Aktivisten Said El Emrani und Brahim Belkaid immer häufiger in DWR-Videos auf. Sie vermittelten bedeutend radikalere Positionen als dies bislang der Fall gewesen war. Äußerte sich Vogel beispielsweise ablehnend gegenüber terroristischen Aktivitäten, distanzierten sich die neuen Prediger nicht mehr eindeutig davon. Am deutlichsten zeigte sich der Wandel von DWR bei einem Islamseminar in Mayen Ende 2010. Auf der Veranstaltung, die die DWR-Aktivisten organisiert hatten, trat Denis Cuspert unter seinem Kampfnamen Abou Maleeq auf. Der Berliner Ex-Rapper (»Deso Dogg«) interessierte sich seit 2009 für salafistische Gruppen wie »Einladung zum Paradies« (EZP) und DWR. Cuspert radikalisierte sich innerhalb weniger Monate. Ab 2010 legten seine öffentlichen Äußerungen seine Gesinnung erkennbar offen. Bei der Veranstaltung in Mayen trug er ein Kampflied (Naschid) vor, indem er sich dschihadistischer Narrative bediente, die sonst in Videobotschaften von Osama bin Laden oder Ayman al Zawahiri zu hören sind. In dem Naschid »Wacht doch auf« sang er darüber, dass der Westen einen Krieg gegen die Muslime führe und die Muslime aufwachen und sich gegen das Unrecht verteidigen sollten. Cuspert sang:

»Wacht doch auf, wacht doch auf, Krieg überall auf der Welt, Muslime fallen für Öl und Geld, Allâhu akbar, Allâhu akbar.

Bomben fallen, Bomben fallen, auf Irak und filistîn [Palästina], sie zerstören unseren Din [Religion], Allâhu akbar, Allâhu akbar.

Mütter schreien, Kinder weinen, fî sabîl li-llâh Dschihad [der militante Dschihad], warum bleiben unsere Herzen hart, Allâhu akbar, Allâhu akbar.

Macht du'â [freies Gebet], macht du'â, für die Brüder in Tschetschen‹,
wie könnt ihr ruhig schlafen gehen, Allâhu akbar, Allâhu akbar.

Keine Angst, keine Angst, kehrt zurück, subhân Allâh [gepriesen sei Gott],
keine Angst vor den kuffâr [Ungläubigen], Allâhu akbar, Allâhu akbar.

Mudschahid [Glaubenskämpfer], Mudschahid, Scharia [islamisches Recht] Somalia,
lâ ilâha illâ llâh [es gibt keinen Gott außer Gott], Allâhu akbar, Allâhu akbar.

Wandert aus, wandert aus, Usbekistan, Afghanistan,
wir kämpfen in Khorasan, Allâhu akbar, Allâhu akbar.

In schâ'a llâh [so Gott will], in schâ'a llâh, wir kämpfen, fallen als schuhadâ' [Märtyrer],
den Feind im Auge bi-smi llâh [im Namen Gottes], Allâhu akbar, Allâhu akbar.
(Abou Maleeq 2011)

Der Naschid ruft eindeutig dazu auf, die Mudschahidin zu ehren und ihnen in den Dschihad zu folgen. Cuspert forderte die Zuhörer auf, nach Afghanistan zu reisen, um sich am Kampf gegen die Ungläubigen zu beteiligen. Begleitet wurde Cuspert bei seinem Vortrag von Said El Emrani (Abu Dujana), und Brahim Belkaid (Abu Abdullah) und Abdellatif Rouali. Alle drei stimmen immer wieder an der Stelle des Refrains »Allahu akbar, Allahu akbar« in das Kampflied ein.

Die Aktivisten der DWR sind zwischen 2008 und 2010 zu überzeugten Anhängern des dschihadistischen Salafismus geworden und haben dem gewaltablehnenden Milieu der Salafisten den Rücken gekehrt. Allerdings versuchen sie ihre extremistische Gesinnung in der Öffentlichkeit zu verschleiern. Sobald sie mediale Aufmerksamkeit erhalten, gebärden sich Abu Dujana und Abu Abdullah als gewöhnliche Muslime. DWR-Aktivisten gehören beispielsweise zu den Hauptorganisatoren der seit Herbst 2011 bundesweit initiierten Verteilaktion von Koran-Exemplaren. Die Kampagne läuft unter dem Titel »Lies! Im Namen deines Herren, der dich geschaffen hat!«. Der führende Kopf von DWR, Ibrahim Abou Nagie, verfolgt mit der Kampagne das Ziel, DWR bundesweit bekannt zu machen, die Gruppe als friedlich agierende Muslime in der Öffentlichkeit darzustellen und so neue Anhänger zu gewinnen.

Bei ihrer »Lies«-Kampagne standen die DWR-Aktivisten auch in Kontakt mit der dschihadistischen Gruppe DawaFFM, die 2008 von Abdellatif Rouali im Raum Frankfurt gegründet worden war. Rouali und Roman Reinders (Abu Bilal) hielten auf Islamseminaren regelmäßig Vorträge mit Said El Emrani (Abu Dujana), und Brahim Belkaid (Abu Abdullah). Die von Rouali geleitete Gruppe umfasste höchstens zehn bis zwanzig Aktivisten. Von seinen Anhängern wird er Scheich Abdellatif genannt. Der 43-jährige predigte vorher mehrere Jahre in der Bilal-Moschee in Frankfurt-Griesheim. Seit 2011 beteiligten sich auch Aktivisten von DawaFFM an der Kampagne »Lies!« und bauten in den Fußgängerzonen von Frankfurt, Gießen und Bad Homburg Infostände auf. Daneben waren sie im Internet aktiv und veröffentlichen unter dem Logo »Islamische Audios« Videos von Vorträgen, die Scheich Abdellatif auf besagten Islamseminaren oder in Moscheen hielt. Hinzu kommen zahlreiche YouTube-Kanäle, die von den Mitgliedern eingerichtet wurden.

Am 13. März 2013 wurde DawaFFM vom Bundesinnenministerium verboten. Das Verbot begründete der damalige Minister Hans-Peter Friedrich damit, dass die Aktivisten von DawaFFM die demokratische Grundordnung und das demokratische Rechtsstaatsprinzip ablehnten. Im Rahmen des Verbots durchsuchte die Polizei Wohnungen und beschlagnahmte Mobiltelefone, Computer sowie Spendengelder. Zusätzlich sperrten die Behörden sowohl die Internetseite als auch mehrere Youtube-Kanäle von DawaFFM. Sicherheitsexperten äußerten gegenüber Journalisten, dass das Verbot berechtigt sei, weil die Aktivisten von DawaFFM mit ihrer (Internet-)Propaganda maßgeblich dazu beigetragen hätten, dass sich der Frankfurter Flughafenattentäter Arid Uka radikalisiert habe: »Nach Erkenntnissen der Bundesanwaltschaft hatte Uka sowohl im Internet Vorträge des DawaFFM-Chefpredigers gehört, als auch einige Male dessen Veranstaltungen besucht.« (Beucker 2013)

Die dritte und radikalste Gruppe wurde nach einer dschihadistischen Schrift von Abu Muhammad al-Maqdisi benannt: Millatu Ibrahim. Nachdem der Österreicher Mohamed Mahmoud, eine zentrale Führungsfigur, wegen der Verbreitung deutschsprachiger dschihadistischer Propaganda im Internet eine vierjährige Haftstrafe in Wien abgesessen hatte, reiste er Ende 2011 nach Deutschland und schloss sich zunächst der dschihadistischen Szene in Berlin an. Dort lernte er unter anderem Denis Cuspert kennen, mit dem er im Frühjahr 2012 Millatu Ibrahim in einer Solinger Moschee gründete (Flade 2012). Die Mitglieder waren über ganz Deutschland verstreut, allerdings galten Berlin und Solingen als wichtigste Zentren. Darüber hinaus gab es auch Aktivisten in Hamburg, Lübeck, Pinneberg, Husum, Dinslaken, Frankfurt und Erbach.

Der in Husum aufgewachsene Ismael Salim war ebenfalls Mitglied bei Millatu Ibrahim und betrieb seit März 2010 die dschihadistische Internetseite Salafimedia in Kooperation mit den britischen Dschihadisten Anjem Choudary und Abu Waleed. Auf dem Portal veröffentlichte er Videos, in denen dschihadistisches Gedankengut von Abu Hamza al Masri und Anwar al-Awlaki verbreitet wurde. Salim arbeitete auch eng mit Abu Dujana und Abu Abdullah am Projekt An-Nusrah zusammen. An-Nusrah war ein Verein, mit dem die Dschihadisten Muslimen in Not helfen wollten. Im Wesentlichen sammelten sie Spendengelder für Kriegsopfer in Syrien (Flade 2012).

Im Gegensatz zu den dschihadistischen Aktivisten von DWR oder DawaFFM traten die führenden Mitglieder von Millatu Ibrahim sowohl in Internetvideos als auch auf Veranstaltungen enorm aggressiv auf. So kam es am 1. Mai 2012 zu Ausschreitungen zwischen Mitgliedern der Gruppe und der Polizei in Solingen. Millatu Ibrahim hatte gegen eine Veranstaltung der rechtspopulistischen Partei ProNRW protestiert, weil diese Mohammed-Karikaturen des dänischen Zeichners Kurt Westergaard auf Schildern gezeigt hatten. Hasan Keskin (Abu Ibrahim) hielt als »Emir« eine Rede, in der er die Mudschahidin im Irak, in Palästina, Afghanistan und Tschetschenien als die wertvollsten Menschen bezeichnete, die er immer unterstützen würde, weil sie für Wahrheit und Gerechtigkeit kämpften. Nach seiner Rede eskalierte die Situation. Mehrere Demonstranten griffen die Polizei mit Stangen und Steinen an.

Wenige Tage später kam es erneut zu Ausschreitungen, diesmal in Bonn. Am 5. Mai beteiligten sich bis zu 400 Salafisten an einer Demonstration gegen die rechtsextreme Partei ProNRW, deren Anhänger erneut Bilder der Mohammed-Karikaturen in der Öffentlichkeit präsentierten, um Muslime und Salafisten zu provozieren. Diesmal waren nicht nur Aktivisten von Millatu Ibrahim an der Gegendemonstration beteiligt. Auch Abu Abdullah von DWR fungierte als Organisator und mobilisierte seine Anhänger. Zudem hielt er eine Rede, in der er die Provokationen durch ProNRW als nicht hinnehmbar bezeichnete. Muslime dürften nicht mehr durch solche Karikaturen entehrt werden. Ansonsten könne es passieren, das Deutsche in muslimischen Ländern verschleppt würden. Abu Abdullah appellierte an Bundeskanzlerin Angela Merkel und den damaligen Bundesinnenminister Hans-Peter Friedrich, die Provokationen von ProNRW zu unterbinden. Sie müssten wissen, »dass sie ihre Bürger in Gefahr setzen, wenn sie das zulassen« (Filmsequenz von DawaFFM, 2012). Bei dieser Kundgebung attackierten Salafisten ein weiteres Mal die Polizei mit Steinen und Fahnenstangen. Murat K., ein 26-jähriger Dschihadist aus Hessen, griff zwei Polizisten mit einem Messer an und verwundete beide schwer. Insgesamt wurden bei den Ausschreitungen in Solingen und Bonn 31 Polizisten verletzt. Murat K. wurde im Oktober 2012 zu sechs Jahren Haft verurteilt (Franz 2012).

Diese neuartigen Protestformen der dschihadistischen Gruppen verursachten eine Radikalisierung ursprünglich gemäßigterer salafistischer Gruppen. Ferner bewirkte die Propaganda von Millatu Ibrahim im Internet eine weitere Radikalisierung der Ideologen in der deutschen Öffentlichkeit. Vor der Gründung Millatu Ibrahims äußerten sich die meisten Dschihadisten aus taktischen Gründen gemäßigt und zurückhaltend, weil sie weder öffentlich auffallen noch strafrechtlich belangt werden wollten. Das änderte sich durch die Propagandaaktivitäten von Mohamed Mahmoud und Denis Cuspert. So sagte beispielsweise Brahim Belkaid in einem Video mit dem Titel »Abu Abdullah spricht Klartext«, dass die Ungläubigen es nicht mögen, dass sie [Salafisten] über den Dschihad und über die Mudschahidin reden. »Aber das ist die Religion. Und alles, was Allah herabgesandt hat, ist die Wahrheit. Und alles, was Allah liebt, lieben wir. [...] Allah liebt diejenigen, die Dschihad machen. Allah liebt diejenigen, die kämpfen.« Es sei die Pflicht, sein Land zu verteidigen. Aber nur wenn Muslime sich verteidigten, würden die Feinde ihnen unterstellen, dass sie Terroristen seien. Dabei müsse ein Muslim seinen Geschwistern helfen und sie unterstützen, »koste es, was wolle. [...] Entweder Sieg oder Gefängnis oder Schahada [Märtyrertod]. Nichts anderes kennen wir.« (Abu Abdullah 2013). Die Äußerungen von Brahim Belkaid spiegeln das Weltbild der Führungskader von DWR wider. Es handelt sich um bekannte Deutungsmuster des dschihadistischen Salafismus.

***

Die dschihadistische Ideologie besteht, wie eingangs erwähnt, aus vier wichtigen ideentheoretischen Elementen: den Konzepten der »dschâhiliyya«, der Einheit des Glaubens (tauhîd), der »al-walâ' wa-l-barâ'« und der Durchführung des Dschihads.

Sayyid Qutb, dessen Ideologie auf dem Konzept der dschâhiliyya basiert, definiert den Begriff als Zeitalter des Unglaubens, in dem die Menschen gegen Allahs Herrschaft rebellierten. Laut Qutb haben die Menschen durch diese Rebellion den islamischen Glauben zerstört und sind nicht mehr in der Lage, ihn korrekt auszuüben. Nicht mehr Gott herrsche über die Menschen, sondern die Menschen herrschten über sich selbst. Ein solcher Zustand, in dem die Souveränität nicht mehr von Gott ausgehe, führe zu massenhaftem Abfall vom Glauben. Weil die gesamte Menschheit unterdrückt werde, könne aus der Volksherrschaft ausschließlich Unglück hervorgehen (Qutb 2005: 29).

Das Zeitalter der dschâhiliyya ist laut Qutb durch den europäischen Kolonialismus im Mittleren Osten entstanden. Verantwortlich gemacht wird das westliche Hegemoniestreben (Khatab 2006: 62ff.). Bis heute betrachten viele Islamisten das Ende des letzten Kalifats im Jahre 1924 als Untergang der islamischen (Glaubens-)

Welt. Kemal Attatürk habe die Überbleibsel des Osmanischen Reiches reformiert und dabei ein westliches, säkulares Regierungssystem etabliert, durch das die Souveränität Gottes und somit der islamische Glauben zerstört worden sei. Für islamistische Ideologen ist die Entstehung säkularer Staaten in der islamischen Welt ein vom Westen aufgezeigter Irrweg. Allerdings war es nicht Qutb, sondern der pakistanische Gelehrte Sayyid al-Nadawi, der das westlich geprägte Herrschaftssystem als erster mit dem Begriff dschâhiliyya charakterisierte (Choueiri 1990: 94f.) Qutb übernahm dies von Nadawi. Das Konzept der dschâhiliyya ermöglichte Qutb einen Deutungsrahmen zu entwerfen, der einerseits Erklärungsansätze für den angeblichen Untergang der islamischen Welt anbietet, den er, ähnlich wie es Oswald Spengler formuliert hat, als zivilisatorischen Verfallsprozess sieht, verursacht durch die Abwendung der Menschen vom »wahren« islamischen Glauben, und der ihm andererseits erlaubt, klar auf die Schuldigen hinzuweisen, die diesen Verfall verursacht haben: der Westen (Ayubi 1991: 129f.). Diesen Deutungsrahmen benutzen heute viele dschihadistischen Bewegungen, um potenzielle Anhänger anzuwerben und zu mobilisieren.

Auch deutsche Dschihadisten verwenden seit drei Jahren das Konzept der dschâhiliyya, um ihren Anhängern aufzuzeigen, wie verkommen der westliche Lebensstil sei. Anfang 2012 veröffentlichte Denis Cuspert im Namen von Millatu Ibrahim ein Video auf YouTube, in dem er Qutbs Konzept der dschâhiliyya auf die Lebenswirklichkeit der heutigen Jugendlichen in Deutschland überträgt. In dem Video »Straßen- und Knastleben der Dschâhiliyyah« (Abu Talha al-Almani 2012) nutzt Cuspert den Begriff dschâhiliyya, um sein früheres Leben zu beschreiben, das er im Zustand der Barbarei geführt und das ihn schließlich sogar ins Gefängnis gebracht habe. So behauptet er unter dem Kampfnamen Abu Talha al-Almani: »Ich habe ein Leben auf der Straße gelebt mit Menschen, die keine Skrupel hatten. Für die ein Menschenleben nichts gezählt hat. [...] Frau und Kinder haben für die nicht gezählt. [...] Das Einzige, was die interessierte, war Profit. Die haben alles gemacht für Geld. Die haben gefoltert für Geld. Die haben getötet für Geld. Die haben ihre Familien verraten und verkauft« (Abu Talha al-Almani 2012). Seine eigenen Erfahrungen mit Drogen und Kriminalität bereut er, bezeichnet sie als ein unehrenhaftes und würdeloses Verhalten. Aber er habe es geschafft, sich aus diesem Zustand der dschâhiliyya zu befreien. Der Kampf, den man zwischen dem Zustand der Barbarei und der Religion führen müsse, sei aber hart und trete jeden Tag aufs Neue auf. Deshalb warnt er seine Zuschauer »vor den Gefahren, die mit einem sündigen Leben mit Musik und jugendlichem Alltag verbunden sind« (Nordbruch 2011).

Für dschihadistische Propagandisten ist es wichtig, einen Bezug zum Alltag der Jugendlichen herzustellen. Dadurch bietet sich ihnen die Möglichkeit, die Jugendlichen dazu zu bewegen, ihr Leben infrage zu stellen und sich beispielsweise fragen zu lassen, ob es sinnvoll sei, ein Leben mit Drogen, Schlägereien und Gangster-Attitüden zu idealisieren, da dieser Lebensstil doch zutiefst unislamisch und westlich sei. Denis Cuspert sagt in einem weiteren Vortrag, dass sein materielles Leben in der Vergangenheit nicht schlecht gewesen sei: »Ich habe Geld gehabt. Ich habe ein Auto gehabt. Ich habe ein schönes Leben gehabt. Aber mein Herz war unzufrieden. [...] Irgendetwas hat mich immer gestört. Ich war nicht zufrieden« (Abu Tahla al-Almani 2011). Ihm habe das Licht gefehlt, wie Cuspert es ausdrückt. Ihm fehlte die Freiheit, obwohl er alles besessen habe: »Allah hat mich nicht zufrieden gestellt mit diesen Sachen« (Abu Tahla al-Almani 2011). Die Verlockungen des westlichen Lebens seien zu verführerisch, so dass sich jeder, der nicht mehr im Zustand der dschâhiliyya leben möchte, deutlich von den Ungläubigen absondern müsse. In einem Interview bezeichnete er Musik als harâm, als etwas islamisch Verbotenes, von dem sich Jugendliche fernhalten sollten (Dajjal Television 2010). Erst die Musik und der Gangster-Lebensstil hätten ihn auf den falschen Weg gebracht (Abu Tahla Al-Almani 2012).

Mohamed Mahmoud, der sich den Kampfnamen Abu Usama al Gharib gegeben hat, führt aus, dass nicht nur ein bestimmter Lebensstil von Jugendlichen im Sinne der dschâhiliyya verwerflich sei, sondern »jede Lebensform, Ideologie oder Gesetzgebung, die dem Islam widerspricht« (Abu Usama al Gharib 2010: 9). Dschihadisten behaupten, dass abgesehen von ihnen selbst, alle Menschen einschließlich der Muslime, im Zustand der dschâhiliyya lebten und deswegen Ungläubige seien. Dschihadisten fühlen sich berufen, die Einheit des Glaubens (tauhîd) wiederherzustellen. Nur dadurch können sie die Menschen zum Islam, zum »wahren« Glauben, zurückführen. Abu Usama al Gharib sagte in einem Interview, dass die Mission, »die nicht auf dem Fundament des tauhîd aufgebaut wurde, keinen Sinn hat und keine Früchte tragen wird« (Interview mit Abu Usama al Gharib). Für die Einheit des Glaubens müssen die Gläubigen dem Bekenntnis der al-salaf al-sâlih bedingungslos folgen. Qutb argumentiert in seinem Hauptwerk »Zeichen auf dem Weg«, dass nur mit den reinen islamischen Quellen, die von den Altvorderen vorgelebt wurden, ein neues Leben begonnen werden könne (Qutb 2005: 31).

Auch puristische und politische Salafisten legen den Koran und die Sunna wortwörtlich aus. Der wesentliche Unterschied zum dschihadistischen Salafismus liegt in der Interpretation des tauhîd. Der Zustand der dschâhiliyya kann aus dschihadistischer Sicht nur mit dem Dschihad beseitigt werden. So argumentiert Abu Muhammad al-Maqdisi und entsprechend bestätigt es Abu Usama al Gharib in seinem Vortrag »An erster Stelle steht der tauhîd«: Muslime sind zum Dschihad verpflichtet, um den tauhîd umzusetzen (Abu Usama al Gharib 2012). Im Gegensatz zu den puristischen oder politischen Salafisten reicht es Dschihadisten nicht, sich öffentlich als Muslim zu bekennen und den Glauben nach den Vorgaben der frommen Altvorderen auszurichten. Jeder sei gezwungen, »Götzendiener« und die von Menschen geschaffene Gesetzgebung abzulehnen (Wagemakers 2012: 68).

Für Dschihadisten geht die Verehrung und Aufopferung für Gott bedeutend weiter als für salafistische Prediger. Dschihadisten fordern bedingungslose Loyalität (walâ') von jedem, der Muslim sein will. Mit dem Begriff walâ' bezeichnen sie eine klare Vorstellung, wer loyal ist und damit den richtigen Glauben lebt (Brachman 2008: 45). Mit dem Komplementärbegriff barâ' bezeichnen sie die Verleugnung des Glaubens und die Lossagung von ihm. Dieser Bruch erfolgt, wenn jemand seinen Glauben nicht würdigt oder sogar verrät. Der Islamwissenschaftler Joas Wagemakers verweist darauf, dass dschihadistische Salafisten wie Abu Muhammad al-Maqdisi den Begriff auch als eine Art Synonym für den Zustand der dschâhiliyya benutzen (Wagemakers 2012: 148). Auch die Auslegung von barâ' ist bei Dschihadisten weit gefasst. Für Maqdisi findet sie bereits statt, wenn sich Muslime nicht konsequent von solchen politischen Systemen distanzieren, die dschihadistische Bewegungen ablehnen. Er ruft dazu auf, alle Regierungen, die dem wahren Glauben nicht folgen und sich für ihre Religion nicht aufopfern, zu exkommunizieren und zu bekämpfen (Allawi 2007: 239).

Das Konzept al-walâ' wa-l-barâ' hat eine zentrale Funktion in der dschihadistischen Ideologie. Es dient dazu, sowohl die Solidarität untereinander zu stärken und die Homogenität der Eigengruppe aufrechtzuerhalten, als auch eine deutliche Abgrenzung zur Fremdgruppe zu schaffen (Wagemakers 2012: 149). Walâ' festigt die eigene Identität durch die Schaffung eines kohärenten Gruppenbewusstseins, während barâ' den Gegner definiert. Der Begriff verkörpert Feindschaft und Hass gegenüber den ungläubigen Herrschern und ihren Unterstützern.

Mit der Doktrin der »al-aqîda al-wasitiyya« von Ibn Taymiyya, der im 13. und 14. Jahrhundert gelebt hat, gibt es noch ein weiteres Konzept, das Dschihadisten benutzen, um wahre Muslim von falschen zu unterscheiden. Nach Ibn Taymiyya ist der Glaube das Schlüsselelement, um den Unterschied zwischen richtigem und falschem Handeln zu lernen (s.a. Brachman 2009: 42). Entsprechend ruft der deutsche Dschihadist Hasan Keskin unter seinem Kampfnamen Abu Ibrahim dazu auf, aufzupassen, wie man handelt und was man tut. Andernfalls müsse man Angst haben, als Ungläubiger (kâfir) zu sterben. Denn der Feind bzw. der Teufel (schaytân) versucht, einen fortwährend in die Irre zu führen. Jederzeit sei zu prüfen, ob die Glaubensgrundlage (aqîda), die man praktiziere, noch richtig sei (Abu Ibrahim 2012).

Die Dschihadisten verbinden diese Abgrenzungen von wahren und falschen Gläubigen schließlich mit dem Dschihad – dem religiösen Kampf. Maqdisi wandelt die Konzepte von einem salafistischen Werkzeug zur Reinigung des Islams zu einem Instrument der Revolution um (Wagemaker 2012: 174). Bereits Sayyid Qutb hatte in seinem Buch »Zeichen auf dem Weg« eine Strategie zur Wiederherstellung der Einheit des Islams gefordert. Als erstes verlangte er von seinen Anhängern die Etablierung einer tatkräftigen Bewegung. Als zweites stellte er klar, die Scharia könne nur mit dem Dschihad wieder Geltung verschafft werden (Qutb 2005). Qutb entwickelte eine Dschihad-Interpretation, die stark von Ibn Qayyim al-Dschauziyya (dem berühmten Schüler von Ibn Taymiyya) beeinflusst ist. Er übernimmt letztlich dessen radikalste Option, um den Zustand der dschâhiliyya zu beseitigen, und ruft zu einem Dschihad auf, in dem alle Muslime zum Kampf verpflichtet sind. Weiter fordert er die Gläubigen auf, so lange zu kämpfen, bis alle Menschen der Herrschaft Gottes unterworfen seien (Damir-Geilsdorf 2003: 183). Diese Interpretation des Dschihad hat keinen defensiven Charakter mehr, wie er in klassischen Traktaten zu finden ist. Der Dschihad, den Qutb entwickelt hat, konzentriert sich nicht darauf, das islamische Herrschaftsgebiet (dâr al-islâm) zu verteidigen, sondern auf den Kampf (qitâl) um die weltweite Herrschaft. Zur Etablierung einer islamischen Ordnung (al-nizâm al-islâmî) im Sinne der Dschihadisten bedarf es einer gewalttätigen Form des Einsatzes gegen alle »repressiven politischen Systeme, unter denen die Menschen an ihrer Freiheit gehindert werden, zu wählen, welchen Glauben auch immer sie wollen« (Qutb 2005: 100).

Ähnlich argumentiert auch ein deutscher Dschihadist mit Kampfnamen Abu Assad al-Almani. Er behauptet, die Idolatrie (schirk) sei nur durch die Einheit des Glaubens zu beseitigen. Da sich die Götzendiener (muschrikûn) gegen die Etablierung zur Wehr setzen würden, sei man verpflichtet, in den Dschihad zu ziehen.

»Denn ohne den gesegneten Dschihad würde sich der [kufr; Unglaube] auf dieser Welt immer weiter verbreiten wie [...] Krebs, dessen Ausbreitung schnell und unkontrolliert erfolgt, bis der ganze Körper davon befallen ist. [...] Mit der Rechtleitung des Buches Allahs und der

Unterstützung mit dem Schwert wird der [tauhîd] von tapferen und treuen [mudschahidûn; Kämpfern] getragen: die schwarzen Flaggen emporhebend, einmarschierend Land für Land, einnehmend und nicht ruhend, bis die gesamte Erde mit dem Buche Allahs regiert wird.« (Abu Assad al Al-Almani 2012: 5)

Der deutsche Dschihadist Hasan Keskin (alias Abu Ibrahim) fordert in seinem Vortrag: »Der [tauhîd] und die Muslime heutzutage«, dass sich die islamische Gemeinschaft (Umma) wandeln müsse: »Wir müssen zu dieser Religion zurückkommen [...], denn wir wollen, dass sich die Lage in unseren Ländern verändert. [...] Wir wollen, dass wir keine Tyrannen mehr als Führer haben. [...] Aber dann müssen wir uns auch ändern. [Denn] Allah wird die Lage einer Gemeinschaft niemals ändern, bis ihr euch nicht selbst ändert« (Abu Ibrahim 2012). Der ideologische Deutungsrahmen, den Abu Ibrahim hier konstruiert, dient ihm dazu, Muslime als gefährdete und unterdrückte Gemeinschaft darzustellen, die sich verteidigen muss. Das Hochstilisieren eines Feindes, der die Muslime bedroht, fungiert als ideologisch konstruierter Aufruf, das bisherige Leben aufzugeben, sich selbst zu ändern, indem man sich den Unterdrückten anschließt und sich der Gefahr durch den übermächtigen Feind entgegenstemmt. Abu Assad al-Almani fasst die Vorstellung in ihrer ganzen Brutalität in folgenden Worten zusammen:

»Drum erhebe dich aus der Erniedrigung. Erkenne deine Pflicht, und erkenne das Recht deiner Umma und die des Schwertes. So sei keine Marionette in einer Puppenkiste, in welcher die [kuffâr; Ungläubigen] bzw. die [tawâghît-Mächte; Sinnbild für korrupte Staatssysteme] unserer Zeit die Fäden in der Hand haben, um dich dementsprechend so hin und her zu biegen, in einer Art und Weise, wie sie dich zu kontrollieren versuchen [...]. So komme und fülle die Reihen der [mudschahidîn], denn die Waffen [...] warten auf ihre Besitzer, die ihre jeweilige Munition in die mit Dreck gefüllten Körper der Kreuzzügler, dem Abschaum dieser Welt, eindringen und sie zerfetzen lässt.« (Abu Assad al-Almani 2012: 8)

SCHLUSSBEMERKUNG

Die Ideologie des dschihadistischen Salafismus prägen drei ideenhistorische Wurzeln. Die erste gründet in den Schriften Sayyid Qutbs. Dessen Auslegung gilt als klassische Variante des Dschihadismus, die von den politischen Ideen der Muslimbruderschaft stark beeinflusst wurde.

Eine weitere Wurzel entstand durch den Ägypter Schukri Mustafa, der in den 1970er Jahre der Chefideologe der Bewegung Takfir wal-Hijra war. Seine Hauptthese besteht darin, dass die muslimische Gesellschaft in einem Zustand der dschâhiliyya lebe, es daher nicht möglich sei, zum Glauben zurückzufinden, und sich deshalb eine Avantgarde bilden müsse, die sich von der Gesellschaft isoliert, um in der Abgeschiedenheit wieder zum Glauben zurückzukehren. Sobald sie mit Takfir wal-Hijra eine kampfstarke Bewegung gebildet hätten, seien sie verpflichtet, die korrupten Herrscher und die ungläubigen Muslime zu beseitigen (Kepel 1995: 71ff.).

Die dritte Wurzel gründet auf eine stark vom wahhabitischen Denken aus Saudi-Arabien beeinflusste ideologische Strömung (Paz 2009: 269f.). Deren Vertreter kritisieren beispielsweise die klassische Auslegung des Dschihadismus von

Sayyid Qutb. Sie werfen ihm vor, dass er nicht die Ideen von Muhammad Ibn Abd al-Wahhab, auf den der Wahhabismus zurückgeht, rezipiert habe. Ferner seien Qutbs Schriften zwar stark von Ibn Taymiyyas Doktrin beeinflusst, wodurch die salafistischen Einflüsse erkennbar seien, aber letztendlich doch zu stark von westlichen Ideen beeinflusst. Damit habe er verbotene Innovationen (bidâ') in die Glaubensdoktrin (aqîda) aufgenommen, was den islamischen Glauben verunreinige (Wiktorowicz 2005).

Durch die drei verschiedenen ideentheoretischen Wurzeln wurden Unterscheidungsmerkmale bestimmt, nach denen dschihadistische Gruppen und Bewegungen (in Deutschland) in drei ideologische Richtungen aufgegliedert werden:

1. eine dschihadistische,
2. eine takfiristische und
3. eine dschihadi-salafistische Strömung.

Fraglich ist jedoch, ob die Unterscheidungskriterien so schlüssig auf die einzelnen Ideologen und Bewegungen (in Deutschland) übertragbar sind. Nach wie vor hat kein Wissenschaftler genau schildern können, welcher Gruppe oder welchem speziellen Ideologen die dschihadistischen Salafisten in Deutschland zuzuordnen sind. Meistens wird in diesem Zusammenhang Abu Muhammad al-Maqdisi als Repräsentant des dschihadistischen Salafismus genannt. Maqdisi selber behauptet jedoch, dass der Begriff nicht von ihm stamme (Hegghammer 2009: 251).

Die wesentlichen Unterscheidungsmerkmale zwischen Dschihadisten und dschihadistischen Salafisten mögen darin liegen, dass die Ideologen, die der klassischen Auslegung des Dschihadismus folgen,

1. keinen direkten Bezug zur salafistischen Lehre von Abd al-Wahhab haben und angesichts der Beeinflussung durch die Muslimbruderschaft Führern Treue und Ergebenheit entgegenbringen statt dem Koran und der Sunna,
2. zu stark von westlichen Ideen beeinflusst werden, die die dschihadistischen Salafisten als verbotene Innovationen (bidâ') ansehen und
3. sich für einen Fanatismus begeistern, der sich zu stark an profanen Dingen orientiere (Hasan 2009: 171).

Aber bedeuten diese Unterscheidungskriterien, dass man nun alle deutschen Gruppen stichhaltig einer dieser drei ideentheoretischen Wurzeln zuordnen kann? Es ist äußerst fragwürdig, ob Gruppen wie Millatu Ibrahim nur einer ideologischen Wurzel des Dschihadismus zugeschrieben werden können, denn ihre Aktivisten berufen sich nicht nur auf die Schriften Abu Muhammad al-Maqdisis. So übernahm Abu Talha al-Almani auch Sayyid Qutbs Konzept der dschâhiliyya, um den Zustand der Barbarei im Westen bloßzulegen.

Des Weiteren ist es problematisch, die Dschihadisten der ersten Generation in Deutschland der klassischen Auslegung des Dschihadismus zuzuordnen. So verweist gerade Evan Kohlmann darauf, dass die Dschihadisten, die in den 1990er Jahren Terrorzellen in Europa aufbauten, tragende Mitglieder der al-Dschamâ'a al-Islâmiya waren (Kohlmann 2005). Die Mitglieder der al-Dschamâ'a al-Islâmiya standen der Muslimbruderschaft weder nah noch wurden sie von dieser islamistischen Bewegung beeinflusst. Ihre Ideologie ist sowohl von der salafistischen

Doktrin – insbesondere von der Idee der hisba (Pflicht jedes Muslims zu gebieten, was recht und was zu verbieten ist, siehe oben) und dem Konzept der al-walâ' wa-l-barâ' – als auch von den dschihadistischen Ideen Sayyid Qutbs geprägt (Meijer 2009).

In Deutschland waren Yahia Yusuf, Adly al-Attar und Abdel-Akher Hammad zentrale Figuren des dschihadistischen Milieus. Ohne diese Aktivisten wäre in Deutschland eine so stark wachsende dschihadistische Bewegung nicht entstanden. Allerdings waren alle drei Mitglieder der al-Dschamâ'a al-Islâmiya. Sie können daher nicht nur der klassischen Auslegung des Dschihadismus zugeordnet werden, sondern müssen auch der ideologischen Richtung des dschihadistischen Salafismus zugewiesen werden.

Eine Aufgliederung innerhalb der dschihadistischen Gruppen in Deutschland ist nicht zweckmäßig, denn die Unterscheidungsmerkmale sind weder klar erkenntlich noch überzeugend dargestellt. Durch die Internationalisierung des dschihadistischen Salafismus können die Unterschiede zwischen den verschiedenen dschihadistischen Wurzeln gar nicht mehr deutlich hervorgehoben werden. Zudem werden deutsche Dschihadisten von allen Richtungen innerhalb der dschihadistischen Ideologie stark beeinflusst. Sie greifen von allen Richtungen dschihadistische Narrative auf und bauen sie dann in ihre eigenen dschihadistischen Deutungsrahmen, so dass die deutschen Propagandisten nicht ausschließlich einer der drei ideologischen Wurzeln zugeordnet werden können.

LITERATUR

Abu Abdullah (2013): »Klartext«, unter: www.youtube.com/watch?v=BOSXtMdek 2E [25.10.2013].

Abu Assad al-Almani (2012): »Die Freiheit im Gihad, Veröffentlichung der Globalen Islamischen Medienfront«, unter: http://azelin.files.wordpress.com/2012/10/abc5ab-asad-al-almc48inc4ab-22the-freedom-in-jihc48id22.pdf [16.08.2014].

Abu Ibrahim (2012): »Der Tauhid und die Muslime heutzutage, Video von Millatu Ibrahim«, unter: www.youtube.com/watch?v=Kj4Yx--CTqM [08.02.2012].

Abu Maleeq (2011): »Wacht doch auf (Nasheed), Veröffentlichung von DawaFFM«, unter: www.youtube.com/watch?v=oQb8ilPETbk [9.09.2011].

Abu Usama Al-Gharib (2011): »Sind mehrere unterschiedliche Herren besser als Allah der Allmächtige?, E-Buch von Millatu Ibrahim«, unter: http://izzahazzam.jimdo.com/shaykh-abu-usama-al-gharib/texte/ [22. 01.2012].

Abu Usama Al-Gharib (2012): »An erster Stelle steht der Tauhid (Khutba), Video von Millatu Ibrahim«, unter: www.youtube.com/watch?v=9GvQod-PQjI [22.01.2012].

Abu Tahla al-Almani (2011): »Mein Weg gegen die Dschâhiliyyah, Video von Millati Ibrahim«, unter: www.youtube.com/watch?v=KITqb5INPNI [01.12.2011].

Abu Tahla al-Almani (2012): »Straßen und Knastleben der Dschâhiliyyah, Video von Millatu Ibrahim«, unter: www.youtube.com/watch?v=-AtyshHPyYE [24. 02.2012].

Allawi, Ali A. (2007): The Occupation of Iraq. Winning the War, Losing the Peace. Cambridge.

Amghar, Samir (2007): »Salafism and Radicalisation of young European Muslims«, in: Samir Amghar u.a. (Hg.): European Islam. Challenges for society and Public Policy. Brüssel.

Ayubi, Nazih (1991): Political Islam: Religion and Politics in the Arab World. London.

Baehr, Dirk (2009): Kontinuität und Wandel in der Ideologie des Jihadi-Salafismus. Eine ideentheoretische Analyse der Schriften von Abu Mus'ab Al-Suri, Abu Mohammad Al-Maqdisi und Abu Bakr Naji. Bonn.

Baehr, Dirk (2011): »Die somalischen Shabaab-Milizen und ihre dschihadistischen Netzwerke im Westen«, in: Auslandsinformationen, 8(2011), S. 22-39.

Baehr, Dirk (2012): »Salafistische Propaganda im Internet: Von der reinen Mission bis zum globalen Dschihad. Die wesentlichen ideentheoretischen Unterschiede unter den salafistischen Strömungen in Deutschland«, in: Magdeburger Journal zur Sicherheitsforschung, 2(2012), S. 236-269.

Baz, Mira (2012): Lebanese Salafis between the Gulf and Europe: Development, Fractionalization and Transnational Networks of Salafism in Lebanon. Amsterdam.

Beucker, Pascal (2013): »Hausbesuch bei Fanatikern«, in: taz, 13.03.2013.

Brachman, Jarret (2008): Global Dschihadism. Theory and Practice. London u.a.

Choueiri, Youssef (1990): Islamic Fundamentalism. London.

Crewdson, John (2002): CIA stalked Al Qaeda in Hamburg, in: Chicago Tribune, 17.11.2002.

Dajjal-Television (2010): Von Deso Dogg zu Abou Maleeq. Interview mit Denis Cuspert vom Oktober 2010, unter: www.al-adala.de/attachments/article/443/Deso-Dogg-Abou-Maleeq-dajjaltv.pdf [16.08.2014].

Damir-Geilsdorf, Sabine (2003): Herrschaft und Gesellschaft. Der islamistische Wegbereiter Sayyid Qutb und seine Rezeption. Würzburg.

Flade, Florian: »Polizei beschlagnahmt 12.000 Euro bei Salafisten«, in: Die Welt, 22.06.2012.

Franz, Rüdiger (2012): Salafisten greifen Polizisten an, in: General-Anzeiger vom 07.05.2012.

Generalbundesanwaltschaft (2006): Ermittlungsverfahren gegen Mamoun Darkanzali eingestellt, 14. Juli 2006, unter: www.generalbundesanwalt.de/txt/showpress.php?newsid=246 [16.08.2014].

Gerlach, Julia (2011): »Der Scheich will, dass Sie Kopftuch tragen«, in: Frankfurter Rundschau, 24.11.2011.

Hasan, Noorhaidi (2009): »Ambivalent Doctrines and Conflicts in the Salafi Movement in Indonesia«, in: Roel Meijer (Hg.): Global Salafism, Islam's New Religios Movement. London, S. 169-188.

Heffelfinger, Chris (2011): Radical Islam in America: Salafism's Journey from Arabia to the West. New York.

Hegghammer, Thomas (2009): »Dschihadi-Salafis or Revolutionaries? On Religion and Politics in the Study of Militant Islamism«, in Roel Meijer (Hg.): Global Salafism, Islam's New Religios Movement. London, S. 244-266.

Kaiser, Simone u.a. (2007): »Operation Alberich«, in: Der Spiegel, 37/2007.

Kepel, Gilles (1995): Der Prophet und der Pharao. Das Beispiel Ägypten: Die Entwicklung des muslimischen Extremismus. München.

Khatab, Sayed (2006): The Political Thought of Sayyid Qutb. London u.a.

Leyenberg, Arne (2010): »Vom Boxer Pierre Vogel zum Prediger Abu Hamsa« in: FAZ, 02.02.2010.
Maqdisi, Abu Muhammad al- (2009): »Die Methode und die verschiedenen Abschnitte in der Dawah der Gesandten«, unter: http://attibyaan.wordpress.com/category/abu-muhammad-al-maqdisi-3/ [16.08.2014].
Meijer, Roel (2007): »Yusuf al-Uyairi, and the Making of a Revolutionary Salafi Praxis«, in: Die Welt des Islams, 47(2007), S. 422-459.
Meijer, Roel (2009): »Commanding Right and Forbidding Wrong as a Principle of Social Action. The Case of the Egyptian al-Jama'a al-Islamiyya«, in: Roel Meijer (Hg.): Global Salafism, Islam's New Religios Movement. London, S. 189-220.
Meijer, Roel (2010): »Salafism: Doctrine, Diversity and Practice«, in: Khaled Hroub (Hg.): Political Islam. Context versus Ideology. London, S. 37-60.
Musharbash, Yassin und Matthias Gebauer (2007): »Islamisten-Szene: Die Radikalen von Ulm«, in: Spiegel Online, 30.06.2007.
Neumann, Peter u.a. (2011): »Locating Al Qaeda's Center of Gravitiy: The Role of Middle Managers«, in: Studies in Conflict and Terrorism, 34(2011), S. 825-842.
Nordbruch, Götz (2011): »Vom bad boy zum Vorbild in Sachen Gottes? Islamistische Initiative werben mit ehemaligen Rappern um junge Muslime«, in: ufuq.de, 23.08.2011.
Paz, Reuven (2009): »Debates within the Family, Dschihadi-Salafi Debates on Strategy, Takfir, Extremism, Suicide Bombings, and the Sense of the Apocalypse«, in: Roel Meijer (Hg.): Global Salafism. Islam's New Religios Movement. London, S. 267-280.
Qutb, Sayyid (2005): Zeichen auf dem Weg. Istanbul.
Ramelsberger, Annette (2008): Der deutsche Dschihad, Islamistische Terroristen planen Anschlag. Berlin.
Richter, Nicolas (2008): »Der Kaufmann von Hamburg«, in: Süddeutsche Zeitung, 12.12.2008.
Rudolph, Ekkehard (2010): »Salafistische Propaganda im Internet. Eine Analyse von Argumentationsmustern im Spannungsfeld von missionarischen Aktivismus, Islamismus und Gewaltlegitimation«, in: Armin Pfahl-Traughber (Hg.): Jahrbuch für Extremismus- und Terrorismusforschung 2009/2010. Brühl.
Schattauer, Göran und Sandra Zistl (2007): »Um Gottes willen«, in: Focus, 28/2007.
Shehabi, Saeed (2008): »The Role of Religious Ideology in the Expansionist Policies of Saudi Arabia«, in: Madawi al Rasheed (Hg.): Kingdom without Borders: Saudi Arabia's Political, Religious and Media Frontiers. London, S. 183-197.
Silber, Mitchell (2011): The Al Qaeda Factor: Plots against the West, Philadelphia 2011.
Vallander, Frank (2009): »Muslime nehmen Stellung zu Islamist Harrach«, in: General-Anzeiger, 19.11.2009.
Vitzhum, Carla und Keith Johnson (2002): »Spain detains al Qaeda Financier in flury of Europe Terror Arrests«, in: The Wall Street Journal, 25.4.2002.
Wagemakers, Joas (2008): »Abu Muhammad al-Maqdisi: A Counter-Terrorism Asset?« in: CTC Sentinel, 1/6(2008), S. 7-9.
Wagemakers, Joas (2012): A Quietist Jihadi. The Ideology and Influence of Abu Muhammad al-Maqdisi. Cambridge.

Wiktorowicz, Quintan (2006): »Anatomy of the Salafi Movement«, in: Studies in Conflict and Terrorism, 29(2006), S. 217-228.

salafismus.de — Internetaktivitäten deutscher Salafisten

Philipp Holtmann

Dieser Beitrag über Internetaktivitäten deutscher Salafisten kann nur eine Momentaufnahme sein, da sich die salafistische Subkultur in Deutschland laufend verändert. Das bezieht sich sowohl auf virtuelle als auch auf physische Allianzen. Gründe dafür sind enormer äußerer und innerer Druck, endogene Dynamiken (Streitigkeiten und ständig wechselnde Koalitionen) sowie exogene Konflikte (Vereinsverbote).

Einleitung

Seit Beginn der bundesweiten Koranverteilungsaktion »Lies« des Netzwerks »Die Wahre Religion« (DWR) Anfang 2012 und dem Verbot dschihadistischer Netzwerke im Rhein-Main Gebiet im Juni 2012 sowie im März 2013 sind zwei wichtige Strömungen des deutschen Salafismus wieder stärker ins Licht der Öffentlichkeit gerückt. Im Frühjahr 2014 spitzte sich die Debatte über Islamisten und Salafisten weiter zu, nachdem der Deutsch-Ägypter Hamed Abdel-Samad sein Buch »Der islamische Faschismus« veröffentlicht hatte. Der Autor attestiert »dem Islam« darin faschistoide Grundlagen: In einem Interview mit dem Online-Magazin »The European« (31.3.2014) erklärt er: »Der Faschismus ist nicht nur eine politische Ideologie, sondern eine politische Religion. Er hat alles, was dazugehört: absolute Wahrheiten, den charismatischen Führer, die Aufteilung der Welt in Gut und Böse. Und er verlangt unbedingten Gehorsam von seinen Anhängern. Der Islam ist genauso.« Weitere Gründe für die zunehmende öffentliche Auseinandersetzung mit dem Thema Islamismus/Salafismus und das verstärkte Drängen der Salafisten in die Öffentlichkeit sind die europaweiten Ängste vor Überfremdung durch muslimische Einwanderer und die kurze, aber intensive Machtphase der Muslimbrüder in Ägypten zwischen 2012 und 2013. Mehrere deutsche Salafisten zogen sich damals nach Ägypten zurück. Es entstanden neue internationale Netzwerke, die sich über das Internet vermarkteten. Diese Entwicklungen suggerierten sowohl der deutschen Öffentlichkeit als auch den Anhängern des Salafismus ein Erstarken muslimisch-politischer Tendenzen.

Zwischen 2008 und 2011 spielten die Internetauftritte von Puristen und »Politicos« (politische Salafisten) eine untergeordnete Rolle. Damals dominierten

Dschihadisten die öffentliche Berichterstattung und den salafistischen Diskurs im Internet. Es ging vor allem um deutsche Dschihad-Reisegruppen, die sich nach Waziristan im pakistanisch-afghanischen Grenzgebiet aufmachten. Dort produzierten Deutsche mithilfe internationaler Dschihad-Organisationen dutzende Propagandavideos, die im Internet veröffentlicht wurden. Die deutsche Waziristan-Fraktion ist mittlerweile in den Hintergrund gerückt. Es wird nicht mehr viel über sie berichtet, und sie produziert gegenwärtig auch kein nennenswertes Material mehr. Die mediale Hochphase der deutschen Dschihadisten spielte allerdings eine wichtige Rolle für die rasche Ausweitung der Selbstdarstellung der übrigen Salafisten sowie für deren Selbstwahrnehmung und für deren Anwendung neuer Marketingkonzepte. Außerdem beeinflussen die Dschihadisten nach wie vor das öffentliche und politische »framing« der Debatte über Salafismus, neuerdings auch über Faschismus und Islam.

Die salafistische Internetpropaganda in Deutschland wird heute von zwei Kernthemen dominiert: die professionell inszenierte Dokumentation von Koranverteilungen und Konversionen in Deutschland sowie der Syrienkrieg. Entsprechend wird die deutsche Salafistenszene zur Zeit von zwei Strömungen geprägt: Erstens ist das die Strömung des DWR-Netzwerks, deren Mehrheitsfraktion sich von den deutschen Dschihadisten entfernt und ihren Marketingeinsatz in den Sozialen Medien – vor allem über YouTube – professionalisiert und popularisiert hat; ein radikal-extremistischer Flügel der DWR unterstützt weiterhin die Propaganda der Dschihadisten. Die zweite Strömung besteht aus dschihadistischen Propagandisten und Aktivisten, die vor allem von der instabilen Lage in der arabischen Welt angezogen werden. Diese Strömung entstand nach 2011 in Deutschland und weitete ihre virtuellen und physischen Propaganda-Netzwerke auf die Türkei, Bahrain, Ägypten, Libyen und Syrien aus. Grundpfeiler dieser Strömung sind die eng miteinander verknüpften und hierarchisch gegliederten Webpräsenzen »Tauhid Germany,« »Millatu Ibrahim«, »Salafimedia« und ihre deutsch- und arabischsprachigen Anführer: Abu Ibrahim, Abu Talha al-Almani und Abu Usama al-Gharib zusammen mit Scheich Abu Sufyan al-Binali.

Die Politicos und die Dschihadisten dominieren derzeit das Bild des deutschen Salafismus sowohl im Internet als auch in der physischen Realität und können über erfolgreiche Social-Media-Kampagnen immer mehr Bedeutung erlangen. Eine genaue Betrachtung der verschiedenen Strömungen deutscher Salafisten anhand ihrer Webpräsenzen zeigt, dass es sich um eine recht vielfältige Bewegung teils zerstrittener, teils miteinander kooperierender Puristen und Aktivisten des fundamentalistischen Islams handelt. Ihre überlappenden Strategien reichen vom puristischen Quietismus (Isolationismus) und Aktivismus (Missionierung) über den radikal-politischen Aktivismus mit militanten Rändern bis hin zum dschihadistischen Aktivismus (der sich wiederum in politisch-revolutionären Dschihadismus und ultra-puristischen Takfirismus unterteilt; vom arabischen Begriff takfīr abgeleitet, d.h. einen anderen Muslim zum Ungläubigen erklären).

In dieser Aufzählung sind die Puristen vielleicht sogar die schweigende Mehrheit; die Politicos haben die stärkste mediale Präsenz, und die Dschihadisten ziehen immer wieder Mitglieder an, denen andere salafistische Strömungen zu moderat sind. Alle Teilgruppen verbinden jedoch Schnittpunkte in Form von Ideen, Personen und Internetauftritten. Hier stellt sich ein grundsätzliches Problem des Informationszeitalters dar: Selbst wenn die physische Existenz eines Netzwerks eher marginal ist, so kann es doch mit Hilfe eines erfolgreichen Social Media-Marketings zu unverhältnismäßigem Einfluss gelangen. Dies demonstriert zum Beispiel das Netzwerk »Die Wahre Religion.« Es betreibt eine erfolgreiche semiotische Verknüpfung von physischer und virtueller Realität, indem Videos und Selbst-Dokumentation von »Street-Da'wa« und »Live-Konversionen« in deutschen Fußgängerzonen auf YouTube hochgeladen werden. Durch diese Medienstrategie verschwimmt der Gegensatz zwischen virtueller und physischer Realität, was wiederum dazu führt, dass es neuen Zulauf und Unterstützung durch Spenden und Konversionen gibt.

Die virtuellen Autoritätsansprüche und das Social-Media-Marketing deutscher Salafisten beruhen auf drei kommunikativen Hauptpfeilern:

1. Die Symbol- und Zeichenwelt salafistischer Räume im Internet, die angewandt werden, um eine Bezugsbasis zum Islam zu schaffen.
2. Kommunikationsrituale zur Schaffung von Makro- und Mikrohierarchien innerhalb der Netzwerke. Makrohierarchien entstehen beispielsweise durch die Präsentation von Bezugspersonen, die Einfluss und Ansehen in der salafistischen Szene genießen – sogenannte Emire (arab. umarâ') oder Scheichs (arab. shuyûkh). Mikrohierarchien handeln die Aktivisten vor allem in Online-Foren untereinander aus, indem sie die eigenen Strömungen positiv besetzen und andere abwerten. Zu den Ritualen gehören die Verwendung eines deutsch-arabischen Slangs mit theologischen Versatzstücken, diskursiv-doktrinäre Codes, die hauptsächlich in der salafistischen Szene verstanden werden, und der Rekurs auf Führungsfiguren. Ein besonders gutes Beispiel für solche Diskussionen ist das deutschsprachige Forum ahlu-sunnah.com.
3. Ein referentielles Glaubenssystem, welches der »Online-Salafismus« schafft, das auf »göttlicher Führung« (hidâya) fußt und Anführern die Formulierung von Handlungsanleitungen ermöglicht, denen nicht widersprochen werden darf.

Zwischen puristischem, politischen und dschihadistischen Strömungen im Salafismus gibt es erhebliche Unterschiede aber auch Überschneidungen. Dies betrifft die ästhetisch-semiotischen Ausdrucksweisen im Netz, methodisch-strategische Fragen, theologische Interpretationen und Konflikte um die kommunikative und charismatische Führung.

Salafisten sind in Gemeinden und Kleingruppen, aber vor allem in virtuell-physischen Netzwerken organisiert. Durch die vernetzte Kommunikationskultur des Internets und die rasante Ausbreitung der sozialen Medien hat die Zahl solcher Netzwerke in den vergangenen zehn Jahren deutlich zugenommen. Sie können im Grunde als wichtigste Massen-Organisationsform des frühen 21. Jahrhunderts betrachtet werden. Nach Schätzungen der deutschen Sicherheitsbehörden umfassen die virtuell-physischen Netzwerke des Salafismus in Deutschland zwischen 4.000 bis 6.000 Personen (Pantucci 2011). Ihre Hierarchien sind relativ flach. Bedeutung und Einfluss variieren je nach Zentralität oder De-Zentralität der verschiedenen Akteure und Ideen. Sie sind resistenter gegen systemische Schocks als feste Zusammenschlüsse. Als der Prediger Pierre Vogel aus dem von ihm gegründeten Missionierungsverein »Einladung zum Paradies« (EZP) austrat, weil dieser ins Visier des Verfassungsschutzes geraten war, blieben viele Verbindungen und Strukturen, die über EZP zustande gekommen waren, erhalten und gingen in Vogels neues Propagandanetzwerk »habibflo« auf YouTube sowie seine persönliche Webseite pierrevogel.de über. In einem Rekrutierungsinterview mit dem ehemaligen Gangsta-Rapper Deso Dogg alias Denis Cuspert alias Abu Talha al-Almani, der nach seiner Konvertierung eine steile Extremistenkarriere im Salafismus hingelegt hat und heute einer der radikalsten deutschen Dschihad-Propagandisten ist, erläuterte Vogel: »Siehste hier, er hat auch überall Freunde [in der Rapszene], in Frankfurt, Köln, München, ist bei uns auch so. Sind alles unsere ›Charter‹ [lacht, in humoristischer Anlehnung an Rockerbanden]. Heute haben wir bei unserem Charter in Berlin geschlafen, morgen sind wir in Neuwieth und so, weisste... immer woanders, gestern war ich noch in Dresden.«[1]

Virtuelle Netzwerke sind für Salafisten von größter Bedeutung. Sie haben nicht nur eine propagandistische, an äußere Empfänger gerichtete Funktion. Die stetige Wiederholung von gemeinsamen Mythen der Gemeinschaft, Feindschaft und Erlösung wirkt identitätsstiftend und handlungsleitend.[2] »Shamcenter«, ein erfolgreicher Verteiler und Produzent deutsch-salafistischer Propaganda aus dem Syrienkrieg, beschreibt sich selbst als »Modern und in High-Definition. Zukünftig werden wir verstärkt Social Dschihad betreiben... das Ermöglichen des Vernetztseins zwischen Presse- und Medienabteilung der Mujahidin und der Aussenwelt, so wie du es eben aus den sozialen Netzwerken kennst. Wo auch immer du auf der Welt dich befindest, kannst du hautnah dabei sein.«[3] Im Netz werden klare Hierarchien und Autoritäten durch Vervielfältigungsprozesse im Schneeballsystem und das Teilnahmeprinzip verwischt. Unzählige Unterstützer, die physisch nicht miteinander verbunden sein müssen, erstellen zum Beispiel anonymisierte Nutzerkonten auf YouTube und vervielfältigen salafistisches Gedankengut. Sie bedienen sich dabei zentraler Hubs (kommunikative und propagandistische Knotenpunkte in einem Netzwerk), die mit vielen kleineren Hubs verbunden sind. Dies hat zur Folge, dass einflussreichen Kanälen und Websites prominenter missionarisch-salafistischer Prediger keine klare Verantwortung für die Vervielfältigung ihrer Propaganda in radikaleren und extremistischen Zirkeln nachgewiesen werden kann. Allerdings ist die Akzeptanz und Beliebtheit von Personen wie Pierre Vogel in radikalen und extremistischen Milieus angesichts der Natur von Suchmaschinen, die ähnliche Queries und Ergebnisse zusammenfassen, sofort zu erkennen, wenn man sich die Abonnentenlisten von Extremisten anschaut, die sein Material vervielfältigen. Die Hauptprotagonisten der salafistischen Internetpropaganda betreiben zumeist mehr als zehn Internetseiten, um die Verantwortlichkeiten zu verwischen und Cyber-Angriffe zu erschweren. Dies hängt nicht nur mit einer gruppenspezifischen und eigendynamischen Atmosphäre der Paranoia zusammen, sondern wird auch durch eine allgemein zunehmende Atmosphäre der post-privacy (siehe auch Heller 2008), durch ein virtuell-physisches Doppelleben vieler Menschen, durch Angst vor Datenklau, illegalen Datenspeicherungen und staatlichen Massenüberwachungen verstärkt.

---

1 | Dawa Record: »Pierre Vogel Interview mit Deso Dogg«, https://www.youtube.com/watch?v=MPqQkc47kfU, 21.4.2010.
2 | Orientiert an der hervorragenden Auseinandersetzung mit dem Thema Ästhetik fundamentalistischer Web-Agitation von Witsch.
3 | »Interview mit Shamcenter«, http://www.facebook.com/Independentjournal/posts/572224449507269, 19.9.2013.

KATEGORIEN DEUTSCHER SALAFISTEN

»Salafismus« kann als das Streben nach einer Gemeinschaftsform bezeichnet werden, die der Vision eines ursprünglichen Islams gleicht, wie er von Mohammed und seinen Gefolgsleuten (al-sahâba) zuerst in Mekka, dann in Medina und später von den zwei nachfolgenden Generationen (al-tâbi'ûn, atbâ' al-tâbi'în) gelebt wurde. Diese drei Generationen werden als »rechtgeleitete Altvordere« (al-salaf al-sâlih) bezeichnet. Die Kurzform salaf ist Namensgeber für die moderne, jedoch in ihrem theologisch-ideologischen Rechtfertigungsrekurs rückwärtsgewandte Strömung der »Salafisten«, die auch als »Neo-Salafisten« bezeichnet werden können (Ceylan 2010). Zeitgenössische Salafisten orientieren sich am Koran sowie an Traditionssammlungen (Hadith) zur Lebensart, Religionsausübung, Politik, zum Gemeinschaftsverhalten und selbst zur Kleidung des Propheten Mohammed und seiner Gefährten. Die Offenbarungen im Koran werden von Salafisten als »göttliche Leitung« (hidâya) in Form von Befehlen verstanden. Je nach ihrer strategischen Ausrichtung ziehen Salafisten bestimmte Koranverse traditionellen Überlieferungen und Rechtssprüchen vor. In Bezug auf die islamische Jurisprudenz (fiqh) orientieren sich moderne Salafisten stark am Rechtsgelehrten Ahmad Ibn Hanbal (gest. 855), dem Namensgeber der vierten Rechtsschule im Islam, an den hanbalitischen Gelehrten Ibn Taymiyya (gest. 1328) und Ibn Qayyim al-Dschauziyya (gest. 1350) sowie an dem hanbalitischen Juristen Muhammad Ibn Abd al-Wahhab (gest. 1792), nach dem die ultra-puristische Strömung der »Wahhabiten« benannt ist. Daneben gibt es dutzende andere klassische und moderne Rechtsgelehrte, die sich unter Salafisten großer Beliebtheit erfreuen.

Gemäß der Kategorisierung von Quintan Wiktorowicz (2005) teilen sich die Salafisten nach ihrer Methode der Glaubensauslegung (manhadsch) in drei Lager: Puristen, Politicos, und Dschihadis.

Puristen, die sich aus politischen Angelegenheiten heraushalten, definieren den Salafismus folgendermaßen:

»Die Salafis unterscheiden sich darin, dass sie sich an methodische Prinzipien halten, die im Buch Allahs, der Sunnah von Seinem Gesandten und wie es von den Gefährten praktiziert wurde. Im Bereich von Aqidah [Doktrin] folgten die Salaf as-Salih einer besonderen Methode – im Gegensatz zu anderen, wie den Asch'aris, den Mutazilah [andere Strömungen] und ihresgleichen, die ihren Verstand und Kelam (Rhetorik) über das Buch, die Sunnah und den Aussprüchen der Imame dieser Ummah stellten. Genauso im Bereich der Ibaadah [rituelle Praxis der Anbetung]: Die Salaf as-Salih folgten einer bestimmten Methode – im Gegensatz zu den sich berauschenden Sufis und den Grabanbetern, die in diese Religion etwas hineinerfunden und erneuert haben, wofür Allah keine Genehmigung herabgesandt hat. Und auch im Bereich der Dawah [Propaganda und Missionierung] und aktuellen Ereignissen: Die Salafis unterscheiden sich von den erneuerten und anmaßenden Methoden der politischen Aktivisten. Diese unter dem Vorwand ›sie folgen den Salaf und der heutigen Ulema (Gelehrten)‹ Emotionen und Gefühle unter dem Volk erregen und sie somit von den standhaften Gelehrten entfernen und zu sich selbst rufen.«[4]

---

4 | http://www.selefiyyah.de/manhaj/

Früher wurde der Unterschied zwischen modernen Salafisten und Islamisten so definiert, dass letztere sich im Gegensatz zu Salafisten an der politischen Willensbildung beteiligten; die Muslimbrüder etwa versuchen schon seit Jahrzehnten, über Parteien in der Politik mitzuwirken. Insbesondere nach den arabischen Revolutionen von 2011 verschwimmt die Unterscheidung zusehends. Wenn sich heute Möglichkeiten der politischen Teilhabe durch Regimewechsel oder durch die Lockerung von Repressionen in muslimischen Ländern ergeben, zeigen nunmehr auch salafistische Bewegungen die Neigung, sich zu politisieren, sich formal zu hierarchisieren, Parteien zu bilden. Viele solcher aktivistischen Salafisten formulierten zwar früher schon harsche politische Kritik, taten aber nicht mehr. Heute partizipieren sie als »politicals« an politischen Prozessen und haben Teil an politischen Institutionen. Man denke an die bei den ägyptischen Parlamentswahlen 2012 erfolgreiche al-Nur-Partei, die aus der seit den 1970er Jahren aktiven »Salafistischen Propagations«-Bewegung (al-Da'wa al-Salafiyya) hervorgegangen ist.

Falsch wäre es, den Prozess der Politisierung von Salafisten als Novum oder alleinige Folge der arabischen Revolutionen zu sehen. Gleiches würde für eine allzu klare Trennung zwischen Salafisten und Islamisten gelten. Bereits in den 1970er und 1980er Jahren zeichnete sich im arabischen Raum fließende Übergänge zwischen puristisch-salafistischen und islamistischen Gruppierungen (vor allem in Ägypten und Saudi Arabien) ab. Diese verstärkten sich während des Afghanistan-Dschihads (1979-1989), in dem Islamisten und Salafisten aus der ganzen Welt zusammenkamen. Die Prototypen dschihadistischer Gruppen, die heute gemeinhin im extremen Spektrum des Salafismus verortet werden, entstanden ursprünglich aus radikalen Splittergruppen der islamistischen Muslimbruderschaft in den 1970er Jahren.

Viele Salafisten sehen insbesondere den Sufismus und manche Formen lokaler Religionsausübung im Widerspruch zur islamischen Identität und erklären sie zum Unglauben. Dieser takfîr gehört zu den doktrinären Wurzeln des radikalen Salafismus. Auch darüber hinaus heben sich die Strömungen des Salafismus bei Überzeugungen und Handlungen mitunter deutlich voneinander ab. Der auffälligste Unterschied besteht zwischen Pazifisten, die die persönliche, gesellschaftliche und rituelle Reinheit ihrer Gemeinschaften betonen, und jenen Aktivisten, die versuchen, anderen ihre Ansichten aufzuzwingen. Deren Strategien schließen Predigten, Printmedien, Radio- und Hörfunk sowie das Internet als Instrumente der Missionierung mit ein sowie die Teilnahme an Wahlen und den gewaltsamen Dschihad (ebd.). Mit »Pazifisten« sind hier quietistische Puristen gemeint, die weder nach außen hin agieren noch gewalttätig sind. Allerdings steckt im Gedanken des »takfîr« bereits ein gewaltsamer Ansatz, weshalb nicht alle Puristen auch Pazifisten sein müssen. Es gibt Puristen, die militante Doktrinen wie den Takfirismus (die Exkommunizierung kritischer, ungläubiger und/oder mit säkularen Regimen und Diktaturen kooperierender Muslime) akzeptieren und befürworten, ansonsten aber quietistisch-apolitisch sind.

Neben der Kategorisierung gibt es auch in der Einschätzung des Gewaltpotentials von Salafisten unterschiedliche Auffassungen. Manche halten sie grundsätzlich für latent oder offen gewaltbereit und drücken dies explizit (Raddatz 2002; Husain 2011) oder weniger explizit aus (al-Rasheed 2007; Wiktorowicz 2000, 2001). Wiktorowicz zum Beispiel unterscheidet in Bezug auf Gewaltstrategien zwar zwischen Reformisten (Puristen und Politicos) und Dschihadisten, aber seiner Meinung nach verzichten Reformisten nur deshalb auf Dschihad, weil ihre Zeit der Stärke noch nicht gekommen ist (Wiktorowicz 2000: 223). Es gibt jedoch eine Gegenposition, die sich aus neueren Forschungen zur gegenseitigen Beeinflussung von sufistischen und salafistischen Einflüssen in Westafrika, Südostasien und Arabien ergibt: Eine dem Salafismus per se inhärente Gewalttätigkeit zu unterstellen sei unbegründet (Woodward u.a. 2013): Salafismus und Sufimus sind nicht die treibende Kraft bzw. die kausalen Faktoren, die zu Akzeptanz oder zu Ablehnung von Gewalt gegenüber Andersgläubigen als politischer Strategie führen. Sie können allerdings genutzt werden, um a priori die Einstellung gegenüber beiden Optionen zu legitimieren. Im Grunde kann man die gleiche Theologie dazu verwenden, Toleranz, Nächstenliebe und das Akzeptieren religiöser Vielfalt zu fördern oder eben politisch-religiöse Gewalt (ebd.).

Die Modernitätsfeindlichkeit und die Intoleranz bis hin zur Gewaltanwendung, die bei vielen modernen Salafisten, darunter den deutschen, auftritt, ließe sich auch als religiös-fundamentalistische Protestkultur begreifen, die sich neben marxistischen Konzepten auch Konzepte des Antiimperialismus und der Globalisierungskritik zunutze macht (Roy 2006). al-Anani/Malik definieren politischen Salafismus als »sozial-religiöse Strömung, die unterschiedliche salafistische Gruppen, Parteien und Bewegungen einschließt, die versuchen, ihrer Stimme im öffentlichen Raum Gehör zu verschaffen, sei es durch die Teilnahme an der formellen Politik (Parteien gründen, Wettbewerb um Ämter, Bündnisse schmieden, Koalitionen bilden etc.) oder durch Mobilisierungen in informellen Netzwerken (Proteste, Medienauftritte, Beteiligung an gesellschaftlichen Prozessen etc.)« (vgl. 2012: 48).

Wenn wir die Definitionen von Woodward u.a., Wiktorowicz sowie al-Anani/Malik als Ausgangspunkt nehmen, teilt sich der deutsche Salafismus in zwei Hauptrichtungen: Quietisten und Aktivisten, mit drei variablen, teilweise überlappenden Trends, nämlich puristisch, politisch und dschihadistisch.

Bislang beschreitet keine der politischen Gruppen den Weg der formalen Partizipation am politischen System. Sie bleiben im politischen Graubereich zwischen Radikalismus und Extremismus. Insbesondere bei der DWR und dem politischen Dschihadismus (Hauptmerkmal: selektiver Takfir, dschihadistische Propaganda, aber keine Aktionen) sind die Grenzen fließend. Von daher ist auch Baehrs Einordnung des DWR-Netzwerks problematisch, der die Mitglieder als »fundamentalistisch, aber friedlich agierende« puristische Salafisten beschreibt, »da sie sich an den Schriften Nasir al-Din al-Albanis, Abd al Aziz ibn Baz und Mohammad ibn Uthaimins orientieren« (2012: 249). Pierre Vogel, der ebenfalls zum weiteren Umfeld des DWR-Netzwerks gehört, bewirbt in seinen Internetauftritten zum Beispiel die Webseite salaf.de, die zwar das quietistisch-puristische Gedankengut der eben genannten Gelehrten präsentiert. Die Semiotik und die Inhalte der zum DWR-Netzwerk gehörenden Internetseiten belegen aber klar, dass hier kein puristischer Salafismus vertreten wird. Die Aussagen dort lassen darauf schließen, dass die DWR zur radikal-politischen Strömung mit Überschneidungen zum Dschihadismus gehören. Sowohl der gemäßigtere Flügel von DWR um den Deutsch-Palästinenser Ibrahim Abou Nagie als auch der radikalere Flügel um den Deutsch-Marokkaner Said El Emrani alias Abu Dujana äußern offen und radikal ihre Kritik am demokratischen System und an deutschen Politikern. Zudem traten sie in der Vergangenheit immer wieder mit prominenten Dschihadisten auf, inszenierten sich gemeinsam mit ihnen im Internet und integrieren Personen in ihre Reihen, deren Vereine vom Staat aufgelöst wurden (z.B. Abdellatif Rouali). Gleichzeitig ist Dantschkes pauschale Einordnung der DWR als »politisch-dschihadistisch« mittlerweile überholt (Dantschke, 2011: 12ff.); DWR verändert sich laufend und der Hauptflügel setzt im Moment auf eine moderatere Linie, um sein Image zu verbessern und seine Anhängerschaft zu vergrößern.

Zu modifizieren ist auch Olivier Roys These, dass Dschihadisten »jenseits der Sphäre jeder echten kollektiven Identität« kämpften (2006: 56ff.). Der seit Ende der 1970er Jahre im Nahen Osten aufgrund fehlender ideologischer Alternativen (Versagen des Pan-Arabismus; militärische Niederlagen gegen Israel; muslimisch-arabische Spaltungen; westliche Interventionen und Stellvertreterkriege) entstandene Neo-Salafismus mit seinen verschiedenen Ausprägungen führte zum Entstehen transnationaler Netzwerke in der europäischen Diaspora und in Ländern mit muslimischer Mehrheitsbevölkerung – oft über die doktrinären Zentren London, Amman, Medina und Peshawar. Diese Entwicklung erlebte vor allem in den 1990er Jahren eine starke Verbreitung durch das im vorherigen Jahrzehnt bereits begonnene Aufeinandertreffen von Vertretern vieler verschiedener salafistischer Schulen und islamistischer Trends in Pakistan und Afghanistan, später in Bosnien, Algerien und Tschetschenien und deren Emigration in die westliche Diaspora. Mittlerweile gibt es auch in Deutschland besser organisierte salafistische Gemeinden und Netzwerke als Roy dies noch für die 1990er Jahre beobachten konnte. Ein maßgeblicher Faktor war und ist das Internet. Es bietet Sub- und Alternativkulturen sowie Interessengemeinschaften Möglichkeiten zu Selbstorganisation, zum Marketing und zur Kommunikation.

In diesem Kontext sind auch die Ursprünge des medialen Salafismus mit der Verteilung von Video- und Audiokassetten zu verorten. Auch sie liegen in den 1980er Jahren. In den 1990er Jahren startete der Betrieb von salafistischen Internetseiten. Zum Ende des Jahrzehnts war parallel die Zahl der in Deutschland tätigen salafistischen Prediger deutlich gestiegen, von einer guten Handvoll zu mittlerweile Dutzenden Personen. Heute gibt es international einflussreiche salafistische Zentren in Ulm, Bonn, Mönchengladbach, Wien, Solingen und Berlin.

Die Abgrenzung fundamentalistischer Muslime wird sowohl von der säkularen Mehrheitsgesellschaft als auch von ihnen selbst vorangetrieben. Beide Seiten verstehen das als gemeinschaftsstiftenden Selbstschutz. Aus Sicht der Salafisten liest sich das heutige Verhältnis zur Mehrheitsgesellschaft wie eine Neuauflage der Situation von Muslimen und Polytheisten im Mekka des 7. Jahrhunderts. Quer durch die verschiedenen Strömungen machten die Salafisten diesen Mythos zu einem Hauptpfeiler ihrer Kommunikationsstrategien – mit dem Ziel, durch Konversionen neue Anhänger zu gewinnen. Dabei scheinen sie ziemlich effektiv zu sein, denn der Salafismus stößt besonders in seiner extremen Ausprägung in allen gesellschaftlichen Schichten auf Resonanz. Das gilt auch für deutsche Nichtmuslime, die oftmals eine soziale Entfremdung verspüren und in einer passiv-unpolitischen Gesellschaft keine alternativen Protestkulturen mehr zu finden scheinen. Viele salafistische Meinungsführer versuchen dieses Gefühl gezielt voranzutreiben.

Pierre Vogel beispielsweise sieht sich ähnlich wie die ersten Muslime in der Mekka-Periode von Ungläubigen und moralisch verwerflichem Verhalten umzingelt. Da'wa, also die Einladung zur Annahme des islamischen Glaubens, sagt er,

»ist Informationen vermitteln, Gefühle vermitteln und Leute in Bewegung versetzen.«[5] Der Mythos der »Fremde« (ghurba), also des Gefühls des spirituellen und physischen Fremdseins unter Ungläubigen, nimmt dabei einen wichtigen Platz ein, wie man aus den Internetpredigten eines Gefolgsmannes von Vogel namens »Abu Muawiya« hören kann.[6] Das stößt durchaus auf offene Ohren wie der folgender Kommentar zeigt: »@TheLightOfTheTruth sehr schön Akhi [Bruder] – Allahuakbar [Gott ist groß]. Ich bin so traurig, wie viele, nein, dass die meisten muslime hier genau die Lebensweise der Kuffar [Ungläubigen] nachleben ›Was geht am Samstag?! Wer klärt Gras? Wann Spielothek? Wer kauft Bier?‹ Audhubillah [Ich nehme Zuflucht bei Gott], möge Allah uns alle rechtleiten inshallah [sofern Gott es will].« Ein Text auf der Webseite salaf.de informiert darüber, dass es auf dieses Gefühl der Fremdheit für Salafisten zwei mögliche Antworten gibt: »Die Erste ist die Auswanderung des Körpers von einem Land in das andere [...] Die zweite Art ist die Auswanderung des Herzens zu Allah ta'ala [Gott, der Höchste] und Seinem Gesandten [...] Dies ist die einzig wahre Hidschra [Auswanderung]. Sie muss der körperlichen Hidschra vorausgehen, welche ihre natürliche Folge ist.«[7]

Puristen ziehen sich spirituell und physisch in die eigenen Gemeinden zurück. Sie versuchen stillen Lobbyismus und eine moderate Form der salafistischen Propaganda zu betreiben. Politicos gehen stärker nach außen mit ihrer islamischen Inszenierung und üben offene Kritik am politischen System. Dschihadisten überschreiten die Grenzen des kommunikativen Wirkens, indem sie die Auswanderung in ein islamisches Kriegsgebiet als Antwort auf »Entfremdung« interpretieren, oder schlichtweg als Legitimationsgrundlage für einen terroristischen Akt.

Der terroristische Akt ist wiederum die extremste Form der Kommunikation. Da sein Wert in der inflationären Aufmerksamkeitsökonomie aber immer geringer wird, muss er ein immer größeres Aufsehen erregen, um überhaupt noch Adressaten zu erreichen. Hier kommt der Syrienkrieg ins Spiel. Durch die ständige Verfügbarkeit visuellen Rohmaterials über die syrischen Blutbäder in den Sozialen Medien entsteht eine Banalisierung des Grauenhaften. Nichtbeteiligte schauen einfach weg. Das salafistische Milieu ist aber aufgrund seiner gemeinsamen Glaubensdoktrin und der in ihr verankerten Solidaritätsverpflichtung gegenüber Not leidenden Muslimen gezwungen, hinzusehen. Zugleich wird das Thema propagandistisch ausgenutzt, im Sinne eines gemeinschaftsstiftenden Opfermythos. So erstaunt es nicht, dass Puristen, Politicos und Dschihadisten sich im Internet in einem zentralen Hub salafistischer Hilfsorganisationen treffen, die Entwicklungshilfe, Nothilfe und die Unterstützung muslimischer Häftlinge betreiben. Angeschlossen an diesen virtuellen Hub sind ansaarduesseldorf.com, al-rahma.de, helfen-in-not.info, ihed.de, al-ansar.de, afrikabrunnen.de, islamicrelief.de sowie ansarul-aseer.com. Letztere wird vor allem von radikal-politischen Salafisten und Dschihadisten beworben. Schon während des Afghanistan-Dschihads (1979-1989) vernetzten sich Salafisten und Dschihadisten über Hilfsorganisationen, da helfen, propagieren

---

5 | »Das Comeback der Dawah in Mönchengladbach - Pierre Vogel«, https://www.youtube.com/watch?v=804vlEKxtgU.
6 | »Je mehr du die Sunnah lebst, desto fremder wirst du - Abu Muawiya«, https://www.youtube.com/watch?v=emf_duiySTk.
7 | Imam Ibnu Qayyim al-Dschawziyya: »Die Auswanderung zu Allah« http://www.salaf.de/tarbiya&tazkiya/PDF/tarb0029_Die%20Auswanderung%20zu%20Allah.pdf.

und kämpfen sich nicht widersprachen. Ein prominentes Beispiel ist Reda Seyyam, der heute zwischen Berlin, Solingen und Syrien pendelt und auf seinem Medienportal »AlRisalah« Nachrichten und Propaganda betreibt.[8] Den Einstieg in seine Tätigkeit fand er über eine islamische Hilfsorganisation im bosnischen Bürgerkrieg. Auch der deutsche Dschihadist Denis Cuspert gibt vor, in Syrien vornehmlich humanitäre Hilfe zu leisten. Ähnlich argumentiert Sabri Ben Abda aus Köln, der früher für DWR »Street-Da'wa« machte sowie Vorträge hielt und dann nach Syrien ging. Ben Abda war vor seiner Abreise mit der Hilfsorganisation »Helfen in Not« in Neuss vernetzt. Auf einer Videoaufnahme in Nordsyrien im Herbst 2012 hört man im Hintergrund, wie er Mitarbeiter der Organisation »Grünhelme« einschüchtert. Möglicherweise war Sabri kurz darauf in die Entführung dreier Grünhelm-Mitarbeiter im Mai 2013 verwickelt, die unter der Führung des altgedienten Dschihadisten und Ideologen Abu Basir al-Tartusi stattgefunden haben soll. Die Grünhelme gehören zu einem interreligiösen Friedenskorps aus Christen und Muslimen, ähnlich dem von John F. Kennedy gegründeten Peacecorps. Diese Art von interreligiöser Kooperation ist vielen Salafisten ein Dorn im Auge; der syrische Bürgerkrieg soll ihr Einsatzgebiet bleiben. Ein kürzlich aus Syrien zurückgekehrter Salafist erklärte: »Es geht jetzt in erster Linie um humanitäre Hilfe, wobei man natürlich nicht vergessen darf, dass man natürlich auch – gegebenenfalls, wenn es erforderlich ist – sich auch mit seinem Körper einsetzen muss.«[9]

In den Internetauftritten deutscher Salafisten werden immer wieder unterschiedliche methodische Interpretationen und Ansätze zur Verwirklichung ihrer Strategien ersichtlich. Zum allgemeinen Konkurrenzkampf unter charismatischen und nach Aufmerksamkeit heischenden Predigern kommen doktrinär-methodische Dispute, die zu Spaltungen führen: Ist es erlaubt, einem Muslim den Glauben abzusprechen (takfîr)? Dürfen Muslime politische Kritik offen üben und sich an Politik beteiligen? Sollen Muslime den bewaffneten oder den spirituellen Dschihad ausüben? Ist Terrorismus erlaubt oder schadet er dem Islam-Image und somit den Missionierungs- und Konversionsbestrebungen? Sind politische Systeme, deren Herrscher und Entourage oder gar jeder, der wählen geht, Teil des großen Unglaubens (kufr akbar, kufr i'tiqâdi), der mit dem Ausschluss aus dem Islam und der Todesstrafe zu ahnden ist, oder sind sie Teil des kleineren Unglaubens (kufr asghar, kufr amalî)? Inwieweit müssen sich Muslime von der westlichen Gesellschaft isolieren (al-walâ' wa-l-barâ', d.h. Loyalität zu Muslimen zeigen und sich lossagen von Nichtmuslimen), ohne dabei die Chance zu vergeben, erfolgreich unter Nichtmuslimen zu missionieren? Sollen Salafisten dem Mekka-Modell (als Mohammeds Urgemeinde noch unter Polytheisten lebte) oder dem Medina-Modell (als Mohammeds Urgemeinde eine eigene Machtbasis in Medina geschaffen hatte und Polytheisten bekämpfte) als handlungsleitender Strategie folgen? Prinzipiell ahmen Puristen vor allem das Leben in Mekka nach, während Aktivisten die Phase nach der Auswanderung (hidschra) aus Mekka hin zum Rückzugsort Medina als Modell nehmen.

---

8 | https://www.youtube.com/user/AlRisalahTV
9 | Ausschnitt aus einer ZDF Reportage; Menschenfreund: »Erste Islamisten aus Syrien zurückgekehrt - 18.Okt.2013«, https://www.youtube.com/watch?v=Q9ZjjP0Iaa0.

QUIETISTISCHER UND AKTIVISTISCHER PURISMUS MIT ÜBERGÄNGEN ZUM RADIKAL-POLITISCHEM AKTIVISMUS

Typische Beispiele für Internetauftritte quietistischer Puristen sind salaf.de und wegdersalaf.de. Falsch ist die Einschätzung Difraouis, dass auch die mittlerweile geschlossenen Seiten islambruederschaft.de und salafimedia.de zu den Puristen gehörten (Difraoui 2012); es handelt sich vielmehr um dschihadistische Präsenzen (siehe auch Flade 2014). Eine typische quietistisch-puristische Webseite ist meistens sach- nicht personenbezogen und bietet theologisches Material an. Dieses gibt Aufschluss über die strategisch theologische Orientierung ('aqîda) der Betreiber und deren Weg/Methode, zur Glaubenswahrheit zu gelangen (manhadsch), kurz: über ihre Ideologie.[10] Die Texte der Gelehrten, die auf den Seiten abrufbar sind, spiegeln international anerkannte Schulen und Strömungen des puristischen Salafismus wider. Allerdings gibt es auch hier bisweilen Überschneidungen mit radikal-politischen Aktivisten.

Deutsche Puristen machen dem herrschenden politischen System in dem sie leben, also der Bundesrepublik Deutschland, auf ihren Internetseiten keine offenen Kampfansagen. Sie ziehen sich in die eigene Glaubensgemeinschaft zurück und versuchen gleichzeitig so gut es geht, den Islam zu propagieren. Allerdings gilt dieser Rückzug ins Unpolitische nicht für muslimische Länder, denn, bezogen auf diese unterstützen Quietisten »die Wiederherstellung einer islamischen Legislative und die Lösung von Problemen nach islamischen Modellen« (aus den Grundsätzen von salaf.de).

In diesem Zusammenhang lohnt es sich, einen genaueren Blick auf die Webseite salaf.de zu werfen und die politische Dimension des Purismus anhand eines Beispiels kurz zu beleuchten. Es findet sich ein Text des radikal-politischen britischen Salafisten Bilal Philips (bilalphilips.com), der auch mit Pierre Vogel zusammenarbeitet; Vogel bewirbt, unter anderem, Philips »Islamic Online University.«[11] In Philips Text zu den maßgeblichen Kriterien des Monotheismus (tauhîd) heißt es:

»Daher schließt ein wichtiger Teil des Tauhid al-'Ibada [gottesdienstliche Handlungen gegenüber einem einzigen Gott] die Durchsetzung der Schari'a mit ein, insbesondere in den Ländern, in denen Muslime die Mehrheit der Bevölkerung stellen. Das göttliche Gesetz muss wieder in den muslimischen Ländern eingeführt werden, in denen zurzeit Regierungen nach importierten kapitalistischen oder kommunistischen Verfassungen herrschen.« (Philips 2006: 13)

Der für salaf.de arbeitende Übersetzer des englischen Textes fügt in einer Fußnote hinzu:

»Gelingt dies in Gutem nicht, und man hat weder Macht noch Mittel, diese tyrannischen Herrscher, ohne dass Muslime als Folge abgeschlachtet werden, zu entfernen, so ist in diesem Fall das kleinere Übel – d.h. die Tyrannei – dem größeren Übel – d.h. die Abschlachtung der

---

10 | Imam Ibnu Qayyim al-Dschawziyya: »Die Auswanderung zu Allah« http://www.salaf.de/tarbiya&tazkiya/PDF/tarb0029_Die%20Auswanderung%20zu%20Allah.pdf.
11 | »Werde ein Prediger mit Dr. Bilal Philips ›Bachelor-Abschluss in Islamic-Studies‹«, https://www.youtube.com/watch?v=7exIjS-oscc.

Muslime und des Volkes – vorzuziehen und die Einladung zur Einheit und Einzigkeit Allahs unter den Massen voranzutreiben, bis Allah ihnen einen Ausweg und eine Lösung bietet oder Allah sie aufgrund der Richtigstellung ihrer Glaubensgrundlagen von dieser Qual befreit.« (Ebd.)

Mit dieser Anmerkung versucht der Übersetzer einen doktrinären Kompromiss zwischen dem eigenen puristischen und dem radikal-politischen Ansatz von Philips zu finden, der unkommentiert von manchen Anhängern auch als dschihadistisch interpretiert werden könnte. Die theologische Injunktion, die Scharia durchzusetzen, wird von dschihadistischen Salafisten im Nahen Osten oftmals als Grundlage genommen, um den durch Einsatz von Gewalt (Krieg, Attentate) verursachten Tod muslimischer Zivilisten zu rechtfertigen. Hinzu kommen klassische theologische Versatzstücke aus dem islamischen Kriegsrecht, die Kollateralschäden (tatarrus) erlauben, oder die gute Absicht (nîya) über den entstandenen menschlichen und materiellen Schaden stellen. Ein bis heute einflussreicher theologisch-juristischer Präzedenzfall im modernen Dschihadismus ist das Anfang der 1980er Jahre verfasste Traktat »Die fehlende Glaubenspflicht [Dschihad]« des Ägypters Abd al-Salam Faraj. Diese Laienschrift – Faraj war Elektroingenieur – schuf die theologische Legitimationsgrundlage für die Ermordung von Präsident Anwar al-Sadat (6. Oktober 1981), unter Inkaufnahme des Todes unschuldiger Zivilisten.

Wenn man sich die digitale Netzwerkstruktur quietistischer Puristen betrachtet, so besteht ein illustrativer virtueller Knotenpunkt aus den Webseiten wegdersalaf.de, salafitalk.com, salafitalk.net, salaf.com, aqidah.com und selefiyyah.de (siehe auch die Bewerbung anderer Seiten und Kanäle in der Sparte »about« des YouTube-Kanals »Dawah Salafiyaah«). Diese Webpräsenzen ähneln in der Doktrin den apologetischen saudi-arabischen wahhabitischen und madkhalitischen Strömungen (benannt nach dem saudiarabischen Gelehrten Rabi' al-Madkhali, der die Staatsführung seines Landes verteidigte). Zudem wird auf die quietistische al-Albani-Bewegung in Jordanien rekurriert. Diese Strömungen stehen im deutsch-salafistischen Kontext und seinen Diskursen für die Nicht-Einmischung in politische Fragen. Dadurch sichern sich die Quietisten auch einen gewissen Bewegungsspielraum sowie gewisse Freiheiten und Rechte, die Politicos und Dschihadis oftmals aufgeben.

Ihre Haltungen führen dazu, dass Quietisten von politischen oder extremistischen und gewaltbereiten Strömungen oft pejorativ als »Gelehrte der Herrschenden« ('ulamâ' al-sultâ),[12] als Madkhaliya-Salafisten oder Murdschi'iten bezeichnet werden. Letzteres geht auf eine frühe islamische Rechtsströmung zurück, die ihre Urteile über andere Muslime und deren Glauben »hinausschob,« also Gott überließ; Quietisten wiederum bezichtigen viele Aktivisten des Heraustretens aus dem Islam (Khawaridsch). Politicos und Dschihadis fordern eine zeitgemäße, keine sklerotische islamische Jurisprudenz (fiqh al-wâqî') und werten die zurückhaltende Jurisprudenz der Quietisten als »Sesselklerikalismus« (fiqh al-qâ'idîn) ab (al-Maqidisi 2004). Der Wettstreit um die »richtige« Jurisprudenz ist auch deshalb essentiell, da er für die Verwirklichung der islamischen Strategie einer Gruppe oder

---

12 | Yusuf al-Qaradawi: »Al-Qaradawi wa-l-radd al-fiqhi 'ala 'ulama' al-sulta bi-suriya«, https://www.youtube.com/watch?v=YpC4U5N1A3E.

eines Netzwerks steht und aufgrund der göttlichen Rechtleitung (hidâya) einen Universalitätsanspruch erhebt.

Im Gegensatz zu den quietistisch-puristischen Webpräsenzen sind die der aktivistisch-puristischen Salafisten stärker auf einzelne charismatische Personen zugeschnitten, betreiben also religiöse Propaganda- und Missionierungsarbeit über einen persönlichkeitsbasierten Zugang. Die aktivistischen Puristen überschneiden sich bereits stark mit dem radikal-politischen DWR-Netzwerk, dem Netzwerk Pierre Vogels sowie der ehemaligen DawaFFM (siehe weiter unten). Beispiele dafür sind Abdul Adhim Kamouss aus Berlin (islamvoice.de), Hassan Dabbagh aus Dresden (Facebook: »Imam Sheikh Dr. Hassan Dabbagh – Abu Alhussain«; Paltalk Raum: »Deutschsprachiger Islamunterricht Germany«; YouTube: »FlaggederSunna«), Muhamed Çiftçi alias Abu Anas aus Braunschweig (abuanas.de), der zahlreiche Auftritte auf den YouTube-Kanälen von Pierre Vogels Netzwerk hat. Das sind zwar nur einige prominente Beispiele aus der puristischen Subkultur, sie lassen aber schon erkennen, dass das puristische Umfeld nicht geschlossen auftritt. Immer wieder kommt es zu Disputen, in denen deutsche Charismatiker von international höher anerkannten Scheichs aus dem Nahen Osten widerlegt oder zurechtgewiesen werden – das geschieht oft auf Drängen quietistischer Aktivisten in Deutschland, die ihre Probleme mit den Charismatikern haben (siehe die Sparte »Zurückweisung« auf wegdersalaf.de).

Die Web-Semiotik der quietistischen Puristen ist gemeinhin hell und freundlich. Die Seiten wirken einladend und erwecken den Eindruck eines »wissenschaftlichen« Fundamentalismus. Durch die Farben und die beruhigende Zeichengebung wird das Einladungsprinzip, das gemäß Monika Witsch typisch für die Webästhetik religiöser Fundamentalisten ist (2001: 77), noch verstärkt. Es dominieren Hoffnungs- und Wachstumsfarben, die im Islam gleichzeitig für Religiosität und Paradieserwartungen stehen, aber auch transkulturell positiv belegt sind: häufig werden Grün und Blau verwendet. Die Kommunikation der Puristen ist auf Streitschlichtung ausgerichtet, im Dogma und in der Doktrin überwiegen Warnungen vor Spaltung und Fehlleitung.

Die Web-Semiotik der aktivistischen Puristen verschiebt sich teilweise in Richtung radikaler und militanter Symbole: Der Facebook-Auftritt von Hassan Dabbagh alias Sheikh Abu Alhussain ist in dunklen, fast schwarzen Farben gehalten. Für die Webästhetik des politischen – und in unserem Falle politisierten – Fundamentalismus sind gemäß Witsch dunklere Farben charakteristisch. Zusammen mit der sich vom schwarzen Hintergrund kaum abhebenden grauen Farbgebung seien sie zentrales Merkmale einer faschistischen Ideologie, schreibt sie: »Es geht um Stärke und Kraft, die sich entwickelt und fortschreibt, und zwar vor einem schwarzen Hintergrund, der die sozialen Unterschiede nivelliert. Schwarz macht gleich, weil es die Individualität in einer genügsamen Masse aufhebt. Schwarz verweist auf Verbotenes.« (2001: 71)

Die kommunikative Strategie der Puristen basiert unter anderem auf der Doktrin vom »geheimen Ratschlag« (nasîha fî-l-sirr), das heißt, Herrscher werden nicht offen kritisiert, sondern im Hintergrund beraten. In das Politische wird nur bedingt eingegriffen – niemals vor den Augen der Öffentlichkeit. Offene Kritik aus den Reihen der Quietisten kommt allerdings an der übrigen salafistischen Szene. Quietistische wie aktivistische Puristen mit ihren tiefen Einblicken in die internen methodologischen und doktrinären Dispute treten als »Watchdogs« auf. Entsprechend stößt man im Internet häufig auf harte Meinungskonflikte zwischen dem aktivistischen und quietistischen Puristen, zwischen Puristen und Politicos sowie Puristen und Dschihadisten. Ein bekanntes Beispiel ist Dabbaghs Takfirismus-Vorwurf gegen den radikal-politischen Flügel der DWR sowie Dabbaghs Auseinandersetzung mit dem österreicherreichischen Dschihadisten Mohamed Mahmoud alias Abu Usama al-Gharib; beide kritisieren und beleidigen sich gegenseitig über YouTube (siehe unter anderem »Antwort 3 von Abu Usama al-Gharib gegen Abul Hussein«[13]).

RADIKAL-POLITISCHER AKTIVISMUS MIT ÜBERGÄNGEN ZUM DSCHIHADISMUS

Das stärkste radikal-politische Netzwerk in Deutschland ist zurzeit »Die Wahre Religion« (DWR) von Ibrahim Abou Nagie. Die typischen Grundmerkmale der DWR-Politicos sind: Sie kritisieren offen Staats- und Regierungschefs und erklären sie zu Ungläubigen, verdammen das deutsche und die nahöstlichen politischen Systeme, diskutieren offen über Politik, veranstalten Demonstrationen, grenzen quietistische Puristen als altmodisch aus, schreiben Petitionen und betreiben eine offensive Konversionspolitik. Sie versuchen, eine ökonomisch-politisch-religiöse Parallelkultur innerhalb der deutschen Gesellschaft aufzubauen, verfolgen einen propagandistischen Feldzug gegen westliche Traditionen, Feste und Werte. Für Politicos ist westliche Politik ebenso verwerflich wie nützlich. So weit wie Abd al-Rahman Abd al-Khaliq, ein Ägypter, der in Kuwait lebt, geht DWR jedoch nicht. Der bekannte Prediger ruft Salafisten weltweit explizit dazu auf, sich an parlamentarischen Wahlen und am formalen politischen Prozess zu beteiligen.

Das DWR-Netzwerk versucht, innerhalb der gesamt-deutschen salafistischen Szene virtuell und physisch Autorität zu erlangen. Abou Nagie bewegt sich mit seinen Internetauftritten an den Schnittstellen von puristischem, politischem und dschihadistischem Salafismus. Aufgrund der Widersprüchlichkeit seiner Aussagen (z.B. »Politik interessiert mich gar nicht [...]. Nur die verfluchten, verdammten Politiker weltweit haben keine Moral mehr.«[14]) ist er auch unter Puristen und Dschihadisten beliebt. Zentrale kommunikative Knotenpunkte des DWR-Netzwerks sind diewahrereligion.de und diewahrereligion.eu, hausdesqurans.de und fatwah.de, wo Übersetzungen von Rechtsgutachten des saudischen Scheichs al-Munajjid und seiner Webseite »IslamQ&A« angeboten werden; letzteres kann als Unterordnung unter dessen theologische Autorität gewertet werden.

Abou Nagie stammt aus Palästina und lebt in Bonn. Er war früher Unternehmensberater, fing 2005 an, im Zuge der »Kopftuchdebatte« salafistische Propaganda zu betreiben und vernetzte sich mit den aus Marokko stammenden Rheinländern Abu Dujana und dessen Vater Sheikh al-Araby (Imam der Bonner Al-Muhajirin-Moschee), die bis heute den radikaleren Protestrand des DWR-

---

13 | http://www.ahlu-sunnah.com/threads/53972-Antwort-3-von-Abu-Usama-al-Gharib-gegen-Abul-Hussein; »Warnung vor Abu Usama al-Gharib, der Merkwürdige - Scheich Abu Al Hussain – YouTube«, https://www.youtube.com/watch?v=YGBFqmCBHb8

14 | DWR: »Chef-Reporter. stellt Fragen am Lies! Infostand«, https://www.youtube.com/watch?v=2FQiW3EYjbw.

Netzwerks repräsentieren. Mit der Gruppe »DawaFFM« hatte das Netzwerk einen noch radikaleren politisch-dschihadistischen Zweig in Frankfurt a.M.; im März 2013 wurde die Gruppe vom damaligen Bundesinnenminister Hans-Peter-Friedrich (CSU) verboten. Bei »DawaFFM« versammelten sich diejenigen, denen der Hauptflügel von DWR zu gemäßigt war. Nach dem Verbot wurde der Wortführer Abdellatif Rouali (Sheikh Abdellatif) umgehend wieder in die DWR integriert, was sowohl auf der Website diewahrereligion.eu als auch im YouTube Kanal »ShahadaFisebilillah – Die Wahre Religion und DawaFFm« zu sehen ist.[15]

Nach außen wirkt die Onlineagitation der DWR offener, einladender und weniger radikal als früher. Der Internetauftritt zeigt helle Farben, viel weiß und ästhetisiert diese mit harmonischen Gemeinschaftsbildern sowie Mustern von Pflanzen, Gebäuden und Rosen. Die Webästhetik des DWR-Hauptflügels ist auf dem Einladungs- und Gemeinschaftsprinzip aufgebaut, nicht auf dem Ausgrenzungs- und Elitenprinzip, wie es für Dschihadisten typisch ist, die mit dunkleren Farben und ausgrenzenden Slogans und Symbolen arbeiten. Auch die bundesweite Koranverteilungskampagne »Lies«, die höchstwahrscheinlich von Abou Nagie selbst entworfen wurde, ist ein Ausdruck der neuen Online-Kommunikationsstrategie des DWR-Netzwerks.

Aus doktrinären Streitigkeiten und intra-salafistischen Zwisten hält sich Abou Nagie weitgehend heraus. Er tritt auch nicht mehr gemeinsam mit Dschihadisten auf. Mitglieder des Hauptflügels seines Netzwerks rufen im Internet zur Mäßigung auf. Der Grund dafür liegt nach eigenen Aussagen in der jüngeren Vergangenheit, als die Entwicklung einiger DWR-Zweige zur Radikalisierung zahlreicher Konvertiten führte. Dies hat der auf Breitenwirkung abzielenden DWR massiv geschadet.

Der radikalere DWR-Flügel um Abu Dujana und Abellatif Rouali, der sich im Internet um den YouTube-Kanal »ShahadaFisebilillah – Die Wahre Religion und DawaFFm«[16] gruppiert, verteidigt indes diese Entwicklung. Die Mitglieder geben sich weiterhin mit dschihadistisch orientierten Aktivisten ab: Abu Dujana beispielsweise lobt in einem Video zusammen mit Denis Cuspert, der einige Zeit später in den Dschihad nach Syrien ging, dessen Wandlung:

»Unsere Freude ist sehr groß, dass er [...], Lob gebührt Allah, den rechten Weg eingeschlagen hat [...]. Und macht euch keine Gedanken um die Menschen, die sich dann vielleicht später lustig machen: Guck mal wie sieht der jetzt aus, früher war der so jetzt sieht der so [aus]. Nicht, dass sie mit ihm Kopfwäsche machen, oder Gehirnwäsche, oder dies oder das. Oder dass sie aus dem einen Terrorist machen. Macht euch [... keine Gedanken]. Das Ziel muss sein Allahs Wohlgefallen und das Paradies. Und wenn das das Ziel ist, dann muss man nicht nach links und nicht nach rechts gucken.«[17]

---

15 | »diewahrereligion & dawaFFM«, https://www.youtube.com/user/SchahadaFisebilillah; www.diewahrereligion.eu; Roualis persönlicher Kanal: »Wissen für Alle«, https://www.youtube.com/user/wissen4alle/.
16 | ShahadaFisebilillah: »Abu Dujana - Stellungnahme zu Abu Usama Al Gharib...«, https://www.youtube.com/watch?v=NoGDWJilbrQ, 1. 3.2012.
17 | IslamProjekt: »Ex-Rapper Deso Dogg und Abu Dujana«, https://www.youtube.com/watch?v=zljlOuTvuql.

Zum »politischen Dschihadismus« der DWR (Dantschke 2011) mit seiner Protesthaftigkeit gehört auch der Prediger Ibrahim Belkaid alias Abu Abdullah, der über »Die Belohnung eines Märtyrers auf Allahs Weg« oder die »Lehren aus der Schlacht von Uhud« spricht.[18]

Für die Meinungsunterschiede innerhalb des DWR-Netzwerks gibt es zwei Erklärungen. Entweder sind sie intern abgesprochen, damit sich unter der Hauptströmung ein Auffangnetz für radikalere Aktivisten bildet (im Sinne des »Tiefseefischens«) oder Abou Nagie hat sein Netzwerk nicht im Griff. Grundsätzlich bringt die partiell dezentrale Struktur für die DWR eine Art von Schutzfunktion mit sich. Sie erschwert die Zerschlagung des Netzwerks durch den deutschen Staat. Zudem schützt sie die Mitglieder vor der Infiltration durch die Sicherheitsbehörden; nach Aussage eines Beteiligten der »Lies«-Aktion versucht der Verfassungsschutz immer wieder V-Leute aus dem Umfeld anzuwerben.[19] Das DWR-Netzwerk völlig zu zerschlagen, dürfte wohl unmöglich sein. Die Isolierung durch ein Verbot bringt zumindest die Gefahr einer radikalisierenden Wirkung auf den Salafismus in Deutschland mit sich. Der Rückzug ins Krisengebiet Syrien und die Fortsetzung der Propaganda von dort, wie ihn bislang einzelne Aktivisten wie DWR-Aktivist Sabri Ben Abda aus Köln vollzogen haben, könnte dann zum Vorbild für weitere Salafisten werden. Der Deutsch-Tunesier Ben Abda sagt jedenfalls genau diesen Schritt für die Mitglieder des DWR-Netzwerk voraus, sollte es zu einem Verbot kommen oder die DWR zu stark unter Druck gesetzt werden.[20]

Der zweite Kopf der radikal-politischen Salafistenbewegung ist Pierre Vogel, ein Selbstdarsteller mit hunderten von Videos im Internet. Der ehemalige Profiboxer konvertierte 2001 im Alter von 22 Jahren zum Islam. Über seine zentralen Internetseiten pierrevogel.de und abuhamsa.net sowie dawa-news.net und diewahrheitimherzen.net, die allem Anschein nach auch zu ihm gehören (siehe den YouTube-Verbindungskanal »Gegen die Anti-Islam Propaganda«[21]), ist er derzeit in den DWR-Hub eingebunden. Vogel schloss sich 2005 erstmals der DWR an, löste sich aber 2008. Das Milieu um Abou Nagie und Abu Dujana war ihm damals angeblich zu pro-dschihadistisch geworden (Dantschke 2011: 15). Wahrscheinlicher ist allerdings, dass er seine eigene mediale Karriere vorantreiben wollte. Vogel gründete unmittelbar danach sein eigenes Netzwerk »Einladung zum Paradies« (EZP). Als er im Mai 2011 auf der Frankfurter Zeil ein Totengebet für Osama bin Laden abhalten wollte, kostete ihn das viel Ansehen im salafistischen Milieu, sodass sein eigenes Netzwerk beinahe daran zerbrach. Im Juni 2011 vereinigte sich Vogel erneut mit DWR.[22]

Vogels Handlungen und Aussagen sind widersprüchlich. Es scheint immer wieder ein gespaltenes Verhältnis zum Dschihadismus hindurch. Einerseits nennt er sich »Friedensaktivist« und arbeitet mit Friedenssymbolen wie die Taube, an-

---

18 | https://www.youtube.com/watch?v=IHvjtvOP5Sc, 1.1.2011; https://www.youtube.com/watch?v=wHsJt0OXKtQ, 13.10.2011.

19 | DWR: »Einfach lächerlich«, https://www.youtube.com/watch?v=ZpB8y9Wym_c.

20 | »Sabri spricht über die Lage in Deutschland«, https://www.youtube.com/watch?v=EF4-eY_OdvE.

21 | https://www.youtube.com/user/ytezp/

22 | DWR23: »Abu Dujana & Pierre Vogel - Es geht nur um den Deen !«, https://www.youtube.com/watch?v=vCos9xKMi1c, 20.6.2011.

dererseits benutzt er im Netz dschihadistische Symbole wie schwarze Reiter und schwarze Flaggen, die für apokalyptische Erwartungen und dschihadistische Jenseitsvorstellungen stehen.[23] Derzeit wirkt er in der immens umfangreichen Öffentlichkeitsarbeit der DWR mit, startet aber auch gleichzeitig eigene Debatten und zieht charismatisch-persönliche Webpräsenzen auf:[24] diewahrheitimherzen.de. Vogel kann neben Abou Nagie als taktierender, charismatischer Führer innerhalb der salafistischen Bewegung gesehen werden, der Glaubwürdigkeit auf der Straße und Gelehrtenautorität unter seinen Anhängern besitzt. Außerdem hat er – genau wie Abou Nagie – einen guten Instinkt für Propaganda und die Möglichkeiten des Marketings – man achte zum Beispiel auf das islamische E-Marketing im Vorspann zu seinem Video »Verteidigung der Scharia«[25] oder auf seine Werbung für das islamische Auktionshaus selisha.de, das islamische Produkte anpreist.[26]

Vogel beobachtet das Verhalten und den Werdegang seiner Anhänger aufs Genaueste, um seine Aktivitäten darauf abzustimmen. Dazu hält er zum Beispiel Wohnzimmermeetings mit Ortsgruppen seines Netzwerkes ab, bei denen jedes Mitglied von seinem Weg zum Islam erzählen soll. Vor allem jüngere Anhänger mit muslimischem Familienhintergrund berichten dabei von der negativen Presseberichterstattung über Salafismus und von eigener Neugier und Recherche zum Praktizieren des Islams. Die Angebote auf seinen Webseiten sind entsprechend strukturiert. Auf diewahrheitimherzen.de ist beispielsweise zentral die Rubrik »Bist Du Am Islam Interessiert – Dann Klicke Hier« platziert. Der Link führt weiter zu »Top Videos für Islam-Interessenten« von Pierre Vogel. In der oberen Menüführung findet sich ferner der Reiter »Deine Geschichte zum Islam«, der zu diversen Konversionserzählungen führt.

Das virtuell-physische Netzwerk Vogels erstreckt sich weit in die Zirkel der puristischen Salafistenszene hinein, die den relativ breiten und passiven Mainstream der deutschen Salafisten bedient. Ersichtlich wird das auf dem Prediger- und Medienportal muslimtube.de. Dort sind die Kontaktdaten prominenter puristischer Autoritätsfiguren wie »Sheikh Abu Anas« (Muhamed Çiftçi) aus Braunschweig, »Sheikh Abul Hussein« (Hassan Dabbagh) aus Dresden sowie »Abu Jibril« (Mohamad Gintasi) aus Wuppertal neben denen von Vogel verzeichnet. Man kann sie alle über die gleiche Seite buchen oder kontaktieren. Aus den Anreden und Aufgaben wird ersichtlich, das es eine Arbeitsteilung gibt, die mit unterschiedlichen Autoritätsmerkmalen einhergeht: Für islamische Rechtsgutachten (fatâwâ) sind die beiden Scheichs zu buchen, für »Familienfragen« Abu Jibril und für Vorträge und Freitagspredigten Pierre Vogel. Gleichzeitig bewirbt muslimtube.de andere Prediger, die am radikalen Rand von Vogels Netzwerk stehen wie Abu Alia (Efstatios Tsiounis) und Abu Adam (Sven Lau). Deren Beiträge tauchen auch auf Foren auf, die

---

23 | Vgl. die unterschiedlichen Symboliken in seinen Web-Auftritten unter https://www.youtube.com/user/habibifloDE und https://www.youtube.com/watch?v=6iteM9v2wPQ.
24 | »Pierre Vogel - 1. Blamage für Prof. Mouhanad Khorchide [Debatte 28.11.13 in Münster] - YouTube«, https://www.youtube.com/watch?v=K88gFVnZ7Ac&list=PLe2DzdkmW2Imt KV5ZAnerVbivgW44PYUr&feature=c4-overview-vl
25 | »Verteidigung der Scharia - Pierre Vogel - DAWA-NEWS.net«, https://www.youtube.com/watch?v=pcqzK-sknh0, 31.5.2013.
26 | https://www.youtube.com/watch?v=QysJK5ZXvDo

zum Überschneidungsbereich von politischem und dschihadistischem Salafismus gehören (ahlu-sunna.com).

An dieser Schnittstelle kommt es immer wieder zu scharfen doktrinären Debatten, die um Auseinandersetzungen mit den beiden Gegenpolen der Puristen und Dschihadisten noch ergänzt werden. Vogel scheint etwas darüber zu stehen: Während Abu Dujana von der DWR und die von ihm unterstützten dschihadistischen Propagandisten von »Millatu Ibrahim« zum Beispiel mit dem Puristen Hassan Dabbagh im Streit liegen,[27] bewerben Vogels YouTube-Kanäle auch dessen Predigten und Videos. Die Netzwerkkooperation zwischen DWR-Politicos und Vogel ist für beide Seiten vorteilhaft: Für Vogel, weil die DWR es ihm nach einem längerem Aufenthalt in Ägypten ermöglicht hat, wieder prominent in Deutschland zu agieren, und weil nach dem Verbot von »DawaFFM« ein Vakuum entstanden war, dass er füllen konnte (vgl. Dantschke zit. n Voigts 2013a), und für den moderateren DWR-Hauptflügel, weil Vogel ihm mit seinem weitreichenden Kontaktnetzwerk den Zugang zu den aktivistischen Puristen offen hält.

Auch theoretisch sind die Grundlagen für eine integrierende Kooperation gegeben. Ähnlich wie in der Werbung Ereignisse und Themen in subjektive Deutungsrahmen emotional und normativ eingebettet werden (»framing«), rahmen auch die Salafisten ihre strategische Kommunikation ein, denn die Art und Weise wie etwas präsentiert wird (der »frame«), beeinflusst die Entscheidungen von Menschen hinsichtlich ihrer Risikobereitschaft (Tversky/Kahneman 1981; Lakoff 2006). Für die Salafisten wirkt nur die fundamentalistisch-islamische Sichtweise als »risikoarm« und vorteilhaft (Erlösungsverheißungen). Ein Beispiel für einen strömungsübergreifenden Verbindungskanal auf YouTube innerhalb dieses Rahmens ist das salafistische Nachrichten-Netzwerk »Indyjournalists«[28], dessen Namensgebung an die linke und globalisierungskritische Indymedia-Bewegung erinnert, was möglicherweise Anknüpfungspunkte zur linken Szene herstellen soll. Auf Indyjournalists findet sich eine Mischung aus Nachrichten und Propaganda aus dem syrischen Bürgerkrieg, salafistische Berichterstattung über Demonstrationen in Deutschland, Berichte über radikal-politische und dschihadistische Unterstützung für Syrien oder Reden von Pierre Vogel. Der Kanal featured die Akteure der unterschiedlichen Strömungen ohne jegliche Präferenzen.

»Framing« wird von Ibrahim Abou Nagie und Pierre Vogel intensiv angewandt. Eine ihrer kommunikativen Strategien ist die Anerkennung des Holocausts und gleichzeitige Distanzierung davon. Sie kleiden das »Konzept« vom Holocaust in eine islamische Heilsverkündung und Gerechtigkeitsvision ein. In einem Gespräch mit einem Reporter vor einem »Lies«-Stand argumentiert Abou Nagie: »Hitler, der sechs Millionen Juden vergast hat, der wird seine Strafe – und Allah weiß es am Besten – am Jüngsten Tag richtig bekommen.« In dieser Aussage schwingt ein Totalitarismus mit, der typisch für realitätsfremde Gesinnungsethiker ist, die die Welt nur in schwarz und weiß aufteilen können, denn »totale Gerechtigkeit gibt es nur am Jüngsten Tag.«[29] Eine ähnliche Äußerung von Pierre Vogel ist Indiz

---

27 | »Warnung vor Abu Usama al-Gharib, der Merkwürdige - Scheich Abu Al Hussain«, https://www.youtube.com/watch?v=YGBFqmCBHb8.
28 | https://www.youtube.com/user/INDYJOURNALISTS
29 | DWR: »Chef-Reporter stellt Fragen am Lies! Infostand«, https://www.youtube.com/watch?v=2FQiW3EYjbw.

dafür, dass kommunikative Strategien und Kernthemen innerhalb des Netzwerks abgesprochen sind. Vogel argumentiert, dass die »Propagandamethoden von Adolf Hitler«, die zum Massenmord an den Juden führten, Ähnlichkeiten mit der Propaganda hätten, die derzeit Ängste vor Muslimen in Deutschland schüre. Vogel zieht im gleichen Atemzug Parallelen zur Verschwörung des jüdischen Stammes der Banu Qurayza gegen die Muslime in der islamischen Frühgeschichte. Dann zitiert er Daniel Jonah Goldhagens Untersuchungen zum Holocaust und schlussfolgert: »Die Geschichte ist das Lernen aus der Vergangenheit für die Zukunft. Wenn wir dieselben Bedingungen, Umstände und Faktoren haben, kommen wir zum selben Ergebnis.«[30] Der ehemalige DWR-Aktivist Sabri Ben Abda wiederum greift das antisemitische Klischee auf, wonach »Zionisten« die Berichterstattung der Weltpresse bestimmten, und zeigt damit, wie doppeldeutig das »framing« des Themas »Juden« im politischen Salafismusdiskurs ist (Voigts 2013b).

Die zweite Liga prominenter Wortführer der politischen Salafistenszene – nach Abou Nagie, Abu Dujana und Pierre Vogel – bilden junge deutsche Konvertiten wie Sven Lau (Abu Adam) und Marcel Krass, die kleinere virtuell-physische Netzwerke unter Freunden und Bekannten aufzubauen scheinen.[31] Sven Lau ordnet sich Vogel unter und Marcel Krass der DWR. Sie vermarkten sich ebenfalls unter deren Labels auf YouTube.

Dschihadismus mit Rückbezügen zum puristischen Takfirismus

Der Terminus »Dschihad« und die damit verbundene Ideologie des Dschihadismus beziehen sich in diesem Beitrag vor allem auf Salafisten mit revolutionären und takfiristischen Bestrebungen. Sie greifen auf anti-imperialistische Ideologien zurück, die sie religiös um-interpretieren und mit puristischen sowie politischen Grundgedanken des Salafismus verstärken. Dschihad bedeutet in diesem Zusammenhang »kämpferisches Bemühen« und schließt nach ihrem Verständnis sowohl Terrorismus (irhâb) als auch den offenen Kampf mit der Absicht zu töten (dschihâd bi-l-sayf, qitâl) ein. Mit Terrorismus ist hier substaatliche politische Gewalt gegenüber Dritten gemeint, um medial wirksame Botschaften in asymmetrischen Konflikten an mächtigere oder als mächtiger empfundene politische, wirtschaftliche und gesellschaftliche Akteure zu senden. Des Weiteren ist Terrorismus eine auf überraschende und unkonventionelle Mittel zurückgreifende Taktik im asymmetrischen Kampf, die sowohl von staatlichen als auch von substaatlichen Akteuren angewandt werden kann.

Zum kämpferischen Dschihad gehören spirituelle Läuterung (dschihâd bi-l-nafs), finanzielle Unterstützung (dschihâd bi-l-mâl) und Propaganda (vgl. al-Salim 2003; siehe auch al-Suri 2004). Das Phänomen des globalen Dschihads wird fälschlicherweise oft mit dem Phänomen »al-Qaida« (AQ) gleichgesetzt, was sich wahlweise auf eine zentrale Organisation, eine dezentralisierte Bewegung oder ein physisches und virtuelles Netzwerke bezieht. Der Kern al-Qaidas und der regionalen Ableger waren einmal so etwas wie das Mutterschiff des globalen Dschihad. Das

---

30 | Pierre Vogel: »Pierre Vogel – Wie schätze ich die Lage in Deutschland ein?«, https://www.youtube.com/watch?v=YagqnH1Hl7E.
31 | »Abu Adam – Syrien«, https://www.youtube.com/watch?v=haGnEzBJaTg, 9.7.2013.

hat aber langsam ausgedient. Inzwischen treten neue organisatorische, ethnische und ideologische Strukturen in den Vordergrund. Dies sind zum einen die Ideologie eines globalen Dschihads, der sich loslöst von der Identifikation mit al-Qaida. Zum anderen sind dies neue transnationale Netzwerke, die zwar ursprünglich das organisatorische Fundament von al-Qaida erhalten hatten, sich aber mit der Zeit verselbstständigt haben, um virtuelle und physische dschihadistische Staatsstrukturen in Bürgerkriegsgebieten wie Mali, Somalia, dem Libanon, Syrien, dem Irak und anderswo zu schaffen.

In Deutschland wird der revolutionär-takfiristische Dschihadismus vor allem von den Mitgliedern der inzwischen verbotenen Gruppierung »Millatu Ibrahim« verkörpert. Zwischen ihnen und dem radikal-politischem Salafismus der DWR gibt es allerdings diverse Verbindungen. Die Kontakte zwischen Abu Dujana und dem stellvertretenden »Emir« von »Millatu Ibrahim«, Denis Cuspert alias Abu Talha al-Almani, wurden bereits erwähnt. Darüber hinaus hielt Cuspert vor DWR-Publikum Vorträge, in denen er beispielsweise Haftzeiten für salafistische Propaganda lobte.[32] Aber auch Abou Nagie, der sich im Grunde eher fern hält, präsentierte das Label seiner Koranverteilungsaktion in der Vergangenheit offen neben dem von »Millatu Ibrahim«. Ferner hat sich mit Sabri Ben Abda ein prominenter DWR-Aktivist als »humanitärer Helfer« ins Bürgerkriegsgebiet Syrien abgesetzt. Zugleich schaffen Meinungsführer der DWR mit eigenen Aussagen selbst die Grundlagen für takfiristische Interpretationen und unterteilen die Gesellschaft streng in Gläubige, Ungläubige und heuchlerische Muslime: »Weißt Du, wer uns schadet? Die integrierten Muslime hier: Tolerant, die gehen in die Disco, die essen Schweinefleisch, die haben Freunde usw. Und dann zeigt man auf mich mit Bart und sagt, ja, der ist Extremist«, betont Abou Nagie.[33]

Abou Nagies Kritik am religiösen, sozialen und politischen Verhalten von Muslimen im Westen suggeriert zum Teil den Vorwurf des Unglaubens (kufr). Er kreidet ihnen an, dem Polytheismus (schirk) und dem Götzentum der heutigen Zeit (tâghût) zu frönen und damit das Gesetz von Gottes Einheit und Einzigkeit (tauhîd) zu verletzen. Die radikalsten Dschihadisten erklären sogar ihr gesamtes Umfeld für ungläubig und ziehen sich komplett aus der Gesellschaft zurück. Hassan Dabbagh kritisiert solche Tendenzen. Er warnt vor dem »Rausch des Takfir«, hat allerdings auch selbst eine Neigung zum Exkommunizieren.[34] Takfir führt im islamischen Recht automatisch zum Ausschluss entweder des Anklägers oder des Beschuldigten aus der Umma (der Gemeinschaft der Muslime) und kreiert dadurch einen unaufhaltsamen Teufelskreis. Je nach Rechtsauffassung zieht eine Exkommunizierung letztlich eine Freigabe zum Töten des Apostaten nach sich. Allerdings sollte man in der Takfirismus-Debatte vorsichtig bei der Bewertung der Aussagen Abou Nagies sein. Es gibt relevante Unterschiede zwischen radikal-politischen Salafis-

---

32 | »IchLiebeDieIslamDawa, Mein Weg !!! Abu Maleeq (Ex Rapper Deso Dog)«, https://www.youtube.com/watch?v=VPPYW0wxINE&feature=youtube_gdata_player, 19.2.2012.

33 | DWR: »Warum bin ich unkonzentriert im Gebet?«, https://www.youtube.com/watch?v=2FQiW3EYjbw.

34 | »...diese Leute sind auf dem Weg der Khawarij.« TheFighterofIslam: »Im Rausch des Takfir – Ermahnende Worte von Sheikh Abul Hussein«, https://www.youtube.com/watch?v=eePSsXj4IAQ.

ten, die einen politischen Dschihadismus und Takfirismus unterstützen, aber in der Gesellschaft verbleiben, und puristisch-takfiristischen Dschihadisten.

Die Propaganda des dschihadistischen Salafismus hat in Deutschland in den letzten Jahren intensivste Entwicklungsphasen durchlaufen. Zwar waren Deutsche bereits aktiv an der dschihadistischen Medienarbeit im Bosnienkrieg in den 1990er Jahren beteiligt. Zudem entstand ein Teil der 9/11-Gruppe in einem spezifisch europäisch geprägten dschihadistischen Umfeld in Hamburg – zum Beispiel um die ehemalige al-Quds Moschee. Der eigentliche digitale Durchbruch deutscher Dschihadpropaganda kam aber 2007 als der Österreicher Mohamed Mahmoud alias Abu Usama al-Gharib ein Drohvideo der »Globalen Islamischen Medienfront« (ein Franchise-Label für globale, der al-Qaida Ideologie nahestehenden, dschihadistischen Medienaktivisten) ins Netz stellte, das gegen die Regierungen Deutschlands und Österreichs und deren Afghanistaneinsätze gerichtet war. Mahmoud wurde in Österreich verurteilt und saß von September 2007 bis September 2011 in Haft. In dieser Zeit wurden eine Reihe neuer deutschsprachiger Dschihadvideos in Nordwest-Pakistan und Afghanistan aufgenommen und ins Netz gestellt – unter anderem von dem Deutschen Eric Breininger, der 2010 in Pakistan getötet wurde, und dem Deutsch-Marokkaner Bekkay Harrach, der im gleichen Jahr in Afghanistan ums Leben kam. Die deutschen Dschihadisten wurden durch zentrale Medienableger von Dschihad-Organisationen in Szene gesetzt. Beteiligt waren al-Qaidas Medienarm »al-Sahab«, die »Jundullah Studios« der »Islamische Bewegung Usbekistan« und die »Deutschen Taliban Mujahidin« der »Islamischen Dschihad Union«. Die deutschsprachige Propaganda erschuf das Bild harmonischer Lebens- und Kampfgemeinden vor Ort, was der Realität (gruppeninterne Konflikte, schlechte hygienische Verhältnisse, Drohnenangriffe) widersprach. Trotzdem wanderten Dutzende deutsche Salafisten zwischen 2008 und 2010 (sogenannte »Dschihad-Reisegruppen«), zeitweise sogar Familien mit Kindern, in die Region aus. Viele der deutschen Auswanderer starben (Holtmann 2010).

Mit Beginn des Bürgerkriegs in Syrien im Frühjahr 2011 entwickelte sich für Dschihadisten in Europa eine Front, die wesentlich leichter über die Türkei zu erreichen war. Mittlerweile kämpfen geschätzte 200 Deutsche in Syrien (Anfang 2014). Damit einher ging der rasante Anstieg der deutschen Propaganda: Seit Ende 2011 findet eine breite deutschsprachige Vermarktung des Syriendschihads statt. Die Produktionen bedienen sich ansprechender Labels und Grafiken, die an die Jugend, Pop- und Gamingkultur erinnern. Trendsetter für diese Entwicklung ist der Österreicher Mohamed Mahmoud. Nach seiner Haftentlassung zog er nach Berlin, wo er sich mit Denis Cuspert zusammentat. Im Oktober 2010 wurde Cuspert zum stellvertretenden »Medienemir« von salafimedia.de, dem Medienarm von »Millatu Ibrahim« (Flade 2011). Salafimedia.de war zu diesem Zeitpunkt ein untergeordneter Teil des transnationalen Dschihad-Propaganda-Netzwerks salafimedia.com. Die einzelnen Ländergruppierungen stimmten sich mit dem britischen Hauptzweig – geleitet von dem Briten Anjem Choudari – in London ab. Der eigentliche Chef war jedoch nach Informationen eines Insiders der Dschihad-Ideologe Omar Bakri Muhammad, der von Tripoli im Nordlibanon aus die Fäden des Netzwerks zog. Salafimedia.de ging jedoch früh eigene Wege, um die Dschihad-Bewegung in Deutschland zu internationalisieren und ihr globales Ansehen zu verschaffen. 2012 wurden die Leitthemen von »Millatu Ibrahim« – die Unterstützung des Terrorismus gegen Individuen, die den Islam »beleidigen und angreifen«, der allgemeine takfīr gegen

Mitglieder der moderaten muslimischen Bevölkerung in Deutschland – in international agierenden, deutsch-sprachigen Propagandanetzwerken aufgegriffen. Dazu zählen die »Globale Islamische Medienfront«, die die deutsche Übersetzung eines Textes des ägyptischen dschihadistischen Gelehrten Ahmad Ashush neben einem Bild Cusperts aus Solingen veröffentlichte, und die Chouka-Brüder (Mounir Chouka alias Abu Adam; Yassin Chouka alias Abu Ibrahim), die unter der Patronage der »Islamischen Bewegung Usbekistans« stehen. Während der Auseinandersetzung zwischen Solinger Dschihadisten und der rechtsextremen Partei Pro NRW, die bei einer Demonstration Mohammed-Karikaturen gezeigt hatte, um die Salafisten herauszufordern, veröffentlichten die »Jundullah Studios« beispielsweise ein Video mit dem Titel »Tod der Pro NRW.« (Vgl. Verfassungsschutz Hessen 2012)

Das »Millatu Ibrahim«-Netzwerk existierte bis Ende 2011 hauptsächlich virtuell. Die physischen Strukturen waren weitaus schwächer. Mit dem Umzug Mahmouds und Cusperts nach Solingen übernahmen sie dort die Ar-Rahmah Moschee, die sie in »Millatu Ibrahim-Moschee« umbenannten (Flade/Frigelj 2012). Der Übergang von virtueller Propaganda zu physischer Präsenz ist nicht untypisch für Dschihadisten, betrifft jedoch auch andere soziale Phänomene; im Informationszeitalter entstehen laufend aus Webexistenzen physische Existenzen und andersherum – man denke an Startup-Unternehmen, die sich zuerst erfolgreich vermarkten und dadurch neuen Zulauf gewinnen. Die strategische Übernahme der Solinger Moschee war schon länger in Planung. Bereits Ende 2010 rief ein Dschihadist auf dem salafistischen Forum ahlu-sunnah.com zu Spenden für die Ar-Rahmah Moschee auf.[35] Mahmoud und Cuspert gewannen in kurzer Zeit eine beträchtliche Anhängerschaft aus der ganzen Bundesrepublik, gleichzeitig nahm die Produktionen dschihadistischer Propagandavideos zu. Viele richteten ihr Augenmerk nun auf Solingen und nahmen dort an Treffen und Islamseminaren teil.

Nachdem ein zu »Millatu Ibrahim« gehörender Dschihadist einen Polizisten während der Solinger Auseinandersetzungen mit dem Messer verletzt hatte, wurde das rund ein halbes Jahr zuvor gegründete Netzwerk im Juni 2012 vom Bundesinnenministerium verboten. Kurz darauf gingen Mahmoud und Cuspert nach Ägypten, das nach dem Sturz Mubaraks 2011 zur Drehscheibe für Salafisten und Dschihadisten aus aller Welt wurde. Von dort aus traten sie auch in Kontakt mit Salafisten in anderen Ländern wie Libyen. Während Mahmoud mit einem libyschen Pass in der Türkei festgenommen wurde, schaffte es Cuspert nach Syrien zu gelangen (Verfassungsschutz 2012). Zurück in Deutschland blieb der Deutsch-Türke Hassan Keskin alias Abu Ibrahim, der wegen der salafistischen Ausschreitungen von Solingen zu neun Monaten Haft auf Bewährung verurteilt wurde. Im März 2013 wurden drei weitere salafistische Gruppierungen mit propagandistischen Webpräsenzen vom Bundesinnenministerium verboten: »An-Nusrah«, ein Teilprojekt von »Millatu Ibrahim« aus dem nordrhein-westfälischen Gladbeck, »DawaFFM« und »Islamische Audios« aus Frankfurt a.M. (Flade 2013a; 2013c). Ein Teil des in Deutschland verbliebenen »Millatu Ibrahim«-Netzwerks formierte sich danach neu auf der Internetplattform tauhid-germany.de und unter gleichem Namen

---

35 | Abu Qatada 91: »Spendenaufruf für Masjid al-Rahmah in Solingen«, http://www.ahlu sunnah.com/threads/33819-Spendenaufruf-f%C3%BCr-Masjid-ar-Rahmah-in-Solingen, 28.11.2010.

bei YouTube. Es wird zu beobachten sein, ob daraus ebenfalls eine reale Nachfolgebewegung entsteht (Flade 2013b).

Einiges deutet darauf hin, dass Mahmoud nach der Auflösung von »Millatu Ibrahim« einen Teil seiner Anhänger dazu anhielt, die virtuelle dschihadistische Propaganda aus Deutschland heraus weiterzuführen. Die erst im Mai 2012 gegründete Plattform »An-Nusrah« war ein Baustein seiner Internetstrategie. Sie sollte unter dem Deckmantel von Hilfsprojekten Spenden für den Syriendschihad sammeln. Mahmoud selbst sagte: »Wichtig ist auch, dass dieses Projekt nicht mit ›Millatu Ibrahim‹ oder irgendwas in Verbindung gebracht wird. Das ist ein eigenständiges Projekt [...] Das ist das, was an-Nussrah-Projekt betrifft.« (Vgl. ebd.) Der in Deutschland zurückgebliebene neue »Medienemir« Abu Ibrahim rief Unterstützer auf, reichlich zu spenden.[36] Im September 2013 wurde auch er angeblich in der Türkei festgenommen.[37]

Die Dschihad-Propaganda von »Millatu Ibrahim« und »Tauhid-Germany« verbreitet eine Mischung aus puristischem Takfirismus, radikal-politischem Aktivismus (Einführung der Scharia in strategisch günstigen Gebieten – etwa im Bürgerkriegsland Syrien) und dschihadistischem Gewaltextremismus (bewaffneter Kampf und Terrorismus). In Deutschland geben Abu Ibrahim und seine Anhänger heute den Ton an, als militärische und propagandistische Leitfiguren akzeptieren sie Mohamed Mahmoud und Denis Cuspert und als übergeordnete religiöse Autorität den bahrainischen Scheich Abu Sufyan al-Binali. al-Binali ist Schüler des jordanischen Scheichs Abu Muhammad al-Maqdisi, einer der wichtigsten ideologischen Führer der internationalen Dschihad-Szene. Mahmoud ordnet sich ihm allerdings nicht formal unter, sondern benutzt eine Form des Autoritätsschwurs (bay'a), die häufig in den salafistischen und dschihadistischen Szenen vorkommt und als post-mortem-Treueschwur bezeichnet werden kann. Formal unterstellt er sich dem toten Osama Bin Laden, den er als seinen »Scheich« bezeichnet und dessen theologisch-spiritueller Leitung er mithin folgt. Solche Autoritätsketten entstehen in der scholastischen Schriftkultur der Salafisten häufig durch Bezug auf bereits tote Gelehrte – post-mortem-Gelehrtenautoritäten. Dies wird durch das Internet begünstigt, besonders durch die selektive Konstruktion von Autoritätsketten bestehend aus historischen und kontemporären Leitfiguren und Leitideen, die auf Webseiten oder Nutzerkanälen propagiert werden. Auch hier finden Überschneidungen statt, wenn Ibn Taymiyya, Sayyid Qutb oder al-Albani sowohl auf Webseiten von Puristen, Politicos und Dschihadis aufgeführt werden.

Das dschihadistische Propagandanetzwerk mit seinen Hauptknotenpunkten »Millatu Ibrahim« bzw. »Tauhid-Germany« entwickelte sich nicht aus dem Ausland heraus, wie die oben angesprochene deutsch-dschihadistische Propaganda aus dem pakistanisch-afghanischen Grenzgebiet zwischen 2009 und 2011. Führende Mitglieder (Mahmoud, Cuspert) sind erst ausgereist, nachdem sie ihre Dschihadpropaganda in Deutschland etabliert hatten, um dann in Syrien weiter zu machen und möglicherweise um selbst dort zu kämpfen. Dort stehen sie nun in enger Ko-

---

36 | IslamicWorld01: »Abu Ibrahim - Unterstützt Syrien durch An-Nusrah!!!«, https://www.youtube.com/watch?v=a6-nz9d4IIw&list=UUFo8q3ocNj3UKBpVY_4bkiw&feature=c4-overview, Mai 2012.

37 | Tauhid Germany: »Abu Ibrahim in der Türkei festgenommen !!!«, https://www.youtube.com/watch?v=Kg6FFmOQ9zU, September 2013.

operation mit transnational agierenden Propagandanetzwerken vor allem aus der Türkei und arabischen Ländern.

Schlusswort

Der Blick auf die Internetauftritte deutscher Salafisten hat gezeigt, dass in der virtuellen Realität des Internet und in der physischen Realität immer wieder heftige Streitigkeiten unter den einzelnen Strömungen über zentrale doktrinäre und methodologische Fragen ausbrechen.

Die Untersuchung der Internetaktivitäten deutscher Salafisten gibt wichtige Aufschlüsse über Glaubensauffassungen, Entwicklungen, Koalitionen und Brüche, Strategien und Methoden. Das Beobachten der Netzaktivitäten erklärt nicht nur das virtuelle Erscheinungsbild, sondern erleichtert auch das Verständnis der physischen Netzwerke. Dies hängt mit der gesamtgesellschaftlichen Entwicklung der zunehmenden Verschränkung von virtuellen und physischen Realitäten zusammen, die zur Nivellierung von gesellschaftlichem Leben und dem Auftreten in Sozialen Medien führt. Die Subkultur des Salafismus und die fundamentalistische Agitation im Netz zeigen ähnlich wie die Gesamtgesellschaft eine Tendenz zum post-privacy-Verhalten. Nur wer in den Sozialen Medien immer mehr von sich berichtet und offenlegt, kann sich im Mittelpunkt sozialer Kommunikations-Netzwerke behaupten (Prinzip der Aufmerksamkeitsökonomie). Das birgt Vorteile für die Untersuchung des salafistischen Phänomens. Aus den zahlreichen Videos der »Lies«-Kampagne und den vielen salafistischen Narrativen auf YouTube lassen sich Einblicke in interne Entwicklungen erschließen.

Klassische Propaganda ist stark mit dem Verfälschen von Tatsachen zugunsten einer Agenda verbunden und so konzipiert, dass einseitig sendende Kanäle die Empfänger zu passiven Konsumenten machen. Ganz anders sind da die Sozialen Medien. Propaganda ist hier stark mit dem Anspruch auf Authentizität und der für die Sozialen Medien typischen Selbstdarstellung (Fotos, Videos, Rohmaterial, Aussagen, darunter unbeabsichtigte »slips«) verbunden, die Nähe und Vertrautheit suggerieren soll und dabei immer mehr preisgibt, als eigentlich beabsichtigt ist. Dies steht dem klassischen propagandistischen Anspruch, Informationen kontrolliert zu manipulieren, teilweise im Weg.

Beim Internetthema »Syrienkrieg« und seiner virtuellen Ästhetisierung nähern sich puristische, politische und dschihadistische Strömungen einander an. Ähnliches ist in der Diskussion um die Bekämpfung der Muslimbrüder seit 2013 in Ägypten zu beobachten, von derem demokratischen Aufstieg zur Macht auch Salafisten profitierten. Die gemeinsame Verwendung dschihadistischer Symbole wie das schwarze Banner (al-râya) scheint in diesem Zusammenhang nicht nur ein Rückgriff auf die Pop-Kultur des Dschihadismus zu sein, sondern auch ein Indiz für ein geteiltes Gefühl der Enge, Bedrängung, des Mitleidens und der Solidarität mit anderen Muslimen. Die ähnliche Konflikt-Ästhetik der verschiedenen Strömungen wird im transnationalen Raum des Internets in Form des Ineinanderfließens dschihadistischer, politischer und puristischer Farben, Symbole und Slogans deutlich ersichtlich.

Die Internetauftritte vieler Puristen zeigen, dass sie als eine Art Überwacher der Szene fungieren und dass sie aktiv versuchen, takfiristischen und anderen extremistischen Einflüssen entgegenzuwirken. Dies birgt jedoch auch Probleme. Um die aus ihrer Sicht gewalttätigen Aktivisten zu erreichen, müssen Puristen kommunikativ und semiotisch immer wieder soweit an sie herantreten, dass die Grenzen zwischen Einfangen und Angleichen bisweilen verschwimmen.

Radikale-politische Aktivisten verfolgen mit ihrer Koranverteilungs- und Konversionsaktion »Lies« zwar eine moderatere Strategie als in der Vergangenheit. Ob diese von Dauer ist, muss sich allerdings erst noch zeigen. Wie eingangs bemerkt, kann die Analyse der Internetaktivitäten deutscher Salafisten aufgrund der laufenden Veränderungen der salafistischen Szene und ihrer Teilgruppen immer nur eine Momentaufnahme sein.

Schließlich erlangen wir durch die Analyse der virtuellen Subkultur deutscher Salafisten auch wichtige kontextuelle Erkenntnisse. Zur Erforschung gesamtgesellschaftlicher Internettrends brauchen wir an die Gegebenheiten angepasste interdisziplinäre Methoden, die das neo-kultische, mythische und ritualistische Verhalten von Individuen und Gruppen im Internet besser erklären können. Der Rückgriff auf Gemeinschafts-, Leidens-, Opfer- und Verschwörungsmythen in sozialen Netzwerken, im Marketing, in der Werbung und im Entertainment ist enorm gestiegen und beschränkt sich nicht nur auf Subkulturen. Das virtuelle Leben hat mittlerweile starke Einflüsse auf alle Bereiche des sozialen, ökonomischen und politischen Lebens erlangt. Teilbereiche der Philosophie, Netzwerkanalyse, Kommunikationswissenschaft, Ritualforschung, Semiotik, Theologie und Ethnographie sollten in kooperativer wissenschaftlicher Arbeit an die Erkenntnisbedürfnisse des Kommunikationszeitalters angepasst werden.

LITERATUR

Lettau, Reinhard (1971): Täglicher Faschismus: Amerikanische Evidenz aus 6 Monaten. München: Carl Hanser Verlag.

al-Suri, Abu Mus'ab (2004): Da'wat al-Muqawamah al-Islamiyya al-'Alamiyya. o.O.

Maqdisi, Abu Muhammad al (2003): »Al-Qafila tusir...wa-l-kilab tanbah«, in: Mu'askar al-Battar 7(2003): S. 4-9.

El Difraoui, Asiem (2012): jihad.de: Jihadistische Online-Propaganda: Empfehlungen für Gegenmaßnahmen in: Deutschland. SWP-Studien 2012/S 05, Februar 2012.

Flade, Florian (2011): »»Welcome Back« – Berlin Terror Suspects Freed«, in: http://ojihad.wordpress.com/2011/10/28/welcome-back-berlin-terror-suspects-freed/ [28.10.2011].

Flade, Florian (2013a): »Ausbreitung über die ganze Welt«, in: http://ojihad.wordpress.com/2013/08/15/ausbreitung-uber-die-ganze-welt/ [15.8.2013].

Flade, Florian (2013b): »Deutsche Salafisten organisieren sich online neu«, in: Die Welt, 1.6.2013.

Flade, Florian (2013c): »Spendensammler des Dschihad«, in: http://ojihad.wordpress.com/2013/03/14/spendensammler-des-dschihad/ [14.3.2013].

Flade, Florian und Kristian Frigelj (2012): »Wie der Staat Salafisten aus Solingen verjagt«, in: Die Welt, 14.6.2012.

Fetscher, Iring (1977): Terrorismus und Reaktion. Frankfurt a.M.: Europäische Verlagsanstalt.

Heller, Christian (2008): »NetzpolitikTV 058: Christian Heller über Post Privacy«, in: https://netzpolitik.org/2008/netzpolitiktv-058-christian-heller-ueber-post-privacy/ [16.08.2014]

Holtmann, Philipp (2010): »Folgt der Karawane der Märtyrer«, in: SWP-Aktuell 58/2010.

Lakoff, George (2004): Don't think of an elephant. Know your values and frame the debate. Chelsea: Green Publishing.

Lakoff, George (o.D.): »Simple Framing – An introduction to framing and its use in politics«, in: www.publicworks.org/wp-content/uploads/2013/11/Simple-Framing_George-Lakoff.pdf [www.publicworks.org/wp-content/uploads/2013/11/Simple-Framing_George-Lakoff.pdf]

Husain, E. (2011): »Should Egypt Fear the Rise of Salafis?«, in: The Atlantic, 4.12.2011.

Pantucci, Raffaello (2011): »Terror in Germany: An interview with Guido Steinberg«, in: International Centre for the Study of Radicalization [http://icsr.info/2011/03/terror-in-germany-an-interview-with-guido-steinberg/; 16.08.2014].

Philips, Abu Ameenah Bilal (2006): Die Bereiche des Tauhid.

Raddatz, Hans-Peter (2001): Von Gott zu Allah? Christentum und Islam in der liberalen Fortschrittsgesellschaft. Herbig, München.

Rasheed, Muhammad al- (2007): Contesting the Saudi State: Islamic Voices from a New Generation. Cambridge: Cambridge University Press.

Roy, Oliver (2006). Der islamische Weg nach Westen. Bonn: Bundeszentrale für politische Bildung.

Verfassungsschutz in Hessen (2012): Bericht 2012: Ereignisse/Entwicklungen im dschihadistischen Salafismus [www.verfassungsschutz.hessen.de/static/node139.htm; 16.08.2014].

Voigts, Hanning (2013a): »Salafisten-Prediger Pierre Vogel: Zurück aus Ägypten«, in: Frankfurter Rundschau, 5.9.2013.

Voigts, Hanning (2013b): »Salafist Sabri Ben Abda: Der Mann mit der Kamera«, in: Frankfurter Rundschau, 13.11.2013.

Wiktorowicz, Quintan (2000): »The Salafi Movement in Jordan«, in: International Journal of Middle East Studies 32/2(2000), S. 219-240.

Wiktorowicz, Quintan (2001): The Management of Islamic Activism: Salafis, the Muslim Brotherhood, and State Power in Jordan. Albany: State University of New York Press.

Witsch, Monika (2001): Zeichen und Gegenzeichen: Fundamentalistische Agitation im Internet und Möglichkeiten für eine Pädagogik semiotischer Präventionen im Informationszeitalter [zugl.: Diss., Bielefeld, Univ., 2001].

Woodward, Mark u.a. (2013): »Salafi Violence and Sufi Tolerance? Rethinking Conventional Wisdom«, in: Perspectives on Terrorism, 7/6(2013).

Einzelne Phänomene

Schiiten als Ungläubige
Zur situativen Kontingenz einer salafistischen Feindbildkonstruktion

Mariella Ourghi

1. EINLEITUNG

Nahezu seit ihren Anfängen ist die islamische Geschichte geprägt von der Spaltung der Gemeinde in Sunniten und Schiiten. Beide Gruppen sind seitdem ihrerseits in zahlreiche Strömungen zerfallen. Unter den heutigen schiitischen Fraktionen dominiert die sogenannte Zwölferschia, deren Hauptverbreitungsgebiete der Iran, der Irak, der Libanon, Aserbaidschan, Afghanistan, Pakistan und Indien sind. Der Ursprung der Spaltung resultiert aus der zunächst politischen Frage, wer nach dem Tode des Propheten Mohammed 632 zur Leitung der muslimischen Gemeinde legitimiert ist. Die Gruppe, die sich im Laufe der folgenden Jahrhunderte zu den Schiiten entwickeln sollte, betrachtete die Wahl des ersten Kalifen Abû Bakr (gest. 634) als eine unrechtmäßige Machtaneignung, da nach ihrer Darstellung der Prophet selbst zu seinen Lebzeiten seinen Schwiegersohn Ali (gest. 661) zu seinem direkten Nachfolger ernannt habe – daher auch die Bezeichnung »Schiiten« von »shî'at Alî« (Partei Alis). Von zentraler Bedeutung für die Schiiten ist dabei ein Ausspruch des Propheten, den er bei der Rückkehr von seiner letzten Wallfahrt 632 am Teich von Khumm getan haben soll, nämlich »wessen Patron ich bin, dessen Patron ist auch Ali« (Halm 1988: 10; Ende 2005: 71; Brunner 2004: 8f.). Dieser zugrunde liegende Streit um die rechtmäßige Nachfolge führte jedoch auch zur Ausprägung einer unterschiedlichen Glaubenslehre und jeweils eigener Rechtssysteme. Eine häresiographische Tradition auf beiden Seiten durchzieht die gesamte bisherige islamische Geschichte.

Dieser Beitrag konzentriert sich auf das salafistische Feindbild von den Zwölferschiiten, wobei andere schiitische Gruppen ebenfalls Ziel von Anfeindungen sind. Wenn im Folgenden von »Schiiten« oder »Schia« die Rede ist, sind stets die Zwölferschiiten bzw. -schia gemeint.

2. DIE FRAGE DER »RICHTIGEN« GLAUBENSLEHRE

Bildet den Ausgangspunkt des sunnitisch-schiitischen Schismas also zunächst das divergierende Bild über die frühislamische Geschichte, so sind es vor allem die aus diesen Anfängen resultierenden und im Gefolge zur Ausprägung gekommenen unterschiedlichen Glaubenslehren, die insbesondere sunnitische puritanische Bewegungen wie den Salafismus dazu veranlassen, die Schiiten zu Ungläubigen zu erklären. Dennoch sollte dabei nicht übersehen werden, dass die religiösen Beweggründe für takfîr (jemanden zu einem Ungläubigen erklären) stets auch eingebunden waren und sind in politische sowie soziale Konfliktfelder. Die Ursachen für takfîr, der im schlimmsten Fall in konfessionelle Gewalt münden kann, müssen deshalb immer im Zusammentreffen einer Reihe von Faktoren gesucht werden (vgl. Brinkmann 2010: 26; Steinberg 2009: 108; Ende 2007: 80f.; Ende 1990: 225ff.; Hasson 2006: 304f.). Mehrheitlich hat es der sunnitische Islam in der Geschichte vermieden, einen Muslim des Unglaubens zu bezichtigen. Im vergangenen Jahrhundert erfolgten auch ernsthafte Versuche, eine Annäherung zwischen Sunniten und Schiiten auf den Weg zu bringen, die jedoch von beiden Seiten nicht unwidersprochen blieben (dazu Brunner 2004; Ende 2007).

Im Zentrum der schiitischen Glaubensdoktrin steht die Imamatslehre, wonach es immer einen Imam geben müsse, damit der »wahre« Glaube weiter bestehen könne. Die von den Zwölferschiiten anerkannte Reihe der Imame beginnt mit Ali und setzt sich mit den männlichen Nachkommen aus seiner Ehe mit der Prophetentochter Fatima fort bis hin zum zwölften Imam, der in der Verborgenheit (ghayba) weilt und als Erlöser (mahdî) am Ende der Zeit hervortreten wird. Nach schiitischem Verständnis haben sich die meisten Prophetengefährten mit ihrer Weigerung, Alis Berechtigung zur Nachfolge Mohammeds zu unterstützen, außerhalb des Islams gestellt. Mit diesem genealogischen Prinzip verbunden sind auch spezifische Eigenschaften der Imame wie das Wissen um das Verborgene (ilm al-ghayb) – was in der sunnitischen Theologie nur den Propheten zukommt – sowie ihre Sündlosigkeit und Unfehlbarkeit (isma). Dieser prophetenähnliche Rang der Imame wird von Sunniten, keineswegs nur von Salafisten, oft bis heute als Verleumdung oder gar Verneinung des Monotheismus aufgefasst (vgl. Brunner 2004: 14ff.). Aus der Ablehnung des von den Sunniten anerkannten Kalifats der ersten drei Kalifen resultiert auch der für Schiiten pejorativ gebrauchte Begriff »ar-rawâfid« (wörtl. die Zurückweisenden, Ablehnenden, singularisch auch ar-râfida). Ursprünglich ist der Terminus eine frühe Eigenbezeichnung der Schia, der dann von ihren Gegnern übernommen wurde (dazu Kohlberg 1979: 677ff.); von schiitischer Seite wird pejorativ der Begriff »nawâsib« für die »Feinde Alis«, also für Sunniten, gebraucht (Hasson 2006: 309).

Im Zusammenhang mit der Usurpierung der Macht nach dem Tod des Propheten steht auch der Vorwurf der Koranfälschung. Nach sunnitischer Tradition hat erst der dritte rechtgeleitete Kalif Uthmân (gest. 656) die Redaktion des vorhandenen Textmaterials angeordnet und damit dem Koran seine endgültige Form gegeben. Da darin weder die Designation Alis zum Prophetennachfolger noch das Imamat Erwähnung finden, zogen die damaligen Protoschiiten die Schlussfolgerung, dass entsprechende Textteile schlicht nicht aufgenommen worden seien. Obwohl diese Anschuldigung im Laufe der Jahrhunderte mehr und mehr an Gewicht verlor, ist sie nie gänzlich aus dem schiitischen Bewusstsein verschwunden (Brunner 2001: 2, 115). Da sich die Prophetengefährten mehrheitlich nicht für Ali als direkten Nachfolger ausgesprochen hatten und diese damit als unzuverlässige Überlieferer gelten, entwickelte sich auch eine eigene schiitische Hadithtradition, zu der im Übrigen nicht nur Aussagen des Propheten zählen, sondern auch Aussprüche der Imame, die de facto gleichrangig behandelt werden (Ende 2005: 77).

Besonders im schiitischen Volksglauben sind ein ausgeprägter Gräberkult und das Bitten um Fürsprache weit verbreitet. Aufgesucht werden dazu die (zumindest im Irak und Iran) prachtvoll ausgebauten Gräber der Imame, aber auch diejenigen von Abkömmlingen der Imame (pers. emâm-zâde). Der Besuch der Imamgräber (ziyâra) wird im Volksglauben teilweise als mit der Wallfahrt nach Mekka (hadschdsch) vergleichbar betrachtet (Ende 2005: 82).

Aufgrund dieser Glaubensinhalte sahen und sehen sich Schiiten seit der Anfangszeit des Islams von sunnitischer Seite immer wieder dem Vorwurf der Häresie ausgesetzt. Dies gilt umso mehr für puritanische sunnitische Strömungen wie den Salafismus. Um diese Anschuldigung besser verstehen zu können, ist es unerlässlich, die Genese der Bewegung, die heute unter dem Begriff Salafismus erfasst wird, in der gebotenen Kürze zu erläutern.

Der theologische Ansatz, sich auf die »rechtschaffenen Vorväter« (as-salaf as-sâlih), die ersten drei Generationen der Muslime, die die Grundlagen des Islams noch aus erster Hand kennen gelernt und überliefert haben, zu berufen, ist kein reines Phänomen der Moderne, sondern lässt sich bis in die Abbasidenzeit zurückverfolgen.[1] So plädiert bereits der Gründer der hanbalitischen Rechtsschule, Ahmad Ibn Hanbal (gest. 855), für einen unmittelbaren Rückbezug auf Koran und Hadith. In der weiteren Entwicklung kommt insbesondere Ibn Taymiyya (gest. 1328) eine bedeutende Stellung zu, auf den sich heutige Salafisten in ihren Schriften ausführlich beziehen. Ibn Taymiyya wiederum übte großen Einfluss auf Muhammad Ibn Abd al-Wahhâb (gest. 1792) aus, den Begründer der Wahhâbiyya, der dem Islam seiner Zeit attestierte, sich in einem Zustand der »heidnischen Unwissenheit« (dschâhiliyya) zu befinden. Die Wahhâbiyya war jedoch nicht die einzige Bewegung jener Epoche, die das Vorbild der salaf wiederzubeleben versuchte; ähnliche Bewegungen entstanden im Jemen, in Indien und Nigeria. Auch die Salafiyya-Bewegung, die sich Ende des 19. Jahrhunderts im Nahen Osten bildete, forderte eine Rückkehr zu den Quellen, sah darin jedoch keinen Widerspruch zu Reformen, die auch von westlichem Denken beeinflusst sein konnten (Meijer 2009: 4ff.; Haykel 2009: 38). Aus dem Denken der Salafiyya schöpften auch die 1928 in Ägypten gegründeten Muslimbrüder, die westlichen Gesellschaftsentwürfen weitaus kritischer gegenüber standen und nach dem Aufbau einer genuin islamischen Ordnung strebten. Nachdem ab Mitte der 1960er Jahre die Muslimbrüder in Ägypten zunehmend unter politischen Druck gerieten, flohen viele von ihnen nach Saudi-Arabien, wo es nun zu einer gegenseitigen ideologischen Beeinflussung mit der dortigen wahhabitischen Glaubenslehre kam, die prägend für die salafistischen Strömungen wurde (Steinberg 2005: 18ff.; Brachman 2009: 24f.). Die grundlegende Glaubensdoktrin der Salafisten unterscheidet sich nicht von der der Wahhabiten, die um folgende zentrale Themen kreist: die Betonung des tauhîd (Einheit und Einzigartigkeit Gottes) und damit verbunden die Ablehnung jeglicher Form von schirk (Beigesellung, Polytheismus), der nach salafistischer Auffassung etwa in Form von Fürsprache (tawassul) und des Besuches von Gräbern (ziyârat al-qubûr) bestehen kann; die Erklärung von Muslimen, die nicht ihre Ansichten teilen, zu kuffâr (tak-

---

1 | Auch der Gebrauch der Bezeichnung »salafî« kann bereits ab dem 12. Jahrhundert nachgewiesen werden. Der Hadithgelehrte und Historiker Abd al-Karîm as-Sam'ânî verwendete ihn in seinem Werk Kitâb al-ansâb für Muslime, die nach dem Glauben der salaf lebten (Haykel 2009: 38).

fîr); die Ablehnung unerlaubter Neuerungen (bida') sowie von taqlîd (hier im Sinne von blindem Befolgen der Rechtsschulen) (Peskes 2002: 40f.).

3. POLITISCHE KONFLIKTFELDER FÜR DAS FEINDBILD »SCHIITEN« IN DER JÜNGEREN NEUZEIT

Wie bereits oben angedeutet sind es nicht konfessionelle Differenzen hinsichtlich der unterschiedlichen Glaubenslehren allein, die zu offener Konfrontation und einer deutlichen Artikulierung von takfîr bis hin zur Anwendung von Gewalt gegen die andere konfessionelle Gruppe führen, sondern vor allem politische und ökonomische Vorgänge, die zur Forcierung religiöser Identitätskonstruktionen wesentlich beitragen, wobei die konfessionelle Zugehörigkeit dann allerdings zur Konfliktrechtfertigung oft als prinzipielle Legitimationsbasis einen entscheidenden Beitrag leistet. Im Weberschen Sinne gesprochen muss diese Legitimation also in einen von multiplen und recht diesseitig ausgerichteten Faktoren determinierten Kontext eingeordnet werden (vgl. Kippenberg 2008: 23).

Im ausgehenden 20. und beginnenden 21. Jahrhundert sind insbesondere zwei Ereignisse von großer politischer Tragweite auszumachen, die den sunnitisch-schiitischen Konflikt anheizen und die antischiitischen Tendenzen auf Seiten der wahhabitischen bzw. salafistischen Strömungen verstärkten.

Als erste Determinante sind hier die sogenannte Islamische Revolution in Iran 1979 und der ein Jahr später ausbrechende Erste Golfkrieg zu nennen. Die anfängliche Begeisterung über die Islamische Revolution, die auch von Sunniten geteilt wurde, wich rasch einer Besorgnis über eine drohende politisch-schiitische Dominanz im Nahen Osten. Der von Iran propagierte Revolutionsexport und vor allem der Ausbruch des Iran-Irak-Kriegs 1980 ließen die konfessionellen Differenzen stärker hervortreten. Sowohl das wahhabitische Saudi-Arabien als auch die Islamische Republik Iran sahen sich in der Pflicht zu verdeutlichen, welche Glaubenslehre den »wahren« Islam charakterisiere. Diese politisch-religiösen Spannungen zwischen Iran und Saudi-Arabien erreichten im Jahre 1987 beim hadschdsch einen traurigen Höhepunkt, als bei gewalttätigen Auseinandersetzungen mehrere Hundert iranische Pilger von saudischen Sicherheitskräften getötet wurden (Brunner 2004: 376f., 380; Hasson 2006: 299-301; Brinkmann 2010: 48; Goldberg 1990: 155f., 165; Ende 1990: 226). Ein weiterer Faktor für das Erstarken antischiitischer Tendenzen waren das politische Regime in Syrien und dessen Haltung während des Iran-Irak-Krieges. Mit Hafiz al-Assads Machtübernahme 1970 hatte ein Angehöriger der schiitischen Gruppierung der Alawiten[2] die Herrschaft über die sunnitische Mehrheit im Land übernommen, woraufhin die syrischen Muslimbrüder in ihrer Regimekritik zunehmend auf die konfessionelle Zugehörigkeit al-Assads abhoben. An Konturen gewann das Feindbild »Schia« im Zuge des Iran-Irak-Kriegs, als Syrien sich als einziges arabisches Land auf die Seite Irans stellte. Die sich im Gefolge intensivierende anti-alawitische Propaganda der syrischen Muslimbruder-

---

2 | Die Alawiten oder Nusayrier sind eine schiitische Gruppierung, die ihre Lehren auf Offenbarungen des elften Imams al-Hasan al-Askarî an seinen Schüler Ibn Nusayr und auf die kufische ghulât (»Übertreiber«)-Tradition zurückführen (Halm 1988: 189ff.).

schaft und ihrer Sympathisanten weitete sich bald zu einem Rundumschlag gegen Schiiten an sich aus (Steinberg 2009: 118f.; Haykel 2011: 187; Ende 1990: 226).

Die zweite Determinante, die die Feindschaft gegenüber den Schiiten erneut befeuerte, war – und ist es leider bis in die Gegenwart – der Bürgerkrieg im Irak, der nach der amerikanischen Invasion 2003 ausbrach und eine stark konfessionelle Prägung annahm. Das politische Erstarken der Schiiten, die die Bevölkerungsmehrheit stellen, und deren zum Teil enge Beziehungen zu Iran lieferten in der instabilen Situation dem dschihadistischen Salafismus ein Agitationsfeld, in dem die Feindschaft gegenüber den Schiiten nicht nur auf theoretischer Ebene verblieb, sondern sich in zahllosen Attentaten Bahn brach. Diese Entwicklung ist allerdings nur vor dem Hintergrund der Geschehnisse der vorangegangenen Jahre in der Region zu verstehen. Der Irakkrieg bot vielen al-Qaida-Kämpfern nach dem Verlust ihrer Basis in Afghanistan ein neues Handlungsspektrum, zumal sich der Kampf hier zugleich direkt gegen den »fernen Feind« USA richtete. Unter der Führung des gebürtigen Jordaniers Abû Mus'ab az-Zarqâwî (gest. 2006) etablierte sich die Organisation »al-Qâ'ida fî bilâd ar-râfidayn« (al-Qaida im Zweistromland), die darauf abzielte, die Schiiten zu provozieren, um in einer unübersichtlichen Lage den dschihadistischen Salafisten einen besseren Nährboden zu bieten. Unklar bleibt jedoch das letztendliche Motiv für az-Zarqâwîs ausgeprägten Hass auf Schiiten (Steinberg 2009: 108-10; Steinberg 2005: 199, 226; Haykel 2011: 193f.), zumal sein Mentor Abû Muhammad al-Maqdisî (geb. 1959) in dieser Hinsicht durchaus zurückhaltendere Töne anschlug (Wagemakers 2012: 90; Haykel 2011: 195). In einem an die al-Qaida-Führung gerichteten Schreiben legte az-Zarqâwî seine Strategie dar, jedoch wird darin auch deutlich, dass seine antischiitische Haltung nicht allein auf strategischen Motiven basierte, sondern eine starke Komponente seiner religiösen Überzeugung bildete. In einer Audiobotschaft wiederholte er im April 2004 seine Äußerungen (Steinberg 2009: 109f.):

»[...] der schiitische Glaube und der Islam stimmen allenfalls so weit überein wie Juden und Christen unter dem Oberbegriff ›Leute des Buchs‹ zusammenkommen. Die Schiiten haben den Koran verfälscht, die Prophetengenossen beleidigt, die Mütter der Gläubigen erstochen, die Leute des Islams verleugnet und deren Blut vergossen. Sie begingen große Sünden, betrieben sämtliche Formen von Aberglauben und verbreiteten Lügen und Mythen. [...]
[unter Berufung auf Ibn Taymiyya] Die (Schiiten) hegen mehr Böses und mehr Groll gegen Muslime, groß oder klein, gottesfürchtig oder nicht gottesfürchtig, als alle anderen. Sie lieben es, Muslime und ihre frommen Männer zu beleidigen. Sie sind am meisten darauf erpicht, die Muslime zu spalten. Sie genießen es, muslimische Autoritäten zu verleugnen und zu verfluchen, insbesondere die orthodoxen Kalifen und Gelehrten. Für sie ist jeder, der nicht an den unfehlbaren Imam (Al-Mahdi) glaubt – der nebenbei bemerkt gar nicht existiert –, ein Ungläubiger gegenüber Gott und dem Propheten« (az-Zarqâwî 2004).

Doch bleibt unter Salafisten und selbst innerhalb des dschihadistischen Lagers die takfîr-Erklärung gegenüber Schiiten umstritten. Takfîr muss auch vor dem Hintergrund des primären Feindbildes und der strategischen Planung gesehen werden. So stieß auch az-Zarqâwî mit seinem Schreiben bei der al-Qaida-Führung keineswegs auf offene Ohren. al-Qaida befürchtete, dass ein takfîr gegen eine gesamte konfessionelle Gruppe dem Hauptziel des Kampfes, nämlich westliche Besatzer von islamischem Boden zu vertreiben und autoritäre Systeme in der islamischen

Welt zu beseitigen, eher abträglich sei, da man sich dadurch innere Feinde schaffe. In einer Antwort auf az-Zarqâwî lehnte az-Zawâhirî (geb. 1951) deshalb auch dessen Strategie ab, Schiiten aufgrund ihrer Konfessionszugehörigkeit zu töten, Wenngleich az-Zawâhirî argumentierte, dass die schiitischen Massen lediglich aus Unwissenheit sowie falscher Unterrichtung ihrer Glaubenslehre anhingen und somit von ihrer Verantwortung befreit seien, hält er doch an der Überzeugung fest, dass die Schia zumindest eine Häresie sei (az-Zawâhirî 2005; Steinberg 2009: 122-24; Hafez 2011: 34; Haykel 2011: 195f.). az-Zarqâwî ließ sich jedoch von dieser Antwort nicht beeinflussen, vielmehr gelang es ihm, auch bei al-Qaida die antischiitischen Töne zu verstärken (Steinberg 2009: 123). Diese gewannen im Zuge des Bürgerkriegs in Syrien an Deutlichkeit, da mit der Unterstützung des alawitischen Regimes durch den Iran und die libanesische Hizbollah erneut das Feindbild der »ungläubigen Schiiten« instrumentalisiert werden konnte, indem auf deren Hegemonialansprüche unter iranischer Führung in der Region hingewiesen wurde.

4. DIE SITUATIVE KONTINGENZ VON FEINDBILDERN

Dass abseits akuter politischer – bzw. auch ökonomischer oder sonstiger sozialer – Konflikte eine monotheistische Glaubenslehre allein zu Konsequenzen für Häresie, Apostasie oder Unglauben führt, konnte bereits mehrfach widerlegt werden. Daraus ist jedoch nicht der Umkehrschluss zu ziehen, dass monotheistische Glaubenslehren per se – und dabei sind nicht nur die verschiedenen islamischen Doktrinen gemeint, sondern ebenso jüdische und christliche – einen friedlichen Kern besäßen und die Fälle, in denen Andere des Unglaubens bezichtigt und als Folge im extremsten Ausmaß deshalb Opfer von Gewalt werden, allein auf ein »falsches« Verständnis oder einen Missbrauch zurückzuführen seien. Vielmehr muss man diesen Zusammenhang kontingent nennen. Es sind stets spezifische, in der Regel multifaktorielle Situationen, die religiöse Abgrenzungen so virulent werden lassen, dass sie zu tatsächlichen Handlungsauswirkungen führen. Zugleich muss diese Situationsbeurteilung subjektiv genannt werden, da absolute Objektivität nicht möglich ist und deshalb allenfalls so zu begreifen ist, dass eine Mehrheit eine Situation in einer Weise definiert. Freilich müssen wir auch die Entstehungssituationen von Glaubensdoktrinen bereits in dieser Kontingenz denken. In der Ausformung der Glaubenslehren ist von Bedeutung, wie diese Entstehungssituationen erinnert werden. Diese Narrative können die Wahrnehmung von Gläubigen im Gefolge nachhaltig beeinflussen und sodann oft in Verbindung mit Heilsversprechen als Legitimationsgrundlage für Macht- und Besitzansprüche gegenüber anderen dienen. Situationsdefinitionen sind jedoch wandelbar. Wenn aufgrund bestimmter Faktoren eine Definition an Stichhaltigkeit verliert, kann es zu einer Reflexion über die bisherige Definition und ihrer Revidierung kommen. Die Handlungsoptionen sind dabei aber durchaus von kulturell-symbolischen und institutionellen Rahmungen abhängig (vgl. ausführlicher zu diesen Kontingenzen Kippenberg 2008: 17ff.).

Dass etablierte Glaubenslehren keineswegs automatisch zu bestimmten, in ihnen theoretisch angelegten Handlungen führen, lässt sich gut am Beispiel der Haltung Saudi-Arabiens gegenüber den Schiiten veranschaulichen. Bis zu den Ereignissen des 11. September 2001 äußerten wahhabitische Gelehrte offizieller Organe freimütig ihre Ablehnung der Schia bis hin zur Erklärung, dass die Tötung von

Schiiten keine Sünde sei (al-Atawneh 2011: 256). Zwar hatte sich Saudi-Arabien in der Realität eher von pragmatischen Überlegungen in der Frage des Umgangs mit Schiiten leiten lassen, gerade weil das Land eine schiitische Minderheit beherbergt, die 10 bis 15 Prozent der Bevölkerung ausmacht und vor allem in der wirtschaftlich bedeutenden Ostprovinz lebt. Dennoch waren und sind die saudischen Schiiten einer Reihe von religiösen, politischen und ökonomischen Diskriminierungen ausgesetzt (Steinberg 2009: 114f.; Steinberg 2010: 145). Die auf die Anschläge vom 11. September folgende Kritik an der wahhabitischen Lehre – zumal von den 19 Attentätern 15 die saudische Staatsangehörigkeit hatten – sowie auch die dschihadistische Bedrohung im Inneren (v.a. in den Jahren 2003 bis 2005) stellte das religiös-ideologische System Saudi-Arabiens in Frage und führte auf offizieller Linie zumindest zu einer gewissen Abkehr von feindlichen Äußerungen in Bezug auf andere Religionen und auch zu einem Umdenken im Umgang mit anderen Muslimen. 2003 wurde zur Beförderung dieser Ideen das »König-Abd al-Azîz-Zentrum für nationalen Dialog« gegründet. Die saudische Regierung und die Establishment-Gelehrten hatten angesichts der Kritik die Notwendigkeit erkannt, auch die Marginalisierung verschiedener Segmente der saudischen Gesellschaft wie der Schiiten oder Sufis abzubauen (al-Atawneh 2011: 257, 260f.; Steinberg 2010: 157f.; Louër 2012: 108f.). Zugleich wurde im Frühjahr 2003 Saddam Hussein im Irak gestürzt, was bei den saudischen Schiiten Hoffnung auf weitere Entfaltungsmöglichkeiten weckte, bei den Wahhabiten jedoch auch Ängste vor einem politischen Erstarken der Schiiten schürte. Der auf den Weg gebrachte Versuch einer Annäherung erlitt bald Rückschläge, zumal ab 2005 angesichts des Bürgerkriegs im Irak und des sich verschärfenden Konflikts mit Iran die USA nach Partnern in der Region suchten und sich somit der äußere Reformdruck abschwächte (Steinberg 2010: 148f., 160). Dennoch sind zaghafte andauernde Verbesserungen zu verzeichnen: Die Schiiten dürfen die Aschura-Feierlichkeiten abhalten, schiitische Werke publizieren und Moscheen sowie Schulen eröffnen (Teitelbaum 2010). Der sich mehr und mehr zu einem konfessionellen Konflikt ausweitende Bürgerkrieg in Syrien könnte jedoch auch für die saudischen Schiiten alsbald die Gefahr neuerlicher starker Repression bedeuten.

Das Beispiel Saudi-Arabiens zeigt zum einen, dass das wahhabitische doktrinäre Narrativ prinzipiell bestimmend für saudische Herrschaftsansprüche ist. Zum anderen führten im Verhältnis zu den einheimischen Schiiten die von der wahhabitischen Glaubenslehre geforderten Handlungsauswirkungen in der Regel nicht zu letzten Konsequenzen. Damit sollen hier keineswegs die zahlreichen Diskriminierungen gegen Schiiten heruntergespielt, sondern verdeutlicht werden, dass aufgrund der Situationsdiagnose des Regimes zwar selbst extremste Verbalattacken gegen Schiiten geduldet wurden, deren gesamte Exilierung, Zwangskonversion oder gar Tötung jedoch nicht verfolgt wurde. Als aufgrund der Kritik an der wahhabitischen Lehre nach dem 11. September sowie der dschihadistischen Anschläge in Saudi-Arabien die Plausibilität der bisherigen Situationsdefinition schwand, setzte eine Reflexion ein, die zu einer Revidierung ehemaliger Positionen führte. Die nunmehr postulierten Handlungsanweisungen bewegten sich dabei durchaus innerhalb des Bezugsrahmens wahhabitischer Begrifflichkeiten, die allerdings inhaltlich neu gefüllt wurden (dazu al-Atawneh 2011: 263). Wie bestimmend die Situationsdiagnose ist, offenbarte sich ab 2005, als die machtpolitische Auseinandersetzung mit Iran wieder an Brisanz gewann und damit die Wahrnehmung der Schiiten als Unterstützer der Islamischen Republik neuerlich ins Zentrum rückte.

Werfen wir schließlich einen kurzen Blick auf den deutschen Salafismus. Zwar finden wir erwartungsgemäß auch hier die bekannte, an der Glaubenslehre orientierte Argumentation, dass die Schia eine Häresie ist bis hin zur Klassifikation als kufr (Unglaube). So hat beispielsweise der bekannte Prediger Pierre Vogel (geb. 1978) in einem längeren Video mit dem Titel Die Schiiten sind im Unrecht die Auffassung vertreten, dass die Schiiten aufgrund ihrer »falschen« Koranexegese einer »verfälschten« Glaubenslehre anhingen. Doch vermeidet er es, einen umfassenden takfîr auszusprechen. Ähnlich wie bei az-Zawâhirî richtet sich seine Kritik weniger gegen die Masse der Schiiten, sondern gegen deren Gelehrte, die ihre Anhänger in die Irre führen würden (Vogel 2011). Einen überlegten Umgang – vor allem auf der praktischen Ebene – mit takfîr propagiert selbst die salafistische Minderheitsfraktion der sogenannten Takfîristen, die auch im deutschsprachigen Raum vertreten sind, deren Aktivitäten sich jedoch weitgehend auf den virtuellen Raum beschränken. Sie erklären nicht nur das Gros der Muslime zu Ungläubigen, sondern auch die anderen salafistischen Gruppierungen, einschließlich der Dschihadisten, da sie eine »korrekte« Beachtung des tauhîd vermissen ließen. Die Lossagung vom »Unglauben« und das »richtige« Verständnis von tauhîd seien aktiv unter Beweis zu stellen, um als Muslim gelten zu dürfen. Die Kritik an den Dschihadisten basiert vor allem auf der Begründung, dass in einer ungläubigen Welt die Prämissen zur Durchführung des Dschihad nicht gegeben seien. Als geistiger Vater dieser Strömung gilt der aus Kuwait stammende Abû Maryam Abd ar-Rahmân Ibn Talâ' al-Mikhlif, der bis ungefähr 2003 noch dem dschihadistischen Lager zuzurechnen war (Reinhard 2012: 243, 249f.). Sein in Österreich lebender Schüler Abu Hamzah al-Afghani behandelt in seiner Schrift Die Grundlagen des Schiitentums sämtliche gängigen (oben erwähnte) Vorwürfe gegenüber den Schiiten. Allerdings erteilt er aufgrund seiner Beurteilung keine eindeutigen Handlungsanweisungen hinsichtlich eines konkreten Vorgehens gegen Schiiten. Aus den Schlusskapiteln des Dokuments lässt sich allenfalls folgern, dass man sich weitgehend von den Schiiten segregieren soll, da sie den Argumenten der Takfîristen ohnehin nicht zugänglich sein würden (al-Afghani 2009b: 126-32). Ergänzende Aufschlüsse zur Frage des takfîr liefert al-Afghanis Schrift Beispiele für die Übertreibung im Takfîr. Auch seine Argumentation lehnt sich an diejenige az-Zawâhirîs an. Als eine Übertreibung beim takfîr betrachtet er, Taten oder Aussagen nicht zu entschuldigen, die zwar als kufr gelten, aber aus Unwissenheit heraus erfolgten. Er trennt also zum einen die Ebene der aqîda, der grundlegenden Glaubensinhalte, von der der Taten. Zum anderen argumentiert er, dass jemandem die Folgen einer Aussage, die nicht er selbst, sondern ein Anderer getan hat, nicht angelastet werden könnten. Unwissenheit oder »falsche« Unterrichtung lässt al-Afghani als Entschuldigungsgrund gelten; dies stellt für ihn keinen Anlass für takfîr dar. Auch er plädiert also für eine umsichtige Handhabung des takfîr und eine situative Einzelfallprüfung (al-Afghani 2009a: 9ff., 25, 67).

5. Fazit

Wie wir gesehen haben, sind religiöse Glaubenslehren allein nicht die direkten Determinanten entsprechender Handlungen. Das Feindbild »Schiiten« mag zwar in seinem glaubensinhaltlichen Grundsatz allen salafistischen Strömungen gemein sein, dennoch führt es keineswegs zu immer gleichen Auswirkungen. Um diese situative Kontingenz der Feindbildkonstruktion in ihrer Virulenz besser erfassen zu können, ist zu berücksichtigen, innerhalb welcher bestehenden Machtverhältnisse das Feindbild artikuliert wird.

Ein Schlüssel scheint in einer bereits institutionalisierten Territorialität und den damit verbundenen Ressourcen zu liegen. Etablierte Staatsapparate wie Saudi-Arabien haben ihre Machtansprüche bereits in Form von Herrschaft institutionalisieren können (vgl. zur Legitimierung von Macht Veit/Schlichte 2011: 153). Innerhalb dieser Rahmung sind sich die saudischen Wahhabiten sehr wohl bewusst, dass die Schiiten ebenso Bürger ihres Nationalstaates und zudem in einer für den Staat ökonomisch wichtigen Region ansässig sind. Verbalaggression gegenüber Schiiten mag demnach noch tolerabel sein, eine tatsächliche Umsetzung des takfîr mit allen Konsequenzen würde jedoch für die Wahhabiten selbst wahrscheinlich negative Folgen nach sich ziehen und ihre institutionalisierte Herrschaft gefährden.

Anders verhält sich der Fall bei dschihadistischen, nichtstaatlichen Gruppen wie al-Qaida im Zweistromland. In ihrem Legitimitätsstreben muss die Gruppe die Gewalt gegen Schiiten für die eigene Anhängerschaft wie auch für Außenstehende rechtfertigen. Mit der Emanzipation der irakischen Schiiten ab 2003 konnte in Anknüpfung an die salafistische Glaubenslehre die Illegitimität schiitischer Machtansprüche zu einem für die Dschihadisten legitimationsfähigen Narrativ erhoben werden. In der historischen Erinnerung an den in der islamischen Frühzeit abgelaufenen Konflikt um die rechtmäßige Machtausübung über die muslimische Gemeinde wird die Illegitimität schiitischen Machtstrebens als zentrale eigene Legitimitätsquelle benannt. Wie in der Korrespondenz zwischen az-Zarqâwî und az-Zawâhirî deutlich wurde, kann es über die Strategien zur Erreichung des eigenen Ziels durchaus gravierende Differenzen geben. Es ist davon auszugehen, dass auch az-Zawâhirî in seiner ideologischen Prägung wenig von einer dauerhaften Machtbeteiligung der Schiiten hält, deren umfassende Repression bzw. Bekämpfung bis hin zur unterschiedslosen Tötung zum damaligen Zeitpunkt im Hinblick auf die Akzeptanz al-Qaidas in der Bevölkerung jedoch als nicht zweckmäßig beurteilte. Zugleich durfte al-Qaida auch die nach innen wirkende Funktion des antischiitischen Narrativs nicht vernachlässigen, um ihre interne ideologische Glaubwürdigkeit nicht zu verlieren (vgl. zur internen Funktion von Narrativen Veit/Schlichte 2011: 160f.), zumal der Handlungsspielraum der al-Qaida-Führung damals ohnehin schon eingeschränkt war. Dies erklärt auch, warum sich nach dem besagten Briefwechsel bei der Führung die antischiitischen Äußerungen verstärkten.

Vor einem ganz anders gelagerten Hintergrund hinsichtlich der Feindbildkonstruktion ist das Legitimitätsstreben deutscher Salafisten zu bewerten. Sie verfügen nur über sehr begrenzte Ressourcen. In der Diasporasituation der Muslime, in der sich Salafisten ohnehin einer »ungläubigen« Mehrheit gegenüber sehen und staatlicher Beobachtung ausgesetzt sind, zudem unter den Muslimen im Westen eine Minderheit bilden, würden sie sich weiterer Erfolgsmöglichkeiten berauben, wenn sie gegen jeden Schiiten allein aufgrund seiner Konfessionszugehörigkeit den takfîr aussprechen oder gar entsprechende Handlungen folgen ließen.

Wir sehen also, dass das Feindbild »Schia« zwar seine Wurzeln in einem frühislamischen Machtkampf und dem daraus resultierenden doktrinären Schisma hat, dass jedoch die daraus in der Praxis erwachsenden Konsequenzen und deren

Legitimationen stets von multifaktoriell bedingten Situationsdiagnosen abhängig sind.

Literatur

al-Afghani, Abu Hamzah (2009a): Beispiele für die Übertreibung im Takfir, o.O., http://risalatun.com/buch/Uebertreibung-im-Takfir.pdf (23.09.2013).

al-Afghani, Abu Hamzah (2009b): Die Grundlagen des Schiitentums. Eine kritische Analyse, o. O., http://risalatun.com/buch/Die%20Grundlagen%20des%20Schiitentums%20-%20Online-Ausgabe.pdf (23.09.2013).

al-Atawneh, Muhammad (2011): »Wahhabi Self-Examination Post-9/11: Rethinking the ›Other‹, ›Otherness‹ and Tolerance«, in: Middle Eastern Studies 47(2011), S. 255-71.

Brachman, Jarret M. (2009): Global Jihadism. Theory and Practice. London u.a.

Brinkmann, Stefanie (2010): »Sunniten und Schiiten: Ursprünge und Dimensionen eines Konflikts«, in: Sigrid Faath (Hg.): Rivalitäten und Konflikt zwischen Sunniten und Schiiten in Nahost. Berlin, S. 25-50.

Brunner, Rainer (2004): Islamic Ecumenism in the 20th Century. The Azhar and Shiism between Rapprochement and Restraint. Leiden u.a.

Brunner, Rainer (2001): Die Schia und die Koranfälschung. Würzburg.

Ende, Werner (2007): »Zwischen Annäherung und Konflikt: Schiiten und Sunniten in Geschichte und Gegenwart«, in: John D. Patillo-Hess und Mario R. Smole (Hg.): Islam. Dialog und Kontroverse. Wien, S. 73-84.

Ende, Werner (2005): »Der schiitische Islam«, in: Werner Ende und Udo Steinbach (Hg.): Der Islam in der Gegenwart, 5. Aufl., München, S. 70-89.

Ende, Werner (1990): »Sunni Polemical Writings on the Shi'a and the Iranian Revolution«, in: David Menashri (Hg.): The Iranian Revolution and the Muslim World. Boulder, S. 219-32.

Goldberg, Jacob (1990): »Saudi Arabia and the Iranian Revolution: The Religious Dimension«, in: David Menashri (Hg.): The Iranian Revolution and the Muslim World. Boulder, S. 155-70.

Hafez, Mohammed M. (2011): »Takfir and Violence against Muslims«, in: Assaf Moghadam und Brian Fishman (Hg.): Fault Lines in Global Jihad. Organizational, Strategic, and Ideological Fissures. London u.a., S. 25-46.

Halm, Heinz (1988): Die Schia. Darmstadt.

Hasson, Isaac (2006): »Les šī'ites vus par les néo-wahhâbites«, in: Arabica 53(2006), S. 299-330.

Haykel, Bernard (2011): »Al-Qa'ida and Shiism«, in: Assaf Moghadam und Brian Fishman (Hg.): Fault Lines in Global Jihad. Organizational, Strategic, and Ideological Fissures. London u.a., S. 184-202.

Haykel, Bernard (2009): »On the Nature of Salafi Thought and Action«, in: Roel Meijer (Hg.): Global Salafism. Islam's New Religious Movement. London, S. 33-57.

Kippenberg, Hans G. (2008): Gewalt als Gottesdienst. Religionskriege im Zeitalter der Globalisierung. München.

Kohlberg, Etan (1979): »The Term ›Râfida‹ in Imâmî Shî'î Usage«, in: Journal of the American Oriental Society 99(1979), S. 677-79.

Louër, Laurence (2012): Shiism and Politics in the Middle East. New York.
Meijer, Roel (2009): »Introduction«, in: ders. (Hg.): Global Salafism. Islam's New Religious Movement. London, S. 1-32.
Peskes, Esther (2002): »Wahhâbiyya. 1. The 18th and 19th Centuries«, in: Encyclopaedia of Islam, 2. Aufl., Bd. XI, Leiden, S. 40-45.
Reinhard, Michael (2012): »Die Takfir-Bewegung im deutschsprachigen Raum: Radikale Ideologie einer elitären salafistischen Subströmung«, in: Landesamt für Verfassungsschutz Baden-Württemberg (Hg.): Verfassungsschutz 1952-2012 [Festschrift], Stuttgart, S. 243-66.
Steinberg, Guido (2010): »Saudi-Arabien, die Schiiten und die saudische Regionalpolitik«, in: Sigrid Faath (Hg.): Rivalitäten und Konflikt zwischen Sunniten und Schiiten in Nahost. Berlin, S. 137-76.
Steinberg, Guido (2009): »Jihadi-Salafism and the Shi'is. Remarks about the Intellectual Roots of Anti-Shi'ism«, in: Roel Meijer (Hg.): Global Salafism. Islam's New Religious Movement. London, S. 107-25.
Steinberg, Guido (2005): Der nahe und der ferne Feind. Die Netzwerke des islamistischen Terrorismus. München.
Teitelbaum, Joshua (2010): »The Shiites of Saudi Arabia«, in: Current Trends in Islamist Ideology 10(2010), http://www.currenttrends.org/research/detail/the-shiites-of-saudi-arabia (18.09.2013).
Veit, Alex und Klaus Schlichte (2011): »Gewalt und Erzählung. Zur Legitimierung bewaffneter Gruppen«, in: Sabina Ferhadbegović und Brigitte Weiffen (Hg.): Bürgerkriege erzählen. Zum Verlauf unziviler Konflikte. Konstanz, S. 153-76.
Vogel, Pierre (2011): Die Schiiten sind im Unrecht, www.youtube.com/watch?v=QH6xx1BV4eQ (23.09.2013).
Wagemakers, Joas (2012): A Quietist Jihadi. The Ideology and Influence of Abu Muhammad al-Maqdisi. Cambridge.
az-Zarqâwî, Abû Mus'ab (2004): »Text« of Al-Zarqawi Message Threatening More Attacks, www.fas.org/irp/world/para/zarqawi040604.html (17.09.2013).
az-Zawâhirî, Ayman (2005): Letter from al-Zawahiri to al-Zarqawi, www.globalsecurity.org/security/library/report/2005/zawahiri-zarqawi-letter_9jul2005.htm (17.09.2013).

Von »Schriftbesitzern« zu »Ungläubigen«
Christen in der salafistischen Da'wa

Ekkehard Rudolph

Um das Verhältnis zwischen Christentum und Islam ist es angesichts gewalttätiger Konflikte in vielen Ländern Afrikas und Asiens seit Jahren nicht gut bestellt. Nach Berichten über Auseinandersetzungen zwischen christlichen Kopten und aufgewiegelten muslimischen Gruppierungen in Ägypten 2012/13, Berichten über die Vertreibung und Bedrohung von religiösen Minderheiten, insbesondere von Christen im Bürgerkriegsland Syrien und aktuell im Irak, über Morde an Christen und nichtmuslimischen Bevölkerungsgruppen im Norden Nigerias oder auch alarmierenden Nachrichten über Vertreibungen und Verfolgungen von muslimischen Stammesangehörigen in Burma und in Zentralafrika scheinen die Perspektiven für ein friedliches Zusammenleben zwischen den Konfessionen vor allem in muslimischen Mehrheitsgesellschaften eher düster.

Dabei treffen politische Interessenkonflikte, tiefe soziale und wirtschaftliche Krisen auf ideologisches Konkurrenzdenken und religiösen Exklusivismus, die moderaten Kräften kaum Spielraum bietet. Die Beeinflussung des religiösen Mainstream durch den radikalen Neo-Salafismus mit seiner extremistischen Auslegung islamischer Quellen hat solche Entwicklungen noch beschleunigt. Diese Entwicklung in den salafistischen Milieus und ihr Einfluss auf die Anhängerszene zu verdeutlichen, ist Ziel der folgenden Ausführungen.

Anfang September 2013 fand in Dortmund eine islamische Spendensammlung zugunsten der Not leidenden Bevölkerung in Afrika statt. Die Benefiz-Veranstaltung unter dem Titel »Brunnen-Festival« erhielt durch den Auftritt von Predigern aus der salafistischen Szene der Bundesrepublik und durch explizit der Konfliktlage in Syrien gewidmete Vorträge besondere Aufmerksamkeit in den Medien und im Internet.

In der lokalen Berichterstattung wurde vor allem auf den emotionalen Vortrag des Islampredigers Abu Abdullah verwiesen, in dem ein historisch und theologisch vorgezeichneter Kampf zwischen Christentum und Islam beschworen wird. Muslime und Christen befänden sich seit 1.400 Jahren im Kriegszustand und der Bürgerkrieg in Syrien würde den muslimischen Gläubigen die Pflicht auferlegen, diesen als »Dschihad« verstandenen Kampf mit persönlichem Einsatz zur Entscheidung zu verhelfen (WAZ 04.09.2013: »Salafist ruft in Dortmund zu Kampf gegen Christen auf«). Diese Bewertung des syrischen Dramas mag als Extrem erscheinen. Sie wirft jedoch ein Schlaglicht auf die wachsende Ideologisierung des Konflikts durch salafistische Deutungen (FAZ 12.12.2013: »Ein Afghanistan am Mittelmeer«).

Rückblick auf ein konfliktives Verhältnis

Die Wahrnehmung und Annäherung im Stadium frühester historischer Kontakte im Frühmittelalter zeigt, dass Islam und Christentum eine konfliktbeladene Geschichte teilen. Die christliche Apologetik versah die islamische Lehre von Beginn an mit dem Attribut des »Ketzertums« und schloss die Anhänger des neuen Glaubens von der Möglichkeit jeglicher Heilserlangung aus. Als nachchristliche Religion stellte der Islam de facto den Absolutheitsanspruch der christlichen Botschaft in Frage. Diese Haltung begünstigte nicht zuletzt den Versuch der Unterwerfung des Islams durch die Kreuzzüge im Mittelalter.

Demgegenüber gewährte die islamische (Rechts-)Lehre »Schriftbesitzern« (ahl al-kitab) wie den Christen eine prinzipielle, juristisch fixierte Akzeptanz vor allem im Rahmen der Steuergesetzgebung. Selbst die Überzeugung von der Superiorität des eigenen Glaubens bedeutete in der muslimischen Einstellung gegenüber dem Christentum immerhin eine relative Toleranz. Die muslimische Praxis im Umgang mit den in den eroberten Territorien lebenden Christen zeigt aber auch, dass es sich zumeist um einen Kompromiss auf der Basis einer begrenzten Toleranz handelte. Die politische und militärische Konfrontation im Zeitalter von Osmanenherrschaft und europäischem Kolonialismus zeigt, dass politisches und wirtschaftliches Expansionsstreben den eigentlichen Handlungshintergrund bildeten. Die religiöse Konfliktlage diente lediglich zur Flankierung übergeordneter Interessen (Bobzin 1987: 336ff.; Busse 1988; Waardenburg 1993; Hagemann 1999; Schirrmacher 2004: 12ff.).

Seit Mitte des 20. Jahrhunderts versuchten vor allem die christlichen Kirchen im Rahmen des sogenannten christlich-islamischen Dialogs das Potential einer gemeinsamen Verantwortungsethik für eine Beruhigung der Lage zu nutzen. Dabei ist nicht zu übersehen, dass die partielle Euphorie im interreligiösen Dialog, die vor allem die 1970er Jahre kennzeichnete, von einer andauernden Phase der Ernüchterung abgelöst worden ist (Rudolph 1993: 43f.; Siddiqui 1997: 49ff.).

Die Existenz christlicher Gemeinschaften im Nahen und Mittleren Osten – vor allem zahlenmäßig sichtbar im Libanon, Syrien und Ägypten – war und ist zugleich Spiegel für die Stabilität und den inneren Zusammenhalt der islamisch geprägten Gesellschaften in der Neuzeit. Die überwiegend von autoritären Regimen geprägte Politik hat diese Konflikte vor allem für ihre Zwecke instrumentalisiert. So wurden und werden die zwischen islamischen und christlichen Bevölkerungsgruppen ausgetragenen Auseinandersetzungen wie nach dem »Arabischen Frühling« 2011 leicht zum Auslöser von Unruhen, die über den lokalen Bereich hinausgehen und politische und soziale Folgen nach sich ziehen (Beck 2012).

Als Beispiel für das konfliktgeladene Verhältnis zwischen religiösen Gruppen kann der Medienhype um die Ankündigung des angeblich von christlichen Emigranten in den USA produzierten, islamkritischen Films »The Innocence of Muslims« im Herbst 2012 angeführt werden, der zu massiven, teils gewaltsamen Protesten in der islamischen Welt führte (FAZ 13.09.2012). Der konkrete Einfluss salafistischer Missionsbewegungen auf solche Unruhen ist zwar statistisch wenig seriös zu ermitteln, nach Einschätzung von Experten ist ihre soziale Rolle jedoch kaum zu überschätzen (Steinberg 2012).

ISLAMISCHE REFORMBEWEGUNG – SALAFIYYA/WAHHABIYYA

Der Kern salafistischer Lehre zeigt sich insbesondere in der religiösen Strömung des Wahhabismus (wahhabiyya), dessen Begründer der Religionsgelehrte Muhammad ibn Abd al-Wahhab (gest. 1791) war und dessen Theorien sich in Saudi-Arabien als religiöse Staatsdoktrin nachhaltig ausgebreitet haben (Ende/Steinbach 2005: 537ff.). Bis heute genießt das »Buch des Monotheismus« (Kitab al-Tauhid) von Abd al-Wahhab, in dem die behauptete Abkoppelung des Islams von seinen religiösen Ursprüngen als Häresie gebrandmarkt wurde, in salafistischen Bewegungen Kultstatus. Eine deutsche Übersetzung ist seit 2008 im Internet abrufbar.

Gefördert durch die mediale Verbreitung religiöser Rechtsgutachten (fatwas), durch Publikationen und Finanzhilfen von Organisationen und Stiftungen, die in erster Linie der staatlichen Religionspolitik Saudi-Arabiens verpflichtet sind, finden salafistische Deutungen weite Verbreitung auch und gerade in der muslimischen »Diaspora« im Westen.

Typischerweise versuchten sich die Akteure solcher Deutungen – insbesondere Rechtsgelehrte und neo-salafistische Intellektuelle – seit den 70er Jahren des 20. Jahrhunderts mit der Situation christlicher bzw. säkular geprägter Gesellschaften in der »Diaspora« auseinanderzusetzen.

Der im konservativen salafistischen »Mainstream« verwurzelte, von salafistischer Doktrin bestimmte Superioritätsanspruch wandte sich in erster Linie an die Adresse der Muslime im Westen, um ihnen geistig-moralischen Rückhalt und Schutz vor Glaubensverlust zu bieten. Zugleich nutzten wahhabitisch geprägte Organisationen und Akteure auf dem Wege der »Einladung zum Islam« (da'wa) Christen und andere Nichtmuslime im Westen an den Islam heranzuführen und Konversionen anzuregen und zu fördern (Wiedl 2010).

Von international tätigen Organisationen wie der »Islamischen Weltliga« (Râbitat al-'âlam al-islâmî, RAI) und der »World Assembly of MuslimYouth« (WAMY) mit Sitz in Riad bis zu gut vernetzten Da`wa-Zentren wie der in Alexandria ansässigen »Conveying Islamic Message Society« (CIMS) und dem »Islamic Propagation Office« (IPO) im saudischen Rabwah sind in den letzten Jahrzehnten vor allem Schriften verbreitet worden, die die »Höherwertigkeitsideologie« des salafistischen Islam global zu verbreiten suchten (Farschid 2013: 45). »Die Haltung zum Christentum innerhalb der zur Liga gehörenden Strömungen ist sowohl bei den wahhabitischen Theologen als auch bei den neo-salafistischen Denkern durch das Konzept der Abgrenzung bestimmt.« (Vgl. Müller 2004: 106)

Flankierend dazu wurden seit den 60er Jahren die »Da'wa«-Aktivitäten von prominenten, weltweit tätigen Predigern und christlichen Konvertiten wie beispielsweise Ahmad Deedat und Maryam Jameelah genutzt, um die Überlegenheit der islamischen Glaubenslehre gewissermaßen von der Außenperspektive zu untermauern.

Der aus Indien stammende religiöse Autodidakt Deedat (gest. 2005) gründete 1957 in Südafrika das »Islamic Propagation Centre International« (IPCI) und widmete sich seitdem als Islam-Missionar vor allem der theologischen Abgrenzung zum Christentum. In medialen Disputationen mit christlichen Vertretern fokussierte er vor allem die Bedeutung von Jesus Christus im Koran als eine zentrale Glaubenspersönlichkeit für Muslime im Gegensatz zu sogenannten »Verfälschungen« (tahrîf), wie sie angeblich im Neuen Testament an der Person und Botschaft Jesu vorgenommen worden seien. Dazu zählt vor allem die Trinitätslehre, die vermeintlich im Widerspruch zum monotheistischen Anspruch des Urchristentums steht. Deedat trat bis Mitte der 90er Jahre außer in westlichen Ländern bevorzugt im wahhabitisch geprägten Saudi-Arabien sowie in Pakistan und Ägypten als Prediger in Erscheinung. Apologetische Texte und Video-Mitschnitte von ihm sind in islamischen Ländern bis heute verbreitet. Diverse Traktate sind auch auf Deutsch erhältlich (vgl. Deedat 1995).

Die Autorin Maryam Jameelah (gest. 2012), sozialisiert in einer deutsch-amerikanisch-jüdischen Umgebung in den USA, avancierte nach ihrer Konversion 1961 in Pakistan und anderen islamischen Ländern zu einer »Ikone« antimodernistischer revitalisierender islamischer Bewegungen und Parteien wie z.B. der von dem prominenten islamischen Ideologen Abul-Ala al-Maududi gegründeten »Islamischen Gemeinschaft« (Jamaat-e-Islami) in Pakistan (Baker 2011). In ihrem weit verbreiteten Buch »Islam versus Ahl al-Kitab: Past and Present« polemisierte sie gegen Judentum und Christentum und begründete den Anspruch, dass es keine religiöse Wahrheit außerhalb der islamischen Offenbarungsschrift geben könne.

Apologetisches Schrifttum von Konvertiten – dazu zählt im deutschsprachigen Raum auch die Autorin Gaironisa Jacobs aus dem niedersächsischen Soltau, die mit der Publikation »Islam, mein Geburtsrecht« bekannt wurde[1] – spielt für salafistische Netzwerke im westlichen Kontext bis heute eine wichtige Rolle. Die Akteure werden dabei gewissermaßen als »Kronzeugen des wahren Glaubens« instrumentalisiert.

Salafismus im Westen

Vor allem unter muslimischen Gemeinschaften in Europa hat das Glaubens- und Gesellschaftsmodell des Salafismus (arab. salafiyya) in den letzten Jahren in beträchtlichem Maß an Einfluss gewonnen. Bei den Sicherheitsbehörden werden für salafistische Netzwerke seit Jahren wachsende Anhängerzahlen registriert (zur aktuellen Einschätzung »salafistischer Bestrebungen« in NRW: MIK 2014).

Dafür gibt es neben inneren und äußeren gesellschaftlichen Konfliktlinien, die der Bewegung Anhänger zutreiben, auch mediale Gründe. Denn die Bewegung versteht es, sich die neuen Medien effektiv zunutze zu machen. Als Plattformen zur Selbstdarstellung, Kommunikation und Vernetzung dienen derzeit vor allem die sozialen Netzwerke. So verbreiten seit mehr als zehn Jahren diverse deutschsprachige Prediger – darunter etliche Konvertiten – die salafistischen Botschaften lokal und bundesweit auf Seminaren und Vorträgen. Im Internet beworben – teilweise auch als Open-Air-Event zelebriert – zeigen sie vor allem in migrantischen Jugendmilieus den Sogeffekt der salafistischen Da'wa. Video-Mitschnitte von Vorträgen und Veranstaltungen werden über soziale Netzwerke im Internet lange Zeit abrufbar gehalten.

---

1 | http://way-to-islam.beepworld.de/gaironisa.htm

Zugleich haben sich aus der salafistischen Bewegung mittlerweile verschiedene, teilweise kontroverse Auslegungsrichtungen und Netzwerke entwickelt. In der Forschung werden salafistische Bewegungen deshalb seit Jahren in ihrer Divergenz zwischen einer apolitischen »puristischen« Strömung, einer breiten missionarischen Strömung (»Mainstream«- oder Da'wa-Salafismus) und einer Militanz einschließenden Strömung (salafiyya dschihadiyya), die sich dem Netzwerk Al-Qaida ideologisch angenähert hat, wahrgenommen (Steinberg 2012; Wiedl 2012). Die theologische und rechtstheoretische Basis, auf die sich salafistische Strömungen zurückführen, weist jedoch – ungeachtet abweichender Auslegungen – viele Gemeinsamkeiten auf.

In der gemeinsamen Konsequenz hat die Weltdeutung salafistischer Akteure eine buchstabengetreue Auslegung der offenbarten Texte und damit eine Befürwortung frühislamischer Herrschafts- und Gesellschaftsformen zur Folge, die sich in einer mehr oder weniger deutlichen Antithese zu den Rechts- und Wertenormen der umgebenden Gesellschaften befindet (Haykel 2009: 33ff.).

Damit einher geht die Wahrnehmung, Darstellung und Vermittlung aller nicht-islamischer Glaubensvorstellungen – gleich ob monotheistischer Provenienz wie bei Judentum und Christentum (»Schriftbesitzer«) oder polytheistischer Natur (vor allem asiatische Religionen) – als Formen des »Unglaubens« (kufr, schirk); ihre Anhänger werden als »Ungläubige« (kuffâr, muschrikûn) deklariert. Ihnen bleibe zum eschatologischen Eintritt ins Paradies nur die Konversion zum »wahren« Islam. Sogar Muslime, »die darauf verweisen, dass Juden und Christen eine Heilige Schrift besitzen (ahl al-kitâb) und aus islamischer Sicht keine Ungläubigen und daher nicht zu diffamieren seien, werden von Salafisten selbst des ›Unglaubens‹ bezichtigt« (Farschid 2013: 55).

Im Allgemeinen wird in salafistischen Auslegungen zwischen Judentum und Christentum und ihren Offenbarungsschriften als miteinander verbundene »Verfälschungen« der »einen göttlichen Wahrheit« nicht unterschieden. Insofern sind spezifische antijüdische und in der politischen Konsequenz antizionistische Wahrnehmungen jüdischer Religion im »Mainstream-Salafismus« eher untergeordnet. Gleichwohl zeigen sich in der Ideologie salafistischer Strömungen insbesondere im Nahen Osten typische antisemitische Stereotypen wie die historische Feindschaft von Juden und Muslimen, die sich vom Frühislam bis zum israelisch-palästinensischen Konflikt hinzieht (Farschid 2010; Farschid 2013: 57f.).

Ein gemeinsames konstituierendes Merkmal der rigoros-salafistischen Deutung islamischer Überlieferung bildet die Ablehnung jeglicher divergenter religiöser Weltdeutung, die in der Konsequenz auch Sanktionen gegenüber »Abtrünnigen« einschließen kann. Dafür dienen die in salafistischen Islamauslegungen vielfach verbreiteten dualistischen Leitmotive wie »al-haqq wa-l-bâtil« (Wahrheit und Lüge) und »al-walâ' wa-l-barâ'« (Festhalten am Glauben und Meiden des Unglaubens), die den Islam in strikter Antithese zu allen abweichenden religiösen Bekenntnissen begreifen (eine ausführliche Abhandlung zu der Lehre stammt von dem saudischen Gelehrten al-Qahtani [o.J.]). In der weltanschaulichen Wahrnehmung der salafistischen Glaubenslehre sieht man also eine Dichotomie von zwei sich feindlich gegenüberstehenden Sphären: islamkonform und nicht islamkonform, oder Glaube (îmân) gegen Unglaube (kufr) (Sarhan 2012: 526).

Im Folgenden sollen beispielhaft einige praktische Konsequenzen salafistischer Deutung aufgeführt werden.

CHRISTENTUM UND RECHTGLÄUBIGKEIT IN DER SALAFISTISCHEN DA'WA

Das Fundament salafistischer Ideologie bilden auch in deutschen Milieus diverse Traktate und Predigten von Gelehrten, die auf Internetseiten als maßgebliche Autoritäten in der Auslegung islamischer Quellen vielfache Verbreitung finden. So untermauert der prominente wahhabitische Rechtsgelehrte Muhammad Ibn al-Uthaymin (gest. 2001), Mitglied des »Rates der hochrangigen Rechtsgelehrten« in Saudi-Arabien, in einem kurzen Traktat die theologische Position klar, in dem er Mohammed als »Siegel der Propheten« und damit den Islam als universelle und letztgültige Religion beschreibt, die alle früheren Offenbarungen aufhebt. Er deklariert in der Konsequenz auch diejenigen zu »Ungläubigen«, die die Annehmbarkeit einer anderen Religion behaupten, wofür sie als »Abtrünnige« hingerichtet werden müssten (Uthaymin o.J.: 25). Auch wenn der »Abfall vom Islam« (ridda) in salafistischen Rechtsvorstellungen überwiegend unter eine strafrechtliche Sanktionierung fällt, liegt die Brisanz vor allem in der Verbreitung solcher Deutungen in einem westlichen Kontext. Sie ebnet schließlich den Weg für die Instrumentalisierung der »Kuffâr«-Ideologie durch diverse islamische Laien-Prediger und aktivistische Publizisten (Sheha 2003). Beispielsweise wird in einer auch in der Bundesrepublik verbreiteten Veröffentlichung saudiarabischer Provenienz, die 2012 von der Bundesprüfstelle für jugendgefährdende Medien (BPjM) indiziert wurde, eine klare Abgrenzungsposition zu Christen und Juden vertreten (ebd.).

Wie fließend die Grenzen zu dschihad-salafistischen Milieus mit ähnlichen Ideologie-Produkten sind, zeigt ein ins Deutsche übersetztes Traktat des ägyptischen Predigers Yasir Burhami, das von dem Netzwerk »Die wahre Religion« 2010 in einem YouTube-Video beworben und verbreitet wurde. Der mit der salafistischen »al-Nour-Bewegung« in Ägypten eng verbundene Autor warnt hier vehement vor dem »falschen Glauben« der Christen und verdammt ihre Symbole und Feiertage, von denen sich jeder gläubige Muslim wie von einem Götzen (arab. tâghût) fernzuhalten habe. In der Konsequenz bekennt er sich explizit zum »Extremismus« im Religionsverständnis und bezeichnet den »dschihâd fî-sabîl allâh« (Dschihad auf dem Wege Gottes) als eine wichtige Grundlage des Islams (Burhami [2010]).

Diese Debatte, fokussiert auf den Umgang mit Nichtmuslimen in einem islamischen Staat, wurde zugleich auf das Verhältnis zwischen Muslimen und Nichtmuslimen im Westen angewandt. Dabei versuchten islamische Wortführer, die traditionelle neo-wahhabitische Sicht auch mit moderaten Koexistenz-Theorien zu entschärfen. Der libanesische Rechtsgelehrte Feisal Maulawi (gest. 2011), Mitbegründer der Scharia-Fakultät für europäische Imame im französischen Chateau-Chinon, begründete so beispielsweise in einer auch in Deutschland verbreiteten Veröffentlichung, dass das Ziel der Muslime im Verhältnis zu Christen deren friedliche Rechtleitung oder Tolerierung, nicht deren Bekämpfung sei. Der mehrheitlich nichtmuslimische Westen könne nach der klassischen Einteilung zwischen islamischem Herrschaftsgebiet (dâr al-islâm) und dem nichtislamischen Kriegsgebiet (dâr al-harb) vielmehr als Vertragsgebiet (dâr al-ahd) oder Gebiet der Mission (dâr al-da'wa) gelten (Maulawi 2006: 44f.; 83ff.). Solche Rechtsauslegungen üben allerdings einen kaum wahrnehmbaren Einfluss auf die salafistische Da'wa in Deutschland aus.

EINFLÜSSE AUF SALAFISTISCHE MILIEUS IN DEUTSCHLAND

Salafistische Netzwerke in der Bundesrepublik haben sich nach der Jahrtausendwende schrittweise etabliert. Seit 2004 nahmen Islamseminare zur religiösen Unterweisung, die im Internet angekündigt wurden (»Lerne den Islam«), vor allem in Bonn und Berlin die Rolle von multiplikatorischen Schulungen bei der salafistischen Deutung islamischer Glaubenslehren ein. Laienprediger wie der medienbekannte Hassan Dabbagh (»Abu l-Hussain«) fungierten als religiöse und zugleich ideologische Wortführer einer salafistischen Bewegung, die sich an salafistische Lehrmeinungen in islamischen Kernländern anlehnt. Dabei wurden hier vor allem Jugendliche mit Migrationshintergrund gemahnt, sich an einem islamkonformen und Integration ablehnenden Glaubens- und Verhaltensmuster zu orientieren. Eine unmittelbare Auseinandersetzung mit anderen Religionen und Weltanschauungen erfolgte lediglich indirekt durch die Verabsolutierung islamischer Lehre.

Mit der Ausweitung der Da'wa auf Stadtquartiere mit starker multiethnischer Bevölkerung wuchs die Anziehungskraft der Bewegung auf unterschiedliche Milieus. Der zum Islam konvertierte Ex-Boxer Pierre Vogel (»Abu Hamza«) aus Köln fand durch eine von Lokalkolorit geprägte Ansprache und einem religiös-moralischen Pathos Einfluss vor allem auf Jugendliche unter anderem aus sozial-benachteiligten Schichten und mit familiären Problemen.

Durch die Etablierung des Netzwerks »Die wahre Religion« (DWR) und »DawaFFM« gelang es den Protagonisten, eine überregionale mediengestützte Bewegung salafistischer Da'wa zu installieren, die unter anderem Konversionen Jugendlicher zum Islam forcierte. Mit einfachen Slogans gelang es verschiedenen Predigern, den Islam mehr und mehr als Antwort auf Sinn- und Identitätskrisen Jugendlicher zu empfehlen (Allah statt Playstation, Tageszeitung, 27.7.2009).

Seit 2011/12 bildete das Netzwerk »Die wahre Religion« um den Prediger Ibrahim Abou Nagie einen Dreh- und Angelpunkt des »Mainstream«-Salafismus, der sich auch für radikalere, darunter auch gewaltaffine Strömungen offen zeigte. Trotz Rivalitäten und Deutungskontroversen, die in den vergangenen Jahren immer wieder im Internet zu beobachten waren, gelang es DWR mit der »Lies«-Kampagne zur Verteilung kostenloser Koranexemplare eine Bindewirkung zwischen den verschiedenen Strömungen zu erzielen.

Als zentrale Thematik, vor allem als Ansatz für »Sinnsucher«, religiös aufgeschlossene Jugendliche, die etwa in einem christlichen Kontext aufgewachsen sind, wurde von den Predigern der sogenannte »wahre Islam« als Alternative zu traditionellen, scheinbar sinnentleerten Weltanschauungen und Glaubenslehren angeboten. Die Verheißung des Paradieses für den Neubekehrten, der sich vom »Unglauben« losgesagt hat und damit dem Höllenfeuer entkommt, bildet ein zentrales Argument der Da'wa. So sind in dem Sammelband »Die wahre Religion« die ersten Vorträge der Prediger Vogel, Abou Nagie und anderer zur Frage nach dem »Sinn des Lebens« und zum Leben nach dem Tod enthalten (DWR o.J.).

Die öffentliche Verteilung von Koranexemplaren bietet Protagonisten und Unterstützern des DWR-Netzwerks mithin auch die Möglichkeit, sich in der Öffentlichkeit mit simplen populistischen Slogans von Juden und Christen als »kuffâr« abzugrenzen. In einem aktuellen Video beschreibt der Initiator und Unternehmer Abou Nagie sogar jeden Gläubigen, der sich als etwas anderes bezeichnet denn als Muslim, als »Angehörigen einer Sekte«.[2]

Durch Verbreitung unzähliger solcher Videos über soziale Medien, die für das DWR-Netzwerk in Deutschland aktuell eine beträchtliche Zahl an »Followern« anzeigen (Facebook 58.035, Twitter 628, YouTube 8.490, Stand 16.6.2014), entsteht aus einer Da'wa-Kampagne eine religiös-propagandistische Internetplattform mit diversen Verlinkungen zu verwandten Profilen auch im Ausland. Hier wird versucht, ein dichotomes Weltbild religiöser Ideologie an geneigte Zielgruppen zu transportieren. Aktuell sind aus dem DWR-Netzwerk weitere, vor allem lokale salafistische Da'wa-Initiativen entstanden, die beispielsweise Botschaften mit eindeutiger interreligiöser Auseinandersetzung wie »Jesus im Islam« und »Siegel des Propheten« verbreiten.

Fazit und Ausblick

Die durch Publikationen, Internetpräsenzen, Infostände und Islamseminare verbreitete salafistische Ideologie hat in den letzten Jahren zur salafistisch geprägten Radikalisierung insbesondere von Jugendlichen und jungen Erwachsenen in migrantischen Milieus wesentlich beigetragen. Hier sind vor allem Themen der Abgrenzung zu »konkurrierenden« religiösen Weltdeutungen und Sinnangeboten wie der christlichen Mehrheitsreligion im Westen von spezifischer Bedeutung. Salafistische Akteure umwerben deshalb besonders junge und unter Umständen »religionsferne« Personen oder Konvertiten, die für einfache, identitätsstiftende Deutungen der jeweiligen Lebenswirklichkeit empfänglich sind. Dabei kann eine holistische Weltsicht von Positiv- und Negativ-Identität psychologisch hochgradig wirksam sein (Farschid 2013: 62). So werden etwa im Internet Zielgruppen aufgefordert, den Islam anzunehmen, und zwar um sich »vor dem Höllenfeuer zu erretten«, illustriert mit Koranversen, die jeden Nicht-Muslim als »Verlierer im Jenseits« klassifizieren. Die Vereinfachung und Zuspitzung religiöser Botschaften dieser Art dient dazu, insbesondere bei Jugendlichen Ängste zu erzeugen, Autorität zu beanspruchen und Gehorsam zu fordern.

Als Präventivmaßnahme ist eine differenzierte Auseinandersetzung und Infragestellung von vorgegebenen Sinnangeboten gefordert. Erfolg versprechende Initiativen vor allem in Moscheegemeinden, Einrichtungen von Jugendhilfe, politischer Bildung und vor allem in Schulen wurden in der jüngsten Vergangenheit in verschiedenen Bundesländern und Kommunen erprobt (Dantschke 2011: 78ff.; Ceylan/Kiefer 2013: 99ff.).

Literatur

Abou-Taam, Marwan (2012): Die Salafiyya – eine kritische Betrachtung, hg. v. Bundeszentrale für Politische Bildung [Stand: 14.06.2012].
Baker, Deborah (2011): The Convert, a Tale of Exile and Extremism. Minneapolis.

---

2 | Bekämpft ihr die Christen? YouTube-Kanal »Die wahre Religion« (Upload: 29.10.2013).

Beck, Martin (2012): »Zur Lage der Christen im arabischen Nahen Osten«, in: GIGA Focus, 10(2012).
Bobzin, Hartmut (1987): »Islam und Christentum. 7.-19. Jahrhundert«, in: Theologische Realenzyklopädie, Band XVI, Berlin u.a., S. 336-349.
Burhami, Scheikh Yasir [ca. 2010]: La illah illa Allah: Ein Wort des Überlebens.
Busse, Heribert (1988): Die theologischen Beziehungen des Islams zu Judentum und Christentum – Grundlagen des Dialogs im Koran und die gegenwärtige Situation. Darmstadt.
Ceylan, Rauf und Michael Kiefer (2013): Salafismus – Fundamentalistische Strömungen und Radikalisierungsprävention. Wiesbaden.
Dantschke, Claudia u.a. (2011): »Ich lebe nur für Allah« – Argumente und Anziehungskraft des Salafismus. Handreichung für Pädagogik, Jugend- und Sozialarbeit, Familien und Politik. Schriftenreihe Zentrum für Demokratische Kultur, Berlin.
Deedat, Ahmed (1995): Christus im Islam. Jeddah.
DWR (Hg.) (o.J.): [Die wahre Religion]. Köln, zuletzt abgerufen am 16.6.2014 unter: www.way-to-allah.com/dokument/DWR_Buch.pdf.
Ende, Werner und Udo Steinbach (Hg.) (2005): Der Islam in der Gegenwart. 5. Auflage. München.
Farschid, Olaf (2010): »Antisemitismus im Islamismus. Ideologische Formen des Judenhasses bei islamistischen Gruppen«, in: Armin Pfahl-Traughber (Hg.): Jahrbuch für Extremismus- und Terrorismusforschung 2009/2010. Brühl, S. 435-485.
Farschid, Olaf (2013): »Von der Salafiyya zum Salafismus. Extremistische Positionen im politischen und jihadistischen Salafismus«, in: Floris Biskamp und Stefan E. Hößl (Hg.): Islam und Islamismus – Perspektiven für die politische Bildung. Gießen.
Hagemann, Ludwig (1999): Christentum contra Islam – eine Geschichte gescheiterter Beziehungen. Darmstadt.
Maulawi, Feisal (2006): Die Schariagrundlagen für das Verhältnis zwischen Muslimen und Nichtmuslimen, übertr. aus dem Arab. v. Samir Mourad. Karlsruhe.
Meijer, Roel (Hg.) (2009): Global Salafism: Islam's New Religious Movement. London u.a.
[MIK] Ministerium für Inneres und Kommunales NRW (2014): Salafismus: Ursachen, Gefahren und Gegenstrategien [www.mik.nrw.de/publikationen].
Müller, Herbert L. (2004): »›Das Christentum‹ aus der Perspektive der internationalen islamistischen Bewegung«, in: Ursula Spuler-Stegemann (Hg.): Feindbild Christentum im Islam. Freiburg, S. 102-120.
Qahtani, Muhammad Said al- (o.J.): Al-Wala wal-Bara, Loyalität und Lossagung für Allah nach der Aqida der Salaf [http://de.scribd.com/doc/52735856/Said-al-Qahtani-Al-Wala-wal-Bara-Loyalitat-und-Lossagung-im-Islam-nach-der-Aqida-der-Salaf].
Rudolph, Ekkehard (1993): Dialogues islamo-chrétiens 1950-1993. Introduction historique suivie d'une bibiliographie étendue des sources arabes. Université des Lausanne [Cahiers du DIHSR 1(1993)].
Rudolph, Ekkehard (2010): »Salafistische Propaganda im Internet. Eine Analyse von Argumentationsmustern im Spannungsfeld von missionarischem Aktivismus, Islamismus und Gewaltlegitimation«, in: Armin Pfahl-Traughber (Hg.):

Jahrbuch für Extremismus- und Terrorismus-Forschung 2009/2010. Brühl, S. 486-501.

Sarhan, Aladdin (2012): »Gottgewollte Ordnung: Wer sind die Salafisten?« in: Herder Korrespondenz. 66/10(2012), S. 523-526.

Schirrmacher, Christine (2004): »Christen im Urteil von Muslimen – Kritische Positionen aus der Frühzeit des Islam und aus der Sicht heutiger Theologen«, Ursula Spuler-Stegemann (Hg.): Feindbild Christentum im Islam. Freiburg, S. 12-34.

Sheha, Abdul Rahman Al- (2003): Missverständnisse über Menschenrechte im Islam. Riyadh: Islamic Propagation Office in Rabwah.

Siddiqui, Ataullah (1997): Christian-Muslim Dialogue in the Twentieth Century. London u.a.

Spuler-Stegemann, Ursula (2004): Feindbild Christentum im Islam. Freiburg.

Steinberg, Guido (2012): Wer sind die Salafisten – Zum Umgang mit einer schnell wachsenden und sich politisierenden Bewegung. Berlin: Stiftung Wissenschaft und Politik, SWP-Aktuell Nr. 28, Mai 2012.

Uthaymin, Muhammad Ibn Salih al- (o.J.): Die Glaubenslehre der Sunnitischen Gemeinschaft, übers. v. Mohamed Benhsain.

Waardenburg, Jacques (1993): Islamisch-christliche Beziehungen – geschichtliche Streifzüge. Würzburg.

Wiedl, Nina (2010): Da'wa – Der Ruf zum Islam in Europa. Berlin.

Wiedl, Nina (2012): The Making of a German Salafiyya – The Emergence, Development and Missionary Work of Salafi Movements in Germany. Centre for Studies in Islamism and Radicalisation (CIR), Aarhus University, October 2012.

Wiktorowicz, Quintan (2006): »Anatomy of the Salafi Movement«, in: Studies in Conflict & Terrorism, Philadelphia 29(2006), S. 207-239.

Geliebter Feind?
Islamismus als Mobilisierungsressource der extremen Rechten

Alexander Häusler und Rainer Roeser

Prolog

Bonn im Mai 2012: Die rechtspopulistische Partei Pro NRW hat sich kurz vor der Landtagswahl zu einer Kundgebung in der Bundesstadt angesagt. Die Polizei ist vorgewarnt. Ein paar Tage vorher, am 1. Mai, ist es bei einem Auftritt der selbst ernannten »Bürgerbewegung« in Solingen zu massiven Ausschreitungen gekommen. Gewalttätige Salafisten warfen Steine, als die Pro NRW-Wahlkämpfer mit »Mohammed-Karikaturen« in ihre Richtung winkten. Die Steine trafen nicht die Rechtspopulisten, sondern Polizeibeamte, die zwischen beide Lager gingen, und einen unbeteiligten Passanten. Das Schauspiel, das wie die Verabredung zum Krawall wirken konnte, wiederholte sich in Bonn.[1] Zwar hatte die Polizei einiges unternommen, um Auseinandersetzungen zu verhindern, doch nicht genug, wie sich herausstellen sollte. Fahrzeuge hatten die Beamten zwischen beiden Gruppen platziert – um sie auf Abstand zu halten, ein direktes Aufeinandertreffen zu verhindern, aber auch als Sichthindernis. Doch davon ließen sich die Wahlkämpfer auf Pro NRW-Seite in ihrem Bemühen, die Gegenseite bis zur Weißglut zu reizen, nicht abschrecken. Einer von ihnen kletterte auf die Schultern eines anderen, um eine jener »Mohammed-Karikaturen« über die Fahrzeuge hinweg – triumphal-herausfordernd für die radikalen Salafisten gegenüber – gut erkennbar in die Luft zu strecken. Was bereits befürchtet worden war, geschah dann zuverlässig. Wieder flogen Steine in Richtung der Pro NRW-Kundgebung. Wieder traf es Polizisten. Zwei von ihnen wurden gar durch Messerstiche schwer verletzt. »Radikale unter sich« titelte »Spiegel Online« am 5. Mai 2012 mit Blick auf Rechtspopulisten und militante Salafisten.

Der geschilderte Vorfall ist nicht singulär, sondern reiht sich ein in eine Fülle von öffentlichen Konfrontationen zwischen extrem rechten und islamischen Gruppierungen. In dem vorliegenden Beitrag skizzieren wir zunächst die Bedeutung muslimfeindlicher Agitationen und Aufmärsche für Parteien und Bewegungen der extremen und populistischen Rechten. Daran anschließend werden die Mechanismen öffentlicher Konfrontationen und deren Nutzen für eine auf Eskalation ausgerichtete Öffentlichkeitsarbeit erläutert. In einem weiteren Schritt werden die

---

1 | http://www.bnr.de/artikel/hintergrund/maximale-provokation-im-wahlkampf

jeweiligen Akteure dieser Eskalationsstrategie dargestellt und deren Aktionen beispielhaft vorgestellt. Abschließend werden die Mechanismen und Zielsetzungen der sich feindlich gegenüberstehenden Akteure einem zusammenfassenden Vergleich unterzogen. Der Beitrag fußt auf Vorarbeiten, die wir an anderer Stelle zu diesem sowie zu ähnlichen Themen erarbeitet und veröffentlicht haben (siehe Beiträge von Rainer Roeser auf dem Internetportal »Blick nach rechts« sowie Häusler 2012; 2013a und 2014).

FEINDBILD MUSLIM ALS MARKENZEICHEN DER EXTREMEN RECHTEN

Identitätsbindend für die extreme Rechte sind ihr Nationalismus und Rassismus. Weil jedoch mit offen rassistischen Parolen besonders im bürgerlichen Lager Wählerschichten verschreckt werden, haben viele Rechtsaußenparteien in Europa ihren Rassismus auf die Sphären der Kultur und Religion übertragen: Anstelle der »Rasse« treten nun Glaubens- und kulturelle Identitätsfragen. Dies erweist sich für die rechten Propagandisten als ›lohnend‹, denn negative Einstellungen gegenüber Muslimen sind in Europa stark verbreitet. Laut einer Ende 2010 veröffentlichten Umfrage der Universität Münster sind negative Haltungen gegenüber den Muslimen stark vertreten. Hinsichtlich der in sechs europäischen Ländern durchgeführten Befragung äußerten die Befragten zu 36,7 Prozent in Frankreich, zu 35,9 Prozent in den Niederlanden, zu 35,6 Prozent in Dänemark und zu 33,5 Prozent in Portugal negative Haltungen gegenüber Muslimen. Mit 57,7 Prozent in Westdeutschland und 62,2 Prozent in Ostdeutschland stehen die Befragten in der Bundesrepublik an der Spitze der erhobenen antimuslimischen Einstellungen (vgl. Pollack 2010). Ebenso sind gegenüber der islamischen Religion starke Vorbehalte zu verzeichnen: Laut dem von der Bertelsmann-Stiftung im Jahr 2013 veröffentlichten Religionsmonitor lehnen 50 Prozent der Befragten in Deutschland die Aussage ab, dass der Islam in die westliche Welt passe. 51 Prozent empfinden den Islam als Bedrohung, in Ostdeutschland, wo wesentlich weniger Muslime als in Westdeutschland leben, sind es sogar 57 Prozent (vgl. Bertelsmann-Stiftung 2013). Vor dem Hintergrund der realen Gefahr des terroristischen Islamismus und der Debatte über die Stellung des Islams in Europa bietet sich das Reizthema »Islam« für öffentlichkeitswirksame Kampagnen der europäischen Rechtsaußenparteien geradezu an.

Aus der Angst um den Verlust von Zugehörigkeit und sozialer Sicherheit versucht die extreme Rechte, politisch Kapital zu schlagen. Der österreichische FPÖ-Nationalratsabgeordnete Eduard Manoni bezeichnete in einem Interview diese Strategie als »Geschäft mit der Angst« (zit. n. Geden 2006: 144).

Besonders in Nordwesteuropa hat die extreme Rechte einen Modernisierungsprozess durchlaufen und tritt nun mehrheitlich mit den beschriebenen kulturreligiös verklausulierten rassistischen Ressentiments in Erscheinung. Diskriminierende und oftmals auch rassistische Zuschreibungen werden dabei populistisch im Duktus der Fortschrittlichkeit und der Demokratieverteidigung verkündet. Der konstruierte Zusammenhang von einer angeblichen islamischen Landnahme Europas mithilfe des Multikulturalismus und der linken kulturellen Hegemonie bildet das Kernelement in der Weltanschauung des muslimfeindlichen Rechtspopulismus. Anstelle traditionell rechtsextremer Bezugnahme auf eine offen rassistische Blut-und-Boden-Ideologie stehen im Vokabular des Rechtspopulismus die

Begriffe Tradition, Kultur, Heimat und Glaube im Zentrum der Agitation. Populistische Inszenierungsformen sind im Rechtsaußenspektrum weit verbreitet und reichen von der extremen Rechten bis hinein in den Nationalkonservatismus und Nationalliberalismus. Kennzeichnend für einen rechtspopulistischen Politikstil ist die Inszenierung als ›Stimme der unterdrückten Mehrheit‹, die sich einer ›linken Meinungsdiktatur‹ zu erwehren habe. Seit dem von der Schweizerischen Volkspartei (SVP) im Jahr 2009 erfolgreich inszenierten Referendum gegen Minarettbau in der Schweiz und dem Aufstieg der Partei für die Freiheit (PVV) von Geert Wilders in den Niederlanden gilt der antimuslimische Rechtspopulismus als politischer Erfolgsschlager für Wählerstimmen und politische Modernisierungsbestrebungen im Lager der Rechtsaußenparteien in Europa. Die Erfolge von Wilders haben in den Niederlanden zu einem »populistischen Dammbruch« geführt, der zu einem gesellschaftlichen Riss in der Bevölkerung und zu einer Fragmentierung der etablierten Volksparteien geführt hat (Cuperus 2011). Traditionell extrem rechte Parteien wie der Front National (FN) unter Marine Le Pen bedienen ebenso den muslimfeindlichen Rechtspopulismus wie die rechtskonservative SVP (vgl. Ivaldi/Swyngedouw 2006; Frölich-Steffen 2006). Bei Parteien wie der FPÖ (vgl. Hafez 2010) mischt sich die Muslimfeindlichkeit mit offenem Rassismus und Rechtsextremismus und wird begleitet von einem sich bürgernah inszenierenden Sozialpopulismus. So formulierte die FPÖ Tirol etwa im Februar 2009 eine Landtagsanfrage an die zuständige Landesrätin Beate Palfrader, in der nach Maßnahmen gefragt wurde, »um fremdvölkische Kinder in die deutsch-österreichische Sprach- und Kulturgemeinschaft zu überführen.« (Zit.n. Gärtner 2009: 102)

Auf Plakaten der FPÖ zur Nationalratswahl 2013 trat deren Parteichef Heinz-Christian Strache mit der Plakatparole »Liebe deine Nächsten!« in Erscheinung. In der Unterzeile hieß es dann: »Für mich sind das unsere Österreicher!«

Im antimuslimischen Rassismus rechter Parteien und Bewegungen werden rassistische Stereotype auf die Sphären der Kultur und der Religion übertragen. Im Stereotyp Muslim = Ausländer + Islamist + Kulturzerstörer + Eroberer überschneiden sich muslimfeindliche mit rassistischen Zuschreibungen. In der Behauptung einer ethno-kulturellen Unvereinbarkeit von Muslimen und Nicht-Muslimen im gesellschaftlichen Zusammenleben offenbart sich dieser antimuslimische Rassismus: Dabei werden den Muslimen pauschal negative Wesensmerkmale zugeschrieben (frauenfeindlich, unehrlich, machtbesessen, unzivilisiert etc.) und ihnen expansive Absichten unterstellt (»demografische/kulturelle Landnahme«). So deutet etwa Geert Wilders, die Leitfigur des muslimfeindlichen Rechtspopulismus, die »Islamisierung« in einem Interview mit der F.A.Z. vom 20. März 2009 als einen »Krieg, der mit den Waffen Demographie und Masseneinwanderung« geführt werde und gestoppt werden müsse. Ein solcher antimuslimischer Rassismus steht zugleich in Frontstellung zu der multikulturellen und multireligiösen Verfasstheit unserer europäischen Einwanderungsgesellschaften.

RECHTSPOPULISTISCHE ESKALATIONSSTRATEGIEN

Der gezielte Angriff rechtspopulistischer und extrem rechter Parteien auf das interkulturelle Miteinander zeigt sich in öffentlichkeitswirksamen Kampagnen gegen Moscheebauprojekte oder gegen eine herbei beschworene »islamistische Landnahme«. Merkmal hierfür ist eine medienorientierte politische Inszenierungsstrategie, die auf Eskalation und Diskursverschiebung nach rechts ausgerichtet ist. Deren Mechanismen können anhand folgender Merkmale verdeutlicht werden:

Muslimfeindliche Öffentlichkeitsstrategie

Tabubruch	Feindbildkonstruktion/Reizbegriffe
	Verschiebung des Diskurses nach rechts
	Kampfansage an »political correctness«
Meinungsfreiheit	Recht auf Ungleichheit
	Recht auf Ressentiment
	Recht auf Rassismus
Populismusschraube	Konfliktinszenierung
	Medienreaktion/Reaktion politischer Gegner
	Opferstatus
	Konfliktfortführung auf höherer Stufe

Der bewusste Bruch des moralischen Konsenses im gesellschaftlichen Umgang wird hierbei als ›Kampf gegen die politische Korrektheit‹ dargestellt. Dabei wird der Begriff der Meinungsfreiheit dafür in Anspruch genommen, ausgrenzende und diskriminierende Handlungen zu rechtfertigen. Diese bewusste Konfliktinszenierung funktioniert in Form einer populistischen Eskalationsschraube: Man inszeniert öffentliche Provokationen, um Gegenreaktionen hervorzurufen, aufgrund derer man sich als ›Opfer von Meinungszensur‹ darstellt, um dann die Provokationen auf höherer Konfliktstufe fortzuführen.

Eine solche rechtspopulistische Eskalationsspirale mobilisiert nicht zuletzt auch rassistisch motivierte Straftäter: Laut Auskunft des Vorsitzenden des Zentralrats der Muslime in Deutschland, Aiman Mazyek, häufen sich Schmierereien und Sachbeschädigungen an muslimischen Gotteshäusern: »Man probiert aus, wie weit man gehen kann.« (Der Tagesspiegel, 25.3.2013)

Alle rechten Muslimfeinde eint der Hang zu einem gefährlichen Katastrophenszenario, das in der Zuwanderung von Muslimen den Untergang der westlichen Welt begründet sieht. So erklärt etwa der Vordenker des rechtspopulistischen Vlaams Belang in Belgien, Filip Dewinter: »Europa und der freie Westen stehen vor einer lebenswichtigen Wahl: Die weitere Duldung von Multikultur, Massenzuwanderung und Islamisierung oder die manifeste Entscheidung für eine europäische Identität. Erkenntnis, Entschlossenheit und Klarheit sind nötig, um den Kampf zu führen.« Hier offenbaren sich die Feindbilder des muslimfeindlichen Rechtspopulismus: die Zuwanderung und der Islam als ›Zersetzer‹ der ›Volksgemeinschaft‹ und der Multikulturalismus als deren »trojanisches Pferd« (vgl. Dewinter 2010: 244). Solche Verschwörungstheorien finden sich auch in dem »Manifest« des norwegischen Massenmörders Anders Behring Breivik. Er rechtfertigte seine Morde damit, dass die Linke durch ihre internationalistische Haltung verantwortlich sei für die »Islamisierung Norwegens«. Sein über 1500 Seiten langes Rechtfertigungstraktat bestand größtenteils aus Kopien der Texte rechtspopulistischer Weblogs (vgl. Häusler/Virchow 2011).

Deren Inhalte sowie deren Endzeitprophezeiungen werden von vielen muslimfeindlichen Aktivisten in Deutschland geteilt. 2011 veröffentlichte der rechte Antaios-Verlag unter dem Titel »Europa verteidigen« Texte des norwegischen Bloggers »Fjordman«, von dem Breivik einen Großteil seiner Orientierungen erlangte (Lichtnetz/Kleine-Hartlage 2011). In rechten Kreisen erscheint das aggressive Vorgehen gegenüber Muslimen geradezu als ›Notwendigkeit‹, um sich des angeblich drohenden Untergangs überhaupt noch erwehren zu können. So wurde etwa im Jahr 2011 im Internet ein »Aufruf zum allgemeinen Widerstand« veröffentlicht. Darin heißt es: »Nachdem nun auch die Kirche den schlimmstmöglichen Feind umarmt, der für Freiheit, Gleichheit und Brüderlichkeit aller Menschen vorstellbar ist: den Islam, ist jetzt die letzte Bastion im Widerstand gegen den menschenfeindlichen Faschismus Islam gefallen.« Als Widerstandsmaßnahme wird u.a. gefordert: »Greift zu den Waffen, wenn es keine anderen Mittel gibt! Für uns, für unsere Kinder, für unsere Geschichte!«[2]

ESKALATIONSAKTEURE (1): PRO NRW

»Islamkritik für ganz Deutschland: Europawahlantritt von Pro NRW mit Ihrer Unterschrift unterstützen!« – mit diesem Slogan mobilisierte die Wählervereinigung Pro NRW zur Europawahl.[3] Sie hat ihren angestammten Platz im Lager der extremen Rechten: Als Bürgerbewegung Pro Köln im Jahr 1996 von Aktivisten der rechtsextremen Deutschen Liga für Volk und Heimat gegründet, erprobt diese Gruppierung den Einbruch von Rechtsaußen in die politische Mitte. Ihre Ursprungsformation Pro Köln und ihre Exportmodelle Pro NRW und Pro Deutschland sind Wahlgruppierungen, die getarnt als »Bürgerbewegung« versuchen, sich von Köln aus in Nordrhein-Westfalen und darüber hinaus in ganz Deutschland auszubreiten. Zentrales Merkmal ihrer rechtspopulistischen Inszenierungen ist ein kampagnenorientierter Rassismus (Häusler 2008). Dies zeigt sich unter anderem in muslimfeindlichen Aufmärschen und Unterschriftenlisten gegen Moscheebauprojekte und Migrantenvereinigungen. Die instrumentelle Stoßrichtung muslimfeindlicher Kampagnen offenbarte der Vorsitzende von Pro Köln und Pro NRW, Markus Beisicht, in einem Interview mit der neurechten Wochenzeitung »Junge Freiheit« vom 16. September 2008. Dort bekundete er: »Es war klar, wir mussten etwas Neues erfinden: Statt einer bundesweiten Partei, haben wir mit Pro Köln den entgegengesetzten Ansatz gewählt: den einer kommunalen Bürgerbewegung.« Darauf fragte der Interviewer: »Pro Köln ist also keine Anti-Moscheebau-Bürgerinitiative, sondern ein rechtes Parteiprojekt, das nur in diesem Gewand daherkommt?« Die Antwort des Interviewten lautete: »So könnte man sagen. [...] Gerade in Großstädten kann man damit punkten! Wir haben die Marktlücke besetzt, und es ist uns der Einbruch in Schichten gelungen, die wir sonst nicht erreicht hätten.«

»Abendland in Christenhand« – mit dieser Parole inszenierte Pro NRW im Frühjahr 2010 ihren Landtagswahlkampf in Nordrhein-Westfalen.[4] Der Slogan war

---

2 | http://michael-mannheimer.info/2011/04/09/mein-aufruf-zum-widerstand-gegen-das-politische-establishment-gemas-art-20-abs-4-gg/ (Abruf: 22.12.2013)
3 | http://pro-nrw.net/unterstuetzen-sie-unseren-antritt/ (Abruf: 23.12.2013)
4 | Pro NRW-Wahlkampfportal »Abendland in Christenhand«, online unter: http://www.abendland-in-christenhand.de/ (Abruf: 20.10.2011)

ursprünglich von der Freiheitlichen Partei Österreichs (FPÖ) ein Jahr zuvor im österreichischen Wahlkampf zur Europawahl verwendet worden (Perger 2009).

Typisch für sehr viele Äußerungen von rechtspopulistischen Gruppen ist die Weigerung, zwischen verschiedenen Strömungen des Islams, zwischen der übergroßen Zahl der Gläubigen und kleinen Minderheiten zu differenzieren. So hieß es im Anfang 2010 vorgelegten »Wahlprogramm der Bürgerbewegung pro NRW zur Landtagswahl am 9. Mai 2010«: »Es ist notwendig, sich von dem vernebelnden Gerede frei zu machen, es gebe nicht den Islam, man müsse zwischen Islam und Islamismus unterscheiden usw.« Zur Erklärung heißt es weiter: »Der sunnitische Islam, dem von 100 Muslimen über 90 angehören, ist wesentlich ein Gesetz, die Scharia, das für von Allah geoffenbart und unabänderlich geglaubt wird. Es will von Strafrecht bis Hygiene das Leben der Muslime regeln und von den Gläubigen zur Herrschaft in aller Welt gebracht werden. Dort wo es herrscht, sind ›Heiden‹, also auch Atheisten, und vom Islam Abtrünnige des Todes würdig.«

Der Wahlkampf von Pro NRW werde »auf maximale Provokation ausgelegt sein«, kündigte Markus Beisicht, der Vorsitzende der sich als »Bürgerbewegung« bezeichnenden rechtspopulistischen Partei 2012 an.[5] Man werde »bis an die Schmerzgrenze gehen, um unsere Anliegen zu verdeutlichen«. Ihre Kundgebungstournee vor 25 nordrhein-westfälischen Moscheen, angekündigt auch als »Tour für die Freiheit«[6], hatte die Partei unter das Motto »Freiheit statt Islam« gestellt. Jeweils »unmittelbar vor protzigen Großmoscheen und umstrittenen Islamistenzentren« sollten die Veranstaltungen stattfinden, wie es im »Pro«-Jargon hieß. Das Konzept von Pro NRW, mit einem Minimum an finanziellem und personellem Einsatz – an den meisten Veranstaltungen der antiislamischen Tournee nahm gerade einmal ein Dutzend Wahlkämpfer teil – für ein Maximum an Aufmerksamkeit zu sorgen, ging nicht zuletzt dank gewalttätiger Salafisten-Gruppen auf. Zum Ende der Kundgebungsserie in Köln waren rund zwei Dutzend Pro NRW-ler gekommen, aber mindestens doppelt so viele Vertreter von Medien. Beiträge in den Hauptnachrichten von ARD und ZDF, im regionalen Fernsehen ohnehin und in überregionalen Zeitungen. Anknüpfen wollte die Partei mit ihrer Kundgebungsserie an jenen »Kreuzzug« gegen den Islam, den der damalige Pro NRW-Förderer Patrik Brinkmann vor der Landtagswahl 2010 gestartet hatte. Und auch der hatte seine Vorgeschichte: Die »Anti-Islam«- bzw. »Anti-Islamisierungskongresse«, die Pro Köln 2008 und 2009 in der Domstadt organisierte.

Größere wahlpolitische Erfolge außerhalb ihrer Ursprungsstadt Köln konnten die Pro-Parteien bislang nicht erzielen. Doch trotz fehlender Wahlerfolge gelang es ihr wiederkehrend, die vorherrschende emotionalisierte Auseinandersetzung um Islam und Integration nach Rechtsaußen zu kanalisieren. Deutliches Merkmal hierfür ist eine medienorientierte politische Inszenierungsstrategie, die auf Eskalation und Diskursverschiebung zielt. So gelang es Pro Deutschland mit einer bloßen Ankündigung, im September 2012 in Berlin öffentlich ein muslimfeindliches Hetzvideo zu zeigen, eine internationale Medienpräsenz zu erzielen.[7]

---

5 | http://www.bnr.de/artikel/aktuelle-meldungen/extreme-rechte-im-wahlkampf
6 | http://www.bnr.de/artikel/hintergrund/durch-provokationen-in-die-schlagzeilen
7 | http://www.sueddeutsche.de/politik/umstrittener-schmaehfilm-in-deutschland-warum-ein-verbot-des-mohammed-films-schwierig-ist-1.1469840 (Abruf: 20.12.2013)

Eskalationsakteure (2): NPD

Auch die NPD als älteste Partei des bundesdeutschen Rechtsextremismus versucht, mit dem Thema Islam zu punkten. In einer programmatischen Stellungnahme der neonazistischen Partei zum Islam heißt es: »Das sichtbarste Zeichen der ungebremsten Überfremdung unseres Landes ist die expansive Ausbreitung des Islam.«[8]

Im Sächsischen Landtag brachte die NPD einen Antrag zur Verfassungsänderung zum »Schutze der deutschen und abendländischen Identität« ein. In seiner Antragsbegründung verdeutlichte der NPD-Landtagsabgeordnete Jürgen Gansel am 15.Mai 2013 die muslimfeindliche Stoßrichtung seiner Partei: »Der NPD-Entwurf zur Verfassungsänderung dient [...] dem Schutz und der Pflege unserer sächsischen, deutschen und auch europäischen Identität, denn wir wollen auch in Zukunft nur das vertraute Glockengeläut der Dresdner Frauenkirche, der Leipziger Nikolaikirche und des Freiberger Doms hören und nicht das Plärren eines Muezzins, der seine islamischen Gotteskrieger täglich in die Moschee ruft.«[9]

Im Landtagswahlkampf des Jahres 2012 in Nordrhein-Westfalen stieg die NPD, die ihre Kampagne zuvor überwiegend unter dem Motto »Raus aus dem Euro« geführt hatte, kurzfristig auf das Thema Islamismus/Salafismus ein.[10] Fünf Tage vor der Wahl kündigte sie »großflächige Flugblattverteilungen im Umfeld der Steinzeitislamisten« an. Den Eindruck, dass sich die NPD an die Kampagne von Pro NRW anhängen wollte, versuchte die Partei auszuräumen: Schon 2010 habe man doch in Mönchengladbach gegen den Bau einer »sog. ›Islamschule‹ der berüchtigten Salafisten demonstriert und vor den drohenden Gefahren gewarnt«, hieß es. Im Wahlkampfendspurt greife die »soziale Heimatpartei« dieses Thema nun erneut auf. Doch es wirkte wie ein verzweifeltes Aufbäumen gegen die Kontrahenten im extrem rechen Lager, als die NPD avisierte, in Hochburgen militanter Islamisten wie etwa Bonn oder Solingen Flugblätter mit der Überschrift »Salafistische Gefahr stoppen – Deutschland uns Deutschen!« verteilen zu wollen.

Ronny Zasowk, verantwortlich für das »Amt Bildung« im NPD-Parteivorstand, erklärte im Mai 2012: »Da es innerhalb des Islams keine sonderlich bedeutsamen Schattierungen gibt, wie das etablierte Parteienkartell gern behauptet, sondern lediglich unterschiedliche Islamisierungsgrade der einzelnen europäischen Gesellschaften, haben wir kein Salafismus-Problem, sondern bereits ein ausgewachsenes Islam- und Überfremdungs-Problem.«[11]

Schon knapp ein Jahr zuvor hatte er einen Text unter dem Titel »Islam als Haßreligion zurückdrängen!« veröffentlicht.[12] »Immer wieder muß man hören, daß nicht der Islam, sondern der Islamismus unser Problem sei«, schrieb Zasowk. »So sei der Islam eine friedliebende Religion, die von islamistischen oder fundamentalistischen Haßpredigern falsch oder überinterpretiert werde.« Es müsse aber »zur

---

8 | http://www.npd.de/html/3184 (Abruf: 02.12.2013)
9 | http://www.npd-presse.de/2013/05/15/heimat-statt-islam/ (Abruf: 02.12.2013)
10 | http://www.bnr.de/artikel/hintergrund/maximale-provokation-im-wahlkampf (Abruf: 20.08.2014)
11 | http://www.npd.de/suchen/detail/2813 (Abruf: 02.07.2014)
12 | http://www.npd.de/suchen/detail/2450 (Abruf: 02.07.2014)

Kenntnis genommen werden, daß Haß, Ausgrenzung und missionarische Gewalt ihre Ursache schon im Islam selbst haben«. Sich einzureden, der Islam an sich sei eigentlich eine friedliche Religion und bereichere unsere Gesellschaft, grenze an politische Verwirrung. Zasowk: »So lange die Zahl der hier lebenden Muslime überschaubar war, zogen sich die Muslime in ihre parallelgesellschaftlichen Strukturen zurück und bewahrten lediglich ihre Eigenarten. Doch erreicht ihre Population eine Größe, die sie in bestimmten Städten und Regionen zur Mehrheit werden läßt, versuchen sie ihre Religion und ihr Weltbild der autochthonen Minderheit aufzuzwingen.« »Sämtliches Gerede, das darauf hinausläuft, den Islam selbst zu verharmlosen oder nur den so genannten Islamismus als Gefahr darzustellen«, müsse »als töricht und fahrlässig abgelehnt werden«. Zasowk: »Der Islamismus mag als terroristische Spielart der Wenigen schon eine relevante Rolle spielen, doch der Islam als Haß-Ideologie droht zu einer Waffe der Vielen zu werden.« Nicht die »besonders aggressiven Ideologeme« des »Salafismus, Islamismus und Fundamentalismus« seien das Problem, so Zasowk: »Der Islam an sich droht angesichts der überproportional hohen Geburtenrate unter türkischen und arabischen Migrantinnen zu einer Gefahr für Deutschland und Europa zu werden.« Bisher gebe es außer der NPD keine politische Kraft hierzulande in Regierungsverantwortung, »die sich konsequent gegen die Schaffung eines Kalifatstaates namens Germanistan einsetzt«.

Auch der damalige NPD-Vorsitzende Holger Apfel wandte sich gegen den »Irrglauben, bei den Salafisten handele es sich um Randfiguren, die den Islam mißdeuten und mißbrauchen würden, während der Großteil der Muslime ganz anders denkt«.[13] Das Gegenteil sei der Fall. Apfel: »Diese Islamisten sind nicht nur besonders extrem agierende Vertreter ihrer Religion, sondern sie verkörpern den Islam in seiner unverfälschten Form, mit der die Mehrzahl der in Deutschland lebenden Muslime gänzlich oder zumindest in weiten Teilen konform geht.« Bei einer Demonstration seiner Partei gegen die Al-Rahman-Moschee in Leipzig sagte er: »Dabei ist für uns – im Gegensatz zu bestimmten ›Rechtspopulisten‹ – nicht die Religion als solche das Problem, sondern die Überfremdung, die an der Wurzel angepackt werden muss.«[14]

In seiner Analyse eines NPD-Werbeschreibens in Nordrhein-Westfalen im Frühjahr 2010 mit dem Titel »Wir oder Scharia?« erklärt der Sozialwissenschaftler und Mitarbeiter des Innenministeriums NRW, Thomas Pfeiffer: »Ein Schlüsselbegriff ist die ›deutsche Identität‹«. Dieser Begriff werde »rassistisch aufgeladen«, indem »die Deutschen« in Gegensatz zu »den Muslimen« gesetzt werden (vgl. Pfeiffer 2011).

ESKALATIONSAKTEURE (3): WEBLOGS, VEREINE UND BEWEGUNGEN

Parallel zu den Rechtsaußenparteien bedienen unterschiedliche Vereine und Medien die rechtsgerichtete Muslimfeindlichkeit. So etwa der bundesweit aktive Verein »Bürgerbewegung Pax Europa« (BPE), der politisch eng mit dem Weblog »Poli-

---

13 | http://www.npd.de/suchen/detail/2812 (Abruf: 02.07.2014)
14 | http://www.npd.de/suchen/detail/3390 (Abruf: 02.07.2014)

tically Incorrect« (PI) verbunden ist, dem bundesweit größten muslimfeindlichen Internetportal mit offen rassistischer Stoßrichtung.

Die seit dem Jahr 2004 aktivierte Internetplattform PI gilt als eine Art »Zentralorgan« der rechten Muslimfeinde (vgl. Shooman 2009). Dieser Weblog zählt zu den meistgenutzten rechten Internetseiten in Deutschland. Dort werden nicht nur in primitiver Form rassistische Anfeindungen gegenüber Muslimen verbreitet, sondern PI dient zudem als Informationsportal für die heterogene Achse rechter Muslimfeinde. Neben antimuslimischen Parteiaktivitäten versuchen rechte Aktivisten auch, über Vereine öffentliche Wirkung zu entfalten. In der 2008 gegründeten BPE bündeln sich solche Aktivitäten. Von der BPE werden »Handreichungen für Moscheebau-Verhinderer« verbreitet. Darin wird u.a. empfohlen: »Der Konflikt muss in den nächsten Wahlkampf verschleppt werden (durch Bürgerbegehren, Normenkontrollklagen usw.), da die meist konfliktscheue Politik nur dann bereit ist, sich den Bürgerwillen an die eigene Fahne zu heften.«[15]

Mit der »Identitären Bewegung Deutschland« (IBD) wiederum versucht eine Strömung aus dem neurechten Lager auf der Ebene einer sozialen Bewegung, junge Leute mit muslimfeindlichen wie zugleich nationalistischen Kampagnen anzusprechen. Die IBD ist das deutsche Gegenstück zum französischen rechtsextremen »Bloc identitaire«.[16] »Uns Identitären geht es um den Erhalt unserer ethnokulturellen Identität, die heute durch den demographischen Kollaps, die Massenzuwanderung und die Islamisierung bedroht ist«, heißt es auf der Webside der IBD.[17] Verbale Aufrüstungen sind in einem »Manifest« zu lesen, das von der IBD verbreitet wird: »Täuscht euch nicht: Dieser Text ist kein einfaches Manifest: es ist eine Kriegserklärung«, lautet es dort.[18] Eine solche Drohkulisse wird auch von der »German Defence League« (GDL) aufgebaut, die nach dem Vorbild der muslimfeindlichen rechtsextremen »English Defence League« gegründet worden ist: »Maximalen Widerstand« versprechen deren Aktivisten in ihrer Selbstdarstellung im Internet.[19] In einem von der GDL verbreiteten Videoclip zum Lied mit dem Titel »Widerstand« von der Rechtsrockband »Abendland« werden Bilder europäischer muslimfeindlicher Vereinigungen gezeigt. Dazu wird gesungen: »Noch ist Europa nicht verlor'n, es lebt durch seiner Völker Zorn.«[20]

Wenn es gegen Salafisten geht, sind sich unterschiedliche Fraktionen der extremen Rechten rasch einig: die neurechts-völkische Identitäre Bewegung, die Islamfeinde von der GDL und Vertreter rechtspopulistischer Kleinparteien. Auch rechtsradikale Fußball-Hooligans mischen immer stärker mit. Zum Beispiel in Hannover, wo der salafistische Verein »Der Schlüssel zum Paradies« Ende März 2013 zu einer Kundgebung mit mehr als 200 Teilnehmern aufgerufen hatte (taz, 30.3.2014). »Identitäre« waren in der niedersächsischen Landeshauptstadt ebenso

---

15 | http://bpeinfo.wordpress.com/moschee-nein-danke/ (Abruf: 01.12.2013)
16 | http://www.biknetz.de/glossar/glossary-detail/identitaere-bewegung-deutschland-ibd.html (Abruf: 02.12.2013)
17 | http://identitaere-bewegung.de/unser-ziel/ (Abruf: 02.12.2013)
18 | »Identitäre Generation – die Kriegserklärung«, unter: http://www.youtube.com/watch?v=dkV7ZzaKM80 (Abruf: 20.12.2013)
19 | http://www.german-defence-league.com/ (Abruf: 01.12.2013)
20 | Gruppe »Abendland«: Widerstand, unter: http://www.youtube.com/watch?v=jlu-74rGDRI (Abruf: 27.12. 2013)

mit von der Partie wie Mitglieder der GDL, der rechtspopulistischen Wählergemeinschaft Die Hannoveraner und von Pro Deutschland.[21] »Ein besonderes Augenmerk richtete die Polizei auf eine Gruppe von etwa 15 gewaltbereiten Fußball-Hooligans«, berichtete die Hannoversche Allgemeine Zeitung (29.3.2014). Sie hätten offensichtlich die Absicht verfolgt, mit ihrer Präsenz die Teilnehmer der salafistischen Kundgebung einzuschüchtern.

IDB und GDL feierten die Zusammenarbeit. Die GDL jubelte auf ihrer Facebookseite: »Erste gemeinsame Demoteilnahme zwischen der German Defence League und der Identitären Bewegung. Der Anfang wurde gemacht alle Kräfte zu bündeln. So muss es weiter gehen!!!«[22] Stolz präsentierte man Fotos, die Fahnenträger beider Organisationen nebeneinander zeigten. Auch das Islamhasser-Blog PI freute sich: »Es war ein erster und wichtiger Schritt zur Bündelung aller aktiven Kräfte im Kampf gegen den extremen Islam, der sich immer weiter in Deutschland ausbreitet.«[23] Die PI-Autorin »Maria« aus den Reihen der GDL notierte: »Unser Resümee dieses Tages ist, dass wir uns alle darüber im Klaren sind, dass unsere Organisationen zu diversen Themen verschiedene Ansichten haben. Aber das wird uns nicht davon abhalten, miteinander gegen unsere gemeinsamen Feinde zu kämpfen.« Letztendlich seien »wir alle Patrioten, die ihre Heimat und Traditionen erhalten wollen«. Deshalb nütze es nichts, »wenn wir Patrioten uns gegenseitig bekämpfen und nach Fehlern bei den anderen suchen«. In Hannover blieb es bei Eierwürfen, Beleidigungen und einer versuchten Körperverletzung. Die Polizei verhinderte ein direktes Zusammentreffen von Rechten und Salafisten.

ESKALATIONSAKTEURE (4):
HOOLIGANS UND BEWEGUNGSORIENTIERTE NEONAZIS

Eine Woche zuvor war die Sache nicht so glimpflich ausgegangen.[24] In Mannheim nahm die Polizei vier Hooligans fest, die eine Kundgebung mit Pierre Vogel, dem personifizierten Aushängeschild salafistischer Gruppen in Deutschland, attackieren wollten. An die 200 rechte Fußball-Hooligans – größtenteils polizeibekannt, wie die Badische Zeitung (7.5.2014) zu berichten wusste – standen 400 salafistischen Demonstranten gegenüber. Die Hooligans waren aus verschiedenen Städten angereist und hatten die Teilnehmer der Kundgebung sowie Polizeibeamte massiv provoziert. Flaschen und Feuerwerkskörper flogen. Fünf Beamte wurden verletzt, unter anderem weil die »Deutschland den Deutschen« skandierenden Randalierer in der Menge Böller zündeten und Reizgas sprühten. Dennoch zog der Mannheimer Polizeisprecher Norbert Schätzle am Abend eine positive Bilanz des Einsat-

---

21 | http://www.blauenarzisse.de/index.php/aktuelles/item/4546-heiliger-krieg-in-hanno ver (Abruf: 02.07.2014)

22 | https://www.facebook.com/media/set/?set=a.607480555994522.1073741836.10 4369932972256&type=1&stream_ref=10 (Abruf: 02.07.2014)

23 | http://www.pi-news.net/2014/03/hannoveraner-identitaere-german-defence-league-und-schiiten-gemeinsam-gegen-salafisten/ (Abruf: 02.07.2014)

24 | http://www.mrn-news.de/2014/03/24/mannheim-funf-polizeibeamte-bei-sala fisten-kundgebung-durch-rechte-fusballhooligans-leicht-verletzt-funf-vorlaufige-fest nahmen-a-16-gewahrsamnahmen-123110/ (Abruf: 02.07.2014)

zes, berichtet die Rhein-Neckar-Zeitung (24.3.2014): »Da hätte weit mehr passieren können. Es hat immer geknistert, die Stimmung war ziemlich aufgeheizt.«

Nicht nur angebliche Fußball-»Fans« aus Mannheim selbst waren vor Ort – auch aus Stuttgart, Frankfurt, Kaiserslautern und Karlsruhe waren offenbar Hooligans angereist. Die Rhein-Neckar-Zeitung fand deren gemeinsamen Auftritt »angesichts der Feindschaft zwischen diesen Gruppen ungewöhnlich«. Die Neonazi-Kleinstpartei »Der III. Weg« freute sich hingegen unter der Überschrift »›Dritte Halbzeit‹ für Salafisten in Mannheim« über diese Art Feindbildsuche durch die »Freunde des grünen Rasensports«. Bei PI war man gar begeistert: »Angekommen in Mannheim, brauchten wir nur einen Block zu laufen, um auf eine laute, sehr beeindruckende Wand von ca. 150 Fussballfans aus Mannheim, Kaiserslautern, Karlsruhe, Stuttgart und Frankfurt zu stoßen. Zur Erinnerung: Auf anderen islamkritischen Veranstaltungen in der Rhein-Neckar-Region oder generell in Deutschland, wurden solche Teilnehmerzahlen nicht im Ansatz erreicht, mit ganz wenigen Ausnahmen in NRW.«[25] Der PI-Autor freute sich über einen ungewohnten Schulterschluss: »Deutsche demonstrierten mit Menschen aus den verschiedensten Kulturkreisen – Fußballfans, Deutsche, Ausländer aus allen möglichen Ländern (auch vielen islamischen), Rechte und Linke, Liberale und ›ganz normale Leute‹ bildeten eine Einheit, die wir in Zukunft hoffentlich immer bei Salafistenveranstaltungen sehen werden.« Mannheim sei »als voller Erfolg im Kampf gegen Islamisten in Deutschland zu werten«. Gefallen an den Mannheimer Ereignissen hatte offenbar auch ein für die Facebookseite von Pro NRW verantwortlicher Rechtspopulist mit Affinität zur rechten Fußballszene gefunden. Die Hooligans seien »in den Farben getrennt, im Kampf für die Heimat vereint«, meinte er.[26] Und weiter: »Auch wenn diese Fangruppen ›auf dem Platz‹ Rivalen sind, beim Thema Salafisten sind sich die Fußball-Fans einig: ›Wir wollen keine – Salafisten-S....‹« Ein Kommentator machte deutlich, wo die Sympathie für die Hooligans herrührt: »Die unternehmen jedenfalls etwas gegen dieses Pack, und ziehen nicht den Arsch ein.«

Eine Art Blaupause für Mannheim hatte sechs Wochen zuvor Mönchengladbach geliefert. Nach einer Kundgebung mit Pierre Vogel in der Stadt am Niederrhein berichtete die Polizei über eine »Gruppierung von ca. 150 Störern, die nach ersten Erkenntnissen mit einer Vielzahl von Hooligans durchsetzt war«[27]. Die Gruppe habe versucht, zum Versammlungsort der Salafisten vorzudringen, was die Polizei verhindern konnte. Medienberichten zufolge gehörten zu den Randalierern auch Anhänger der German Defence League (siehe Westdeutsche Zeitung, 9.2.2014). Sie hatte mit den Worten zur Teilnahme aufgerufen: »Wir machen es hiermit offiziell: Die German Defence League mischt in Mönchengladbach mit!!! Es wurde immer wieder gefordert also tun wir es jetzt! Wir hoffen auf rege Unterstützung. Maximum Resistance«.[28] Kurz vor der Veranstaltung wurden die GDL-

---

25 | http://www.pi-news.net/2014/03/mannheim-massive-proteste-gegen-salafisten/ (Abruf: 02.07.2014)
26 | https://www.facebook.com/proNRW/posts/471463296287897?stream_ref=10 (Abruf: 02.07.2014)
27 | http://www.presseportal.de/polizeipresse/pm/30127/2659704/pol-mg-abschlussmeldung-zu-den-demonstrativen-veranstaltungen-in-moenchengladbach (Abruf: 02.07.2014)
28 | https://www.facebook.com/germandefenceleague/photos/a.252239094852005.59622.104369932972256/578254428917135/?type=1&fref=nf (Abruf: 02.07.2014)

Anhänger noch einmal ermahnt: »Morgen trennt sich die Spreu vom Weizen... seid dabei, labbern könnt ihr danach wieder. Zeigt Einsatz und den Willen was verändern zu wollen. Liegt alleine an euch!!!«[29]

Auch Pro NRW war an diesem Tag vor Ort – allerdings nur mit etwa zwei Dutzend Anhängern. Und etwas abseits des Geschehens musste die »Bürgerbewegung« ihre Kundgebung abhalten, da ihnen die Polizei einen anderen Veranstaltungsort zugewiesen hatte. Zuvor hatten sich die Rechtspopulisten noch zuversichtlich gezeigt, dass man selbst die Gegenaktionen dominieren würde: »PRO NRW stellt die Mehrheit der Teilnehmer.«[30] Entsprechend hatte man »alle, freiheitlichen Bürger« dazu aufgerufen, »sich dieser Kundgebung anzuschliessen. Es geht an diesem Tag nicht darum, wer welches Parteibuch hat oder wer welchen Fussballverein unterstützt. Es geht auch nicht darum, wer in welchem Ortsteil oder welcher Stadt wohnt«. Die aktionsorientierten Leute der GDL und aus der Hooligan-Szene zog es freilich näher ans Geschehen. Bierflaschen und Feuerwerkskörper flogen, Pyrotechnik wurde gezündet. Die Rheinische Post berichtete unter der Überschrift »Drei Stunden Ausnahmezustand in der City« (10.2.2014). »›Deutschland, Deutschland‹-Rufe und Pyrotechnik sorgten für das passende Ambiente«, befand das neonazistische Internetportal »Wacht am Rhein«.[31] PI machte ähnliche Beobachtungen: »Abgefeuerte Bengalos und Bierflaschen-Wurfgeschosse« hätten die Salafisten »in arge Bedrängnis« gebracht.[32] Quantitativ deutlich übertrieben, hieß es in dem PI-Bericht, »700 bis 800 tobende Wutbürger aller Gesellschaftsschichten (bürgerlich-konservativ, links, rechts, ultrarechts und antifaschistisch)« hätten »ihrer Abscheu vor der menschenverachtenden Ideologie des Islams ungebremst und lautstark Ausdruck verliehen«.

ESKALATIONSAKTEURE (6): SALAFISTEN

Laut Oliver Roy bezeichnet der Begriff Salafismus eine Reformbewegung Ende des 19. Jahrhunderts, die von Jamal ad-Din-al-Afghani gegen den Kolonialismus und die Verwestlichung gegründet wurde: »Die historische Salafi-Bewegung war der Vorläufer der Muslimbruderschaft und der Islamisten, für die sie immer noch einen Richtwert darstellt.« (Vgl. 2004: 230) Der salafistische Neofundamentalismus nutze die »Entwurzelung der Entwurzelten. Indem er vorgibt, jeden kulturellen Kontext zu ignorieren, und einen Verhaltenskodex zur Verfügung stellt, der in jedem Teil der Welt auf ähnliche Weise funktioniert, ist er ein perfektes Werkzeug der Globalisierung.« (Vgl. ebd. S. 266) In ihrer Analyse des Salafismus betonen die Islamwissenschaftler Rauf Ceylan und Michael Kiefer dessen Bedeutung als »Protestbewegung gegen die Moderne, gegen die Herkunftskultur der Eltern und gegen die hiesige Gesellschaft, sodass diese Oppositionshaltung wiederum ein wesent-

---

29 | https://www.facebook.com/germandefenceleague/posts/1462616743949705 (Abruf: 02.07.2014)
30 | http://www.moenchengladbach.pro-nrw.net/grundgesetz-statt-scharia-aufruf-zur-moenchengladbacher-kundgebung-gegen-salafisten-um-pierre-vogel/ (Abruf: 02.07.2014)
31 | Zit. n.: http://infoportal-rhein-ruhr.de/?p=2010 (Abruf: 02.07.2014)
32 | http://www.pi-news.net/2014/02/moenchengladbach-salafisten-niedergebruellt/ (Abruf: 02.07.2014)

licher Faktor für Sympathien darstellen kann.« (Vgl. 2013: 76) Hans-Gerd Jaschke betonte in seiner schon 1998 erstellten Studie zum Fundamentalismus in Deutschland in Bezug auf islamistische Gottesstreiter: »Sie bieten eine Identität über die radikale Aneignung ihrer vermeintlichen Traditionen und Werte und rationalisieren den auf den Migranten liegenden Druck der Diskriminierung, indem sie ihn zu einer Ideologie des feindlichen deutschen Umfeldes umdeuten. Fundamentalistische Strömungen bei den Migranten haben daher soziale und nicht religiöse Wurzeln. Ihre Ausbreitung hängt wesentlich vom Grad der Zuwendung ab, den die deutsche Gesellschaft ihnen zuteil werden lässt.« (Vgl. S. 139) Angesichts des steigenden Zulaufs von deutschstämmigen Konvertiten sowie von meist jungen Menschen aus unterschiedlichen Schichten hin zu islamistischen wie auch besonders zu salafistischen Gruppierungen ist die These von der sozialen Benachteiligung nicht erschöpfend zur Erklärung des islamistischen Rekrutierungspotentials. So beschreibt der taz-Journalist Wolf Schmidt in seiner Untersuchung gewalttätiger Dschihadisten deren Zuspruch unter sozialen Gesichtspunkten: »Das Irritierende ist, dass man heute weniger denn je ein typisches Profil eines Dschihadisten aufstellen kann. Zwar sind viele von ihnen im Leben gescheitert, aber eben nicht alle. Deutsch oder nicht-deutsch, Mann oder Frau, mit dem Islam aufgewachsen oder frisch konvertiert, am Rande der Gesellschaft oder gut integriert – anything goes.« (Vgl. 2012: 11)

Wo Pierre Vogel derzeit auftritt, hagelt es Protest. Abu Hamza, wie sich Vogel nach seiner Konversion zum Islam nennen lässt, will den potenziellen »Brüdern« oder »Schwestern« eine ultrakonservative und frühmittelalterliche Koran-Interpretation vermitteln. Demokratische Parteien und Verbände machen dagegen mobil, auch Muslime, die wissen, dass, wer heute der radikalen Minderheit rund um Hassprediger Vogel zujubelt, sich morgen vielleicht zum »Heiligen Krieger« ausbilden lässt. So an einem Samstagnachmittag im Juni 2014 in Offenbach, wo sich circa vierhundert Teilnehmer zu einer Gegendemonstration anlässlich einer Kundgebung von Pierre Vogel versammelt hatten. »Für die Feinde der Demokratie darf es keine Toleranz geben. Egal, ob es Nazis oder gewaltbereite Salafisten sind«, erklärte der städtische Ordnungsdezernent Felix Schwenke (Frankfurter Rundschau, 28.06.2014). Die anwesenden salafistischen Akteure schienen sich durch derartige Verlautbarungen geradezu aufgewertet zu fühlen. Laut Pressebericht erklärte der Salafistenprediger Sven Lau alias Abu Adam, »er freue sich darüber, dafür angefeindet zu werden, ›die Wahrheit voranzubringen‹« (vgl. ebd.). Lau war im Frühjahr 2014 aufgrund von Ermittlungen wegen des Verdachts militärischer Ausbildungen kurzzeitig inhaftiert und dann mangels Beweisen wieder freigelassen worden. Er ist tätig in der Organisation »Helfen in Not«, die vom Verfassungsschutz NRW als extremistische salafistische Bewegung eingestuft wird. Die Organisation wirbt intensiv um Spenden für Hilfskonvois nach Syrien.

Ebenfalls mitgewirkt an der Salafisten-Kundgebung in Offenbach hat ein gewisser Bernhard Falk. Dieser zählte zu den zwei Aktiven der »Antiimperialistischen Zellen« (AIZ). Unter diesem Namen verübte er gemeinsam mit seinem Mitstreiter Michael Steinau Anfang der 1990er Jahre Sprengstoffanschläge, die beide Täter mit wirren Thesen und inhaltlichen Versatzstücken aus dem Vokabular militantlinksradikaler Vereinigungen zu rechtfertigen versuchten. Die Zwei-Mann-Gruppe AIZ fand mit ihren Erklärungen keinen nennenswerten Widerhall in linksradikalen Szenen. In der Zeit ihrer Inhaftierung suchten beide Täter Anknüpfungspunkte an andere politische Gefilde: So trat Steinau in der Justizvollzugsanstalt Lübeck in Kontakt mit dem dort ebenfalls inhaftierten Polizistenmörder und Neonazi Kai Diesner. Falk hingegen konvertierte zum Islam und benannte sich unter Einfluss des Salafismus um in Muntasir bi-llah.

So schnell die Radikalisierungsprozesse bei Zuläufern islamistischer und dort speziell salafistischer Gruppierungen verlaufen, so wenig sind bislang noch ihre Ursachen und Verlaufsformen hinreichend erforscht. Um zu genaueren Erkenntnissen über salafistische Radikalisierungsformen kommen zu können, muss sowohl die Biografieforschung in diesem Bereich wie auch eine vergleichende Radikalisierungsforschung vorangetrieben und mit Analysen politischer Gelegenheitsstrukturen zur Erforschung salafistischer Mobilisierungsprozesse verknüpft werden.

IDENTITÄTSFINDUNG DURCH FEINDMARKIERUNG

Die Eskalationsspirale zwischen der extremen Rechten und islamistischen Akteuren fußt beiderseitig auf apokalyptischen Weltbildern, aus denen die Rechtfertigung eines rigiden wie zum Teil auch gewaltorientierten Handelns hergeleitet wird. Zentrales Merkmal hierbei ist die Einnahme eines Opferstatus, den beide Gruppierungen bewusst artikulieren und als Legitimationsgrund für ihr jeweiliges Handeln benutzen: Bei der extremen Rechten ist es die Halluzination eines »drohenden Volkstods« durch die »Islamisierung«, bei den Islamisten ist es der angebliche Kampf gegen die Diskriminierung der Muslime und die drohende »Zersetzung« der Gesellschaft durch eine angeblich dekadente und kolonialistische westliche Kultur, die als Begründung für antidemokratische, antipluralistische wie auch für strafrechtlich relevante politische Handlungen herangezogen werden. Beiden Gruppierungen dient ihre jeweilige Feindmarkierung zur Selbstvergewisserung sowie zur Mobilisierung ihrer Anhängerschaft.

Aus einem solchen manichäischen Weltbild rechtfertigte etwa ein rechtsextremer Täter seine Mordtat an einer Muslima in einem Dresdener Gerichtssaal. »Die damals schwangere Pharmazeutin und Doktorandin Marwa El-Sherbini wurde am 1. Juli 2009 im Dresdener Gerichtssaal vor den Augen der Richter, ihres Mannes und ihres damals dreijährigen Sohnes mit 18 Messerstichen brutal ermordet. Der Mörder [...] handelte aus islamfeindlichen Motiven und plante seine Tat heimtückisch.« (Vgl. islam.de, 30.06.2013)

Ebenso sind gewaltorientierte Aktionen von islamistischer Seite in Deutschland aus ähnlicher Motivlage zu verzeichnen: Beispielsweise nahm ein Spezialeinsatzkommando am Abend des 13. März 2013 unweit des Hauses von Pro NRW-Chef Markus Beisicht zwei mutmaßliche Attentäter aus der salafistischen Szene in einem Fahrzeug fest. Darunter befand sich Marco G., den die Ermittler verdächtigen, jene Bombe gebaut zu haben, die mittags am 10. Dezember 2012 am Bonner Bahnhof gefunden und unschädlich gemacht wurde. Im Zuge der Ermittlungen wurden zwei weitere Männer festgenommen, die ebenfalls im Verdacht stehen, an der Planung »staatsgefährdender Straftaten« beteiligt gewesen zu sein: »In den Wohnungen entdeckte die Polizei Schusswaffen und Utensilien, die zur Herstellung von Sprengstoff verwendet werden können. Auf die Spur der Extremisten waren die Behörden durch ein Verfahren der Staatsanwaltschaft in Dortmund gekommen. Dort war gegen Islamisten ermittelt worden, die einen Anschlag vorbereitet haben sollen. Wie es in Ermittlerkreisen hieß, war bei den Festgenommenen eine Liste mit Namen von acht Pro NRW-Politikern gefunden worden, auf die ebenfalls Anschläge geplant gewesen sein könnten.« (Vgl. General-Anzeiger, 23.5.2013) Ins Visier radikaler Salafisten war Pro NRW durch die eingangs beschriebenen Aktivitäten geraten. Offenbar sollte es nach den Plänen jener vier Salafisten Beisicht treffen, der bei den damaligen Kundgebungen eine Wahlkampagne »bis an die Schmerzgrenze« und »mit maximaler Provokation« angekündigt hatte.

Nach dem Bekanntwerden der Anschlagspläne erhielt Beisicht in der extremen Rechten beinahe schon einen Märtyrerstatus. Bei Pro NRW hoffte man auf Solidarisierungen über die eigenen Parteigrenzen hinaus. »In der Stunde der äußersten Bedrohung war es immer schon eine deutsche Tugend, Trennendes beiseite zu schieben und zusammen zu rücken«, hieß es bei einem Pro NRW-nahen Blog.[33] »Wir sind alle Markus Beisicht!«, ließ Michael Stürzenberger die Nutzer der antiislamischen Internetseite PI wissen. Zwischen Islam und Islamismus mag der bayerische »Die Freiheit«-Funktionär nicht unterscheiden: »Was die vier Salafisten und ihre dunklen Hintermänner gestern auszuführen gedachten, ist leider absolut typisch für den Islam.« Salafisten, so Stürzenberger, würden »im Gegensatz zu den vielen anderen, die sich eine Tarnkappe überziehen«, das »wahre Gesicht des Islams« nicht leugnen.[34] Beisicht selbst gab, nachdem er von den Attentatsplänen erfahren hatte, bei einem Treffen mit Parteifreunden die Tonlage vor: »Die Religion des Friedens hat sich mal wieder entlarvt.« (Vgl. taz, 15.03.2013)

Doch so spinnefeind sich die jeweiligen Akteure auch inszenieren, so ähnlich sind sie sich in ihrer Ablehnung einer pluralistischen Gesellschaft: Hinter der rechten Islamkritik verbergen sich die klassische extrem rechte Anfeindung linker Gerechtigkeits- und Gleichheitsvorstellungen und die rassistische Anfeindung multikulturell verfasster Einwanderungsgesellschaften. Eine solche politische Stoßrichtung offenbart eine Rede von Stefan Herre, Gründer des PI-Weblogs, in seiner Dankesrede anlässlich der Entgegennahme des von der BPE verliehenen Hiltrud-Schröter-Freiheitspreises am 21. Mai 2011. Darin kritisierte er die fehlende Reichweite bloßer Islamkritik. Vielmehr müsse die politische Stoßrichtung weiter gefasst werden:

»Bei Licht betrachtet arbeiten wir uns mit der Islamkritik lediglich an Symptomen eines gesellschaftlichen Verfalls ab, der mit der 68er-Bewegung und der bürgerlichen Antwort »Spaß- und Konsumgesellschaft« seinen Anfang genommen hat. Würden wir nicht seit 40 Jahren tatenlos einer Werteveränderung und ungerechten staatlichen Ressourcenumverteilung zusehen, die die Zahl der einheimischen Geburten in diesem Zeitraum gedrittelt hat, würde der Islam in Deutschland keine Rolle spielen. Es wäre daher angebracht, den Begriff der »Dekadenzkritik« ebenfalls näher zu betrachten.«

Den Verursacher einer solchen Dekadenz verortet Herre in der »linken Republik«:

Die linke Republik hat den Männern und Frauen den Stolz auf ihre Familie, ihr Geschlecht und ihr Land genommen und wundert sich nun, dass sich dies alles innerhalb von nur zwei,

---

33 | http://www.freiheitlich.me/?p=9834 (Abruf: 02.07.2014)
34 | http://www.pi-news.net/2013/03/wir-sind-alle-markus-beisicht (Abruf: 02.07.2014)

drei Generationen abschafft. In diesem Zusammenhang ist auch der staatlich gewollte Bedeutungsverlust des Christentums in Deutschland und Europa kritisch zu hinterfragen.« (Vgl. Herre 2011: 2)

Würden in dieser Rede die Begriffe »Christentum« und »Islam« einfach ausgetauscht, hätte sie wortwörtlich auch bei einer salafistischen Kundgebung gehalten werden können. Die weltanschaulichen Grenzmarkierungen zwischen der extremen Rechten und den Islamisten verlaufen anhand der Positionierungen zu Nationalismus, Rassismus und Universalismus: Während die ersten beiden Haltungen für die extreme Rechte identitätsbindend sind, spielen sie im Islamismus keine Rolle. Dort wird die Gemeinschaftsvorstellung der »Umma« nicht anhand von Herkunft, sondern vom Glaubensbekenntnis abhängig gemacht und die Feindmarkierung aus der Glaubensfrage hergeleitet. In der Feindbildmarkierung einer demokratischen Lebenswelt, die das Recht auf individuelle Vielfalt und pluralisierte Lebens- und Glaubensformen einfordert, sind sich die beschriebenen Eskalationsakteure ähnlicher, als sie es wahrnehmen und zugeben wollen.

Literatur

Bertelsmann-Stiftung (2013) (Hg.): Religionsmonitor 2013. Verstehen was verbindet. Religion und Zusammenhalt in Deutschland. Die wichtigsten Ergebnisse im Überblick. Gütersloh.
Ceylan, Rauf und Michael Kiefer (2013): Salafismus. Fundamentalistische Strömungen und Radikalisierungsprävention. Wiesbaden.
Cuperus, Rene (2011): »Der populistische Dammbruch. Die niederländischen Volksparteien unter Druck«, in: Friso Wielenga und Florian Hartleb (Hg.): Populismus in der modernen Demokratie. Die Niederlande und Deutschland im Vergleich. Münster, S. 163-178.
Dewinter, Filip (2010): Inch'Allah? Die Islamisierung Europas. Graz.
Frölich-Steffen, Susanne (2006): »Rechtspopulistische Herausforderer in Konkordanzdemokratien. Erfahrungen aus Österreich, der Schweiz und den Niederlanden«, in: Frank Decker (Hg.): Populismus. Gefahr für die Demokratie oder nützliches Korrektiv? Wiesbaden, S. 144-164.
Gärtner, Reinhold (2009): Politik der Feindbilder. Rechtspopulismus auf dem Vormarsch. Wien.
Geden, Oliver (2006): Diskursstrategien im Rechtspopulismus. Wiesbaden.
Hafez, Farid (2010): Islamophober Populismus. Moschee- und Minarettbauverbote österreichischer Parlamentsparteien. Wiesbaden.
Häusler, Alexander (2008): »Antiislamischer Populismus als rechtes Wahlkampfticket«, in: ders. (Hg.): Rechtspopulismus als Bürgerbewegung. Kampagnen gegen Islam und Moscheebau und kommunale Gegenstrategien. Wiesbaden, S. 155-169.
Häusler, Alexander (2012): »Europas rechte Ränder«, in: Atlas der Globalisierung, S. 64-69.
Häusler, Alexander (2013a): »Antimuslimischer Rechtspopulismus – ein Markenzeichen der modernisierten extremen Rechten in Europa«, in: Peter Bathke und

Anke Hoffstadt (Hg.): Die neuen Rechten in Europa. Zwischen Neoliberalismus und Rassismus. Köln.

Häusler, Alexander (2014): »Muslimfeindlichkeit als rechtes Einfallstor«, unter: by-nc-nd/3.0/de/Autor: Alexander Häusler für bpb.de.

Häusler, Alexander und Fabian Virchow (2011): »Breiviks profane Analysen«, in: Zeit online, 26.07.2011.

Herre, Stefan: »Dankesrede«, in: Bürgerforum. Zeitschrift der Bürgerbewegung Pax Europa 5/(2011), S. 2.

Ivaldi, Gilles und Marc Swyngedouw (2006): »Rechtsextremismus in populistischer Gestalt: Front National und Vlaams Blok«, in: Frank Decker (Hg.): Populismus. Gefahr für die Demokratie oder nützliches Korrektiv? Wiesbaden, S. 121-143.

Jaschke, Hans-Gerd (1998): Fundamentalismus in Deutschland. Gottesstreiter und politische Extremisten bedrohen die Gesellschaft. Hamburg.

Lichtnetz, Martin und Manfred Kleine-Hartlage (2011) (Hg.): Fjordman. Europa verteidigen. Zehn Texte. Schnellroda.

Perger, Werner A. (2009): »Abendland in Christenhand«, in: Zeit online, 30.04.2009.

Pfeiffer, Thomas (2011): »Islamfeindschaft in der Erlebniswelt Rechtsextremismus«, in: ders. und Wolfgang Benz (Hg.): »Wir oder Scharia«? Islamfeindliche Kampagnen im Rechtsextremismus. Analysen und Projekte zur Prävention. Schwalbach/Ts.

Pollack, Detlef (2010): »Wahrnehmung und Akzeptanz religiöser Vielfalt«. Bevölkerungsumfrage des Exzellenzclusters »Religion und Politik«, Dezember 2010.

Schmidt, Wolf (2012): Jung, deutsch, Taliban. Berlin.

Roy, Oliver (2004): Der islamische Weg nach Westen. Globalisierung, Entwurzelung und Radikalisierung. München.

Shooman, Yasemin (2009): »Islamfeindschaft im World Wide Web«, in: Wolfgang Benz (Hg.): Islamfeindschaft und ihr Kontext. Dokumentation der Konferenz Feindbild Muslim – Feindbild Jude. Berlin, S. 70-84.

Naschid-Gesänge im Salafismus
Kunst und Kultur als Ausdruck von Widerstand und Protest

Behnam T. Said

1. Einleitung

In Medienberichten und anderen Publikationen liest man häufig, dass Naschids »Kampfhymnen« von Dschihadisten seien. Das ist eine verkürzte Darstellung[1], denn das Spektrum der »islamischen Naschids«, so die geläufige Bezeichnung, ist breit und die meisten dieser Lieder haben keine dschihadistischen Inhalte, sondern religiöse.

Naschids sind ursprünglich religiös-islamische Gesänge, die der Tradition der muslimischen Mystiker, der Sufis, entstammen. Dass auch dschihadistische Salafisten diese Musikrichtung für sich entdeckt haben und intensiv nutzen, scheint zunächst durchaus verwunderlich, da salafistische Gelehrte den Naschids häufig ablehnend bis kritisch gegenüberstehen – oft mit dem Verweis auf die sufische Tradition des Genres. Andere wiederum halten das Hören von Naschids zwar für grundsätzlich erlaubt, stellen dabei aber bestimmte Bedingungen auf wie Maßhalten, um nicht vom Studium von Koran und Sunna abgelenkt zu werden.

Diese Mittelposition nahmen auch bekannte salafistische Autoritäten in Saudi-Arabien ein. Dort wurden die Naschids spätestens seit Beginn der 1980er Jahre vor allem unter jungen Leuten zunehmend populär. Die Entwicklung war nicht aufzuhalten, und die Gelehrten (ulamâ') wollten dem Bedürfnis der saudischen Jugend nach Zerstreuung auch nicht entgegenstehen. Da sie aber ebenso wenig aktiv dazu beitragen wollten, dass sich Naschids verbreiteten, versuchten sie, der Entwicklung wenigstens einen gewissen Rahmen zu geben.

Die Tradition islamistischer[2] Naschids, also nicht der rein religiös-islamischen Lieder, sondern jene mit politischen Botschaften, geht jedoch nicht auf Saudi-Ara-

---

1 | Für eine ausführlichere Analyse des Themas möchte ich auf meine bislang unveröffentlichte Dissertation »Anāšīd – Hymnen im Kontext jihadistischer Mobilisierung und Propaganda« verweisen, eingereicht an der Philosophischen Fakultät der Friedrich-Schiller-Universität Jena.
2 | In diesem Beitrag werden sowohl die Begriffe Islamismus und Salafismus gebraucht. Islamismus ist dabei der Oberbegriff, der Strömungen wie die Muslimbruderschaft und aus ihr hervorgegangene Organisationen ebenso umfasst wie die diversen salafistischen Bewegungen und Netzwerke. Islamisten sind dabei all diejenigen, die religiöse Ge- und Verbote

bien zurück, wie man möglicherweise vermuten könnte. Der Ursprung liegt in anderen arabischen Ländern – hauptsächlich in Ägypten, Syrien und Palästina. Dort existierte – anders als in Saudi-Arabien – zum einen eine lang zurückreichende sufische wie auch musikalische Tradition, zum anderen sind in diesen Regionen die Muslimbruderschaft und ihre diversen (radikalen) Ableger und Abspaltungen verwurzelt. Insbesondere seit den 1970er Jahren entstanden in ihrem Umfeld politisch-religiös geprägte Lieder, die oftmals auch zum revolutionären Dschihad gegen die Herrscher aufriefen. Durch Flucht oder Exilierung zahlreicher Islamisten und ihre Übersiedlung nach Saudi-Arabien und die Staaten am Golf gelangten islamistische Naschids schließlich auch dorthin.

In den 1980er Jahren entstand dann die moderne dschihadistische Bewegung, wie sie bis heute existiert. Vor allem der salafistische Zweig ist den Hymnen dabei besonders zugetan. Man verwendet sie in zahlreichen Propagandavideos und bringt sie auf diversen Wegen an die Menschen – früher in Form von Kassetten, seit den 2000er Jahren dann über das Internet.

Der vorliegende Beitrag zeigt zunächst Positionen der Salafisten und der Muslimbrüder zu Fragen des Naschids, aber auch zu Fragen der Kultur im Allgemeinen auf. Sodann wird dargelegt, wie diese Ansichten die Dschihadisten prägen.

2. Salafismus, Kultur und Naschids

In dem erstmals 1986 und dann 1990 in zweiter Auflage erschienenen Buch »Die nützliche Erklärung über das Urteil zu Schauspiel und Naschids« (al-Bayân al-mufîd an hukm al-tamthîl wa-l-anâschîd) stellt Abd Allah Abd al-Rahman al-Sulaymani Meinungen und Rechtsgutachten verschiedener wahhabitisch-salafistischer[3] Gelehrter dar. Die Einleitung, in der die wichtigsten Thesen zusammengefasst sind – inklusive der eigenen Meinung al-Sulaymanis –, gibt bereits einen guten Überblick über die Sichtweisen in Bezug auf Kunst und Kultur.

Schauspiel ist demzufolge gänzlich verboten (harâm) und beinhaltet »Gefahren für den Islam und die Muslime sowie für die da'wa [Ruf zum Islam, Mission; Anm. d. Autors]« (al-Sulaymani 1990: 5). Schauspiel sei daher in jedem Fall zu unterlassen. Zur Begründung wird eine typisch salafistische Argumentation herangezogen: Schauspiel sei nicht originär islamisch, sondern durch »Ungläubige« eingeführt worden (mustaurad min al-kuffâr). Über die Griechen und Römer gelangte der Brauch zu den Christen. Durch die europäische Kolonialisierung ab dem 19. Jahrhundert sei er dann weiter in die arabische Welt eingedrungen, heißt es. al-Sulaymani greift die unter Salafisten weit verbreitete Doktrin des Verbots der Nach-

---

als allumfassende Vorgaben für das politische und gesellschaftliche Leben ansehen. Als Salafisten gelten Anhänger jener reformistischen Denkrichtungen, die sich insbesondere auf die Werke des Nadschdi-Gelehrten Muhammab Ibn Abd al-Wahhab (gest. 1792) sowie die ihm nachfolgenden Gelehrten berufen (ausführlichere Definitionen von Salafismus haben Meijer 2009; Said/Fouad 2014). Salafisten unterscheiden sich sowohl von der Glaubenslehre (aqîda) als auch ihrer Umsetzung (manhadsch) von sonstigen Islamisten.

3 | Der Wahhabismus wird hier als die Nadschdi-Ausprägung des Salafismus verstanden. Die Formulierung wahhabitisch-salafistisch unterstreicht dies. An anderer Stelle ist aber nur von »Salafisten« die Rede, worunter dann auch Wahhabiten fallen können.

ahmung von Ungläubigen (taschabbuh) auf. Er bezieht sich dabei auf das Werk: »Die Notwendigkeit des geraden Weges gegen die Leute der Hölle« (Iqtidâ' al-sirât al-mustaqîm fî mukhâlafat ashâb al-dschahîm) des klassisch-islamischen Gelehrten Taqi al-Din Ahmad Ibn Taymiyya (gest. 1328) (siehe auch Memon 1976). Die Bezeichnung »gerader Weg« bezieht sich auf die erste Sure des Koran und meint den Weg, welchen Gott in Form des Korans, dem Beispiel der Lebensführung des Propheten (sunna) und der Praxis der frommen Altvorderen (al-salaf al-sâlih) den Muslimen vorgegeben hat und der sie vor dem Höllenfeuer erretten soll. Ibn Taymiyya hebt in dem Buch vor allem das Verbot jeglicher religiöser Neuerungen (bida') hervor – also all das, was Koran, Sunna und fromme Altvordere nicht kannten bzw. nicht praktizierten – und betont, dass Muslime unter keinen Umständen Nichtmuslimen nacheifern sollten (Memon 1976: 78).

Das Verbot der Nachahmung ist dabei untrennbar mit dem Gebot von »al-wala' wa-l-bara'« (Loyalität und Lossagung) verbunden (siehe auch Wagemakers 2009; 2012: 147ff.). Dieses Gebot besagt, dass Loyalität nur gegenüber Muslimen gezeigt werden darf, während man sich von Nichtmuslimen »lossagen« müsse. Radikale Salafisten sprechen in diesem Kontext auch davon, dass man »Hass« auf Nichtmuslime zeigen solle; wobei manche den »Hass« allerdings nur auf den Unglauben beziehen und nicht auf die Person selbst. Das Nachahmungsverbot ist in diesem Sinn Teil des Prinzips der Lossagung. Die Doktrin des walâ' wa-l-barâ', das Nachahmungsverbot sowie das Verbot von Neuerungen (bida') gehören zu den wichtigsten theologischen Konzepten des Salafismus. Sie erklären auch, weshalb sich dessen Anhänger in einem stetigen Abwehrkampf gegenüber ihrer Umwelt wähnen und weshalb sie vermeintlich penibel darauf achten, Nichtmuslimen unter keinen Umständen zu ähneln. Nach außen spiegelt sich das beispielsweise in ihrer Ablehnung westlicher Mode und ihrem Kleidungsstil wider.

In der Realität lässt sich jedoch konstatieren, dass die Praxis der Theorie nicht immer entspricht. Auch im Salafismus gibt es unterschiedliche Haltungen zur konkreten Ausgestaltung von taschabbuh und bid'a. So nutzen mittlerweile fast alle Salafisten die modernen Medien und verfügen über eine Internetseite, einen Twitter-Account, einen Facebook-Zugang oder über einen eigenen YouTube-Kanal. Dies alles sind Instrumente, die den al-salaf al-sâlih offensichtlich fremd waren und die von Nichtmuslimen stammen. Doch die Salafisten haben sich durch den Trend zur Globalisierung, insbesondere im Bereich Telekommunikation, dem Weltengang ein Stück weit angepasst. Gab es bei der Einführung von Telegraphenmasten in Saudi-Arabien oder später bei der Einführung des Fernsehens noch heftigen Widerstand durch den salafistisch-wahhabitischen Klerus, so sind die Stimmen, die heute fordern, man möge sich der Internetdienste nicht bedienen, kaum mehr zu vernehmen. Während die quietistisch, puristischen Salafisten dieser Doktrin der Ablehnung all dessen, was den Verdacht eines möglichen Brauchtums oder einer Errungenschaft so genannter »Ungläubige« erregt, noch am ehesten folgen, sind politische und dschihadistische Salafisten eher pragmatisch veranlagt: Nicht jede Regel, die sie vertreten, wenden sie in der Praxis auch tatsächlich detailgetreu an.

Genau dies ist auch der Fall bei den Naschids. Das erste einflussreiche Rechtsgutachten (fatwa), das sich mit islamischen Naschids beschäftigt, stammt aus dem Jahr 1980 und wurde von dem saudischen Gelehrtengremium »Ständiger Ausschuss für wissenschaftliche Forschung und Rechtsgutachten sowie für Mission und Rechtleitung im Königreich Saudi-Arabien« erstellt (al-Sulaymani 1990: 85ff.). Der klassischen Form einer fatwa folgend, wird auf die Frage eines Laien geantwortet, den neben dem allgemeinen Urteil auch der Aspekt interessiert, ob die Begleitung eines zum Islam aufrufenden Gesangs mit Handtrommeln erlaubt sei. Das rechtlich nicht bindende Gutachten besagt unter Hinweis auf die eingangs bereits erwähnte Bedingung des Maßhaltens, dass Naschids grundsätzlich gestattet seien, die Begleitung mit einer Trommel indes nicht. Das Verbot der Trommel wird in der Fatwa damit begründet, dass der Prophet und seine Gefährten dies auch nicht getan hätten. Der einflussreiche salafistische Gelehrte Nasir al-Din al-Albani ist der Meinung, dass die Handtrommel (duff) nur durch Frauen geschlagen werden dürfe, und dies auch nur bei Hochzeiten und anderen Festen (al-Albani 1997: 126).

Weitere einflussreiche saudische Gelehrte nahmen in den darauffolgenden Jahren ebenfalls Stellung zu der Frage der Legitimität von Naschids. Neben grundsätzlichen Bejahungen wie bei Abd al-Aziz Ibn Baz, dem früheren Großmufti von Saudi-Arabien, wurden auch kategorische Ablehnungen formuliert, die selbst die Bezeichnung »islamische« Naschids verneinen. Der Gelehrte Salih al-Fauzan hält fest:

»Ich stimme nicht darin überein, sie islamisch zu nennen, denn es gibt keine islamischen Naschids. Wenn wir nämlich ›islamisch‹ sagen, so meinen wir, dass dies Teil der Religion und des Islam ist. Aber diejenigen, die glauben, dass Naschids zur Religion gehören, sind Sufis.« (Zit. n. al-Sulaimani 1990: 47)

In einer weiteren Stellungnahme al-Fauzans, die sich in einer jüngeren Sammlung von salafistischen Meinungen über Naschids findet, heißt es:

»Diese Bezeichnung [islamische Naschids; Anm. des Autors] ist nicht rechtens. Es handelt sich um einen modernen Namen. Es gibt nichts in den Büchern der Vorfahren [salaf] und der Gelehrten, die sich auf deren Aussprüche [die der salaf] verließen, was ›islamische Naschids‹ genannt wurde.« (al-Murri 2000: 37)

Nasir al-Din al-Albani, der 1997 eine Abhandlung über Musik mit dem Titel: »Das Verbot von Musikinstrumenten« (Tahrîm âlât al-tarab) veröffentlichte, ist Naschids gegenüber ebenfalls eher kritisch eingestellt. Er sorgt sich, dass sie durch die Möglichkeit von Ton- und Videoaufzeichnungen unkontrollierte Verbreitung fänden und so »Tag und Nacht« verfügbar wären, was das Interesse am Koran und dessen Rezitationen schmälern würde (al-Albani 1997: 182). Weiterhin kritisiert al-Albani, dass Naschids nach den »Gesetzen der östlichen oder westlichen Musik« komponiert würden und dies ebenfalls das Verbot der »Nachahmung der Ungläubigen und der Schamlosen« (al-taschabbuh bi-l-kuffâr wa-l-mudschdschâan) tangiere (al-Albani 1997: 181).

Sowohl al-Fauzan als auch der Gelehrte Muhammad Ibn Uthaimin sprechen sich zudem explizit gegen den Einsatz von Naschids als Mittel der da'wa aus. Damit nehmen sie eine konträre Position zur Muslimbruderschaft und den von ihr beeinflussten Denkern und Organisationen ein.

2. MUSLIMBRÜDER UND MUSIK

Einer der wichtigsten Vordenker der Muslimbruderschaft ist Yusuf al-Qaradawi (siehe Gräf/Petersen 2009). Er ist Kunst und Literatur gegenüber generell eher aufgeschlossen, sofern sie unter islamischen Vorzeichen und im Dienst der Religion stehen. al-Qaradawi gilt als ein bedeutender Vertreter der Literaturschule der »sahwa islâmiyya« (Islamisches Wiedererwachen), die vor allem in den 1950er bis 1980er Jahren wirkte. Ihre Anhänger stammten hauptsächlich aus Ägypten, Irak, Syrien und Palästina und waren zum einen antikolonial und zum anderen islamisch geprägt (zu Biographien einzelner sahwa-Dichter vgl. Jada'/Jarrar 1978).

In seinem Buch »Erlaubtes und Verbotenes im Islam« (al-Halâl wa-l-harâm fî l-islâm) geht al-Qaradawi auch auf das Thema Musik ein und äußert vergleichsweise liberale Ansichten. Er unterteilt das Singen in drei Kategorien: verbotenes, neutrales (mubah) und solches Singen, bei dem im Einzelfall durch Meinungsfindung (idschtihâd wa-l-nazar) entschieden werden muss (1997: 261). Grundsätzlich vertritt er die Auffassung, im Singen liege keine Sünde (haradsch) (ebd. S. 262), solange bestimmte Bedingungen eingehalten werden (ebd. 264f.). 2001 erschien eine Monographie von ihm über Musik und Gesang mit dem Titel: »Rechtliche Grundlage des Gesangs und der Musik in Koran und Sunna« (Fiqh al-ghinâ' wa-l-mûsîqâ fî daû' al-qur'ân wa-l-sunna). Darin äußert er sich auch konkret zu Naschids. Er hält sie selbst dann für zulässig, wenn sie im Chor von mehreren Stimmen gesungen werden. Damit widerspricht al-Qaradawi diversen salafistischen Gelehrten, die Mehrstimmigkeit unter anderem mit dem Hinweis, dies ähnele der Praxis des zikr (Gottgedenken) im Sufismus (al-Murri 2000: 10), für verboten halten. Er geht noch weiter und würdigt die mobilisierende Wirkung der Naschids, indem er schreibt, dass sie die »Entschlossenheit der Helden zum Jihad und Krieg befeuern und zur Festigkeit gegenüber dem Märtyrertod beitragen« (al-Qaradawi 2001: 227).

Ähnliche Aussagen finden sich im Vorwort einer bereits 1984 erschienenen Naschidsammlung des Ägypters und ebenfalls in der Tradition der Muslimbruderschaft stehenden Herausgebers Abd al-Hakim Khayyal. Er beschreibt den Naschid als Mittel, um den »Geist des Dschihads« und den »Geist der Opferbereitschaft und der Heldenhaftigkeit« zu verbreiten (1984: 13). Zudem spornten Naschids den Korpsgeist militärischer Gruppen und der ruhmreichen Ersten (gemeint sind hier die ersten muslimischen Generationen) an, was in der entscheidenden Schlacht gegen die Ungläubigen und gegen die Tyrannei eine Hilfe sei (ebd.).

Auch der bei Dschihadisten immer noch hochverehrte Sayyid Qutb, ein frühes und prägendes Mitglied der ägyptischen Muslimbruderschaft, der besonders radikale Ansichten vertrat und 1966 hingerichtet wurde, stand Musik zunächst aufgeschlossen gegenüber. In seinem Haus in Kairo soll er in jungen Jahren eine Plattensammlung besessen haben. In seinem erstmals 1932 erschienen Buch: »Der Auftrag des Dichters im Leben« (Muhimmat al-schâ'ir fî l-hayât) notiert er: »Vielleicht ist die Musik in der Welt der Schönen Künste die Nummer eins, weil sie das menschliche Gemüt mit ihrer Mehrdeutigkeit am ehesten anspricht.« (Qutb 1996: 12) Ob er möglicherweise später eine andere Position einnahm, ist nicht bekannt. Seine Auseinandersetzung mit Dichtung oder Musik in jungen Jahren und sein selbstverständlicher Umgang damit hatten jedenfalls Auswirkungen auf sein Denken. Das darf man als gegeben voraussetzen. Ebenso wie es im Umkehrschluss Auswirkungen auf eine Person hat, wenn Musik und andere Schöne Künste für sie kein alltäglicher Bestandteil des gesellschaftlichen Lebens sind, wie etwa im Fall der saudischen Gelehrten.

Einen weiteren Hinweis auf den Umgang der Muslimbrüder mit Musik liefert Nasir al-Din al-Albani. In »Tahrîm âlat al-tarab« berichtet er über eine fatwa von Muhammad Abu Zahra (gest. 1974), die in der Zeitschrift »Die Muslimbrüder« (al-Ikhwân al-Muslimûn) im Jahr 1954 veröffentlicht wurde (1997: 5). Abu Zahra, der als Professor für islamisches Recht an der al-Azhar-Universität in Kairo tätig war, komme darin zu dem Ergebnis, solange Musik keinen Sexualtrieb hervorrufe, sei sie im Islam grundsätzlich erlaubt, schreibt al-Albani und übt scharfe Kritik an dieser Einschätzung. Zudem weist er auf einen weiteren Artikel in »Die Muslimbrüder« hin, der sogar für »islamische Musik« plädiere. Allein diese Wortschöpfung sei ungeheuerlich, ereifert sich al-Albani und spottet, sie sei an Absurdität und innerem Widerspruch mit Wortkombinationen wie »islamischer Kommunismus« oder »islamischer Demokratie« vergleichbar (ebd. S. 7).

Im Allgemeinen kann man folglich sagen, die Muslimbrüder nehmen Musik gegenüber zumeist eine grundsätzlich pragmatische Haltung ein und sehen darin ein Mittel der Propaganda. Ähnliches gilt für die meisten ihrer radikalen Abspaltungen. Als Beispiel sei die Charta der Hamas von 1988 zitiert. Sie weist eine Passage auf, in der die Kunst in den Dienst der Sache gestellt wird:

»Das Buch, der Artikel, der Bericht, die Predigt, die Abhandlung, das volkstümliche Gedicht, die Poesie, die Hymne, das Theaterstück und so weiter gehören, wenn darin die Charakteristika der islamischen Kunst vorhanden sind, zu den Notwendigkeiten der geistigen Mobilisierung und der sich ständig erneuernden Nahrung für die Fortsetzung des Marsches und die Erholung. Denn der Weg ist lang, die Mühe ist groß, und die Seelen ermüden. Die islamische Kunst erneuert die Tatkraft, belebt die Bewegung und erweckt in der Seele die erhabenen Ideen und das rechte Nachdenken.« (Zit. n. Baumgarten 2006: 217).

4. Dschihadisten und Naschids

Dschihadisten folgen einer Synthese, die aus der puristischen Religionsauffassung der Salafisten auf der einen und der Politisierung der Religion sowie dem Pragmatismus der Muslimbruderschaft auf der anderen Seite besteht. Bei der Frage der Zulässigkeit von Naschids übernehmen sie weitgehend vermittelnde Positionen der Salafisten – also jene, die die Gesänge für erlaubt erklären, dies aber mit Einschränkungen verknüpfen. Auf einer bekannten Dschihadisten-Internetseite antwortet ein selbst ernannter »Rechtsgelehrter«, der sich Abu Usama al-Shami nennt, in einer Fatwa: »Gegen das Hören von Naschids, die frei von Rhythmus (îqâ'), Musik, Trommeln und Wirkung sind, ist nichts einzuwenden. Es ist zulässig (mubâh), insbesondere, wenn die Naschids derlei Gestalt sind, dass sie den Eifer (hamâsa) erwecken, wie etwa Dschihad-Naschids.«[4] Zugleich warnt er vor der »Maßlosigkeit« beim Hören der Gesänge: Dies dürfe gegenüber dem Koranstudium nicht überhandnehmen.

Eine andere, längere Abhandlung zu Naschids aus dem dschihadistischen Spektrum stammt von Bilal al-Zahri und wurde auf der gleichen Seite eingestellt.

---

4 | http://tawhed.ws/FAQ/display_question?qid=443, abgerufen am 16.07.2011.

Auch al-Zahri hängt der salafistischen Mittelposition an. In seinen Ausführungen bezieht er sich vor allem auf Werke von Nasir al-Din al-Albani, insbesondere auf »Das Verbot von Musikinstrumenten«. Dies ist insofern von Bedeutung, da es zeigt, dass sich Dschihadisten auch auf nicht-dschihadistische salafistische Autoritäten berufen. Zudem ist die Bezugnahme auf al-Albani ein Beleg dafür, dass Dschihadisten in Fragen der Rechtsmethodik salafistischen Ansätzen folgen.

Den Überlegungen von al-Shami und al-Zahri steht allerdings die dschihadistische Praxis entgegen. Von Zurückhaltung im Umgang mit Naschids ist wenig zu spüren. Theoretiker wie al-Albani sprechen sich ausdrücklich dagegen aus, Aufnahmen von Naschids zu erstellen und in Umlauf zu bringen, da man so den ausschweifenden Konsum fördere und nicht mehr kontrollieren könne, wer bei welcher Gelegenheit auf die Lieder zurückgreife. Ungeachtet dessen sind die online kursierenden Propagandavideos der Dschihadisten aber so gut wie immer mit Naschids unterlegt. Hinzu kommen die Audiodateien, die ebenfalls per Internet über den Globus verteilt werden.

Während also die Theorie durch salafistisches Denken geprägt ist, herrscht im dschihadistischen Alltag offensichtlich der pragmatische Einfluss der Muslimbrüder vor. Auffällig ist jedoch, dass bei den Naschids von Dschihadisten zwar durchaus Audioeffekte wie Kanonendonner oder Geräusche von Maschinengewehren eingespielt werden, in der Regel aber kein Trommeln zu hören sind. Vergleicht man das mit den Naschids der 1970er und 1980er Jahre in Syrien oder Palästina, die oftmals mit einem Rhythmus (iqâ') unterlegt bzw. durch Trommeln begleitet wurden, kann man zu dem Schluss kommen, dass zumindest hier eine Art Purifizierung im salafistischen Sinne stattgefunden hat.

5. Fallbeispiel

Es gibt mehrere Arten islamistischer Naschids. Die wichtigsten Kategorien sind Kampf-, Märtyrer-, Trauer- und Lobeshymnen. Bei der Analyse diverser Beispiele hat sich gezeigt, dass die aktuelle dschihadistische Bewegung kulturell auf die 1980er Jahre zurückgeht und oftmals Liedgut verbreitet, das bereits damals in den entsprechenden Kreisen verwendet wurde. Die Texte entstammen eher selten klassischen Quellen. Zumeist basieren sie auf Gedichten der 1960er und 1970er Jahre.

Im folgenden Beispiel ist der arabische Text jedoch die Übersetzung eines ursprünglich auf Urdu verfassten Gedichts des indischen[5] Intellektuellen Muhammad Iqbal (gest. 1938), welches im Original den Titel »Nationalhymne« (Tarana-i Milli) trägt und aus der Sammlung »Bang-i Dara« stammt, die erstmals 1924 veröffentlicht wurde. Die arabische Übersetzung ist unter den Namen »al-Naschîd al-islâmî« (Der islamische Naschid) und »Watanunâ l-islâmî« (Unsere islamische Heimat) bekannt. Der bei der Muslimbruderschaft beliebte Syrer Abu Mazin ist wohl derjenige, der das Lied als Naschid in der islamischen Szene etabliert hat, auch wenn es bereits vorher vermutlich in Ägypten und anderen Ländern bekannt

---

5 | Aufgrund seines Geburtsortes, Sialkot im heutigen Pakistan, und seines Eintretens für einen unabhängigen muslimischen Staat wird auch die Beschreibung »pakistanischer Intellektueller« benutzt. Da Iqbal die Gründung Pakistans aber nie erlebte, ist dies historisch nicht korrekt.

war. Die Bedeutung dieser Hymne für die Islamisten wird bereits daran deutlich, dass der Text in einer zweibändigen Naschidsammlung von 1984 an erster Stelle im ersten Band aufgeführt wird (Jarrar/Jada' 1984, Bd. 1: 17f.). Das Lied ist exemplarisch dafür, wie Traditionen im Islamismus entstehen und gepflegt werden. Es geriet nie in Vergessenheit und wurde jüngst durch den Saudi Samir al-Bashiri in einer neuen Version aufgenommen, die in diversen Videos der »Islamischen Bewegung Usbekistans« (IBU) benutzt wurde, beispielsweise in der IBU-Produktion »Soldaten Allahs« (2009). Der Weg, den dieses Gedicht von Muhammad Iqbal über Abu Mazin bis hin zu Veröffentlichungen der IBU genommen hat, steht daher beispielhaft für das historische Gedächtnis bzw. die historische Verwurzelung dschihadistischen Bewegung.

Für seine Interpretation hat al-Bashiri nur eine Auswahl von Versen der arabischen Gesamtübersetzung verwendet. Unter anderem fehlt bei ihm erstaunlicherweise der berühmte erste Vers: »China gehört uns, Arabien gehört uns, Indien gehört uns, alles gehört uns«. In den 1980er Jahren war die komplette arabische Übersetzung als Standardtext verbreitet und so von Abu Mazin gesungen worden. Auch in der Version von Abu Mazin findet der Naschid heute noch Verwendung. So wurde er beispielsweise in einem 2013 erschienenen Video der dschihadistischen Miliz »Das Bataillon der Auswanderer in Syrien« (Katîbat al-muhâdschirîn fî bilâd al-schâm) eingespielt. Das Video zeigt einen Mann aus China, der in seiner Muttersprache erklärt, weshalb er sich dem Dschihad in Syrien angeschlossen hat. Seine Hinwendung zum militanten Islamismus begann demnach mit der Lektüre von Sayyid Qutbs »Meilensteine«, vier Jahre bevor er sich nach Syrien aufmachte. Das Video trägt den Titel »Botschaft an das chinesische Volk«.

Ein Grund, warum al-Bashiri nun den ersten Vers und einige andere in seiner Version nicht verwendet hat, könnten rein praktische Überlegungen sein. al-Bashiris Interpretation enthält diverse Wiederholungen von Textbausteinen als stilistisches Mittel. Hätte er dieses unter Verwendung des Gesamttexts eingesetzt, wäre wohl ein Naschid mit deutlicher Überlänge produziert worden. Die nachfolgende Übersetzung wurde auf Grundlage des Naschids von al-Bashiri angefertigt:

1. Der Islam wurde für uns zur Religion und das ganze Universum zu unserer Heimat.
2. Die Einheit Gottes ist für uns ein Licht, wir richteten ihr den Geist als Heimstätte ein.
3. Das Universum schwindet, doch die Seiten unserer Herrschaft sind unauslöschlich in der Unendlichkeit.
4. Auf der Erde wurden unsere Moscheen erbaut, und das erste Haus ist unsere Ka'ba.
5. Sie [die Ka'ba] ist das erste Haus, welches wir mit dem Leben des Geistes schützen, und sie beschützt uns.
6. Die Fahne des Islams war seit jeher die Parole des Ruhmes unserer Nation.
7. Sagt zum Himmel des Universums: »Wir wetteiferten mit den Sternen um die Höhe.«
8. Der Gebetsruf des Muslims hatte aufgrund seiner Entschlossenheit ein Echo im Westen.
9. O Erde des Lichts der beiden heiligen Stätte und o Geburtsort unserer Gesetzesordnung!

10. Die Gärten des Islams und sein ausladender Baum befinden sich auf einem Boden, der durch unser Blut bewässert wurde.
11. Muhammad war der Emir der Karawane, er leitete den Sieg uns zum Triumph.
12. Der Name Muhammad, der Führende, ist der Geist der Hoffnungen unseres Erwachens.

Warum gerade dieses Gedicht Iqbals auf die islamistische Szene so anziehend wirkte, erläutern die Herausgeber der oben genannten Naschidsammlung Husni Adham Jarrar und Ahmad 'Abd al-Latif al-Jada' so:

»Heimat (watan) im Islam ist kein Stück Erde, welches Geographen mit Fachtermini definieren. [...] Vielmehr ist Heimat im islamischen Verständnis ein generelles Konzept, das den islamischen Gedanken einschließt. Heimat ist für muslimische Menschen jeder Ort auf dieser reinen Erde, an dem Gott gedacht und in dem der Ruf der Wahrheit in Seinen Wohnstätten [den Moscheen] angestimmt wird« (1984, Bd. 1: 13).

Dieses Konzept, so Jarrar und al-Jada', habe Iqbal vor Augen gehabt, als er schrieb, dass China, Indien und die arabischen Länder die Heimat der Muslime seien.

6. Schlussbemerkung

Im Jahrhunderte währenden islamrechtlichen Diskurs über Musik wurde immer wieder thematisiert, ob und wenn ja, welche Arten von Musik und Gesang zulässig sind. Dabei wurde vor allem zwischen weltlichem Gesang (ghinâ') und Musik (mûsîqâ) einerseits und religiösen Vertonungen, oft samâ' (hiermit ist alles Hörbare, in unserem Kontext etwa auch die Rezitation des Korans, gemeint) oder auch aghâni dîniyya (religiöse Lieder) genannt, andererseits unterschieden (siehe auch Shiloah 1995). Diese akademisch-islamische Diskussion dürfte den meisten Gläubigen wenn überhaupt nur ansatzweise bekannt sein. Auf das Verhältnis der breiten Massen zur Musik hatten sie eher wenig Auswirkungen, wie die zeitgenössische arabische Pop-Kultur oder auch die reichhaltigen islamisch-musikalischen Traditionen, etwa in Afghanistan und Pakistan, belegen.

Die von den Salafisten geführte Diskussion um die Zulässigkeit von Naschids bewegt sich in der Tradition des islamisch-akademischen Diskurses. Bei weitem nicht alle salafistischen Gelehrte halten Naschids für eine wünschenswerte Form der Unterhaltung, Erbauung oder der Mission. Dschihadistische Salafisten hindert dies jedoch keineswegs daran, sich der Gesänge zu bedienen und sie für ihre Propaganda intensiv einzusetzen. Sie sind in dieser Hinsicht weitaus stärker von den islamistischen Bewegungen der Muslimbruderschaft und ihrer Ableger geprägt, als vom salafistischen Purismus, der sich allenfalls auf die musikalische Ausgestaltung der dschihadistischen Hymnen auswirkt.

Naschids kommen jedoch nicht ausschließlich im Bereich des Dschihadismus vor, sondern auch in anderen Ausprägungen des Islamismus. Sie erfüllen den Zweck der Etablierung von Gegenkulturen. Ob in Ägypten, Syrien, Palästina oder andernorts fordern die Islamisten bestehende Herrschaftsstrukturen nicht ausschließlich mit Ideologie oder Gewalt heraus, sondern sie greifen auch den kulturellen Überbau an. Dazu zählt bereits seit den 1970er Jahren auch die öffentliche

Unterhaltungskultur, die sie als Kopie westlicher Vorbilder kritisieren. In diesem Zusammenhang bilden Naschids ein wirkmächtiges Instrument. Sie dienen als kulturspezifische Ausprägung von Protestliedern, wie sie auch aus anderen sozialen Bewegungen bekannt sind (siehe Eyerman/Jamison 1998).

Das Internet hat mit seinen vielfältigen Möglichkeiten dazu beigetragen, dass Naschids sich weltweit verbreiten konnten. Die ersten Naschid-Textbücher wurden zwar, soweit bekannt, bereits in den 1980er Jahren in einigen arabischen Ländern herausgegeben (siehe auch Kajak 1982; Khayyal 1984; al-Dabal 1984; Jarrar/Jada' 1984; al-A'zami 1987) und Anfang der 1990er Jahre wurde mit »Karawane der Märtyrer« (Qawâfil al-schûhadâ') auch erstmals ein Album mit dschihadistisch geprägten Trauernaschids über in Afghanistan gefallene Kämpfer veröffentlicht. Doch es dauerte noch etwa ein Jahrzehnt, bis Naschids auch in westlichen Ländern und unter Muslimen im Westen populär wurden.

Etwa ab 2009 wurden zunehmend deutschsprachige Naschids verfasst. In einem Bericht des nordrhein-westfälischen Innenministers Ralf Jäger an den Innenausschuss des Landtags vom 18. Januar 2013 heißt es: »Die Zahl der deutschsprachigen Nasheeds, in denen der Jihad verherrlicht wird und Deutsche zur Teilnahme an Kampfhandlungen aufgefordert werden, geht in die Dutzende, denn mittlerweile veröffentlichen nicht nur seit längerem bekannte Protagonisten Jihad-Hymnen in deutscher Sprache, sondern immer mehr unbekannte Einzelpersonen.« Die Qualität dieser deutschen Naschids ist zumeist eher schlecht als recht, was die Szene allerdings nicht weiter zu stören scheint. Die Lieder sind inzwischen auch fester Bestandteil der deutschen dschihadistischen Subkultur geworden.

Der Dschihadismus in Europa ist also weitaus mehr als eine Ideologie. Er ist ebenso eine Protestkultur, welche nicht zuletzt durch Hymnen und Gedichte geformt wird.

Literatur

Albani, N. (1997): Tahrim alat al-tarab. Maktabat al-Dalil, o.O.

A'zami, W. al- (1987): Aghani l-ma'raka. al-Maktab al-Islami, 3. Aufl., Beirut [Original von 1984].

Baumgarten, H. (2006): Hamas: der politische Islam in Palästina. Kreuzlingen.

Dabal, M. al- (1984): Anashid islamiyya. Riad.

Eyerman, R. und A. Jamison (1998): Music and Social Movements. Mobilizing Traditions in the Twentieth Century. Cambridge u.a.

Jada', A. und H. Jarrar (1978): Shu'ara al-da'wa al-islamiyya, 9. Bde, Mu'assasat al-Risala, Beirut.

Jarrar, H. und A. Jada' (1984): Anashid al-da'wa al-islamiyya, 2. Bde, Dar al-Furqan und al-Dar 'Ammar, Amman.

Kajak, M. (1982): Anashid islamiyya. Dar al-Arqam, Kuwait.

Khayyal, A. (1984): Anashid al-haqq wa-l-quwwa wa-l-hurriyya. Dar al-Da'wa, Alexandria.

Qaradawi, Y. al- (1997): al-Halal wa-l-haram fi-l-Islam. Maktabat Wahba, Kairo.

Qaradawi, Y. al- (2001): Fiqh al-ghina wa-l-musiqa fi ḍau al-qur'an wa-l-sunna. Maktabat Wahba, Kairo.

Qutb, S. (1996): Muhimmat al-sha'ir fi l-hayat wa-shi'r al-jil al-hadir. Köln.

Gräf, B. und J. Petersen (2009): Global Mufti. The Phenomenon of Yusuf al-Qaradawi. London.

Memon, M. U. (1976): Ibn Taimīya's struggle against popular religion. Den Haag.

Meijer, R. (2009) (Hg.): Global Salafism. Islam's New Religious Movement. New York.

Murri, I. al- (2000): al-Qaul al-mufid fi hukm al-anashid. Maktabat al-Furqan. Ajman.

Said, B. und H. Fouad (2014) (Hg.): Salafismus. Auf der Suche nach dem wahren Islam. Freiburg.

Shiloah, A. (1995): Music in the World of Islam. A Socio-cultural study. Hants.

Sulaymani, A. al- (1990): al-Bayan al-mufid 'an hukm al-tamthil wa-l-anashid. Maktabat al-Tarbiyya al-Islamiyya li-Ihya al-Turath al-Islami, al-Gizeh.

Wagemakers, J. (2009): »The Transformation of a Radical Concept: Al-Wala' wa-l-Bara' in the Ideology of Abu Muhammad al-Maqdisi«, in: Roel Meijer (Hg.): Global Salafism: Islam's New Religious Movement. London u.a., S. 81-106.

Wagemakers, J. (2012): A Quietist Jihadi-Salafi, The Ideology and Influence of Abu Muhammad al-Maqdisi. New York.

Erklärungen für die Anziehungskraft des Salafismus

Entfremdet und gewaltbereit
Wie sich Muslime in der Diaspora radikalisieren[1]

Peter K. Waldmann

In den vergangenen Jahren hat sich der Fokus der Terrorismusforschung ganz allgemein auf die Terroristen selbst und speziell auf die gewaltbereiten Islamisten im Westen verlagert. Verschiedene Studien sind erschienen, die deren soziale und persönliche Eigenschaften, deren Weltanschauungen sowie die gegründeten Terrorzellen und insbesondere die einzelnen Stationen des Radikalisierungsprozesses thematisiert haben. Hier muss man natürlich die Bücher von Marc Sageman nennen, aber auch jene Studien, die nur einem begrenzten Leserkreis zugänglich sind wie die Ergebnisse einer Expertengruppe der Europäischen Kommission zur gewalttätigen Radikalisierung oder die Analyse der New Yorker Polizei (Sageman 2004; Sageman 2008; Baker 2006; New York City Police Department 2007).

Wir verdanken diesen Studien enormes Wissen und tiefe Einblicke in jene Prozesse, die aus durchschnittlichen jungen Männern Personen werden lassen, die bereit sind, Unschuldige zu töten. Von einer stärker analytischen Position aus betrachtet, fehlt jedoch ein theoretischer Rahmen, der die unterschiedlichen Bereiche der Erkenntnisse miteinander verbindet – keine Universaltheorie, sondern vielmehr das, was Merton wohl eine »Theorie mittlerer Reichweite« (middle-range theory; Merton 1967) genannt hätte, also eine Theorie, die Aufschluss über das ungewöhnliche Phänomen des sogenannten hausgemachten Terrorismus, »homegrown terrorism«, im Westen geben kann. Die These dieses Beitrags lautet nun, dass die Konzepte einer Radikalisierung im Ausland und/oder einer Diaspora-Radikalisierung in diesem Zusammenhang hilfreich sein können.

Im ersten Abschnitt dieses Beitrags wird die Bedeutung des Begriffs »Diaspora« erläutert. Außerdem geht es um die Frage, warum Radikalisierung ein Weg sein kann, um mit der Situation eines Lebens unter Fremden fertig zu werden. Die beiden folgenden Abschnitte dienen der Vertiefung. Zunächst wird gezeigt, unter welchen Umständen Radikalisierung wahrscheinlich ist. Anschließend wird eine Typologie der verschiedenen radikalen Diaspora-Situationen entwickelt. Abschließend geht es konkret um den Prozess der religiösen Radikalisierung unter besonderer Berücksichtigung von Muslimen im Westen.

---

1 | Aus dem Englischen übersetzt von Thorsten Gerald Schneiders. Der Beitrag wurde unter dem Titel »Radicalization in the Diaspora« verfasst.

1. Das Konzept der Diaspora

Ganz allgemein lässt sich festhalten: Das Konzept der Diaspora bezieht sich auf Menschen, die in fremden Ländern leben und dabei eine enge Bindung zu ihren Herkunftsregionen aufrecht erhalten (Safran 1991; Clifford 1994; Cohen 1999; Krings 2003; Mayer 2005).

Die klassischen Fälle von Diaspora-Gemeinschaften machen ethnische oder religiöse Minderheiten aus wie die Armenier oder die Griechen in Kleinasien und insbesondere die Juden, die einst mit Gewalt vertrieben wurden, sich über die ganze Welt verteilten und stets die mit Sehnsucht erfüllte Vorstellung nach ihrem Ursprungsland pflegten – im Übrigen gehören die schwarzen Sklaven, die von Afrika nach Amerika verschleppt wurden, ebenfalls in diese Kategorie. Mit den Jahren wurde die Bedeutung des Begriffs ausgedehnt, um auch Migrationsprozesse abzudecken, die nicht von einer gewaltsamen Vertreibung aus den Herkunftsgebieten herrühren (Mayer 2005: 31ff.). Juden selbst ziehen es manchmal vor, in der Diaspora zu bleiben oder von einer in die andere zu gehen, statt in ihre Heimat Israel zurückzukehren. Heute gibt es eine generelle Tendenz, alle Migrationsbewegungen einzuschließen – auch solche, die mehr oder weniger freiwillig motiviert sind. Robin Cohen führt in seiner Typologie der Diaspora-Situationen eine sogenannte Handelsdiaspora und eine imperiale Diaspora auf, die als Folge politischer und wirtschaftlicher Expansion von Staaten entstanden sind, die wiederum andere Staaten dadurch beherrschen wollten (Cohen 1997, Kapitel 3 und 4). Für den Kontext dieses Beitrags von besonderer Bedeutung ist die internationale Arbeitsmigration, die in den vergangenen Jahrzehnten zum Haupttypus von Auswanderungsbewegungen geworden ist. Auch sie kann zum Entstehen von Diaspora-Situationen führen. In diesem Sinn gibt es heute maghrebinische, türkische, pakistanische und andere Diaspora-Gemeinschaften im Westen.

Allerdings sollte man das Konzept auch nicht überstrapazieren. Nicht jede Migrationsbewegung bzw. nicht jede Auswanderergruppe kann als Diaspora bezeichnet werden (Krings 2003: 137). Wenn beispielsweise Rentner aus Norddeutschland sich entscheiden, den Rest ihres Lebens in den reizvollen Regionen Bayerns zu verbringen, können sie sich zwar auch zu einer Gruppe zusammenfinden, aber dadurch bilden sie noch lange keine Diaspora. Der Begriff impliziert offenkundige kulturelle Spannungen und den Wunsch nach einer zukünftigen Rückkehr in die Heimatregion. Für Korsen wiederum, die etwa in großer Zahl in Marseilles leben, ist die Situation noch einmal anders: Letztlich sprechen sie nicht dieselbe Sprache wie ihre Gastgeber, leben aber dennoch in einem und demselben Land (Safran 1991: 83; dieser Beitrag diskutiert anhand diverser Beispiele ausführlich die einzelnen Aspekte zur Abgrenzung des Diaspora-Konzepts). Das Konzept der Diaspora ist ebenso wenig auf Menschen anwendbar, die permanent von einem Ort zum anderen ziehen, und keine genaue Vorstellung davon haben, was das Heimatland ist, in das sie zurückkehren könnten – zum Beispiel die traditionellen Zigeunergruppen. Ebenso fällt der typische Arbeitsmigrant, der seine Heimat aus wirtschaftlichen Überlegungen heraus verlässt und über kurz oder lang wieder zurückkehrt, aus der Kategorie »Diaspora« heraus.

Das Exil-Konzept ist im Allgemeinen dann angemessener, wenn der Aufenthalt einer Person in einem fremden Land unfreiwillig und zeitlich begrenzt ist (Schiffauer 2004: 348). Erst wenn der Aufenthalt dauerhaft wird und wenn er zum

Zentrum des Lebens eines Migranten wird, lässt sich von einem Diaspora-Status sprechen – der auffälligste Ausdruck dieser Entwicklung ist, wenn Frau und Kinder dazu veranlasst werden zu folgen. Die Herausbildung einer Diaspora-Gemeinschaft kann ein vorübergehendes Phänomen sein: je mehr Migranten und deren Nachkommen in die Aufnahmegesellschaft integriert werden, desto mehr betrachten sie sich selbst als Bürger des Aufnahmelandes und desto weniger werden sie ihr Heimatland vermissen. Diaspora-Gruppen können allerdings auch zur dauerhaften Erscheinung in einem Aufnahmeland werden. Sie können ein eigenes kulturelles und rituelles Leben entwickeln, das sie deutlich von der Aufnahmegesellschaft abgrenzt. Zur Unterscheidung der einzelnen Formen zeigt die folgende Abbildung eine schematische Darstellung der wichtigsten Eigenschaften im Hinblick auf Exil, Diaspora und Immigration.

Abbildung 1: Formen und Abschnitte von Migration

Formen und Abschnitte von Migration / *Vergleichsdimensionen*	Exil	Diaspora	Einwanderung (soziale Integration)
Wanderungseinheit	individuell	Gruppe, soziales Kollektiv	Einzelinitiativen, die zu einer Massenbewegung werden können
Orientierung, Identifikation	zurückgelassene Heimat	Doppelidentifikation mit dem Herkunfts- und Aufnahmeland	Aufnahmeland
Überwiegen von Pull- und Push-Faktoren	Push-Faktoren: Flucht vor Bestrafung oder einer unbefriedigenden wirtschaftlichen Lage	Push- und Pull-Faktoren: zurückgelassene Heimat gewinnt an Attraktivität, während man sich vom Aufnahmeland zurückgestoßen fühlt	Pull-Faktoren: Man fühlt sich zum Aufnahmeland hingezogen und geht in ihm auf
Generationen	begrenzt auf eine Generation	Diaspora-Status beginnt mit der zweiten Generation und kann sich auf viele weitere ausdehnen	Prozess überschreitet Generationen, beginnt im Heimatland, endet mit der Integration ins Aufnahmeland
Stimmungslage, subjektive Befindlichkeiten	Leben im Ausland wird als Belastung wahrgenommen; Klagen über die verloren gegangene Heimat, Wunsch nach Rückkehr	ambivalente Gefühle: Angst und Hoffnung, Klagen und utopische Pläne; tiefe existenzielle Unsicherheit	Befriedigung; ›Start in ein neues Leben‹; Bruch mit der Vergangenheit

Die Abbildung zeigt, dass beide Begriffe »Diaspora« und »Exil« in jüngster Zeit eine beachtliche Erweiterung ihrer Bedeutung erfahren haben. Es ist wichtig zu betonen, dass die Abbildung nur eine grobe Skizze der Unterschiede zwischen den drei Konzepten zeigt. Es gibt weitere Zwischenstufen und Mischformen, die die Grenzen verschwimmen lassen. Die »normale« Karriere von Migrantengruppen verläuft entlang folgender Linien: Die erste Generation versteht ihren Aufenthalt im Ausland als eine Art von Exil. Die nachfolgende Generation zeigt typische Eigenschaften einer Diaspora-Gemeinschaft, die sich nach und nach auflöst, wenn ihre Mitglieder sich zunehmend in die Aufnahmegesellschaft integrieren. Wie bereits erwähnt, ist diese Entwicklung beileibe nicht immer zwangsläufig. Der Diaspora-Status einer Zuwanderergruppe kann sich verlängern oder sogar dauerhaft werden, entweder weil die Gruppe selbst ihre ursprüngliche Identität bewahren will (Armenier, Juden), oder weil das Aufnahmeland ihnen die Integration derart erschwert, dass diese nicht mehr als wünschenswerte Option angesehen wird. Letztgenanntes Phänomen ist im Unterschied zu den klassischen Einwanderungsländern wie Amerika und Australien typisch für viele europäische Staaten.

Um die Komplexität der Diaspora-Situation ganz zu verstehen, ist es hilfreich, die klassische Definition von Robin Cohen heranzuziehen. Die acht wichtigsten Charakteristiken, die diese Definition anbietet, können wie folgt zusammengefasst werden (Cohen 1997: 26; s.a. Krings 2003: 147):

1. Zwangsmigration aus der ursprünglichen Heimat, oftmals verbunden mit traumatischen Erlebnissen, in zwei oder mehrere fremde Regionen
2. alternativ: Abkehr von der Heimat auf der Suche nach Arbeit mit dem Ziel, Handel zu treiben oder andere koloniale Bestrebungen zu verfolgen
3. kollektives Gedächtnis und Mythen über die Heimat
4. Verklärung der Heimat der Vorfahren, gemeinschaftlicher Einsatz zur Wahrung, Wiederherstellung und sogar Erschaffung eines solchen Bildes
5. Herausbildung einer Bewegung zur Rückkehr in diese Heimat
6. starkes ethnisches Gruppenbewusstsein über eine lange Periode, gegründet auf einem Gefühl der eigenen Besonderheit
7. problematische Beziehungen zu den Aufnahmegesellschaften, die auf mangelnde Akzeptanz als Ursache schließen lassen
8. Empfinden von Empathie und Solidarität mit Mitgliedern der gleichen ethnischen Gruppe in Siedlungsgebieten anderer Staaten.

Die wichtigste Eigenschaft von Diaspora-Gemeinschaften ist Cohens Definition zufolge, dass ihre Mitglieder nicht nur zu einem Staat gehören, sondern zu zwei oder sogar mehreren. Einerseits werden sie von ihrem früheren, entfernten Heimatland angezogen, was sich sowohl im gemeinsamen ethnischen oder religiösen Ursprung der Migranten widerspiegelt als auch in einer idealisierten Erinnerung an die Vergangenheit. Andererseits müssen die Mitglieder einer Diaspora mit den Bedingungen und Erwartungen fertig werden, die das Aufnahmeland an sie stellt. Die erste Generation geht in der Regel Kompromisse ein zwischen den konfligierenden Loyalitäten und Erfordernissen beider Systeme. Während sie sich im beruflichen und ökonomischen Bereich den Anforderungen der Aufnahmegesellschaft anpasst, bleibt sie stark in den kulturellen und religiösen Traditionen ihres Heimatlandes verhaftet. Für die Nachkommen der Migranten werden diese Abgrenzungen obsolet. Sie sehen sich selbst mit zwei Welten konfrontiert: Die eine findet ihren idealisierten Ausdruck in den Äußerungen der Eltern und Großeltern, mit der anderen müssen sie tagtäglich klar kommen, wenn sie mit Bekannten, Kommilitonen und Lehrern zu tun haben (Schiffauer 2004: 353ff.; Schiffauer 1999; Cesari 1994: 112).

Anhand zahlreicher Studien über Diaspora-Situationen kann man sehen, dass diese doppelte Beziehung, die die Entwicklung einer eindeutigen Identität im klassischen Sinn nicht zulässt, zahlreiche Spannungen und Reibungen verursacht. Fast alle Probleme, mit denen Mitglieder einer Diaspora-Gemeinschaft im täglichen Leben konfrontiert sind, haben zwei Seiten. Es gibt immer eine alternative Perspektive, von der aus dieselbe Fragestellung betrachtet werden muss: Anpassung oder Widerstand, Gesetzlichkeit oder Subversion, Verlust und Hoffnung, Entfremdung und Bestätigung der eigenen Person, Leid und utopische Vorstellungen, soziale Desintegration vs. Solidarität, Säkularisierung vs. religiöse Erneuerung (Clifford 1994: 312).

Das Gefühl der existenziellen Unsicherheit wird noch verstärkt dadurch, dass Arbeitsmigranten lernen müssen, dass sie von den Mitgliedern der Aufnahmegesellschaft nicht als gleichberechtigt wahrgenommen, sondern mehr oder weniger auf die Rolle von Fordernden und Bittstellern reduziert werden. Die asymmetrische Beziehung zwischen offiziellen Stellen des Aufnahmelandes einerseits und Einwanderern andererseits spiegelt sich in den Vorurteilen und Diskriminierungserfahrungen, die vor allem die Nachgeborenen machen. Migranten werden oft als unterlegen und unterentwickelt betrachtet. Sie müssen kämpfen, um sich den Respekt ihrer neuen Mitbürger zu erarbeiten und von ihnen akzeptiert zu werden (Hettlage 1993: 90; Schiffauer 1999: 17).

Aus soziologischer Perspektive stellen die Bedingungen, mit denen Migranten als Individuen wie auch als Kollektiv konfrontiert sind, Herausforderungen dar. Ähnlich wie deren dramatischeres Pendant, die Krise, haben solche Herausforderungen drei Merkmale:

1. Die »normale« oder »natürliche« Entwicklung von Dingen wird gestört. Es kommt zu einem Bruch, der einen Neuanfang erfordert.
2. Für die Handelnden öffnen sich verschiedene Möglichkeiten, mit der neuen Situation umzugehen. Diese Alternativen werden, wie die Akteuere wohl sehen, für das gesamte Leben unterschiedliche Konsequenzen haben.
3. Um zwischen den verschiedenen Optionen wählen zu können, benötigt ein Akteur ein Minimum an Ressourcen und die Freiheit, eigene Entscheidungen treffen zu können (Die sogenannte Challenge-Response-Theorie wird selten angewandt in der Sozialwissenschaft. Ursprünglich entwickelt von dem Historiker Arnold Toynbee, wurde sie nur für den Ansatz der Krisentheorie in der Politikwissenschaft benutzt; Toynbee 1949; Binder 1971).

In der Diaspora-Situation treten diese drei Merkmale allesamt auf. Ein Migrant, der sein Heimatland verlässt, bricht mit der Vergangenheit. Auch wenn Migranten in vielen Fällen vorgeben, sie folgten im neuen Land weiter den traditionellen Mustern ihrer Kultur und ihrer Religion, so haben sich doch die Umwelt und die Gesamtsituation verändert. Es ergibt einen Unterschied, ob beispielsweise die väterliche Autorität mit dem vermeintlichen Recht, Frauen und Kinder zu schlagen, in einer traditionellen patriarchalischen Gesellschaft ausgeübt wird oder in einer modernen demokratischen. Zur gleichen Zeit eröffnet die Diaspora-Situation dem Einzelnen verschiedene Möglichkeiten, die ihr innewohnenden Probleme und Chancen zu handhaben. Das Verhältnis von sozialer Kontrolle und individueller Freiheit ist nicht länger das gleiche wie im Heimatland (in diesem Zusammenhang spielt die Migration in große Städte eine entscheidende Rolle; im Heimatland ist das zumeist der erste Schritt, bevor Pläne zur Auswanderung in ein anderes Land aufkommen; Scheffler 1985: 193). In einer traditionellen Gesellschaft – und viele Migranten kommen aus traditionellen Gesellschaften – ist es für junge Menschen schwierig, den Mechanismen der sozialen Kontrolle zu entkommen und einen eigenen Weg und eine eigene Karriere für sich zu finden. Auch in der Diaspora wacht die ethnische und religiöse Gemeinschaft eifersüchtig über jeden Schritt, den ein einzelnes Mitglied des Kollektivs unternimmt. Vor allem die Familie entmutigt jüngere Mitglieder, gegenüber der Aufnahmegesellschaft zu viele Konzessionen zu machen bzw. die eigenen Traditionen preiszugeben. Aber die Macht der Familie ist begrenzt, ebenso wie die Macht der gesamten ethnischen oder religiösen Gruppe, die Migranten im Westen bilden. Unter türkischen Frauen in Deutschland lässt sich beobachten, dass eine beträchtliche Zahl von ihnen die Chancen ergreift, die ihnen eine liberale, demokratische Gesellschaft bietet: Sie wählen eine Karriere, die sie von ihrem traditionellen Milieu weit weg führt.

Es sollte klar geworden sein, dass die strukturellen und persönlichen Herausforderungen von Migration, Exil und Diaspora auf der mikrosozialen Ebene nicht zu einer einzelnen Antwort bzw. einem einzigen Weg, damit umzugehen, führen; vielmehr lösen sie diverse, unterschiedliche Reaktionen aus. Je nach Veranlagung, Sozialisation und persönlicher Umwelt können manche Menschen die Herausforderungen als Last ansehen, andere als Chance. Während einige Migranten (und ihre Nachkommen) sich in eine vermeintlich sichere Vergangenheit flüchten, suchen andere Schutz unter ihren Landsleuten, wieder andere versuchen sich bestmöglich an die Aufnahmegesellschaft anzupassen oder übernehmen eine Mediatorenrolle zwischen dieser und ihrer Herkunftsgesellschaft. In den 90er Jahren tendierten Untersuchungen dazu, die Chancen herauszustellen, die eine Diaspora-Situation dynamischen Menschen bietet – also Menschen, die die sich lösende Bindung zu ihrer Ursprungsgesellschaft nicht beklagen, sondern sich stark genug fühlen, »zwischen« beiden Gesellschaften zu leben. Diese Studien betonten die kreativen Impulse, die man aus einer kulturellen Hybridität und einer Positionierung am Rand der Gesellschaft ziehen kann (Gilroy 1999; Hall 1999; eine kritische Haltung zu dieser optimistischen Sichtweise vertritt Schiffauer 2004: 348ff.). Gewiss gibt es Migranten und Diaspora-Mitglieder, die mit ihrer Lebenslage kreativ umgehen, nur lassen sich deren Beispiele keinesfalls verallgemeinern. Manche reagieren in ähnlichen Situationen pragmatisch und unaufgeregt, während sich andere, insbesondere die weniger talentierten und dynamischen, durch ihren Diaspora-Status vor allem unterprivilegiert, unsicher und erniedrigt fühlen. Diese Menschen hegen keinen Optimismus, keine Hoffnungen für ihre persönliche Zukunft, sondern nur Frustration, Resignation und manchmal Feindseligkeit und Zorn.

Auf der Grundlage einer Analyse jener Studien, die die Diaspora-Situation weder glorifizieren noch schlecht machen, scheint es für Einzelpersonen drei prinzipielle Reaktionsmöglichkeiten zu geben: (Cesari 2004: 69f.; Tietze 2001: 9ff.; Roy 2003: 2; Schiffauer 2004: 356f.).

1. Assimilation: Der Migrant gibt sich Mühe, um sich der Aufnahmegesellschaft so weit wie möglich anzunähern, wobei das Ziel darin besteht, möglicherweise ein Teil davon zu werden.
2. Zwischenlösung und Kompromiss: Dies ist die häufigste Reaktion. Der Migrant versucht, die Normen und Parameter seiner Herkunftskultur mit denen der Aufnahmegesellschaft in Einklang zu bringen. Ganz offensichtlich ist das ein hochgradig selektiver und subjektiver Prozess, der in ziemlich unterschiedlichen Synthesen der beiden Systeme münden kann.
3. »Neo-Traditionalismus«, »Neo-Dogmatismus« oder Fundamentalismus: Diese für den vorliegenden Beitrag zentrale Lösung besteht aus der Ablehnung der Aufnahmegesellschaft, ihrer Kultur und Lebensart sowie aus der gleichzeitigen Idealisierung des Ursprungslands und der Ursprungskultur. Recht häufig entdecken Menschen den Wert ihrer ursprünglichen Kultur, Nation oder Religion erst dann, wenn sie im Ausland leben, im Exil oder in einer Diaspora. Eine solche Entdeckung kann die Form einer fundamentalistischen Bekehrung zur Folge haben, die das eigene Leben erst bedeutsam erscheinen lässt und somit eine Orientierung für die Zukunft bietet.

Keine der drei Reaktionen kann als deviant oder unnormal bezeichnet werden. Alle treten regelmäßig in Exil- oder Diaspora-Situationen auf, ganz egal ob ethnischer, nationaler oder religiöser Prägung. Alle drei üben ihren Reiz auf einen Teil der Migrantengruppen aus, wenn auch nicht in gleichem Umfang und nicht immer auf denselben Typ Mensch bezogen. Es ist aber offensichtlich, dass sie in gewisser Hinsicht gleichwertige Optionen für Diaspora-Mitglieder bilden, die eine Lösung für ihre Probleme suchen. Daher lautet die Frage, die man sich stellen muss: Was macht die dritte Option, Radikalisierung, für bestimmte Leute attraktiv?

2. Die Option des Radikalismus

»Radikal« und »Radikalisierung« leiten sich vom lateinischen Wort »radix« (zu Deutsch: »Wurzel«) ab. Ein radikaler Mensch macht keine Kompromisse, sondern versucht, die Probleme ein und für alle Mal zu lösen, indem er sie bei der Wurzel packt. In diesem Prozess kann der Begriff »radikal« entweder die verfolgten Ziele bezeichnen oder die angewandten Mittel (Bendel 2004). Eine Person mit radikalen Zielen stellt den Status quo einer soziopolitischen Ordnung im Hinblick auf die Umwälzung des Ganzen in Frage – entweder mit revolutionären Mitteln oder mit extrem reaktionären. Ein radikaler Mensch wird in der Regel im Namen einer absoluten Wahrheit agieren, sei es eine Ideologie oder eine Religion, die keinerlei Konzessionen oder Einschränkungen gestattet. Von daher sind radikale Personen gewöhnlich nicht bereit zu differenzieren, Gegenargumenten zuzuhören oder die sozialen Zusammenhänge wahrzunehmen, in denen sie ihre Botschaften propagieren. Aus ihrer reduktionistischen Sichtweise heraus ist die Welt in zwei Lager geteilt: Dasjenige, das ihre Überzeugungen teilt, und dasjenige, das das nicht tun – ideologische Sympathisanten und Anhänger auf der einen Seite und Feinde auf der anderen. Sollte eine Person aus dem radikalen Lager nach Wegen jenseits dieser manichäischen Logik Ausschau halten oder versuchen, die vorgeschriebenen ideologischen Grenzen zu sprengen, wird sie Argwohn ernten und riskieren, als Verräter betrachtet zu werden.

Neben diesem unbedingten Verfolgen gewisser Ziele, gewöhnlich durch religiöse oder ideologische Überzeugungen motiviert, gibt es eine andere Art von Radikalismus. Dieser bezieht sich auf die Mittel, die in Konfliktsituationen angewandt werden. Eine radikale Person oder eine radikale Gruppe in diesem zweiten Sinn greift zu informellen, illegalen und möglicherweise auch zu gewaltsamen Methoden, um bestimmte Ziele zu erreichen oder diese bekannt zu machen. Während Personen und Gruppen im Regelfall radikale Mittel benutzen, um ihre uneingeschränkten Ziele zu erreichen, muss es umgekehrt nicht genauso sein: Manche Gruppen wenden zwar illegale Mittel oder Gewalt an, aber nicht um die bestehende Ordnung zu zerstören. In vielen Fällen – die US-Bürgerrechtsbewegung in den 1960er Jahren ist ein gutes Beispiel – greifen unterprivilegierte Teile der Bevölkerung auf Gewalt zurück, um durchaus legitime Ziele an die Öffentlichkeit zu bringen – oftmals geschieht das dann, wenn sie zuvor mit friedlichen Mitteln keinen Erfolg hatten. Diese Form des radikalen Handelns, die bis zu einem gewissen Grad gerechtfertigt ist, relativiert die Vorstellung, Radikalismus sei bloß eine fanatische, starrsinnige Haltung. Sie verleiht dem Begriff eine zusätzliche Konnotation im Sinn von »konsequent sein«, »standhaft sein«, »mit aller Macht« auf ein Ziel hinarbeiten.

Radikalismus umfasst zwar die Möglichkeit gewalttätigen Handelns, sollte aber nicht mit Gewalt gleichgesetzt werden. Zuallererst ist es ein psychologisches Syndrom und Konstrukt, eine persönliche Einstellung. Die Psychologie hat bereits in den 1930er Jahren gezeigt, dass ein Mensch radikal in seinen Einstellungen und seiner Grundhaltung sein kann, ohne dabei auf gewalttätige Aktionen zurückzugreifen oder diese zu billigen (LaPiere 1934/35). Es gibt keinen deterministischen kausalen Zusammenhang zwischen dem psychologischen Syndrom und dessen physischem Ausdruck. Es hängt alles von der konkreten Situation ab und vor allem davon, wie diese von den entscheidenden Akteuren wahrgenommen wird. Wenn die Situation einen gewissen Mobilisierungsreiz verstärkt – beispielsweise wenn eine Gruppe von Akteuren die Situation als bedrohlich ansieht oder wenn Gegenstände oder Werte, die einer Gruppe heilig sind, beschädigt werden –, kann eine radikale Gesinnung in konkretes Handeln, einschließlich Gewalt, umschlagen. Tritt diese Verstärkung nicht ein, wird dieselbe Gesinnung latent vorhanden und Gewaltanwendung lediglich eine mögliche Option bleiben.

Darüber hinaus stellt Gewalt nur einen Weg dar, radikale Empfindungen und Ideen zum Ausdruck zu bringen. Gerade in einer Exil- oder Diaspora-Situation sind nur sehr wenige Einzelpersonen bereit, einer bewaffneten Zelle oder Gruppierung selbst beizutreten. Dagegen ist die Zahl derjenigen, die bereit sind, einen bewaffneten Kampf zu unterstützen, wesentlich größer. Diese Unterstützung kann verschiedene Formen annehmen: etwa »Revolutionssteuern« bezahlen, Waffen liefern, zur moralischen und physischen Erbauung der Kämpfer beitragen, Propaganda für ihren Kampf betreiben, »sichere Unterkünfte« oder Rückzugsräume anbieten, um vor Verfolgung zu schützen, und Ähnliches.

Es gibt verschiedene Gründe, warum sich Untergruppen innerhalb einer Diaspora-Gemeinschaft radikalisieren können, zudem kann ihre Radikalisierung verschiedene Formen annehmen; dass sich eine gesamte Diaspora-Gemeinschaft radikalisiert, ist eine absolute Ausnahme. Die Radikalisierung kann beispielsweise von einem fortdauernden, bewaffneten Konflikt in den Heimatländern herrühren, der in die neuen Länder mitgebracht wurde. Alternativ kann sie als neue Bewegung in einem zuvor friedlichen Einwanderermilieu entstehen. Die gesteckten Ziele können sich auf das Aufnahmeland beziehen oder auf Ziele außerhalb desselben – in der Regel auf das Ursprungsland.

Im Hinblick auf die erste Möglichkeit stellt sich eine zentrale Frage: Warum entwickeln Mitglieder einer Diaspora radikale Gefühle gegenüber ihrem Aufnahmeland. Oder mit einem etwas anders gelagerten Fokus gefragt: Warum kann eine Diaspora-Situation Verbitterung und Feindseligkeit gegen ein Land entstehen lassen, das die Migranten aufgenomen hat? Die Antwort, die dieser Beitrag vorschlägt, orientiert sich an der folgenden Leitlinie (Waldmann 2009: 38): Radikalisierung ist eine mögliche Antwort – die äußerste Antwort – auf ein psychisches Dilemma, dem sich die meisten Mitglieder einer Diaspora ausgesetzt sehen: Nämlich auf die Entwicklung einer doppelten Identität sowie auf die fehlende Anerkennung und Akzeptanz durch die Aufnahmegesellschaft. Sollte der Aspekt der Doppel-Identität dominieren, kann der Betreffende eine fundamentale psychische Neuorientierung durchmachen, in deren Verlauf er eine Fixierung auf radikale Ziele entwickelt. Liegt der Hauptfokus darauf, sich Diskriminierung und fehlender Akzeptanz zu widersetzen, wird er dazu tendieren, besonderes Gewicht auf radikale Mittel zu legen, um das ultimative Ziel der vollen Anerkennung zu erreichen.

Es wurde bereits darauf hingewiesen, dass die Diaspora-Situation auch Reaktionen hervorrufen kann, die sich deutlich von der hier skizzierten radikalen unterscheiden. Einige Betroffene werden die neue Situation als Chance betrachten und von ihrer doppelten kulturellen Zugehörigkeit profitieren; Worbs/Heckmann (2004: 194) sprechen hier von einer Patchwork-Identität. Die inneren Konflikte und Spannungen, die eine kulturelle Hybridität bewirken kann, können Betroffene auch dazu ermuntern, ethnische oder religiöse Trennungen zu überwinden. Zudem sollte bedacht werden, dass das eigene Selbstverständnis hinsichtlich religiöser oder nationaler Zugehörigkeit keine »natürliche« Neigung des Menschen ist; vielmehr ist sie ein Resultat der absoluten und exklusiven Kategorien, in denen monotheistische Religionen und moderne Staaten ihre Mitglieder gelehrt haben zu denken. Viele Diaspora-Mitglieder lehnen dieses Entweder/oder-Denken ab und versuchen, die verschiedenen Kulturen, Weltanschauungen und Traditionen, auf die sie in ihrem Alltag stoßen, zusammenzuführen und zu kombinieren. Andere können dem jeder Diaspora-Situation inhärenten Dualismus aber nicht entkommen. Sie werden diesen Dualismus als Last und fortdauernde Strapaze erleben. Sie würden es vorziehen, eine klare Vorstellung davon zu besitzen, wer sie sind, wo sie stehen und was sie machen sollen. Für diese Personen ist Radikalisierung eine Lösung für ihre Identitätsprobleme, wenngleich eine übersteigerte und extreme.

Radikale Personen im letztgenannten Sinn begegnen den offenen Strukturen, denen sie sich ausgesetzt sehen, mit dem Festhalten an einer absoluten Wahrheit und Doktrin. Während jemand, der sich allmählich der Diaspora-Situation anpasst, die verschiedenen Teile der Identität kombiniert und sich fortwährend neu »erfindet«, macht ein radikaler Mensch genau das Gegenteil: Er schafft ein Gegengewicht zu seiner Situation und folgt einer konstanten Wahrheit – einer Art »ewigem« Wert.

Das könnte erklären, warum Migranten der zweiten und dritten Generation besonders empfänglich für radikale Impulse sind. Selbstverständlich ist es diese Personengruppe nicht allein: Auch ausländische Studierende und junge Migranten der ersten Einwanderergeneration, die in westlichen Ländern leben, getrennt von ihren Familien, neigen zu intensiven Erfahrungen mit kultureller Konfrontation und radikaler Reaktion. Die Generationen jedoch, die bereits in den Aufnahmeländern geboren wurden, sind angesichts ihrer strukturellen Stellung ganz besonders anfällig für Identitätskonflikte im Zusammenhang mit ihrer Diaspora-Situation. Eben dieses Phänomen hat die westliche Öffentlichkeit und die westlichen Medien jüngst unter dem Stichwort »hausgemachter Terrorismus«/»homegrown terrorism« alarmiert. Anders als die Migranten selbst haben diese jungen Leute keine direkte, emotionale Beziehung mehr zu den Heimatländern ihrer Vorfahren. Bei gelegentlichen Besuchen haben sie das Gefühl einer Entfremdung von diesen Staaten und deren Bevölkerung. Zugleich fühlen sie sich auch nicht in ihre Aufnahmegesellschaft integriert, was sie wiederum davon abhält, sich mit dieser zu identifizieren. Gefangen in einer merkwürdigen Position zwischen zwei Kulturen und Gesellschaften, bilden sie zwar jeweils einen Teil von beiden, gehören aber keiner gänzlich an.

Das ist umso folgenreicher, je mehr sie sich in einer Entwicklungsphase befinden, in der sie laut Erik Eriksons berühmter Theorie der Identitätsbildung ihre Identität klären und einen Platz im Leben finden müssen (Erikson 1991: 228ff.; Noack 2005: 179ff.). Darüber hinaus fühlen sich viele junge Muslime, die im Westen leben, schuldig, weil sie von den materiellen Vorteilen einer Gesellschaft profitieren, deren Lebensstil sie verurteilen, während ihre Glaubensbrüder und -schwestern im Herkunftsland weiter unter sozialer Rückständigkeit und ökonomischen Entbehrungen zu leiden haben. Sofern ihr unmittelbares gesellschaftliches Umfeld keine Antworten auf diese Probleme bietet, sofern ihnen niemand eine interessante Aufgabe oder Karriere offeriert, müssen sie anfangen, selbst nach Antworten zu suchen. Das Mitmachen in einer radikalen Zelle und die Übernahme radikaler Ideologien können in so einer Situation verlockend sein.

Identitätsprobleme, die zu existenziellen Entscheidungen veranlassen, sind also ein Weg der Radikalisierung. Basierend auf der obigen Abgrenzung kann man zwischen Entwicklungslinien unterscheiden, die an Zielen und an Mitteln orientiert sind. Letzteres wird nicht durch die Überzeugung verursacht, dass jemand die absolute Wahrheit verteidigen muss, sondern durch die Verbitterung und Wut über (vermeintlich) diskriminierende Behandlung von Diaspora-Mitgliedern durch Teile der Aufnahmegesellschaft. Die Standardbeschwerde in dieser Stimmungslage lautet, westliche Gesellschaften gestünden Diaspora-Mitgliedern keine volle Staatsbürgerschaft zu und gäben so ihre eigenen Prinzipien der Gleichbehandlung preis.

Der Unterschied zwischen den beiden Formen von Radikalität liegt hauptsächlich in der Konsequenz: Die radikale Orientierung an Zielen stellt die Aufnahmegesellschaft als solche infrage, ihre soziale und politische Ordnung. Die Anwendung radikaler Mittel und Methoden zielt lediglich darauf ab, gewisse Aspekte dieser Gesellschaft zu verändern. Indirekt bestätigt und legitimiert die Forderung nach einer fairen Behandlung und vollständigen Integration von Migranten letztendlich sogar die bestehende gesellschaftliche und institutionelle Ordnung.

Nach Darlegung der verschiedenen Radikalismus-Arten in der Diaspora und der Entwicklungslinien, die zu dieser Einstellung führen, möchte ich diesen Abschnitt mit einem Blick auf einige der Faktoren beschließen, die die Faszination für die Radikalisierungsoption beschränken:

- Wichtig ist hier die Frage, ob die Diaspora dem Aufnahmeland und der Aufnahmegesellschaft wirtschaftlich über- oder unterlegen ist. Die Libanesen zum Beispiel, die über die gesamte westliche Welt und über Afrika verstreut leben, haben als Diaspora-Mitglieder im Allgemeinen Wohlstand und Einfluss er-

reicht. Dementsprechend hegen sie gewöhnlich keine Verbitterung gegenüber den Ländern, in denen sie leben, noch viel weniger neigen sie zu irgendwelchen Angriffen. Die Lage der Juden im Westen ist heute sehr ähnlich, obwohl sie dort früher verfolgt und marginalisiert wurden (zu den Unterschieden zwischen freiwilliger Segregation und erzwungenem Ausschluss aus einer Gruppe siehe Krings 2003: 149).
• Die Größe der kulturellen Kluft zwischen Neuankömmlingen und der bestehenden Gesellschaft ist ebenfalls von erheblicher Bedeutung. Fachleuten zufolge ist es für die Migranten umso schwerer, die Normen und Werte beider Kulturen miteinander zu versöhnen, je größer die jeweilige kulturelle Distanz zwischen beiden ist. Entsprechend höher ist dann auch die Wahrscheinlichkeit, dass Migranten Diskriminierungserfahrungen machen und Vorurteile erleben. Beide Aspekte tragen zur Radikalisierung bei (Safran 1991: 88; Clifford 1994: 307).
• Einen dritten Faktor mit gewissem Gewicht markiert die Frage, ob Migration als individueller Akt stattfindet oder als kollektive Bewegung. Einzelne Migranten sind sehr viel stärker den Folgen von Diskriminierung und klischeehaften Zuschreibungen ausgesetzt als Personen, die in eine Familie oder einer Art Kollektiv eingebunden sind. Vermutlich ist das der Hauptgrund, warum Studenten und Intellektuelle etwa aus arabischen Staaten, die sich im Westen fortbilden, besonders anfällig für Radikalisierungsprozesse sind.

3. Formen der Radikalisierung: eine Typologie

Wenn Menschen heutzutage von Dogmatismus und Radikalisierung sprechen oder davon hören, denken sie gewöhnlich sogleich an religiösen Fanatismus und Extremismus. Doch religiöse Radikalisierung stößt erst seit Neuestem auf öffentliches Interesse. In früheren Jahrzehnten konzentrierten sich die Debatten auf Ethnozentrismus und Nationalismus.

In Nordafrika sowie dem Nahen und Mittleren Osten folgte die jüngste Welle des religiösen Fanatismus auf eine Welle militanten Nationalismus, der seinen Ursprung zu großen Teilen in Diaspora-Gemeinschaften hatte (Scheffler 1985: 192ff.). Anthony Smith war einer der ersten, der betonte, dass der Nationalismus in weniger entwickelten Staaten von Eliten importiert worden ist, die eine Zeit lang in westeuropäischen Staaten gelebt hatten (Smith 1971). Ein Beispiel ist die Berber-Minderheit in Frankreich, die in den späten 1950er Jahren eine der wichtigsten Unterstützer des algerischen Unabhängigkeitskriegs war. Ähnlich verhält es sich mit der palästinensischen Fatah-Organisation. Sie wurde von Emigranten in den Golfstaaten gegründet und über viele Jahre finanziert. Im Libanon wiederum wurde der ökonomische und politische Aufstieg der Schiiten, dem die Gründung der Hisbollah folgte, durch das Kapital und die Investitionen von Glaubensgenossen möglich gemacht, die nach Westafrika ausgewandert waren. Die Beispiele könnten fortgeführt werden.

Die enge Verbindung zwischen den Identitätsproblemen von Personen, die sich in verschiedenen Kulturen zurechtfinden müssen, und dem Aufkommen des Nationalismus wurde von Benedict Anderson scharfsinnig analysiert (Anderson 1994). In einem Artikel mit dem treffenden Titel »Exodus« argumentiert Anderson, dass die Menschen angesichts des enormen Fortschritts im Bereich Transportwesen und Kommunikation wesentlich mobiler geworden seien als jemals zuvor. Das Ergebnis aus all den daraus entstandenen Kontakten zwischen Kulturen und Gesellschaften sei allerdings keine allgemeine kosmopolitische Einstellung gewesen, sondern das Suchen und Streben nach Einzigartigkeit, nach dem, was einem selbst genuin zu eigen sei. »Das Exil ist der Hort des Nationalismus«, schlussfolgert Anderson: »Man könnte also dazu neigen, den Aufstieg nationalistischer Bewegungen und ihrer variablen Kulmination in Nationalstaaten als Projekt zur Rückkehr aus dem Exil in die Heimat zu betrachten.« Noch prägnanter ausgedrückt: »Die Reinheit des Nationalismus (und damit auch dessen Reinigung) entsteht aus exakt dieser Hybridität.« Anderson erklärt, dass die nationalistischen Bewegungen, die Europas Landkarte nach dem Ersten Weltkrieg 1919 verändert haben, zumeist von Leuten angeführt wurden, die zwei Sprachen gesprochen haben: von »Deutschen«, die nicht wirklich deutsch waren, »Italienern«, die von den Rändern Italiens kamen, oder »Spaniern«, die keine echten Iberer waren. Dieses Muster, erklärt er, wiederhole sich in den jungen Nationen Afrikas und Asiens.

Im Folgenden wird eine Typologie verschiedener Arten der Diaspora vorgestellt. Solche Typologien werfen insbesondere die Frage nach den Kriterien auf, die benutzt wurden, um sie zu entwerfen. Die Unterscheidung zwischen nationalistischer und religiöser Radikalisierung kann wohl als eines der eher offenkundigen Kriterien erachtet werden. Aber unbeschadet der Tatsache, dass diese Kategorien sich teilweise überlappen, gibt es eine beachtliche Zahl von Fällen (etwa das Beispiel der Palästinenser), in denen ein Diskurs der Diaspora die ideologische Orientierung im Laufe der Zeit verändert hat. Entsprechend basiert die hier vorgeschlagene Typologie auf drei verschiedenen Kriterien:

1. Die Abgrenzung der Militanz einer Diaspora, die von außenstehenden Kräften (welche in unserem Zusammenhang von begrenztem Interesse sind) kontrolliert wird, von einer autonomen Militanz.
2. Hinsichtlich der autonomen Militanz: Sind die angestrebten Ziele auf das Ausland gerichtet (in der Regel auf das Ursprungsland) oder auf das Aufnahmeland?
3. Sollte das Aufnahmeland Objekt der Aggression sein, stellt sich die Frage, ob sich diese Aggression gegen eine ungleiche Behandlung innerhalb der Aufnahmegesellschaft richtet (Rebellion) oder gegen die Gesellschaft als Ganzes (Frontalangriff).

Typische Beispiele für Diaspora-Situationen, die äußeren Einflüssen ausgesetzt sind, waren jene Einwanderergruppen im Westen, die von der kurdischen PKK beziehungsweise den sri-lankischen Tamil Tigers (LTTE) kontrolliert wurden. Beide Terrororganisationen haben erfolgreich ein System aus Erpressung und Manipulation aufgebaut, das Mitglieder in Diaspora-Gemeinschaften dazu nötigte, sich am nationalen Befreiungskampf ihres Heimatlandes zu beteiligen. Die »Beteiligung« kann in Form finanzieller Spenden erfolgen, sie kann aus der Beschaffung von Waffen für die Kämpfer bestehen oder darin, verfolgten Personen Unterschlupf zu gewähren (Angoustures/Pascal 1999: 406ff., 410ff.; Radtke 2005; zum Einfluss der GIA auf algerische Migranten in Frankreich siehe Lia/Kjok 2001).

Abbildung 2: Formen der Radikalisierung in der Diaspora

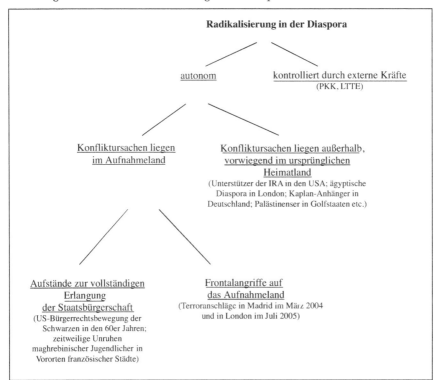

Die »autonome Radikalisierung« mit einem Konfliktziel außerhalb des Aufnahmelandes ist vermutlich die am weitesten verbreitete Variante; Abb. 2 führt hier von der großen Anzahl an Beispielen nur einige wenige auf. Grob gesagt, kommt eine ethnische oder religiöse Rebellion nur in den seltensten Fällen ohne irgendwelche Unterstützung aus Diaspora-Gemeinschaften aus (zur Kaplan-Gruppe siehe Schiffauer 2000; zur Unterstützung der IRA in den USA Clark 1977).

Die meisten islamistischen Reform- und Widerstandsbewegungen starteten ursprünglich auf einer nationalistischen Basis. Erst als ihre Anführer zu der Schlussfolgerung gelangten, dass es auf heimischem Boden allein keine Möglichkeit zu Umsetzung ihrer Reformideen mehr gab, dehnten sie sich transnational aus.

Europäische Länder, vor allem Frankreich und Großbritannien, haben sich traditionell großzügig gezeigt, wenn es darum ging, Einzelpersonen, die aus politischen oder religiösen Gründen in ihren Heimatländern verfolgt wurden, Asyl zu gewähren. Diese liberale Asylpolitik änderte sich erst nach dem 11. September 2001, als klar geworden war, dass Wortführer der muslimischen Diaspora ihre Rechte und Privilegien nicht nur missbrauchten, um Hass gegen die Regierungen der Heimatländer, sondern auch gegen die Regierungen der Aufnahmeländer zu verbreiten (Thomas 2005). »Autonom« bedeutet in diesem Zusammenhang nicht, dass die Radikalisierung ausschließlich im Exil oder innerhalb der Diaspora-Gemeinschaft entsteht. Inspiration und Unterstützung können durchaus aus dem Ausland kommen. Der wichtigste Motivationsanstoß geht aber von den Migranten und ihren Nachkommen aus. Obwohl die Mitglieder einer Diaspora die Widerstandsbewegung in ihrem Heimatland möglicherweise für eine gewisse Zeit bedingungslos befürworten, führen die Entwicklungen sie manchmal zu einer letztlich kritischen Haltung. Am besten stehen die Chancen für enge Kooperationen von Radikalen im Heimat- und im Aufnahmeland, wenn beide Gruppen zur selben Zeit und aus denselben Gründen entstehen. Ziemlich schwierig kann es werden, einen radikalen Diskurs in einer Diaspora-Gemeinschaft zu verbreiten, deren Beziehungen zur Regierung des Aufnahmelandes gut und harmonisch sind – selbst dann, wenn die Radikalen ausdrücklich diese Regierung bekämpfen (Angoustures/Pascal 1999: 42ff.).

Abb. 2 zeigt schließlich, dass Radikalität, die gegen das Aufnahmeland gerichtet ist, zwei unterschiedliche Ziele und Richtungen haben kann. Erkennen die Einwanderer die soziale und politische Ordnung des Aufnahmelandes prinzipiell an, zielen ihr Protest und die übrigen Formen radikaler Aktivität gewöhnlich darauf ab, die vollständige Staatsbürgerschaft zu erlangen. Die Alternative ist, sie greifen das Aufnahmeland frontal an und versuchen, dessen Grundordnung und Institutionen zu zerstören. Beide Formen entsprechen den beiden im vorangegangenen Abschnitt beschriebenen Möglichkeiten, auf die Diaspora-Situation zu reagieren. Die zeitweilig auftretenden Aufstände in Vororten französischer Großstädte sind ein Beispiel für die erste Form; der Terroranschlag im Juni 2005 in London ist ein Beispiel für die zweite.

Wissenschaftler, die sich mit den Problemen der Migration in Frankreich befassen, stimmen darin überein, dass die Aufstände, die mit einer gewissen Regelmäßigkeit in den Banlieues von Paris und anderen französischen Städten auftreten, keinen religiösen Hintergrund haben. Die Motive sind ausschließlich säkular. Die Maghrebiner der zweiten, dritten und vierten Einwanderergeneration, die den eigentlichen Kern der Randalierer ausmachen, protestieren gewaltsam, um ihrer Stimme im nationalen Kontext Gehör zu verschaffen. Sie trachten nicht nach der Zerstörung des französischen Staatssystems, sondern nach ihrer sozialen, kulturellen und politischen Integration in selbiges (Roy 2004: 50, 143; Khosrokhavar 1996; Cesari spricht von ›combat pour la citoyenneté‹, siehe 1994: 117). Diese jungen Leute sprechen Französisch miteinander, sie fühlen und sehen sich als Staatsbürger Frankreichs. Sie rebellieren gegen ihre soziale und wirtschaftliche Marginalisierung, für die sie den französischen Staat verantwortlich machen. Sie drängen auf zusätzliche Maßnahmen, die ihnen bessere Chancen im Bildungssystem und auf dem Arbeitsmarkt verschaffen sollen. Dabei würden sie nicht einmal im Traum die Hoffnung hegen, der Präsident der Französischen Republik möge eines Tages zum Islam übertreten und die schwarze Flagge des Kalifats werde irgendwann über dem Elysée-Palast wehen; wie dies der in London ansässige Sheikh Omar Bakri in Bezug auf die britische Königin und die britische Regierung geäußert hatte (Thomas 2005: 104).

Die Ausgangslage in Großbritannien unterscheidet sich erheblich von der Frankreichs. Radikale innerhalb der britischen Muslim-Diaspora betrachten ihre religiöse Gemeinschaft nicht nur als einen Schutzraum und einen Ort gegenseitiger Unterstützung, sondern als Basis, von der aus sie gewaltsame Angriffe auf die britische Gesellschaft und den britischen Staat lancieren können (Thomas 2005: 65ff., 100ff.; zur Situation der Muslime in Großbritannien und der Einwanderungspolitik des Landes im Allgemeinen siehe Lewis 1994; Rex 2003; Peach 2005). Sie betrachten sich nicht als »britische Muslime« sondern als »Muslime in Großbritannien«. Im Alltag sprechen sie noch überwiegend das »Urdu«, das sie in Pakistan gesprochen haben; den einzigen Nutzen, den sie aus der englischen Sprache ziehen, ist der, eine möglichst große Öffentlichkeit für ihre militanten Botschaften zu erreichen. Ihre charismatischen Führer, die zum Teil aus dem Nahen Osten kommen, genießen zwar Asylstatus, haben aber keinerlei Skrupel, zur Zerstörung des »unmoralischen« und »dekadenten« westlichen Systems aufzurufen – inklusive desjenigen Großbritanniens –, um es durch ein weltweites Kalifat zu ersetzen (Huband 2006).

Es gibt verschiedene Faktoren, die helfen können, die unterschiedlichen Formen und Wege der Radikalisierungsprozesse in Frankreich und Großbritannien zu erklären. Am wichtigsten ist hierbei die Feststellung, dass die Protestierenden in Frankreich von einem säkularen Standpunkt aus argumentieren, während die britischen ein dezidiert muslimisches Projekt verfolgen. Letzteres lenkt die Aufmerksamkeit im Folgenden auf die Rolle der Religion in Diaspora-Gemeinschaften.

4. Religion und religiöse Radikalisierung in der Diaspora

Eine Religion, die sich von der Mehrheit der Aufnahmegesellschaft unterscheidet, ist kein zwingendes Merkmal von Diaspora-Gemeinschaften. Fällt der Diaspora-Status jedoch mit einer eigenen Religion der Migrantengruppe zusammen, erlangt sie stets entscheidende Bedeutung für die Beziehung der Einwanderer zu ihren Aufnahmegesellschaften. Die islamischen Enklaven in Westeuropa sind bei weitem nicht die einzigen Beispiele für diese Entwicklung. Als Deutsche im 19. Jahrhundert nach Lateinamerika auswanderten, gelangten die Protestanten unter ihnen zu der Auffassung, dass ihre Konfession eine klare Grenze darstelle, die sie von den Kreolen distanziere (Blancpain 1974: 602ff.). Umgekehrt bildeten irische Katholiken typischerweise eigene Kolonien in den überwiegend protestantischen USA. Am besten wird die Bedeutung von Religion jedoch durch die Juden veranschaulicht. Bis zum heutigen Tag halten sie selbst in Ländern, wo sie im Großen und Ganzen gut integriert sind (etwa in den Vereinigten Staaten), an ihren religiösen Riten sowie ihren religiösen Traditionen fest. Dadurch bewahren sie eine feine, aber scharfe Trennlinie zwischen sich und der Aufnahmegesellschaft.

Die besondere Aufmerksamkeit, die man religiösen Angelegenheiten beimisst, lässt sich vielleicht am besten mit der Tatsache erklären, dass Religionen und ihre Repräsentanten in schwierigen Zeiten und Situationen (eben wie solchen in einer Diaspora) nicht nur für die Einstellung der Menschen zu Tod und Jenseits zuständig sind. Geistliche helfen Armen und Verzweifelten, die es in einer Diaspora besonders schwer haben, mit der neuen Situation fertig zu werden. Sie erinnern diejenigen, die sich erfolgreich in der neuen Gesellschaft behaupten daran, die weniger erfolgreichen nicht zu vergessen (die Pflicht zu gegenseitiger Hilfe ist Teil einer Ethik der Brüderlichkeit, die allen drei abrahamitischen Religionen gemein ist, siehe Kippenberg 2008: 32ff.). Mit anderen Worten, Kleriker erfüllen sowohl soziale wie religiöse Funktionen, sie garantieren ein Mindestmaß an Zusammenhalt und Solidarität innerhalb einer Gemeinschaft, an der innere Spannungen und zentrifugale Kräfte zerren. Innerhalb dieser Gemeinschaften übt Religion eine subtile soziale Kontrolle aus; für die Außenwelt wird sie zu ihrem zentralen Identitätsmerkmal.

Diese zusätzlichen Funktionen von Religion beeinflussen die Art und Weise, wie diese von Diaspora-Mitgliedern wahrgenommen und praktiziert wird. Das konnte umfänglich in Studien zur Rolle des Islams unter Türken gezeigt werden, die in Deutschland leben. Die meisten dieser Studien stimmen darin überein, dass Türken im Ausland ihre Religion mit ihren Geboten, Verboten und rituellen Vorschriften wesentlich bewusster leben als in ihrem Heimatland (Frese 2002; Mihciyazgan 1004). In einer Gesellschaft, die in hohem Maß säkularisiert oder mehrheitlich von einem anderen Glauben geprägt ist, ruft die Einhaltung von religiösen Normen und Ritualen Neugier und manchmal Kritik hervor. Muslimische Kinder müssen ihren Klassenkameraden erklären, warum sie gewissen Kulten und religiösen Vorschriften folgen, und zuhause stellen sie dieselben Fragen an ihre Eltern. Eine Konsequenz aus der permanenten Befragung zu ihrem Glauben ist, dass Muslime sich im Ausland intensiver Gedanken über den Koran und die daraus abgeleiteten Regeln machen, als sie es im Heimatland tun würden. Sie diskutieren diese Themen mit anderen Einwanderern, um so das Festhalten an der Religion rechtfertigen und gegen kritische Haltungen aus der Aufnahmegesellschaft verteidigen zu können.

Stärkeres religiöses Bewusstsein führt nicht automatisch zu religiöser Radikalisierung, geschweige denn zu gesteigerter Gewaltneigung. Was für Migration im Allgemeinen gilt, lässt sich auch auf deren religiösen Aspekt im Speziellen anwenden: Er stellt im Grunde genommen eine Herausforderung sowohl für Einzelpersonen als auch für ganze Familien dar, und als Herausforderung erlaubt er verschiedene Antworten. Radikalisierung – also die Übernahme fundamentalistischer, religiös-orthodoxer Haltungen – ist nur eine davon. Als Regel lässt sich festhalten, dass nur eine Minderheit der Diaspora-Mitglieder radikale Positionen einnimmt. Die meisten werden »weichere« Lösungen wählen, die ihnen – zumindest bis zu einem gewissen Grad – das Zusammenführen ihrer Glaubensprinzipien mit den Anforderungen der sozialen, wirtschaftlichen sowie politischen Umwelt, der sie kontinuierlich ausgesetzt sind, erlauben; die verschiedenen Antworten wurden im Hinblick auf Muslime in Frankreich empirisch nachgewiesen (Cesari 2004: 69ff.; Tietze 2001: 85ff.; zur Situation in Deutschland siehe Worbs/Heckmann 2004: 183ff.).

Obwohl die radikale Option nur von einer kleinen Minderheit favorisiert wird, löst eine kompromisslose, dogmatische religiöse Haltung sowohl auf die Diaspora-Gemeinschaft als auch auf die Evolution der Religion selbst oftmals einen beträchtlichen Effekt aus. Aus historischer Perspektive waren Auswanderung und Diaspora häufig Ausgangspunkt für religiöse Reform- oder Erneuerungsbewegungen. Wiederum liefern die Juden hierfür das klassische Beispiel: Als sie unter der charismatischen Führung Mose aus Ägypten auszogen, schlossen sie einen Pakt mit Jahwe über ihre Führung und ihren Schutz. Nach den Worten des Ägyptologen Jan Assmann war das der historische Moment, in dem der Monotheismus erfunden wurde: »Von innen, im Sinne allmählicher Evolution, hätte sich die Menschheit nie zum Monotheismus entwickelt. Monotheismus ist die Sache einer Auswanderung, Abgrenzung, Konversion, Revolution, einer radikalen Umkehr und Neuerung, die mit der ebenso radikalen Abkehr, Verwerfung und Verleugnung des Alten verbunden ist.« (Assmann 2003: 162; Albertz 1992: 73f.) Nicht von ungefähr benutzt Assmann zweimal das Wort »radikal« in dieser kurzen Passage, um den fundamentalen Wandel zu betonen, den der Pakt mit Jahwe für das jüdische Volk bedeutete. Auch das Babylonische Exil verlangte der jüdischen Gemeinde immense Anstrengungen ab, um dieses kollektive Desaster von einem religiösen Standpunkt aus zu interpretieren. Das Exil trug zur Entstehung einer prophetischen Oppositionstheologie bei, die die Ursprünge der Katastrophe im sündhaften Verhalten des jüdischen Volkes verortete.

Was nun den Islam betrifft, so dürften zwei Beispiele genügen, um den Stimulations-Effekt eines Exils oder einer Diaspora-Erfahrung für die Religiosität zu belegen. Das erste Beispiel liefert Sayyid Qutb, einer der Begründer und führenden Köpfe des dogmatischen Salafismus in seiner modernen Form. Qutb war bereits überzeugter Muslim und ein erwachsener Mann, als er sein Heimatland Ägypten verließ, um mehrere Jahre als Gelehrter in den Vereinigten Staaten zu verbringen. Seine Biografie zeigt, dass sich seine skeptische Sicht auf den Westen zum Zeitpunkt der Rückkehr aus dem Ausland bereits zu einer offenen Kritik an der in seinen Augen unmoralischen und dekadenten Lebensweise dort gewandelt hatte. Zur gleichen Zeit übernahm Qutb damals eine extreme, fundamentalistische Form des Islamismus (Wright 2007: 12ff.). Das andere Beispiel liefern Imame, die in den 1990er Jahren nach Großbritannien kamen, nachdem sie aus ihren Heimatländern im Nahen Osten vertrieben worden waren. Obwohl ihnen Asyl gewährt wurde, stärkte dies nicht ihre Toleranz gegenüber der Lebensweise, die sie in ihrem Aufnahmeland antrafen; im Gegenteil, ihr Dogmatismus und ihre kritische Haltung zum Westen verfestigten sich (Thomas 2005: 65ff.).

Das führt uns zur radikalen Islamistenszene von heute. Die meisten Experten unterscheiden zwei verschiedene Richtungen des militanten Islamismus (Roy 2003: 1-2; Roy 2004, Kapitel 1, 6, 7; Waldmann/Sirseloudi/Malthaner 2006):

Gruppierungen, die eine territoriale Basis und konkrete politische Ziele haben wie im Libanon, in den Palästinensergebieten, Tschetschenien und Algerien, und radikale Zellen und Netzwerke, die sich am globalen Dschihad beteiligen.

Es mag Grenzfälle geben beispielsweise in Marokko, dessen radikaler Sektor das eigene Land in eine Festung des orthodoxen Islamismus umwandeln möchte und zugleich Pläne schmiedet, um Spanien – das frühere »al-Andalus« – für den eigenen Glauben zurückzuerobern.

Die beiden Richtungen des radikalen Islamismus verfolgen ansonsten nicht nur verschiedene Ziele, sondern rekrutieren auch ihre Anhänger aus verschiedenen Teilen der Bevölkerung. Während die erste Gruppe Militante anzieht, die in derselben Region leben, welche die Radikalen zu kontrollieren suchen, konzentrieren sich jene Zellen, die vorgeben, gegen den Westen im Allgemeinen zu kämpfen, und sich um die Errichtung eines weltweiten Kalifats bemühen (also die von Bin Laden und al-Zawahiri inspirierte Vision al-Qaidas), vorwiegend auf junge Muslime im Westen.

Nach Olivier Roys Beschreibung der Mitglieder von Gruppen und Zellen, die im Westen entstanden sind, haben die meisten Militanten weder eine religiöse Bildung erhalten, noch sind sie mit dem Koran oder dem Islam generell vertraut. Sie haben keine enge Bindung mehr zu der Gesellschaft, aus der sie stammen. Zumeist haben sie mit ihrer ethnisch-religiösen Diaspora und ihren eigenen Familien gebrochen. Weitgehend verwestlicht, treffen sie die Entscheidung für ein fundamentalistisches Verständnis vom Islam auf einer rein individualistischen Ebene – ähnlich wie Konvertiten, die ihre christliche Konfession aufgeben und Muslime werden.

Um den Entscheidungsprozess zu verstehen, den diese jungen Leute durchmachen, ist es nützlich, sie mit Menschen zu vergleichen, die im Exil oder in der Diaspora fanatische Nationalisten geworden sind. Diese haben sich für das Land ihrer Herkunft entschieden, nachdem sie mit zwei nationalen Kulturen und Identitäten konfrontiert wurden. Sie verherrlichen jenes Land, identifizieren sich mit ihm und entfremden sich geistig von der gastgebenden Gesellschaft. Ein junger Mann, der zu einem religiösen Fanatiker wird, positioniert sich indes oberhalb einer bestimmten Gesellschaft oder Kultur. Die Situation zwischen zwei Ländern und Gesellschaften wird in seinem Fall zum Ausgangspunkt, um sich auf eine höhere, allgemeinere Ebene der Bindung und Identifikation zu begeben. Auf den ersten Blick gleichen beide Prozesse einander: In beiden Fällen wird Ambivalenz und existenzielle Unsicherheit durch festen Halt und klare Orientierung ersetzt. Aber diese Parallele ist irreführend. Sich selbst um der Religion willen von jeder fest umrissenen Kultur, Region oder Gesellschaft loszulösen, markiert einen qualitativen Unterschied zu der Wahl zwischen zwei (oder mehreren) Ländern, Kulturen und Traditionen.

Das auffälligste Merkmal einer radikalen religiösen Gesinnung, das die globalen Dschihadisten zugleich von ihren stärker national verwurzelten »Brüdern« in militanten Gruppen etwa des Südlibanon oder Gazastreifens abhebt, ist die abstrakte Qualität ihrer Prinzipien, Ziele und Forderungen (Waldmann 2009: 63.) Die Unterstützer des globalen Islamismus predigen einen Glauben, der von kulturellen oder regionalen Eigenheiten abgekoppelt ist. Dieser Glaube hat Prinzipien und Normen, die auf alle Gesellschaften angewendet werden könnten. Ihre Feinde (die USA, der Westen generell, alle Ungläubigen), ihre verfolgten Pläne, ihre vermeintlichen Anhänger und Unterstützer befinden sich sämtlich in einer nebulösen Sphäre und werden sehr allgemein angesprochen. Das macht es schwer, irgendetwas Greifbares und Konkretes auszumachen.

Vermutlich ist es genau diese sehr unpersönliche und abstrakte Orientierung – die mitunter als allgemeines Charakteristikum von Monotheismus betrachtet wird – (Assmann 2005), die die Radikalen in die Lage versetzt bzw. die sie sich sogar dazu verpflichtet fühlen lässt, unschuldige Zivilisten mit ihren terroristischen Angriffen zu töten – selbst wenn diese Zivilisten zu einer Gesellschaft gehören, in der die Radikalen selbst aufgewachsen sind und sozialisiert wurden. Eingeschlossen in ihren kleinen Zellen und ausschließlich untereinander kommunizierend, verlieren sie schrittweise den Bezug zur Realität und enden dann dort, wo sie die Welt nur noch durch das Schwarz-Weiß-Raster ihrer Doktrin wahrnehmen.

Das ist kein neues Phänomen. Vor 50 Jahren prägte der amerikanische Soziologe russischen Ursprungs, Vladimir Nahirny, den Begriff »ideologische Gruppe« für militante Zellen mit abstrahierender und totalisierender Weltsicht – Zellen, wie es sie gegenwärtig in der globalen Dschihad-Bewegung gibt. Nahirny gründete sein Konzept zwar auf das empirische Beispiel der russischen Anarchisten im 19. Jahrhundert, vor allem auf jene der Narodnaja Wolja, aber die einzelnen Züge, die er herausgearbeitet hat, lassen sich leicht auf die globale Dschihadisten-Szene übertragen (Nahirny 1961/62):

1. Eine ideologische Ausrichtung, die ganzheitlich ist – einschließlich der Wahrnehmung einer Person als einem ausschließlich von einem Glauben besessenen Wesen. Sie ist allumfassend und fordert, dass sich das Individuum selbst aller persönlichen Interessen entledigt, dass es alle persönlichen Bindungen löst und außerhalb aller herkömmlichen gesellschaftlichen Implikationen steht.
2. Die ideologische Ausrichtung ist dichotom. Die Dichotomie konzipiert das soziale Universum nach der Vorstellung schwarz und weiß. Es ist für immer in zwei unversöhnliche Teile aufgeteilt, von denen der eine gerettet und der andere zerstört werden wird.
3. Die ideologische Ausrichtung verhindert es, den Menschen als eine Gesamtheit persönlich zugeschriebener Qualitäten und Leistungen zu sehen. Mit anderen Worten, Ideologen sehen in sich selbst nichts anderes als Glaubensträger. Das wichtigste Kriterium ist die Hingabe.
4. Die ideologische Ausrichtung verhindert eine unmittelbare affektive Einstellung gegenüber Menschen. Dennoch ist sie nicht affektiv neutral. Die Ideologie lenkt alle persönlichen Leidenschaften und Emotionen auf die gemeinsame Sache. Der Mensch hat an dieser verschobenen, kollektiven Affektivität nur insoweit Anteil, wie er als Vehikel für die Sache fungiert.

In dem Fall, den Nahirny untersucht hat, sind diese gesichtslosen Vehikel der Affektivität und des Glaubens Bauern. Nahirny zitiert Mitglieder einer anarchistischen Bewegung mit den Worten: »Nicht der wirkliche, echte Bauer zieht all unsere Aufmerksamkeit auf sich, wird von uns gemocht, macht uns bereit dazu, alles zum Wohl der Verbesserung seines Lebens zu opfern. Wir lieben den abstrakten Bauern und wünschen ihm alles Gute.« Dasselbe gilt m.E. für die radikalisierten jungen Muslime in heutigen Diaspora-Situationen, welche das Leid ihrer Glaubensbrüder in manchen Teilen der Welt ähnlich abstrakt sehen und sich dafür entscheiden, am globalen Dschihad teilzunehmen, um sie zu rächen.

Am Ende seiner Ausführungen stellt Nahirny die Frage: Welche Personen werden von ideologischen Gruppen angezogen, und aus welchen sozialen Milieus rekrutieren diese ihre Mitglieder und Unterstützer? Seine Antwort lautet, die utopischen Ideale einer ideologischen Gruppe fänden vor allem bei jungen Leuten Resonanz, die außerhalb normaler sozialer Beziehungen stünden, sich entfremdet und entwurzelt fühlten – Menschen, die nirgendwo hingehörten. Die Kategorie von Individuen, die sich am ehesten für ideologische Zusammenschlüsse eignen, müsste folglich unter jenen gesucht werden, die keine persönliche Verantwortung haben, die aus dem einen oder anderen Grund alle persönlichen Beziehungen und Primärbindungen gelöst haben und die nicht wie die meisten Erwachsenen bestimmte Verpflichtungen gegenüber gesellschaftlichen Gruppen und Vereinen haben (Nahirny 1961/62: 405).

Gesellschaftliche Isolation, fehlende Verantwortung, keine Verpflichtungen: Diese drei Eigenschaften führen zurück zur Unterscheidung zwischen national und global ausgerichteten Dschihadisten. Gewaltbereite Islamisten, die ein bestimmtes Territorium verteidigen oder es für ihre ethnisch-religiöse Gruppe beanspruchen, sind keinesfalls sozial isoliert. Die meisten sind in einer radikalen gesellschaftlichen Gruppe integriert, die ihnen beisteht und ihre bewaffneten Angriffe deckt, sie aber zugleich davon abhält, willkürlich zu handeln. Exzessive Brutalität, die harte Repressionen provoziert, ohne dass sichtbare oder symbolische Erfolge diese Nachteile ausbalancieren, könnte die Terroristen die Sympathie der Bevölkerung kosten. Auf deren Unterstützung sind sie jedoch angewiesen. Demzufolge müssen die Terroristenführer mitbedenken, welche Folgen ihre Gewalttaten für die Gesellschaft haben, die sie versuchen zu verteidigen und die sie zu vertreten beanspruchen. Diese Gesellschaft bildet die soziale Basis für ihren Kampf, setzt ihm aber zugleich gewisse Grenzen (Waldmann 2005).

Dschihadisten wiederum, die nicht an ein Territorium und an die dort lebende Bevölkerung gebunden sind, sondern ihren abstrakten religiösen Ideen und Prinzipien folgen, kennen Beschränkungen dieser Art nicht. Sie fühlen sich niemandem gegenüber verantwortlich; die einzige Verantwortung, die sie akzeptieren, ist die gegenüber ihrem fundamentalistischen Projekt, was sie von Konzessionen jeglicher Art abhält. Sie diskutieren ihre Pläne ausschließlich mit Kameraden, die ihre unnachgiebige Einstellung und dichotome Weltsicht teilen. Das ist einer der Gründe, warum das Netzwerk der globalen Dschihadisten besonders gefährlich ist.

LITERATUR

Albertz, Rainer (1992): Religionsgeschichte Israels in alttestamentarischer Zeit, 2 Bde., Göttingen.
Anderson, Benedict (1994): »Exodus«, in: Critical Inquiry, 20(1994): 314-27.
Angoustures, Aline/Pascale, Valérie (1999): »Diaspora und Konfliktfinanzierung«, in: F. Jean und J. C. Rufin (Hg.): Ökonomie der Bürgerkriege. Hamburg, S. 401-39.
Assmann, Jan (2003): Die Mosaische Unterscheidung oder Der Preis des Monotheismus. München.
Assmann, Jan (2005): »Monotheismus und die Sprache der Gewalt 2, in: P. Walter (Hg.): Das Gewaltpotential des Monotheismus und der Dreieine Gott. Freiburg, S. 18-38.
Bakker, Edwin (2006): Jihadi Terrorists in Europe, their Characteristics and the Circumstances in Which They Joined the Jihad: An Exploratory Study. Olingendael.
Bendel, Petra (2005): »Extremismus«, in: D. Nohlen und R. Schulze (Hg.): Lexikon der Politikwissenschaft, Bd. 1, München, S. 233ff.
Binder, Leonhard (1971) (Hg.): Crises and Sequences in Political Development. Princeton.
Blancpain, Jean-Pierre (1974): Les Allemands au Chili (1816-1945). Köln u.a.
Cesari, Jocelyne (1994): »De l'immigré au minoritaire: Les Maghrebins de France«, in: Revue Européenne des Migrations Internationales, 10/1(1994), S. 109-26.
Cesari, Jocelyne (2004): L'islam à l'épreuve de l'Occident. Paris.
Clark, Denis J. (1977): Irish Blood: Northern Ireland and the American Conscience. Washington u.a.
Clifford, James (1994): »Diaspora«, in: Cultural Anthropology, 9(1994), S. 302-38.
Cohen, Robin (1997): Global Diasporas: An Introduction. London.
Erikson, Erik H. (1961): Kindheit und Gesellschaft. Stuttgart.
Frese, Hans-Ludwig (2002): ›Den Islam ausleben‹: Konzepte authentischer Lebensführung junger türkischer Muslime in der Diaspora. Bielefeld.

Gilroy, Paul (1999): The Black Atlantic: Modernity and Double Consciousness. London u.a.

Hall, Stuart (1999): »Cultural Identity and Diaspora«, in S. Vertovec und R. Cohen (Hg.): Migration, Diasporas and Transnationalism. Cheltenham, S. 222-35.

Hettlage, Robert (1993): »Diaspora: Umrisse einer soziologischen Kategorie«, in: M. Dabad und K. Platt (Hg.): Identität in der Fremde. Bochum, S. 75-103.

Huband, Mark (2006): Radicalization and Recruitment in Europe: The UK Case [Tagungsbeitrag zur Konferenz in Stockholm im Juni 2006].

Khosrokhavar, Farhad (1996): »L'Universel abstrait, le politique et la construction de l'islamisme comme forme d'alterité«, in: M. Wieviorka u.a. (Hg.): Une société fragmentée? Le multiculturalisme en debat. Paris, S. 113-51.

Khosrokhavar, Farhad (2002): Les nouveaux martyrs d'Allah. Paris.

Kippenberg, Hans G. (2008): Gewalt als Gottesdienst: Religionskriege im Zeitalter der Globalisierung. München.

Krings, Matthias (2003): »Diaspora: Historische Erfahrung oder wissenschaftliches Konzept? Zur Konjunktur eines Begriffes in den Sozialwissenschaften«, in: Paideuma, 49(2003), S. 137-56.

LaPiere, Richard T. (1934-35): »Attitude vs. Actions«, in: Social Forces, 13(1934-35), S. 230-37.

Lewis, Philip (1994): Islamic Britain: Religion, Politics and Identity Among British Muslims. Bradford in the 1990s. London.

Lia, Brynjar und Ashild Kjok (2001): Islamist Insurgencies: Diasporic Support Networks and Their Host States: The Case of the Algerian GIA in Europe 1993-2000. Norwegian Defence Research Establishment, FF Rapport.

Mayer, Ruth (2005): Diaspora: Eine kritische Begriffsbestimmung. Bielefeld.

Merton, Robert K. (1967): »Der Rollen-Set: Probleme der soziologischen Theorie«, in: H. Hartmann (Hg.): Moderne amerikanische Soziologie. Stuttgart, S. 255-267.

Mihciyazgan, Ursula (1994): »Die religiöse Praxis muslimischer Migranten: Ergebnisse einer empirischen Untersuchung in Hamburg«, in: J. Lohmann und W. Weiße (Hg.): Dialog zwischen den Kulturen: Erziehungshistorische und religionspädagogische Gesichtspunkte interkultureller Bildung. Münster, S. 195-206.

Nahirny, V. C. (1961-62): »Some Observations on Ideological Groups«, in: American Journal of Sociology, 67(1961-62), S. 397-405.

New York City Police Department (2007): Radicalization in the West: The Homegrown Threat. New York.

Noack, Juliane (2005): Erik H. Eriksons Identitätstheorie. Oberhausen.

Peach, Ceri (2005): »Muslims in the UK«, in: T. Abbas (Hg.): Muslim Britain. Communities Under Pressure. London, S. 18-30.

Radtke, Katrin (2005): »From Gifts to Taxes: The Mobilization of Tamil and Eritrean Diaspora in Intrastate Warfare«, in: Working Paper Micropolitics, Nr. 2., Berlin.

Rex, J. (2003): »Integration Policy in Britain«, in: F. Heckmann und D. Schnapper (Hg.): The Integration of Immigrants in European Societies: National Differences and Trends of Convergence. Stuttgart, S. 79-104.

Rokkan, Stein (1971): »Die vergleichende Analyse der Staaten- und Nationenbildung: Modelle und Methoden«, in: W. Zapf (Hg.): Theorien des sozialen Wandels. Köln, S. 228-52.

Roy, Olivier (2003): »EuroIslam: The Jihad Within?«, in: The National Interest, 22.3.2003.
Roy, Olivier (2004): Globalized Islam: The Search for a New Ummah. London.
Safran, William (1991): »Diaspora in Modern Societies: Myths of Homeland and Return«, in: Diaspora, 1(1991), S. 83-99.
Sageman, Marc (2004): Understanding Terror Networks. Philadelphia.
Sageman, Marc (2008): Leaderless Jihad: Terror Networks in the Twenty-First Century. Philadelphia.
Scheffler, Thomas (1985): ›Zwischen Balkanisierung und Kommunalismus: Ethnisch-religiöse Konflikte im Nahen und Mittleren Osten«, in: Orient, 26(1985), S. 181-94.
Schiffauer, Werner (1999): Islamism in the Diaspora: The Fascination of Political Islam Among Second-Generation German Turks. Frankfurt/Oder [WPTC-99-06].
Schiffauer, Werner (2000): Die Gottesmänner: Türkische Islamisten in Deutschland. Frankfurt a.M.
Schiffauer, Werner (2004): »Vom Exil zum Diaspora-Islam: Muslimische Identitäten in Europa«, in: Soziale Welt, 55(2004), S. 347-68.
Smith, Anthony (1971): Theories of Nationalism. London.
Thomas, Dominique (2005): Le Londonistan: Le djihad au coeur de l'Europe. Paris.
Tietze, Nikola (2001): Islamische Identitäten: Formen muslimischer Religiösität junger Männer in Deutschland und Frankreich. Hamburg.
Toynbee, Arnold (1949): Studien zur Weltgeschichte: Wachstum und Zerfall der Zivilisationen. Hamburg.
Waldmann, Peter (2005): »The Radical Community: A Comparative Analysis of the Social Background of ETA, IRA, and Hizbollah«, in: Sociologus, 55(2005), S. 239-57.
Waldmann, Peter (2009): Radikalisierung in der Diaspora: Wie Islamisten im Westen zu Terroristen werden. Hamburg.
Waldmann, Peter/Sirseloudi, Matenia und Stefan Malthaner (2006): Where Does the Radicalization Process Lead? Radical Community, Radical Networks and Radical Subcultures. [Tagungsbeitrag zur Konferenz in Stockholm im Juni 2006]
Worbs, Susanne und Friedrich Heckmann (2004): »Islam in Deutschland«, in: Bundesministerium des Innern (Hg.): Islamismus, 2. Aufl., Berlin, S. 133-220.
Wright, Lawrence (2007): Der Tod wird euch finden: Al-Qaida und der Weg zum 11. September. München u.a.

Salafismus als jugendkulturelle Provokation
Zwischen dem Bedürfnis nach Abgrenzung und der Suche nach habitueller Übereinstimmung

Aladin El-Mafaalani

Einleitung

Aus heutiger Sicht hat man keine großen Probleme, die sexuelle Befreiungsbewegung oder auch Protestbewegungen – wie etwa Punks – zu verstehen. Es handelt sich um radikale Gegenpositionen, die zugleich »Spaß« machen. Jugendbewegungen bzw. -subkulturen verbinden in der Regel bestimmte generationenspezifische (politische) Interessen mit einer affektiv-emotionalen Ebene – häufig auch in Kombination mit Musik und Rauschmitteln. Zudem hatten Protestbewegungen und auch Jugendsubkulturen häufig eine optimistische Zukunftsvision. Genau hierin liegen die zentralen Besonderheiten des Salafismus. Diese Besonderheiten könnten zugleich die besondere Attraktivität dieser Strömung begründen – so zumindest die hier verfolgte These.

Der Salafismus ist grundlegend vergangenheitsorientiert und bietet keine positive Zukunftsvision – zumindest nicht im »Diesseits«. Und er verbietet alles, was (Jugendlichen) Spaß macht. Es handelt sich wahrscheinlich um das strengste Regelwerk überhaupt. Fehlende Zukunftsperspektive und umfassende Reglementierungen sind für eine wachsende Jugendbewegung zunächst irritierende, intuitiv nicht nachvollziehbare Eigentümlichkeiten. Dennoch sind vereinzelt Analogien zu Jugendprotestbewegungen (Abou-Taam 2012b), insbesondere auch zu Punkern (Nordbruch 2014; El-Mafaalani 2014a), angedeutet worden.

Vor diesem Hintergrund wurden im Rahmen einer qualitativen Studie teilnehmende Beobachtungen bei verschiedenen Anlässen (insbesondere Kundgebungen und Demonstrationen) sowie (Gruppen-)Diskussionen und Gespräche mit Jugendlichen, die sich selbst als »Salafiyya« bezeichnen, durchgeführt.[1] Gesprächspartner waren Studentinnen und Studenten sowie Jugendliche mit einem geringeren Bil-

---

1 | Bei der qualitativ-rekonstruktiven Sozialforschung wird grundsätzlich davon ausgegangen, dass das Handeln von Menschen Sinn stiftend ist und einer impliziten Orientierung folgt (Bohnsack 2014). Dabei geht es insbesondere um die Analyse und Interpretation des Subtextes. Hierzu gehören neben dem explizit Gesagten auch implizite Denk- und Handlungsmuster, insbesondere jene, die sich über den Einzelfall hinaus rekonstruieren lassen.

dungsniveau, zum Teil Konvertiten. Ziel war es, in diesem Kontext nachzuvollziehen, wie unter diesen Rahmenbedingungen eine wachsende Anziehungskraft bei Jugendlichen generiert wird. Dabei handelt es sich um eine soziologische Analyse – theologische, historische, international vergleichende Überlegungen und politische Zusammenhänge werden weitgehend ausgeklammert. Im Folgenden werden die vorläufigen Ergebnisse skizzenhaft und auf den Begriff der Provokation zugespitzt dargestellt (ausführlicher El-Mafaalani 2014a), bevor diese Befunde schichtspezifischen habituellen Mustern gegenübergestellt werden.

Radikalität als funktionale Alternative

Dass Jugendliche besonders anfällig für extreme Positionen sind und das eine oder andere Mal über die Stränge schlagen, ist bekannt und wird weitgehend geduldet. Menschen, die pragmatisch denken und handeln, müssen Widersprüche aushalten und sich auch von Idealvorstellungen entfernen. Pragmatismus ist insbesondere dann gefragt, wenn für das eigene Handeln Verantwortung übernommen werden muss. Die Jugendphase ist dadurch geprägt, dass vergleichsweise wenig Verantwortung übernommen werden kann, wodurch es zumindest keinen strukturellen »Zwang zum Pragmatismus« gibt. Hinzu kommen in der Jugendphase eine noch nicht vollständig ausgereifte Impulskontrolle, eine insgesamt höhere Risikobereitschaft und das Bedürfnis, sich von der Elterngeneration abzugrenzen. Entsprechend ist es nicht überraschend, dass gerade Jugendliche besonders anfällig für radikale politische Ideologien und religiöse Strömungen sind (Hurrelmann 2005).

Extreme Positionen haben darüber hinaus eine besondere Anziehungskraft: Die radikale Reduktion von Komplexität und zwar in zweierlei Hinsicht.

1. Die Komplexität der Welt hat eine Geschichte, ist historisch gewachsen und verwoben (Pfadabhängigkeit). Radikalismen führen zu einer starken Reduktion von Komplexität, indem sie sich nicht für diese Geschichte an sich interessieren, sondern mit der Verheißung eines »an der Wurzel« ansetzenden Neuanfangs lockend sehr selektive Geschichtsbilder propagieren und klare Feindbilder benennen.
2. Die Zieldimension dieses Neuanfangs wird mit einer einfachen und zugleich positiven Idee festgesetzt. Dieser Neuanfang hat dabei in der Regel unmittelbar Einfluss auf die alltägliche Handlungsebene.

Da die Komplexitätsreduktion in Bezug auf den Status quo und die Zieldimension wiederum wenig realitätsnah bzw. praxistauglich ist, liegt eine gewisse Affinität zu Verschwörungstheorien nahe. Verschwörungen können die drei zentralen Dimensionen (Sozial-, Sach- und Zeitebene) von Gesellschaftsanalyse (Luhmann 1998) im eigenen Sinne kontextualisieren: Auf der Sozialebene wird einer – meist abstrakten – Gruppe (globale) Steuerungsmacht zugeschrieben; auf der Sachebene wird eine zu dieser Gruppe passende (globale) Steuerungsideologie identifiziert; und auf der Zeitebene wird dieser Ideologie die Deutungshoheit über die Geschichtsschreibung und Gegenwartsdiagnose zugeschrieben.

Betrachtet man nun den Salafismus ausschließlich aus einer sozialwissenschaftlichen Perspektive, lässt sich feststellen, dass diese ultrakonservative islamische Strömung diese allgemein beschriebenen Funktionslogiken weitgehend erfüllt (ähnlich auch Abou-Taam 2012a; 2012b). Allerdings lassen sich auch deutliche Unterschiede feststellen, die im Folgenden dargestellt werden.

PROVOKATION IST EIN GRUNDLEGENDES BEDÜRFNIS

Auf der alltagspraktischen Handlungsebene bieten salafistische Jugendgruppen in zweifacher Hinsicht Provokationsmöglichkeiten: Zum einen die Provokation der kollektiven Askese, zum anderen die Provokation der ideologischen Nostalgie. Beide lassen sich als viable Provokationen (in) der Postmoderne beschreiben: Askese und Nostalgie sind in zeitgenössischen Trends durchaus auffindbar – meist im Kontext von kapitalismuskritischen Bewegungen. Aber anders als in anderen Subkulturen sind diese beiden Provokationen schichtübergreifend, also insbesondere auch für Jugendliche der unteren Schichten nachvollziehbar und realisierbar. Interessant ist vor diesem Hintergrund zudem, dass die befragten Jugendlichen durchweg aus benachteiligten Milieus stammen. Bei den Studierenden handelt es sich um Aufsteiger/innen, die aber unter relativ prekären Verhältnissen aufgewachsen sind.

PROVOKATION DER KOLLEKTIVEN ASKESE

In einer Zeit, in der Politiker tätowiert sind, Berühmtheiten Irokesen-Frisuren tragen, vielfältige Konsumangebote für jedes Bedürfnis vorliegen und mit Sexualität offen umgegangen wird, ist die größte Provokation und die radikalste Abgrenzung vom Mainstream bzw. von der Mehrheitsgesellschaft die Enthaltsamkeit im Kollektiv. Entscheidend ist hierbei, dass es wahrscheinlich keine Zeit gab, in der es möglich war, durch Askese zu provozieren. Diese Provokation wirkt dabei sowohl nach innen als auch nach außen. Da die eigenen Eltern nicht streng religiös und teilweise gar keine Muslime sind, wirkt die salafistische Lebensführung auch als Abgrenzung von der eigenen Familie und dem gesamten Umfeld. Gleichzeitig kehrt man gewissermaßen zurück zu den (eigenen) Wurzeln. Die übliche Kritik, nämlich dass man durch ein religiös-konservatives Elternhaus geprägt wurde, prallt hier vollständig an den Jugendlichen ab – im Gegenteil: In ihrem Selbstverständnis ist die Tatsache, dass sie die Religiosität deutlich radikaler praktizierten als die eigenen Eltern, ein Ausdruck von Eigenständigkeit und Selbstbestimmung. Diese selbstbestimmte Abgrenzung wird als Autonomie erlebt. Konvertiten haben hier eine noch prominentere Position, da sie vollständig gegen die Tradition ihrer Familien »den richtigen Weg« eingeschlagen haben.

Die Askese selbst übt zugleich nach innen und außen eine gewisse Faszination aus. Der weitgehende Verzicht führt teilweise dazu, dass den Jugendlichen auch von nicht streng religiösen Menschen Respekt entgegengebracht wird. Aber anders als beispielsweise bei Veganern oder konsumkritischen Gruppen beschränkt sich bei Salafisten der Verzicht nicht auf einen Lebensbereich, sondern praktisch auf den gesamten Alltag. Der »entfesselten Spaßgesellschaft« wird ein Gegenentwurf gegenübergestellt, in dem alles abgelehnt bzw. umfassend reglementiert wird, was als jugendtypisch gilt: Konsum, Sexualität, ausgelassenes Feiern. Die Ablehnung dessen, was Spaß macht, ist mit Anstrengung und Selbstkontrolle verbunden. Dies führt nicht nur zu Anerkennung, sondern darüber hinaus auch zu einem Gefühl der Selbstwirksamkeit: Man schafft es durch eigene Handlungen, Einfluss auf sich und das Umfeld zu nehmen. Dieses Gefühl der Aktivität und Handlungsfähigkeit ist umso größer je stärker zuvor Ohnmachtserfahrungen gemacht wurden.

Die asketische Orientierung gegen den Mainstream hat nicht nur erkennbare Züge von Gesellschaftskritik, sondern stärkt zudem das Kollektiv. Die Erfahrung von Gemeinschaft, insbesondere von familienähnlicher Solidarität und engen Freundschaften, stärkt angesichts wahrgenommener brüchiger solidarischer Strukturen in der Mehrheitsgesellschaft die Bindung nachhaltig. Dieses Zugehörigkeitsgefühl kann als substantieller Bestandteil der Attraktivität begriffen werden. Das selbstbewusste Auftreten und die Sichtbarkeit dieser Zugehörigkeit (insbesondere Bärte und Kopftuch) führen nicht nur zu der beschriebenen Anerkennung, sondern auch zu (extremer) Ablehnung. Diese Ablehnung ist jedoch bereits antizipiert: Ähnlich wie vor einigen Jahrzehnten bei den Punks ist auch bei Salafisten bereits vor Eintritt bekannt, dass die sichtbare Zugehörigkeit in der Mehrheitsgesellschaft – und nicht nur dort – zu offener Ablehnung führen wird. Es ist erwünscht, dass diejenigen, gegen die man sich stellt, der Gruppe gegenüber feindselig eingestellt sind.

Diese drei Aspekte – Gefühl der Autonomie, der Selbstwirksamkeit und der Zugehörigkeit – können auch als soziale Grundbedürfnisse bzw. Motivationsmotoren verstanden werden (Deci/Ryan 1993). Sie werden besonders intensiv erlebt und sind umso relevanter, wenn zuvor die Gefühle von Fremdbestimmtheit, Ohnmacht und Isolation prägend waren. Insbesondere in sozial benachteiligten Kontexten sind diese negativen Ausgangsbedingungen wahrscheinlich. Allerdings lassen sich diese Grundbedürfnisse auch in anderen Jugendsubkulturen befriedigen. Neben diesen drei fundamentalen sozialen Bedürfnissen ist die enorme Komplexitätsreduktion von hoher Attraktivität. Dabei geht es nicht mehr nur um eine klare Wir-Die-Grenze sowie die extremen und klaren Reaktionen auf salafistische Gruppen (Respekt/Anerkennung vs. Ablehnung/Feindseligkeit), sondern insbesondere um die ideologische Nostalgie.

PROVOKATION DER IDEOLOGISCHEN NOSTALGIE

Die salafistische Strömung zeichnet sich durch eine radikale, an den Wurzeln ansetzende Reorientierung an den Gründergenerationen des Islams aus (Abou-Taam 2012a). Der Schlüssel ist nicht etwas, das zur Diskussion steht, bei dem man abwägen oder verhandeln muss. Der Schlüssel liegt in der Vergangenheit, die Utopie ist die Geschichte, der es sich wieder anzunähern gilt. Die Rückwärtsgewandtheit bietet nicht nur einen Kompass, sondern bereits einen vorgezeichneten Weg, bei dem das eigene Handeln, nämlich die strikte Einhaltung der Reglementierungen, entscheidend ist. Dabei bietet der Salafismus zum einen eine funktionale und zum anderen eine normative Komplexitätsreduktion.

Bei der ideologischen Nostalgie handelt es sich um eine funktionale Komplexitätsreduktion, die in besonderer Weise auch für benachteiligte Jugendliche zugänglich ist. Die meisten zeitgemäßen Individualitäts- und Identitätsformen konstituieren sich über intellektuelle Unterscheidungen und Konsumangebote.

Diese beiden Aspekte münden in einen Zwang zur Kreativität (Reckwitz 2012). In benachteiligten Positionen kann man zumindest das Spektrum an Konsummöglichkeiten nicht (auf legalem Wege) ausschöpfen. Die ideologische Nostalgie macht dabei aus der Not eine Tugend: Dem Kreativitätszwang wird der Konformitätszwang entgegengestellt. Die Konsumangebote, die ohnehin außerhalb des Möglichen liegen, werden weitgehend verachtet; statt Intellektualität geht es um Spiritualität. Gleichzeitig werden den Jugendlichen klare Regeln, klare Orientierung und klare Ordnungen angeboten. Diese Eindeutigkeiten beziehen sich insbesondere auf traditionelle Geschlechterrollen, präferierte Sexualität, auf die Kleiderordnung u.v.m.

Die Anziehungskraft des Salafismus ist besonders vor dem Hintergrund einer fehlenden innovativen Zukunftsvision interessant. Die Orientierung an der Frühzeit des Islams, die häufig mit dem »richtigen« oder »echten« Glauben rhetorisch zum Ausdruck gebracht wird, ist für Jugendkulturen eher unüblich. Allerdings handelt es sich auch hierbei um eine weitreichende normative Komplexitätsreduktion: Zum einen gibt es insgesamt kaum noch ideologische Angebote bzw. zukunftsweisende Jugend- oder Protestbewegungen, an denen sich unzufriedene Jugendliche orientieren können – und die meisten Ansätze basieren auf sehr komplexen Ideen, die bisher ausschließlich Jugendliche der Mittel- und Oberschicht ansprechen; zum anderen bietet der Salafismus auf den ersten Blick eine Lösung für die großen Probleme der Gegenwart. So scheint etwa die Vorstellung, dass alle Weltprobleme – vom Klimawandel über Wirtschafts- und Finanzkrisen bis hin zum Welthunger – nicht existierten, wenn alle Menschen nach dem »echten« Glauben leben würden, für Jugendliche äußerst attraktiv zu sein. Diese sich hart am Rande der Tautologie bewegende Vorstellung wirkt auf Jugendliche insbesondere deshalb so überzeugend, weil derzeit in der Tat kaum Lösungsansätze für diese globalen Herausforderungen wahrnehmbar sind.

Das jugendtypische Bedürfnis nach Provokation wird – so soll nun argumentiert werden – durch den ideologischen Rahmen des Salafismus in spezifischer Weise (insbesondere bei benachteiligten Jugendlichen) befriedigt.

SCHICHTSPEZIFISCHE HABITUELLE MUSTER UND JUGENDKULTUREN

Was hier mit den Begriffen Askese und Nostalgie als Provokationen gefasst wurde, spricht Jugendliche nur unter gewissen Umständen an. Die Analyse schichtspezifischer Denk- und Handlungsmuster (Habitus) kann hierfür allgemeine Erklärungen bieten. Diese werden im Folgenden skizziert.

Untere Schichten zeichnen sich nach Bourdieu (1987) durch einen Habitus der Notwendigkeit aus, ein Habitus also, der bei der Wahrnehmung einer Situation die Funktionalität, Anwendbarkeit oder eben die Notwendigkeit in den Vordergrund stellt. Dies erscheint plausibel, da die Sozialisationsbedingungen in unteren Schichten durch Knappheit an ökonomischem Kapital (Geld, Besitz) und kulturellem Kapital (Wissen, Bildung), aber auch an sozialem Kapital (soziale Netzwerke, Anerkennung) gekennzeichnet sind und der Habitus auf ein Management dieser Knappheit ausgerichtet ist. Im Zustand höchster Knappheit muss permanent gefragt werden, ob etwas auch wirklich (kurzfristig) notwendig ist, wofür man etwas macht, ob es »etwas bringt«, welcher konkrete Sinn dahinter steckt. Ein Kind, das in diesen Verhältnissen aufwächst, entwickelt eine »Mentalität«, in der solche Nutzenabwägungen in allen Lebensbereichen handlungsleitend werden.

So ist beispielsweise der Zugang zu Bildung als Selbstzweck, zu Wissen, das keiner unmittelbaren lebenspraktischen Anwendung dient, sowie zur Kompetenzentwicklung und -ausweitung in Bereichen, die im Herkunftsmilieu keine Anerkennung finden, weitgehend habituell versperrt. Aber auch Ästhetik und Moral folgen Notwendigkeits- und Eindeutigkeitsmustern. Die Fähigkeit zur Abstraktion sowie das Denken in Alternativen werden durch die Sozialisationsbedingungen kaum unterstützt. Zahlreiche Studien haben zeigen können, dass diese habituellen Muster nicht nur aus den Lebenserfahrungen und Sozialisationsbedingungen – also aus den jeweiligen Biographien – heraus plausibel rekonstruiert werden können, sondern darüber hinaus zur Bewältigung des Alltags auch tatsächlich funktional und nützlich sind (El-Mafaalani 2012; Willis 1977).

Daher lässt sich zunächst festhalten: Menschen, die in ähnlichen Milieus aufgewachsen sind und entsprechend homologe Habitusformen ausbilden, teilen in hohem Maße explizites und implizites Wissen, Routinen, Symbole usw. Demgegenüber verursachen soziale Kontexte, die eine große soziale Distanz zu den Entstehensbedingungen des Habitus (dem Herkunftsmilieu) aufweisen, Unsicherheit, Unwohlsein oder gar Vermeidungshandeln; hier fühlt man sich »fehl am Platz« oder hat das Gefühl, »das ist nichts für mich/uns«. In jedem Fall fehlen Intuition und Automatismen für das richtige Verhalten. Solche Situationen werden anschließend (zumindest tendenziell) vermieden. Entsprechend ist aus habitustheoretischer Perspektive die wahrscheinlichste Praxis ein Verbleib im Herkunftsmilieu.

Allerdings besteht bei Jugendlichen gleichzeitig ein Abgrenzungsbedürfnis von Vorgängergenerationen. Jugendsubkulturen können als Ergebnis des Wechselspiels zwischen dem Bedürfnis nach Abgrenzung von Altem auf der einen Seite und der »Suche nach habitueller Übereinstimmung« (Bohnsack 2002) auf der anderen Seite verstanden werden. Während die Abgrenzung alle eint, bildet die Suche nach habitueller Übereinstimmung selbst in Jugendgruppen sozialstrukturelle Differenzen aus. Während die Punkszene durch ihre gesellschaftskritische Haltung und eine Negierung von Körper- und Geschlechterverhältnissen (insbesondere im Hinblick auf Gleichheit) besonders Mittelschichtskinder anzieht, wird in der Gangsta-Rap-Szene genau das Gegenteil präferiert, indem soziale Hierarchien und körperliche Stärke sowie ungleiche Geschlechterverhältnisse hier auf extreme Weise fortgeführt werden, wodurch sich die hohe Anziehungskraft für Unterschichtskinder erklären lässt (El-Mafaalani 2014b; Dietrich/Seeliger 2012).

In gewisser Weise bietet der Salafismus eine Kombination aus einer radikal gesellschaftskritischen Haltung und sichtbarer Provokation auf der einen Seite und einer extremen Klarheit auf der alltagspraktischen Handlungsebene andererseits. Auf einer abstrakten Ebene lassen sich also durchaus Vergleiche zu Punk oder Hip-Hop ziehen, allerdings mit den deutlichen Unterschieden im Hinblick auf Askese und Nostalgie.

Dass Jugendliche in prekären Lebenslagen aufgrund fehlender Zugehörigkeit und Anerkennung für Salafisten zugänglich sind, erscheint plausibel. Deutlich komplexer ist die Erklärung bei Studierenden. Bei allen Gesprächen mit Studierenden, die sich selbst als Salafisten bezeichnen, konnte festgestellt werden, dass es sich um Aufsteiger handelt, also um junge Menschen aus einem Arbeiter- bzw. Unterschichtshaushalt. Bildungsaufsteiger zeichnen sich insbesondere dadurch aus, dass sie in einer Zwischenposition stehen (El-Mafaalani 2012). Einerseits entfernen sie sich vom Herkunftsmilieu und verlieren soziale Netzwerke, andererseits ist die Zugehörigkeit zu höheren Milieus dauerhaft prekär. Diskriminierungs- und Ausschlusserfahrungen sowie dauerhafte habituelle Differenzerfahrungen haben in diesen Fällen eine Rückbesinnung auf die eigenen habituellen und religiösen Wurzeln begünstigt.

Fazit

Der Beitrag hat einen skizzenhaften Versuch unternommen, das Phänomen des Salafismus aus der Perspektive der Jugendlichen soziologisch zu rekonstruieren. Dabei standen die Funktionalität von asketischer Alltagspraxis (Unterbau) und nostalgischer Ideologie (Überbau) im Vordergrund, ohne dass dabei theologische, historische oder international vergleichende Analysen vollzogen wurden. Vielmehr scheint der Zugang einer sinnverstehenden Rekonstruktion der Anziehungskraft näher zu kommen.

Es konnte gezeigt werden, dass verschiedene jugendtypische Bedürfnisse und Handlungspraktiken auf eigentümliche Weise Widerhall erfahren. Aus der hier skizzierten sozialpsychologischen und soziologischen Analyse wurde deutlich, dass in der salafistischen Jugendkultur das Erleben von Autonomie, Selbstwirksamkeit und Zugehörigkeit ermöglicht wird und dadurch Selbstbewusstsein und Selbstwert gesteigert werden. Die Anfälligkeit scheint besonders groß zu sein bei benachteiligten Jugendlichen mit mehrfachen und dauerhaften Diskriminierungserfahrungen sowie für enttäuschte Aufsteiger.

Die wahrscheinlich historisch einzigartige Konstellation, als junger Mensch mit radikaler Askese und Nostalgie provozieren zu können, bietet einen funktionalen und ideologischen Resonanzboden für benachteiligte Jugendliche, indem nämlich aus der Not (der fehlenden Teilhabe-Chancen) eine Tugend (der selbstbestimmten Exklusion) wird. Entsprechend lässt sich vermuten, dass ungleiche Teilhabe-Chancen auf der einen und Islamfeindlichkeit auf der anderen Seite das Provokationspotenzial steigern und dadurch zu einer anhaltenden (und gegebenenfalls zunehmenden) Attraktivität beitragen werden.

Literatur

Abou-Taam, Marwan (2012a): Die Salafiyya – eine kritische Betrachtung. In: Bundeszentrale für politische Bildung (Hg.): Islamismus. Bonn.

Abou-Taam, Marwan (2012b): Die Salafiyya-Bewegung in Deutschland. In: Bundeszentrale für politische Bildung (Hg.): Islamismus. Bonn.

Bohnsack, Ralf (2002): »Die Ehre des Mannes«. Orientierungen am tradierten Habitus zwischen Identifikation und Distanz bei Jugendlichen türkischer Herkunft. In: Kraul, Margret; Marotzki, Winfried (Hg.): Biographische Arbeit. Opladen, S. 117-141.

Bohnsack, Ralf (2014): Rekonstruktive Sozialforschung. Einführung in qualitative Methoden. Stuttgart.

Bourdieu, Pierre (1987): Die feinen Unterschiede. Kritik der gesellschaftlichen Urteilskraft. Frankfurt a.M.

Dietrich, Marc und Martin Seeliger (Hg.) (2012): Deutscher Gangsta-Rap. Sozial- und kulturwissenschaftliche Beiträge zu einem Pop-Phänomen. Bielefeld.

Deci, Edward L. und Richard M. Ryan (1993): »Die Selbstbestimmungstheorie der Motivation und ihre Bedeutung für die Pädagogik«, in: Zeitschrift für Pädagogik 39/2(1993), S. 224-238.

El-Mafaalani, Aladin (2014a): Migrationssensibilität. Zum Umgang mit Globalität vor Ort. Weinheim.

El-Mafaalani, Aladin (2014b): Vom Arbeiterkind zum Akademiker. Über die Mühen des Aufstiegs durch Bildung. St. Augustin/Berlin.

El-Mafaalani, Aladin (2012a): BildungsaufsteigerInnen aus benachteiligten Milieus. Habitustransformation und soziale Mobilität bei Einheimischen und Türkeistämmigen. Wiesbaden.

Hurrelmann, Klaus (2005): Lebensphase Jugend. Eine Einführung in die sozialwissenschaftliche Jugendforschung. Weinheim.

Luhmann, Niklas (1998): Die Gesellschaft der Gesellschaft. Frankfurt a.M.

Nordbruch, Götz (2014): »Unter anderen Umständen wäre mancher Salafist Punker geworden«, in: Märkische Oderzeitung, 23.06.2014.

Reckwitz, Andreas (2012): Die Erfindung der Kreativität. Zum Prozess gesellschaftlicher Ästhetisierung. Frankfurt a.M.

Willis, Paul (1977): Learning to Labour. How Working Class Kids Get Working Class Jobs. Farnborough.

Salafismus als Ausweg?
Zur Attraktivität des Salafismus unter Jugendlichen

Götz Nordbruch, Jochen Müller und Deniz Ünlü

»Pierre Vogel ist allen Schülern ein Begriff!« Diese Aussage eines Berufsschullehrers in Berlin-Neukölln spiegelt die Sichtbarkeit salafistischer Prediger im Alltag von Jugendlichen wider. Salafistische Angebote sind im Internet problemlos zugänglich und bilden für viele Jugendliche eine Quelle zu Fragen des Islam.[1] Gleichwohl äußern die wenigsten Jugendlichen Sympathien für oder Zustimmung zu salafistischen Weltbildern und Orientierungen. Auf viele Jugendliche wirken die Rigidität und der Eifer, mit denen prominente Prediger wie Pierre Vogel und Ibrahim Abou Nagie in ihren zahllosen Vorträgen und Videobotschaften auftreten, abschreckend und verstörend. Gleichwohl hinterlassen sie sichtbare Spuren in den Auseinandersetzungen, die auch unter Jugendlichen über Fragen von Religion, Werten und Identität geführt werden.

Auffallend ist, dass dieser Einfluss nicht auf muslimische Schüler beschränkt ist. Auch vielen herkunftsdeutschen Jugendlichen ohne muslimischen Familienhintergrund sind die deutschsprachigen Angebote von salafistischen Initiativen ein Begriff. Nicht zufällig finden sich zahlreiche Konvertiten in den salafistischen Gruppierungen, die in den vergangenen Jahren entstanden sind. Als Gemeinschafts- und Identitätsangebot stoßen das salafistische Weltbild – und die konkreten Aktivitäten, die von Salafisten organisiert werden – auch unter Herkunftsdeutschen auf Resonanz, die durch persönliche oder familiäre Konflikte oder Erfahrungen mit Kriminalität und Drogenmissbrauch auf der Suche nach Orientierung und sozialer Bindung sind.

Unter muslimischen Jugendlichen kommen Erfahrungen mit Diskriminierungen und antimuslimischen Ressentiments als weitere Faktoren hinzu, die eine Orientierung an salafistischen Weltbildern begünstigen. So finden sich zum Beispiel in den Biographien der Jugendlichen und jungen Erwachsenen, die in den

---

[1] | Dieser Text basiert wesentlich auf den Erfahrungen, die wir im Projekt »Kompetent gegen Integrationsbarrieren. Islam, Islamismus und Demokratie« der Hochschule für angewandte Wissenschaften Hamburg und ufuq.de (10/2010-12/2013) gesammelt haben. Im Rahmen des Projektes haben wir über 60 Fortbildungen mit Lehrkräften und Sozialarbeitern sowie etwa 300 Workshops in Schulen und Jugendeinrichtungen durchgeführt. Das Projekt wurde vom BMFSFJ im Rahmen der »Initiative Demokratie Stärken« gefördert. Siehe dazu auch Müller/Nordbruch/Ünlü 2014.

vergangenen Jahren aus Deutschland nach Syrien ausgereist sind, um sich dort dschihadistischen Organisationen anzuschließen, konkrete Hinweise auf einen Zusammenhang von Perspektivlosigkeit und Identitätssuche und der Hinwendung zu radikalen Strömungen (siehe Hessisches Ministerium des Innern und für Sport 2013: 3).

Die fortwährenden Debatten um den Platz des Islams in der Gesellschaft, aber auch wiederholte Erfahrungen mit Anfeindungen und Benachteiligungen in Alltag, Schule und Beruf behindern die Festigung eines Selbstverständnisses als muslimische Deutsche, mit dem eine Identifikation mit der Gesellschaft und ihrer Rechtsordnung einhergehen würde. Der Salafismus als Ideologie und Bewegung ist insofern kein Import aus islamischen Ländern, sondern steht im direkten Zusammenhang mit hiesigen Entwicklungen und Herausforderungen (siehe Nordbruch 2014 und Dantschke u.a. 2011).

SALAFISTISCHE ANSPRACHEN VON JUGENDLICHEN

Seit 2005 sind in Deutschland zahlreiche Gruppen entstanden, die öffentlich für salafistische Vorstellungen werben. Mittlerweile gibt es bundesweit dutzende Initiativen und Vereine, die diesem Spektrum zuzuordnen sind. Mit Namen wie »Die wahre Religion« versprechen sie ihren Anhängern eine klare Perspektive: das Wohlgefallen Gottes und die Aufnahme ins Paradies. Damit wenden sie sich an Muslime, aber auch an Nichtmuslime, die auf der Suche nach Identität und Orientierung sind.

Die Suche nach Sinn und Orientierung stellt für viele Jugendliche unabhängig von Herkunft und Religionszugehörigkeit eine große Herausforderung dar. Für junge Migranten und Muslime kommen bei dieser Suche Konflikte hinzu, auf die sich nicht ohne Weiteres Antworten finden lassen. Im Widerstreit der eigenen Wünsche und der Erwartungen von Gesellschaft (»Integrier Dich!«) und Elternhaus (»Wir wollen Dich nicht verlieren!«) geraten manche Jugendliche in die Sackgasse – und werden empfänglich für Ideologien, die einfache Lösungen zu bieten scheinen.

Es sei nie zu spät, um zu Gott zurückzukehren, erklärt etwa der Kölner Prediger Pierre Vogel in einem Video, mit dem er sich zu Beginn des Fastenmonats Ramadan 2013 an muslimische Rapper in Deutschland wendete. »Drogen, Frauen, schlechte Dinge, Gewalt« – all dies seien Sünden, von denen man sich abwenden möge, bevor die Chance zur Rückkehr und damit zur Rettung vor der Hölle vertan sei.

Die eigentlichen Adressaten dieser Warnung sind allerdings nicht Musiker wie Bushido, Haftbefehl oder Sadiq, sondern alle Jugendlichen, die sich vom Gangsta-Image dieser Rapper angesprochen fühlen. Ihnen versprechen salafistische Prediger wie Pierre Vogel Antworten auf Fragen, die sich vielen Jugendlichen beim Übergang von Schule ins Berufsleben stellen: Wer bin ich? Wo will ich hin? Wie will ich leben? Mit der »einzig wahren Religion«, so lautet die Botschaft des Salafismus, ist man auf der richtigen Seite, Teil einer festen Gemeinschaft und auf dem Weg ins Paradies. Klare Regeln treten an die Stelle von Fragen und Gewissenskonflikten, Rituale strukturieren den Alltag. Die street credibility von Rappern, die sich als geläuterte Muslime präsentieren und den Ausstieg aus einem Leben mit

Drogen, Sex und Kriminalität geschafft haben, verschafft der salafistischen Argumentation zusätzliche Aufmerksamkeit. Als Multiplikatoren erreichen sie Jugendliche, in deren Alltag Religion bisher vielfach keine Rolle spielt. Die »Rückkehr« zum Glauben erscheint hier als Ausweg aus einem konfliktbeladenen Alltag.

Dabei behaupten Salafisten, die einzig wahre Form des Islams zu leben. Sie nehmen für sich in Anspruch, die authentische Form der religiösen Lehren zu kennen. Der charismatische Auftritt und die sprachliche Versiertheit, mit denen Prediger wie der Leipziger Hassan Dabbagh für ihr Verständnis des Islams werben, unterscheidet diese nicht selten von Imamen und Gelehrten, die vielen Jugendlichen aus dem Koranunterricht oder traditionellen Moscheen bekannt sind. In deutscher Sprache sind ihre Vorträge auch solchen Jugendlichen verständlich, die religiösen Vorträgen im Türkischen oder Arabischen nur schwer folgen können.

Im salafistischen Weltbild gelten all jene Muslime, die ihre Vorstellungen nicht teilen, als Abweichler vom Islam, wie er von Mohammed gelehrt wurde. Salafisten orientieren sich in vielen Fragen unmittelbar am Wortlaut des Koran und an den Erzählungen aus dem Leben des Propheten (der Sunna). Jeder Versuch, die Formulierungen des Koran und der Sunna zu hinterfragen und auf den heutigen Kontext zu übertragen, wie es in der islamischen Geistesgeschichte über Jahrhunderte selbstverständlich war und für die meisten Muslime auch heute noch gang und gäbe ist, verstößt aus dieser Sicht gegen die Unveränderlichkeit der göttlichen Botschaft.

Die Glaubwürdigkeit salafistischer Initiativen wird auch durch ihr vermeintliches Engagement für die Interessen und Rechte der Muslime bestärkt. Auch dies unterscheidet sie aus der Sicht vieler Jugendlicher von den etablierten Verbänden, deren Aktivitäten für Jugendliche kaum sichtbar sind. Ein Beispiel dafür ist die Kampagne »Lies!«, mit der salafistische Gruppierungen seit Frühjahr 2012 in Fußgängerzonen kostenlose Koran-Exemplare verteilen. Die zahllosen Videos, die im Internet über die Stände in verschiedenen Städten kursieren, zeigen immer wieder auch Jugendliche, die sich vom Einsatz dieser Aktivisten angesprochen fühlen. In der jüngeren Vergangenheit sind es vor allem Veranstaltungen zum Krieg in Syrien, die von Salafisten genutzt werden, um Jugendliche und junge Erwachsene anzusprechen. Die Empörung und die Wut über die Situation der syrischen Bevölkerung wird von Initiativen wie »Ansaar Düsseldorf« oder »Helfen in Not« instrumentalisiert, um über Spendenkampagnen für die salafistische Ideologie zu werben.

Aus salafistischer Perspektive handelt es sich bei solchen Aktivitäten der Da'wa, »der Einladung zum Islam«, um eine Pflicht, die jeder Muslim zu erfüllen habe. Im Alltag der Salafisten kommt der Da'wa daher eine besondere Bedeutung zu. Dazu gehört die Bekehrung von Nichtmuslimen genauso wie das Bemühen, auch solche Muslime, die vom salafistischen Verständnis des Islam abweichen, auf den »richtigen Weg« zurückzuführen. Einige gehen dabei so weit, andere Muslime als Ungläubige (»kuffâr«) zu denunzieren, nur weil sie den Islam anders leben. Dies reicht in manchen Fällen bis hin zur Androhung von Gewalt, die aus Sicht radikaler Salafisten gegen Menschen gerechtfertigt ist, die vom »wahren Islam« abweichen.

Der missionarische Eifer wird vor allem im Internet sichtbar. Mittlerweile gibt es dutzende deutschsprachiger Webseiten aus dem salafistischen Spektrum – allein auf Youtube stehen mehrere Tausend Videos zum Download zur Verfügung, in denen für salafistische Ideen geworben wird. Auch hier ist es nicht zuletzt die

Deutschsprachigkeit, durch die sich Jugendliche auf der Suche nach Informationen über den Islam angesprochen fühlen. Dabei sind die Botschaften denkbar einfach: Der Islam ist ein klares Regelwerk, dem der Mensch folgen muss. An Gottes Wort gibt es nichts zu deuten, für alle Situationen lassen sich aus den islamischen Schriften eindeutige Vorgaben ableiten, die das richtige Handeln der Menschen für alle Zeit festlegen. Verhält sich der Mensch so, wie Gott es vorgesehen hat, stehen ihm die Tore offen für ein Leben im Paradies.

Als Klassiker unter den salafistischen Videos gilt eines, in dem Pierre Vogel ankündigt, den Islam in nur 30 Sekunden zu erklären. Deutlich wird dabei ein Islamverständnis, das sich auf wenige Kernaussagen wie die Zentralität und Einheit Gottes und das Prophetentum Mohammeds beschränkt. Religiöse Werte oder spirituelle Aspekte des Glaubens spielen in einem solchen Verständnis des Islams, das auf Gehorsam und klare Regeln reduziert ist, nur am Rande eine Rolle. Die Schlichtheit der Botschaft trifft sich dabei mit dem Wunsch vieler Jugendlichen nach eindeutigen Antworten. »Islam ist einfach«, wie es in einem vielfach geteilten Posting in sozialen Netzwerken heißt, »Kultur ist kompliziert.«

Die Themen, die in den Vorträgen und Diskussionsforen behandelt werden, betreffen dabei nicht nur die großen theologischen Fragen nach dem Wesen Gottes, dem Ursprung der Welt oder dem Leben nach dem Tod. Häufig stehen ganz irdische Fragen im Vordergrund: Darf ich zur Geburtstagsfeier meines christlichen Freundes? Darf ich überhaupt einen christlichen Freund haben? Ist Haribo halâl, also mit den islamischen Speiseregeln vereinbar? Darf ich als Muslim zur Bundeswehr? Wie verhalte ich mich als Neumuslim gegenüber meinen nichtmuslimischen Eltern? Für Jugendliche sind solche Fragen Alltag – bei Eltern, Imamen oder Lehrern suchen sie oft vergeblich nach Antworten. Auch hier bieten die einfachen und an eindeutigen Regeln orientierten Aussagen von Salafisten Antworten, die eine Auseinandersetzung mit eigenen Wünschen und Interessen überflüssig machen. Salafisten schließen damit eine Lücke und werden zu Ansprechpartnern, wo andere Angebote fehlen.

Allerdings beschränken sich salafistische Initiativen nicht auf Belehrungen und Mahnungen. Ebenso wichtig sind gemeinsame Aktivitäten im Alltag, bei denen sich der Einzelne als Mitglied der Gemeinschaft erfährt. Das gemeinsame Übernachten in der Moschee, organisierte Ausflüge in Parks mit Grillen und Fußballspielen und das Treffen unter Frauen sind nur einige der Aktivitäten, die hier angeboten werden – und über die ausführlich in Videos berichtet wird. Als »Bruder« oder »Schwester«, wie sich Salafisten untereinander ansprechen, wird man Teil einer eingeschworenen Gemeinschaft, die nicht auf eine formale Religionszugehörigkeit beschränkt ist, sondern für viele auch emotionale Bindung und aktive Unterstützung im Alltag beinhaltet.

Diese Gemeinschaft, so wird hier suggeriert, ist umso wichtiger in einer Welt, die Muslimen angeblich feindselig gegenübertritt. Die Konflikte in Afghanistan, in Israel/Palästina oder zuletzt in Syrien gelten ihnen als Beleg für einen weltweiten Kampf der Ungläubigen gegen die Muslime. Und dieser Kampf, so behaupten sie, betrifft auch die Muslime in Deutschland, schließlich gebe es auch in Deutschland immer wieder Diskriminierungen und Anfeindungen gegen Muslime. Zum Beispiel die Demonstrationen, mit denen Rechtspopulisten im Sommer 2012 vor Moscheen provozierten. Oder der Mord an der Muslimin Marwa El-Sherbini in einem Gerichtssaal in Dresden im Juli 2009, der von Salafisten instrumentalisiert wurde, um Ängste zu schüren. So warnte Pierre Vogel in den Wochen nach dem Mord vor einem Holocaust, der Muslimen in Deutschland drohe. Die Botschaft lautet: »Schließt Euch unserer Gemeinschaft an, gemeinsam sind wir stark!« Die Maßlosigkeit einer solchen Warnung vor einem Holocaust ist für Außenstehende offensichtlich; manche Jugendliche und Heranwachsende, die im Alltag mit Ressentiments und Diskriminierungen konfrontiert sind, fühlen sich durch solche Warnungen dennoch angesprochen. Sie bieten Erklärungen für Erfahrungen, die von Nichtmuslimen – seien es Freunde, Lehrer oder Kollegen – oft allzu leichtfertig als Hirngespinste abgetan werden.

Dabei geben sich Salafisten als Gegenkultur, die sich dem Konsum, dem Materialismus und der »Unmoral« der Umwelt entgegensetzt. Als wahrhaft Gläubige präsentieren sie sich als Avantgarde, die für das einzig Richtige streitet. Gerade in dschihadistischen Gruppierungen zeigt sich dieses Selbstverständnis auch in Äußerlichkeiten wie martialischer Kleidung und einem revolutionären öffentlichem Auftritt (siehe Dantschke 2013).

WAS MACHT DEN SALAFISMUS ATTRAKTIV?

Die Gründe, die den Salafismus für manche Menschen attraktiv machen, sind so vielfältig wie die Biographien seiner Anhänger. Zu ihnen zählen Studenten genauso wie ehemalige Gangsta-Rapper, Jugendliche mit Migrationshintergrund genauso wie Herkunftsdeutsche und Konvertiten. Auch Frauen sind unter den Salafisten in relativ großer Zahl vertreten. Dennoch lassen sich einige Gründe benennen, die den Salafismus gerade für Jugendliche und junge Heranwachsende interessant machen können. Sie lassen sich auf die kurze Formel WWGGG bringen:

Der Salafismus bietet *Wissen:* Jugendliche interessieren sich für »ihre« Religion und suchen nach Informationen in einer Sprache, die sie verstehen. In vielen Moscheen der großen islamischen Verbände beschränkt sich der Islamunterricht auch heute noch aufs Auswendiglernen von Texten, die den meisten Jugendlichen sprachlich und inhaltlich unverständlich bleiben. Und viele Imame sind mit den Fragen überfordert, die junge Muslime an sie stellen. Ist es erlaubt, James Bond zu gucken? Darf ich in Deutschland zur Wahl gehen? Salafistische Prediger kennen die deutsche Gesellschaft und wissen um die Konflikte, denen Jugendliche begegnen. Sie greifen Themen auf, die vielen Imamen fremd bleiben, und bieten Jugendlichen damit eine Möglichkeit, sich »ihre« Religion zu erschließen. In zahlreichen »Islamseminaren«, die von Salafisten zum Beispiel während des Ramadans – aber oft auch über die Weihnachtsfeiertage – organisiert werden, versprechen sie den Teilnehmern eine Einführung in die wichtigsten Glaubensinhalte des Islam. Der zwanglose Charakter dieser Seminare, die durch Info- und Verkaufsstände ergänzt werden, macht diese Veranstaltungen zu einem Freizeitevent, mit dem viele Moscheen der große Verbände nicht mithalten können.

Zudem behaupten Salafisten, die *Wahrheit* zu kennen: In der salafistischen Weltsicht gibt es keine Zwiespälte und keine offenen Fragen. Die Welt lässt sich in richtig und falsch, gut und böse, moralisch und unmoralisch unterteilen. Ein solches Schwarzweißdenken ist den meisten Menschen fremd, dennoch kann es in bestimmten Situationen attraktiv sein. Es bietet klare Orientierung, wo Interessen aufeinanderstoßen und Werte abzuwägen wären. Und es befreit von der Last, zu hinterfragen und eigene Antworten zu entwickeln, wo Menschen sich begegnen und Entscheidungen getroffen werden müssen. So entkommt man auch der Verantwortung, die einem das eigene Handeln auferlegt. Wenn etwas von Gott befohlen ist, bin ich selbst für mein Tun nicht verantwortlich. Verstärkt wird diese Botschaft auch durch die Warnung vor der Hölle, die all jenen drohe, die sich den wahren Lehren des Islams verweigern (siehe Zentrum Demokratische Kultur 2013: 31ff.). Die Wahl eines bestimmten Lebensstils ist hier keine Frage von individuellen Vorlieben und eigenen Wertentscheidungen, sondern letztlich eine existentielle Wahl, die zwischen Himmel und Hölle entscheide.

Mit dieser Angstpädagogik verbinden Salafisten auch die Forderung nach *Gehorsam*: Das Reiben an Autoritäten und das Aufbegehren gegen Gewissheiten ist typisch für viele Jugendkulturen. Aber die Auseinandersetzung mit etablierten Vorstellungen kann auch anstrengend sein. Der Salafismus nimmt einem die Last, die eigene Identität in der Auseinandersetzung mit den Eltern und der Umwelt zu entwickeln. Der Gehorsam gegenüber Gott – und gegenüber den oft sehr charismatischen Führern der salafistischen Gruppen – tritt hier an die Stelle von Fragen, wie man selbst leben möchte. Als rigides Weltbild erschließt sich der Salafismus sofort und bietet klare Handlungsmaximen, die als überhistorische Wahrheit Geltung beanspruchen.

Zugleich versprechen Salafisten eine *Gemeinschaft*, in der dieses Weltbild gelebt wird. Als »Bruder« oder »Schwester« teilt man den Glauben, aber auch viele andere Dinge, die den Alltag bestimmen. Dabei kann man auch auf die Solidarität der »Geschwister« hoffen, wenn man selbst einmal in familiäre oder emotionale Krisen gerät. Die Gemeinschaft bietet ein Netz, das einen auffängt, wo andere Bindungen gerissen sind. Und es ist klar, welche Rolle von einem erwartet wird: Als Mann ist man »großer Bruder« und für Jüngere väterliche Autorität, als Frau emotionale Stütze und Hüterin über Fragen, die das Wohlergehen der Gemeinschaft betreffen. Dies ist auch ein Grund, warum der Salafismus auch für manche Frauen attraktiv ist: Rollenkonflikte, in denen sich viele junge Frauen befinden, werden hier scheinbar gelöst. Als gläubige und gottergebene Mutter und Begleiterin des Mannes entkommt sie der schwierigen Entscheidung, für sich selbst einen Weg zwischen Familie und Karriere zu finden. Klare Rollenbilder treten an die Stelle von Selbstzweifeln und mühseligen Diskussionen über Gleichberechtigung und Emanzipation.

Und Salafisten betonen, sie kämpften für *Gerechtigkeit*: Erfahrungen mit Ungerechtigkeit und das Wissen um Leid und Elend in vielen Teilen der Welt prägen das Erleben vieler Jugendlicher. Das ist ein Grund, weshalb sich Jugendliche politisch engagieren. Salafisten greifen die Empörung über Ungerechtigkeiten auf und instrumentalisieren sie für ihre Zwecke. Dabei geht es ihnen nicht darum, über die Hintergründe von Konflikten wie im Irak, Afghanistan oder Syrien zu informieren. Sie »erklären« diese Konflikte als Teil eines weltweiten Kampfes zwischen Recht und Unrecht, in dem der Einzelne eine Seite wählen müsse. Salafisten sehen sich dabei als Avantgarde, die für das Gute, d.h. für die Sache der Muslime und den Islam kämpfen. Sie schüren eine Opferideologie, in der der Widerstand zur Pflicht eines jeden Muslim wird – und fördern damit die Bereitschaft zur Gewalt, die in Aufrufen zum Dschihad zum Ausdruck kommt. In der Empörung über die Ungerechtigkeiten in der Welt wird der Kampf gegen die Ungläubigen zu einem Kampf für die gerechte Sache.

ALTERNATIVEN SICHTBAR MACHEN

Für die meisten Muslime – ganz egal welchen Alters – sind die Botschaften, die von Salafisten in ihren Vorträgen und Videos verbreitet werden, ein Ärgernis. Die Absolutheit, mit der Salafisten die Wahrheit beanspruchen, und die Vehemenz, mit der sie missionieren, treffen bei ihnen auf Unverständnis und Ablehnung. Schließlich widerspricht dieser Anspruch der alltäglichen Erfahrung von gesellschaftlicher und innerislamischer Vielfalt.

Auch jungen Muslimen ist die Möglichkeit, den Islam unterschiedlich zu leben, selbstverständlich bewusst. Zugleich verbinden viele Jugendliche mit dem Islam ein klares Regelwerk, dessen Grundlagen nicht zur Diskussion stehen. Fragen wie »Wie ist das denn nun mit dem Kopftuch?« oder »Erlaubt es mir der Islam, an der Weihnachtsfeier teilzunehmen?« stehen für den Wunsch nach Klarheit, die eine Identifikation als Muslim und den Umgang mit anderen erleichtern würde. Abweichungen von einer vermeintlichen Norm scheinen daher einem Leben als »guter Muslim«, der »den« Islam richtig lebe, zu widersprechen.

Vor diesem Hintergrund betonen auch islamische Theologen und Religionspädagogen die Notwendigkeit, Jugendliche zu einem reflektierten Umgang mit religiösen Botschaften anzuregen. So versucht Bülent Uçar, Professor für Islamische Religionspädagogik an der Universität Osnabrück, dem Weltbild von Predigern wie Pierre Vogel auch mit theologischen Argumenten entgegenzuwirken. Ihm zufolge fordert der Koran die Gläubigen immer wieder dazu auf, sich selbst Gedanken über das richtige Handeln und den Umgang mit anderen zu machen.[2] Klare Vorgaben lassen sich aus dem Koran aus Uçars Sicht nicht für alle Fragen ableiten, umso wichtiger sei das selbstverantwortliche und vernunftgeleitete Überlegen der Gläubigen: Der Mensch soll nicht blind folgen, sondern auch selbst Antworten entwickeln, die ihn im Leben leiten.

Mit der Einführung des Islamunterrichts in Schulen bieten sich neue Möglichkeiten, junge Muslime zu solchen Reflektionen über religiöse Werte und Normen anzuregen. Zugleich wäre es falsch, entsprechende Auseinandersetzungen auf den Religionsunterricht zu beschränken. Das Aufzeigen von Alternativen, wie sich der Islam mit einer Identität als Teil der Gesellschaft verbinden ließe, ist auch in anderen pädagogischen Zusammenhängen möglich und sinnvoll. Dazu zählt nicht zuletzt ein selbstverständlicher Umgang mit unterschiedlichen Formen muslimischer Religiosität, die unabhängig von persönlichen Präferenzen und Orientierungen Anerkennung verdienen.

Eine solche Anerkennung von Muslimen als selbstverständlicher Teil der Gesellschaft bestärkt letztlich die Bereitschaft, Fragen zu stellen, Gewissheiten zu hinterfragen und eigene Haltungen zu entwickeln. Schließlich ist Mündigkeit in religiösen Fragen eine wichtige Voraussetzung, um der Attraktivität salafistischer

---

2 | Diese Haltung wird von Bülent Uçar beispielsweise in dem pädagogischen Kurzfilm »Der Weg zur Quelle«: Scharia, Grundrechte und Geschlechterrollen« betont. In dem Film geht es darum, Jugendliche dazu anzuregen, sich eigene Gedanken über die Frage »Wie will ich leben?« zu machen und eigene – religiöse oder nichtreligiöse – Werte zu begründen (siehe dazu Hochschule für Angewandte Wissenschaften Hamburg/ufuq.de, »Wie wollen wir leben? Filme und Methoden für die pädagogische Praxis zu Islam, Islamfeindlichkeit, Islamismus und Demokratie«, Hamburg/Berlin, 2014).

Angebote entgegenzuwirken. Dies gilt in ähnlicher Weise auch für die ganz weltlichen Fragen, die sich vielen Jugendlichen stellen. Auch hier gilt es, Alternativen aufzuzeigen und Jugendliche zu einer reflektierten Entscheidung darüber anzuregen, wie sie selbst ihr Leben gestalten möchten.

LITERATUR

Dantschke, Claudia u.a. (2011): »Ich lebe nur für Allah.« Argumente und Anziehungskraft des Salafismus. Berlin.

Dantschke, Claudia (2013): »You are our future!« Muslim Youth Cultures in Germany and Salafi ›Pop-Jihad‹ = ISRM Working Paper Series 01-2013.

Hessisches Ministerium des Innern und für Sport (2013): Radikalisierungshintergründe und -verläufe von 23 Syrien-Ausreisenden aus dem Rhein-Main-Gebiet. Wiesbaden.

Müller, Jochen, Götz Nordbruch und Deniz Ünlü (2014): »›Wie oft betest Du?‹ Erfahrungen aus der Islamismusprävention mit Jugendlichen und Multiplikatoren«, in: Wael El-Gayar und Katrin Strunk (Hg.): Integration versus Salafismus. Identitätsfindung muslimischer Jugendlicher in Deutschland. Schwalbach/Ts., S. 147-161.

Nordbruch, Götz (2014): »Identität und Zugehörigkeit – Jenseits der Eindeutigkeiten. Eine Bedingungsfeldanalyse zur pädagogischen Auseinandersetzung mit Islamismus«, in: KIgA Berlin.

Zentrum Demokratische Kultur (2013): »Verbietet Gott den Spaß am Leben?« Protokoll einer Diskussion in Berlin-Neukölln, Schriftenreihe, Berlin, S. 31-40.

**Handlungsoptionen
für Staat und Gesellschaft**

Die Strategie des Terrorismus und die Abwehrmöglichkeiten des demokratischen Rechtsstaats[1]

Herfried Münkler

1.

Terrorismus ist ein politisch umstrittener und wissenschaftlich schillernder Begriff. Tatsächlich werden mit ihm recht unterschiedliche Strategien der Gewaltanwendung bezeichnet. Als allgemeine Definition soll hier gelten, dass Terrorismus eine Form der Gewaltanwendung ist, der es mehr um die psychischen als die physischen Effekte geht. Das Mittel, auf das der Terrorismus baut, ist nicht die Zerstörung, sondern es sind Furcht und Schrecken. Dabei können terroristische Methoden sowohl von Staaten als auch von aus dem Untergrund kämpfenden Gruppen angewandt werden. Der Begriff Terrorismus soll hier jedoch nur für nichtstaatliche Akteure Verwendung finden; als komplementäre Bezeichnung für das an der Erzeugung von Furcht und Schrecken orientierte Agieren staatlicher Akteure schlage ich den Begriff Staatsterror vor. Um Staatsterror soll es im Folgenden jedoch nicht gehen. Diese in der einschlägigen Literatur überwiegend geteilte Definition dient der Herstellung von Übersichtlichkeit und soll keineswegs staatliches Gewalthandeln entschuldigen oder Staatsverbrechen unsichtbar machen (Münkler 1980; zur Unterscheidung zwischen Terrorismus und Staatsterror vgl. Waldmann 1998: 15f.).

Terrorismus ist danach eine Praxis des Gewaltgebrauchs durch Akteure, die ihrem Gegner ressourcenmäßig deutlich unterlegen sind und über die psychischen Effekte physischer Gewalt politische Ziele erreichen wollen. Die Begriffsbildung »ismus« steht dabei dafür, dass es sich nicht um Einzelaktionen, sondern auf längere Zeit angelegte Kampagnen handelt, die strategisch geplant sind.

---

[1] | Bei dem Beitrag handelt es sich um die stark überarbeitete und erweiterte Fassung früherer Überlegungen, die in der Zeitschrift WestEnd (Nr. 2/2006, S. 86-96) veröffentlicht worden sind.

2.

Im Gegensatz zu den in Deutschland vorherrschenden Betrachtungs- und Analyseformen des Terrorismus, die nach pathogenen Gründen und Motiven suchen und vor allem auf individual- wie sozialtherapeutische Maßnahmen setzen, soll Terrorismus hier als eine Strategie des Gewaltgebrauchs thematisiert werden, auf die mit Gegenstrategien reagiert werden muss. Bei solchen Gegenstrategien kann es sich auch um therapeutisch angelegte Maßnahmen handeln, aber dies ist nur eine mögliche Form des Gegenhandelns und keineswegs immer die geeignete. Gewaltstrategien, also auch der Terrorismus, sind im Hinblick auf die Trias von Mitteln, Zielen und Zwecken zu analysieren. Das Mittel, die Erzeugung von Furcht und Schrecken, wurde bereits erwähnt. Ziel und Zweck sollen im Anschluss an die Überlegungen des Kriegstheoretikers Carl von Clausewitz unterschieden werden: Ziel heißt, was in der Gewaltkampagne erreicht werden soll; Zweck, was durch die Gewaltkampagne erreicht werden soll. Der Zweck erfasst also eher die politische, das Ziel eher die, wenn man so will, militärische Komponente der Gewaltanwendung (die Unterscheidung von Zweck, Ziel und Mittel findet sich bei Clausewitz 1980: 214ff.).

Die zeitweilig vorherrschende Unterscheidung zwischen einem revolutionären und einem gegenrevolutionären Terrorismus dürfte zu eng sein; obendrein ist sie den spezifischen Konstellationen der 1960er und 1970er Jahre geschuldet. Stattdessen schlage ich vor, zwischen innergesellschaftlichem und transnationalem Terrorismus zu unterscheiden. Innergesellschaftlicher Terrorismus zielt auf die revolutionäre Veränderung (oder gegenrevolutionäre Verteidigung) der innerstaatlichen Verhältnisse; transnationaler Terrorismus ist eine Strategie, die eine grundlegende Veränderung der internationalen bzw. globalen Ordnung zum Ziel hat. Beide Strategien unterscheiden sich freilich nicht bloß hinsichtlich der Ziele und Zwecke, sondern auch – dadurch bedingt – bezüglich des Mittelgebrauchs (der terroristischen Gewalt) so stark, dass die Verwendung des Terrorismusbegriffs in der politischen Alltagssprache mehr Verwirrung als Klarheit stiftet. Die naheliegende Reaktion der Wissenschaft ist die Bildung von Neologismen zum Zwecke definitorischer Präzisierung. Das läuft in diesem Fall freilich darauf hinaus, dass die Verbindung zur Alltagssprache verloren geht, was die politische Interventionsfähigkeit der beobachtenden Wissenschaft beträchtlich einschränkt: Der wissenschaftliche Diskurs trennt sich von der politischen Debatte. Die Kosten der Neologismen sind dadurch vermutlich größer als ihr Nutzen. Bei einer idealtypischen Gegenüberstellung, wie der von innergesellschaftlichem und transnationalem Terrorismus, ist freilich zu beachten, dass eine sorgfältige Analyse des Terrorismus immer wieder auf Zwischen- und Hybridformen der beiden Idealtypen stößt. Diese sind jedoch keine Widerlegung der idealtypischen Kontrastierung, sondern zeigen an, dass das skizzierte Analyseschema intelligent und flexibel anzuwenden ist.

Das Schema der zwei unterschiedlichen Typen des Terrorismus dient nachfolgend dazu, die Veränderungen der terroristischen Gewalt in den letzten beiden Jahrzehnten analytisch zu erfassen und für den Entwurf von Gegenstrategien fruchtbar zu machen. In diesem Sinn gehe ich davon aus, dass das, was wir als Terrorismus bezeichnen, seit den 1990er Jahren einen fundamentalen Gestaltwandel durchgemacht hat und dieser Gestaltwandel mit einer Veränderung der Strategien verbunden ist, der sowohl die Ziele und Zwecke des Terrorismus als auch den Gebrauch der Mittel betrifft. Dementsprechend sind auch die Herausforderungen des Rechtsstaats durch »den« Terrorismus verschieden. Ob er auf diese unterschiedlichen Herausforderungen in gleicher Weise reagieren kann – konkret: ob die erfolgreichen Strategien des Gegenhandelns im Falle der Herausforderung durch die sogenannte Rote Armee Fraktion während der 1970er und 1980er Jahre auch beim transnationalen Terrorismus erfolgversprechend sind –, ist gesondert zu prüfen. Darauf zu vertrauen, dass frühere Formen des Gegenhandelns erfolgversprechend sind, weil sie in der Vergangenheit erfolgreich waren, zeigt eine unzulängliche oder oberflächliche Analyse der Strategie und Taktik des Terrorismus. Wer so denkt, nimmt den Begriff Terrorismus für die Sache selbst und begreift nicht, dass es sich dabei um eine konventionelle Sammelbezeichnung für unterschiedliche Strategien und demgemäß auch unterschiedliche Herausforderungen des Rechtsstaats handelt. Was diese Strategien im Begriff Terrorismus allein verbindet, ist das Übergewicht der psychischen gegenüber den physischen Faktoren der Gewalt.

3.

Der klassische Terrorismus, wie er in Europa während der zweiten Hälfte des 19. Jahrhunderts entstanden ist, war ein Kind der revolutionären Spannungen dieser Zeit, und dementsprechend ist er auch in deren Kontext zu analysieren. Das gilt sowohl für die sozialrevolutionäre als auch für die ethnoseparatistische Variante dieser Form des Terrorismus.[2] Er war konzipiert als »Anlasser« oder Beschleuniger einer revolutionären Bewegung, die auf eine grundlegende Veränderung der gesellschaftlichen und politischen Verhältnisse abzielte. Terroristische Anschläge, so die Vorstellung, sollten diesen revolutionären Prozess anstoßen, aber es war klar, dass sie ihn nicht von Anfang bis Ende tragen konnten. »Propaganda der Tat« lautete die in westeuropäischen Anarchistenkreisen geläufige Bezeichnung für solche terroristischen Anschläge: Sie sollten zeigen, dass Widerstand möglich sei, dass die Revolutionäre bzw. Separatisten angesichts der Übermacht des Staatsapparats nicht zu resignieren brauchten, sondern der bestehende Herrschaftsapparat durch gezielte Anschläge und Attentate auf seine Repräsentanten und Beamten zu treffen und zu erschüttern war. Vor allem im zarischen Russland gelang es den Narodniki, eine Reihe von Bomben- und Pistolenanschlägen zu verüben, der auf ihrem Höhepunkt pro Jahr Hunderte von Staatsdienern und Repräsentanten des politischen Systems zum Opfer fielen. Doch selbst in Russland bestand zu keinem Zeitpunkt die Aussicht, durch die unmittelbare Gewaltanwendung das Regime zu Fall bringen zu können – was Lenin dann zu seiner bekannten Kritik am Terrorismus als politischer Strategie veranlasste (zum russischen Terrorismus vgl. Laqueur 1977: 12f., 27ff.).

---

2 | Waldmann (1998: 75ff.) unterscheidet zwischen sozialrevolutionärem, nationalistischem und vigilantistischem Terrorismus. Letzterer, für den der Ku-Klux-Klan ein Beispiel ist, spielt im Rahmen der hier angestellten Überlegungen keine Rolle. Für Hoffman (1999: 57ff.) ist der ethnonationalistische/separatistische Terrorismus ein Merkmal des postkolonialen Zeitalters, also zeitlich wie räumlich begrenzt.

Lenins Kritik war auch dadurch motiviert, dass es bei der terroristischen Kampagne im Verlaufe der Zeit zu einer Verselbstständigung des Mittels gekommen war, das sich mehr und mehr an die Stelle der strategischen Ziele und Zwecke gesetzt hatte. Es gab Anschläge und Entführungen, um inhaftierte Mitgefangene freizupressen oder zu rächen, und so entwickelte sich eine Inversion von Ziel und Mittel. Derlei ist in der Geschichte des Terrorismus immer wieder zu beobachten: Ziel und Zweck geraten infolge eines erfolgreichen Gegenhandelns des Staates in unerreichbare Ferne und werden durch die Selbstreferentialisierung der terroristischen Gruppen ersetzt: Ziel und Zweck werden eins und bestehen schließlich nur noch in der Selbsterhaltung der Gruppe.[3] Als Strategie ist der Terrorismus dann bereits gescheitert, was aber nicht heißt, dass damit auch Gewaltpraxis an ihr Ende gekommen wäre. Sie kann noch lange fortdauern. Das lässt sich an der Geschichte der RAF, aber auch an ETA und IRA sehr gut beobachten. In dieser Situation ist ein kluges und politisch weitsichtiges, jedenfalls nicht populistisches Handeln des Staates gefordert, um die Beendigung der terroristischen Gewalt zu erreichen.

Aber zurück zur Ausgangsüberlegung, die sich um die strategische Grunddisposition des innergesellschaftlichen Terrorismus drehte: Dessen Ziel ist das Ingangbringen einer politischen Massenbewegung, die in die angestrebte Revolution bzw. Separation hineinführen soll. Die wichtigsten Adressaten der terroristischen Gewalt sind dabei – neben dem Staatsapparat, dessen Angehörige in Furcht und Schrecken versetzt werden sollen – jene Schichten und Teile der Bevölkerung, die von den Revolutionären als das eigentliche revolutionäre Subjekt ausgemacht worden sind: die Bauernschaft, das Industrieproletariat oder auch in einem eher unspezifischen Sinn die Marginalisierten der Gesellschaft – jedenfalls dann, wenn es sich um sozialrevolutionären Terrorismus handelte. Oder aber es handelte sich um ethnische oder religiöse/konfessionelle Minderheiten innerhalb eines politischen Großverbandes, deren Autonomie bzw. politische Separation angestrebt wurde. Ich bezeichne diese Adressaten der terroristischen »Botschaft« zusammenfassend als den »als interessiert unterstellten Dritten« des Terrorismus.[4] Er befindet sich zunächst noch in einer weitgehend passiven Rolle und soll durch den Terrorismus politisch »geweckt« und aktiviert werden. Sobald dies der Fall ist, können und sollen die terroristischen Anschläge enden, und an ihre Stelle tritt dann der offene Aufstand. Der kann in den großen Städten nach dem Vorbild der Revolutionen des 19. Jahrhunderts die Form von Straßen- und Barrikadenkämpfen annehmen oder sich auf dem Land in Gestalt eines Partisanenkrieges entwickeln, in dem die Streitkräfte des Staatsapparats ermattet und zerrieben werden sollen – bis schließlich

---

3 | Der Inversion von Ziel und Mittel entspricht die Inversion von terroristischer Gruppe und dem von ihr angenommenen »revolutionären Subjekt«; am Beispiel der Rote Armee Fraktion in Deutschland findet sich dies analysiert in Fetscher/Rohrmoser 1981: 91ff. Diese Inversion kann als das strategische Ziel staatlichen Gegenhandelns begriffen werden. Wenn es erreicht wird, ist der Terrorismus tatsächlich nur noch ein Problem für Polizei und Gerichte; solange dies nicht der Fall ist, ist er eine Herausforderung des demokratischen Rechtsstaats.
4 | Zur Figur des »als interessiert unterstellten Dritten« vgl. Münkler 1980: 320ff. Es handelt sich dabei um eine konzeptionelle Variation des »interessierten Dritten, der in Carl Schmitts Partisanentheorie eine wichtige Rolle spielt; vgl. 1963: 78. Der Begriff geht zurück auf Rolf Schroers (vgl. 1961) und hat in der einschlägigen Literatur zum Partisanenkrieg eine gewisse Verbreitung gefunden; vgl. etwa von der Heydte 1972: 193ff.

der Weg in die Hauptstadt frei ist und dort die Macht übernommen werden kann. Letzteres ist von Mao Tse-tung und Che Guevara systematisch ausformuliert worden. Beide haben der terroristischen Anfangskampagne nur geringes Augenmerk gewidmet, da sie – im Unterschied zu Carlos Marighella, der in seinem »Handbuch des Stadtguerillero« einen im Wesentlichen urbanen Kampf propagierte – von auf dem Lande bestehenden Partisanengruppen ausgingen; zu deren Unterstützung sollten Terroranschläge in den Städten verübt werden, um die dortigen Anhänger des alten Regimes zu erschüttern und zu zeigen, dass es keine sicheren Rückzugsorte mehr gab (Tse-tung 1969: 165ff., 254ff., 293ff., sowie Guevara 1970: 175ff.; vgl. dazu Hahlweg 1968: 149ff.). Der Terrorismus war hier ein untergeordnetes taktisches Element im Rahmen einer revolutionären Gesamtstrategie. Dementsprechend war auch ein strategisches Gegenhandeln anzulegen.

Terrorismus, das zeigt dieser kurze Rückblick, war also von Anfang an ein Element, das eher in städtischen Räumen als in ländlichen Regionen zur Anwendung kommen sollte. Das Land war und blieb der Raum der Partisanen, und Partisanenkriegführung setzt mehr auf die physischen als die psychischen Effekte der Gewalt (dazu eingehend Heilbrunn 1963 sowie Münkler 1990). Das zeigt sich im Konzept der »befreiten Räume«, in denen der Erfolg der Revolution physische Gestalt annehmen sollte. In der Verknüpfung von Terrorismus und städtischem Raum wird dagegen die Angewiesenheit terroristischer Anschläge auf die öffentliche Reaktion sichtbar: Nur der Gewaltakt, über den berichtet wird und der durch diese Berichte wellenartig psychische Effekte erzielt, kann gemäß der oben gegebenen Definition als terroristisch bezeichnet werden (zur Bedeutung der Medien für die Strategie des Terrorismus vgl. Waldmann 1998: 56ff.; 2003: 197ff.; Hoffman 1999: 172ff. sowie Shpiro 2001). Wird von ihm keine Kenntnis genommen, so ist es ein bloßer Gewaltakt, von dem weder Furcht noch Schrecken ausgehen, sondern der auf die unmittelbare physische Zerstörung beschränkt bleibt. Der Terrorismus ist also ein Parasit gut entwickelter Kommunikationssysteme, und er nutzt diese, um die angestrebten psychischen Effekte zu erzielen. Je dichter und intensiver die Kommunikationssysteme sind, desto größer sind die Effekte von Terroranschlägen (Münkler 2001; 2002: 25, 2ff.). Und je leichter es möglich ist, durch Gewaltaktionen Zugang zu diesen Kommunikationssystemen zu finden, desto größer ist die Attraktivität terroristischer Methoden. Terroristen bedienen sich also einer Verbindung von Gewaltakt und Kommunikationssystem, um Aufmerksamkeit zu mobilisieren und Schrecken zu verbreiten. Das ist ein Schritt, der in der Regel problemlos gelingt. Man hat, etwa während der Schleyer-Entführung im Herbst 1977, versucht, die Wirksamkeit dieses Mittels durch Nachrichtensperren zu blockieren, aber diese Gegenstrategie greift im Zeitalter von Internet, Twitter und einer weltweiten Kommunikationsverflechtung nicht mehr. Vor allem aber sind Nachrichtensperren durch die zielbezogene Entdifferenzierung der terroristischen Gewalt infolge eines Bedeutungsverlusts des »als interessiert unterstellten Dritten«, wie sie für die jüngeren Formen des Terrorismus typisch ist, nicht mehr praktikabel: Entführungen von Einzelpersonen oder Flugzeugen lassen sich durch Nachrichtensperren in ihrer medialen Wirkung begrenzen; bei Anschlägen auf öffentliche Verkehrsmittel, touristische Einrichtungen und Hotels oder inzwischen auch Einkaufszentren in den großen Städten hat die Verhängung von Nachrichtensperren einen eher kontraproduktiven Effekt.

Die klassische Form des Terrorismus war in eine Epoche sozialer bzw. antiimperialer Naherwartung der Revolution eingebettet, und zuletzt stellte sie deren Nachwehen in Form des nur noch als verzweifelt zu bezeichnenden Versuchs dar, das schrittweise erfolgende Verschwinden der revolutionären Subjekte mit den Mitteln terroristischer Gewalt aufzuhalten oder rückgängig zu machen. In Europa jedenfalls ist diese Form des Terrorismus ein historisches Auslaufmodell. IRA und ETA waren ihre letzten Ausläufer, und auch diese sind inzwischen an ihr Ende gekommen. Die politischen Spielräume, die mit der EU für ethnoseparatistische Bewegungen entstanden sind, und die Perspektiven der gesellschaftlichen Integration haben dem innerstaatlichen Terrorismus in Europa – vorerst – das Wasser abgegraben. Für eine demokratisch-rechtsstaatliche Abwehr terroristischer Kampagnen ist ausschlaggebend, dass in diesem Fall die strategischen Ziele und Zwecke der Terroristen klare Limitierungen für den Gebrauch der Gewalt vorgeben. Wenn es darum geht, den »als interessiert unterstellten Dritten« aus seiner, wie die terroristischen Gruppen selbst meinen, ›politischen Lethargie‹ zu wecken, so ist bei den Anschlägen peinlich genau darauf zu achten, dass keiner und keine aus den Reihen dieses Dritten zu Schaden kommt. Wo dies doch der Fall ist, muss dies in den »Bekennerschreiben« als Unglück oder Versehen dargestellt werden. Unter keinen Umständen können Anschläge geplant und durchgeführt werden, die beliebige Tote und Verletzte in möglichst hoher Zahl zur Folge haben. Wäre dies der Fall, so käme dies einer Dementierung der strategischen Ziele durch den Gebrauch des Mittels gleich. Albert Camus hat voll Hochachtung jene russischen Terroristen beschrieben, die darauf verzichteten, eine Bombe auf die vorbeifahrende Kutsche des Großfürsten zu werfen, weil unbeteiligte Passanten, zumal Frauen und Kinder, sich in der Nähe befanden (1969: 134ff.). Diese Form der Zurückhaltung hat es sicherlich nicht immer gegeben, aber die Analytiker des Terrorismus konnten doch davon ausgehen, dass Pistole und Dynamit – und nicht Massenvernichtungsmittel – die Waffen der Terroristen waren. Die Ziele der Terroristen waren aus strategischen Gründen beschränkt, und demgemäß war auch klar, dass Angriffe auf Hochhäuser, Nahverkehrszüge oder Untergrundbahnen, Kaufhäuser oder Ferieneinrichtungen nicht zu gewärtigen waren. Nicht die Gesellschaft, sondern der Staat und seine Repräsentanten waren das Ziel des Angriffs.

Aber Lockerbie? Der Anschlag auf das amerikanische Passagierflugzeug über dem schottischen Dorf Lockerbie wurde nicht von einer terroristischen Gruppe, sondern von libyschen Geheimagenten ausgeführt. Es war der Versuch des Geltendmachens staatlicher Ziele oder der Ziele einer Regierung – in diesem Falle der des Revolutionsführers Gaddafi – gegen einen für ihn militärisch unangreifbaren politischen Akteur: die US-amerikanische Regierung. Lockerbie gehört also nicht in die bislang verhandelte Form des Terrorismus. Es handelt sich vielmehr um einen Terrorismus, der in verdeckter Form als Mittel zwischenstaatlicher Willensdurchsetzung dienen solle. Insofern war es nur konsequent, dass die US-amerikanische Regierung darauf mit gezielten Luftangriffen auf libysche Ziele reagierte. Diese Reaktion folgte den Grundsätzen einer Logik der Abschreckung, wie sie in den zwischenstaatlichen Verhältnissen seit jeher zum Tragen kommt. Sie ist im Falle terroristischer Herausforderungen jedoch nur in Ausnahmefällen anwendbar.[5]

---

5 | Die Frage der Übertragbarkeit von Abschreckungskonzeptionen auf die neuen terroristischen Herausforderungen ist von Klaus-Dieter Schwarz (2005: 24ff.) untersucht worden,

4.

Vom Terrorismus als »Anlasser« einer sozialen Revolution oder einer nationalen Separationskampagne sind die jüngeren Formen des Terrorismus zu unterscheiden, die ich als eine neue Form asymmetrischer Kriegführung beschreiben möchte (dazu Münkler 2006: 209ff.). Phänotypisch mag dabei zwar manche Ähnlichkeit mit dem klassischen Terrorismus beobachtbar sein; strategisch unterscheiden sich beide Formen des Terrorismus jedoch fundamental. Bei den neueren Formen des Terrorismus, wie sie am 11. September 2001 und später in den Anschlägen von Madrid und London, Mumbai und zuletzt Nairobi zu beobachten waren, handelt es sich um einen Angriff auf die labile psychische Infrastruktur postheroischer Gesellschaften, die so in ihrem innersten Kern getroffen werden sollen. Das strategische Ziel solcher Anschläge ist die Ermattung des Willens, einen politischen Willen zu haben bzw. der Versuch, diesen politischen Willen in die Resignation zu zwingen, und der damit verbundene strategische Zweck ist eine grundlegende Veränderung der weltpolitischen Konstellationen (ebd. S. 221ff. sowie 234ff.).

Damit ist auch klar, dass es Gewaltlimitierungen, wie sie für den sozialrevolutionären oder ethnoseparatistischen Terrorismus typisch waren, hier nicht mehr gibt. Jeder und jede kann zum Opfer solcher Anschläge werden. Mag es nach dem 11. September 2001 noch bei einigen politisch verwirrten Europäern »klammheimliche Freude« über die Desymbolisierung der US-amerikanischen Macht bzw. des weltumspannenden Kapitalismus gegeben haben, so war dies nach den Anschlägen von Madrid und London vorbei. Sie trafen Menschen, die zur Arbeit gingen, und diese Arbeit fand nicht in einem Zentrum des globalen Kapitalismus statt, als welches die Twin Towers in New York von einigen identifiziert worden waren. Dem neuen Terrorismus kann jeder zum Opfer fallen, denn ihm geht es um die Erzeugung von Furcht und Schrecken verbreitenden Medienhypes – und eine solche Strategie nimmt auf niemanden Rücksicht und muss ihrem Ansatz gemäß auch auf niemanden Rücksicht nehmen.

In diesem Zusammenhang wird auch die wachsende Bedeutung von Selbstmordattentätern erkennbar, deren Funktion zunächst darin besteht, bestimmte Angriffe operativ möglich zu machen, die bei der sonst erforderlichen Sicherung der Flucht- und Rückzugswege unmöglich wären. Zugleich sind Selbstmordattentäter aber auch ein Symbol für die bedingungslose Entschlossenheit zum Kampf, das unabhängig vom Angriff selbst permanent Furcht und Schrecken verbreitet. Postheroische Gesellschaften, denen die Erhaltung des Lebens das höchste Ziel ist und in denen der Gedanke des Opfers keine Rolle mehr spielt bzw. als verhängnisvoller Irrtum der Vergangenheit abgebucht ist, werden durch solche ›Todesvirtuosen‹ in Unruhe und Aufregung versetzt – nicht nur, weil solche Selbstmordattentäter nicht abzuschrecken sind, sondern auch dadurch, dass wir die Motive ihres Handelns nicht verstehen und dieses Nichtverstehen uns in Angst und Schrecken versetzt. Also erklären wir Selbstmordattentäter für irrational, krank oder religiös verwirrt oder was sonst an psychologischen Tranquilizern im Angebot ist. Oder wir

---

wobei er sich vor allem auf das israelische Beispiel der gezielten Tötung von für Terroranschläge verantwortlichen palästinensischen Führern bezieht (S. 26). Daran anschließend wird man den Drohnenkrieg als eine »Resymmetrierung« des Kampfes gegen terroristische Gruppierungen bezeichnen können.

nehmen sie moralisch in die Zange, indem wir sie als feige bezeichnen, was auf eine erstaunliche Umkehrung der realen Konstellationen hinausläuft. Kurzum: Wir sprudeln, wie im September oder Oktober 2001 zu beobachten, in hektischer Aufgeregtheit unsere tiefe Irritation heraus und geben so zu erkennen, dass es den Terroristen tatsächlich gelungen ist, uns in Angst und Schrecken zu versetzen. Aber nach einiger Zeit vergessen wir das auch wieder und leben unser Leben fort, als wäre nichts geschehen. Diese mürrische Indifferenz ist eine typische Reaktionsform von Gesellschaften, die sich im medialen Dauerstress befinden, und sie ist auch im Falle der terroristischen Bedrohung zu beobachten. Es ist deswegen zu befürchten, dass die terroristischen Akteure darauf mit der Serialisierung von Anschlägen reagieren, wie das in London beispielsweise versucht worden ist. Dadurch dürfte der Mechanismus der Selbstberuhigung durch Verdrängen ausgehebelt werden, und die Panik wird in den so attackierten Gesellschaften endemisch. Aber eine solche Serialisierung von Anschlägen stellt erhebliche Anforderungen an die logistische Vorbereitung und taktische Durchführung, was ihre Wahrscheinlichkeit beschränkt. Die staatliche Terrorabwehr wird nicht jeden einzelnen Anschlag verhindern könne, aber sie sollte in der Lage sein, Anschlagsserien oder kombinierte Anschläge zu unterbinden.

Bevor es um ein möglichst effektives Gegenhandeln gehen kann, ist zunächst noch auf das einzugehen, was ich als Asymmetrie bezeichnet habe. Asymmetrisch ist das Aufeinandertreffen wesentlich ungleichartiger Akteure, und Asymmetrien entwickeln sich auf den Ebenen der strategischen Kreativität, der politischen Rationalität und der völkerrechtlichen Legitimität. Eine frühere Erscheinungsform der Gewaltasymmetrie war der Partisanenkrieg, in dem einem waffentechnisch und militärorganisatorisch eindeutig überlegenen Gegner die heroische Kampfbereitschaft einer ganzen Bevölkerung entgegengesetzt wurde, in Konfrontation mit der er sich ermatten und schließlich resignieren sollte. Die Geschichte der kolonialen Befreiungskriege ist dafür ein Beispiel. Wo die heroische Opferbereitschaft einer Bevölkerung jedoch nicht vorhanden war, brach ein Partisanenkrieg schnell zusammen, denn infolge der umgehend einsetzenden Repressalien der angegriffenen Macht wurden die Partisanen verraten, zerniert und vernichtet. Wo hingegen gerade durch die Repressalien immer neue Kämpfer nachwuchsen – und das ist dort der Fall, wo heroische Opferbereitschaft vorhanden ist –, geriet die Ordnungsmacht in Probleme, die weniger militärischer, sondern vor allem wirtschaftlicher und moralischer Art waren, und schließlich zog sie sich zurück und überließ die umkämpften Gebiete den Partisanen. In den seltensten Fällen haben die Insurgenten im Partisanenkrieg militärisch gesiegt, aber sie waren politisch erfolgreich.

Der Partisanenkrieg ist freilich aufgrund der beschriebenen Konstellationen eine seinem Wesen nach defensive Strategie. Er ist beschränkt auf die Gebiete, in denen die Akteure eine heroische Unterstützung durch die Bevölkerung für sich mobilisieren können. Er ist dementsprechend territorial begrenzt, und auf der Grundlage dieser Begrenzung sind häufig politische Verhandlungen und Kompromisse möglich. Der Partisanenkrieg kann in der Regel nicht ins Zentrum der gegnerischen Macht getragen werden. Das unterscheidet ihn vom Terrorismus. Bei ihm tritt an die Stelle der logistischen Unterstützung der Partisanen durch die Bevölkerung die Nutzung der zivilen Infrastruktur des angegriffenen Landes, und das Heroisierungspotential, auf das die terroristische Strategie angewiesen ist, ist erheblich geringer als im Fall der Guerilla. Was man braucht, sind relativ kleine

Gruppen von ›Todesvirtuosen‹, die eine Konfrontation mit dem Militär und der Polizei der angegriffenen Macht nach Möglichkeit vermeiden – was in der Partisanenstrategie durchweg, wenngleich selektiv vorgesehen ist –, sondern gegen die Zivilbevölkerung agieren, um über psychische Effekte, eben Angst und Schrecken, den politischen Willen der Gegenseite zu attackieren und auf lange Sicht gesehen zu zermürben. Hat Clausewitz den klassischen Krieg als ein Messen der moralischen und physischen Kräfte mit Hilfe der letzteren definiert, so handelt es sich bei der jüngeren Form des transnationalen Terrorismus um ein Messen der moralischen unter weitreichender Umgehung der physischen Kräfte (1980: 356f.: 1047). Eine jede Gegenstrategie hat an diesem Grundelement des Terrorismus anzusetzen.

Ich befürchte, dass der Terrorismus in der ersten Hälfte des 21. Jahrhunderts das sein wird, was der Partisanenkrieg in der zweiten Hälfte des 20. Jahrhunderts war: die hauptsächliche Form des gewaltsamen Geltendmachens eines politischen Willens, und der Terrorismus wird im reichen Norden der Erde an die Stelle des klassischen zwischenstaatlichen Krieges treten, nachdem dieser sich als ein historisches Auslaufmodell erwiesen hat. Von daher also ist zu bestimmen, was die Herausforderung des demokratischen Rechtsstaates ist und worin seine Abwehrmöglichkeiten bestehen.

5.

Die strategische Hauptdirektive in der Auseinandersetzung mit dem klassischen Terrorismus bestand darin, Terrorgruppen und »als interessiert unterstellte Dritte« auf Distanz zueinander zu halten. Wo dies gelang, hatten die Terroristen verloren, auch wenn sie noch eine Zeitlang weiterbombten. Dabei war man im Falle eines sozialrevolutionären Terrorismus häufiger erfolgreich als bei einem nationalistischen oder ethnoseparatistischen Terrorismus. Es ist ein politisches Märchen, dass Terrorismus durchweg erfolglos sei, ebenso wie es falsch ist, in ihm eine grundsätzlich erfolgreiche Gewaltstrategie zu sehen. Am Anfang einiger Staaten, die heute in der Generalversammlung der UNO vertreten sind, standen terroristische Kampagnen, die nach einiger Zeit in Partisanenkriege überführt wurden. Hier war es gelungen, den »Dritten« zu mobilisieren, und dabei hatten nicht selten die in Reaktion auf terroristische Angriffe erfolgten Repressalien der Ordnungsmacht die entscheidende Rolle gespielt. Sie hatten den Revolutionären oder Separatisten die Menschen in Scharen zugetrieben. Aber um derlei geht es in den neuen Formen des Terrorismus nur noch peripher – wenngleich nach wie vor darauf zu achten ist, dass die Reaktion auf Terroranschläge nicht zur Bestätigung für die politischen Behauptungen der Terroristen wird. Die Herausforderung des Staates, und damit auch des demokratischen Rechtsstaates, war im Falle des klassischen Terrorismus also vor allem politischer Art.

Aber die wesentlich politische Reaktion auf den klassischen Terrorismus hat an Relevanz verloren, weil es das strategische Ziel einer erfolgreichen Mobilisierung des »als interessiert unterstellten Dritten« so nicht mehr gibt. Allenfalls kann man eine Residualgestalt in Form der »Massen der islamischen Welt« erkennen, die freilich weniger durch terroristische Aktionen selbst als durch Reaktionen »des Westens« affiziert werden. Infolgedessen haben die anderen Formen des Gegenhandelns, von der Polizei über die Geheimdienste bis zum Militär, die Hauptlast der Abwehr und des Gegenhandelns zu tragen, und ein unmittelbares Gegenhandeln wird von der Bevölkerung der in terroristischer Form angegriffenen Länder erwartet, wobei dieser Erwartungsdruck umso größer ist, je demokratischer diese Länder verfasst sind. Dazu müssen Polizei, Geheimdienst und Militär die Möglichkeiten geeigneten Gegenhandelns gegeben werden, zumal dann, wenn die »Todesvirtuosen« in den urbanen Ballungsräumen der westlichen Welt untertauchen, um bei entsprechender Gelegenheit zuschlagen zu können. Neben der materiellen Infrastruktur der angegriffenen Gesellschaften, die von den Terroristen als Logistik oder als Waffe genutzt wurde, ist es die Tiefe des sozialen Raumes, in dem sie untertauchen, die ihnen als notorisch schwachen Akteuren Operationsmöglichkeiten verschafft. Letzteres galt bereits für den klassischen Terrorismus, hatte dort aber eine für die Gesamtstrategie andere Bedeutung, weil dies als eine bloß transitorische Phase angesehen wurde. Im Falle des neuen transnationalen Terrorismus erwächst daraus jedoch die Verfügung über die Ressourcen Raum und Zeit, die zu gefährlichen Waffen im Rahmen asymmetrischer Konfliktlagen geworden sind (vgl. Münkler 2006: 169ff.). Es ist die Verabschiedung der Territorialität, die den neuen Terrorismus kennzeichnet, welche eine strategische Neureflexion von Raum und Zeit erforderlich macht. Man muss die Art der Herausforderung begreifen, um über effektives Gegenhandeln nachdenken zu können. Selbstverständlich heißt das nicht, dass der demokratische Rechtsstaat zu demolieren ist, um effektives Gegenhandeln möglich zu machen. Aber wenn seine Bevölkerung immer wieder zum Ziel von Anschlägen wird, während sich der Rechtsstaat, etwa in der Frage der Rasterfahndung, selbst fesselt, ist dies eine unkluge Reaktion, weil dadurch nicht die Distanz zwischen Terrorgruppe und Drittem gewahrt, sondern nur die Ruheräume terroristischer Akteure geschont werden und die Bevölkerung nach Anschlägen an der Handlungsfähigkeit des Rechtsstaates zu zweifeln beginnt. Sie wird dann über kurz oder lang politischen Populisten folgen – und das wird für den Rechtsstaat verheerend sein. Die in panischer Furcht erfolgende Reaktion ist für den Rechtsstaat fast immer gefährlicher als ein langfristig bedachtes Gegenhandeln.

Die erste Widerstandslinie gegen den transnationalen Terrorismus liegt in der Reaktion der Bevölkerung der angegriffenen Länder selbst. An die Stelle des Territoriums in den klassischen Kriegen ist die Kontrolle der psychischen Infrastruktur einer Bevölkerung getreten. Vereinfacht gesagt heißt das: Polizei und Geheimdienste agieren gegen die logistischen Basen des transnationalen Terrorismus, aber das erfordert Zeit. Deswegen besteht das unmittelbare operative Gegenhandeln bei terroristischen Anschlägen in der möglichst gelassenen Reaktion der Bevölkerung, ihrer Weigerung, sich in Furcht und Schrecken versetzen zu lassen. Wahrscheinlich müssen wir uns darauf einstellen, dass es trotz polizeilicher und geheimdienstlicher Gegenmaßnahmen verschiedentlich zu Terroranschlägen kommt und wir diese aushalten müssen, ohne in Panik oder Hysterie zu verfallen. Ob das möglich und der Fall sein wird, lässt sich nicht vorhersagen; fest steht jedoch, dass der demokratische Rechtsstaat der terroristischen Herausforderung umso eher gewachsen ist, je gelassener seine Bürger auf solche Anschläge reagieren. Wenn diese sich am Tag nach einem Anschlag so verhalten, als sei nichts oder doch nichts Weltbewegendes geschehen, zeigt sich sehr schnell, wie schwach die terroristischen Gruppen tatsächlich sind. Aber ist ein solches gelassenes Verhalten auch wahrscheinlich? Ich vermute, dass eine Bevölkerung umso mehr Gelassenheit in

Reaktion auf terroristische Attacken aufbringt, je gewisser sie ist, dass der demokratische Rechtsstaat alles ihm Mögliche getan hat, um terroristische Attacken zu verhindern. Wo sie davon nicht überzeugt ist, wird es schwer sein, mit Worten und Erklärungen erfolgreich Gelassenheit anzumahnen. Wo der Eindruck entstanden ist, der Staat habe sich nachlässig gegen terroristische Anschläge gewappnet, wird man mit einer heftigen Reaktion rechnen müssen, die häufig politisch unklug und strategisch dysfunktional ist.

6.

Die Fähigkeit, terroristische Angriffe zu ertragen, ohne panisch zu reagieren und durch die Reaktion den entstandenen Schaden nicht auch noch zu multiplizieren, kann als eine wesentlich defensive Reaktion angesehen werden. Im Rahmen der hier verfolgten Fragestellung ist an ihr bemerkenswert, dass sie den demokratischen Rechtsstaat nicht lädiert, sondern ihm die Zeit und die erforderliche Elastizität verschafft, um bei strategischem Gegenhandeln nicht die eigenen Grundprinzipien in Frage zu stellen. Nicht die Folgen dieser defensiven Reaktion sind hier die politische Herausforderung, sondern vielmehr sind es deren Voraussetzungen. Die nämlich bestehen in dem festen Vertrauen der Bevölkerung, dass es bei der staatlichen Terrorprävention keine Versäumnisse gegeben hat und die damit befassten Institutionen alles Erforderliche getan haben, um solche Anschläge zu verhindern. Dass das in diesem konkreten Fall nicht hinreichend war, ist dann zu ertragen. Was aber ist das zur Prävention von Terroranschlägen Erforderliche und rechtsstaatlich Zulässige? Die politische Herausforderung ist hier die Herstellung eines Konsenses, der von der Rasterfahndung bis zur Überwachung (oder eben auch Nichtüberwachung) von Internet- und Telekommunikation reicht und bei dem die Sicherheitserwartungen der Bevölkerung und der Anspruch auf Schutz der Privatsphäre miteinander konkurrieren und in eine allgemein akzeptierte Balance gebracht werden müssen (vgl. Münkler 2010). Je weniger es einer Gesellschaft gelingt, in diesen Fragen zu einem von der großen Mehrheit der Bevölkerung getragenen Konsens zu kommen, desto hilfloser ist sie terroristischen Angriffen ausgeliefert.

Neben der defensiven gibt es aber auch offensive Formen strategischen Gegenhandelns, und hier stellen sich die Fragen nach der Zulässigkeit bestimmter Handlungsoptionen für den demokratischen Rechtsstaat sehr viel schärfer. Dabei lassen sich, etwas vergröbert betrachtet, zwei Ansätze unterscheiden, von denen der eine als prinzipiell offensiv und der andere als taktisch offensiv zu bezeichnen ist. Der erste weist vermutlich eine höhere Kompatibilität mit dem demokratischen Rechtsstaat auf, ist auf längere Sicht aber mit erheblich höheren finanziellen Belastungen verbunden, während der letztere wirtschaftlich kostengünstiger, aber politisch riskanter und womöglich auch rechtsstaatlich problematischer ist. Der prinzipiell offensive Ansatz sieht vor, die Entstehungsbedingungen von Terrorismus zu beseitigen und diesem so langfristig »das Wasser abzugraben«. Dabei geht es um die Herstellung von Verhältnissen in den Herkunftsländern der Terroristen, die in politischer, sozialer und menschenrechtlicher Hinsicht so zufriedenstellend sind, dass mit einem Verzicht auf terroristische Gewalt gerechnet werden kann. Das Grundproblem dieses Ansatzes ist jedoch die überzeugende Beantwortung der Frage, was konkret die Entstehungsbedingungen des Terrorismus sind bzw. wie weit diese gefasst werden müssen. Im Prinzip hat man es hier mit einem Erklärungsmodell für Terrorismus zu tun, bei dem die Definition der Pazifizierungsbedingungen in den Händen der Terroristen liegt, die sie immer teurer und anspruchsvoller machen können. Im Ergebnis kann das dazu führen, dass die Drohung mit Terroranschlägen zu einem Mittel der Angleichung der Lebensverhältnisse im globalen Maßstab wird. In Reaktion auf die Anschläge vom 11. September 2001 hatte man sich freilich darauf verständigt, dass Staatszerfall (*failed or failing states*) die zu beseitigende Entstehungsvoraussetzung terroristischer Gruppen sei. Die Frage nach der Entstehung von Terrorismus wurde also nicht moralisch oder politisch-normativ gestellt, sondern auf logistische und organisatorische Voraussetzungen der Gruppenbildung limitiert. Der Modellfall dafür war Afghanistan, dem schon bald Somalia, der Jemen und die pakistanischen Stammesgebiete folgten. Das Kernelement der Terrorismusbekämpfung war ein forciertes *nation building*, in dessen Folge es möglich sein sollte, dass terroristische Akteure auf dem fraglichen Territorium unter staatlichen Verfolgungsdruck gestellt werden konnten, so dass es ihnen unmöglich war, von dort aus große, logistisch wie operativ anspruchsvolle Aktionen zu planen und durchzuführen. Dieser Ansatz hat sich in Afghanistan über weite Strecken als ineffektiv oder unpraktikabel erwiesen, und selbst wo er dort nicht am Widerstand der Taliban und ihrer Verbündeten gescheitert ist, hat er sich als so teuer herausgestellt, dass er schwerlich wiederholt, geschweige denn generalisiert werden wird. Das Projekt *nation building*, das zeitweilig ganz oben auf der Agenda der internationalen Politik rangierte, spielt inzwischen nur noch eine untergeordnete Rolle.

Mit dem Übergang von der Bush- zur Obama-Administration hat sich in den USA ein Strategiewechsel vollzogen, der auf eine Ablösung des Konzepts der Militärintervention mit dem strategischen Zweck des *nation building* durch eine prinzipiell globale Bekämpfung terroristischer Akteure mit Hilfe von Späh- und Kampfdrohnen hinausläuft. Mehr oder weniger zuverlässig identifizierte Angehörige terroristischer Gruppen werden dabei von Kampfdrohnen mit Raketen angegriffen und vorzugsweise in ihren Rückzugsbasen getötet. Die dahinterstehende Idee ist nicht, den Terrorismus grundsätzlich unmöglich bzw. unattraktiv zu machen, wie im prinzipiell offensiven Ansatz vorgesehen, sondern terroristische Gruppierungen permanent unter Verfolgungsstress zu setzen und dadurch ihre Angriffsfähigkeit einzuschränken. Kampfdrohnen sind dabei Kompensationen für die Unmöglichkeit, Terroristen in bestimmten Gebieten mit polizeilichen Mitteln zu verfolgen, gleichgültig, woraus diese Unmöglichkeit im Einzelfall resultiert. An die Stelle der sonst angestrebten Festnahme tritt beim Drohneneinsatz die gezielte Tötung. Man kann auch sagen, der »finale Rettungsschuss« werde hier bezüglich der Finalitätsdefinition unendlich gedehnt. Dabei zeigt sich, dass unterschiedliche Rechtsstaatskulturen mit diesem Konzept sehr verschieden umgehen: Was für die meisten Europäer ein Verlassen der rechtsstaatlichen Grundlagen darstellt, ist es für die US-Amerikaner noch lange nicht. Dabei entscheidet sich die Evaluation von Drohnenangriffen entlang der Frage, als substitutiv wofür sie angesehen werden: als Substitution für eine Festnahme oder als Substitution für einen Angriff mit Jagdbombern oder Kampfhubschraubern. Erneut stoßen hier in der Frage der Terrorabwehr und Terrorismusprävention das Kriminalitäts- und das Kriegsparadigma aufeinander, und dementsprechend unterschiedlich fällt die moralische wie rechtliche Beurteilung von Drohneneinsätzen aus. Die Frage, welchem Paradigma man jeweils den Vorzug gibt, dürfte gemäß dem jeweiligen politischen Selbstverständniss beantwortet werden: ob man sich eher als einen imperialen oder als einen staatlichen Akteur betrachtet und die Herausforderung durch terroristische Gruppen nach den jeweils damit verbundenen Vorstellungen von Raum und Zeit beurteilt: Im klassischen Territorialstaat sind die Zeit- und insbesondere die Raumvorstellungen an das jeweilige Staatsgebiet gebunden, während Imperien »globale« Vorstellungen von Raum und Zeit haben. Rechtsstaatskompatibilität lässt sich jedoch in beiden Fällen herstellen, und zwar durch die Art und Weise, wie solche Angriffe geregelt und kontrolliert werden. Außer Frage steht aber, dass humanitäre militärische Interventionen ebenso wie *signature strikes*, die von Kampfdrohnen ausgeführt werden, an der Grenze des Rechtsstaats stehen und es erheblicher Anstrengungen bedarf, sie rechtsstaatlichen Regeln und Kontrollen zu unterwerfen. Was Militärinterventionen betrifft, so ist die Formel einer *responsibility to protect* (r2p) ein erster Verrechtlichungsversuch (dazu Münkler 2013), dem bei Drohneneinsätzen ein vergleichbares Pendant bislang fehlt. Es dürfte vorerst in der Kontrolle des Feuerleitoffiziers durch einen Völkerrechtsoffizier während des Einsatzes zu suchen sein.

Literatur

Camus, Albert (1969): Der Mensch in der Revolte. Essays. Reinbek bei Hamburg.
Clausewitz, Carl von (1980): Vom Kriege, hg. von Werner Hahlweg. Bonn.
Fetscher, Iring und Günter Rohrmoser (1981): Ideologien und Strategien. Analysen zum Terrorismus, Bd. 1. Opladen.
Guevara, Ernesto Che (1970): »Stadt-Guerilla: Eine Methode«, in: Guerilleros, Partisanen. Theorie und Praxis, hg. von Joachim Schickel. München.
Hahlweg, Werner (1968): Guerilla. Krieg ohne Fronten. Stuttgart.
Heilbrunn, Otto (1963): Die Partisanen in der modernen Kriegführung, Frankfurt a.M.
Heydte, Friedrich August Frhr. von der (1972): Der moderne Kleinkrieg. Würzburg.
Hoffman, Bruce (1999): Terrorismus – der unerklärte Krieg. Neue Gefahren politischer Gewalt. Frankfurt a.M.
Laqueur, Walter (1977): Terrorismus. Kronberg/Ts.
Münkler, Herfried (1980): »Guerillakrieg und Terrorismus«, in: Neue politische Literatur, Bd. XXV, 1980, Heft 3, S. 299-326.
Münkler, Herfried (1990) (Hg.): Der Partisan. Theorie, Strategie, Gestalt. Opladen.
Münkler, Herfried (2001): »Terrorismus als Kommunikationsstrategie«, in: Internationale Politik, 56. Jg., 2001, Heft 12, S. 11-18.
Münkler, Herfried (2002): Über den Krieg. Stationen der Kriegsgeschichte im Spiegel ihrer theoretischen Reflexion. Weilerswist.
Münkler, Herfried (2006): Der Wandel des Krieges. Von der Symmetrie zur Asymmetrie. Weilerswist.
Münkler, Herfried (2010): »Sicherheit und Freiheit. Eine irreführende Oppositionssemantik der politischen Sprache«, in: ders./Matthias Bohlender/Sabine Meurer (Hg.): Handeln unter Risiko. Gestaltungsansätze zwischen Wagnis und Vorsorge. Bielefeld, S. 13-32.

Münkler, Herfried (2013): »Humanitäre Intervention«, in: Birgit Enzmann (Hg.): Handbuch Politische Gewalt. Formen, Ursachen, Legitimation, Begrenzung. Wiesbaden, S. 293-318.

Schmitt, Carl (1963): Theorie des Partisanen. Zwischenbemerkung zum Begriff des Politischen. Berlin.

Schroers, Rolf (1961): Der Partisan. Ein Beitrag zur politischen Anthropologie. Köln.

Schwarz, Klaus-Dieter (2005): Die Zukunft der Abschreckung [= SWP-Studie Nr. 13]. Berlin.

Shpiro, Shlomo: »Medien und Terrorismus«, in: Internationale Politik, 56. Jg., 2001, Heft 12, S. 19-24.

Tse-tung, Mao (1969): Vom Kriege. Die Kriegswissenschaftlichen Schriften, mit einem Geleitwort von Brigadegeneral Heinz Karst. Gütersloh.

Waldmann, Peter (1998): Terrorismus. Provokation der Macht. München.

Waldmann, Peter (2003): Terrorismus und Bürgerkrieg. München.

Salafistischer Extremismus im Fokus deutscher Sicherheitsbehörden

Marwan Abou Taam und Aladdin Sarhan[1]

EINLEITUNG

Salafismus impliziert einen radikalen Alleinvertretungsanspruch in Bezug auf absolute Wahrheiten. Seine weltanschauliche Basis ist hermetisch abgeschlossen (mehr zu den theologischen Grundlagen des Salafismus siehe Sarhan 2012). In der Praxis drückt sich diese Tatsache durch eine dualistische Weltsicht aus, im Rahmen derer rigide zwischen absolut »Gut« und absolut »Böse« unterschieden wird (Dallal 2000: 347). Für die Anhängerschaft wird dadurch eine kulturelle Flucht des Einzelnen in die »Hörigkeit geschlossener Kollektive« (vgl. Meyer 1989: 46) verursacht.

Beim Salafismus geht mit dem Ziel der Durchsetzung fundamentaler Normen und göttlicher Regeln ein stark moralisierender Rückbezug auf die »unbegründbaren und grundlosen Geheimnisse vermeintlicher Fundamente [des Glaubens]« (vgl. Prisching 2005: 245) einher, der das Eindringen des Geistes der Aufklärung in die Religion verhindern soll. Es handelt sich gewissermaßen um eine selbst gewählte oder durch die sozialen Rahmenbedingungen entstandene Unmündigkeit, die durch diesen Rückbezug überwunden wird und Handlungsoptionen für die Bewältigung komplexer Situationen moderner Gesellschaften bietet. Die von den Anhängern beanspruchte absolute göttliche Wahrheit ist über jede Kritik erhaben und kann den Regeln der Demokratie nicht untergeordnet werden. Salafismus als eine Weltanschauung, die die politische Ortslosigkeit der Massen durch die Artikulation übermenschlicher Gesetze von Geschichte und Natur aufzuheben sucht (Arendt 1986: 607ff.), ist die erklärte Abkehr von Liberalität und Demokratie.

Aus der Sicht der deutschen Sicherheitsbehörden haben »radikale politische Auffassungen [...] in unserer pluralistischen Gesellschaftsordnung ihren legitimen Platz. Auch wer seine radikalen Zielvorstellungen realisieren will, muss nicht befürchten, dass er vom Verfassungsschutz beobachtet wird; jedenfalls nicht, solange er die Grundprinzipien unserer Verfassungsordnung anerkennt.« (Vgl. ver-

---

[1] | Beide Autoren sind als wissenschaftliche Referenten im Landeskriminalamt Rheinland-Pfalz tätig. Es wird ausdrücklich darauf hingewiesen, dass der Artikel lediglich die persönliche Auffassung der Autoren und nicht die des Landeskriminalamts Rheinland-Pfalz wiedergibt.

fassungsschutz.de/de/FAQ/ [Febr. 2012]) Der Gesetzgeber toleriert jedoch nicht den Extremismus. Dieser steht im Sinne des Verfassungsschutzgesetzes für Bestrebungen, »die gegen den Kernbestand unserer Verfassung – die freiheitliche demokratische Grundordnung – gerichtet sind. Extremistische Bestrebungen sind demzufolge Aktivitäten mit der Zielrichtung, die Grundwerte der freiheitlichen Demokratie zu beseitigen.« (Vgl. ebd.) Letzteres ist ein erklärtes Ziel des Salafismus in all seinen Erscheinungsformen.

Nach Überzeugung der Salafisten verbindet das Zugehörigkeitsgefühl zur »khair umma« (zur besten Gemeinschaft; Koran 3:110) alle Muslime. Daraus leiten sie ab, dass alles Handeln und Streben eines Muslims sich zu jeder Zeit am Wohl des Islams orientieren muss, denn alle Vorschriften für das individuelle Verhalten sind als Pflichten gegenüber Gott zu verstehen. Damit steht die islamische Offenbarung uneingeschränkt im Mittelpunkt des Interesses und das Individuum hat sich dem Gemeinwohl unterzuordnen. Im Mittelpunkt des Salafismus steht der tauhîd (Eingottglaube). Tauhîd ist ein theologischer Begriff, der Gott als den absolut Einen beschreibt (Mooren 1991). Neben Gott soll keine weitere Autorität akzeptiert werden. Damit ist für die Salafismus-Anhänger jede Gesetzgebung, die nicht auf den göttlichen Willen fußt, ungültig. Sie gilt sogar als Idolatrie, die zur Apostasie führt. Damit ist das politische Projekt der Salafisten zutiefst demokratiefeindlich und mit den freiheitlichen Werten unvereinbar.

I. Ideologischer Referenzrahmen

Seit mehr als einer Dekade ist der Salafismus in Deutschland öffentlich wahrnehmbar. Neben den intensiven Missionierungsbemühungen salafistischer Akteure diskutieren die Mehrheitsgesellschaft, muslimische Gemeinschaften, Politik, Wissenschaft und Medien dieses Phänomen und die sich daraus ergebenden gesellschaftlichen und sicherheitspolitischen Herausforderungen. Dabei ist die hierzulande geführte Salafismusdebatte von der Studie des amerikanischen Politikwissenschaftler Quintan Wiktorowicz geprägt (siehe 2006). Wiktorowicz, der aus einer sicherheitspolitischen Perspektive der Frage nach der Gewaltbereitschaft und dem Gefahrenpotenzial von Salafisten nachgeht, diagnostiziert eine »theologische Kohärenz« unter den Salafisten. Er geht von einer salafistischen Bewegung aus. Die salafistische Bewegung sei jedoch gespalten und lasse sich in drei »Fraktionen« einteilen: Puristen ([apolitische] Puristen), Politicos (politische [Aktivisten]) und »Dschihadis« (Dschihadisten) (vgl. ebd. S. 207ff.). Dabei sei jede dieser Fraktionen davon überzeugt, einzig und allein nach dem Vorbild des Propheten Mohammed zu leben. Diese Mentalität schafft laut Wiktorowicz ein exklusivistisches Verständnis des Islams, den jede Fraktion zu repräsentieren behauptet (ebd. S. 217).

Nach Wiktorowiczs Typologie sind jene salafistischen Fraktionen puristisch, die sich im Alltag auf die gewaltlosen Aspekte des Salafismus beschränken. Ihre Anhänger widmen sich der Aufrechterhaltung der Reinheit des Islams gemäß Koran und Sunna. Sie streben die Islamisierung der Gesellschaft durch Missionierung an und messen hierbei der Da'wa (dem Aufruf zum »wahren« Islam; Missionierung) und der Festigung der Glaubenslehre die höchsten gegenwärtigen Prioritäten bei. Diese Fraktion ist »apolitisch« und vermeidet jegliche Form des politischen Aktivismus. Die Puristen betrachten sich als schwache Minderheit in einem ungläubigen Umfeld und ziehen Parallelen zur Lage der ersten Muslime in Mekka. So wie damals ist keine andere Haltung möglich, außer dem friedlichen Einsatz für den »wahren« Islam und sabr (Erdulden) des Leidens gegen die Angriffe der kuffâr (Ungläubige).

Die zweite Fraktion umfasst laut Wiktorowicz die salafistischen Politicos bzw. politischen Aktivisten, die behaupten, Puristen ignorierten dringende aktuelle politische Themen – wie etwa den israelisch-palästinensischen Konflikt –, bei denen man nicht warten könne, bis puristische Salafisten die Gesellschaft durch Da'wa verändern. Sie sind der Auffassung, politische Partizipation sei eine religiöse Pflicht, um den Einfluss von wahren Muslimen innerhalb des Staates zu stärken und die herrschende politische Elite dazu zu bewegen, auf die Islamkonformität der Gesetzgebung und des Regierungshandelns zu achten. Sie sind der Ansicht, Puristen seien aufgrund ihrer Vermeidung von Politik realitätsfern und zeigten kein Interesse an den Belangen der Muslime. Die Politicos lehnen jedoch die gewaltsame Auflehnung gegen Regime ab, da dies zu Unterdrückung und Verfolgung seitens des Staates führen könnte. Vielmehr vertreten sie die Auffassung, dass die politische Beteiligung der einzige Weg sei, wesentliche Veränderungen in Staat und Gesellschaft zu erreichen und an Macht zu gewinnen.

Schließlich ordnet Wiktorowicz die Gruppe der Glaubenskämpfer, die sich während des Kriegs gegen die Sowjets im Afghanistan der 1980er Jahre bildete, der dschihadistischen Fraktion zu. Im Gegensatz zu den politisch handelnden Salafisten ist diese Fraktion überwiegend auf dem Schlachtfeld in religiösen Fragen geschult worden. Sie richten ihre Waffen gegen das Regime und seine nichtmuslimischen Verbündeten, um einen Wandel herbeizuführen. Die salafistischen Dschihadisten erheben den Vorwurf, Puristen und Politicos seien nicht dazu bereit, die Wahrheit über die so wahrgenommenen gottlosen und korrupten Regierungen in den islamischen Ländern zu sagen. Sie kritisieren die Puristen und Politicos wegen mangelnder Bereitschaft, die Glaubenslehre in die Praxis umzusetzen und wegen ihres Schweigens über die Ungerechtigkeiten der Regime und deren »US-amerikanischen und zionistischen« Verbündeten. Trotzdem bezichtigen sie die Puristen und Politicos – bis auf einige Ausnahmen – nicht des Unglaubens. Vielmehr sind sie überzeugt, die beiden anderen Fraktionen hätten nicht den richtigen Weg eingeschlagen, um gegen korrupte Regierungen vorzugehen und das vermeintliche Unrecht zu korrigieren.

Eine zusammenfassende Betrachtung der Wiktorowicz-Typologie lässt erkennen, dass alle drei von ihm beschriebenen Fraktionen in erster Linie in Ländern mit mehrheitlich muslimischer Bevölkerung lokalisiert sind. Sie erklären die politischen Systeme in diesen Ländern für korrupt und unislamisch, bringen dies aber auf unterschiedliche Art und Weise zum Ausdruck. Ferner geht Wiktorowicz von festen Konstruktionen aus, die in der Realität als Idealtypen nicht existieren. Seine Typologie gibt keine Auskunft über die Resonanzstrukturen salafistischer Strömungen und liefert keine Antwort auf die Fragen, warum bestimmte salafistische Strömungen in einem Land dominieren und in einem anderen nicht. Darüber hinaus blendet Wiktorowicz die Tatsache aus, dass die Positionen von Meinungsführern der jeweiligen Fraktion sich nicht immer mit Vorstellungen von Anhängern oder Sympathisanten decken. Es kommt des Öfteren vor, dass die Anhänger oder Sympathisanten multiple Loyalitäten oder Patchwork-Ideologien ausbilden und losgelöst von den Lehren des jeweiligen salafistischen Meinungsführers handeln.

Bei aller gebotenen Differenzierung ist diese Teilung des salafistischen Spektrums für Deutschland zumindest in sicherheitspolitischer Hinsicht irrelevant. In Deutschland existiert kein genuiner Salafismus. Sowohl die Prediger als auch deren Anhänger und Sympathisanten rezipieren verschiedene ideologische Positionen von Gelehrten, die hauptsächlich im Nahen Osten agieren. Die Salafisten in Deutschland lassen sich keiner bestimmten Fraktion der salafistischen Bewegung zuordnen, vielmehr verkörpern sie ein gallertartiges Gebilde. Ideologisch handelt es sich um eine Mischform aller von Wiktorowicz beschriebenen Fraktionen. Abhängig von den jeweiligen aktuellen Umständen bedienen sie sich der Argumentationen der entsprechenden salafistischen Ausrichtungen, um ihr Handeln zu legitimieren. Trotz ihrer unterschiedlichen Formen des politischen Handelns teilen die hierzulande lebenden Salafisten jedoch dieselben religiösen Grundsätze und orientieren sich überwiegend an denselben Vordenkern. Darüber hinaus haben sie dieselben Auffassungen in Bezug auf Gesellschaft und Staat. Sie streben über kurz oder lang deren vollständige Umgestaltung sowie einen Wandel der individuellen Lebensführung eines jeden einzelnen Menschen nach rigiden religiösen Normen an.

II. Aktuelle Entwicklung des Salafismus in Deutschland

Der Salafismus in Deutschland vollzieht seit 2005 eine spürbare Entwicklung. Sie reicht von der Etablierung einer einheimischen Szene über die Schaffung einer funktionierenden salafistischen Infrastruktur bis hin zu Mobilisierungserfolgen. In den verschiedenen Entwicklungsphasen wurden Propagandakanäle geschaffen und optimiert, mit dem Ziel, Anhänger anzuwerben, die Anhängerschaft ideologisch zu festigen und sie vor der Mehrheitsgesellschaft zu schützen. Dafür erwies sich die salafistische Propaganda als nützliches Instrument. Es wurden menschenverachtende Feindbilder, eine gewaltverherrlichende Polemik religiöser Färbung, eine dualistische Weltanschauung und vermeintliche gottgefällige Normen postuliert.

Dem Salafismus inhärent ist das Gebot zur Abschottung und Abwertung von anders denkenden Muslimen und Nichtmuslimen (al-walâ' wa-l-barâ'). Gepaart mit der von salafistischen Predigern eingeforderten Unterwerfung unter den vermeintlichen Willen Gottes, schafft dieses Gebot den Nährboden für die Mobilisierung von Szenemitgliedern und Sympathisanten für den Dschihad im In- und Ausland. Dabei vertritt die Szene eine Konzeption, die sowohl gewaltlose als auch gewaltsame Formen des Dschihad beinhaltet. Entscheidend bei der Wahl der jeweiligen Form sind die Grenzen des Möglichen, nicht die religiösen Grundsätze. Letztere sind konstant und aus salafistischer Sicht nicht veränderbar. Die Form des Dschihad, die von dem jeweiligen Rezipienten vertreten wird, ist stark von der Resonanzentfaltung der Propaganda, den sozialen Umständen und der persönlichen mentalen Situation abhängig.

Die gewaltlose Variante des Dschihad umfasst die Bemühung mit Worten um »ad-da'wa li-d-dîn al-haqq« (Aufruf zur wahren Religion) bzw. um den Islam nach salafistischer Auffassung. So werden das seit 2012 laufende Koranverteilungsprojekt »Lies« und die damit verbundenen Anstrengungen der ehrenamtlich engagierten Personen von der Szene als »eine edle Form des Dschihad« bezeichnet.

Trifft die salafistische Propaganda auf Mitglieder und Sympathisanten mit entsprechender Delinquenz, kann sie ebenso in die Mobilisierung für den Dschihad im Sinne des militanten Kampfes münden. Dieser kann diverse modi operandi annehmen. Dabei reicht es von situativen Gewaltausbrüchen im öffentlichen Raum über die gezielte Liquidierung von vermeintlichen Feinden des Islams bis hin zu mörderisch indifferenten Terroranschlägen und Ausreisen zu Dschihadschauplätzen in Afghanistan, Syrien, Somalia und anderenorts.

Das Beispiel Murat Kutlu zeigt die von der salafistischen Gruppendynamik ausgehende Gefahr. Während einer Demonstration gegen eine Kundgebung der rechtsextremen Splitterpartei Pro NRW am 5. Mai 2012 in Bonn eskalierte die Lage derart, dass es zu Gewaltausbrüchen seitens der Salafisten gegen die im Einsatz befindlichen Polizeibeamten kam. Das gipfelte darin, dass Murat Kutlu zwei Polizisten mit einem Messer attackierte und schwer verletzte. Bei seiner Verurteilung wegen gefährlicher Körperverletzung, Landfriedensbruch und Widerstands gegen Vollstreckungsbeamte warf er das Grundgesetz dem Vorsitzenden Richter vor die Füße und verteidigte seine Tat damit, dass es die Pflicht jedes rechtgläubigen Muslims sei, die Repräsentanten des tâghût anzugreifen; der Begriff »tâghût« (Götze) findet im salafistischen Sprachgebrauch häufige als Sinnbild eines bösen, korrupten Systems Verwendung.

Arid Uka ist ein weiteres Beispiel für junge Muslimen in Deutschland, die zur Tat geschritten sind. Motiviert unter anderem von der salafistischen Propaganda hiesiger Prediger und einer subjektiv wahrgenommenen Aggressivität der USA gegen die Umma (Gemeinschaft der Muslime), erschoss er Anfang März 2011 zwei US-Soldaten am Frankfurter Flughafen und verletzte zwei weitere schwer. Bei dieser Tat handelte es sich um den ersten erfolgreich durchgeführten Anschlag in Deutschland, dem die salafistische Weltanschauung zugrunde liegt. Von der selbigen ausgehend verabredeten sich vier junge Salafisten zum Mord an den Vorsitzenden der rechtsextremen Partei Pro NRW, Markus Beisicht. Der Anschlagsversuch wurde jedoch von der Polizei vereitelt. Salafistisch motiviert war ebenfalls der Anschlagsversuch am Bonner Hauptbahnhof vom 10. Dezember 2012. Weitere Anschlagspläne waren:

- April 2011: Ermittler nehmen in Nordrhein-Westfalen drei mutmaßliche Al-Qaida-Mitglieder fest, die einen Sprengstoffanschlag in Deutschland geplant haben sollen.
- Dezember 2004: Mitglieder der kurdisch-irakischen Islamistengruppe Ansar al-Islam nehmen sich vor, den damaligen irakischen Ministerpräsidenten Iyad Allawi während eines Deutschland-Besuches zu ermorden.
- März 2003: Ein Tunesier wird verhaftet, der Attentate auf amerikanische und jüdische Einrichtungen verüben wollte.
- April 2002: Der Polizei verhaftet Anhänger der al-Qaida nahestehenden Terrorgruppe al-Tawhid, die Angriffe auf das jüdische Gemeindezentrum in Berlin und jüdische Gaststätten in Düsseldorf anstrebten.

Darüber hinaus kam es in den vergangenen Jahren des Öfteren zu Ausreisen von Dschihadwilligen aus Deutschland in die Konfliktregionen der islamischen Welt. Seit dem Ausbruch des Bürgerkriegs in Syrien im Jahre 2011 sind bislang etwa 400 Salafisten aus Deutschland in den Kampf gegen das Assad-Regime gezogen. In der Levante haben sie sich dschihadistischen Gruppen angeschlossen. Einige von ihnen wurden dort getötet.

Diese Auswahl von Beispielen belegt die verheerende Wirkung salafistischer Propaganda in Deutschland und zeigt deutlich, dass die Szene zunehmend militant agiert. Die Ursache liegt in der immer stärker werdenden gewaltverherrlichenden und volksverhetzenden Propaganda salafistischer Prediger und nährt sich aus den Ereignissen und Bildern des eskalierten Bürgerkrieges in Syrien. Die Protagonisten der Szene versuchen daraus Nutzen zu ziehen, um ihren Einflussbereich zu erweitern. Sie produzieren in ihren Predigten populistische Inhalte, die auf Gewaltrhetorik unter Abwertung anderer fußen.

III. SALAFISMUS IN DEUTSCHLAND – EINE SOZIOPOLITISCHE BETRACHTUNG

Oft wird das Verhalten von Salafisten als Aufbegehren gegen die Zerstörung der islamischen Kulturen interpretiert. Ein Blick in die Gedankenwelt der Salafisten verdeutlicht jedoch, dass sie Philosophie, Musik, Literatur und Poesie der islamischen Zivilisation als Werk des Teufels bekämpfen und jede Form von Volksreligiosität als Unglaube ablehnen. Ihre Auffassung vom Islam entspricht damit nicht der islamischen Tradition, vielmehr ist sie eine aktuelle Konstruktion mit einer klar definierten politischen Agenda (Prisching 2005: 245).

Salafisten verfolgen das Ziel der totalen Transformation der Gesellschaft. Dabei wird das westliche Konzept von Demokratie und Menschenrechten als unislamisch zurückgewiesen. Die Feindschaft basiert auf dem Grundgedanken, dass der westliche Staat als Aggressor das salafistische Projekt einer islamischen Neuordnung verhindert. Die von ihnen mittelfristig angestrebte Islamisierung soll sowohl den privaten als auch den öffentlichen Bereich dominieren. Damit verfolgen sie eine radikale Ideologie, die durchaus als Antithese zur liberalen Demokratie verstanden werden kann. Sie handeln entlang einer radikalen Interpretation der islamischen Vorstellung von Da'wa. In diesen Kontext gehört auch die Koranverteilungsaktion »Lies«.

Salafismusanhänger agieren entlang einer polarisierenden Mixtur aus konstruierten traditionellen Vorstellungen und politischen Ambitionen. Dabei liefern die dem Salafismus innewohnenden Weltanschauungen auch das notwendige Rüstzeug für militante Dschihadisten, und auch wenn nicht jeder Salafismusanhänger ein Gewalttäter ist, legitimiert und fordert der Salafismus in letzter Konsequenz doch den gewaltsamen Dschihad (Wagemakers 2012: 29). Von den Denkern der Bewegung werden so Mission und militanter Kampf als zwei Seiten einer Medaille gelehrt. Dabei profitiert die Gruppe – ob kampforientiert oder missionarisch – von mitunter legalen Strukturen, die sie in Deutschland unterhält.

Aufgrund ihrer eindeutigen Demokratiefeindlichkeit und der von ihnen angestrebten Überwindung der Verfassung werden salafistische Bestrebungen in Deutschland von den Sicherheitsbehörden als ernstzunehmende Bedrohung eingestuft und entsprechend beobachtet. Diese Bedrohung erwächst aus dem durch den Salafismus propagierten Dualismus und der religiös begründeten Forderung an die »Gläubigen«, sich von den »Ungläubigen« zu distanzieren. Zu den Ungläubigen zählen neben Atheisten, Juden und Christen auch alle nichtsalafistischen

Muslime. Der Umgang mit diesen ist auf ein Minimum zu begrenzen und wenn möglich ganz zu vermeiden. Ihnen wird unterstellt, die »wahren« Muslime zu diskriminieren. Eben diese Diskriminierungsgefühle werden weiter geschürt und instrumentalisiert, um Anhänger für die salafistische Strömung zu werben. Das Spektrum umfasst verschiedene Gruppierungen:

- Bereits vor ihrer Einwanderung nach Deutschland radikalisierte Muslime;
- Muslime, die emotional mit ihren Herkunftsgesellschaften verbunden sind und auf Aktionen und Ereignisse reagieren, die sie als gegen den Islam gerichtet wahrnehmen;
- Jugendliche, die den Salafismus als Jugendprotestkultur annehmen.

Letztgenannte Gruppe stellt eine besondere Herausforderung dar. Betroffen sind gleichermaßen in Deutschland geborene muslimische Jugendliche und deutsche Konvertiten.

Deutsche Sicherheitsbehörden beschreiben den Salafismus als die am schnellsten wachsende Strömung innerhalb des islamistischen Spektrums. Salafistische Protagonisten richten ihre Propaganda gezielt an junge Muslime und potenzielle Konvertiten. Obwohl die Lehre des Salafismus puritanisch ist, findet sie wachsenden Zuspruch bei dieser Zielgruppe. Hierbei kann die salafistische Radikalisierung verschiedene Formen annehmen und unterschiedliche Stufen erreichen – von der Missionierung über die salafistische Unterweisung bis hin zur Teilnahme am Dschihad (die al-Qaida-nahe Publikation »39 Möglichkeiten, den Jihad zu unterstützen« beschreibt die Bandbreite der Aktivitäten im Sinne der Ideologie). So konnten in den vergangenen Wochen auf Grundlage von Ermittlungsverfahren der Ermittlungsbehörden verstärkte Reisebewegungen aus dem salafistischen Milieu in Richtung Syrien festgestellt werden. Das kennzeichnet einen Trendwechsel, denn in den vergangenen Jahren war das afghanisch-pakistanische Grenzgebiet das Hauptziel ausreisewilliger Salafisten. Der prominenteste Syrien-Reisende ist sicherlich der ehemalige »Gangsta-Rapper« Denis Mamadou Cuspert, alias Deso Dogg, der vor seiner Annahme der salafistischen Weltanschauung für gewalttätige und sexistische Texte bekannt war. 2010 gab er das Ende seiner Musikerkarriere bekannt, weil diese nicht länger mit seinen salafistischen Ansichten vereinbar sei. Er wurde als salafistischer Prediger unter dem Namen Abou Maleeq aktiv. In einer seiner Verlautbarungen beschreibt er sein Leben als erfolgreicher Rapper in der Zeit vor seiner Konversion als »leer«, »ohne Sinn«. Ähnlich argumentiert Pierre Vogel, der bekannteste Prediger der deutschen Salafistenszene. Auf seiner Homepage wendet er sich mit einem Themenreiter gezielt an Nichtmuslime, denen er in mehreren Videobotschaften genau von diesen Erfahrungen berichtet. Durch das Aufzeigen einer schlechten Lebensweise versucht er, ihnen den islamischen Glauben näher zu bringen.[2] Mit der Konversion und vor allem der Entdeckung des »wahren Islams«, so die Aussage von Cuspert und Vogel, sei ihr Leben erst lebenswert geworden. Dadurch hätten sie ihren Frieden und ihr Heil gefunden, und diese Erfahrung wollten sie nun weitergeben. Unter den Kampfnamen Abu Talha al-Almani rief Cuspert zum Dschihad auf und geriet in den Focus der Er-

---

2 | Vgl. www.pierrevogel.co/index.php?option=com_hwdvideoshare&task=viewcategory& Itemid=63&cat_id=24.

mittlungsbehörden. Um der Vollstreckung eines Haftbefehls zu entgehen, setzte er sich 2012 ins Ausland ab. Seine Dschihadpropaganda setzte er jedoch fort. Im November 2013 tauchte ein Video auf, auf dem er schwerverletzt – angeblich von Kämpfen in Syrien – abgebildet wurde.

Der salafistische Diskurs in Deutschland wird insbesondere von identitätsrelevanten Themen geprägt. So sind Themen, die junge Menschen mit Migrationshintergrund betreffen, ein zentraler Gegenstand von Predigten und Seminaren. Hier werden der Islam und die religiösen Pflichten der Muslime, die oft öffentlich kritisiert werden, verteidigt. Politische Ambitionen des Salafismus spielen dabei zunächst nur am Rande eine Rolle. Zentral wird die islamische Erweckung als Chance für muslimische aber auch für am Islam interessierte Jugendliche propagiert. Die Salafisten identifizieren sich mit den Belangen junger Menschen, die sich gesellschaftlich ausgeschlossen fühlen. Ihnen geben sie eine Proteststimme.

IV. Die salafistische Radikalisierung – die Suche nach Sinn

Bei vielen Aktivisten des Salafismus ist festzustellen, dass sie die Elterngeneration als eine von der »wahren« Religion abgewichene betrachten. Das ist damit zu erklären, dass sie die Elterngeneration für die aus ihrer Sicht so prekäre Lage der islamischen Welt in der Gegenwart verantwortlich machen. Mit den Forderungen der Achtundsechziger in Westdeutschland ist diese Kritik übrigens nicht gleichzusetzen, da den Eltern hier umgekehrt die Loslösung von der Tradition vorgeworfen wird. Es hat sich insbesondere bei der Jugend ein Gefühl kollektiver Frustration und Wut durchgesetzt. Das führt bei vielen dazu, dass all diejenigen, die erfolgreich ihre Interessen durchsetzen, als Unterdrücker bzw. Aggressoren gesehen und damit als legitime Ziele von Angriffen definiert werden. Salafistische Ideologien, die die menschliche Existenz als Kampf zwischen »Gut« und »Böse« interpretieren, stoßen in solchen Kreisen auf offene Ohren und Herzen.

Im Kontext gesellschaftlicher Transformationen gelingt es ambitionierten salafistischen Eliten, durch strategische Identitätskonstruktionen den eigenen Herrschaftsanspruch zu festigen und politische Anhängerschaft zu mobilisieren (Fearon/Laitin 2000). Diese Manipulation passt sich bestehenden Resonanzstrukturen an (Gamson 1992), denn Identitätskonstruktionen basieren auf historischen Mythen, welche ihrerseits Anknüpfungspunkte für höchst unterschiedliche Entwicklungen bieten können. Bereits Tibi (1991) stellte fest, dass der Fundamentalismus »sowohl aus einer Sinnkrise wie einer strukturellen Krise« resultiert und dass in diesem Umfeld der »Fundamentalismus als eine Heilsideologie wirkt, die ein besseres Leben in Aussicht stellt, indem sie glorreiche Versprechen macht.« Sich salafistischen Gruppen anzuschließen, ist ein Versuch, die eigene Identität zu finden. Betroffene bekommen die Möglichkeit, sich in eine soziale Gruppe einzugliedern. Diese ordnet ihnen eine feste Rolle zu, durch die sie sich einbringen können. Die Gruppe, bestehend aus Gleichdenkenden und aus einer ähnlichen Situation kommenden Menschen, ist die neue Familie, die einen ideologisch-weltanschaulichen Schutz bietet. Der Anschluss an eine solche Gruppe stattet den Einzelnen mit einer Gruppenidentität aus, die ihn von den Nöten und den alltäglichen Kämpfen befreit.

Die Gruppe wiederum bindet den Einzelnen, indem sie Zugangskriterien und Obligationen definiert. Die Gruppenmitglieder internalisieren die vorgegebenen

Normen, weil diese an religiöse Werteideale und Prinzipien gekoppelt sind und die Festigung personaler und kollektiver Identität fördern. Zudem haben die propagierten und zumeist auch gelebten Normen der Gruppe eine nicht zu unterschätzende Orientierungsfunktion. Sie typisieren erlaubtes und verbotenes Handeln jenseits der komplexen Realität. Sie vereinfachen die Wahlmöglichkeiten, indem sie eine Vorauswahl möglicher Optionen vornehmen sowie eine langfristige Koordination von Austauschbeziehungen zwischen den Gruppenmitgliedern und der Außenwelt gewährleisten.

Da salafistische Gruppen der Umgebung gegenüber prinzipiell feindlich gesinnt sind und sich somit im dauerhaften Kampf mit ihr befinden, verleihen sie dem Einzelnen zudem ein Gefühl der Stärke und – noch wichtiger – der moralischen Überlegenheit. Die Gruppenideologie erlaubt den Einsatz von Gewalt gegen die selbst definierte Tyrannei. Sie eint damit alle, die sich als Opfer betrachten, und reguliert eventuell auftretende Schuldgefühle der Gruppenmitglieder, indem die Behauptung aufgestellt wird, die eigene Aggression stelle lediglich eine Reaktion auf die Unterdrückung und die gegen die Gruppe ausgeübte Gewalt dar. Die Schuldgefühle sollen dann durch die selbst auferlegte Pflicht, die imaginierte Umma zu schützen, bekämpft werden. In der Selbstwahrnehmung verursacht die Verfolgung durch staatliche Organe somit ein Selbstwertgefühl, das vorher nie erreicht worden ist. Das Interesse des Staates und der Öffentlichkeit an der Gruppe wird uminterpretiert und als Erfolg definiert. Wir haben es also im Kontext der vorgefundenen Ideologie mit Menschen zu tun, die sich als moralisch überlegen empfinden und Gewalt im Kampf gegen tâghût als legitim verstehen.

Die Spannung zwischen Ideal und Realität bleibt aber trotz der neuen Ideologie groß. Das verstärkt mitunter das von Wut dominierte Schuldgefühl, was dann sogar ein Verlangen nach Selbstbestrafung hervorrufen kann. Die Schuldgefühle treten auf, wenn die Rivalität zur Elterngeneration mit all ihren Werten als zu stark empfunden, dabei jedoch die eigene Initiative von Misserfolgen gekrönt ist, sodass die Betroffenen annehmen müssen – gemessen an den selbst gesetzten Zielen –, nichts Relevantes zu leisten. Die Beziehung der Salafisten zu der von ihnen bekämpften Realität ist deshalb selbstquälerisch, denn je ausgeprägter der Glaube ist, dass Gott selbst alles lenkt, umso kritischer muss die eigene Situation rezipiert werden. Die Realität wird in einer religiösen, von der eigenen Weltanschauung bestimmten Logik gedacht. Die Tatsache, dass der allmächtige Gott den kuffâr (Ungläubigen) offenbar so viel Überlegenheit gegeben hat, wird als eine göttliche Prüfung verstanden, ganz im Sinne des Grundverständnisses, wonach das Leben generell eine Prüfung darstelle. Überdies wird das Gefühl verstärkt, dass Gott die eigene Gemeinschaft, die »vom rechten Weg« abgekommen sei und sich zurück in die Dschahiliya (Zustand der Unwissenheit/des Unglaubens vor dem Islam) begeben habe, verlassen habe. Die extreme Gewalt, verbunden mit der Bereitschaft zur Selbsttötung, wird daher verstärkt als ein Weg gesehen, der Umma, der man sich verbunden fühlt, ein Signal zur Umkehr, zur Rückkehr auf den rechten Pfad zu senden.

Betrachtet man die deutsche Salafismusszene, so wird deutlich, dass es sich keineswegs um ein reines »Armutsphänomen« handelt. Deutsche Salafisten verstehen sich als Avantgarde des Islams und verbinden reale Erfahrungen, die Jugendliche mit Diskriminierungen und Islamfeindlichkeit machen, mit diversen internationalen Konflikten wie den Kriegen im Irak und in Afghanistan oder Syrien.

V. Salafismus als eine sicherheitspolitische Herausforderung

In Deutschland unterhalten die Salafisten wenige erkennbare Strukturen. Der Salafismus wird jedoch als Weltanschauung in Vereinen, Moscheen, im Internet aber auch in kleinen Gruppen und von Einzelpersonen praktiziert. Die Anhänger betreiben einen regelrechten Personenkult um nur wenige Führungsfiguren. Diese wiederum pflegen untereinander eine flache Hierarchie und unterhalten enge Beziehungen, die sich in erster Linie auf Islamseminare konzentrieren. Diese Islamseminare wiederum sind die wichtigste Institution der deutschen Salafisten, wenn auch nur informell. Sonst lassen sich nur wenige formale Strukturen finden wie die Lehrer-Schüler-Beziehung, die das salafistische Milieu ebenfalls prägen.

Die transnationale Vernetzung salafistischer Gruppierungen in Deutschland mit Einrichtungen in der Golfregion, vor allem in Saudi-Arabien, wird über offizielle Beziehungen realisiert. Daneben existieren aber auch informelle Vernetzungen etwa über Bildungs-, Finanzierungs- und Propagandanetzwerke. Die salafistische Szene kennzeichnet sich durch dynamische Netzwerkbildungen und Personenzusammenschlüsse: Pierre Vogel, Muhamed Çiftçi, Hassan Dabbagh und Ibrahim Abou Nagie. Insgesamt gibt es in Deutschland etwa 60 überregional tätige salafistische Prediger, die in den großen Städten Frankfurt, Berlin und Hamburg sowie in Bonn besonders aktiv sind. Guido Steinberg konstatiert, dass die »meisten Salafisten in Deutschland [...] der Gruppe der politischen Salafisten zuzuordnen« seien (Steinberg 2012: 6). Diese politischen Salafisten fungieren jedoch als Durchlauferhitzer für den Dschihad, denn alle bekannten salafistischen Terroristen aus Deutschland waren Schüler in den Islamseminaren dieser Prediger und Nutzer von deren Internetangeboten. Die Prediger verbreiten ihre Botschaften über alle möglichen Onlineformate. Dabei scheint es ihnen besonders wichtig zu sein, die Friedfertigkeit ihrer Mission zu betonen. Jedoch rezipieren sie die Ideen derselben Autoritäten und Vordenker, auf die sich dschihadistische Salafisten beziehen. Die angestrebten politischen und gesellschaftlichen Ziele sind gleich.

Salafismus kann sich in modernen Gesellschaften durchsetzen, weil er sich erfolgreich wie jede Form des Fundamentalismus als Protestbewegung präsentiert (Marty/Appleby 1996: 35). Der moderne Rechtsstaat muss die Sicherheit seiner Bürger weitestgehend garantieren. Jedoch nutzen seine Gegner eben jene Rechtsstaatlichkeit, um ihn zu bekämpfen. Die Gefahr für die innere Sicherheit in Deutschland, die vom Salafismus ausgeht, kann nicht damit abgetan werden, dass nur eine kleine Minderheit salafistisch orientiert und eine noch kleinere Minderheit militant ist. Ein nicht unerheblicher Teil der Gefahr resultiert aus der polarisierenden Wirkung dieser Gruppen angesichts einer gemeinsamen weltanschaulichen Wahrnehmung von Konfliktmomenten. Diese Polarisierung kann die Radikalisierung in muslimischen Milieus befördern. Seinem Wesen nach ist der Salafismus kein Traditionalismus, sondern ein moderner Totalitarismus. In diesem Zusammenhang kommt den salafistischen Netzwerken eine womöglich größere Relevanz in ihrer Funktion als Mobilisierungsagenturen einer politisch vermittelten »Gegen-Akkulturation« zu (vgl. Tibi 1995: 82).

Gemäß Popper ist die Demokratie die politische Organisationsform der offenen Gesellschaft, die sich im Unterschied zur geschlossenen und kollektivistischen Stammesgesellschaft dadurch auszeichnet, dass sie von Individuen getragen wird, die persönliche Entscheidungen treffen und sich frei, gemäß ihren je eigenen Wertmaßstäben entfalten können. Damit sind offene Gesellschaften dynamisch und innovativ, denn sie lassen öffentliche Kritik und dauernde Reform zu. Somit ist die offene Gesellschaft ein Forum der Konkurrenz verschiedener Auffassungen über das Gute, welche maximale Autonomie des Einzelnen ermöglicht, sofern diese mit der Freiheit aller übereinstimmt. Der Salafismus ist die Antithese hierzu, denn in seiner Totalitarität toleriert er eben keine anderen Sichtweisen. Seinem Wahrheitsanspruch liegt ein Offenbarungsmodell zu Grunde.

Der salafistische Wahrheitsanspruch unterscheidet nicht zwischen der theoretischen Geltung von Wahrheitsbehauptungen und deren Quellen, sodass der Anschein entsteht, »dass es tatsächlich autoritative Quellen unserer Erkenntnis gibt.« (Vgl. Tibi 1995: 82) Damit greift er die Grundpfeiler der offenen Gesellschaft an, denn er torpediert jede Möglichkeit der freien Meinungsäußerung und verbietet sowohl öffentliche als auch private Kritik. Die gewaltfreie Veränderung von politischen Verhältnissen durch demokratische Willensbildung wird also massiv behindert. Die Gefährdung des demokratischen Prozesses, welcher sich über Jahre zum gesellschaftlichen Konsens entwickelte, produziert tiefgreifende gesellschaftliche Desintegrationskräfte, die die Sicherheitsgewährleistung durch den modernen Staat komplizierter machen.

Sicherheitspolitik im deutschen Verfassungsstaat lässt sich als ein Konglomerat von Konzepten und Handlungsmechanismen begreifen, die Spannungen und Konflikte sowohl zwischen Bürgern eines Staates als auch zwischen Staaten und anderen Akteuren zu entschärfen, zu deeskalieren und zu verhindern versuchen. Sie soll dem Schutz der Unversehrtheit von Personen, Sachen und insbesondere der staatlichen Unversehrtheit dienen. Sicherheitspolitik als Instrument befähigt den Staat, seine Bürger vor Bedrohungen, wie etwa gewaltsamen terroristischen Anschlägen oder der Gefährdung des sozialen Friedens zu bewahren (innere Sicherheit). Zusätzlich wirkt sie als Bestandteil der Außen- und Verteidigungspolitik bei der Wahrung und Sicherung existentieller staatlicher Interessen (äußere Sicherheit). Ein modernes Sicherheitsverständnis schließt darüber hinaus den Bereich der »Human Security« ein (vgl. ebd. S. 5ff.; Boer/Koekkoek 1994). Damit ist die Gewährleistung des Schutzes des Staatsbürgers gemeint. Die Notwendigkeit dieser Erweiterung wird durch die Tatsache deutlich, dass nichtstaatliche Akteure ihren Terror bewusst gegen die Zivilgesellschaft einsetzen, was die existentielle Grundlage demokratischer Staaten massiv bedroht. Die Verwundbarkeit der offenen Gesellschaft und die Aktionsfreiheit potentieller Gewaltakteure im Kontext einer asymmetrischen Bedrohungslage vermitteln dem Bürger ein Gefühl der Unsicherheit. Dies hat tiefgreifende existenzielle Implikationen für die staatlichen Institutionen und Autoritäten, wenn diese keine umfassenden Bewältigungskonzepte entgegensetzen.

Der Stellenwert der Sicherheitsaufgabe des deutschen Staates leitet sich aus seinem positiven freiheitssichernden und rechtsstaatlichen Selbstverständnis als Ausdruck der dominierenden politischen Kultur ab (Wehr 2005: 23f.). Daraus resultiert eine Garantieverantwortung seitens des Staates mit den aus ihr abgeleiteten Pflichten der Sicherheitsgewährleistung, die auch von der Bevölkerung verlangt wird. Die Schutzgarantie für Individualrechtsgüter (Leben, Freiheit und Eigentum), die Gewährleistung der Unversehrtheit wichtiger Gemeinschafts- und Gemeinschaftsrechtsgüter (Verfassung/Gesetze) sowie die Unversehrtheit der Rechtsordnung an sich sind die elementarsten staatlichen Aufgaben (Niebeling 2005: 51f.). Die Rechtsordnung ist deshalb eines der zentralsten Schutzgüter öffentlicher Sicherheit, weil diese in einer offenen pluralistischen Gesellschaft die Grundlage für die Durchsetzung der demokratischen Normen darstellt.

Das ambivalent diskutierte Verhältnis zwischen Freiheit und Sicherheit darf nicht darüber hinweg täuschen, dass Freiheit und Sicherheit erst gemeinsam die volle Unversehrtheit hervorbringen. In diesem Sinne muss die Feststellung von Raymond Aron interpretiert werden, der unter Berufung auf Tocqueville darauf hinweist, dass der Begriff der Freiheit genauso wie der Sicherheitsbegriff die persönlichen und geistigen Freiheiten, den Schutz vor Willkür sowie die Teilhabe aller Bürger an den öffentlichen Angelegenheiten in sich birgt (Aron 1981: 14). Somit ist die Schnittstelle zwischen Freiheit und Sicherheit bedeutsam. Die Freiheit bedarf des staatlichen Schutzes gegen Gefährdungen, denn der Genuss der Freiheit ist nur in einem Kontext von Sicherheit und funktionierender Rechtsordnung möglich (Möst 2002: 37). Daher wird im modernen Verfassungsdenken eine Drittwirkung der Grundrechte auch im Bereich des Privaten akzeptiert. Entsprechend hat das Bundesverfassungsgericht entschieden, dass der Wertgehalt der Grundrechte in den Bereich des Bürgerlichen Rechts und der Privatrechtsbeziehungen ausstrahlt, also auch für die Beziehungen zwischen den Bürgern und deren gesetzliche Gestaltung normsetzende Kraft besitzt (BVerfG 66, 116:135; BVerfGE 7, 198: 205). Das bedeutet faktisch die Wirkung der Grundrechte über das Verhältnis von Staat zu Bürger hinaus in die Gestaltung gesellschaftlicher Beziehungen.

Der Staat hat eine Schutzverpflichtung und der Einzelne ein Recht auf Schutz durch die staatliche Ordnung, wenn die freie Entfaltung seiner Persönlichkeit gefährdet ist und wenn es um Fragen des menschlichen Lebens und der körperlichen Unversehrtheit geht. In diesem Sinne hat das Bundesverfassungsgericht im Hinblick auf die Frage der Schutzpflicht des Staates ausgeführt, dass das in Art. 2 Abs. 2 GG gewährleistete Grundrecht auf Leben und körperliche Unversehrtheit nicht nur als subjektives Abwehrrecht gegen staatliche Eingriffe zu verstehen ist: »[V]ielmehr folgt darüber hinaus aus seinem objektiv-rechtlichen Gehalt die Pflicht der staatlichen Organe, sich schützend und fördernd vor die darin genannten Rechtsgüter zu stellen und sie insbesondere vor rechtswidrigen Eingriffen von Seiten anderer zu bewahren.« (Vgl. BVerfGE 53, 30: 57) In letzter Konsequenz kann aus den Grundrechten das Recht auf Sicherheit abgeleitet werden, denn der Staat muss in bestimmten Fällen die Grundrechte Einzelner gegenüber Anderen schützen (Isensee 1983).

Betrachtet man die weltanschauliche Dimension des Salafismus, so wird deutlich, dass hier der Staat besonders sensibel reagieren muss. Im schlimmsten Falle könnte durch eine übertriebene bzw. untertriebene Reaktion die Legitimität des Staates, die in demokratisch konstituierten Gesellschaften dem Volkswillen entspringt, in Frage gestellt werden oder es könnte zu einer Entsolidarisierung und damit zum Ausschluss von Bevölkerungsgruppen kommen, was faktisch die Aushebelung zentraler Elemente moderner Staatlichkeit bedeutet. Daher kann die salafistische Herausforderung nur dann im Sinne der offenen Gesellschaft entschieden werden, wenn diese weiterhin offen bleibt und ihre tragenden Werte als die bessere Alternative hochhält.

Dieses bringt langfristig die notwendige Nachhaltigkeit und hilft, ein differenzierteres Bild zu zeichnen, das den von Stereotypen geprägten Umgang mit den islamischen Gemeinschaften verhindert und das »Feindbild Islam« abbaut. Auch Feindbilder innerhalb der islamischen Gemeinschaften können reduziert werden. Die Betonung von Gemeinsamkeiten in beiden Lebenswelten aufgrund ähnlicher oder gleicher politischer und gesellschaftlicher Normen und Werte und die Herausbildung einer Solidargemeinschaft zwischen den Majoritäts- und Minoritätsgruppen anstelle von Verachtung und Abgrenzung, trägt zur Stabilisierung des Staates und der Gesellschaft bei. Die Aufklärung ist, wie Max Horkheimer und Theodor W. Adorno gelehrt haben (1981 [1947]), gegen Rückfälle in die Barbarei eben nicht gefeit. In diesem Zusammenhang wird Gewalt ästhetisiert und genossen (Soeffner 2003: 59). Diese Überlegungen liefern einige Ansätze, um der Demokratiefeindlichkeit des Salafismus effektiv zu begegnen, denn Salafismus entsteht nicht im luftleeren Raum und muss stets im Kontext gesellschaftlicher Rahmenbedingungen interpretiert werden.

VI. Salafismus — Präventionspolitische Ansätze

In den vergangenen zehn Jahren hat sich das Phänomen Salafismus aufgrund der direkten Bedrohung der öffentlichen Sicherheit durch einen Teil des salafistischen Spektrums zu einem Beobachtungs- und Analysegegenstand entwickelt, der nicht nur für den Verfassungsschutz, sondern auch in hohem Maße für die Polizeibehörden an Relevanz gewonnen hat. Die Mehrheit der Salafisten lehnt zwar bis heute Gewalt, besonders terroristische Gewalt, zur Verbreitung ihrer religiösen Vorstellungen und ihrer Ideologie ab, propagiert jedoch eine intolerante Haltung gegenüber Andersgläubigen. Diese Intoleranz begünstigt eine mögliche Hinwendung zum Dschihad-Salafismus. Selbst gewaltablehnende Salafisten sympathisieren mit den dschihadistischen Aktivisten und stellen ein Umfeld dar, in welchem für den Dschihad rekrutiert werden kann. Diese Gefahr ist in Deutschland mehrfach Realität geworden, wobei die Polizei die meisten geplanten Anschläge vereiteln konnte.

Alle an den Planungen dieser Anschläge Beteiligten waren Salafisten. Dies gilt im Übrigen für alle im Focus der Ermittlungsbehörden stehenden Gefährder (als solche gelten Personen, bei denen Tatsachen die Annahme rechtfertigen, dass sie politisch motivierte Straftaten von erheblicher Bedeutung begehen werden) und relevanten Personen. Letztere sind Menschen, die innerhalb des extremistischen Spektrums die Rolle einer Führungsperson oder eines Unterstützers einnehmen und bei denen davon ausgegangen wird, dass sie Straftaten von erheblicher Bedeutung fördern, unterstützen oder begehen könnten. Die Sicherheitsbehörden reagieren auf diese Radikalisierung im salafistischen Milieu auf verschiedenen Ebenen. Neben einer repressiven ermittlungsorientierten Vorgehensweise wurden unterschiedliche Konzeptionen zur Deradikalisierung entwickelt – mit dem Ziel, eine Plattform für einen systematischen Erfahrungs- und Informationsaustausch über »good practices« Maßnahmen und Handlungsansätze zur Bekämpfung von Radikalisierung zu schaffen.

In Niedersachsen wurde Mitte 2010 eine Arbeitsgruppe gebildet, in der das dortige Landesamt für Verfassungsschutz und das Landeskriminalamt den Auftrag haben, ein Konzept zur »Anti-Radikalisierung« zu entwickeln. Die Federführung hat das LfV. In Hessen hat das LKA der dortigen Forschungsgruppe in Zusammenarbeit mit der Abteilung Staatsschutz den Auftrag erteilt, ein Deradikalisierungskonzept zu erarbeiten. Währenddessen setzt Baden-Württemberg sein Deradikalisierungskonzept um. Die dortigen Sicherheitsbehörden arbeiten mit der baden-württembergischen Landeszentrale für politischen Bildung eng zusammen. Es werden Fortbildungen und Sensibilisierungsmaßnahmen realisiert. Das Konzept des LKA Hamburg »Verstehen-Verbünden-Vorbeugen« basiert auf einem netzwerkorientierten Ansatz gegen den »islamistischen Extremismus«.

Unter der Prämisse, dass Prävention im Bereich des islamistischen Extremismus eine Aufgabe für Spezialkräfte ist, werden Wissenschaft, Sicherheitsorgane und muslimische Akteure vernetzt. In der praktischen Umsetzung konzentriert sich das Konzept auf die Mikroebene. Hauptzielgruppe für Sensibilisierungsmaßnahmen sind Mitarbeiter von Institutionen, die mit Jugendlichen und jungen Erwachsenen in unterschiedlichen Stadtteilen zu tun haben. Auf Bundesebene wurde beim Bundesamt für Migration und Flüchtlinge die »Beratungsstelle Radikalisierung« eingerichtet, an die sich jene wenden können, die sich um die Radikalisierung eines Angehörigen oder Bekannten sorgen und zu diesem Themenbereich Fragen haben.[3]

Deradikalisierung ist einerseits ein individueller Prozess, bei dem eine radikalisierte Person ihr Bekenntnis und Engagement für extremistische Denk- und Handlungsweisen, insbesondere die Befürwortung von Gewalt zur Durchsetzung seiner Ziele, aufgibt. Andererseits beschreibt Deradikalisierung Maßnahmen, die darauf abzielen, Personen oder Gruppen dazu zu bewegen bzw. dabei zu unterstützen, sich aus dem extremistischen Umfeld herauszulösen und extremistische Handlungen aufzugeben (Disengagement) sowie entsprechende Denkweisen abzulegen. Die beste Form der Deradikalisierung ist die (Rück)Gewinnung von jungen Menschen für Demokratie.

Toleranz, Respekt gegenüber Andersdenkenden und ziviler Umgang mit Konflikten sind Kernkompetenzen der modernen Gesellschaft. Jungen Menschen muss verdeutlicht werden, dass dies einen ausreichenden Rahmen für die Selbstentfaltung bietet und mit der Religion in keinem Konflikt steht. Es ist kein Widerspruch, Muslim und Demokrat zu sein. Somit bedarf es als Folge dessen der Dekonstruktion allgemein gültiger Vorstellungen von Rollenzuschreibung und der Rekonstruktion des Bürgerbegriffs entlang einer verfassungsrechtlich garantierten Bürgerschaft. Dies geschieht natürlich nicht durch eine Direktive des Politischen, vielmehr müssen zivilgesellschaftlich orientierte Kräfte den politischen Diskurs mitbestimmen, um verändernde Kräfte in der Gesellschaft entwickeln zu können.

Zur erfolgreichen Umsetzung von Deradikalisierungsmaßnahmen ist die Vernetzung von Teilkompetenzen (Polizei, Jugendämter, Migrationsbeauftragte, Integrationsministerium usw.) eine wichtige Voraussetzung. Dies gilt ebenfalls für die Einbindung muslimischer Partner. Die einzelnen Akteure können somit ihre jeweiligen Erfahrungen in islamisch geprägte Milieus einbringen und Synergien entwickeln, die in Zeiten knapper finanzieller Mittel von besonderer Bedeutung sind.

---

3 | Vgl. www.bamf.de/DE/DasBAMF/Beratung/beratung-node.html (12.12.2013).

FAZIT

Der Salafismus ist das islamische Projekt der Politisierung des Sakralen und der Sakralisierung einer festgelegten Lesart der Geschichte. In vielen islamischen Staaten sind Salafisten eine aufsteigende politische Kraft, eine Gegenelite, die für sich beansprucht, eine Gesellschaft göttlichen Willens zu etablieren. Dabei handelt es sich beim Salafismus nicht um eine lokalisierbare Organisation. Vielmehr ist sie eine weltumspannende Geisteshaltung, eine Idee, die von losen netzwerkartigen Strukturen und flachen Hierarchien geprägt wird.

Das Konzept regelt das Verhältnis der Menschen untereinander und macht Vorschriften für alle Dinge des Alltags. Es definiert die Beziehung der Gläubigen zu den Ungläubigen sowohl im Staat als auch nach außen und liefert die Rahmenbedingungen für die Gestaltung der Herrschaft. Hierin sind zwei zentrale Charakteristika wiederzufinden, die von allen salafistischen Netzwerken vertreten werden:

Die universalistisch-totalitäre Ausrichtung, die alle Bereiche der Gesellschaft betrifft, was auch die Aufhebung der Grenze zwischen öffentlicher und privater Sphäre bedeutet.

Die Ablehnung des Nationalstaats als Ordnungseinheit innerhalb des internationalen Systems zu Gunsten des Umma-Begriffs, der keine nationalstaatlichen Grenzen anerkennt und den Staatsbürgerbegriff negiert.

Laut Verfassungsschutzbericht 2013 erfährt das salafistische Personenpotenzial in Deutschland einen steigenden Zuwachs: 5.500 Personen wurden Ende 2013 dem salafistischen Spektrum zugerechnet. Ende 2012 ging man von 4.500 Personen aus. Mit einer weiteren Zunahme ist auch im Jahr 2014 zu rechnen (vgl. Bundesministerium des Innern 2014).

Salafistischer Extremismus ist nicht erst in seinen terroristischen Handlungsformen eine Bedrohung. Die politischen Vorstellungen der Salafisten, wonach ihre Glaubens- und Weltanschauung der staatlichen Verfassung übergeordnet ist, sind mit der freiheitlichen demokratischen Grundordnung der Bundesrepublik Deutschland unvereinbar. Der salafistische Extremismus steht im eindeutigen Widerspruch zum Grundgesetz mit seinem Anspruch auf Wahrung der Menschenwürde und Gewährleistung der Gleichheit aller Menschen ungeachtet ihrer religiösen Anschauungen. Es gilt daher, dem salafistischen Extremismus mit allen gebotenen Mitteln im Rahmen des Rechtsstaats, aber auch mit bürgerschaftlichem Engagement entgegenzutreten.

LITERATUR

Arendt, Hannah (1986): Elemente und Ursprünge totaler Herrschaft. München.
Aron, Raymond (1981): Über die Freiheiten. Stuttgart.
Boer, Leen und Ad Koekkoek (1994): »Development and Human Security«, in: Third World Quarterly 15/3(1994), S. 519-522.
Bundesministerium des Innern (2014): Verfassungsschutzbericht 2013, Berlin.
Dallal, Ahmad (2000): »Appropriating the Past: Twentieth-Century Reconstruction of Pre-Modern Islamic Thought«, in: Islamic Law and Society 7/1(2000), S. 325-358.

Fearon, James und David Laitin (2000): »Violence and the Social Construction of Ethnic Identity«, in: International Organization 54/4(2000), S. 845-877.
Gamson, William A. (1992): Talking Politics. Cambridge.
Horkheimer, Max. und Theodor W. Adorno (1981 [1947]): Dialektik der Aufklärung. Philosophische Fragmente. Frankfurt a.M.
Isensee, Josef (1983): Das Grundrecht auf Sicherheit. Zu den Schutzpflichten des freiheitlichen Verfassungsstaates. Berlin u.a.
Meyer, Thomas (1989): Fundamentalismus: Aufstand gegen die Moderne. Reinbek.
Möstl, Markus (2002): Die staatliche Garantie für die öffentliche Sicherheit und Ordnung. Tübingen.
Mooren, Thomas (1991): Macht und Einsamkeit Gottes. Dialog mit dem islamischen Radikal-Monotheismus. Altenberge.
Niebeling, Christian (2005): Das Staatsrecht in der Rechtslehre Kants. Stuttgart.
Prisching, Manfred (2005): »Fundamentalismus aus der Sicht der Sozialwissenschaften«, in: Kurt Salamun (Hg.): Fundamentalismus »interdisziplinär«. Wien, S. 243-293.
Sarhan, Aladdin (2012): »Gottgewollte Ordnung. Wer sind die Salafisten?«, in: Herder Korrespondenz 66/10, S. 523-526.
Soeffner, Hans-Georg (2003): »Terror als Form faszinierender Gewalt«, in Ronald Hitzler und Jo Reichertz (Hg.): Irritierte Ordnung. Die gesellschaftliche Verarbeitung von Terror. Konstanz.
Steinberg, Guido (2012): »Wer sind die Salafisten? Zum Umgang mit einer schnell wachsenden und sich politisierenden Bewegung«, in: SWP-Aktuell, 28. Mai 2012.
Tibi, Bassam (1991): »Islamischer Fundamentalismus als Antwort auf die doppelte Krise«, in: ders.: Die Krise des modernen Islams. Ein vorindustrielle Kultur im wissenschaftlich-technischen Zeitalter, erw. Ausg., Frankfurt a.M., S. 202-279.
Tibi, Bassam (1995): Krieg der Zivilisationen. Politik und Religion zwischen Vernunft und Fundamentalismus. Hamburg.
Wagemakers, Joas (2012): A Quietist Dschihadi: The Ideology and Influence of Abu Muhammad al-Maqdisi, Cambridge.
Wehr, Matthias (2005): Rechtspflichten im Verfassungsstaat. Verfassungs- und verwaltungsrechtliche Aspekte der Dogmatik öffentlicher-rechtlicher Pflichten Privater. Berlin.
Wiktorowicz, Quintan (2006): »Anatomy of the Salafi Movement«, in: Studies in Conflict and Terrorism 29(2006), S. 207-239.

Salafismusprävention zwischen Sicherheitsbehörden und zivilgesellschaftlichen Trägern[1]

Hazim Fouad und André Taubert

1. EINLEITUNG

Im Zuge der Ausreisen deutscher Jugendlicher und junger Erwachsener zur Beteiligung am Bürgerkrieg in Syrien mehren sich die Stimmen, die neben rein repressiven und in ihrer Wirkung begrenzten Maßnahmen eine Ausweitung von Präventionsangeboten fordern (Hamburger Abendblatt, 11.4.2014: »Islamismus als Jugendkultur«). Jungen Menschen in Problemlagen soll vorzeitig geholfen werden, um Radikalisierungsprozesse zu unterbinden, die mitunter in dem Entschluss zur Ausreise münden können. Den Weg bis zur aktiven Teilnahme am syrischen Bürgerkrieg beschreiten die meisten jungen Menschen über die salafistische Szene. Dabei gilt, dass bei Weitem nicht jeder, der der salafistischen Lesart des Islams folgt, Pläne hat, nach Syrien auszureisen. Nach Angaben des Verfassungsschutzes gibt es insgesamt etwa 6000 Salafisten in Deutschland. Zum Zeitpunkt des Entstehens dieses Artikels sind rund 400 Jugendliche und junge Erwachsene aus Deutschland nach Syrien ausgereist, um dort an Kampfhandlungen teilzunehmen. Trotz des zahlenmäßig geringen Anteils spielt das Thema Syrien innerhalb der salafistischen Szene gegenwärtig eine große Rolle, weshalb sie unter anderem in den Fokus der deutschen aber auch europäischen Präventionsbemühungen geraten ist.

Erfolgreiche Präventionsarbeit muss in der Lage sein, die Attraktivität des Salafismus für Jugendliche und junge Erwachsene einzudämmen. Gemessen an diesem Anspruch wird schnell deutlich, dass Salafismusprävention nicht alleinige Aufgabe der Sicherheitsbehörden sein kann, sondern gesamtgesellschaftliches Engagement auf unterschiedlichen Ebenen erfordert. Denn in Radikalisierungsprozessen spielen nicht nur die salafistische Ideologie, sondern auch Fragen der Ausgrenzung, Diskriminierung und Identitätsfindung eine maßgebliche Rolle.

---

[1] | Die in dem Artikel dargestellten Beratungsfälle sind fiktiv, Ähnlichkeiten zu realen Fällen daher zufällig. Die vertretenen Positionen repräsentieren die persönliche Meinung der Autoren und spiegeln nicht automatisch die Ansichten der Behörden bzw. Institutionen, für die sie tätig sind, wider.

In diesem Beitrag soll, aufbauend auf einigen theoretischen Überlegungen zur Prävention, zunächst eine kursorische Übersicht einiger gegenwärtiger Präventionsbemühungen seitens der deutschen Sicherheitsbehörden gegeben werden. In einem zweiten Teil wird thematisiert, wie im Vergleich dazu die Präventionsarbeit eines zivilgesellschaftlichen Trägers funktioniert und wo Möglichkeiten und Grenzen in der Kooperation mit Sicherheitsbehörden liegen.

2. Theoretisches zur Prävention

Da der Begriff Prävention in verschiedenen Sachzusammenhängen verwendet wird, gilt es zunächst zu klären, wem oder was genau präventiv begegnet werden soll. In diesem Fall geht es um das Verhindern, Aufhalten oder gar Umkehren von Radikalisierungsprozessen im Sinne einer Hinwendung zu extremistischen Denk- und Handlungsweisen, welche islamisch-religiös gerechtfertigt werden (Auer 2013: 8).

Die meisten Studien verstehen Radikalisierung als einen Prozess, der individuell bedingt verschiedene Ursachen haben kann, in unterschiedliche Richtungen verlaufen, kurzfristig stoppen oder aber im Extremfall in der Ausübung von Gewalt enden kann (Staun/Veldhuis 2009; Eckert 2013). In kaum einem Fall verläuft eine Radikalisierung linear, d.h. mit einem klar definierten Start- und Endpunkt. Die verschiedenen (sozialen, ökonomischen, kulturellen, ideologischen, psychologischen etc.) Ebenen einer Radikalisierung sowie der Zeitpunkt einer Intervention spielen für die Präventionsarbeit eine wichtige Rolle. Daher gilt es jeden Fall individuell zu prüfen, um herauszufinden, an welcher Stellschraube angesetzt werden muss, um ein erfolgreiches Ergebnis zu erzielen.

Im Kontext extremistischer Radikalisierung werden drei verschiedene Arten der Prävention unterschieden (vgl. hierzu ausführlich Ceylan/Kiefer 2013: 111ff.).

A. Universelle bzw. Primärprävention

Hierunter werden Maßnahmen verstanden, die allgemein darauf abzielen, Jugendliche gegenüber radikalen Ideologien zu sensibilisieren, ohne dass dabei eine bestimmte Zielgruppe im Fokus steht. Dementsprechend breit ist das Feld von Initiativen, welche in dieser Kategorie gefasst werden können. Sie reichen von demokratiefördernden und interkulturellen Projekten über Workshops zur Förderung der eigenständigen Urteilsbildung und der Toleranz sowie Akzeptanz von divergierenden Meinungen bis hin zu Veranstaltungen zur Aufklärung über extremistische Ideologien. Um die Zielgruppen nicht als Risikogruppen negativ zu konnotieren, sind positiv besetzte Begriffe wie »Förderung« oder »Stärkung« dem Präventionsbegriff vorzuziehen (Deutsche Islamkonferenz 2012: 3).

B. Selektive bzw. Sekundärprävention

Diese Form der Prävention beschäftigt sich mit Gruppen oder Individuen, welche bereits bestimmte Risikofaktoren bezüglich einer bevorstehenden Radikalisierung aufweisen. Ferner kann hier zwischen direkter und indirekter Prävention unterschieden werden. Während bei der direkten Prävention mit den Betroffenen selbst gearbeitet wird, ist mit indirekter Prävention die Schulung von denjenigen Akteuren gemeint, welche die direkte Prävention durchführen (sogenannte Multiplikatoren). Auch die Angehörigenberatung ist eine Art der indirekten Sekundärprävention (Ceylan/Kiefer 2013: 112). Ein Beispiel hierfür ist die unten beschriebene Beratungsstelle Radikalisierung.

C. Indizierte bzw. Tertiärprävention

Hierbei fokussiert man sich auf Personen, die bereits angefangen haben, sich zu radikalisieren und versucht ihnen dabei zu helfen, sich wieder aus der extremistischen Szene zu lösen. Daher spricht man in diesem Zusammenhang auch oft von Deradikalisierung. Dabei gilt es die Begriffe Deradikalisierung und Disengagement (Loslösung) zu unterscheiden. Während Deradikalsierung die tatsächliche Abkehr von extremistischem Gedankengut bezeichnet, bedeutet Disengagement in diesem Zusammenhang lediglich das Abschwören von Gewalt ohne eine ideologische Neuorientierung. Bei der Formulierung der Ziele eines Projektes ist diese Unterscheidung durchaus bedeutsam, da sie Auswirkungen auf die Wahl der Partner haben kann. Ist das vorrangige Ziel der Gewaltverzicht, ist es theoretisch möglich, mit nicht-gewaltbereiten Akteuren aus dem islamistischen Spektrum zusammenzuarbeiten, da diese häufig die einzigen Personen sind, welche stark radikalisierte Jugendliche noch erreichen. Als Beispiel kann das britische STREET-Projekt genannt werden, bei dem Jugendliche von Predigern aus dem salafistischen Milieu davon abgehalten werden sollen, terroristische Aktivitäten zu entfalten. Unter der Regierung Cameron wurde das Projekt jedoch nicht weiter staatlich finanziert, da keine »extremistischen Ansichten« gefördert werden sollten (Casciani 2011). Den Autoren ist zudem bekannt, dass auch im deutschen zivilgesellschaftlichen Bereich stellenweise mit nicht gewaltbereiten salafistischen Predigern kooperiert wird, wenn es darum geht, Jugendliche von der Ausreise nach Syrien abzuhalten. Liegt das Ziel jedoch darin, die radikalen Ansichten einer Person langfristig zu ändern, wäre die Einbeziehung islamistischer Akteure sicherlich kontraproduktiv. Ebenso fokussiert sich Deradikalisierung vorrangig auf Personen, bei denen eine reale Chance gesehen wird, dass sie den Weg aus dem extremistischen Milieu finden. Langjährige »Chefideologen« werden ihr Denken wohl kaum wieder ändern, dennoch können die staatlichen Behörden ihnen verdeutlichen, dass das Befürworten oder gar die Anwendung von Gewalt nicht toleriert wird. So formuliert z.B. der dänische Nachrichtendienst PET Disengagement als Ziel in seinem Antrag auf EU-Förderung (European Commission 2008: 24).

Die Frage ist, welche Akteure in welchen Bereichen aktiv sind bzw. aktiv sein sollen. Schon 2008 stellten Yousiff Meah und Colin Mellis vom britischen RecoRA Institute fest: »Radikalisierte Jugendliche, die mit der dschihadistischen Ideologie flirten, können nicht mehr durch interkulturelle, für gegenseitiges Verständnis werbende Veranstaltungen erreicht werden, jedoch stellen sie (noch) kein so großes Sicherheitsrisiko dar, als dass die Sicherheitsbehörden auf sie aufmerksam werden sollten.« (2008: 32). Daher soll im nächsten Kapitel zunächst eine kurze Übersicht verschiedener Initiativen seitens der deutschen Verfassungsschutzbehörden und ihrer Verflechtung mit anderen Partnern erfolgen.

3. Präventionsarbeit der Verfassungsschutzbehörden

Im Zuge der Neuausrichtung des Verfassungsschutzes nach Aufdeckung der NSU-Mordserie fielen oftmals Schlagworte wie »Transparenz«, »Offenheit« und »Kooperation« (vgl. Landesamt für Verfassungsschutz Hessen 2012). Als Dienstleister für die Demokratie soll der Verfassungsschutz als kompetenter Ansprechpartner für die Öffentlichkeit dienen und so das Image einer nebulösen Institution von Schlapphutträgern verlieren. Einige der Hauptbestandteile der Neuausrichtung sind daher eine verstärke Öffentlichkeitsarbeit sowie ein aktiveres Engagement im Bereich der Prävention.

Wie bereits angemerkt, stellt sich die Frage, in welchem Bereich der Prävention (primär, sekundär, tertiär) die Sicherheitsbehörden aktiv sind bzw. sein sollen. Eine Analyse der gegenwärtigen Präventionsbemühungen zeigt, dass sich der Großteil der Maßnahmen im Bereich der Primär- und Sekundärprävention befindet. Hierbei ist ein Ost-West-Gefälle bezüglich der Menge an Maßnahmen im Bereich der Salafismusprävention zu beobachten. Dies liegt an dem geringeren »salafistischen Personenpotenzial« in den neuen Bundesländern und dem dortigen Fokus auf der Prävention des Rechtsextremismus. Neben Podiumsdiskussionen und Ausstellungen, die an die allgemeine Öffentlichkeit gerichtet sind, gibt es vor allem zielgruppenspezifische Aufklärung. So gibt es in fast allen Bundesländern Fortbildungsveranstaltungen im Bereich Salafismus für Mitarbeiter der Polizei, des Justizvollzugs, der Bundeswehr und kommunaler Behörden aber auch für Lehrer und Sozialpädagogen. In Bremen wird z.B. jedes Jahr der gesamte Jahrgang der Polizeirekruten in einem mehrstündigen Seminar über die Hintergründe und gegenwärtigen Dynamiken der deutschen salafistischen Szene geschult. Darüber hinaus gibt es auch einige weiter reichende Kooperationen mit anderen Behörden und zivilgesellschaftlichen Trägern, von denen an dieser Stelle drei Beispiele genannt werden sollen.

Unter der Prämisse »Verfassungsschutz durch Aufklärung« begann das Landesamt für Verfassungsschutz (LfV) Brandenburg 2009 in Zusammenarbeit mit der Landesintegrationsbeauftragten die sogenannten »Regionalen Sicherheitsdialoge«. Das Ziel lag dabei auf der Verbindung von Präventionsarbeit mit der Vermittlung interkultureller Kompetenz. Zielgruppe dieser Sensibilisierung waren sowohl die Landes- und Kommunalverwaltung wie auch die Zivilgesellschaft Brandenburgs. Nach einer Evaluierung wurde das Konzept überarbeitet, wobei der Bereich Salafismus deutlich vertieft und die Fortbildung um das Thema Islamfeindschaft erweitert wurde. Bisher haben 1306 Personen an den Fortbildungen teilgenommen (Land Brandenburg Ministerium des Innern 2013: 3-4).

In Baden-Württemberg war das LfV zusammen mit der Landeszentrale für politische Bildung (LpB) und dem zivilgesellschaftlichen Verein »ufuq.de« an der Entwicklung und Konzeption des Programms »Team meX – Mit Zivilcourage gegen Extremismus« beteiligt. Dabei handelt es sich um modular aufgebaute Fortbildungen für die schulische und außerschulische Bildungsarbeit. Das Projekt will Jugendliche vor extremistischem Gedankengut schützen und verhindern, dass sie in die extremistische Szene abrutschen (vgl. Landeszentrale für politische Bildung Baden-Württemberg 2014). Dafür wurden durch das LfV und die LpB für den Einsatz an Schulen und darüber hinaus Teams ausgebildet, die im Land am jeweiligen Bedarf orientierte Aufklärungsveranstaltungen durchführen. »Team meX« wird von einem Fachbeirat mit 24 Mitgliedern aus den vier Landtagsfraktionen, vom Staatsministerium, Innenministerium und Kultusministerium sowie von Verbänden und Vereinen begleitet und von der Baden-Württemberg-Stiftung gefördert.

Das bislang größte Präventionsprogramm im Bereich Salafismus auf Länderebene existiert in Nordrhein-Westfalen. Dort war ein Programm zur Ausstiegshilfe für Islamisten Teil der Koalitionsvereinbarung von 2012. Nicht zuletzt die gewaltsamen Ausschreitungen zwischen Polizisten und Teilen der salafistischen Szene während des Wahlkampfs der Partei »Pro NRW«, dürften hierfür die Antriebsfeder gewesen sein. Den Auftrag zur Umsetzung des Projekts erhielt dabei das LfV. Offizieller Start des Programms »Wegweiser« war die Pressekonferenz des Innenministeriums Nordrhein-Westfalen am 24. März 2014 (General-Anzeiger, 27.3.2014: »Vorbeugen gegen militanten Salafismus«). Ausgehend von drei Trägervereinen in den Städten Bochum, Bonn und Düsseldorf sind insgesamt sechs Betreuer für »Wegweiser« tätig, weitere Stellen sind in Planung. Diese Betreuer dienen als Ansprechpartner für Angehörige von Personen, die sich eventuell radikalisieren, und sollen über Kontakte zu verschiedenen Ämtern, Moscheevereinen, freien Trägern und Sozialverbänden individuell angepasste Problemlösungen anbieten. »Wegweiser« ist somit streng genommen kein klassisches Ausstiegsprogramm, sondern versucht, Jugendliche und junge Erwachsene schon frühzeitig vor dem tieferen Abtauchen in die salafistische Szene zu bewahren. In der Regel bleibt es den Betreuern vorbehalten, in welche Einzelfälle sie das LfV einbeziehen. Dem Verfassungsschutz wiederum obliegen die Rollen des Initiators, Koordinators und Finanziers von »Wegweiser«. Inwieweit dies für den Erfolg oder Misserfolg des Projektes eine Rolle spielt, kann zum gegenwärtigen Zeitpunkt noch nicht beantwortet werden.

Wegen der föderalen Struktur gleicht die Präventionsarbeit im Bereich Salafismus in Deutschland bisher einem Flickenteppich. Im Vergleich zu anderen europäischen Staaten gibt es kein bundesweit einheitliches Konzept (vgl. Nordbruch 2013; Vidino 2013: 26), sodass in den verschiedenen Ländern unterschiedliche Methoden und Maßnahmen in diesem Bereich existieren. Mit Beschluss der 198. Ständigen Konferenz der Innenminister sollen unter der Federführung von Hessen die Erfahrungen der bisherigen Präventionsbemühungen zusammengefasst und analysiert werden, um Vernetzungsmöglichkeiten auszuloten, Best Practice-Modelle zu erkennen und begangene Fehler nicht zu wiederholen. Derzeit erarbeitet das Hessische Kompetenzzentrum gegen Extremismus (HKE) ein Präventionsprogramm gegen Salafismus (Hessisches Ministerium des Innern und für Sport 2013). Hierbei gilt es ebenfalls zu klären, wie das Verhältnis zukünftiger Maßnahmen auf Länderebene mit der Beratungsstelle Radikalisierung, dem Präventionsangebot des Bundes, gestaltet werden soll.

4. BERATUNGSSTELLE RADIKALISIERUNG

Mit Beginn des Jahres 2012 nahm beim Bundesamt für Migration und Flüchtlinge die Beratungsstelle Radikalisierung ihre Arbeit auf. Die Mitarbeiter beraten telefonisch Angehörige von jungen Erwachsenen oder Jugendlichen, die möglicherweise der salafistischen Ideologie anhängen. Hier werden erste Hinweise und Hilfestellungen gegeben, und bei Mehrbedarf wird an einen der vier lokalen Kooperationspartner bundesweit weitervermittelt. Die bei den lokalen Kooperationspartnern ansässigen Mitarbeiter bringen Erfahrung in der Angehörigenberatung im Bereich Rechtsextremismus und islamischer Extremismus mit, sind aber grundsätzlich multidisziplinär aufgestellt. Die freien Träger vor Ort kommen aus den Bereichen Demokratieförderung, Migrationsarbeit, Ausstiegshilfe, Deradikalisierung und Jugendhilfe. Die Mitarbeiter, die in der Angehörigenberatung arbeiten, werden durch das Bundesinnenministerium finanziert. Der Verein zur Förderung akzeptierender Jugendarbeit in Bremen ist zum Beispiel als so genannter »Partner vor Ort« norddeutscher Teil des Konstrukts, weil er sich in den vergangenen 20 Jahren bereits einen Namen im Bereich der Arbeit mit rechtsorientierten Jugendlichen gemacht hat (vgl. Endres 2014).

Während die Anrufer beim Bundesamt für Migration und Flüchtlinge nicht anonym bleiben können, sind die freien Träger in der Lage, mit den Betroffenen anonym zu arbeiten, solange keine Sicherheitsrelevanz besteht und die Mitarbeiter nicht in die Situation der Anzeigepflicht kommen. Gemäß §138 StGB besteht eine bürgerliche Anzeigepflicht für jeden, der von dem Vorhaben oder der Ausführung bestimmter schwerer Straftaten weiß. Diese Anzeigepflicht wird dem Beratungsnehmer zu Beginn jeder Beratung verdeutlicht.

Angehörige, Lehrer, Freunde oder Sozialarbeiter melden sich bei der Beratungsstelle Radikalisierung in Nürnberg, die Mitarbeiter der Partner in den einzelnen Städten werden oft durch Dritte empfohlen oder der Kontakt wird durch Sicherheitsbehörden weitervermittelt. Gerade Angehörige von Konvertiten melden sich zunehmend bei Sicherheitsbehörden, was vor allem allgemeiner Verunsicherung zuzuschreiben ist. Besonders die Causa Syrienkonflikt, und wer dort eigentlich gut und wer böse ist, wird von den Heranwachsenden in Gegenwart ihrer Eltern immer öfter thematisiert und sorgt teilweise für massivste Verunsicherung. Sind Sicherheitsbehörden einbezogen, führt das bei deren Vertretern dann unter Umständen zu einer »Obacht!«-Reaktion, die jedoch den Ängsten der Angehörigen nicht immer entgegenwirkt. Im heimischen Umfeld ist es allerdings meist nur jenes kontroverse Thema, an dem geprüft wird, wie die Eltern »drauf« sind, und dies fungiert dann schlicht als Gretchenfrage in einem Prozess des flügge Werdens.

Die Beweggründe Jugendlicher in Deutschland, sich im Bereich Salafismus zu radikalisieren, sind mitnichten monokausal fehlender Integration und Möglichkeiten der Teilhabe zuzuschreiben. Das zeigt zum jetzigen Zeitpunkt sowohl die Erfahrung aus der Beratungsarbeit als auch eine Betrachtung der Stakeholder jener noch sehr jugendlichen Szene. Die charismatischen und rhetorisch gewitzten Internetprediger, die soziopsychologisch begabten Alphatiere, der naive Idealist oder der engagiert missionierende Gutmensch – man greift oft ins Leere, wenn man nur punktuell Beweggründe, biografische Ereignisse oder schlicht fehlende Integration als Radikalisierungsmotiv aufdecken will. Sie alle »funktionieren« in einem System, das sie sich bewusst ausgesucht haben, weil es für sie Sinn ergibt und weil sie diesen Sinn erkennen können.

5. Angehörigenberatung — multiprofessionell und interdisziplinär

Die Beratung von Angehörigen und anderen Schlüsselpersonen im persönlichen Umfeld des Gefährdeten kann und darf als Konsequenz aus oben genannten Zusammenhängen von Adoleszenz, Familiensystem und Gesellschaft nur einem systemischen Ansatz folgen. Einem systemischen Ansatz zu folgen, bedeutet interdisziplinär zu Grunde zu legen, dass jede Art von Phänomen in komplexen Systemen entsteht und dass Veränderungen des Systems auch zu Veränderungen des Phänomens führen (vgl. Luhmann 2012). Systemische Methoden der Beratungsarbeit stellen darüber hinaus eine nützliche Sammlung von Werkzeugen dar, die sich immer wieder bewähren. Systemische Werkzeuge dienen der Kartierung sozialer Systeme. Sie beleuchten Beziehungen, Hierarchien, Rollenvorstellungen, Eigenwahrnehmungen u.v.m. sowohl für die Augen des Beraters als auch für den Beratungsnehmer. Damit decken sie Sinnsysteme auf, machen dem Beratungsnehmer klar, was mit der Zuwendung zur salafistischen Szene bewirkt wird, und führen im Allgemeinen sehr schnell eine Erkenntnis herbei, nämlich vor allem die, dass nicht einfach die Salafisten daher kamen und den jungen Erwachsenen vereinnahmten, sondern dass bereits ein Vakuum da war. Das Sinn- und Kontrollfähigkeitsvakuum wurde mit salafistischen Antworten und Idealen scheinbar passgenau aufgefüllt, die nun oft nicht mehr nur noch Füllmasse, sondern vielmehr Traggerüst einer Persönlichkeit geworden sind. Beispiele für Beratungsfälle, bei denen die Arbeit mit einem Familienbrett oder an einer biographischen Zeitschiene zu einem erheblichen Erkenntnisgewinn und einer Verhaltensänderung seitens der Beratungsnehmer führten, gibt es bereits zahlreich.

Ein ganz klassisches Fallbeispiel stellt sich so dar: Beraten werden eine Mutter und ihre Tochter (beide katholisch) mit mitteleuropäischem Migrationshintergrund in Bezug auf ihren Sohn bzw. Bruder, der konvertiert ist und ein glühender Anhänger der salafistischen Ideologie wurde. Den beiden wird beim Positionieren von Holzfiguren, die die Familienmitglieder darstellen, klar: Der junge Mann, dessen Vater irgendwo lebt und alkoholkrank ist, will eigentlich schon seit langem die Rolle des Familienbeschützers übernehmen und verzweifelt an dieser sich selbst gestellten Aufgabe. Einerseits kommt er nicht an der Mutter vorbei, die diese Funktion immer noch trägt, andererseits lässt seine Schwester nicht zu, dass ihr jüngerer Bruder ihr vorschreiben können soll, wann sie nach Hause kommt oder mit wem sie ausgeht. Zudem erkennt der junge Mann voller Verzweiflung immer mehr Wesenszüge seines »gescheiterten« Vaters bei sich selbst (dieser Vaterkonflikt stellt sich übrigens als äußerst häufiger Faktor bei jungen Männern im Salafismus dar). Die erste und wichtigste Konsequenz ist nun, dass die beiden Beratungsnehmer in der Folge sich nicht mehr am vorschreibenden Verhalten des jungen Mannes aufreiben, sondern durch die Erkenntnis, dass er nicht Macht sondern Schutz ausüben will, nicht mehr offensiv sondern defensiv, dankbar und verständnisvoll reagieren. Dabei spielt die unmittelbar kommunizierte Reaktion auf das Verhalten die entscheidende Rolle. Was die Schwester dann am Ende von ihren Plänen trotzdem einfach umsetzt, ist zunächst nicht relevant und stellt sich oft am Ende als unproblematisch heraus, denn die wichtige Botschaft war: »Wir wertschätzen deine Sorge«.

Gerade bei Angehörigen von jungen Erwachsenen, die sich in Syrien, auf Seminaren im Ausland oder auf Pilgerreise befinden, ist »Kommunikationscoaching«, also die Arbeit an Gesprächssituationen im Vor- oder Nachhinein oder sogar live im Hintergrund, eine häufige Form der Beratungsarbeit. Oft sind die jungen Erwachsenen auch nur noch sporadisch zu Hause, scheinbar nur um Wäsche zu waschen oder Ähnliches. Ein Hintergrund dieser Besuche ist jedoch auch, den Kontakt insbesondere zur Mutter nicht abbrechen zu lassen. Allerdings wird das so nicht eingestanden. Die Beratungsnehmer sind sich meist nicht bewusst, was sie bewirken können, wenn sie andere Botschaften aussenden als die gewohnten. Sie sind ganz im Gegenteil oft der festen Überzeugung, sie hätten auf der Ebene schon alles versucht und würden auch stets unterschiedlich kommunizieren. In der Realität erkennt der Außenstehende (Berater) schnell wiederkehrende Muster der Kommunikation, die immer wieder zum selben ernüchternden Ergebnis führen. An dieser Stelle wird eine besonders eindrucksvolle Spielart salafistischer Einflüsse deutlich: Die Reaktion der Familienmitglieder auf die Äußerungen der jungen Erwachsenen wird nämlich unter ihren »Brüdern« unentwegt neu »prophezeit«. – »Deine Eltern werden Dir widersprechen, und daran kannst Du erkennen, wie dumm Kuffar (arab. despektierlich für »Ungläubige«) sind!« – Mit dem Eintreten dieser (hellseherisch nicht allzu originellen aber trotzdem beeindruckenden) Prophezeiung wird die eigene Marschrichtung in ihrer Richtigkeit bestätigt und der Wahrheitsanspruch salafistischer Ideologie unterstrichen. Es lässt sich immer wieder gut beobachten, wie sich innerhalb dieses Systems effektiv des Handelns und Reagierens der Angehörigen bedient wird. Durch ein oft sehr simples Ändern eingefahrener Kommunikationsmuster wird diese Funktion unterbrochen. Äußerungen, die nicht unmittelbare Reaktion auf geäußerte Provokationen sind, sondern zum Beispiel ungewohnt deutlich die Bedeutung des Verlustes des Sohnes und seine Rolle und Unverzichtbarkeit in den Vordergrund stellen, können nun schnell große Wirkung erzeugen.

Der Begriff des »Compliance Management« wird zumeist in der Wirtschaft genutzt und beschreibt so etwas wie ein Elastizitätsbewusstsein für Betriebe. An dieser Stelle soll er für ein großes Feld der Beratungsarbeit genutzt werden, in dem es darum geht, Bewusstsein zu schaffen. Viele Beratungsnehmer (oder auch ihre Zöglinge) haben einen psychotherapeutischen Bedarf und sind dadurch entscheidend gehemmt, Entwicklungen ihres Kindes positiv zu beeinflussen. Ziel der Beratung ist es dann zunächst, hierfür Bewusstsein und Anerkennung zu initiieren, damit von anderer Seite therapeutisch gearbeitet werden kann. Diese Form der Beratungsarbeit bedeutet das Austarieren des bereits Akzeptierten und neu zu Akzeptierenden. Dabei wird quasi versucht, einen Prozess der Anerkennung zu managen. Bewusstsein und Anerkennung entstehen aber nicht nur bezüglich therapeutischer Bedarfe in solchen Beratungsprozessen, sondern auch bezüglich der eigenen Verantwortung und Einflussmöglichkeiten, dichotomer Situationswahrnehmungen oder der Wertschätzung kleiner Erfolge der Deradikalisierung. Unter dem Begriff des Compliance Management ist im Übrigen auch der wichtige Prozess des »Empowerments« zu subsumieren. Empowerment bedeutet, vorhandene Ressourcen der Beratungsnehmer sichtbar, einschätzbar und nutzbar zu machen und Gefühle von Machtlosigkeit zu überwinden.

Nicht nur Konfliktsituationen zwischen den Beratungsnehmern und den Problem bereitenden jungen Erwachsenen, sondern auch jene zwischen Angehörigen und Dritten, die eine entscheidende Rolle im System spielen, bedürfen oft der »Mediation«, damit der nötige harmonische Raum für eine Deradikalisierung entsteht.

Es geht darum, gemeinsame Ziele herauszuarbeiten und den Fokus von Uneinigkeiten oder alten Konflikten abzuleiten. Dabei werden kleinere Meinungsverschiedenheiten genau wie langfristig schwelend Unausgesprochenes thematisiert. So manches stellt sich dabei als Triebfeder für eine Abkehr der jungen Erwachsenen von der Familie heraus, dessen Beseitigung nicht allzu viel Mühe kostet.

Die Netzwerkberatung ist fast immer eine entscheidende Komponente der Angehörigenberatung. Der Beratungsnehmer ist hierbei einerseits der Angehörige, dann wird das vorhandene soziale Netzwerk skizziert, und die einzelnen Personen werden in Bezug auf ihre derzeitige und mögliche zukünftige Rolle qualitativ eingeschätzt, oder man ordnet ihnen Aufträge zu. Andererseits sind im Zuge einer Netzwerkberatung auch die weiteren Akteure des Netzwerkes miteinziehbar, günstigstenfalls gibt es sogenannte Fallkonferenzen oder Runde Tische – im Besonderen dann, wenn auch Jugendamt, Schule oder Sicherheitsbehörden eine Rolle spielen oder spielen sollen.

Immer dann, wenn professionell mit den Betroffenen (den Radikalisierten oder den Angehörigen), arbeitendem Personal aus Schule, von sozialen Trägern, Jugendamt oder Sicherheitsbehörden beraten wird, spricht man gemeinhin von Fachberatung. Ihr ist im Bereich Salafismus ein besonders hoher Stellenwert einzuräumen. Durch gezielte Fachberatung wird erreicht, dass Multiplikatoren, die bereits einiges an Wissen mitbringen, durch ergänzendes Wissen zu Experten werden, ohne dass viel Aufwand betrieben werden muss. Die Erfahrung zeigt, dass Fachberatungen sehr positiv angenommen und im Nachhinein immer als äußerst hilfreich bewertet werden. Sie wird selten ein zweites Mal in Anspruch genommen, da Fachpersonal im Allgemeinen mit dem Erfahrenen gut weiterarbeiten kann. Fachberatung bedeutet zunächst ein hohes Maß an Wissenstransfer, der Bedarf dafür wird zumeist sogleich deutlich formuliert. Dabei beschreiben die Mitarbeiter der Beratungsstelle zum einen klassische und spezifische Radikalisierungsprozesse, zum anderen wird auf den Einzelfall bezogen, was hier den Salafismus attraktiv macht. Im weiteren Verlauf werden gemeinsam mit den professionellen Akteuren (De-)Radikalisierungsprognosen erarbeitet.

Besonderes Merkmal der Beratungsstelle »kitab«, deren Träger der Verein zur Förderung akzeptierender Jugendarbeit (VAJA e.V.) bei Jugendlichen in Bremen einen hohen Bekanntheitsgrad hat, ist eine verstärkte Gewichtung der Arbeit mit Jugendlichen selbst. Durch die Präsenz von Straßensozialarbeitern, die mit Jugendlichen arbeiten und fast das gesamte Bremer Stadtgebiet abdecken, genießen die Berater des Vereins bei Jugendlichen einen erhöhten Vertrauensbonus. In unterschiedlichster Form und mit unterschiedlichsten Bedarfsmerkmalen erreichen Jugendliche, die oft verunsichert und zunächst nur mit einem Bein in salafistischen Milieus unterwegs sind oder deren Freunde betroffen sind, die Beratungsstelle. Entscheidend für die Arbeit mit den Jugendlichen selbst ist der dem Verein zu Grunde liegende akzeptierende Ansatz, der in den neunziger Jahren für die Arbeit mit rechtsorientierten Jugendlichen entwickelt wurde. Auf salafistisch orientierte Jugendliche lässt sich der Ansatz zunächst bedingungslos übertragen, vor allem wenn man ihn in erster Linie als pädagogische Einstellung versteht. Dann bringt der Ansatz mit sich, dass man religiös übereifrigen Jugendlichen mit einer zunächst deren Einstellung akzeptierenden Haltung entgegentreten kann, was sie oft längere Zeit nicht mehr erfahren haben. In einem späteren Schritt können dann Einstellungsmuster beleuchtet und hinterfragt werden. Insbesondere eine fortwährende Kontrahaltung der Erwachsenenwelt hält Türen des gegenseitigen Zuhörens verschlossen und facht radikale Einstellungen weiter an, wohingegen ein akzeptierender Ansatz der Türöffner für eine Auseinandersetzung auf Augenhöhe ist.

6. Sicherheitsbehörden und zivilgesellschaftliche Träger

Sicherheitsbehörden sind entscheidende Ansprechpartner in vielen Fällen, sie können und sollen aber nicht den oben beschriebenen Beratungsservice im nötigen Umfang anbieten. Dies ist zum einen fehlenden fachlichen Ressourcen und zum anderen dem fehlenden Auftrag in Familienangelegenheiten geschuldet. Hier ist soziale Arbeit gefragt. Des Weiteren ergibt sich dies vor dem Hintergrund der Gefahren, die die Kriminalisierung einer gesamten Bewegung mit sich bringt, deren Handlungen nur zu einem kleinen Teil strafrechtlich relevant sind und deren Ursachen zunächst insbesondere im persönlichen und familiären Bereich zu suchen sind. Immer wieder gehen Eltern, teils aus verfrühter Verunsicherung, teils mit begründeter Sorge, zunächst zu den Sicherheitsbehörden, um sich Rat zu suchen. Viele aber und vermutlich bisher die meisten finden nicht den Weg zu Beratungseinrichtungen oder Präventionseinrichtungen der Sicherheitsbehörden, nicht nur weil die Angst besteht, schlafende Hunde zu wecken, sondern auch, weil sie zu Recht die Gefahr sehen, ihre Angehörigen zu kriminalisieren.

Sicherheitsbehörden stehen schnell unter dem Generalverdacht, Prävention vor allem mit dem Ziel der Erkenntnisgewinnung zu betreiben, und es fällt in der Tat schwer, sich eine Präventionsarbeit vorzustellen, die dann keine Vorurteile auslöst. Daher kann ein Präventionsauftrag in Form einer Beratungsarbeit nur an zivilgesellschaftliche Akteure allein oder an ein Konstrukt aus ihnen und den Sicherheitsbehörden vergeben werden. Hier stellt sich die Frage, wie viel Netzwerk verträglich, wie viel Netzwerk nötig und gut ist. Grundsätzlich gilt, dass zivilgesellschaftliche Träger nur im Nebeneinander mit Sicherheitsbehörden arbeiten können und dürfen, denn als zivilgesellschaftliche Akteure kristallisiert sich ihr Auftrag eben explizit an der Distanz zu staatlichen Institutionen heraus. Nur so können sie ein entscheidendes Gegengewicht im Dauerprozess des Aushandelns demokratischer Gemeinschaft sein.

An selber Stelle muss gefragt werden, ob es nicht Sinn ergibt, auch »Grenzposten« in eine Präventionsarbeit einzubinden, deren anspruchsvoller Auftrag darin besteht, Freiheit zu bewahren, indem sie bestimmte Grenzen überwachen. Gute Netzwerkarbeit sollte hier nicht haltmachen, sondern stattdessen im Blick haben, an welchen Eckpfeilern Netzwerke fixiert werden können. Ein reines Nebeneinander wäre vielleicht auch wenig förderlich, zu Zeiten, in denen sich Sicherheitsbehörden Forderungen nach mehr Transparenz, Offenheit und Kooperation stellen müssen, um eben jene Demokratie nicht zu schwächen, die von ihnen geschützt werden soll. Aber vor allem muss es darauf ankommen, im Gespräch zu sein, um einen multiperspektivischen Blick auf Entwicklungen einer extremistischen Szene zu behalten. Miteinander an einem Präventionsauftrag zu arbeiten, darf andererseits nicht heißen, dass Grenzen des beidseitigen Erkenntnistransfers verschwinden, sondern kann im Gegenteil nur funktionieren, wenn scharfe Grenzen sehr deutlich, offen und transparent gesetzt und eingehalten werden. Diese scharfe Grenzziehung und deren Transparenz sind der entscheidende Auftrag und die

Chance sowohl für zivilgesellschaftliche Träger als auch für Sicherheitsbehörden und können damit zum Schutz der freiheitlich demokratischen Grundordnung beitragen, die durch salafistisches Engagement unter Umständen in Gefahr gerät.

LITERATUR

Auer, Andreas (2013): »Antiradikalisierung: Mit Peitsche, Zuckerbrot und Unvermögen«, in: ADLAS 7/4 (2013), S. 7-13.
Casciani, Dominic (2011): »Preventing Violent Extremism: A Failed Policy?«, in: BBC News, 7.6.2011.
Ceylan, Rauf und Michael Kiefer (2013): Salafismus. Fundamentalistische Strömungen und Radikalisierungsprävention. Wiesbaden.
Deutsche Islamkonferenz (2012): »Zwischenbericht über die Arbeit der Arbeitsgruppe ›Präventionsarbeit mit Jugendlichen‹.
Eckert, Roland (2013): »Radikalisierung – Eine soziologische Perspektive«, in: Aus Politik und Zeitgeschichte 63 (2013), S. 11-17.
Endres, Florian (2014): »Die Beratungsstelle ›Radikalisierung‹ im Bundesamt für Migration und Flüchtlinge«, in: Journal Exit-Deutschland 1 (2014), S. 1-12.
European Commission (2008): Prevention of and Fight Against Crime 2008 Action Grants.
Hessisches Ministerium des Innern und für Sport (2013): Salafisten-Nachwuchs in hessischen Schulen rekrutiert, 8.11.2013.
Land Brandenburg, Ministerium des Innern (2013): Zweiter regionaler Sicherheitsdialog Integration, Ausländerfeindlichkeit und islamistischer Extremismus.
Landesamt für Verfassungsschutz Hessen (2012): Neuausrichtung des Verfassungsschutzes.
Landeszentrale für politische Bildung Baden-Württemberg (2014): Das Teilprojekt ›Prävention‹.
Luhmann, Niklas (2012): Soziale Systeme. Grundriss einer allgemeinen Theorie. Frankfurt a.M.
Meah, Yousiff und Colin Mellis (2008): Recognising and Responding to Radicalisation. Considerations for Policy and Practice Through the Eyes of Street Level workers, in: RecoRA.
Nordbruch, Götz (2013): Überblick zu Präventionsprogrammen im Kontext »islamischer Extremismus« im europäischen Ausland.
Staun, Jørgen und Tinka Veldhuis (2009): Islamist Radicalisation: A Root Cause Model.
Vidino, Lorenzo (2013): »Deradikalisierung durch gezielte Interventionen«, in: Aus Politik und Zeitgeschichte 63 (2013), S. 25-32.

Salafistische Bestrebungen in Deutschland als Herausforderung für den interreligiösen Dialog

Thomas Lemmen

Aus der Praxis des christlich-islamischen Dialogs will dieser Beitrag Anregungen für die Auseinandersetzung mit salafistischen Bestrebungen in Deutschland geben. Ausgewählte Praxisbeispiele zeigen, wie sich christlich-islamische Dialoginitiativen in solchen Situationen positioniert haben. Daraus sollen Schlussfolgerungen für den Umgang mit salafistischen Aktivitäten gezogen werden.

Unter dem Motto »Zukunft im Dialog« fand am 10. Mai 2014 in Krefeld der erste »Tag des christlich-islamischen Dialogs« in Deutschland statt. Den knapp 1.200 Besuchern dieser Premiere bot sich ein vielfältiges Programm. Mehr als 60 Veranstaltungen thematisierten den christlich-islamischen Dialog im Alltag, im gesellschaftlichen Zusammenleben, der Theologie und der Spiritualität. Über 30 christlich-islamische Initiativen stellten ihre Arbeit auf einem »Basar des Dialogs« vor. Eine »Reise des Dialogs« führte durch Moscheen und Kirchen der Stadt. Geistliche Impulse und künstlerische Beiträge vervollständigten das Programm.[1] Zum ersten Mal haben Christen und Muslime in Deutschland gemeinsam eine Veranstaltung in dieser Form und Größenordnung miteinander geplant und realisiert. Veranstalter war die »Christlich-Islamische Gesellschaft e.V.« in Kooperation mit den Kirchen und islamischen Gemeinschaften in Nordrhein-Westfalen.

Erwartungsgemäß fand das Ereignis auch in Kreisen ausgesprochener Dialoggegner Aufmerksamkeit. Sowohl Personen aus dem salafistischen als auch aus dem rechtspopulistischen Umfeld hatten sich im Vorfeld angekündigt bzw. im Internet zur »Teilnahme« aufgerufen. Während den Veranstaltern die Auseinandersetzung mit salafistischen Besuchern erspart blieb, mussten sie gegenüber einer Gruppe so genannter »Islamkritiker« angesichts massiver Störungen vom Hausrecht Gebrauch machen.

So sehr sich Salafisten und Rechtspopulisten unterscheiden, so einig sind sie sich in der Ablehnung jeder Bemühung um Begegnung und Verständigung zwischen Christen und Muslimen. Die Diffamierung des christlich-islamischen Dialogs als »Dialüg« findet sich auf beiden Seiten. Das Internetportal »Politically Incorrect« bezeichnete zum Beispiel den »Tag des christlich-islamischen Dialogs«

---

1 | www.dialogtag.christenundmuslime.de/presse/Dialogtag_Programm.pdf; zuletzt abgerufen am 7. Juli 2014

als »DiaLÜG-Veranstaltung«.² Unter dem Titel »Die Muslime und der Dialüg der Kulturen« hat auch Pierre Vogel dem Thema einen entsprechenden Beitrag gewidmet.³ Neben Kritik und Polemik im Internet kommt es immer wieder zu Störungen von Veranstaltungen. Provokateure beider Richtungen versuchen öffentliche Veranstaltungen in ihrem Sinne zu instrumentalisieren. Sie wollen die Deutungshoheit über den Islam und das Verhältnis der Religionen zueinander gewinnen.

Der »Tag des christlich-islamischen Dialogs« war ein sichtbares Zeichen des gelingenden Miteinanders von Christen und Muslimen in Deutschland. Solche und andere gemeinsame Aktivitäten widerlegen Argumente und Behauptungen von Salafisten und Rechtspopulisten. Dennoch stellen beide Bewegungen eine Herausforderung für den christlich-islamischen Dialog dar. Wer sich in diesem Bereich engagiert, muss sich mit Kritik, Anfeindungen und Störmanövern von beiden Seiten auseinandersetzen. Darüber hinaus versuchen beide, die muslimische bzw. nichtmuslimische Öffentlichkeit in ihrem Sinne zu beeinflussen und eine Atmosphäre des Gegeneinanders zu hinterlassen.

Praxisbeispiele

Mönchengladbach

Im Januar 2010 schloss sich der Trägerverein der Internetplattform »Einladung zum Paradies« aus Braunschweig mit der Moschee »Masjid As Sunnah« in Mönchengladbach-Eicken zusammen. Mit der geplanten Verlegung der Aktivitäten der »Einladung zum Paradies« und der Einrichtung einer »Islamschule« rückte Mönchengladbach in den Mittelpunkt der Debatte um Salafismus in Deutschland.⁴ Es kam zu heftigen Auseinandersetzungen, an denen auch führende Vertreter der salafistischen (zum Beispiel Pierre Vogel) und der rechtspopulistischen Szene beteiligt waren. Vor Ort formierte sich der Widerstand gegen die »Islamschule« in Form der »Bürgerinitiative Eicken«. Befürworter wie Gegner des Vorhabens suchten nunmehr die Öffentlichkeit. Während die Salafisten das Freitagsgebet demonstrativ auf dem Eickener Marktplatz abhielten, rief die Bürgerinitiative zu Demonstrationen im Stadtteil auf.

Angesichts der Vorfälle positionierten sich Kirchen und Moscheen in Mönchengladbach für das friedliche Zusammenleben in der Stadt. Mit einer Erklärung vom 26. August 2010 bekannte sich die Katholische Kirche zum interreligiösen Dialog als Weg, das friedliche Miteinander der Religionen zu gestalten. »Der Dialog der Religionen ist ohne Alternative«, heißt es in der Erklärung. »Es gibt eine gute, verständnisvolle Nachbarschaft zwischen Muslimen und Christen, die auf jeden Fall erhalten bleiben muss.« Auf muslimischer Seite distanzierten sich Imame und Vertreter der Moscheen in aller Form von den Aktivitäten der Salafisten. Beide Seiten setzten ihre Bemühungen um den christlich-islamischen Dialog in Mönchengladbach fort. Zum Beispiel luden Kirchen und Moscheen 2011 erstmalig zu

---

2 | www.pi-news.net/2014/05/krefeld-tag-des-christlich-islamischen-dialogs/; zuletzt abgerufen am 7. Juli 2014
3 | www.youtube.com/watch?v=bdjYn1vm4M0; zuletzt abgerufen am 7. Juli 2014
4 | www.rp-online.de/nrw/staedte/moenchengladbach/islamschule-eine-chronologie-der-spannungen-aid-1.719546; zuletzt abgerufen am 8. Juli 2014

einer »Nacht der offenen Gotteshäuser« ein. Um einen Beitrag zur Versachlichung der Debatte zu leisten, fanden auf Initiative der Katholischen Kirche im Februar 2011 zwei öffentliche Informationsveranstaltungen zum christlich-islamischen Dialog statt. Aus rechtlicher und theologischer Perspektive ging es dabei um Möglichkeiten und Grenzen des Zusammenlebens in Deutschland. Durch Vermittlung sachlicher Informationen und Moderation der kontroversen Diskussion haben die beiden Veranstaltungen, an denen jeweils rund 200 Personen teilnahmen, zur Entspannung der aufgeheizten Atmosphäre in Mönchengladbach beigetragen.

Bonn

Als ein Zentrum salafistischer Aktivitäten ist die Bundesstadt Bonn auszumachen. Dort haben sich prominente Prediger aus der Szene (zum Beispiel Pierre Vogel) niedergelassen bzw. sind wiederholt in dortigen Moscheen aufgetreten. Anfang Dezember 2010 wurde ein für Ende des Monats geplantes so genanntes »Islamseminar« in der »Al-Muhsinin-Moschee« in Bonn-Beuel bekannt. Als Referenten waren Vertreter der salafistischen Gruppierung »Die wahre Religion« angekündigt. Das Vorhaben löste einen Sturm der Empörung aus. Die gastgebende Moschee sah sich mit heftigen Vorwürfen konfrontiert. Aufgrund der öffentlichen Kritik sagten die Verantwortlichen zwar das Seminar ab, hielten aber daran fest, Vertretern der Gruppierung »Die wahre Religion« weiterhin die Predigt in der Moschee zu gestatten. Die Debatte blieb nicht ohne Auswirkungen auf die christlich-islamischen Beziehungen in der Stadt.

Zur Vorbereitung eines interreligiösen Projekts zum »Tag der Deutschen Einheit« 2011 hatte sich ein Arbeitskreis gebildet, dem Vertreter der Evangelischen und der Katholischen Kirche, der Synagogengemeinde und des »Rats der Muslime in Bonn« angehörten. Nach Bekanntwerden des geplanten »Islamseminars« befasste sich die Arbeitsgruppe mit dem Thema. Als Ergebnis der internen Abstimmung wandte sie sich mit Schreiben vom 21. Dezember 2010 an den Vorstand der »Al-Muhsinin-Moschee«. Die Arbeitsgruppe begrüßte darin die Absage des Seminars. Gleichzeitig kritisierte sie den Vorstand der Moschee wegen der weiteren Duldung salafistischer Aktivisten in ihren Räumen. Unmissverständlich hält der Brief fest, dass diese Einladungen die Zusammenarbeit von Christen und Muslimen in hohem Maße belasteten. Gleichzeitig würden sie die Bemühungen um differenzierte Wahrnehmung des Islams sowie eine Wertschätzung der Muslime erschweren. Der Brief enthält ein Gesprächsangebot. Die Arbeitsgruppe suchte das Gespräch mit der Moschee, um die Motivation für die Einladungen zu klären.

An diesem Vorgehen ist bemerkenswert, dass sich Juden, Christen und Muslime zusammen mit den Vorgängen in Bonn auseinandergesetzt haben. Der Aktion nach außen war eine interne Reflexion vorangegangen. Gemeinsam haben Juden, Christen und Muslime danach Position bezogen und sich von salafistischen Bestrebungen distanziert. Sie haben die betroffene Moschee in die Verantwortung genommen und zu einem gemeinsamen Reflexionsprozess eingeladen.

Solingen

Seit 1980 engagieren sich Christen und Muslime im »Christlich-Islamischen Gesprächskreis« in Solingen für Begegnung und Verständigung. Vergleichsweise früh haben sie Erfahrungen im Umgang mit Salafisten gewinnen müssen. Bei einer Veranstaltung des Gesprächskreises in einer Moschee im Jahr 2006 kam es zum Eklat. Anstelle des angekündigten Imams erschien ein muslimischer Theologiestudent aus Köln. Es handelte sich um den damals noch weitgehend unbekannten Pierre Vogel, der zusammen mit Ibrahim Abou Nagie in Solingen auftrat. Christliche wie muslimische Veranstalter und Teilnehmende waren vom Verlauf des Abends entsetzt. Eine Teilnehmerin hielt ihre Eindrücke in einem Bericht fest: »Der Abend wurde ein Fiasko, weil seine Ausführungen dialogfeindlich und fundamentalistisch waren. Jegliche Toleranz und Achtung vor den anwesenden Christen und Interessierten fehlte. Das von uns verabredete Thema wurde mit wenigen Sätzen vom Tisch gewischt. [...] Was mühsam in vielen Jahren aufgebaut wurde, kann durch einen solchen Abend kaputt gemacht werden« (Schulz 2011: 47f.). Der Imam und Vertreter der Moscheegemeinde distanzierten sich von den Ausführungen der beiden Redner und entschuldigten sich bei den christlichen Gästen für den Zwischenfall. Wie sich in der anschließenden Aufarbeitung zeigte, wurden sie ebenfalls vom Auftritt der beiden Prediger überrascht. Der Vorfall hat dem christlich-islamischen Dialog in Solingen keinen Abbruch getan, vielmehr haben die Beteiligten ihre Bemühungen intensiviert. Dies sollte sich einige Jahre später auszahlen.

Im Juli 2011 wurden zwei deutschstämmige Muslime in Großbritannien wegen Verdachts der Mitgliedschaft in einer terroristischen Vereinigung festgenommen. Es stellte sich schnell heraus, dass beide aus Solingen stammten und zum dortigen »Deutsch-Islamischen Zentrum« gehörten. In der Moschee war Ibrahim Abou Nagie von der Gruppierung »Die wahre Religion« im Februar 2011 als Prediger aufgetreten. Mit der Festnahme der beiden Verdächtigen und ihrer Zuordnung zur salafistischen Szene rückte Solingen in den Mittelpunkt des öffentlichen Interesses.

Seit Anfang 2012 wurden in Solingen vermehrt salafistische Aktivitäten beobachtet. Das »Deutsch-Islamische Zentrum« benannte sich in »Millatu-Ibrahim-Moschee« um. Der neue Name (»Gemeinschaft Abrahams«) unterstrich den Anspruch der Gruppe, der einzig wahren Religion anzugehören. In den Räumlichkeiten fanden überregionale Veranstaltungen statt. Als Prediger agierte ein Salafist aus Österreich, der dort eine mehrjährige Haftstrafe verbüßt hatte.

Diese Aktivitäten riefen die rechtsextreme Szene auf den Plan. Sowohl »Die Republikaner« als auch »Pro NRW« traten im Frühjahr 2012 mit Kundgebungen in Erscheinung. Der Konflikt drohte zwischen den Extremen zu eskalieren. Dagegen formierte sich auf breiter gesellschaftlicher Basis Widerstand. Auf Initiative des Oberbürgermeisters kam es am 11. Februar 2012 zur Unterzeichnung einer gemeinsamen Erklärung gegen Salafismus und für friedliches Zusammenleben. Zu den Unterzeichnern gehörten Vertreter der Stadt, der Kirchen und Moscheen, des »Christlich-Islamischen Gesprächskreises«, der Wohlfahrtsverbände und anderer zivilgesellschaftlicher Gruppen. Die Unterzeichner distanzierten sich »mit Nachdruck von den radikal-salafistischen Aufrufen und Botschaften, die von der Millatu-Ibrahim-Moschee in Solingen ausgehen.« Die Erklärung stellte unmissverständlich fest: »Keine unserer Religionen ruft zu Gewalt gegen Andersgläubige auf. Niemand, der Hass predigt, kann sich etwa auf die christliche oder die islamische Lehre beziehen. Wer dies dennoch tut, missbraucht die Religion und stellt sich außerhalb der gläubigen wie auch der staatlichen und städtischen Gemeinschaft. Wer Gewalt und Hass sät, macht sich strafbar und setzt sich der Verfolgung durch Behörden des demokratischen Rechtsstaates aus.« Gegen die Agitation von rechts formierte sich das Solinger Bündnis »Bunt statt Braun«, das am 23. März 2012 eine Gegendemonstration zur Kundgebung von »Pro NRW« organisierte.

Es ist bemerkenswert, dass es in Solingen zu einem breiten gesellschaftlichen Konsens gegen salafistische und rechtsextreme Aktivitäten gekommen ist. Die langjährigen Erfahrungen der christlich-islamischen Zusammenarbeit haben diesen Prozess positiv beeinflusst. Es gibt seit langem gute Kontakte zwischen Vertretern von Kirchen- und Moscheegemeinden. Beide haben Erfahrungen im Umgang mit Salafisten gemacht. Die Stadt und andere Akteure konnten auf diese Kenntnisse und Kompetenzen im Prozess der Meinungsbildung zurückgreifen.

SCHLUSSFOLGERUNGEN

Welche Schlussfolgerungen lassen sich aus diesen und anderen Beispielen für den Umgang mit salafistischen Bestrebungen ziehen? Ohne Anspruch auf Vollständigkeit folgen einige Anregungen.

Salafisten (und Rechtspopulisten) treten mit dem Anspruch auf, den Islam genau zu kennen. Auf jede Frage wissen sie sofort die richtige Antwort und zitieren einen »passenden« Koranvers, den sie in der Regel aus dem Zusammenhang reißen. Weil sie sich angeblich auskennen, wissen sie genau, wie das Zusammenleben mit Anders- oder Nichtgläubigen aussehen muss. Angesichts von Unkenntnis, Unwissen und Vorurteilen gibt es großen Informationsbedarf über den Islam und seine Anhänger. Die Deutungshoheit über die Religion und das Verhältnis zu Nichtmuslimen darf man nicht den Salafisten überlassen. Das ist Aufgabe der Muslime und ihrer Gemeinschaften. Wie das Christentum ist der Islam pluralistisch gestaltet. Er zeichnet sich durch unterschiedliche Richtungen und Ausprägungen muslimischen Lebens aus. Ferner verfügt er über wissenschaftliche Methoden der Interpretation seiner Quellen, welche die Gläubigen vor fundamentalistischen Lesarten bewahren können. Um die Religion besser zu verstehen, muss man die richtigen Personen zu Wort kommen lassen. Bei der Auswahl leisten christlich-islamische Dialoginitiativen einen wichtigen Beitrag. Zu ihrem Programm gehören öffentliche Informationsveranstaltungen zu Fragen der Religionen und des Zusammenlebens ihrer Anhänger. Dabei greifen sie auf Referenten aus den beteiligten Gemeinschaften zurück, die das gestellte Thema normalerweise sachlich darstellen. Damit bieten sie eine Alternative zu den Behauptungen von Salafisten.

Vor diesem Hintergrund ist unbedingt davon abzuraten, Salafisten als Sprecher des Islams oder der Muslime einzuladen und ihnen öffentlich Raum zur Verbreitung ihrer Ansichten zu geben. Der als »Imam von Sachsen« bekannte Hassan Dabbagh aus der »Ar-Rahman-Moschee« in Leipzig erlangte durch mehrfache Fernsehauftritte bei Sabine Christiansen und Sandra Maischberger deutschlandweite Bekanntheit. Eine bessere Gelegenheit zur Verbreitung salafistischen Gedankenguts kann man sich kaum vorstellen. Vollkommen unverständlich ist auch der Vorschlag, Pierre Vogel als Redner zum Katholikentag einzuladen, um mit ihm über den Missbrauch des Islams zu diskutieren. Als Replik auf den christlich-islamischen Dialog beim Katholikentag 2014 in Regensburg war in der Zeitschrift »Christ in der Gegenwart« zu lesen: »Leider treten bei den Veranstaltungen immer dieselben moderaten Muslime auf, während die draußen bleiben, die sich gewaltbereit als treueste Anhänger und Gläubige Allahs bekennen und die dies Tag für

Tag rund um den Erdball mit Attentaten und Terror unter Beweis stellen: [...] Ein Salafist wie Pierre Vogel im Kreuzfeuer auf einem Katholikentag – warum nicht?!« (Röser 2014: 263) Warum dann nicht dieser Logik folgend auch einen Rechtsextremen zu einer Diskussion über Demokratie oder jemand aus der Piusbruderschaft zu Religionsfreiheit einladen? So funktionieren nur schlechte Talkshows, nicht aber ernsthafte Gespräche.

Weil Salafisten sich für die einzig wahren Muslime halten und die Deutungshoheit über den Islam beanspruchen, kommt es in der öffentlichen Wahrnehmung häufig zur Gleichsetzung ihres Auftretens mit dem Islam. Man bewertet ihr Verhalten als islamisch und lastet es pauschal den Muslimen an. Um dieser Falle zu entgehen, ist eine Differenzierung zwischen der Mehrheit der Muslime und der Minderheit der Salafisten notwendig. Diese Aufgabe kann nur leisten, wer sich in der Sache auskennt und Kontakte zu Muslimen pflegt. An dieser Stelle kommen christlich-islamische Dialoginitiativen ins Spiel. Sie verfügen über entsprechende Kontakte, Kenntnisse und Kompetenzen und können die notwendigen Differenzierungen leisten. Vor allem sind sie wichtige Ansprechpartner zu muslimischen Gemeinden in ihrem Bereich.

Salafistische Agitation setzt häufig bei Ausgrenzungserfahrungen von Jugendlichen an. Die Prediger erklären die von Jugendlichen erlebten Diskriminierungen mit der Ablehnung des Islams durch die Mehrheitsgesellschaft. Die bewusste Annahme des wahren Islams soll ihnen zur neuen Identität verhelfen. Damit geht die Ablehnung von allem, was nicht islamisch ist, einher. Gegen ein solches Schwarz-Weiß-Denken hilft eine Kultur der Anerkennung und des Respekts. Wertschätzung des Islams und Gleichbehandlung von Muslimen sind politische und gesellschaftliche Aufgaben. In den letzten Jahren ist das öffentliche Bewusstsein für religiöses Leben von Muslimen in Deutschland gewachsen. Dabei geht es nicht um einen Sonderstatus, sondern um die Normalität des Miteinanders. Wo das gelingt, kommt es nicht zum Erleben von Ausgrenzungen und Diskriminierungen. Christlich-islamische Dialoginitiativen sind Erfahrungsfelder eines funktionierenden Miteinanders von Christen und Muslimen. Sie begegnen sich auf Augenhöhe und arbeiten paritätisch zusammen. Damit schaffen sie eine Atmosphäre gegenseitiger Wertschätzung. Sie entziehen der von Salafisten gepflegten Opferrolle den Boden.

Diese wichtige Bedeutung des christlich-islamischen Dialogs wird leider gesellschaftlich zu wenig wahrgenommen. Daran hat auch die Berichterstattung der Presse ihren Anteil. Öffentliche Auftritte von Pierre Vogel finden größere mediale Aufmerksamkeit als ein landesweiter »Tag des christlich-islamischen Dialogs«.

Im Diskurs mit Salafisten spielt eine Rolle, dass deren Gesprächspartner die eigene Religion oft nicht ausreichend kennen. Sind es Muslime, dann erklären Salafisten ihnen den Islam. Sind es Christen, dann erklären sie ihnen das wahre Christentum oder stellen sie öffentlich bloß. Als Problem zeigt sich die Sprachlosigkeit vieler Menschen in Glaubens- und Weltanschauungsfragen. Der interreligiöse Dialog kann Abhilfe schaffen. Wenn Christen und Muslime über den Glauben sprechen, lernen sie nicht nur etwas über den anderen, sondern auch über sich selbst. Man kann nur in den interreligiösen Dialog eintreten, wenn man seine eigene Überzeugung dabei zur Sprache bringt. Das Gespräch mit Muslimen hilft Christen, im eigenen Glauben auskunftsfähig zu werden und umgekehrt. Damit ist ein Beitrag zur Immunisierung gegen salafistische Propaganda geleistet.

Von muslimischen Gemeinden erwartet man, dass sie sich gegenüber salafistischen Gruppen in ihrer Umgebung positionieren. In den vorgestellten Beispielen ist das der Fall gewesen. Die christlich-islamische Zusammenarbeit hat sich als vorteilhaft erwiesen. Muslime und Christen haben die Vorfälle zunächst gemeinsam reflektiert und sich dann mit Stellungnahmen nach außen gewandt. Sie wirkten als Vermittler in die eigene Glaubensgemeinschaft hinein. Wichtig ist auch, das Gespräch mit beteiligten Personen oder Gemeinden nicht abreißen zu lassen.

In der Debatte um salafistische Bestrebungen ist es von entscheidender Bedeutung, Muslime nicht als Problem, sondern als Teil einer Lösung zu verstehen. Die Auseinandersetzung mit dem Salafismus kann nur gemeinsam mit ihnen gelingen. Wie bei anderen extremistischen Bestrebungen muss die Gesellschaft zur Überwindung der Herausforderung zusammenhalten. Es bedarf gesamtgesellschaftlicher Netzwerke und Bündnisse, an denen alle demokratischen Kräfte mitwirken. Für das Gelingen dieser Bemühungen sind, das haben die Beispiele gezeigt, christlich-islamische Kooperationen maßgebliche Voraussetzungen. Für Kommunen und andere Akteure sind sie wichtige Ansprechpartner, deren Kontakte, Kenntnisse und Kompetenzen unverzichtbar sind.

Es bleibt zu wünschen, dass Politik und Verwaltung diese Bedeutung durch entsprechende Förderung und Unterstützung des christlich-islamischen Dialogs schätzen lernen.

LITERATUR

Röser, Johannes (2014): »Verschlusssache Glauben«, in: Christ in der Gegenwart, 66 (2014) 23, S. 263f.

Schulz, Doris (2011): »Respekt vor dem Glauben statt missionarischer Eifer – Christlich-Islamischer Gesprächskreis Solingen«, in: dies. und Dirk Chr. Siedler (Hg.): Es geht doch! Erfahrungen – Projekte – Ideen aus christlich-islamischen Begegnungen in der Evangelischen Kirche im Rheinland. Rheinbach, S. 43-49.

Schweigen? — Die deutschen islamischen Verbände und die Salafisten

Jörn Thielmann

Spätestens seit der Ende 2011 begonnenen Koranverteilaktion »Lies!« durch die Gruppe »Die wahre Religion« um den salafistischen Prediger Ibrahim Abou Nagie und den Ausschreitungen vor der König-Fahd-Akademie in Bonn-Bad Godesberg sowie in Solingen nach Provokationen durch Pro NRW im Mai 2012, bei dem ein Polizist durch einen Salafisten schwer verletzt wurde, sind die sogenannten Salafisten einer größeren Öffentlichkeit bekannt. Aktiv waren Prediger, die dieser islamistischen – ich übernehme für diesen Beitrag die üblichen Begriffe, ohne sie zu problematisieren – Strömung angehören, jedoch spätestens seit Mitte der 1990er Jahre in Deutschland (Thielmann 2012a). Ins Visier der Sicherheitsbehörden gerieten sie indes spät; erst der Verfassungsschutzbericht 2010 erwähnt sie. Und auch die Wissenschaft beschäftigt sich in Deutschland meist erst seit dieser Zeit mit ihnen.

Aber wie steht es mit den Muslimen selbst und ihren großen Verbänden in Deutschland? Haben sie salafistische Prediger und ihre Gefolgsleute früher wahrgenommen als andere? Wie reagieren sie auf diese oft charismatischen Personen und welche Strategien entwickeln sie oder wollen sie entwickeln gegenüber den Salafisten? Die jüngsten Publikationen zu Salafisten in Deutschland (Ceylan/Kiefer 2013; El-Gayar/Strunk 2014; Said/Fouad 2014) geben darauf so gut wie keine Antworten. Generell wird angenommen, dass die herkömmlichen Verbände und Moscheegemeinden mit ihren meist älteren, oft des Deutschen nicht mächtigen Imamen und ihren hierarchischen, an Seniorität orientierten Strukturen Jugendlichen nichts anzubieten haben (so z.B. Dantschke 2014: 483f.), so dass diese sich den meist jungen Predigern, die ihre Sprache sprechen, zuwenden. Der Rechenschaftsbericht der SCHURA Hamburg – ein Zusammenschluss mehr oder minder aller Hamburger Moscheen ohne die DITIB-Moscheen – von 2010 zeigt aber, dass die Verhältnisse komplizierter sind und es auch bei einer ausdifferenzierten und nachgefragten Verbandsjugendarbeit zu einer Abwanderung zu Salafisten kommen kann (vgl. SCHURA Hamburg 2010). In Hamburg trennte sich so die ganze Jugendabteilung der SCHURA Hamburg 2008 ab und folgte den Salafisten, nachdem der Vorstand massiv gegen die Salafisten interveniert hatte.

Im Folgenden stelle ich die öffentlichen Reaktionen einiger muslimischer Verbände in Deutschland auf Salafisten und ihre Aktivitäten vor. Dabei stütze ich mich auf Presseerklärungen, Interviews und Medienberichte, Verbandspublikationen sowie direkte Kommunikation mit Verbandsvertretern. Eine Stichwort-Recherche auf vielen Verbandswebsites ergab zunächst fast nichts. Auch eine allgemeine Suche nach Stellungnahmen in unterschiedlichen Medien brachte kaum Ergebnisse, ebenso wie die Sichtung der bestehenden Forschungsliteratur. Angesichts des nicht zu leugnenden Wachstums salafistischer Gruppen in Deutschland ist dies erstaunlich, sind doch die Moscheen und Gruppen der etablierten muslimischen Verbände die direkten Konkurrenten, wie es scheint, der salafistischen Prediger. Doch stimmt das wirklich? Und welche Gründe kann es für das vermeintliche Schweigen der Verbände geben?

Zunächst zur Frage der Konkurrenz: Die großen Verbände in Deutschland, die sich im KRM (Koordinierungsrat der Muslime in Deutschland) zusammengeschlossen haben, sind meist landsmannschaftlich, also nach sprachlicher und/oder ethnischer Herkunft organisiert, wie die türkisch-geprägten Verbände DITIB, IGMG und VIKZ. Die multi-ethnischen Verbände Zentralrat der Muslime in Deutschland ZMD und Islamrat für die Bundesrepublik Deutschland umfassen auch anders geprägte Moscheen und Vereine, einschließlich solcher, die von deutschstämmigen Konvertiten bestimmt sind (vgl. Al-Hamarneh/Thielmann 2008; Thielmann 2012b). Allen gemeinsam ist, dass sie in aller Regel auf ihre jeweilige Klientel bezogen sind, also eher binnenorientiert arbeiten. Solange das Problem Salafismus den jeweiligen Moscheen und Verbänden relativ fern blieb, bestand für sie kein Grund zum Handeln. Manche Muslime nehmen Salafisten und Salafismus gar nicht zur Kenntnis.[1] Zu beachten ist zudem, dass die Aktivitäten salafistischer Prediger sich meist auf wenige städtische Ballungsräume (Berlin, Hamburg, Rhein-Ruhr, Rhein-Main, Nürnberg, Leipzig) konzentrieren, viele Moscheen »in der Fläche« somit kaum konkret mit Salafisten in Verbindung kommen. Die Attraktivität von »Scheich Google« für ihre eigenen Jugendlichen ist vielen der oft nicht sehr internetaffinen Vorstände erst nach und nach bewusster geworden. Auf Seiten der Salafisten sieht die Lage anders aus: Sie benutzen Abgrenzung von und Kritik an den etablierten Verbänden und Moscheen zur Identitätsbildung und Profilierung. Meist erklären die Salafisten sich selbst zu entschiedenen und wahren Muslimen und alle anderen zu angepassten »lächerlichen Clowns« und kuffâr, Ungläubigen, die der falschen aqîda, Glaubensdoktrin, folgen und sich der nicht-muslimischen Umwelt liebedienerisch anpassten (vgl. Wiedl 2012: 21f.). Herbert Landolin Müller vom Landesamt für Verfassungsschutz Baden-Württemberg meinte dazu laut »Frankfurter Allgemeiner Zeitung« vom 2. Februar 2010: »Er [Pierre Vogel, J.T.] tritt den gängigen Islam-Organisationen vors Schienenbein. Er ist ein spannendes Experiment, er bringt Bewegung in die Szene.« Das »spannende Experiment« wird heute durchgängig anders bewertet.

Die meisten Verbände reagieren, wenn überhaupt – in der Regel dann ohne Nennung konkreter salafistischer Personen oder Gruppen oder des Salafismus generell – mit allgemeinen Erklärungen zu einem friedlichen, toleranten und pluralistischen Islam, der sich in eine multi-religiöse und multi-kulturelle, säkula-

---

1 | Siehe z.B. den Artikel »Was sagen Muslime zum Salafismus? ›Dem Islam nach darf sich niemand zum Richter machen‹« von Canan Topçu vom 10. Juni 2014 im Teil »Rhein-Main« der Frankfurter Allgemeinen Zeitung, unter: http://www.faz.net/aktuell/rhein-main/was-sagen-muslime-zum-salafismus-dem-islam-nach-darf-sich-niemand-zum-richter-machen-12980684.html [letzter Zugriff 11. Juli 2014].

re Gesellschaft einbringen will und soll, und versuchen so, sich für die deutsche Öffentlichkeit von Salafisten abzugrenzen. Nur die SCHURA Hamburg sprach 2010 die innerislamischen Auseinandersetzungen, die von der Hizb-ut-Tahrir und den Salafisten ausgingen, deutlich an (vgl. SCHURA Hamburg 2010). Manchmal kommt es sogar zu bizarren Konflikten wie dem zwischen dem Vorsitzenden der Schura Niedersachsen, Avni Altıner, der der mystisch orientierten Nurculuk-Bewegung angehört, und dem Münsteraner Professor für islamische Religionspädagogik, Prof. Dr. Mouhanad Khorchide, wobei Khorchide Altıner Nähe zum Salafismus vorwarf (Altıner 2013). Altıner hatte Khorchides Buch »Islam ist Barmherzigkeit« kritisiert, da es seines Erachtens vom islamischen Mainstream abweicht, eine Einschätzung, der sich der Koordinierungsrat der Muslime in Deutschland KRM später anschloss. In dieser Auseinandersetzung zeigte sich ein Grundproblem des innerislamischen theologischen Diskurses, das relevant ist für das Verhältnis von Salafismus und Mehrheitsislam. Darauf komme ich noch zurück.

Das vermeintliche Schweigen der Verbände in der Öffentlichkeit lässt sich, wie es auch meine Gesprächspartner aus den Verbänden und Moscheen bestätigen, zunächst durch die fehlenden institutionellen Ressourcen auf allen Ebenen (lokal, Länder- und Bundesebene) erklären. Es gibt kaum entsprechend ausgebildete Voll- oder Teilzeitkräfte, die sich dazu äußern könnten. Die wenigen sprachfähigen Kräfte sind durch die Fülle der Anforderungen aus Politik (Deutsche Islam Konferenz und Integrationsgipfel auf Bundes- und Aktivitäten auf Länderebene) und Zivilgesellschaft (Dialogforen etc.) sowie den eigenen Gemeinden bereits überlastet.

Ferner erwies sich die Fokussierung auf Sicherheitsfragen durch die deutsche Politik und Öffentlichkeit – besonders während der zweiten Phase der Deutschen Islam Konferenz (2009-2013) unter dem damaligen Bundesinnenminister Hans-Peter Friedrich – als problematisch. Verschiedene muslimische Verbände beendeten dann auch die Zusammenarbeit in der »Initiative Sicherheitspartnerschaft« mit dem Bundesinnenministerium und den Sicherheitsorganen im August 2012 nach einer umstrittenen Plakataktion des Ministeriums.[2] Eine deutliche inhaltliche Auseinandersetzung mit salafistischen Ideen in den muslimischen Verbänden wurde gehemmt, da manche – wie die Islamische Gemeinschaft Millî Görüş IGMG – sich selbst gegen den Vorwurf des Islamismus wehren mussten und noch müssen. Dass die salafistischen Gruppen mit zurzeit etwa 6.000 Anhängern nur eine verschwindende Minderheit sind im Vergleich zu ca. 4,2 Millionen Muslimen und dass wiederum nur eine Minorität in dieser salafistischen Minderheit gewaltaffin oder gewaltbereit ist, geht im Sicherheitsdiskurs unter.

Des Weiteren bewerten einige in den Verbänden und auch in der Forschung die Präsenz des Salafismus in Deutschland als ein Adoleszenzproblem (vgl. Wensierski/Lübcke 2007; Wensierski 2014) und Salafisten als eine Art »Punker« des Islams. Daran ist sicher etwas. Viele, die sich jetzt den Salafisten anschließen, werden mit der Zeit altersgerecht »herauswachsen«. Allerdings geht bei diesem Blick ein wesentliches theologisches Element für die Verhältnisbestimmung verloren:

---

2 | Dies waren: DITIB – Türkisch-Islamische Union der Anstalt für Religion e.V., Verband der Islamischen Kulturzentren VIKZ e.V., Zentralrat der Muslime in Deutschland e.V. ZMD und Islamische Gemeinschaft der Bosniaken in Deutschland e.V. IGBD. Vgl. Pressemeldung Nr. 299 von DITIB vom 31. August 2012, unter: http://ditib.de/detail1.php?id=299&lang=de [letzter Zugriff 10. Juli 2014].

Salafisten beziehen sich konsequent auf den »Goldstandard« des Islams, den Koran und die Sunna, die Tradition des Propheten Mohammed. Den Auslegungsrahmen für diese beiden unumstrittenen Hauptquellen islamischer Theologie und Jurisprudenz (fiqh) bilden für sie die Praxis der ersten drei Generationen der Muslime, der as-salaf as-sâlih, der »rechtschaffenen Altvorderen«. Diese as-salaf as-sâlih verkörpern die perfekte islamische Urgemeinde, der es nachzueifern gilt (vgl. Lauzière 2010; Meijer 2009). An der strikten und konsequenten Umsetzung der in der islamischen Tradition überlieferten Praktiken des Propheten und der Urgemeinde in ihrer Lebensführung auch in den kleinsten Alltagsdetails, die Salafisten oft eine pittoreske Note verleihen – die knöchelfreien Hosen zum Beispiel, die spezielle Form des Barts, die Benutzung bestimmter Düfte etc. –, ziehen Salafisten die Trennlinie zwischen Muslimen, die den Islam ernst nehmen, und allen anderen Muslimen, die sie für irregeleitet, lasch oder ungläubig halten.

Daraus resultiert ein Problem für alle nicht-salafistischen Muslime und auch für die Verbände: Sie können nicht per se den Referenzrahmen der Salafisten kritisieren und zunächst auch nicht die Forderung der Salafisten, den Praktiken der Urgemeinde konsequent zu folgen. Sie können ihnen nur ein Ignorieren' der islamischen Tradition und Geistesgeschichte, eine Missachtung der konkreten Lebensumstände in Deutschland, die Gefährdung des gesellschaftlichen Friedens oder den leichtfertigen Gebrauch des takfîr, des »Zum-Ungläubigen-erklären«, vorwerfen und so in eine komplexe, theologisch-juristische Diskussion eintreten, auf die zumindest »normale« Muslime und auch Imame in den Gemeinden nicht vorbereitet sind.

So war auch die Bewertung der Koranverteilaktion, die von der salafistischen Gruppe »Die wahre Religion« um Ibrahim Abou Nagie ausgeht, von anderen salafistischen Gruppen unterstützt wird und bis heute andauert, für die Verbände nicht leicht. In einer Mitteilung des KRM vom 13. April 2012 (KRM 2012) wird deutlich, dass sie sich zwischen Skylla und Charybdis fühlten angesichts des massiven medialen und politischen Aufschrei gegen die Aktion. Einerseits konnten sie die Aktion nicht als solche verurteilen, andererseits wollten sie sich als Teil der deutschen Gesellschaft zeigen und von den Salafisten abgrenzen. So schreibt der KRM mit Verweis auf die Koranübersetzung des Dichters und Orientalisten Friedrich Rückert von Anfang des 19. Jahrhunderts, »durch seine hervorragende Arbeit [habe Rückert versucht, J.T.] den Rhythmus, Klang und die die Muslime bezaubernde Tiefe, dem deutschsprachigen Leser zugänglich zu machen. Somit ist der Koran dem interessierten deutschsprachigen Leser nicht unbekannt.« Bei allem Respekt und aller Bewunderung für die Rückert'sche Übersetzung ist doch fraglich, ob viele selbst gebildete deutsche Leser diese Übersetzung kennen und lesen. Der Hinweis, der im Kern ja deutlich machen soll, dass an sich kein Bedarf an einer neuen deutschsprachigen Übersetzung besteht, zielt erkennbar darauf ab, einen politisch-diskursiven Schulterschluss mit deutschen Eliten zu finden. Verwiesen wird dann auf die vielen Möglichkeiten, sich mit dem Koran, auch im Internet, vertraut zu machen, einschließlich Rezitationen des arabischen Originals und Kommentaren. Anschließend fragt der KRM danach, was »bei aller Legitimität« mit der Aktion »Lies« bezweckt werden soll:

»Insbesondere ist zu hoffen, dass Einzelne darin nicht eine werbewirksame Aktion für ihre Gruppe sehen. Eine Instrumentalisierung des heiligen Buches zu diesem Zweck ist unbedingt abzulehnen. Ebenso sollte die Form der Verteilung keine unangemessenen Diskussionen über diese heilige Schrift auslösen. Dies gilt im Übrigen für alle heiligen Schriften gleichermaßen. Ganz besonders darf sich niemand zur Annahme des Angebotes gedrängt fühlen, denn im Islam gibt es keinen Zwang im Glauben.«

Der KRM lässt sichtlich Unbehagen erkennen, warfen die Salafisten doch ihm und seinen Verbänden vor, nicht genug zur Verbreitung des Islams zu tun und sich vieler Aussagen des Korans zu schämen, so dass sie verschwiegen würden (Pierre Vogel spricht hier gerne vom »Schönlügen« des Korans). Er versucht, auf die heftige Reaktion in der deutschen Öffentlichkeit und die von der Aktion ausgelösten, meist sehr negativen Grundsatzdebatten über den Koran zu verweisen und die Möglichkeit, dass auch andere heilige Schriften »unter die Räder« kommen könnten, unterstützend einzubeziehen. Sehr verhüllt macht der KRM deutlich, dass bestimmte Formen der Kritik am und der despektierlichen Behandlung des Korans alle Muslime verletzten: »Die Prinzipien des respektvollen Umgangs miteinander gilt es im gegenseitigen Bewusstsein herzustellen und zu erhalten. Dies schließt ebenfalls die gegenseitige Bewusstwerdung um Sensibilitäten, Befindlichkeiten und Pluralitäten ein.« Diese Sätze kann man so lesen, dass sie an beide Seiten gerichtet sind; sicher fordern sie jedoch die Anerkennung muslimischer Präsenz und den Respekt vor den religiösen Gefühlen der Muslime ein. Die ganze Affäre wird als Schaffen von »zunehmend fruchtlose[n], belastende[n] Diskussionfelder[n]« verstanden, die »dann auf dem Rücken der hiesigen Muslime ausgetragen werden«.

Die Unterscheidung zwischen einer sicherheitspolitischen Einordnung salafistischer Aktivisten und Aktionen und dem Ergreifen von Maßnahmen und der »Diffamierung einer historisch gewachsenen Strömung des Islams« (Yeneroğlu 2014b) ist da im gesamtgesellschaftlichen Diskurs nicht einfach zu treffen, aber nötig.

Wie beurteilen die Verbände die Situation? Welche Gegenstrategien ergreifen sie? Mustafa Yeneroğlu, der amtierende Generalsekretär der unter Beobachtung der meisten deutschen Verfassungsschutzämter stehenden IGMG, stellt in einer persönlichen Mitteilung (Yeneroğlu 2014b: 1) auf meine Anfrage fest, dass sich die IGMG seit der Abspaltung der Kaplan-Gemeinschaft 1983, dem späteren Kalifatstaat, mit Diskursen und Praktiken auseinandersetze, die auf salafistischem Gedankengut beruhen. Dabei versteht sich die IGMG wie die allermeisten Muslime und muslimischen Verbände als in der Tradition der ahl as-sunna wa-l-dschama'a, der »Leute der prophetischen Tradition und der Gemeinschaft«, stehend, also dem islamischen Mainstream zugehörig. Dazu gehört selbstverständlich eine Orientierung am Koran und an der Sunna (Prophetentradition) bei der Akzeptanz theologischer Differenzen, soweit sie den ahl as-sunna folgen. Dazu gehört auch die historische Salafiyya mit ihrer Betonung der Bedeutung der as-salaf as-sâlih, die vor allem in der hanbalitischen Rechtsschule, welche zu den vier anerkannten orthodoxen Rechtsschulen zählt, bedeutend ist (vgl. dazu Lauzière 2010). Daran orientiert sich u.a. die in Saudi-Arabien dominante wahhabitische Lehre. Wie auch Aiman Mazyek (Mazyek 2014), der dafür den Begriff »Neo-Salafismus« benutzt, hält Mustafa Yeneroğlu (2014b: 1) den deutschen Salafismus für ein modernes Phänomen, das nichts mit der historischen Salafiyya zu tun hat. Damit stellen sich beide Verbandsvertreter – meines Erachtens zurecht – gegen die vorherrschende Meinung in der

Forschung (vgl. z.B. Meijer 2009; Ceylan/Kiefer 2013: 41ff.), die eine durchgängige Genealogie konstruiert vom 9. Jahrhundert n. Chr. bis heute.

Während Aiman Mazyek (Mazyek 2014) für den ZMD durchaus selbstkritisch feststellt, dass Muslime sich zwar mit dem Salafismus auseinandersetzten, aber noch mehr tun könnten, verweist die IGMG auf ihre langjährigen Bemühungen und unterstreicht, dass sie bereits 2004 alle ihre Gemeinden angewiesen habe, keine Personen aus dem salafistischen Spektrum einzuladen und auch nicht auf salafistische Websites zu verlinken (Yeneroğlu 2014b: 2). Auch in allen Moscheen der KRM-Verbände haben laut Aiman Mazyek Salafisten Hausverbot, was bedeutet, dass sie zwar an den Gebeten teilnehmen können (hiervon andere Muslime auszuschließen, ist nicht vorstellbar), aber nicht predigen oder agitieren dürfen – z.B. indem sie Moscheebesucher ansprechen. Mazyek betont, dass der ZMD und er selbst seit Jahren versuchten, die Bundeszentrale für politische Bildung und auch andere Einrichtungen der politischen Bildung für das Thema zu sensibilisieren. Er zeigte sich im Interview zufrieden, dass Ende Juni 2014 endlich eine Tagung der Bundeszentrale in Bonn stattgefunden habe, die »Salafismus als Herausforderung für Demokratie und politische Bildung« zu einem gesamtgesellschaftlichen Thema mache.[3] Sowohl für den ZMD als auch für die IGMG ist Salafismus eine Herausforderung für alle Bürger in Deutschland, zumal für sie die Gründe für sein Entstehen und Wachsen nicht im Religiösen liegen. Hier halten beide die Arbeit der Moscheen für unterschätzt. Yeneroğlu (2014b: 2) glaubt, dass ihre Arbeit, vor allem auch im Jugendbereich, »immunisiert gegenüber solchen modernen Strömungen, sodass darüber hinaus gehende explizite ›Präventionsprogramme‹ gar nicht erst nötig sind.«

Aiman Mazyek (Mazyek 2014) sieht in Deutschland ein Eigenleben salafistischer Aktivitäten neben den Moscheen und Verbänden. In den Jahren 2011 und 2012 seien mehr und mehr arabisch-stämmige Prediger aufgetaucht. Der unterschiedslose massive Druck (»bashing«) auf Salafisten in der Gesellschaft habe zu einer Festigung dieser Gruppen geführt, meint Mazyek. Sie versuchten durchaus, in der muslimischen Community Fuß zu fassen, allerdings mit nur wenig Erfolg. Derzeit sprechen Salafisten in türkischen Moscheen nach dem Freitagsgebet Einzelne gezielt auf Türkisch an. Wie bereits erwähnt, spricht er sich in diesen Fällen für konsequent durchgesetzte Hausverbote aus.

Für die IGMG sind salafistische Prediger abhängig von Provokation und Polarisierung. Ihre Bedeutung, so Yeneroğlu bereits 2011 in einem pointierten Text über Pierre Vogel (Yeneroğlu 2011), würden sie vor allem durch die Reaktionen der nicht-muslimischen Öffentlichkeit gewinnen.[4] Pierre Vogel hätte erst durch zahllose Auftritte im Fernsehen seinen Bekanntheitsgrad erlangt, weil »er den Taliban für die Medien« gespielt und »den Klischees des Publikums« entsprochen habe. Für die islamische Community sei er hingegen marginal. Der skandalisierende Umgang mit Pierre Vogel erschwere die notwendige inhaltliche Auseinanderset-

---

3 | Siehe die Tagungsdokumentation unter: www.bpb.de/veranstaltungen/dokumentation/186660/salafismus-als-herausforderung-fuer-demokratie-und-politische-bildung [letzter Zugriff 11. Juli 2014].

4 | Ähnlich äußerte sich auch der damalige Sprecher des KRM, Ali Kizilkaya, der Vorsitzende des Islamrats, in einem Interview mit der Tageszeitung am 17. April 2012, unter: http://taz.de/!91653/ [letzter Zugriff 11. Juli 2014].

zung mit dessen Positionen. Yeneroğlu (2011, 2014b: 2) hält die politische, mediale und gesellschaftliche Fixierung auf einen Sicherheitsdiskurs und die daraus resultierende Präventionspolitik (die sowohl in Ceylan/Kiefer 2013 als auch in El-Gayar/ Strunk 2014 viel Raum einnimmt) für schädlich, da sie »die Ausgrenzung und Stigmatisierung von Muslimen im Allgemeinen als potentielle Gefahr fördern« (ebd., auch Yeneroğlu 2014a: 127). Es sei erstaunlich, dass die Verbände bei der Sicherheitspartnerschaft stets groß genug seien und für alle Muslime sprechen könnten, aber »jegliche Kooperation mit staatlichen Behörden zur Erfüllung religionsverfassungsrechtlicher Aufgaben immer an ihrer vermeintlich fehlenden Repräsentanz scheiter[e]« (Yeneroğlu 2011). Das Problem sei, dass der Sicherheitsdiskurs und die daraus resultierende Präventionspolitik muslimische Religiosität an sich zur Gefahr mache und Muslime so von der Mitte der Gesellschaft abtrenne. Diese Abwertung und Ausgrenzung spiele den Radikalen in die Hand und gebe ihnen »Angriffspunkte, durch welche sie weiter Muslime aus dem Mainstream für sich gewinnen können« (Yeneroğlu 2014b: 2). Die IGMG habe »kein Interesse daran, durch mediale Distanzierungen und andere Projekte den zuvor genannten Predigern eine Plattform zu bieten« (ebd.). Im Kern treffen sich diese Einschätzungen durchaus mit der oben angeführten Ansicht Aiman Mazyeks im Hinblick auf die Festigung der salafistischen Szene.

Mit Blick auf die deutsche Islampolitik (vgl. hierzu auch Tezcan 2012) fordert Yeneroğlu (2011, 2014a: 127f, 2014b) konstant eine rechtliche Anerkennung der muslimischen Verbände und eine Verlagerung der Debatte über den Islam und muslimische Verbände weg von den Sicherheitsorganen – was den Islam mit Gewalt und Terror verbindet – hin zur Zivilgesellschaft. Durch die Aufhebung der politischen und institutionellen Ausgrenzung von Muslimen und ihre rechtliche Gleichstellung mit anderen bereits staatlich anerkannten Religionsgemeinschaften könne man mehr gegen polarisierende salafistische Prediger tun, als mit kontraproduktiven Präventionsprogrammen.

Innerhalb der islamischen Community ist es für Yeneroğlu (2014a: 128) erforderlich, noch mehr für die Wiederbelebung der eigenen vielfältigen religiösen Traditionen zu tun, um ein gefestigtes Islamverständnis zu schaffen, das sich an Werten wie Solidarität, Gerechtigkeit und Selbstlosigkeit orientiert. Für die Auseinandersetzung mit dem Salafismus hat die IGMG İrşad Başkanlığı, die IGMG Abteilung für religiöse Wegweisung, 2013 ein wissenschaftliche Tagung für Imame und Verantwortungsträger organisiert, in der versucht wurde, die Stellung der Ehl-i Sünnet, der »Leute der Tradition« (arab. ahl as-sunna), in der islamischen Geistesgeschichte nachzuzeichnen. Dabei wurde auch die Vielfalt der verschiedenen theologischen und juristischen Strömungen betont und kritisch zur aktuellen »Neo-Salafiyya« respektive zum Salafismus Stellung genommen (IGMG İrşad Başkanlığı 2014). Anspruchsvolle Texte von einigen Referenten dieser Tagung, die Professoren und Dozenten an türkischen Universitäten sind, wurden auf Türkisch in der IGMG-Mitgliederzeitschrift »Perspektif« im März 2013 (Nr. 219), die auch im Internet gelesen werden kann[5], für ein Dossier über Salafismus (Selefilik) zusammengestellt. Ein Interview mit Prof. Dr. Mehmet Ali Büyükkara von der Istanbul Şehir Üniversitesi steht zudem auf Deutsch auf der Website IslamiQ, einer

---

5 | Unter: www.igmg.org/fileadmin/magazine/perspektif/2013/2013-03/index.html [letzter Zugriff 11. Juli 2014].

Informations- und Debattenwebsite der IGMG-nahen Plural Publications, und damit auch der allgemeinen Öffentlichkeit zur Verfügung.[6] Eine detaillierte Analyse der jeweiligen Beiträge sowohl im Buch als auch in der »Perspektif«, für die ein breites Wissen über die islamische Theologiegeschichte erforderlich ist, würde den Rahmen meines Beitrags sprengen, lohnt sich aber sicherlich. Zu fragen wäre hier auch nach der Rezeption dieser Texte durch die Imame und Mitglieder der IGMG.

Zusammenfassend lässt sich festhalten: Einige islamische Verbände setzen sich durchaus differenziert und zum Teil auf hohem intellektuellen Niveau mit dem Salafismus auseinander. Aber diese Auseinandersetzung wird nicht richtig wahrgenommen, weder von Politik, Medien oder der Gesellschaft noch von der Wissenschaft. Dass die Fokussierung des öffentlichen Diskurses über den Islam auf Sicherheitsfragen Muslime ausgrenzt und marginale muslimische Gruppen, wie die Salafisten, in den Vordergrund rückt und sie für Menschen, die Identität und klare Weltsichten suchen, dadurch erst richtig sichtbar macht, ist für führende Intellektuelle in den muslimischen Verbänden offensichtlich. Denn Salafisten könnten sich so noch stärker als »wahre Muslime« präsentieren, die angeblich ähnlichen Verfolgungen ausgesetzt sind wie der Prophet Mohammed in Mekka (ein weiterer verstärkender Zirkel). Sie wollen daher eine zivilgesellschaftliche Debatte über religiöse Positionen, die auf gegenseitigem Respekt und der prinzipiellen Anerkennung der Legitimität einer religiösen Lebensführung in einem säkularen Rechtsstaat beruht. So ließe sich ihres Erachtens das weitere Wachsen salafistischer Gruppen stoppen und einer Radikalisierung begegnen.

Literatur

Altıner, Avni (2013): Islam: Schura-Vorsitzender Altıner wehrt sich gegen Salafismus-Vorwurf [eine Stellungnahme von A. Altıner vom 13. April 2013]. Unter: www.deutsch-tuerkische-nachrichten.de/2013/04/473379/islam-schura-vorsitzender-altin-wehrt-sich-gegen-salafismus-vorwurf/ [letzter Zugriff 11. Juli 2014]

Al-Hamarneh, Ala und Jörn Thielmann (2008) [Paperback-Ausgabe 2014]: Islam and Muslims in Germany. Leiden u.a.: Brill [=Muslim Minorities 7].

Ceylan, Rauf und Michael Kiefer (2013): Salafismus. Fundamentalistische Strömungen und Radikalisierungsprävention. Wiesbaden: Springer VS.

Dantschke, Claudia (2014): »›Da habe ich etwas gesehen, was mir einen Sinn gibt.‹ – Was macht Salafismus attraktiv und wie kann man diesem begegnen?«, in: Behnam T. Said und Hazim Fouad (Hg.): Salafismus. Auf der Suche nach dem wahren Islam. Freiburg i.Br.: Herder, S. 474-502.

El-Gayar, Wael und Katrin Strunk (Hg.) (2014): Integration versus Salafismus. Identitätsfindung muslimischer Jugendlicher in Deutschland. Analysen – Methoden der Prävention – Praxisbeispiele. Schwalbach/Ts.: Wochenschau Verlag.

IGMG İrşad Başkanlığı (Hg.) (2014): Ehl-i Sünnet ve'l-Cemaat. Tarihî Seyri, Kapsamı ve Algılanışı [Ahl as-sunna wal-dschama'a. Geschichtlicher Ablauf, Umfang und Akzeptanz]. Köln: Plural Publications.

---

6 | »Salafiyya: Entstehung, Hintergründe, Strömungen. Interview mit Mehmet Ali Büyükkara«. Unter: http://islamiq.de/2014/01/09/moderne-salafitische-stroemungen [letzter Zugriff 11. Juli 2014].

KRM [Koordinierungsrat der Muslime in Deutschland] (2012): Stellungnahme des KRM zur Verteilung von Koranübersetzungen durch die Aktion »Lies«. [Pressemeldung Nr. 284 von DITIB vom 13.4.2012], unter: http://ditib.de/detail1.php?id=284&lang=de [letzter Zugriff 10. Juli 2014].

Lauzière, Henri (2010): »The Construction of Salafiyya: Reconsidering Salafism from the Perspective of Conceptual History«, in: International Journal of Middle East Studies 42(2010), S. 369-389.

Mazyek, Aiman (2014): Telephoninterview mit A.M., Vorsitzender des Zentralrats der Muslime in Deutschland ZMD, am 12. Juni 2014.

Meijer, Roel (2009): »Introduction«, in: ders. (Hg.): Global Salafism: Islam's New Religious Movement. London: Hurst, S. 1-32.

Said, Behnam T. und Hazim Fouad (Hg.) (2014): Salafismus. Auf der Suche nach dem wahren Islam. Freiburg i.Br.: Herder.

SCHURA Hamburg (2010): 10 Jahre SCHURA Hamburg. Eine Bilanz unserer Arbeit. Unter: www.schurahamburg.de/index.php/ueber-uns/10-jahre-schura [letzter Zugriff 11. Juli 2014]

Tezcan, Levent (2012): Das muslimische Subjekt. Verfangen im Dialog der Deutschen Islam Konferenz. Konstanz: Konstanz University Press.

Thielmann, Jörn (2012a): »El salafismo en Alemania«, in Frank Peter und Rafael Ortega (Hg.): Los movimientos islámicos transnacionales: y la emergencia de un »islam europeo«. Barcelona: Ed. Bellaterra, 2012, S. 225-229 [=Biblioteca del islam contemporáneo 44; engl. Ausgabe: Islamic Movements of Europe. London: I.B. Tauris 2014]

Thielmann, Jörn (2012b): »Muslimische Akteure in Deutschland. Der lange Suche nach dem eigenen Platz«, in: Philipp W. Hildmann und Stefan Rößle (Hg.): Staat und Kirche im 21. Jahrhundert. München: Hanns-Seidel-Stiftung, S. 87-97 [=Berichte & Studien 96].

Wensierski, Hans-Jürgen von (2014): »Hip-Hop, Kopftuch und Familie – Jugendkulturen junger Muslime in Deutschland«, in: Wael El-Gayer und Katrin Strunk (Hg.): Integration versus Salafismus. Identitätsfindung muslimischer Jugendlicher in Deutschland. Analysen – Methoden der Prävention – Praxisbeispiele. Schwalbach/Ts.: Wochenschau Verlag, S. 38-48.

Wensierski, Hans-Jürgen von und Claudia Lübcke (Hg.) (2007): Junge Muslime in Deutschland. Lebenslagen, Aufwachsprozesse und Jugendkulturen. Opladen u.a.: Verlag Barbara Budrich.

Wiedl, Nina (2012): The Making of a German Salafiyya: The Emergence, Development and Missionary Work of Salafi Movements in Germany. Aarhus: Centre for Studies in Islamism and Radicalisation, Department of Political Science, Aarhus University.

Yeneroğlu, Mustafa (2014a): »4. Sunum: Selefî Akımlar ve Almanya'nın İslam Politikası [Salafistische Strömungen und deutsche Islampolitik]«, in: IGMG İrşad Başkanlığı [IGMG Abteilung für religiöse Wegweisung] (Hg.): Ehl-i Sünnet ve'l-Cemaat. Tarihî Seyri, Kapsamı ve Algılanışı [Ahl as-sunna wal-dschama'a. Geschichtlicher Ablauf, Umfang und Akzeptanz]. Köln: Plural Publications, S. 107-128.

Yeneroğlu, Mustafa (2014b): Brief von M.Y., Generalsekretär der IGMG, vom 17. Juni 2014 an J.T.

Yeneroğlu, Mustafa (2011): »Denn Vogel macht den bösen Muslim am besten«, unter: www.igmg.org/nachrichten/artikel/2011/07/09/denn-vogel-macht-den-boesen-muslim-am-besten.html?L=http:/d2707.com/teste.txt [11.10.2013].

Muslim 3.0
Ein prämiertes Modellprojekt zur Extremismusprävention
und Identitätsbildung

Benedikt Stumpf und Tanja Schreiber

SELBSTBEWUSSTSEIN STATT ERHOBENEM ZEIGEFINGER

»Für mich war die krasseste Erfahrung zu sehen, wie die Leute am Anfang waren und wie sie sich am Ende des Projekts verhalten haben.« Der 21-jährige Mehdi Ramadan ist einer von rund 80 männlichen muslimischen Jugendlichen im Alter von 16 bis 25 Jahren, die bei »Muslim 3.0« dabei waren. Sie alle hat das Projekt verändert. Mehdi erzählt von Masut, der anfangs Nähe nicht einmal in Form von Händeschütteln ertrug und sich nach der Abschlussveranstaltung von seinen neuen Freunden mit einer Umarmung verabschiedete. Oder Ferdi, der zunächst still an den Gesprächskreisen teilnahm und dann nach und nach die beiden Islamwissenschaftlerinnen und Religionspädagoginnen Lamya Kaddor und Rabeya Müller mit Fragen nach der Schöpfung und der Rolle von Frau und Mann löcherte. Fragen, die er sich zuvor niemals zu stellen getraut hätte. Er denkt auch an Sezer, der in dem Projekt seine Begeisterung für das Theaterspiel entdeckte. Sein umjubelter Schauspielauftritt als Frau bei einer der Präsentationen wäre zu Beginn kaum denkbar gewesen.

Genau hier setzt das von der wert-voll ggmbh (Dortmund), einem anerkannten Träger der freien Jugendhilfe, in Kooperation mit dem Liberal-Islamischen Bund e. V. (LIB) entwickelte und von der »Initiative Demokratie stärken« des Bundesministeriums für Familie, Senioren, Frauen und Jugend geförderte Projekt an: Die Jugendlichen werden in ihrem Selbstbewusstsein gestärkt und ihr selbstständiges Denken wird gefördert. Das bringt langfristig viel mehr als ein erhobener Zeigefinger.

Die Motivation, Muslim 3.0 ins Leben zu rufen, entwickelte sich im Zusammenhang mit Erfahrungen von Verantwortlichen des Projektträgers im muslimisch geprägten Bosnien-Herzegowina. Sie hatten dort während des Krieges in den 1990er Jahren gearbeitet und einen liberalen europäischen Islam kennengelernt. Sie erlebten aber auch, dass ein solcher Islam stark sein muss (d.h. fundiert vermittelt und bewusst gelebt), wenn er eine Chance haben soll. Denn Extremisten unterschiedlichster Couleur (inklusive Freiwillige aus islamischen Ländern) setzten damals alles daran, ihn zu vernichten.

Heute wird in Deutschland häufig nur über die Extreme geredet: konservative Islamverbände auf der einen und Islamkritiker auf der anderen Seite. Die meisten Jugendlichen finden sich in keinem dieser Extreme wieder. Deshalb will das Projekt Jugendlichen eine Alternative aufzeigen und sie so fit für eine Zukunft in dieser Gesellschaft machen.

»Junge Menschen sind in ihrer psychischen sowie physischen Entwicklung noch nicht gefestigt«, sagt Rabeya Müller vom LIB. In der Zeit des Heranwachsens seien sie häufig orientierungslos. Besonders treffe dies auf junge Menschen mit Migrationshintergrund zu. So haben diese nicht nur einen viermal so schweren Zugang zu Bildung als Herkunftsdeutsche, sie haben auch im Bereich der Identitätsbildung größere Probleme. »Ihnen wird es in Deutschland nicht einfach gemacht, sich als Deutsche zu bezeichnen, weil die Mehrheitsgesellschaft noch immer eine völkische Abstammung als ›deutsch‹ definiert«, so Müller weiter. Dies führe bei vielen Jugendlichen zu einem Identitätskonflikt oder gar zu einer Identitätskrise und neuen Identitätssuche. Islamistische Gruppierungen setzen dort an und geben dem Wunsch der Jugendlichen nach Zugehörigkeit, Anerkennung und Sinn eine Perspektive. »Dieser Prozess führt häufig dazu, dass ein verschrobenes Verständnis des Islams, die Hauptidentität junger Menschen, vor allem junger Männer auszeichnet und in einigen Fällen als Legitimation für Gewalt dienen kann«, erläutert die Islamwissenschaftlerin. Ein sozial niedriger Status verstärke diese Symptome in hohem Maße und könne in einem Leben voller Widersprüche und Extreme enden. Hier spielten auch die fehlende Wahrnehmung der religiösen Bedürfnisse der Jugendlichen sowie ihre mangelhafte Befriedigung durch die Verbreitung zeitgenössischer Islaminterpretationen eine negative Rolle. Wie fatal diese Gemengelage wirken kann, zeigt die wachsende Zahl Jugendlicher aus Europa, die sich auf Seiten von Dschihadisten in den Konflikten im Nahen Osten engagieren.

Der LIB und die wert-voll ggmbh haben deshalb ein didaktisch-methodisches Konzept entwickelt, um die strukturierte Identitätsbildung junger Muslime zu fördern. Dieses Konzept vermittelt einen nach ihrer Überzeugung mit dem 21. Jahrhundert und der Demokratie kompatiblen Islam. Dabei wird nicht nur auf theoretische Wissensvermittlung und Diskussion gesetzt, sondern die Erfahrungen werden direkt in Kreativität überführt und angewandt. Dadurch werden Hemmschwellen abgebaut, soziale Kompetenzen entwickelt und neue Erfahrungen selbstbewusst nach außen getragen.

Gezielt arbeitet dieses Modellprojekt ausschließlich mit männlichen muslimischen Jugendlichen. Die Konzentration auf eine geschlechtsspezifische Zielgruppe ist wichtig, denn nur in einem geschützten Raum, in dem zwischengeschlechtliches Rollenverhalten ausgeklammert wird, ist es möglich Meinungs- und Bewusstseinsänderungen zu erreichen.

Identitätsfindung strukturiert unterstützen

Mehdi Ramadans Eltern missbilligen bis heute das kreative Engagement ihres Sohnes. Sie sehen keinen Sinn in seinen Freizeitaktivitäten. Mehdi hat sich davon freigemacht. Er folgt seinem Wunsch, Theater zu spielen und zu tanzen. So wie Mehdi geht es vielen gläubigen jungen muslimischen Männern. Ihnen werden meist keine jugendgerechten Freizeitangebote gemacht. Eltern haben häufig keine Zeit oder kein Bewusstsein, ihre Söhne zu fördern und zu fordern. Die Moscheegemeinden in Deutschland sind ebenfalls vielfach überlastet und häufig auch nicht qualifiziert genug, um Jugendarbeit anzubieten. Studien belegen die Folgen: Die jungen Männer verbringen ihre Freizeit auf der Straße, driften in Extremismus ab oder werden sogar straffällig. Sie befinden sich ständig im Spannungsfeld zwischen muslimischen Traditionen im Elternhaus und dem Leben »draußen«, das westlich und freizügig ist.

Muslim 3.0 macht den Jugendlichen diesen Teufelskreis bewusst. Gemeinsam mit den Islamwissenschaftlerinnen lernen sie ihre Religion und andere monotheistische Konfessionen neu kennen, denken über Traditionen nach und beginnen den Sinn des Lebens, das Ziel von Religion und die Rollenverteilung der Geschlechter zu hinterfragen. »Vor allem lernen sie, dass der Islam eben nicht ein legitimes Mittel für die Rechtfertigung von Gewalt oder Extremismus ist«, unterstreicht Kaddor, die Vorsitzende des LIB: »Unser Hauptziel ist es, den Jugendlichen eine selbstbestimmte Identitätsbildung zu ermöglichen. Dies ist eine wirkungsvolle Prävention vor islamischem Extremismus.«

WISSENSTRANSFER UND KREATIVITÄT

Angesiedelt wurde das Modellprojekt 2011 im nordrhein-westfälischen Hagen, vor allem in den Stadtteilen Mittelstadt und Altenhagen, die als soziale Brennpunkte gelten. Hagen mit insgesamt ca. 190.000 Einwohnern ist deshalb besonders geeignet, weil die Stadt mit 33,3 % einen weit überdurchschnittlichen Anteil von Jugendlichen mit Migrationshintergrund aufweist. Bei den unter 18-Jährigen sind es sogar 55,7 %.

Die 80 Jugendlichen im Alter von 16 bis 25 Jahren nahmen an zwei Projekt-Durchläufen teil. Die Teamleitung bestand aus Theorie- und Praxis-Experten, die sich hervorragend ergänzten: Kaddor und Müller übernahmen die inhaltliche Wissensvermittlung in Form von Gesprächskreisen, ein Team um Gandhi Chahine von der wert-voll ggmbh konzipierte und organisierte Kreativworkshops. In einem geschützten Raum wurden dabei aus Zuhörern aktiv Beteiligte, die auf Basis von vermitteltem Wissen und eigenen Vorstellungen selbstständige Visionen und Ziele entwickelt haben.

KEINE FERTIGEN WAHRHEITEN

Über einen Zeitraum von dreieinhalb Monaten trafen sich die Expertinnen einmal wöchentlich zu eineinhalbstündigen Gesprächskreisen mit den Teilnehmern. Am Anfang tauschten sie sich mit den Jugendlichen z.B. über deren individuelles Islamverständnis, ihr Verhältnis zu Frauen und zu Andersgläubigen sowie zu den Themen Islamismus und Islamfeindlichkeit aus. Die Methoden waren vielfältig: Mal wurde mit einer Powerpoint-Präsentation gearbeitet, mal eine provokative These in den Raum gestellt und auf Augenhöhe diskutiert. Immer ließen die Religionspädagoginnen Raum für Fragen und gingen auf entstehende Bedürfnisse prozessorientiert ein. Die korrelative Verbindung von Alltagsleben und Religion war ebenfalls ein durchgängiges Element der Gesprächskreise. »Uns war es wichtig, den jungen Männern aufzuzeigen, dass es einen gewaltverneinenden, zeitgemäßen Islam gibt«, sagt Kaddor. Nach und nach wuchs bei den Teilnehmern der

Mut und die Bereitschaft, selbst nachzudenken und Fragen zu stellen. »Die theologischen Schulungen haben den jungen Männern geholfen, sich selbstbestimmt als Muslime in Deutschland zu verorten. Sie haben erfahren, dass es ganz verschiedene Zugänge zu ihrem Glauben gibt und dass unterschiedliche Meinungen nebeneinander existieren können. Es geht eben nicht immer darum, den anderen von der eigenen Meinung zu überzeugen«, führt Müller aus: »Sie haben vor allem gelernt, keine fertigen Wahrheiten mehr zu akzeptieren.«

Ganz bewusst arbeiteten die beiden Expertinnen mit ihrer Rolle als theologisch versierte muslimische Frauen. Durch ihre Unterschiedlichkeit zeigten die beiden ein großes Spektrum auf. Lamya Kaddor und Rabeya Müller gehören zwei Generationen an. Eine von ihnen ist gebürtige Muslimin und trägt kein Kopftuch, die andere ist Konvertitin und trägt eines. »Pluralismus ist ein Wert, den auch der Islam erkennt und predigt. Wir verkörpern beide authentisch und glaubhaft unseren Ansatz der Toleranz. Diese Erfahrung war neu für die jungen Männer«, lautet das positive Fazit.

Die Jugendlichen haben die beiden Expertinnen teilweise überraschen können. »Die Jungs waren sehr offen und haben sehr gut mitgemacht. Obwohl sie meistens traditionell geprägt waren, haben sie sich den neuen Möglichkeiten gegenüber offen gezeigt«, stellt Müller heraus. In einer Situation erklärten Teilnehmer des ersten Durchgangs den Einsteigern des zweiten Durchgangs ganz selbstverständlich, dass Frauen nicht nur gleichwertig, sondern auch gleichberechtigt sind. »Bei mir hat das Freude ausgelöst«, betont Müller. Auch Kaddor würdigt die Arbeit mit den Jugendlichen als eine schöne Erfahrung: »Ich finde es gut, wenn junge Menschen Identifikation finden und ihre Position differenzierter wird.«

BÜHNE ALS PERSÖNLICHKEITSSCHMIEDE

»Fakt ist: Muslim ist nicht gleich Muslim«, bringt es Gandhi Chahine vom Kreativ-Team der wert-voll ggmbh, künstlerischer Leiter von Muslim 3.0, auf den Punkt. An den Workshops haben Muslime aus Montenegro, der Türkei, dem Kosovo, dem Libanon, Afghanistan, dem Irak oder Syrien teilgenommen. Es waren Sunniten, Schiiten und Aleviten dabei: »Deshalb macht es keinen Sinn, von dem Muslim pauschal zu sprechen. Die jungen Männer sind jeder für sich auf der Suche nach ihrer Identität. Bei uns haben sie Menschen gefunden, die Antworten geben, die andere Meinungen zulassen, die die Liebe zu Gott anstelle von Angst als Antrieb nennen. Dadurch wurde ein Prozess in Gang gesetzt wie er spannender nicht hätte sein können.« Die jungen Männer teilen ein Mitteilungsbedürfnis, das oft noch keine Plattform gefunden hatte. In den Kreativworkshops wurden sie ermutigt und befähigt auf der Bühne ihren Gedanken künstlerisch Ausdruck zu verleihen. Die Formen waren unterschiedlich: Es wurde gerappt, getanzt und geschauspielert.

Fragen, die in den Gesprächskreisen erörtert wurden, tauchten anschließend auch in den Workshops auf. Oft wurde daher auch intensiv diskutiert. Die Jugendlichen lernten, dass sie sich erst mit den Inhalten beschäftigen mussten, bevor sie beispielsweise einen Songtext schreiben konnten. Das Selbstbewusstsein der jungen Männer wurde so gestärkt, dass sie am Ende keine Hemmungen mehr hatten, auch in ungewohnte Rollen zu schlüpfen – wie Sezer, der sich traute, eine Frau zu spielen.

Der Erfolg dieser Arbeit beruhte in großen Teilen auf der so genannten »street credibility« der Mitwirkenden. So wuchs Chahine im vom Bürgerkrieg zerrissenen Beirut auf und war einer der ersten deutschsprachigen Rapper. Menschen wie ihm nehmen die Jugendlichen die vermittelten Inhalte ab.

Die Teamer setzten Impulse, die sich aus den Gesprächskreisen ergeben hatten und von der Gruppe aufgenommen wurden. Neben Tanzszenen, Liedern und Inszenierungen wurden auf Grundlage dieser Impulse auch Bühnenbilder, Kostüme und Requisiten entwickelt – alles in Eigenregie der Jugendlichen. Die Teilnehmer lernten Schauspieltechniken kennen und wurden immer wieder mit der Frage konfrontiert: Wie verhältst du dich in einer solchen Situation in der Realität. »Dabei entstanden Szenen, die dem Publikum situationskomisch und ironisch sehr deutlich den kritischen Spiegel vorhalten«, berichtet Chahine.

Die Zusammenarbeit war nach den Worten von Chahine von gegenseitiger Wertschätzung, Vertrauen und einem Dialog auf Augenhöhe gekennzeichnet: »Integration beginnt damit, dass man sich erst einmal selbst entwickelt. Mitgenommen haben die Jugendlichen vor allem Schlüsselkompetenzen wie Zuverlässigkeit, ein guter gegenseitiger Umgang und gegenseitige Unterstützung.«

Spannender Austausch

Ergänzend zu den Gesprächskreisen und den Kreativworkshops fanden in beiden Durchgängen Expertengespräche mit Vertretern der anderen abrahamitischen Religionen sowie eine Exkursion ins Stadtmuseum Hagen statt. Dort wurden die Jugendlichen durch die Ausstellung »Glaubenssache Judentum – Christentum – Islam« geführt. Auch diese Angebote lösten einen beeindruckenden Austausch, interessante Gespräche und Fragen aus, die in den Workshops aufgegriffen wurden. »Dabei entstanden tolle und intensive Begegnungen«, so Chahine. »Es war sehr spannend zu sehen, wie Berührungsängste abgebaut wurden.«

Darüber hinaus begleitete der LIB das Projekt wissenschaftlich. Er führte eine quantitative und qualitative Erhebung durch. Dabei wurden sowohl statistische Angaben ausgewertet (z.B. Zusammensetzung der Untersuchungsgruppe) als auch begleitende Interviews mit einzelnen Jugendlichen während verschiedener Projektphasen.

Nerv getroffen

Und dann war es soweit: Lampenfieber und Herzklopfen lagen in der Luft, als die Jugendlichen ihre künstlerischen Ergebnisse am Ende auf einer großen Bühne vor Publikum präsentierten. Jede der insgesamt drei öffentlich beworbenen Abschluss-Shows in Hagen war ausverkauft, rund 80 Prozent der Besucher waren muslimischer Herkunft. Als ganz besonderen Erfolg werten alle Akteure, dass bei den Events viele Eltern und teilweise auch Großeltern anwesend waren. Damit hat das Projekt drei Generationen erreicht. Die Jugendlichen wurden damit auf der Bühne sogar zu Multiplikatoren. Das Publikum folgte begeistert den unterschiedlichen Darbietungen. Es wurde mitgeklatscht, mitgesungen, getanzt, gejohlt, gelacht und applaudiert. Wortwitz, Selbstironie und Situationskomik, kamen besonders gut bei den Zuschauern an, die muslimisch sozialisiert sind. »Wir haben offensichtlich einen Nerv getroffen«, resümiert Chahine.

Muslim 3.0 ist ein Erfolgsmodell, dem es gelingt, männlichen muslimischen Jugendlichen in einem geschützten Raum wichtiges religiöses Wissen zu vermitteln. »Sie wissen jetzt besser, wenn sie von ihrer Religion reden, wovon sie reden«, fasst Müller zusammen. Die Maßnahmen erreichten eine Zielgruppe, die traditionelle Moscheevereine häufig nicht ansprechen können. Müller: »Bei uns konnten diese Jugendlichen etwas mitnehmen, das sie vielleicht weitergeben werden. Sie haben das Gefühl bekommen, nicht etwas Besonderes aus einer Parallelgesellschaft zu sein, sondern ganz normale Jugendliche, die zu uns gehören. Darin liegt das Integrative.«

Der Erfolg der Workshops besteht laut Chahine einerseits darin, dass die jungen Menschen sich getraut haben, auf eine Bühne zu gehen: »Dadurch haben sie die wichtige Erfahrung gemacht: Ich kann mich äußern und da sind Menschen, die mich wahrnehmen. Andererseits haben sie deutlich gemacht, dass sie als muslimische Deutsche genau die gleichen Träume und Ängste haben wie andere nichtmuslimische, deutsche Heranwachsende. Sie suchen nach Vorbildern und nach Perspektiven. Sie tanzen und rappen gern. Sie verleihen ihren Gedanken in Songtexten und Theaterszenen Ausdruck.« Dadurch wurde auch deutlich, dass die Probleme der Jugendlichen gesellschaftlicher und nicht muslimischer Natur sind.

Nachahmer gesucht

Muslim 3.0 wurde 2012 mit dem Jugendkulturpreis des Landes Nordrhein-Westfalen ausgezeichnet. In der Begründung der Jury heißt es: »›Muslim 3.0‹ wendet sich dem gesellschaftlich relevanten Thema ›Islam in Deutschland‹ auf interessante Weise zu. Die Kernfrage ›Wie kann die Identität junger männlicher Muslime in Deutschland heute aussehen?‹ bietet den Jungen Raum für eine intensive Auseinandersetzung mit der eigenen Identität und dem eigenen Kulturkreis. Gleichzeitig entwickeln die Teilnehmer auf diese Weise interkulturelle Kompetenz. Sowohl die kritische Reflexion scheinbar fixer Rollenbilder als auch das Selbstbewusstsein – durchaus auch der Stolz auf die eigene Kultur – werden gestärkt. [...] Es überzeugt der lockere, originelle und dennoch respektvolle Umgang mit Religion und Identität.«

Nach der Realisierung des Modellprojektes in Hagen meldete eine als salafistisch bekannte Gemeinde aus NRW Interesse an Muslim 3.0 an. Auf diese Anfrage konnte aus verschiedenen Gründen nicht eingegangen werden. In Anbetracht einer immer stärkeren Modernisierung auch extrem islamistischer Gruppierungen (analog zu der Entwicklung im Rechtsextremismus) wäre es aber tatsächlich eine Überlegung wert, ob Formate wie Muslim 3.0 nicht nur in der Prävention von Extremismus, sondern auch verstärkt in der Auseinandersetzung mit extremistischen Jugendlichen eingesetzt werden könnten.

Muslim 3.0 ist ein Best-Practice-Projekt mit Nachahmungscharakter. Das Vorhaben wurde als Modellprojekt konzipiert, d.h. es bietet auf Grund seines modularen Aufbaus eine hohe Übertragbarkeit. In der Zwischenzeit wurde es in mehreren deutschen Städten realisiert.

Der Projektträger freut sich über die Kontaktaufnahme von InteressentInnen unter: www.muslim-3-0.de

Erfahrungsberichte

Aufruhr am Niederrhein
Die Erfahrungen in Mönchengladbach
mit der Ansiedlung von Salafisten

Gabriele Peters

DIE »BOMBE« PLATZT
Im Sommer 2010 erreichte Mönchengladbach die Nachricht,
dass Salafisten in der Stadt eine Schule eröffnen wollen

Jahrelang hatten die Menschen in Mönchengladbach der As-Sunnah-Moschee an der Eickener Straße kaum Beachtung geschenkt. Sie war eine von vielen islamischen Gebetsstätten in eher unscheinbaren Häusern in der Stadt. Vor allem junge Muslime trafen sich dort, weil auf Deutsch gepredigt wurde. Viele können es nicht gewesen sein, denn es gab keine Beschwerden, keine zugeparkten Straßen während des Freitagsgebets, wie das an anderen Moscheen häufiger der Fall ist, keine Belästigungen, keine Verdächtigungen. Dass der Staatsschutz die Gruppe schon länger im Visier hatte, ahnte die Bevölkerung nicht.

Die Nachricht, die alles verändern sollte in der sonst eher beschaulichen Stadt, kam im Sommer 2010. Da verkündete der niedersächsische Verfassungsschutz, dass die umstrittene Islamschule des bekannten Salafisten Muhammed Çiftçi von Braunschweig ins nordrhein-westfälische Mönchengladbach umziehe. Im Juni sei im Internet ein Video veröffentlicht worden, in dem Çiftçi und der Mönchengladbacher Konvertit Sven Lau bei der Unterzeichnung eines Kaufvertrags gezeigt wurden. Die bis dahin angemietete As-Sunna-Moschee sollte von seinerzeit 140 auf circa 1000 Quadratmeter erweitert und nach Umbauten das neue Zentrum des Vereins »Einladung zum Paradies« (EZP) werden. Geplant war, dort sowohl eine Moschee als auch die Islamschule unterzubringen. Bei der Unterzeichnung des Vertrages war auch der salafistische Prediger Pierre Vogel anwesend, ein ehemaliger Profiboxer und Konvertit aus Frechen.

Das alles war noch nicht an die Öffentlichkeit gelangt, als die Lokalredaktion der »Rheinischen Post« am 3. August 2010 einen Hinweis bekam, dass sich in Mönchengladbach eine Gruppe einer islamistischen Strömung ansiedeln will, die seit Jahren vom Verfassungsschutz beobachtet wird und die laut Sicherheitsexperten einen »geistigen Nährboden für Terroristen« biete.

Bei der Recherche stellte sich schnell heraus, dass die Nachricht von der geplanten Islamschule stimmte. Die Stadtverwaltung bestätigte das Bauvorhaben, Sven

Lau die Fusion des von ihm gegründeten Vereins »Massjid As Sunnah« mit »Einladung zum Paradies«. Der Kontakt zwischen beiden Vereinen sei über Pierre Vogel entstanden, der oft in der Mönchengladbacher Moschee zu Gast sei, berichtete Lau gegenüber der Lokalredaktion (RP 4.8.2010). Zu den Vorwürfen der Verfassungsschützer erklärte er: »Wir sind nicht gefährlich. Ihr braucht keine Angst zu haben.« Man sei gegen Gewalt, es sei denn, es gehe darum, sich selbst zu verteidigen.

Die Nachricht von der geplanten Islamschule schlug in der Stadt wie eine Bombe ein. Viele Bürger waren verunsichert, besorgt und entsetzt. Das ergab eine Umfrage am Erscheinungstag des Zeitungsartikels im Stadtteil. Da war die Angst vor Fremden, Andersdenkenden und Andersaussehenden, Frauen in Vollverschleierung und Männern mit langen Bärten. Genauso häufig wurde aber beteuert, man habe nichts gegen den Islam. Vielmehr beunruhigte das Ungewisse: Was soll in der Islamschule gelehrt werden? Was sind das für Menschen, die dort hingehen? Was hat das zu bedeuten, dass der Verfassungsschutz den Verein beobachtet? Ärger schwang mit, dass die Stadt nicht informiert hatte. Nicht wenige äußerten die Angst, dass mit der Ansiedlung der umstrittenen Islamschule Grundstückspreise sinken und Wohnungen nicht mehr vermietbar sein würden.

Bei der Stadt war bereits am frühen Morgen eine große Runde von Verwaltungsmitarbeitern einberufen worden, um das weitere Vorgehen zu beraten. Die Umbauarbeiten an der As-Sunnah-Moschee wurden erst einmal gestoppt. Das Bauordnungsamt versiegelte die Baustelle. »Es gab ganz einfach keinen Bauantrag«, erklärte der Oberbürgermeister (RP 5.8.2010).

Ihre wöchentlichen Info-Stände durften die Anhänger von »Einladung zum Paradies« allerdings weiterhin in der Innenstadt aufbauen. Das Ordnungsamt erteilte die notwendigen Sondernutzungsgenehmigungen, »weil es aus Polizeisicht keine Sicherheitsbedenken gibt«. Viele Bürger sahen das anders. Männer mit langen Bärten, Häkelmützen und traditioneller muslimischer Kleidung wurden plötzlich mit Argwohn beobachtet. Mit großer Besorgnis hatten einige verfolgt, wie die Salafisten insbesondere Kinder und Jugendliche umwarben. »Kommt doch mal in die Moschee an der Eickener Straße, dort könnt ihr tolle Sachen erleben, auch boxen lernen«, sei ihnen gesagt worden, berichteten Zeugen. Auch im Umfeld von Jugendzentren sollen die EZP-Anhänger aktiv gewesen sein. Im Jugendtreff am Martinshof versuchte eine Gruppe später, die Videos der Salafisten zu analysieren, weil etliche eher weltlich eingestellte Jugendliche plötzlich streng »gläubig« wurden. Alle anderen waren in ihren Augen auf einmal »unwissende Christen« oder »dekadente Westler«, ihre Ansichten das Produkt einer angeblichen medialen Hetze gegen den Islam oder die Ausgeburt amerikanischer Propaganda (RP 8.4.2011).

Bürger, Politik, Kirchen, Stadtverwaltung, Presse – alle machten sich Gedanken, wie man gegen eine Gruppe vorgeht, die die freiheitlich demokratische Grundordnung grundsätzlich ablehnt und die zudem noch frauenfeindliche Tendenzen erkennen lässt, ohne selbst in den Verdacht zu geraten, islamfeindlich zu sein. »Jetzt heißt es wieder, jeder Ausländer ist ein Moslem und ein Terrorist«, warnte Bülent Bagir vom Integrationsrat.

Die Katholische Kirche mahnte zur Umsicht. Es gebe viele gute Beispiele für einen gelungenen Austausch zwischen Christen und Muslimen. Um das zu untermauern, wurden Vertreter verschiedener muslimischer Gemeinden aus Mönchengladbach zu Interviews in die RP-Lokalredaktion eingeladen. Dass dennoch irgendwann rechtspopulistische und rechtsextreme Bewegungen in der Stadt auftauchen würden, um die Angst der Bürger vor dem salafistischen Verein für ihre eigenen Zwecke zu nutzen, war allen schon früh schmerzhaft bewusst.

Auf seiner Website im Internet verhehlte der Verein »Einladung zum Paradies« sein Weltbild nicht. Für ihn war die freie westliche Welt »verdorben und pervertiert«, eine »Folge des freien Vermischens mit dem anderen Geschlecht«. Der Mann solle eine Frau heiraten, die »hingebungsvoll« sei und »seinen Aufforderungen unverzüglich« gehorche, hieß es dort. EZP warb im Internet intensiv für den Übertritt zum Islam. Sven Lau richtete sich damit auch an Prominente – vor allem aus der jungen Musikszene.

Was viele Bürger als äußerst demokratie- und frauenfeindlich empfanden, kam bei anderen an. Im Jugendzentrum am Martinshof hatte Leiter Sebastian Merkens erfahren müssen, dass vor allem Kinder und Jugendliche ohne verlässliche Zukunftsperspektiven anfällig für angebliche Erlöser wie Pierre Vogel sind. »Mit seiner einfachen Botschaft, die immer daraufhin hinausläuft, dass alle anderen Schuld haben, nur man selber nicht, bietet er ein Erklärungsmodell an, das es unnötig macht, sich auseinanderzusetzen«, sagte Mertens in einem Interview (RP 8.4.2011).

Widerstand und Drohungen
Der salafistische Verein will das Ausland über die Propaganda-Methoden in Mönchengladbach wie im »Nazi-Deutschland« informieren

Der Widerstand gegen die Salafisten wuchs in Mönchengladbach rasant. Alle Artikel aus der »Rheinischen Post« zu diesem Thema, die im Internet auf RP online erschienen, wurden eifrig kommentiert, oft die ganze Nacht hindurch. Zu manchen Artikeln gab es 200 bis 300 Anmerkungen. Nicht wenige mussten gelöscht werden. Menschen mit rechtsextremem Gedankengut versuchten hier bereits, ihr Feld zu finden.

Der Druck auf die Mitglieder und Anhänger von EZP wuchs. Auch viele Muslime distanzierten sich von der Gruppe. Am 10. August 2010 ging Muhammed Çiftçi als Vorsitzender von EZP in einem Internet-Video mit einer Warnung an die Öffentlichkeit: Der Verein habe 20.000 Schreiben international versendet, damit auch das Ausland über die Diffamierungen von Muslimen und die »Anti-Islam-Hetze« in Mönchengladbach informiert werde (RP 11.8.2010). Çiftçi sprach von »Propaganda-Methoden«, wie sie in »Nazi-Deutschland gegen die jüdische Bevölkerung« eingesetzt worden seien. Der Verein habe Anzeige bei den zuständigen Behörden erstattet.

In der Nacht darauf tauchten zwei neue Videobotschaften auf, in denen allen Journalisten, die kritisch über die Pläne der Islamschule berichtet hatten, persönlich gedroht wurde. Pierre Vogel meldete sich angeblich aus Qatar und beschimpfte die Reporter als »Lügner« und »Terroristen«. Es wurde eine »Namensliste der Hetzjournalisten« gezeigt, auf der auch Redakteure der »Rheinischen Post« standen. Sodann forderte Vogel in einer auf Deutsch und Arabisch gehaltenen Ansprache eine öffentliche Entschuldigung für »Lügen und Entstellungen«. »Ihr – und wir kennen eure Namen – solltet euch schämen«, sagte er an die Adresse der Journalisten. Seine Botschaft richtete er vor allem an alle »muslimischen Geschwister«. Die andere Videobotschaft war von Sven Lau, die gezielt eine Mönchengladbacher

Lokalredakteurin angriff. Von da an sollte es weitere Drohungen geben. Die »Rheinische Post« engagierte einen Sicherheitsdienst für die Lokalredaktion.

Rund anderthalb Wochen, nachdem bekannt geworden war, dass eine salafistische Gruppe in Mönchengladbach eine Schule aufmachen will, geschah das, was alle befürchtet hatten: Pro NRW und die NPD kündigten sich an. Jetzt war sie da, die Angst, dass Mönchengladbach plötzlich als Stadt der Rassisten dasteht. Noch am Abend gab es eine kleine Protestaktion in Eicken gegen die Rechtspopulisten.

Dass bei der großen Demonstration gegen die Salafisten am 16. August 2010 Protagonisten aus den extremen Lagern mitmischten, konnte nicht verhindert werden. Die große Mehrheit der rund 300 Teilnehmer machte aber mit Plakaten und Transparenten deutlich, dass sie für Religionsfreiheit und Toleranz eintritt, so lange die demokratische Freiheit respektiert wird. Die Situation war dennoch brenzlig. Es gab viele heftige Wortgefechte, denn EZP-Anhänger waren ebenfalls erschienen. Nicht nur Fernsehjournalisten, sondern auch sie zeichneten das Geschehen auf. Dabei filmten Salafisten die Gesichter der Demonstrierenden so intensiv, dass viele dies als Einschüchterungsversuch empfanden.

Am 27. August 2010 kamen mehr als 200 Menschen zur Gründung einer Bürgerinitiative zusammen. Schnell wurde klar: Die Menschen fühlten sich von den Politikern allein gelassen. Es hatte zwar bis dahin schon Anfragen im Landtag gegeben, und es gab die Zusage von NRW-Integrationsminister Guntram Schneider (SPD), die Eickener Bürger zu unterstützen, aber das reichte offenbar nicht aus. Viele sagten, dass sie klare Antworten vermissten und wütend seien, weil sich niemand von den zuständigen Behörden blicken lasse (RP 28.8.2010). Die Bürgerinitiative entschied nun, Druck zu machen mit Protestmärschen zum Rathaus, mit Lichterketten und Unterschriftenlisten. Immer wieder wurde klargestellt, dass man nicht gegen den Islam kämpfe, nur gegen die radikale Gruppe, die sich in Mönchengladbach ansiedeln wolle. Wie radikal die EZP-Anhänger sein konnten, sollte Wilfried Schultz, Mitinitiator und Sprecher der Bürgerbewegung, später mehrfach erfahren.

Zunächst aber konnte die Bürgerinitiative einen ersten Teilerfolg feiern: Am 30. August 2010 untersagte die Stadt dem Verein »Einladung zum Paradies« die weitere Nutzung der Moschee. In der Begründung hieß es, das Haus an der Eickener Straße sei jahrelang widerrechtlich als Versammlungsraum genutzt worden. Sven Lau hatte das offenbar vorher gewusst. »Wenn unsere Moschee zugemacht wird, beten wir eben jeden Freitag auf dem Eickener Markt«, lautete schon Tage zuvor eine seiner Botschaften.

130 Salafisten beten auf dem Marktplatz
Junge Deutsche konvertieren bei Pierre Vogel öffentlich zum Islam

Spätestens ab dem 3. September 2010 wurde Mönchengladbach zum Anlaufpunkt für Journalisten aus ganz Deutschland und dem benachbarten Ausland. An diesem Tag beteten zum ersten Mal 130 Salafisten öffentlich auf dem Eickener Marktplatz. Gleichzeitig demonstrierten 300 Menschen in der Stadt gegen die geplante Islamschule. Die Stimmung war aufgeheizt bis aggressiv. EZP-Anhänger hatten schwarz gekleidete Ordnungskräfte mitgebracht, die während des Gebets wieder intensiv die Gesichter der Umstehenden filmten. »Wir sehen nur anders aus. Wir wollen keinem Angst einjagen«, verkündete Sven Lau. Als jedoch eine Frau nach vorne trat und mehrfach rief »Ihr unterdrückt Frauen und Kinder!«, konterten die EZP-Anhänger mit lauten und aggressiven »Allahu Akbar«-Rufen. Später soll die Frau als »Sexobjekt« beschimpft worden sein (RP 4.8.2010).

Zwei Wochen lang trafen sich die EZP-Anhänger auf dem Eickener Markt zu Gebeten. Salafisten in Autos mit fremden Kennzeichen kamen hinzu. Auch nachts fanden die Gebete statt. Die Bürger fühlten sich provoziert, doch rechtlich ließ sich offenbar wenig ausrichten. So lange der Verein nicht verboten sei, könne man nichts machen, erklärten Stadt und Polizei. Religionsfreiheit gehöre zu den Grundrechten. Pierre Vogel, der offiziell nicht dem Verein »Einladung zum Paradies« angehörte, trat immer wieder in Mönchengladbach auf. Vor einer Kundgebung rief er einigen Reportern zu: »Passt auf, bestimmt konvertieren heute wieder einige.« Unter dem Jubel der EZP-Anhänger trat wenig später eine junge Frau mit blauen Augen und blonden Haaren auf dem Eickener Marktplatz zum Islam über. Auf die Frage, warum sie das gemacht habe, sagte sie später: »Och, meine Freundin ist auch Muslima.«

Die Bürgerinitiative kämpfte weiter gegen die geplante Islamschule der Salafisten und versuchte gleichzeitig, rechtsextreme und ausländerfeindliche Trittbrettfahrer fernzuhalten. Trotzdem demonstrierte am 9. Oktober wieder Pro NRW in Mönchengladbach. Den rund 150 Rechtspopulisten standen jedoch 400 Anhänger des Mönchengladbacher Bündnis gegen Rechts gegenüber. Als die Bürgerinitiative am 20. September einen Verein gründete, hatte es die Islamschule als Thema auch in den Bundestag geschafft. Am 15. Oktober 2010 kündigte Bundesinnenminister Thomas de Maizière in Eicken an, ein Verbot des Vereins »Einladung zum Paradies« überprüfen zulassen.

Anfang November – mittlerweile hatte sich noch eine Interessengemeinschaft gegen Salafisten gebildet – kam die Nachricht, die Mönchengladbach erst einmal aufatmen ließ: Die Islamschule bleibt in Braunschweig. Muhammed Çiftçi, vierfacher Familienvater, gab für seinen Entschluss vor allem wirtschaftliche Gründe an: »Für mich rentiert es sich nicht, die laufenden Kosten in Gladbach tragen zu müssen. Ich werde den Unterricht meiner Schüler online abhalten und für Prüfungen Räume anmieten.« (RP 5.11.2010) Außerdem kündigte der damals 37-Jährige an, dass er in Kürze dem Verein EZP den Rücken kehren werde. In Mönchengladbach blieben alle skeptisch: War das eine Finte? Was machen die Salafisten, die noch in der Stadt sind? Die Bürgerinitiativen entschlossen sich, weiterhin gegen die radikale Gruppe zu protestieren. 10.000 Unterschriften waren zu der Zeit gesammelt worden. In der Vorweihnachtszeit organisierte die Bürgerinitiative ein Fest, an dem auch der Islamische Kulturverein teilnahm. »Es ist problemlos möglich, friedlich zusammenzuleben«, sagte Sezai Sahin vom Vorstand des Kulturvereins.

DIE ERSTEN ÜBERGRIFFE
Im Internet erscheinen Schmähvideos über Eickener Bürger

Am 14. Dezember gab es eine Großrazzia, bei der 23 Vereins- und Privaträume radikaler Islamisten durchsucht wurden, darunter auch Wohnungen in Mönchengladbach. Die Salafisten gewännen in der islamistischen Szene in NRW zunehmend an Bedeutung; Teile der Szene lehnten Gewalt als Mittel zur Errichtung eines Gottesstaates nicht ab, hieß es aus dem Innenministerium. Die Bürgerinitiativen fühlten sich in ihren Befürchtungen bestätigt. Tatsächlich war es auch schon zu kleineren Übergriffen gekommen. So hatten beispielsweise drei Jugendliche den Stand der Bürgerinitiative attackiert. Wilfried Schultz, Sprecher der Bürgerinitiative, war schon mehrmals bedroht worden.

Weil die Mitte Dezember von EZP eingereichten Anträge für den Ausbau eines Islamzentrums »Mängel aufwiesen«, wurden sie Ende Dezember von den Behörden abgelehnt. Da die Moschee noch versiegelt war, hatte der Verein für seine Gebete nebenan ein Zelt aufgebaut. Drei Monate durfte es dort ohne spezielle Genehmigung stehen. Die Stadt machte dem Verein jedoch deutlich, dass es keine Fristverlängerung geben werde.

»Einladung zum Paradies« setzte nun auf Verständigung. Wahrscheinlich merkten die Anhänger, dass es für sie eng werden könnte. In einem Video sagte Sven Lau: »Es kann sein, dass wir wirklich verboten werden.« Für den zweiten Weihnachtstag im Jahr 2010 lud der Verein alle Mönchengladbacher Bürger zu einem Infotag ein. Angeblich waren dafür 100.000 Flyer gedruckt worden. »Wir möchten uns mit Ihnen über Ihre Ängste und Vorbehalte austauschen«, teilte Sven Lau in dem Schreiben mit. Und: »Wir sind gegen Terror und Gewaltverherrlichung und schämen uns für kriminelle Muslime.« Doch zu der Veranstaltung sollte es nie kommen. Der Betreiber der für diesen Zweck angemieteten Halle sagte auf Druck aus der Bevölkerung und der Politik ab. Wenig später musste auch das Zelt abgebaut werden, in denen sich die Salafisten zum Beten getroffen hatten.

Die Anhänger von EZP trafen sich von da an in einem benachbarten Privathaus. Als die Bürgerinitiative das erfuhr, organisierte sie eine weitere Demonstration. Am 14. Januar 2011 zogen etwa 90 Menschen mit Trillerpfeifen vor das Haus. Die Stimmung war auf allen Seiten gereizt. Im Internet hatten die Salafisten etliche Schmähvideos über Eickener Bürger verbreitet. Jetzt drohte die Polizei den Demonstranten mit Strafanzeigen, wenn sie die EZP-Anhänger bei der Ausübung ihrer Religion behinderten (RP 15.1.2011). »Schluss mit der Höflichkeit«, konterte Wilfried Schultz. Es dürfe nie wieder geschehen, dass Salafisten in der Stadt öffentlich für die Scharia einträten. Die Mitglieder der Bürgerinitiative konnten nicht begreifen, dass die Stadt die Treffen in dem Privathaus, an denen jeweils 40 bis 60 EZP-Anhänger teilnahmen, nicht untersagte. Es kam zu einem lautstarken, wütenden Protest. Die Polizei erklärte später, dass es nur deshalb keine Festnahmen gegeben habe, weil sich EZP-Anhänger nach Rücksprache mit den Beamten überreden ließen, das Freitagsgebet zu verlegen. Von nun an sollten jede Woche Mahnwachen vor dem Haus stattfinden.

Ende Januar wurden von der Stadt zwei Bauanträge für die neue Islamschule abgelehnt, weil sie »Mängel aufwiesen« (RP 25.1.2011). Erlaubt wurde EZP, die Tankstelle auf dem Gelände abreißen zu lassen. Zwei Tage später kam eine Verfügung, die den Salafisten die Freitagsgebete in dem Privathaus untersagte. Dennoch kündigte die Bürgerinitiative an, an den Mahnwachen festzuhalten.

»Muslime, bewaffnet euch!«
Eine Schlägerei sorgt für Sprengstoff

Unter dem Titel »Anschlag auf Muslime in Eicken« veröffentlichte Sven Lau am 7. März 2011 ein neues Internetvideo, das für weiteren Sprengstoff sorgen sollte. Pierre Vogel und andere Salafisten nutzten es, um Muslime als Opfer einer verfolgten Gruppe darzustellen, die in Mönchengladbach der Lynchjustiz ausgeliefert sei. Im Video berichtete Lau von einem Angriff auf sich, seine schwangere Frau und seine Kinder. Die Familie sei auf dem Weg zu einer Feier anlässlich einer Geburt gewesen, als plötzlich eine Gruppe von Menschen in Karnevalskostümen auf sie losgestürmt sei und gerufen habe: »Deutschland den Deutschen. Ausländer raus. Salafisten raus!« Lau habe sich mit seiner Frau und seinem dreijährigen Sohn ins Haus retten können. Die Angreifer hätten daraufhin versucht, die Tür einzutreten. »Brüder« im Haus hätten die Schreie seiner Frau gehört und seien zur Hilfe geeilt. Dabei sei es zu Prügeleien gekommen. Ein Angreifer sei kampfunfähig gemacht worden, berichteten EZP-Anhänger. Pierre Vogel behauptete sofort in einem Internetvideo, dass in Mönchengladbach Jagd auf Muslime gemacht werde. Die Angreifer hätten Sven Lau und seine Kinder lynchen wollen. Ein weiterer Anschlag auf EZP-Anhänger sei bereits angekündigt worden. Angestachelt von den Worten des deutschen Konvertiten, machten die Salafisten im Internet mobil: »Jeder muss ein Messer bei sich tragen – zur Verteidigung! Muslime, bewaffnet euch! Seid bereit, für den Islam zu sterben.« Einer schrieb, man solle nicht zögern, die Ungläubigen »abzuschlachten«, wenn es um die eigene Familie gehe. Nachdem die »Rheinische Post« einen Artikel zu dem Vorfall veröffentlichte, in dem auch die andere Seite zu Wort kam, erhielt die Redaktion einen anonymen Drohanruf: »Jeden, der bei euch rauskommt, steche ich ab.«

Pierre Vogel veröffentlichte ein weiteres Video, in dem er Wilfried Schultz als »Lügner« und »Rassisten« beschimpfte und in dem er zu einer bundesweiten Demonstration in der Mönchengladbacher Innenstadt und vor dem Redaktionsgebäude der »Rheinischen Post« aufrief.

Am 13. März skandierten rund 250 Salafisten vor der Lokalredaktion: »Stoppt die Hetze der ›Rheinischen Post‹!« Pierre Vogel bezeichnete RP-Redakteure als Lügner. »Hier leben sie, die Übeltäter«, rief Vogel unter dem Jubel seiner Anhänger. (RP 14.3.2011) Unter anderem behauptete er, die »Rheinische Post« hetze gegen den Islam und stachele so Rechtsextreme auf. Rund 100 Polizisten waren an diesem Tag, einem Sonntag, im Einsatz. Zu besonderen Zwischenfällen kam es während der Demonstration nicht. Doch das sollte sich noch ändern.

Wenige Tage später wurde der Hof, den die Salafisten für ihr Freitagsgebet nutzten, weil die Moschee immer noch versiegelt war, mit Hundekot verschmiert. Ein Kanalgitter flog durch die Scheibe eines Ladens für islamische Literatur und Kleidung, dessen Geschäftsführer Sven Lau war. Und auch in der Lokalredaktion der »Rheinischen Post« ging eine Scheibe zu Bruch. Unbekannte hatten in der Nacht Steine gegen das Gebäude geworfen.

Lau und Vogel nutzten die Vorfälle erneut für Internetvideos, in denen Muslime als Opfer der »rechtsradikalen, islamfeindlichen Hassbewegung in Mönchengladbach« dargestellt wurden. Nicht die Salafisten sollten bekämpft werden, sondern der Islam. Das Portal »Dawa News«, ein »deutsch-islamischer Nachrichtenblog«, kommentierte: Wenn die Behörden diesen Hass gegen den Islam nicht stoppten, wisse jeder Muslim in Mönchengladbach, »dass es auf einen Mord hinauslaufen wird«. Und: »Muss erst ein Muslim oder eine Muslima abgeschlachtet werden, bevor hier endlich reagiert wird?« (RP 21.3.2011) Lau und Vogel betonten dabei immer wieder die Rolle der Medien. Statt von kritischer Berichterstattung sprachen sie von Hass und Hetze, die gezielt geschürt werde, um die Bevölkerung gegen Muslime aufzuwiegeln. Vergleiche mit der Nazi-Zeit und den Judenpogromen wurden wiederholt herangezogen. Wilfried Schultz, den Sprecher der Bürgerinitiative, stellten EZP-Anhänger als »Rechtsradikalen« dar. Sie riefen die Muslime auf, zur nächsten Demonstration der Bürgerinitiative in großer Zahl zu erscheinen. Und Vogel sagte sinngemäß: In einem aufgeheizten Klima könne man in einer an den Pranger gestellten Masse nicht für jeden Einzelnen garantieren.

DIE BRANDSERIE
Pierre Vogel kündigt Totengebet für Osama bin Laden an

Ende März stoppte die Bezirksregierung die Abrissarbeiten an der Tankstelle auf dem Moscheegelände. Der Grund: Verdacht auf Asbestbelastung.

Am 26. März 2011 gingen erneut 250 Menschen in Mönchengladbach auf die Straße, um gegen die Ansiedlung der Salafistenschule zu demonstrieren. Das Polizeiaufgebot war angesichts der vorausgegangenen Drohungen riesig. Erst am Morgen hatten Unbekannte eine Scheibe am Wohnhaus von Wilfried Schultz eingeschlagen. Als die Demonstranten am Nachmittag auf dem Theatervorplatz in der Innenstadt eintrafen, wurden sie von 20 Salafisten empfangen. Darunter war auch Sven Lau, der in Kürze Vorsitzender des Vereins EZP werden sollte, da Muhammed Çiftçi nun endgültig seinen Rückzug aus der Vereinigung angekündigt hatte. Es kam zu heftigen verbalen Auseinandersetzungen zwischen Demonstranten und Salafisten. Schultz wurde als Lügner bezeichnet. Der warf den EZP-Anhängern vor, sie nutzten die Demokratie, um sie abzuschaffen. Trotz der aufgeheizten Stimmung gab es keine Übergriffe – vielleicht wegen der großen Polizeipräsenz.

In der Nacht vom 16. auf den 17. April 2011 kam es zu weiteren Zwischenfällen. Die Häuser von zwei Mitgliedern der Bürgerinitiative, darunter erneut das Wohnhaus von Schultz, wurden mit Farbbeuteln beworfen. Auf dem Gelände der Moschee, für das mittlerweile eine Bebauungsplanänderung angestrebt wurde, ging ein Abfalleimer in Flammen auf. Wenig später sorgte Pierre Vogel für Aufregung, weil er bei einer geplanten Kundgebung in Frankfurt ein Totengebet für Osama bin Laden angekündigt hatte, was ihm aber untersagt wurde.

Im Mai brannte ein Altpapiercontainer auf dem Moscheegelände. Wilfried Schultz kündigte an, eine Partei »Die Bürgerlichen« zu gründen, weil es der Politik nicht gelungen sei, den Verein »Einladung zum Paradies« zu verbieten.

Als Sven Lau, mittlerweile Vorsitzender von EZP, am 20. Juni 2011 von der Polizei festgenommen wurde, blieben die Gründe zunächst geheim. Pierre Vogel rief im Internet »Brüder« und »Schwestern« auf, sich jetzt zu organisieren. Einen Tag später sollte eine Innenministerkonferenz stattfinden, bei der es angeblich auch um ein mögliches Verbot des Vereins »Einladung zum Paradies« gehen sollte. Im Internet zählten die Salafisten noch einmal die »Anschläge gegen Muslime in Mönchengladbach« auf. Dazu rechneten sie auch drei Brandanschläge auf dem

Moscheegelände in Eicken: der angezündete Mülleimer, der brennende Container und ein Feuer, das in der Nacht auf den 5. Juni im Privathaus neben der Moschee gelegt worden sei, in dem die Salafisten sich zeitweise zum Gebet getroffen hatten. »Einige Bewohner des Hauses haben angefangen zu weinen, es war sehr emotional«, berichtete der ehemalige Feuerwehrmann Lau in einer Videobotschaft. Einen Tag nach der Festnahme des EZP-Vorsitzenden teilten Polizei und Staatsanwaltschaft mit, dass Sven Lau und zwei seiner Anhänger unter dem Verdacht stehen, den Brand in dem Mehrfamilienhaus selbst gelegt zu haben. Zu einer Anklage sollte es allerdings nie kommen, auch wenn es polizeiintern hieß, dass es ausreichend Beweise für die Vorwürfe gebe.

Doch zu diesem Zeitpunkt wurde es eng für »Einladung zum Paradies«. Diejenigen, die sich wiederholt als Opfer von Lügen- und Hetzkampagnen ausgegeben hatten, standen plötzlich als Brandstifter da. Außerdem lief für den Verein, dem das Finanzamt Braunschweig-Altewiekring drei Jahre zuvor die Gemeinnützigkeit bestätigt hatte, die Befreiung von der Körperschafts- und Gewerbesteuer ab. Dass die Behörden im Licht der jüngsten Entwicklungen erneut zu dem Schluss gekommen sein könnten, dass der Verein »Vorurteile und Missverständnisse gegenüber dem islamischen Glauben abbaut und zur Förderung des interreligiösen und interkulturellen Austauschs beiträgt«, wie es in der Satzung hieß, schien mehr als fraglich. Außerdem verdichteten sich in der Stadt die Anzeichen, dass auf dem Gelände der Moschee keine Islamschule, sondern ein 1600 Quadratmeter großer Supermarkt entstehen soll. Offenbar hatten sich die Stadt, der Besitzer des Geländes und ein Investor einigen können. Der Grundstückseigentümer war nun bereit, die Rücktrittsklausel zu ziehen, die im Kaufvertrag mit EZP vereinbart worden war.

»EINLADUNG ZUM PARADIES« LÖST SICH AUF
Die letzten Mahnwachen der Bürgerinitiativen

Am 24. Juni 2011 wurde Wilfried Schultz auf offener Straße von einem EZP-Anhänger tätlich angegriffen. Etwa 25 bis 30 Mitglieder der Bürgerinitiative hatten sich wie jeden Freitag zur Mahnwache an der Eickener Straße getroffen. Wie Schultz später gegenüber der »Rheinischen Post« berichtete, seien plötzlich etwa zwölf Salafisten unter lauten »Allahu-Akbar«-Rufen über die Straße gelaufen und hätten die Bürger mit Sätzen wie: »Ihr Pisser, verschwindet!« beleidigt. Plötzlich sei ihm ein Faustschlag ins Gesicht verpasst worden. Der Täter sei kurz darauf in einem Auto, an dessen Steuer Sven Lau gesessen habe, geflüchtet. In Eicken verbreiteten sich unterdessen die Gerüchte, dass der Verein EZP über seine Auflösung nachdenke. Anfangs bestätigte das nur ein Mitarbeiter von Sven Lau gegenüber der »Rheinischen Post« (RP 25.6.2011). Doch dann verkündete der EZP-Vorsitzende selbst in einem Internetvideo die Vereinsauflösung: »Die Bürger haben entschieden, dass sie uns nicht haben wollen«, sagte Lau. Man sei »auf ekelhafte und hinterlistige Weise« vertrieben worden. Vielleicht gründe man irgendwann einen neuen Verein unter neuem Namen. Offensichtlich war EZP der Zwangsauflösung zuvor gekommen. Jetzt war klar: Der Plan, in Mönchengladbach eine Islamschule zu bauen, war geplatzt. Wohin die über 200.000 Euro an Spendengelder flossen, die für das Vorhaben von EZP bereits gesammelt worden waren, blieb unbekannt.

Noch zweimal sollten sich Mitglieder der Bürgerinitiative zu Mahnwachen und Demos treffen. Im August 2011 wurde die Auflösung des Vereins »Einladung zum Paradies« amtlich. Viele Verfahren gegen die Salafisten wegen Körperverletzung, Androhung einer Straftat, Sachbeschädigung und Beleidigung wurden eingestellt. Bis heute gab es nur eine Verurteilung: Der Mann, der Wilfried Schultz einen Faustschlag verpasste, musste eine Geldstrafe von 60 Tagessätzen zu zehn Euro zahlen.

Männer mit langen Bärten und traditioneller muslimischer Kleidung und Frauen in Vollverschleierung gibt es auch heute noch in Mönchengladbach. Beim Staatsschutz ist bekannt, dass sich einige Salafisten mittlerweile in anderen Moscheen der Stadt treffen. Die »Köpfe« der fundamentalistischen Bewegung tauchten in den folgenden drei Jahren zumindest öffentlich nicht mehr hier auf.

»Ich geriet an ›Millatu Ibrahim‹, weil für mich damals alle Muslime gleich waren«

Bericht einer Aussteigerin aus der Salafismus-Szene in Deutschland[1]

Ich bin heute Anfang 20 und die zweitälteste unter vier Halbgeschwistern. Ein Glück für mich war, dass ich meine Großeltern gehabt habe. Ich war in meiner Freizeit viel bei bei ihnen. Sie wohnten 20 Kilometer entfernt von uns auf dem Dorf. Hätte ich meine Großeltern nicht gehabt, wäre ich untergegangen, denn in der Umgebung meiner Eltern konnte ich nicht von einer funktionierenden Kindheit sprechen. Als ich vier Jahre alt war, haben sich meine Eltern getrennt. Bis dahin bewohnten wir ein Haus, dann zogen wir in eine Wohnung. Mein Vater hatte eine andere Frau kennengelernt und nach der Trennung meiner Eltern brach der Kontakt zu ihm weitgehend ab. Meine Eltern sind zwar katholisch, aber nicht religiös. Mit meiner Oma besuchte ich das halbe Jahr bevor ich zur Kommunion ging regelmäßig den Gottesdienst. Dadurch kam ich auf den Gedanken, Ministrantin zu werden. Es war nicht so, dass mir Religion besonders viel bedeutete, es war eher die Freude, die ich an der Tätigkeit hatte. 2003 starben meine Großeltern und ich verlor dadurch auch den Bezug zu ihrem Dorf. Im selben Jahr kontaktierte ich meinen Vater und fragte ihn, ob er mir Ballettunterricht an einer Tanzakademie bezahle. Er sagte Nein. Ein Jahr später, 2004, erfuhr ich von »D!s Dance Club« in der gleichen Tanzschule und fragte meinen Vater erneut. Diesmal gab er sein Einverständnis und ich nahm ein Jahr an diesem Kurs teil.

DIE KONVERSION

2005, ich war gerade in der 9. Klasse einer Hauptschule, geschah mit mir folgendes: Zwei Tage lang hatte ich das Gefühl, krank zu werden. Am dritten Tag saß ich in der Fünf-Minuten-Pause auf meinem Platz im Klassenzimmer. Alle Schüler blieben in diesen kurzen Pausen im Klassenraum und wie üblich fand der Lehrerwechsel statt. In diesem Moment war es so, als wäre mir ein Blitz mit der Einge-

---

1 | Die Autorin ist dem Herausgeber persönlich bekannt. Bei ihrem Text handelt es sich um eine von ihr überarbeitete und ergänzte Version ihrer Ausführungen: »Islamistische Radikalisierung und Ausstieg. Eine Selbstreflexion. Januar 2013«, in: Journal EXIT-Deutschland. Zeitschrift für Deradikalisierung und demokratische Kultur 2(2013), S. 263-274.

bung »Islam« in den Kopf eingeschlagen, aber völlig schmerzlos. Erklären konnte ich es mir nicht. Ich war völlig überfordert und wusste nichts damit anzufangen. Also habe ich es zunächst ignoriert. Dann habe ich angefangen, Mitschüler darauf anzusprechen, die mir sagten, wo ich mich informieren könne. Zu diesem Zeitpunkt hatte ich weder muslimische Freunde, noch etwas mit der Religion zu tun gehabt oder gar den Koran gelesen. Ich hatte absolut keine Ahnung davon. Ich war auch nicht auf der Suche nach irgendetwas. Viele, besonders junge Leute, suchen Halt und Anerkennung in einem anderen Umfeld – bei mir war das nicht der Fall.

Noch am selben Wochenende lud mich ein Mädchen aus meiner Klasse zu sich nach Hause ein. Ihr Vater war Imam. Ich bekam ein Kopftuch ausgeliehen. Ihr Vater fuhr am Samstag mit den kleineren Geschwistern und mir zum Arabischunterricht in eine Moschee. Dort wurden mir die ersten arabischen Schriftzeichen beigebracht. Dann erklang der Gebetsruf, und ich dachte noch: »Oh man, der Typ kann aber nicht gut singen!« Ich wusste ja damals noch nicht einmal, was ein Gebetsruf ist oder wie er klingt. Zum Glück habe ich es nur gedacht und nicht ausgesprochen, denn es war der Vater meiner Klassenkameradin, wie sich später herausstellte. Die anderen Mädchen beteten dann zusammen mit der Lehrerin. Und ich sah zu. Als wir fertig waren und ich zusammen mit der Familie meiner Klassenkameradin die Moschee verließ, kam ein Mann mit rötlichem Bart auf mich zu und fragte mich, ob ich mich für den Islam interessiere. Ich bejahte. Dann erzählte er sehr viel über die Religion, aber ich verstand kein einziges Wort. Einzig im Gedächtnis blieb mir die Aussage: »Allah will dich vor der Hölle bewahren!« Erst ein halbes Jahr später wurde mir klar, mit wem ich tatsächlich gesprochen hatte: Es war der damals noch recht unbekannte Salafistenprediger Pierre Vogel. Zu diesem Zeitpunkt wusste ich aber wenig über ihn, nur dass er ein Deutscher war und im Ausland Islam studierte. Danach habe ich ihn nicht mehr persönlich getroffen.

In der Moschee war mir gesagt worden, was ich tun muss, um zu konvertieren. Entsprechend den Anweisungen ging ich dann nach Hause und habe ausgiebig geduscht. Nach dem Verlassen des Badezimmers sprach ich die Schahada aus (das islamische Glaubensbekenntnis: »Es gibt keinen Gott außer Gott und Muhammad ist sein Gesandter«). Das war es, ich war Muslimin. Wichtig ist dabei nur gewesen, dass der Vorgang mit der klaren Absicht, dem Islam beizutreten, erfolgt ist. Wie man mir zuvor in der Moschee versichert hatte, bedurfte es keiner Zeugen, da nach islamischem Verständnis Gott als Zeuge genüge. Einige Konvertiten lassen sich in größerem Rahmen feierlich aufnehmen, das war bei mir nicht der Fall. Von diesem Tag an habe ich angefangen, ein Kopftuch zu tragen, wenn ich mich in der Öffentlichkeit bewege. Meiner Umgebung habe ich meinen neuen Glauben nicht verheimlicht.

Wenig Verständnis

Meine Mutter akzeptiert die Konversion bis heute nicht, allerdings habe ich auch nur noch wenig Kontakt zu ihr. Als sie davon erfuhr, gab sie mir ihren Unmut lautstark zu verstehen und beschimpfte mich. Mein Vater reduzierte den Kontakt zu mir nach der Konversion noch weiter, die Zahlungen für meine Tanzschule stellte er ein. Meine Schwester reagierte fast am heftigsten. Sie schlug mir ins Gesicht und verletzte mich dabei. Sie schmiss meinen Koran, meine islamische Kleidung, die ich geschenkt bekommen hatte, und meinen Gebetsteppich in den Müll. Sie meinte, ich hätte meine Intelligenz gegen das Kopftuch eingetauscht. Das erinnert mich heute irgendwie an die Thesen von Thilo Sarrazin. Meine Mutter, die das alles mitbekam, widersprach nicht. Mein älterer Bruder wiederum nahm die Konversion relativ gelassen auf. Bei ihm beschränkte sich die Reaktion auf ein paar dumme Sprüche. Mein jüngerer Bruder war noch zu jung für eigene Entscheidungen und imitierte das Verhalten meiner Familie. Immer wieder versuchten Menschen, mich vom Islam zu distanzieren, was bis heute niemandem gelungen ist. Einmal lief ein vierjähriger Nachbarjunge an mir vorbei und meinte: »Du bist gar keine Türkin, du hast ja gelbe Haare.« Meine damalige Klassenlehrerin war auch nicht gerade erfreut, obwohl sie selbst mit einem Pakistaner verheiratet ist und seinen Namen trug. Als ich sie fragte, warum denn Maria (die Mutter Jesu) ein Kopftuch getragen habe, meinte sie nur, »das sei damals in Mode gewesen.« Dass auch in der Bibel eine dezente Kleidung beziehungsweise eine Verhüllung der Frau erwähnt wird, unterschlagen vorurteilsbeladene Menschen wie sie entweder absichtlich oder ihnen fehlt schlicht das Wissen über ihre eigene Religion. Egal ob es meine Familie war oder Außenstehende, die Ablehnung, die ich erfahren habe, hat mich in meiner Entscheidung für den Islam eher bestärkt. Einer der wenigen, die mich unterstützten, war der Vater meiner damaligen Freundin, der Imam in der Moschee war, die mich bei der Konversion beraten hatte. Er zeigte sich ziemlich geschockt und verärgert über die ganzen Zurückweisungen.

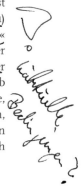

EIN SMS-CHAT UND SEINE FOLGEN

Nach der Konversion setzten sich die innerfamiliären Schwierigkeiten fort. Meine Mutter war zu diesem Zeitpunkt wieder verheiratet. Ihren neuen Mann hatte sie über einen Teletext-SMS-Chat kennengelernt. Eines Abends ging sie wie so oft zum Tanzen in ein Lokal. Ich war mit meinem Stiefvater und meiner Schwester allein zu Hause. Ich wollte mir einen Bananenshake machen und benutzte einen Standmixer. Mein Stiefvater war der Ansicht, dass an einem Freitagabend gegen 21.30 Uhr ein Mixer etwas zu laut sei. Er wurde ungehalten. Ich widersprach ihm, woraufhin er mir ins Gesicht schlug und meine Lippe aufplatzte.

Ich lief in mein Zimmer und alarmierte die Polizei, die einen Krankenwagen schickte. Als die Sanitäter klingelten, lief ich zur Tür und öffnete sie über den Schalter. Weder der neue Mann meiner Mutter noch meine Schwester wussten von meinem Anruf. Ich stand unter Schock. Die Sanitäter nahmen mich mit in den Rettungswagen. Obwohl ich erst 15 Jahre alt war, haben die Polizisten damals aber keine Anzeige gegen meinen Stiefvater erstattet und das Schlagen als »erzieherische Maßnahme« interpretiert. Und als meine Mutter später davon erfuhr, stellte sie es als gerechtfertigt dar.

DER SCHEIN TRÜGT

2006, in der 10. Klasse, traf ich im Rahmen eines Praktikums eine frühere Klassenkameradin aus einer marokkanischen Familie wieder. Wegen ihres Benehmens hatte sie die Schule wechseln müssen. Obwohl wir während der gemeinsamen

Schulzeit kein gutes Verhältnis hatten, kamen wir ins Gespräch. Sie wunderte sich über mich, da ich auf einmal ein Kopftuch trug. Sie äußerte den Wunsch, sich wieder mit mir zu treffen, was wir dann auch taten. Wir trafen uns auch bei ihr zu Hause. Ich verbrachte dann jedoch mehr Zeit mit ihrer Mutter als mit ihr und erlebte, was Gastfreundschaft und Familienzusammenhalt ist und dass es auch noch etwas anderes als abgepackte Lebensmittel gibt. Sie wurden eine Art Familienersatz für mich. Mit der Religion nahmen sie es eher liberal. Die Mutter betete, aber die Kultur stand mehr im Vordergrund. Nach einiger Zeit kam das Gespräch auf das Thema Heirat. Tatsächlich verspürte ich den Wunsch zu heiraten und eine eigene Familie zu haben. Die Mutter kontaktierte ihren Neffen. Ich war damals ein 16-jähriges Mädchen und fiel auf das Ganze herein. Ich wurde von ihm und dieser Familie ausgenutzt, denn ich hatte keine Ahnung von Papieren und Aufenthaltserlaubnissen, Visa und Anträgen. Im Sommer 2006 beendete ich die Schule. Ich lernte den Neffen kennen und zog mit ihm zusammen, aber nie in eine richtige Wohnung, sondern in eine sogenannte Fremdenzimmervermietung, in welcher man sich nicht offiziell anmelden musste, womit es ihm möglich war, damals illegal dort zu »wohnen«. Es war ein kaltes Zimmer, sechs bis acht Quadratmeter klein. Der Neffe hielt sich durch den Verkauf von Drogen über Wasser. Ich war mit ihm zwei Jahre zusammen.

Er behandelte mich schlecht. Er schlug, bespuckte und beleidigte mich auf das Übelste, wenn das Essen nicht korrekt gekocht war oder ich Fehler gemacht hatte. 2008 zeigte ich ihn wegen Körperverletzung und weiterer Delikte mehrfach an. Er war erkennungsdienstlich bereits bei der Polizei registriert. Trotzdem gelang es ihm immer wieder, die Beamten zu täuschen. Dabei half ihm auch die Familie, die für ihn falsch aussagte. Ein knappes Jahr später wurde er dann festgenommen und inhaftiert. Er hatte eine weitere Straftat begangen, woraufhin ihn eine Frau angezeigt hatte. Von meiner Seite aus war unsere Beziehung beendet. Er versuchte aber, die »Beziehung« mit Morddrohungen und Gewalt aufrecht zu erhalten. Was aus ihm geworden ist und wo er sich heute aufhält, weiß ich nicht.

FRANKFURT

Ich habe bei einer Reinigungsfirma gearbeitet und war als Zimmermädchen in einem Hotel eingesetzt. In dem Hotel lernte ich 2008 auch einen neuen Mann kennen. Er ist Afghane. Die Mehrheit der Angestellten dieser Reinigungsfirma stammte aus Afghanistan und Pakistan. Manchmal bekam ich mit, wenn sie sich auf Deutsch unterhielten, dass sie auch über die Taliban sprachen. Das Gerede war aber eher so, als ob sie über ihre Lieblingsfußballmannschaft sprachen. Zum Teil sind sie vor den Kriegswirren geflüchtet, zum Teil kamen sie des Geldes wegen her. Einige von ihnen wollten mit dem Rechtssystem und der Demokratie in Deutschland nichts zu tun haben, belegten somit auch keine Integrationskurse, sondern wollten nur schnell ein deutsches Mädchen heiraten, um an Papiere zu gelangen.

In Frankfurt hatte ich keinerlei Beziehung zu anderen Muslimen, außer am Anfang eine Zeit lang zu einer Cousine des Neffen, mit dem man mich verkuppelt hatte. Später war ich dann mit Bekannten meines Mannes zusammen, mit denen wir manchmal Tee tranken oder Billard spielten. Das waren aber eher kulturelle und weniger religiöse Muslime.

Nach meiner Konversion hatte ich nur im ersten Jahr muslimische Freunde. Ich habe aber mit ihnen die Erfahrung gemacht, dass sie immer dann, wenn man sie brauchte, nicht da waren, weil sie Angst hatten, durch andere in Schwierigkeiten gebracht zu werden. Ein Beispiel: Ich erzählte einmal einem unserer Lehrer an der Schule etwas eher Positives über die Familie meiner Klassenkameradin. Aus ihrer Sicht war das aber ein großer und schwerwiegender Fehler. Zu sehr war die Angst vorhanden »Ungläubige« würden denken, in dieser Familie stimme etwas nicht – obwohl ich nur erzählt hatte, wie schön die Familienmitglieder gekleidet sind oder wie gut die Mädchen und Frauen kochen können. Alles werde ja immer mit den Fernsehbeiträgen in Zusammenhang gebracht, wo ständig von Unterdrückung die Rede sei, meinte meine Klassenkameradin. Was ist, wenn auch der Lehrer so denke und dann das Jugend- oder Ausländeramt benachrichtige? Von Unterdrückung hatte ich in dieser Familie nichts gespürt, von einer offenen demokratischen Familienkultur allerdings auch nicht.

ÜBER FACEBOOK GERIET ICH AN DIE FALSCHEN LEUTE

Irgendwann reifte in mir der Wunsch, den Islam näher zu studieren. Ich interessierte mich für ein Islamstudium an einer Islamschule in Deutschland, weil ich gehört hatte, dass man dazu keine besonderen Qualifikationen wie Abitur oder so etwas benötigt. Also machte ich mich auf die Suche nach Ansprechpartnern. Zugleich wollte ich im Zuge dessen Gleichgesinnte finden, mit denen ich mich über den Islam austauschen konnte. Deshalb richtete ich mir einen Account auf Facebook ein und vernetzte mich mit irgendwelchen Muslimen, auf die ich dort gestoßen war. Darunter waren dann auch radikal eingestellte Personen aus dem Bereich des Salafismus. Das war mir allerdings nicht bewusst. Ich erkannte sie nicht als Fundamentalisten, weil mir so etwas damals unbekannt war.

Von August 2011 bis Februar 2012 war ich viel auf Facebook aktiv. Dabei ließ ich mich auch zu einigen radikalen Äußerungen hinreißen, die die Aufmerksamkeit der Sicherheitsbehörden auf mich lenkten. Ich hetzte gegen Nicht-Muslime und schrieb damals zum Beispiel »K.u.f.f.a.r t.ö.t.e.n«, was ich heute kaum noch nachvollziehen kann. Ich weiß einfach nicht mehr, warum ich das damals tat, weil es eigentlich so überhaupt nicht meinen Einstellungen entspricht. Es sind aber Äußerungen, die man auf Facebook vielfach auch öffentlich lesen kann und die für die Szene, die meine Neugier geweckt hatte, typisch sind. Es wurden Reden von Politikern ironisch dargestellt, man machte sich lustig über sie, nahm sie nicht für voll. Das war alles Konsens. Während der Zeit, in der man in dieser Ideologie drinsteckt, redet man Dinge und schreibt Dinge, die man selbst zum Teil gar nicht oder kaum bejaht. Man will dazu gehören, man will imponieren. Es ist psychische Manipulation. Man funktioniert dann wie eine Marionette. Ich nenne diese Facebook-Dialoge und ihre Akteure heute spöttisch »Pseudo-Dschihadisten« oder »Facebook-Dschihadisten«. Facebook ist für viele so eine Art »Online- Schlachtfeld«, auf dem sie sich beweisen wollen. Und je krasser die Formulierung, desto akzeptierter ist man. Es ist aber in Wahrheit nur Zeitverschwendung. Ich kann verstehen, dass Ermittler hellhörig werden, wenn sie so etwas lesen. Oft stellt es sich dann aber, was nicht verwunderlich ist, als harmloser heraus als es zunächst klingt. Das weiß man jedoch nicht sofort, weshalb ich die Einleitung von Ermittlungen gegen mich heute auch nachvollziehen und die Behörden verstehen kann. Ich selbst habe nie ernste Absichten gehegt, aktiv zu werden oder eine staatsgefährdende Gewalttat zu begehen.

Videos, Pierre Vogel und mehr

Die vielfach im Internet zu findenden Videos, unter anderem von Pierre Vogel, waren für mich nicht wirklich wichtig. Ich habe nur ein paar davon gesehen. Man schaut sie sich an und interessiert sich danach nicht mehr dafür. Zumindest bei mir war es so, bei anderen allerdings auch. Deshalb sagte irgendein Prediger auch mal, dass man die Inhalte der Videos verinnerlichen solle, weil das nämlich kaum jemand wirklich tat. Das Gleiche habe ich in Bezug auf die Seminare und Veranstaltungen erlebt. Nachdem die Leute die Veranstaltung verlassen hatten, haben sie die auch wieder vergessen. Es interessiert sie danach nicht mehr.

Auch von der Gruppe »Millatu Ibrahim« bekommt man gepredigt, sich die Videos genau anzusehen, vor allem Videos, in denen Muslime angegriffen, verletzt und getötet werden. Damit versuchen sie zu verdeutlichen, was da mit den Muslimen in der Welt geschieht, und wie brutal das ist. Ihr Ziel ist es, die Muslime dazu zu bewegen, sich zur Wehr zu setzen, also zu kämpfen, egal wie, mit Attacken jeglicher Art, verbal und non-verbal. 2012 wurde der Verein verboten.

»Millatu Ibrahim« und das Islamseminar am 4./5. Februar 2012

Im Winter 2012 erfuhr ich über Facebook von einem Islamseminar von »Millatu Ibrahim« in meiner Nähe. Die konkreten Daten sollten erst kurzfristig bekannt gegeben werden. So geschah es dann auch. Erst am Vorabend wurden der genaue Ort und die Uhrzeit genannt, um diese Informationen gegenüber den Ermittlern so lange wie möglich geheim zu halten. Ich konnte sehen, dass ein Streifenwagen der Polizei Mitgliedern von »Millatu Ibrahim« entgegen fuhr. Später bestätigten sie es auch selber.

Die Frauen dieser Gruppe erschienen alle nur vollständig verschleiert in der Moschee. Es gab aber auch andere Teilnehmerinnen, die nicht vollverschleiert waren oder nur einen in den Tschador eingenähten Gesichtsschleier (Niqab) trugen, den man entweder bis zum Kinn oder auch über den Mund und bis zur Nase ziehen kann. Die Mitglieder von »Millatu Ibrahim« waren nicht wirklich gesprächsbereit uns »anderen« gegenüber. Sie isolierten sich und kamen nur auf uns zu, wenn sie etwas wollten.

Ich wurde dennoch angesprochen und wir kamen ins Gespräch. Ich lernte diese Menschen somit auch »näher« kennen. Es machte mich stutzig, dass sie umstrittene Koraninhalte vor die Grundzüge der Religion stellten: zum Beispiel ging es ihnen immer um die Kleidung. Sie waren die ganze Zeit damit beschäftigt, mir die Vollverschleierung aufzudrängen. Das hatte mit Religion schon nichts mehr zu tun. Auch wunderte ich mich, dass pluralistisch zu verstehende Koraninhalte so gar nicht thematisiert wurden. Danach wurde mir von zwei Frauen der Gruppe unterstellt, ich hätte »zu wenig« Wissen in der Religion. Daraus schlossen sie, ich müsse »eine Spionin oder eine Journalistin« sein. Das verneinte ich natürlich, es stimmte ja auch nicht. Sogar noch ein Jahr später kontaktierte mich die Urheberin dieser Unterstellungen über Facebook und griff mich ohne Grund und weitere Erklärung an: »Du bist echt krank«. Als ich sie fragte, ob sie ein Problem habe, antwortete sie: »Solche Menschen wie du sind mein Problem«.

Als mich diese Frau auf dem Seminar derart angriffen hatte, benachrichtigten die Frauen die »Brüder«. Daraufhin kamen Denis Cuspert (der Ex-Rapper DesoDogg alias Abu Talha al-Almani, der inzwischen nach eigenen Angaben als Dschihadist in Syrien kämpft), Ibrahim Abou Nagie von der Gruppe »Die wahre Religion« und den österreichischen Salafisten Bernd T. (alias Muhammad Siddiq), den ich damals nicht kannte, zum Fraueneingang. Ich wurde aufgefordert, mit ihnen nach oben zu gehen. Denis Cuspert fragte mich dort, ob ich Journalistin oder Spionin sei. Ich sagte: »Nein.« Ich erklärte Cuspert, Abou Nagie und Bernd T., dass diese Frauen mir das unterstellt hätten. Das Gespräch dauerte nicht lange, vielleicht zwei Minuten oder so. Dann »durfte« ich wieder hinunter in den Frauenbereich gehen. Eigentlich wollten sie mich wohl hinauswerfen. Später bekam ich heraus, dass offenbar Denis Cuspert dafür gesorgt hatte, dass ich nicht vom Seminar »entfernt« wurde. Trotzdem verbreiteten sich innerhalb weniger Stunden Lügengeschichten über mich – sogar auf Facebook, so dass ich aus Freundeslisten gelöscht und blockiert wurde.

In dem Seminar gab es eine Predigt nach der anderen. Hauptredner waren Denis Cuspert, Ibrahim Abou Nagie, Bernd T., Said El Emrani (Abu Dujana), Hasan Keskin (Abu Ibrahim) und Mohamed Mahmoud, der Chef von Millatu Ibrahim, ein österreichischer Staatsbürger, der wegen seiner islamistischen Aktivitäten zu mehreren Jahren Haft verurteilt worden war, bevor er nach Deutschland kam und sich 2012 nach Ägypten absetzte; inzwischen befindet er sich in der Türkei in Haft. Sie saßen abwechselnd zusammen auf einem Podium. Das Seminar drehte sich um das Thema »Tauhîd [die Einheit Gottes] und die Muslime heute«. Inhaltlich ging es in den Predigten dauernd um Tod und Märtyrertum. Die Prediger priesen die Vorzüge des Paradieses und mahnten immer wieder eine islamtreue Lebensführung an, warnten vor den Kuffar/Ungläubigen und grenzten vor allem Juden und Christen ab. Zwischendurch konnten die Teilnehmer Fragen stellen, die dann direkt beantwortet wurden. Insgesamt nahmen rund 30 Frauen und 50 bis 70 Männer an dem Seminar teil. Es ging über zwei Tage, die Nacht verbrachten wir in der Moschee. Auch dabei gab es Stress mit den Frauen von »Millatu Ibrahim«, weil ich angeblich zu spät zum Fadschr-Gebet gekommen war (dem ersten der fünf Pflichtgebete, das zur Morgendämmerung stattfindet, also noch »mitten« in der Nacht). Dabei war ich pünktlich da, allerdings tatsächlich »nur« zu dem Pflichtgebet, nicht zu den Gebeten, die man kurz vorher auch noch freiwillig machen kann. Während der Predigten saßen die Frauen natürlich gemäß der Geschlechtertrennung in einem eigenen Raum und hörten zu. Diejenigen, die zu Millatu Ibrahim gehörten, saßen in der Mitte. Sie distanzierten sich ganz überwiegend von den Gästen wie mich. Einige Frauen, vor allem türkischer Herkunft, waren nur da, weil ihre Männer an dem Seminar teilnehmen wollten und sich etwas Lehrreiches erhofft hatten. Diese Frauen haben sich mit den Vorträgen gar nicht auseinandergesetzt. Die Millatu-Ibrahim-Anhängerinnen, die sich zwar generell absonderten, mieden diese Türkinnen, die »nur« Kopftuch und Rock trugen, teilweise sogar Hosen anhatten, ganz besonders. Die Predigten wurden über Lautsprecher und Videoübertragung in den Frauenbereich geleitet. Jedoch gab es immer wieder Probleme bei der Bildübertragung, weshalb der Bildschirm die meiste Zeit über ausgeschaltet war. Zwischendurch verteilten die Frauen von Millatu Ibrahim CDs mit Predigten, verkauften Lektüre mit religiösen Inhalten und sammelten Gelder für das Projekt »Ansarul Aseer«. Das ist ein Zusammenschluss zur Unterstützung muslimischer Gefangener weltweit, ob in Guantanamo oder in Jordanien. Den Inhaftierten werden darüber hinaus Briefe geschrieben und auch sonstiger moralischer Beistand von außen gewährt.

Ich geriet an »Millatu Ibrahim«, weil für mich damals alle Muslime gleich waren. Ich wusste nichts von radikalen Gruppierungen, Extremismus oder Ähnlichem. Es war ein für mich damals nicht bewusster und wahrnehmbarer Prozess. Ich glitt immer weiter und tiefer in die Ideologie ab. Als relativ unislamisch empfand ich diese Muslime erst, nachdem ich aus diesen Kreisen hinaus gefunden hatte. Denn erst danach war es mir tatsächlich möglich, die Geschehnisse zu analysieren. Mir ist über den gesamten Zeitraum, seit ich konvertiert bin, aufgefallen, dass es unter den Muslimen, mit denen ich zu tun hatte, sehr viel Heuchelei und Oberflächlichkeit gibt – aber am stärksten ist dies bei den Salafisten ausgeprägt. Zum Beispiel sagen sie dir dauernd, was du zu tun und zu lassen hast, wie du dich verhalten sollst. Vieles davon halten sie aber selbst gar nicht ein. Und worin sie besonders gut sind: Hinter dem Rücken anderer zu reden.

OBSERVATIONEN

Ich bemerkte schon sehr früh, dass sich Ermittler von Sicherheitsbehörden eingeschaltet hatten. Es war eher ein Gefühl, allerdings ein sehr starkes. Viele Muslime nehmen kein Blatt vor den Mund, obwohl sie »wissen«, dass Facebook »in Kooperation mit Sicherheitsbehörden« steht. Sie sind so in ihrer Ideologie gefangen, dass sie Hinweise zu Ermittlern und deren Vorgehensweise austauschen, aber gleichzeitig Online-Observationen ignorieren. Es gab Tipps und Hinweise, woran man Ermittler erkennen könne und wie diese vorgehen würden. Auch solle man darauf achten, wen man in seine »Freundesliste« aufnimmt.

Drei Wochen nach dem Islamseminar kamen zwei Sicherheitsbeamte zu mir. Ich wollte sie erst gar nicht hinein lassen und war sehr hart zu ihnen, was mir heute leidtut. Ich hatte ausnahmsweise das Video von Pierre Vogel noch im Kopf, wo er meinte, dass man sie nicht hereinlassen solle. Ich ließ sie dann doch in die Wohnung, begegnete ihnen aber eher kühl. Erst langsam wurde ich lockerer.

DISTANZIERUNG

Der eigentliche Auslöser für meine Distanzierung, war das Verhalten der Frauen von »Millatu Ibrahim« mir gegenüber auf dem Islamseminar, als sie versuchten, mir die Vollverschleierung aufzudrängen und mich anschließend verleumdeten. Sie begegneten mir mit Ablehnung, obwohl ich mich wirklich bemüht hatte und zu ihnen gehören wollte. Das hat mich schon sehr verletzt und enttäuscht. Das leitete dann den Bruch ein.

Nach und nach verstärkte sich der Distanzierungsprozess. Das merkten auch meine »Freunde« auf Facebook, was entsprechende Reaktionen hervorrief. Man drohte mir mit einem »Boomerang« aufgrund meines mit der Distanzierung verbundenen Verhaltens. Das führte natürlich dazu, dass ich mich noch weiter von denen abwendete. Ich wurde beschimpft, weiter aus Freundschaftslisten gelöscht.

Hausdurchsuchung und Ermittlungsverfahren

Obwohl meine Distanzierung von den radikalen Einstellungen noch vor August 2012 im Grunde vollzogen war, kam es im in diesem Monat bei mir zu einer Hausdurchsuchung durch die Polizei. Mein Laptop wurde eingezogen und ausgewertet. Gegen mich lief ein Ermittlungsverfahren aufgrund meiner auf Facebook getätigten Äußerungen. Ich musste lange auf die Entscheidung der Staatsanwaltschaft warten, ob nun Anklage gegen mich erhoben wird oder nicht. Ende Januar 2013 wurde das Verfahren eingestellt. Ich stehe aber den staatlichen Stellen, der Polizei und auch unabhängigen Trägern weiter für eine Zusammenarbeit zur Verfügung.

Ich weiß, dass es nicht einfach ist, jemanden »dingfest« zu machen, der Menschen so manipuliert und in die Radikalität zieht. In der Regel nützt eine Inhaftierung auch nichts, da diese Leute es als »von Allah gewollte Prüfung« interpretieren und es in gewisser Weise sogar als Ehre verstehen. Sie sind regelrecht stolz auf ihre Haftzeiten, denn unser Rechtssystem ignorieren sie sowieso. Trotzdem sollten die ideologischen Köpfe meiner Meinung nach schon aus dem Verkehr gezogen werden, um die Bevölkerung vor ihrem Einfluss und ihrer Kontrolle zu schützen. Salafisten bezeichnen unseren Staat zwar als Überwachungsstaat, üben aber durch ihr sektenähnliches Verhalten eine viel stärkere Kontrolle aus. Vor allem der psychische Druck dieser Gruppen auf ihre Anhängerschar führt dazu, dass eine Eigenverantwortung, Selbstkontrolle und Selbstentscheidung kaum mehr möglich ist. Das belastet die betroffenen Personen schwer, auch wenn sie in dieser Zeit des psychischen und ideologischen Gefangenseins davon ausgehen, das Richtige zu tun.

Pläne für die Zukunft

Ich trage zwar heute kein Kopftuch mehr, bin aber weiterhin Muslimin und betrachte mich als Anhängerin der liberalen Strömung. Derzeit mache ich meinen Realschulabschluss nach und möchte mich weiterbilden. Raue Steine müssen geglättet werden. Man muss reflektieren, analysieren und lösungsorientiert handeln, um für Aufklärung und angemessene Prävention sorgen zu können. Das kann nicht geschehen, wenn man Probleme nur aus einer Perspektive wahrnimmt und dann versucht, sie aus dieser einen Perspektive zu bekämpfen. Man muss die tatsächlichen Hintergründe in Erfahrung bringen. Das verlangt Fingerspitzengefühl und Geduld sowie eine korrekte Herangehensweise. Zuhören, Offenheit und Vertrauen sind hier sehr wichtig.

Autorinnen und Autoren

Abou Taam, Marwan, Dr., Wissenschaftlicher Referent des Landeskriminalamtes Rheinland-Pfalz und assoziierter Partner des Projekts »Identitäts- und Abgrenzungsrituale von Menschen mit muslimischem Migrationshintergrund im deutsch-europäischen Innen- und Außenverhältnis (Heymat)« an der Humboldt-Universität Berlin

Armborst, Andreas, Dr., Wissenschaftlicher Mitarbeiter am Zentrum für Sicherheit und Gesellschaft der Universität Freiburg

Attia, Ashraf, M.A., Wissenschaftlicher Mitarbeiter an der Pädagogischen Hochschule Karlsruhe im Fach Islamische Theologie/Religionspädagogik, Dozent für Arabisch an der Universität Freiburg und Doktorand an der Universität Tübingen

Baehr, Dirk, M.A., Politikwissenschaftler und Doktorand an der Universität Bonn

Becker, Carmen, Dr., Mitglied im Forschungsprogramm zum Thema Salafismus der Radboud-Universität in Nimwegen

Dantschke, Claudia, Dipl., Arabistin, Wissenschaftliche Mitarbeiterin der ZDK Gesellschaft Demokratische Kultur gGmbH Berlin und Leiterin der »Arbeitsstelle Islamismus und Ultranationalismus« (AStIU) sowie der Beratungsstelle »Hayat«

El-Mafaalani, Aladin, Prof. Dr., Professor für Politikwissenschaft an der Fachhochschule Münster

Fouad, Hazim, M.A., Wissenschaftlicher Mitarbeiter beim Landesamt für Verfassungsschutz Bremen

Gharaibeh, Mohammad, Dr., Wissenschaftlicher Koordinator des Annemarie-Schimmel-Kollegs »History and Society during the Mamluk Era (1250-1517)« an der Universität Bonn

Görke, Andreas, Dr. habil., Lecturer für Islamic Studies an der University of Edinburgh

Häusler, Alexander, Dipl., Sozialwissenschaftler und Wissenschaftlicher Mitarbeiter des Forschungsschwerpunktes Rechtsextremismus/Neonazismus der FH Düsseldorf

Holtmann, Philipp, Dr., freischaffender Islamwissenschaftler

Krawietz, Birgit, Prof. Dr., Professorin für Islamwissenschaft mit Schwerpunkt Islamisches Recht an der Freien Universität Berlin

Lemmen, Thomas, Dr., Referent im Referat Dialog und Verkündigung des Erzbistums Köln und Geschäftsführer der »Christlich-Islamischen Gesellschaft e.V.«

Lohlker, Rüdiger, Prof. Dr., Universitätsprofessor für Orientalistik an der Philologisch-Kulturwissenschaftlichen Fakultät der Universität Wien

Melchert, Christopher, Prof., PhD, Professor für Arabisch und Islam an der Faculty of Oriental Studies der University of Oxford

Müller, Jochen, Dr., Islamwissenschaftler bei »ufuq.de – Jugendkultur, Medien & politische Bildung in der Einwanderungsgesellschaft«

Münkler, Herfried, Prof. Dr., Lehrstuhl für Theorie der Politik am Institut für Sozialwissenschaften der Humboldt-Universität zu Berlin

Nordbruch, Götz, Dr., Islamwissenschaftler bei »ufuq.de – Jugendkultur, Medien & politische Bildung in der Einwanderungsgesellschaft«

Ourghi, Mariella, Dr., Wissenschaftliche Mitarbeiterin im Projekt »Terrorismus und Radikalisierung – Indikatoren für externe Einflussfaktoren« am Institut für Friedensforschung und Sicherheitspolitik der Universität Hamburg und Lehrbeauftragte im Fach Islamwissenschaft an der Universität Freiburg

Peters, Gabriele, stellvertretende Leiterin der Lokalredaktion der »Rheinischen Post« in Mönchengladbach

Pfahl-Traughber, Armin, Prof. Dr., Politikwissenschaftler und Soziologe an der Fachhochschule des Bundes für öffentliche Verwaltung in Brühl

Roeser, Rainer, freiberuflicher Journalist, arbeitet u.a. für das Internetportal »Blick nach rechts«

Rudolph, Ekkehard, Dr., Islamwissenschaftler und Wissenschaftlicher Mitarbeiter beim Land Nordrhein-Westfalen in Düsseldorf

Said, Behnam T., M.A., Islamwissenschaftler beim Landesamt für Verfassungsschutz in Hamburg und Doktorand an der Universität Jena

Sarhan, Aladdin, M.A., Wissenschaftlicher Referent des Landeskriminalamtes Rheinland-Pfalz und Doktorand am Lehrstuhl für Islamwissenschaft der Universität Erfurt

Schneiders, Thorsten Gerald, M.A., Dipl., Politik- und Islamwissenschaftler, Sozialpädagoge und Redakteur beim Deutschlandfunk in Köln

Schreiber, Tanja, Inhaberin der Agentur »Schreiber & Botschafter – Manufaktur für Kommunikation« in Hamm

Stumpf, Benedikt, Geschäftsführer der »wert-voll ggmbh« in Dortmund, leitete im Kriegsgebiet des ehemaligen Jugoslawien Projekte der Entwicklungszusammenarbeit

Taubert, André, M.A., Berater beim Beratungsnetzwerk »kitab« des Vereins zur Förderung akzeptierender Jugendarbeit und Doktorand am Fachbereich Erziehungs- und Bildungswissenschaften der Universität Bremen

Thielmann, Jörn, Dr., Geschäftsführer des »Erlanger Zentrums Islam und Recht in Europa« (EZIRE) der Universität Erlangen-Nürnberg

Tillschneider, Hans-Thomas, Dr., Akademischer Rat a. Z. am Lehrstuhl für Islamwissenschaft der Universität Bayreuth

Ünlü, Deniz, Dipl., Sozialwissenschaftlerin an der Hochschule für Angewandte Wissenschaften Hamburg

Waldmann, Peter K., Prof. Dr. em. Dr. h.c., Ordinarius für Soziologie an der Philosophischen Fakultät der Universität Augsburg

Weismann, Itzchak, Prof., PhD, Leiter des Jewish-Arab-Centers am Department of Middle Eastern History der Universität Haifa

Wiedl, Nina, M.A., PhD-Kandidatin am Fachbereich Middle Eastern Studies der Ben-Gurion-Universität des Negev in Be'er Scheva

X-Texte bei transcript

Kai Hafez

Freiheit, Gleichheit und Intoleranz

Der Islam in der liberalen Gesellschaft Deutschlands und Europas

2013, 376 Seiten, kart., 29,80 €,
ISBN 978-3-8376-2292-8

■ Wo steht der Islam in Deutschland und in Europa? Dieser Band gibt den ersten Überblick über die Integration des Islam. Er zeigt, dass die liberalen Gesellschaften des Westens im Umgang mit dem Islam weit hinter ihren Ansprüchen zurückbleiben und sich grundlegend neu erfinden müssen.

»Das Buch formuliert ein paar unangenehme Wahrheiten. [Eine] außerordentlich faktenreiche, umfassende, wissenschaftliche Monographie.« (SWR2 – Die Buchkritik, 23.8.2013)

»Kompakte Informationen und der Quellenreichtum machen das Buch zu einer aufklärerischen Lektüre, die analytischen Tiefgang und Leidenschaft bietet.« (Deutschlandradio Kultur –Lesart, 11.08.2013)

»Kai Hafez geht den brennenden Gesellschaftsfragen unserer Zeit auf den Grund.« (Wiener Zeitung, 16.04.2013)

www.transcript-verlag.de